# 电子商务基础与应用

樊重俊／主编
杨云鹏 杨坚争 唐生／副主编

图书在版编目(CIP)数据

电子商务基础与应用/樊重俊主编. —上海:立信会计出版社,2018.6
ISBN 978-7-5429-5883-9

Ⅰ.①电… Ⅱ.①樊… Ⅲ.①电子商务 Ⅳ.①F713.36

中国版本图书馆 CIP 数据核字(2018)第 152987 号

策划编辑　　黄成艮
责任编辑　　陈　旻
封面设计　　南房间

## 电子商务基础与应用

| | | | |
|---|---|---|---|
| 出版发行 | 立信会计出版社 | | |
| 地　　址 | 上海市中山西路 2230 号 | 邮政编码 | 200235 |
| 电　　话 | (021)64411389 | 传　真 | (021)64411325 |
| 网　　址 | www.lixinaph.com | 电子邮箱 | lxaph@sh163.net |
| 网上书店 | www.shlx.net | 电　话 | (021)64411071 |
| 经　　销 | 各地新华书店 | | |
| 印　　刷 | 上海肖华印务有限公司 | | |
| 开　　本 | 787 毫米×1 092 毫米　1/16 | | |
| 印　　张 | 29 | 插　页 | 1 |
| 字　　数 | 847 千字 | | |
| 版　　次 | 2018 年 6 月第 1 版 | | |
| 印　　次 | 2018 年 6 月第 1 次 | | |
| 印　　数 | 1—2 500 | | |
| 书　　号 | ISBN 978-7-5429-5883-9/F | | |
| 定　　价 | 60.00 元 | | |

如有印订差错,请与本社联系调换

# 电子商务基础与应用

## 编写组

主　编　樊重俊
副主编　杨云鹏　杨坚争　唐　生
编　写　王　来　李君昌　吴海春
　　　　浦东平　陆仕超　袁光辉
　　　　杨梦达　郭皓月　冀　和

# 前　言

电子商务(Electronic Commerce)是指交易当事人或参与人利用现代信息技术和计算机网络(主要是互联网)所进行的各类商业活动,包括货物贸易、服务贸易和知识产权贸易。电子商务的出现,除了商业自身的发展需求外,更是计算机网络技术、信息技术发展为社会所带来的革命。电子商务已成为21世纪人们的日常生活所需和用来推动社会、经济、生活和文化进步的重要动力和工具。

近几年,电子商务的发展速度和所受到的重视程度远远超出人们的预期,电子商务在整个经济结构中的地位不断攀升。李克强总理在2014—2018年《政府工作报告》中多次提及大力发展电子商务,强调中国的电子商务、移动支付、共享经济等引领世界潮流,"互联网+"广泛融入各行各业;国务院发布十余个文件督促发展电子商务;商务部、工业和信息化部、农业部、海关总署等管理部门积极推动电子商务的试点和应用;"互联网+"和"一带一路"倡议都将电子商务作为发展的突破口,各级地方政府将电子商务作为传统企业转型和新经济发展的重要抓手。

自20世纪末以来,我们一直承担着电子商务相关课程的教学工作,结合教学过程中的一些经验及目前电子商务新的发展,编写了这本《电子商务基础与应用》教材,本教材不仅扩充了电子商务的基础概念、技术应用、网络营销、电子支付、现代物流等内容,还介绍了移动电子商务与跨境电子商务的最新发展内容,并在此基础上增加了电子商务在大数据、云计算、平台经济、法律制度等领域的相关知识。

本教材共包括12章,其中,第1章是电子商务基础,简要介绍了电子商务的起源、概念及相关功能与特征;第2章是电子商务技术基础,从计算机网络、物联网、无线通信、Web、数据库、电子数据交换技术等方面详细阐述了电子商务相关的技术应用,还对电子商务网站建设与维护的相关内容进行说明;第3章是网络营销,分别概述了网络营销的发展、职能与相关理论基础,对网络营销的市场调研、市场细分、促销策略、促销方式与营销管理等内容进行了详细梳理;第4是电子支付,概述了电子支付的发展过程与概念特征,介绍了电子支付系统、电子支付工具,并对网上银行、第三方支付、移动支付和支付风险进行了介绍,对常见的支付平台与工具进行整理归纳;第5章是电子商务物流与供应链管理,一方面对现代物流的概念、分类、功能、模式进行详细介绍,另一方面概述了电子商务环境下的供应链管理;第6章是移动电子商务,详细介绍了移动电子商务的概念、移动电子商务的技术基础、移动电子商务在不同行业中的应用;第7章是跨境电子商务,讲述了跨境电子商务的概念、分类、运营模式,展开跨境电子商务的交易流程,介绍了支付方式、物流方式和相关平台案例;第8章是电子商务与信息安全,介绍了电子商务信息安全的技术及其相关应用管理;第9章是大数据与电子商务数据挖掘,对大数据背景下的电子商务及其数据挖掘流程与技术应用进行详细介绍;第10章是云计算与电子商务,概述云计算的发展与特点,重点说明在云计算环境下的电子商务服务模式变革与发展趋势;第11章是平台经济与电子商务,概述了平台经济内容,介绍了基于平台经济的商业模式创新及其在电子商务中的应用案例;第12章是电子商务法律基础,从电子商务法产生的必要性和作用入手,介绍了电子商务法的概念、特点、立法概况,并重点介绍了电子商务交易主体、电子合同、电子支付和其他相关法律制度。

本教材的编写分工为:樊重俊、杨云鹏、杨坚争、唐生负责编写全书的大纲和框架以及全书编写工作的组织、审校和总纂定稿;其中,吴海春、杨云鹏、樊重俊负责编写第1章、第2章和第5章;王来、杨云鹏、樊重俊负责编写第3章、第8章、第9章;王来、唐生负责编写第7章;李君昌、樊重俊编写第4章、第6章、第10章;陆仕超、樊重俊编写第11章;浦东平、袁光辉、杨坚争、樊重俊编写第12章;袁光辉、王雅琼、陆仕超对部分章节进行了校对;郭皓月、杨梦达、冀和参与了部分章节数据查询与更新工作。

笔者近年来专注于电子商务、"互联网+"、企业互联网、产业互联网、大数据分析等领域的研究与咨询。本书有些内容是我们团队在为企业做咨询服务时的一些思考与知识积累。平台经济专家、中国管理科学与工程学会副理事长、中国系统工程学会常务理事、上海交通大学产业组织与技术创新研究中心主任、《系统管理学报》杂志主编、上海市政协常委陈宏民教授;全国高等学校计算机教育研究会常务理事、中国计算机学会教育专业委员会常委、复旦大学计算机科学技术学院赵一鸣副院长;上海机场(集团)有限公司技术中心总经理冉祥来博士;著名管理咨询与电子商务专家、中驰车福董事长兼CEO张后启博士;东方钢铁电子商务有限公司张春前总经理;同济大学博士生导师王洪伟教授;华东理工大学博士生导师李英教授;北京思威泰克科技有限责任公司郭家骊总经理;上海理工大学副教授倪静博士、张昕瑞博士、刘勇博士、尹裴博士均在本书写作过程中不同程度地给予了一些有益的建议。在此一并感谢。

重庆中小企业局副局长、产业互联网CIP模式创始人张勇军博士一直关心、支持本书的撰写,并给出了很多建议,在此特别感谢!

本书的研究与出版得到了上海理工大学2015—2017年度"精品本科"系列教材建设项目与上海市一流学科建设项目(S1201YLXK)的联合资助。本书的顺利出版得到立信会计出版社黄成艮等老师的大力协助。在此,向各位专家学者的资料提供者、本书的合作者和资助者表示真诚的感谢,也希望广大读者对本书提出宝贵的意见与建议,特此感谢!

由于笔者的水平有限和电子商务快速发展的特性,书中难免有不尽如人意之处,甚至是错漏,敬请诸位专家、读者批评指正。广大师生可以通过联系作者邮箱 fan.chongjun@163.com 或关注智慧工程微信公众号获取配套材料。

樊重俊

于上海理工大学

2018年8月

智慧工程微信公众号

# 目　录

## 第1章　电子商务基础 ... 1
1.1　电子商务的产生和发展 ... 1
1.2　电子商务的概念 ... 16
1.3　电子商务的分类与特征 ... 18
1.4　电子商务基本框架 ... 25
1.5　电子商务对社会的影响 ... 29
参考文献 ... 32

## 第2章　电子商务技术基础 ... 33
2.1　计算机网络基础 ... 33
2.2　物联网 ... 45
2.3　无线通信网络 ... 47
2.4　Web技术 ... 50
2.5　数据库技术 ... 52
2.6　电子数据交换技术 ... 64
2.7　电子商务网站的建设及维护 ... 67
参考文献 ... 71

## 第3章　网络营销 ... 72
3.1　网络营销概述 ... 72
3.2　网络营销市场调研 ... 80
3.3　网络营销的市场细分与定位 ... 89
3.4　网络营销策略 ... 93
3.5　网络营销方式 ... 100
3.6　网络广告营销 ... 106
3.7　网络营销管理 ... 112
参考文献 ... 115

## 第4章　电子支付 ... 116
4.1　电子支付概述 ... 116
4.2　电子支付系统 ... 126
4.3　电子支付工具 ... 130

4.4 网上银行 ················································································· 137
4.5 第三方支付 ············································································· 143
4.6 移动支付 ················································································· 149
4.7 电子支付发展存在的风险及对策 ·············································· 155
4.8 电子支付的发展趋势 ······························································· 158
参考文献 ························································································ 161

## 第5章 电子商务物流与供应链管理 ··············································· 162
5.1 现代物流概述 ········································································· 162
5.2 电子商务物流概述 ·································································· 171
5.3 电子商务的物流模式 ······························································ 176
5.4 供应链管理 ············································································· 183
5.5 电子商务物流的发展 ······························································ 187
参考文献 ························································································ 193

## 第6章 移动电子商务 ······································································· 195
6.1 移动电子商务概述 ·································································· 195
6.2 移动电子商务的技术基础 ······················································· 204
6.3 移动电子商务的应用 ······························································ 207
6.4 移动电子商务相关模式 ·························································· 222
6.5 移动电子商务发展中存在的问题与对策 ·································· 230
6.6 移动电子商务的发展趋势 ······················································· 235
参考文献 ························································································ 237

## 第7章 跨境电子商务 ······································································· 238
7.1 跨境电子商务概述 ·································································· 238
7.2 跨境电子商务运营模式 ·························································· 244
7.3 跨境电子商务交易流程 ·························································· 249
7.4 跨境电子商务支付方式 ·························································· 254
7.5 跨境电子商务物流方式 ·························································· 264
7.6 跨境电子商务通关方式 ·························································· 270
7.7 跨境电子商务平台案例 ·························································· 275
7.8 跨境电子商务发展趋势 ·························································· 282
参考文献 ························································································ 284

## 第8章 电子商务与信息安全 ··························································· 285
8.1 电子商务信息安全概述 ·························································· 285
8.2 电子商务信息安全技术 ·························································· 287

8.3 电子商务信息安全协议 ............................................................ 302
8.4 计算机病毒与防范 ................................................................ 309
8.5 电子商务安全管理 ................................................................ 313
参考文献 ........................................................................................ 314

# 第9章 大数据与电子商务数据挖掘 ............................................ 315
9.1 大数据背景下的电子商务 ........................................................ 315
9.2 电子商务数据挖掘概述 .......................................................... 325
9.3 电子商务大数据挖掘的流程 .................................................... 330
9.4 电子商务大数据挖掘技术与方法 ............................................ 332
9.5 电子商务大数据挖掘的应用 .................................................... 338
参考文献 ........................................................................................ 346

# 第10章 云计算与电子商务 ............................................................ 347
10.1 云计算的兴起 ...................................................................... 347
10.2 云计算概述 .......................................................................... 353
10.3 基于云计算的电子商务 ........................................................ 364
10.4 云计算环境下的电子商务 .................................................... 369
10.5 电子商务——云计算中心设计与测试 .................................. 375
10.6 电子商务在云环境下的发展趋势 ........................................ 387
参考文献 ........................................................................................ 390

# 第11章 平台经济与电子商务 ........................................................ 392
11.1 平台经济概述 ...................................................................... 392
11.2 基于平台经济的商业模式创新 ............................................ 400
11.3 平台经济在电子商务中的应用案例 .................................... 404
11.4 平台经济发展环境与趋势 .................................................... 409
参考文献 ........................................................................................ 412

# 第12章 电子商务法律基础 ............................................................ 413
12.1 电子商务法律概述 .............................................................. 413
12.2 电子商务交易主体法律制度 ................................................ 418
12.3 电子合同的法律制度 .......................................................... 427
12.4 电子支付法律制度 .............................................................. 434
12.5 其他相关电子商务法律规范 ................................................ 444
参考文献 ........................................................................................ 452

# 第 1 章

# 电子商务基础

电子商务作为一种全球性的、具有战略意义的贸易手段,不仅为企业提供了无限的商机,还引起了传统贸易手段的变革,并导致了对未来商业环境的冲击,使商品流通业面临着一场经营管理思想和管理手段的变革。读者通过本章的学习,应了解电子商务的产生与发展,认识电子商务在国内外的发展现状;理解电子商务的含义,认识电子商务的主要功能;理解电子商务的分类与特征;认识电子商务对当今社会的影响。

## 1.1 电子商务的产生和发展

当今世界网络、通信和信息技术快速发展,互联网在全球迅速普及,使得现代商业具有不断增长的供货能力、不断增长的客户需求和不断竞争的全球增长三大特征,使得任何一个商业组织都必须改变自己的组织结构和运行方式来适应这种全球性的发展和变化。随着信息技术在国际贸易和商业领域的广泛应用,利用计算机技术、网络通信技术和互联网技术实现商务活动的国际化、信息化和无纸化,已成为各国商务发展的趋势。

电子商务正是为了适应这种以全球为市场的变化而出现和发展起来的。电子商务提出了一种全新的商业机会、需求、规则和挑战,它代表了未来信息产业的发展方向,已经并将继续对全球经济和社会的发展产生深刻的影响。

### 1.1.1 电子商务的产生

综观电子商务的产生及发展的历史,电子商务的产生基本可以分为三个阶段,即基于电子通信工具的初期电子商务、20世纪80年代中期的基于电子数据交换的电子商务和始于20世纪90年代初期的基于互联网的电子商务。

**1. 基于电子通信工具的初期电子商务**

并非计算机技术及网络技术产生之后才产生了电子商务。早在1839年,当电报刚出现的时候,人们就开始运用电子手段进行商务活动,当买卖双方贸易过程中的意见交换、贸易文件等开始以电报码形式在电线中传输的时候,就有了电子商务的萌芽。随着电话、传真、电视等电子工具的诞生,商务活动中可应用的电子工具进一步扩充。

电报是最早的电子商务工具,是用电信号传递文字、照片、图表等的一种通信方式。随着社会的发展,传统的用户电报在速率和效率上已不能满足日益增长的文件往来的需要,特别是办公室自动化的发展,因此产生了智能用户电报(Teletex)。智能用户电报是在具有某些智能处理功能的用户终端之间,经公用电信网,以标准化速率自动传送和交换文本的一种电信业务。从本质上说,智能用户电报是将基于计算机的文本编辑、文字处理技术与通信技术相结合的产物。

传真提供了一种快速进行商务通信和文件传输的方式。传真与传统的信函服务相比,其主要优势在于传输文件的速度更快。自1843年贝尔发明传真以来,传真技术曾有过几次大的飞跃,传真在新闻、气象、公安、商贸、办公室自动化等领域的应用日益广泛,并已开始进入家庭。尽管利用传真可以做广告、购物或进行支付,但传真缺乏传送声音和复杂图形的能力,也不能实现相互通信,传送时还需要另一个传真机或电话。尽管传真机较贵,但传真的费用、网络进入、需求带宽以及用户界面的友好方式与电话相同。这些特点使传真在通信和商务活动中显得非常重要,但在个体的消费者中用得较少。

电话是一种广泛使用的电子商务工具。电话是一种多功能工具,通过电话可以为商品和服务做广告,可以在购买商品和服务的同时进行支付(与信用卡一起使用);经过选择的服务甚至可以通过电话进行销售,然后通过电话支付(与信用卡一起使用)。例如,电话银行、电话查询服务、叫孩子起床的定时呼叫服务等。在非标准的交易活动中,用电话要比通过信函更容易进行谈判。电话的设备较便宜,其用户界面较好。电话所需的带宽很窄,较窄的带宽就可以满足数据交换的要求。然而,在许多情况下,电话仅是为书面的交易合同或者是为产品实际送交做准备。电话的通信一直局限于两人之间的声音交流,但现在,用可视电话进行可视商务对话已经成为现实。然而,高质量的可视电话需要大量的投资,以购买设备和带宽。后者不能在电话线上取得,甚至在功能更强大的数字ISDN通路上也不能得到。由于技术和经济的原因,以及在一定程度上出于对个人或家庭隐私权的考虑等因素,可视电话业务的发展相对迟缓,因此可视电话和可视会议仍有很大的局限性。

随着电视进入越来越多的家庭,电视广告和电视直销在商务活动中越来越重要。但是,消费者还必须通过电话认购。换句话说,电视是一种"单通道"的通信方式,消费者不能积极地寻求出售的货物或者与卖家谈判交易条件。除此之外,在电视节目中插播广告的成本相当高。

由电报、电话、传真和电视带来的商业交易在过去的几十年间日益受到重视,由于它们各有优缺点,所以被人们互为补充地使用到商务活动之中。

**2. 基于电子数据交换的电子商务**

电子数据交换(Electronic Data Interchange,EDI)起源于20世纪60年代末的美国,当时的贸易商们在使用计算机处理各类商务文件的时候发现,由人工输入到一台计算机中的数据有70%是来源于另一台计算机输出的文件,由于过多的人为因素,影响了数据的准确性和工作效率的提高。于是,人们开始尝试在贸易伙伴之间的计算机上使数据能够自动交换,由此EDI应运而生。

EDI是将业务文件按一个公认的标准从一台计算机传输到另一台计算机中的电子传输方法。由于EDI大大减少了纸张票据,因此,人们也形象地称之为"无纸贸易"或"无纸交易"。使用这种方法,首先应将商业或行政事务处理中的报文数据按照一个公认的标准,形成结构化的事务处理的报文数据格式,进而将这些结构化的报文数据经由网络,从计算机传输到计算机。EDI是商务往来的重要工具,EDI系统就是电子商务系统。

进入20世纪90年代以后,美国EDI的应用不断加快,1990—1994年间应用EDI的公司逐年大幅度增加,平均每年增长达23%。到1998年年初,美国应用EDI的企业已超过5万家。近几年,由于互联网上电子商务应用的其他方式的不断发展,美国应用EDI的企业数量增长明显趋缓,使用EDI的用户也开始应用E-Mail和Web-EDI等新形式。因此,无论电子商务怎样发展,在B2B的电子商务中,EDI无疑是最主要的一种方式。因为,EDI在应用上出现了使用的标准,而且有了较长时期的应用实践和广泛使用的范围,这些是它能够存在的基础。

我国在1990年正式引入EDI概念,1991年8月,在国务院电子信息系统推广应用办公室主持下,成立了"中国促进EDI应用协作小组"。同年9月,中国申请加入了亚洲UN/EDIFACT(AS/EB),并宣布中国UN/EDIFACT(CEC)成立。1992年5月,中国拟定了《中国EDI发展战略与总体规划建议(草案)》。

我国EDI的应用主要是以行业试点应用为基础,如"海关EDI通关工程""中化EDI财务系统""中国外运海运/空运管理 EDI 系统""配额许可证管理 EDI 系统"等。之后,在广东、上海、青岛、大连等省市先后成立了 EDI 中心,提供相应的 EDI 服务。

**3. 基于互联网的电子商务**

由于使用 VAN 的费用很高,仅大型企业才会使用,因此限制了基于 EDI 的电子商务应用范围的扩大。互联网是一个连接无数个、遍及全球范围的广域网和局域网的互联网络。互联网的兴起将分布于世界各地的信息网络、网络站点、数据资源和用户有机地联为一个整体,在全球范围内实现了信息资源共享、通信方便快捷。互联网因具有覆盖面广、费用低廉、具有多媒体功能等特点,大大促进了企业尤其是中小企业电子商务的发展。

1991 年,美国政府宣布互联网向社会公开开放。企业可以在网上开发商务系统,一直被排斥在互联网之外的商业贸易活动正式进入这个领域。1993 年,万维网(World Wide Web)在互联网上出现,它因具有支持多媒体的技术特性,促进了电子商务的规模发展。

1994 年,美国加州组成商用实验网(Commerce Net),用以加速发展互联网上的电子商务,确保网上交易与电子支付等的安全。同时,美国网景公司(Netscape)成立,该公司开发并推出安全套接层(SSL)协议,用以弥补互联网上的主要协议 TCP/IP 在安全性能上的缺陷,支持 B2B 模式的电子商务。

1996 年 2 月,Visa 和 MasterCard 两大信用卡组织制定了在互联网上进行安全电子交易的 SET 协议。SET 协议适用于 B2C 的安全支付方式,围绕消费者、商家、银行和其他方面相互关系的确认,以保证网上支付安全。

从 1997 年 1 月 1 日起,美国联邦政府的所有对外采购均采用电子商务方式,这一举措被认为"将美国电子商务推上了高速列车"。

互联网的出现为电子商务的发展提供了技术基础,尤其是多媒体技术和虚拟现实技术的发展,使企业可以通过互联网迅速、高效地传递商品信息和进行业务处理,促进了电子商务的产生和发展。

### 1.1.2 电子商务的发展阶段

世界电子商务的发展历程基本可以分为酝酿起步、迅速膨胀、危机停滞、复苏回暖和快速发展 5 个阶段。

**1. 酝酿起步阶段**

世界电子商务的起源,可以追溯到 20 世纪 70 年代。EDI 技术的开发引起许多国家的注意。到 20 世纪 70 年代末和 80 年代初,美国、英国和西欧一些发达国家逐步开始采用 EDI 技术进行贸易,形成涌动全球的"无纸贸易"热潮。到 1992 年年底,全世界 EDI 用户大约有 13 万户,市场业务额约 20 亿美元。

20 世纪 90 年代以来,随着网络、通信和信息技术取得突破性的进展,因特网在全球爆炸性地增长并迅速普及,要求现代商业具有更迅速的供货能力、更准确的客户服务能力和更强大的市场竞争能力。在这一新趋势下,一种基于因特网、以交易双方为主体、以银行电子支付和结算为手段、以客户数据为依托的全新商务模式——电子商务出现并发展起来。

**2. 迅速膨胀阶段**

1996 年 12 月,联合国第 85 次会议通过决议,正式颁布《贸易法委员会电子商业示范法及其颁布指南》(简称《电子商业示范法》)。该示范法规范了电子商务活动中的各种行为,极大地促进了世界电子商务的发展,并为各国电子商务立法提供了一个范本。

1997 年 4 月,欧盟提出《欧盟电子商务行动方案》,对信息基础设施、管理框架和商务环境等方面的行动原则进行了规定。同年 7 月,美国政府发表《全球电子商务框架》,提出了开展电子商务的基本原则、方法和措施。该文件极大地推动了美国和世界电子商务的发展。这一年,通过因特网形成的电子商务交易额达到 26 亿美元。

1998年,IBM、HP等跨国公司相继宣布该年度为"电子商务年",得到众多信息技术公司和商务公司的响应。1999年12月,Ziff-Davis杂志牵头组织了301位世界著名的因特网和IT(Information Technology)业巨头、相关记者、民间团体、学者等,历经半年时间,对7项47款标准进行了两轮投票,确定了世界上第一个因特网商务标准(The Standard for Internet Commerce,Version 1.0－1999),虽然这并不是一个法律文本,但遵守这一标准的销售商的确在随后的几年中获得了更大的发展。

2000年,世界电子商务交易额达到3 549亿美元。

**3. 危机停滞阶段**

进入21世纪,因特网经济遭到第一次沉重的打击。美国纳斯达克指数暴跌,网络股的价值缩水使得投资人忧心忡忡,众多的注意力集中在因特网经济的泡沫上。尤其是作为电子商务典范的美国亚马逊公司经营状况的恶化,我国8848等电子商务公司的倒闭,更加大了人们对电子商务的恐惧心理,似乎电子商务已经走到崩溃的边缘。

面对电子商务发展的严峻形势,联合国有关组织加大了电子商务发展工作的力度。2001年5月,联合国促进贸易和电子商务中心(UN/CEFACT)与结构化信息标准发展组织(OASIS)正式批准了ebXML(Electronic Business Extensible Markup Language)标准,为拓展一个统一的全球性的电子商务交易市场奠定了基础。

2001年11月,联合国贸易和发展委员会发表了由时任联合国秘书长安南亲自作序的《2001年电子商务和发展报告》。这一长达40万字的报告,在充分考察电子商务发展过程的基础上,深入分析了电子商务对发达国家和发展中国家的影响,构建了电子商务发展环境模式和实践方法,并对电子商务的应用进行了全面总结。这一报告对于促进世界电子商务的发展起到了极为重要的作用。

2002年1月24日,联合国第56届会议通过了《联合国国际贸易法委员会电子签字示范法》(简称《电子签字示范法》),这是联合国继《电子商业示范法》后通过的又一部涉及电子商务的重要法律。该法试图通过规范电子商务活动中的签字行为,建立一种安全机制,促进电子商务在世界贸易活动中的全面推广。

**4. 复苏回暖阶段**

2005年12月,联合国第60届会议通过了《联合国国际合同使用电子通信公约》,对营业地位处于不同国家的当事人之间订立或履行合同使用电子通信作出了具体规定,旨在在国际合同使用电子通信的情形中增强法律确定性和商业可预见性。截至2014年8月,全世界共有20个国家签署了这个公约。

与此同时,各国政府也相继推出各种鼓励政策,继续支持电子商务的发展。电子商务摆脱了世界经济萎缩和IT行业泡沫破灭的影响,步入了复苏回暖阶段。

截至2006年年底,世界因特网用户总人数达到11.31亿人,已经对世界经济的发展产生较大影响,世界电子商务恢复到正常的发展速度。

**5. 快速发展阶段**

2007年以来,世界电子商务保持了高速增长态势,网络使用人数、互联网站数目、电子商务交易额屡创新高。全球电子商务市场呈现出美国、欧盟、亚洲"三足鼎立"的局面。虽然世界各国经济疲软,需求减弱,但电子商务仍呈现出其顽强的增长态势。不但亚洲、非洲和拉美地区电子商务交易量增长,欧美发达国家电子商务也得到了长足的发展。日本、俄罗斯、马来西亚这些电子商务起步相对较晚的国家增幅尤为显著。全球电子商务市场规模的高速度增长,有力延缓了全球经济的衰退。

**6. 高速发展阶段**

2010年以内,伴随着互联网3G、4G的普及,大数据、云计算、人工智能等先进技术的广泛应用,世界电子商务高速发展,并且随着"互联网＋"重构传统商业模式,改变人们的思维、生产和生活方式,电子商务逐渐发展成为构建未来商业模式的重要基石。2016年3月21日14时58分37秒,阿里巴巴的电子商务交易额突破3万亿人民币(4 639亿美元),成为与世界传统零售业霸主沃尔玛并驾齐驱的电商企业。网络零售成为电子商务发展的新热点,"双十一""6·18""双十二"等大促引发购物狂潮,线上线下加速融合互动,世界加速进入移动电子商务的高速发展阶段。在线旅游、网络约车、网上订餐、数字内容、生鲜冷链等细分行业成为电子商务的蓝海,呈现高歌猛进的发展态势。

### 1.1.3 电子商务的发展现状

近年来,在全球经济保持平稳增长和互联网宽带技术迅速普及的背景下,世界主要国家和地区的电子商务市场保持了高速增长态势。以美国为首的发达国家仍然是世界电子商务的主力军;而中国等发展中国家电子商务异军突起,正成为国际电子商务市场的重要力量。

**1. 全球电子商务发展状况**

1) 全球电子商务发展总述

(1) 网民规模。根据Internet World Stats的数据,截至2017年12月31日,全球共有网民41.57亿,互联网普及率提高到54.4%。表1-1-1列出了2017年全球主要地区的网民数[①]。

表1-1-1 全球主要地区网民数(2017-12-31)

| 地 区 | 2018年世界总人口/人(估算) | 2000年12月31日网民数/人 | 2017年12月31日网民数/人 | 互联网普及率 | 增长率2000—2018年 | 占全球网民数量比率 |
|---|---|---|---|---|---|---|
| 非洲 | 1 287 914 329 | 4 514 400 | 453 329 534 | 35.2% | 9 941% | 10.9% |
| 亚洲 | 4 207 588 157 | 114 304 000 | 2 023 630 194 | 48.1% | 1 670% | 48.7% |
| 欧洲 | 827 650 849 | 105 096 093 | 704 833 752 | 85.2% | 570% | 17.0% |
| 中东 | 254 438 981 | 3 284 800 | 164 037 259 | 64.5% | 4 893% | 3.9% |
| 北美洲 | 363 844 662 | 108 096 800 | 345 660 847 | 95.0% | 219% | 8.3% |
| 拉丁美洲/加勒比 | 652 047 996 | 18 068 919 | 437 001 277 | 67.0% | 2 318% | 10.5% |
| 大洋洲/澳大利亚 | 41 273 454 | 7 620 480 | 28 439 277 | 68.9% | 273% | 0.7% |
| 总计 | 7 634 758 428 | 360 985 492 | 4 156 932 140 | 54.4% | 1 052% | 100.0% |

资料来源:Internet World Stats,2017.

就互联网的普及率而言,发达国家仍然占有绝对优势,在全球网民规模20强中,互联网普及率排名前6位的均为发达国家,英国和日本两个国家的互联网普及率超过90%。但发展中国家的互联网用户人数增长迅速,成为推动全球网民数量增长的核心动力。2017年,印度的网民规模远超过美国,印度尼西亚的表现最为出色,其网民规模超过德国、英国、法国、墨西哥等国家。其中,印度尼西亚进入前5,排名第4,如表1-1-2所示。

表1-1-2 2017年全球网民规模20强及其普及率

| 排 名 | 国 家 | 网民数量(万元) | 网民占总人口比例 |
|---|---|---|---|
| 1 | 中 国 | 77 200 | 54.60% |
| 2 | 印 度 | 46 212 | 34.10% |

---

[①] Internet World Stats. Internet Users in the World by Regions December 2017 [EB/OL](2017-12-31)[2017-12-31]. http://www.internetworldstats.com/stats.htm

(续表)

| 排 名 | 国 家 | 网民数量(万元) | 网民占总人口比例 |
|---|---|---|---|
| 3 | 美 国 | 28 694 | 87.90% |
| 4 | 印度尼西亚 | 14 326 | 53.70% |
| 5 | 巴 西 | 13 911 | 65.90% |
| 6 | 日 本 | 11 863 | 93.30% |
| 7 | 俄 国 | 10 955 | 76.40% |
| 8 | 尼日利亚 | 9 839 | 50.20% |
| 9 | 墨西哥 | 8 500 | 65.30% |
| 10 | 孟加拉国 | 8 048 | 48.40% |
| 11 | 德 国 | 7 229 | 89.60% |
| 12 | 菲律宾 | 6 700 | 62.90% |
| 13 | 越 南 | 6 400 | 66.30% |
| 14 | 英 国 | 6 209 | 94.80% |
| 15 | 泰 国 | 5 700 | 82.40% |
| 16 | 伊 朗 | 5 670 | 69.10% |
| 17 | 法 国 | 5 637 | 86.80% |
| 18 | 土耳其 | 5 600 | 69.60% |
| 19 | 意大利 | 5 184 | 86.70% |
| 20 | 埃 及 | 4 923 | 49.50% |

资料来源：Internet World Stats，2017.

（2）网络零售。近几年，世界网络零售继续快速发展。根据 eMarketer 数据，2016 年世界网络零售额达 1.915 万亿美元，占总零售额的 8.7%。预计到 2020 年，电子商务零售额将增长到 4.058 万亿美元，占总零售额比例为 14.6%，其中亚太地区仍然是全球最大的电子商务零售市场，2016 年的零售额达 1 万亿美元，预计到 2020 年将增长至 2.725 万亿美元，如图 1-1-1 所示。①。

根据美国科尔尼管理咨询公司（A. T. Kearney）公布的"2017 年全球零售业发展指数（GRDI）"数据显示，印度位列第一位，成为零售投资方面最有吸引力的发展中国家，中国位列第二，尽管经济增长放缓，但依靠着市场规模和零售业的不断进步，依旧是最具吸引力的零售投资的市场之一，如表 1-1-3 所示。②

---

① eMarketer. Worldwide Retail and Ecommerce Sales：eMarketer's Estimates for 2015-2020 [EB/OL]（2017-03-31）[2018-04-23]. https：//www. emarketer. com/Report/Worldwide-Retail-Ecommerce-Sales-eMarketers-Estimates.

② A. T. Kearney. The 2017 Global Retail Development Index [EB/OL]（2017-09-12）[2018-04-23]. http：//www. 199it. com/archives/603859. html.

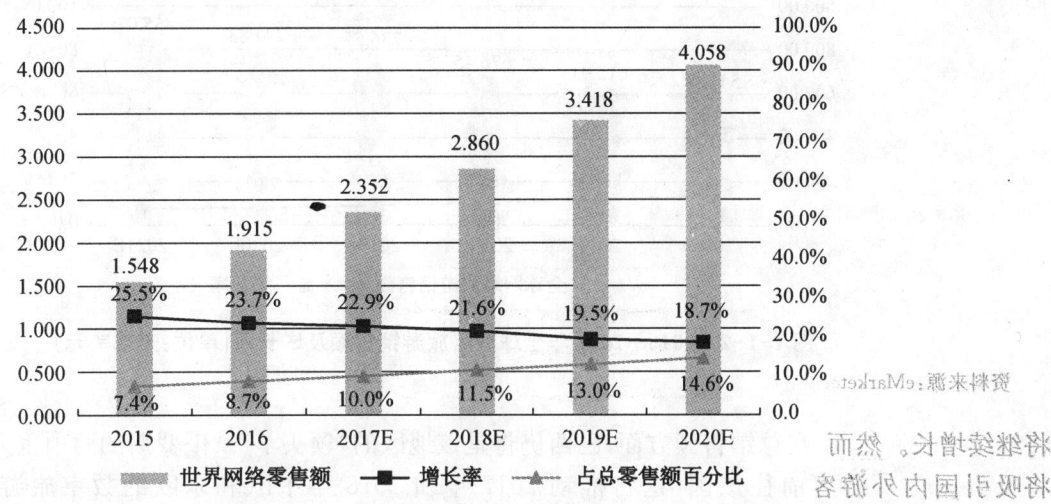

图1-1-1 2015—2020年世界网络零售规模及增长率(单位:万亿美元)

资料来源:eMarketer,2016.

表1-1-3 2017年全球零售发展指数排名

| 排名 | 国家 | 市场吸引力得分 | 零售额(十亿美元) |
| --- | --- | --- | --- |
| 1 | 印度 | 71.7 | 1 071 |
| 2 | 中国 | 70.4 | 3 128 |
| 3 | 马来西亚 | 60.9 | 92 |
| 4 | 土耳其 | 59.8 | 241 |
| 5 | 阿拉伯联合酋长国 | 59.4 | 73 |
| 6 | 越南 | 56.1 | 90 |
| 7 | 摩洛哥 | 56.1 | 40 |
| 8 | 印度尼西亚 | 55.9 | 350 |
| 9 | 秘鲁 | 54.0 | 61 |
| 10 | 哥伦比亚 | 53.6 | 90 |

资料来源:A. T. Kearney,2017.

(3)旅游电商。根据 eMarketer 数据,2017年全球包括休闲旅行和商务旅行的网络旅游销售额达6 129.1亿美元,年增幅为11.7%,呈较快发展势态(见图1-1-2)①。美国仍在2017年占据全球数字旅游销售的最大份额(30.9%)。

按照 eMarketer 的分析,在整个预测期间,亚太地区的经济增长将继续保持增长。亚太和拉美地区新兴国家的网络旅游增长将远远超出10%,并对全球网络旅游销售增长起到巨大的推动作用。到2018年,亚太地区将取代北美成为全球最大的网络旅游市场,这主要是由于中国和印度的销售增长强劲,中国将成为亚太地区网络旅游增长最快的国家。

阿根廷是拉丁美洲增长最快的数字旅游市场,随着货币管制和进口壁垒继续被取消,阿根廷的销售

---

① eMarketer. Worldwide Digital Travel Sales:eMarketer's Estimates for 2015-2020 [EB/OL](2017-08-01)[2018-04-20]. https://www.emarketer.com/Report/Worldwide-Digital-Travel-Sales-eMarketers-Estimates-20162021/2002089.

图 1-1-2　2016—2021 年全球网络旅游销售额及增长率（单位：十亿美元）

资料来源：eMarketer,2017.

将继续增长。然而,在总销售额方面,巴西仍将是该地区的"领头羊"。俄罗斯的两项重大体育赛事预计将吸引国内外游客前往该国,这将推动 2017 年和 2018 年中欧和东欧的数字旅游销售增长。在 eMarketer 的预测中,全球网络旅游销售额到 2018 年都将始终保持两位数的增长速度。

(4) 跨境电商。2015 年,全球跨境电子商务市场交易规模达到 32 462.3 亿美元,在全球贸易进出口总额中占比超过 30%,同比增长 13.9%,增长率较 2014 年的 5.9% 提升 8 个百分点。2015 年全球跨境电子商务市场的突破性发展,主要归功于以中国为代表的亚太地区飞速发展的跨境电子商务。

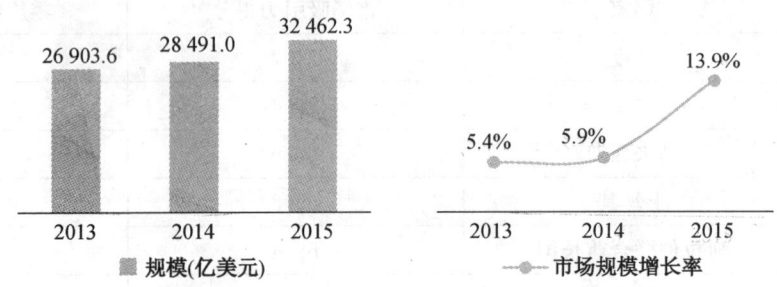

图 1-1-3　2013—2015 年全球跨境电商市场规模与增长

数据来源：赛迪顾问,2015.

从全球跨境电子商务市场区域发展的角度来看,2015 年亚洲地区跨境电子商务市场规模达到 10 128.2 亿美元,市场份额占比超过了欧洲,达到 31.2%,仅次于美国位列第二。2015 年美国跨境电子商务市场交易规模仍旧位居第一,交易额为 10 972.3 亿美元,但增长率略有放缓,在全球市场的份额占比为 33.8%,超过亚洲地区 2.6 个百分点。而欧洲地区本土电子商务较跨境电子商务发展更好,跨境电商市场交易规模在 2015 年被亚洲地区赶超,实现交易额 9 251.8 亿美元,市场份额占比 28.5%。图 1-1-4 为全球跨境电商发展的区域结构示意。

根据埃森哲咨询顾问公司与阿里巴巴研究院共同发布的《全球跨境 B2C 电子商务趋势报告》,近年来全球 B2C 电子商务市场快速成长,未来几年仍将保持近 15% 的年均成长速度,交易规模将成长至 2020 年的 3.4 万亿美元。其中,全球跨境 B2C 电子商务的成长尤其强劲,年均成长高达 27%,将使全球市场规模升至 2020 年的接近 1 万亿美元;另外,跨境 B2C 电子商务消费者总数也将增加到 2020 年的超过 9 亿人,年均增幅超过 21%,形成一群强劲的消费大军,其中以中国为核心的亚太地区,跨境电子商务交易规模最为可观。

中国电子商务研究中心与淘宝全球购的研究显示,随着中国网购人口数量愈来愈多,需求也愈来愈趋多元,透过购物网站或代购平台,直接购买海外商品的"海淘"电子商务模式,近年来非常流行,预估 2018 年中国采取跨境购物的海淘人口将达到 3 560 万人。另外,根据电子商务研究中心(100EC.CN)《2017 年度中国出口跨境电商发展报告》数据显示,2017 年中国出口跨境电商交易规模达 6.3 万亿元

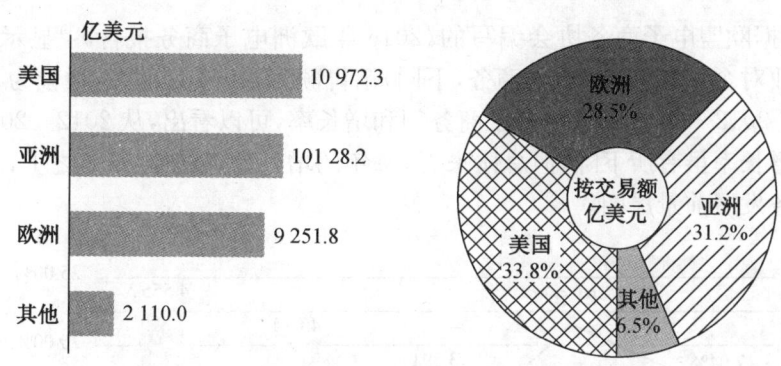

图 1-1-4 2015 年全球跨境电子商务市场区域结构

数据来源：赛迪顾问，2015.

(人民币)，同比增长 14.5%；主要电商出口国家占比方面，美国 15%、俄罗斯 12.5%、法国 11.4%、英国 8.7%、巴西 6.5%、加拿大 4.7%、德国 3.4%、日本 3.1%、韩国 2.8%、印度 1.6%、其他 30.2%；此外，新兴市场有待发展，如东南亚、南美、非洲等市场处于初级阶段，拉美、中东欧、中亚、中东、非洲为快速增长新兴市场，跨境电商发展市场仍较广阔。

2) 部分国家与地区电子商务发展综述

(1) 美国电子商务发展状况。美国作为电子商务的起源地，目前依然是全球电子商务发展的领导者。2016 年以来，美国电子商务继续保持快速上升态势，并引领着世界电子商务发展的新趋势。

2016 年是美国电子商务在移动端继续取得重大突破的一年。美国通过智能手机和平板电脑实现的移动电子商务零售额持续迅猛增长。在智能手机屏幕越来越大、移动端购买体验越来越顺畅的前提下，越来越多的电子商务搜索和购买行为通过移动端得以实现，这些都成为 2016 年美国电子商务发展最显著的特点。根据 eMarketer 的统计数据，2016 年美国移动端电子商务零售销售额达到 1 231.3 亿美元，较 2015 年的增幅为 39.1%，比 2014 年数据翻了一番。由于快速发展，2017 年移动电子商务零售额将占零售电子商务销售额的 1/3 多(35.0%)，占零售销售总额的 3.0%(参见图 1-1-5)①。

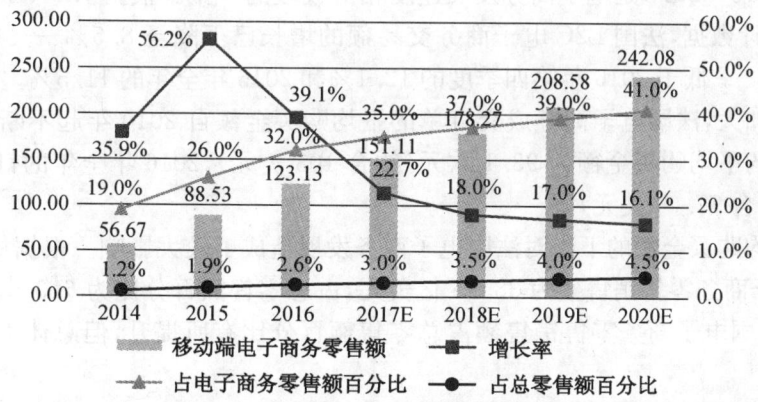

图 1-1-5 2014—2020 年美国移动端实现的电子商务零售销售额及比率情况(单位：十亿美元)

资料来源：eMarketer，2016.

(2) 欧洲电子商务发展状况。欧洲电子商务市场可以分为北部成熟的市场、南部增长迅速的市场

---

① eMarketer. US Retail Ecommerce Sales，2016-2021 [EB/OL]．(2017-08-03) [2018-04-20]. https://www.emarketer.com/Chart/US-Retail-Ecommerce-Sales-2016-2021-billions-change-of-total-retail-sales/210437.

和东部新兴市场。根据欧盟电子商务协会编写的《2016年欧洲电子商务报告》[①]显示,2015年欧盟28国电子商务(仅指企业对个人,即B2C电子商务,下同)销售额为4 074亿欧元,增幅为13.4%。

图1-1-6显示了2012—2016年欧盟电子商务额和增长率,可以看出,从2012—2016年欧盟电子商务额是逐年提高的,增长率虽有所下降,但总体来看,每年的增长率还是在10%之上,远远高于其GDP增长率,欧盟电子商务发展前景广阔。

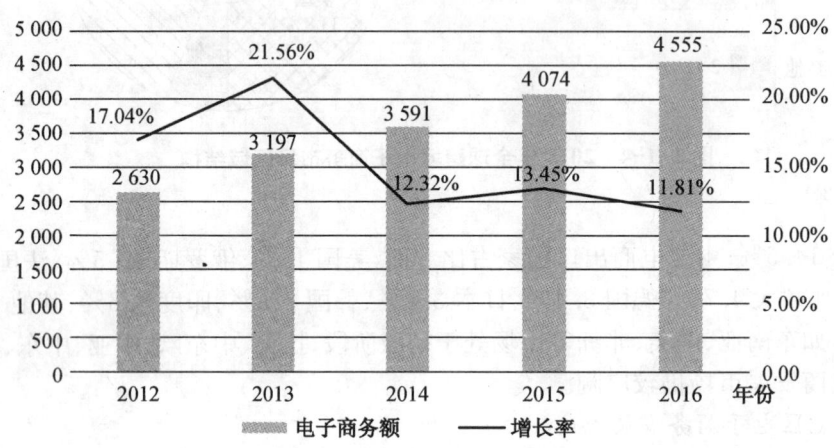

图1-1-6　2011—2016年欧盟电子商务额及增长率(单位:亿欧元)

在销售额方面,欧盟排名前五位的电子商务国家分别是英国(1 571亿欧元)、法国(649亿欧元)、德国(597亿欧元)、西班牙(182亿欧元)、意大利(160亿欧元)。

尽管仍远远落后于前三名——英国、德国和法国市场,欧洲东南部各国已成为欧洲增长最快的B2C电子商务市场。2015年欧洲电子商务销售额增长13.3%达到4 553亿欧元。其中,西欧(包括英国和法国)增长12.9%,中欧(包括德国)增长14.2%。

对于法国而言,2016—2017是电子商务发展速度相对放缓的一年。根据JDN(Le Journal du Net) 2017年第一季度的统计数据,法国B2C电子商务交易额的增长已下降至8.5%——1月仅为4.9%、2月10.7%、3月9.6%——低于2016年第四季度的12.1%和2016年全年的11.5%。近年来,由于经济增长放缓和外部冲击加大,法国电子商务成交订单的平均购买金额自2010年起不断下降。2010年法国电子商务成交订单的平均购买金额为93.1欧元(约合103美元),2016年全年的订单平均购买金额已降至69.64欧元(约合77.04美元)。

电子商务订单平均购买金额的下降对法国电子商务发展造成了较大影响。根据eMarketer的统计数据,2016年法国电子商务零售销售额为385.5亿美元,占总零售额百分比为6.3%。尽管eMarketer预计2017—2020年法国电子商务零售销售额占总零售额百分比有所提升,但总体上涨幅度仍然不大(见图1-1-7)[②]。

对比后可以发现,到2020年,法国预计实现电子商务零售销售额502.4亿美元,尚不足同年美国平板电脑类移动端实现电子商务零售销售额(1 102.1亿美元)的50%。为此,法国电子商务企业亦在积极尝试改变,如法国老牌电子商务企业Fnac在2016年7月获得政府批准后,在8月实现了与法国著名

---

[①] B2C E-commerce Report 2016. http://www.ecommerce-europe.eu/home.

[②] eMarketer. Western Europe Retail and Ecommerce: eMarketer's Estimates for 2016-2021 [EB/OL] (2017-07-17) [2018-04-20]. https://www.emarketer.com/Report/Western-Europe-Retail-Ecommerce-eMarketers-Estimates-20162021/2002092.

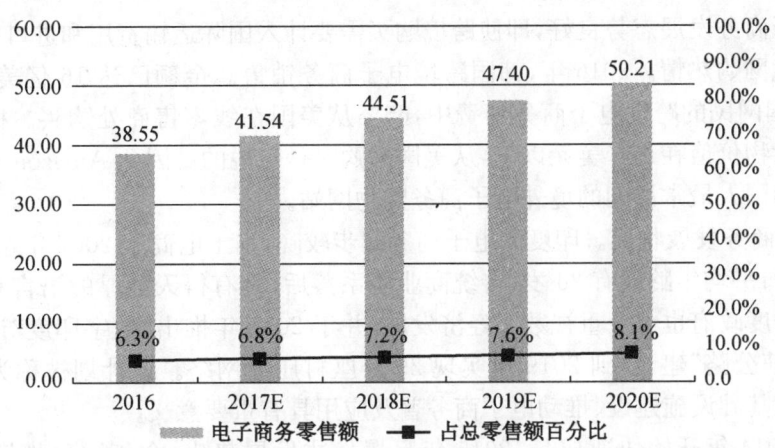

图 1-1-7　2016—2020 年法国电子商务零售销售额及占总零售额百分比（单位：十亿美元）

资料来源：eMarketer，2016.

电子产品零售商 Darty 的合并，并针对亚马孙在电子书、漫画等领域展开了一系列争夺市场的努力，使 2016 年的经营收入增长了 23%。

（3）韩国电子商务发展状况。电子商务是韩国整体消费市场的重要组成部分，作为固定宽带和智能手机互联网覆盖率接近 90% 的国家，韩国电子商务近年来一直快速增长。根据美国商务部统计，韩国国内电子商务销售额总体增长迅速，包括个人电脑和手机端的电子商务购买总金额从 2015 年的 476 亿美元增长至 2016 年的 559 亿美元。截至 2016 年 12 月，国内电子商务销售已占韩国零售总额的 17.9%。2016 年，韩国电子商务零售商品销售额达 191.2 亿美元，预计 2021 年将增至 325.6 亿美元（见图 1-1-8）[①]。

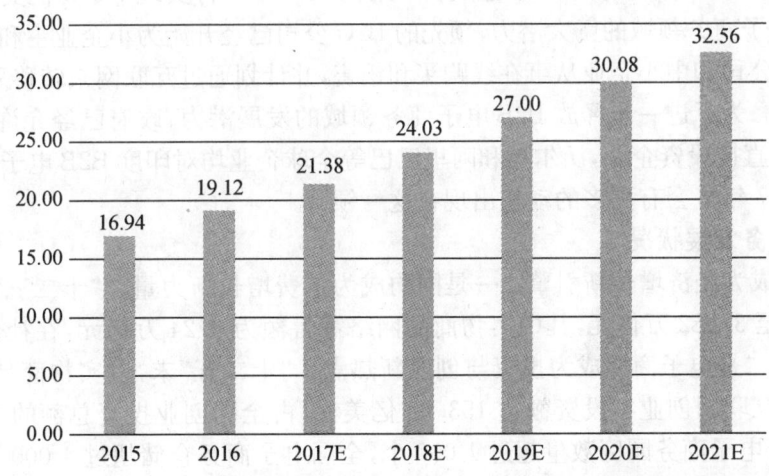

图 1-1-8　2015—2021 年韩国电子商务零售商品销售额（单位：十亿美元）

资料来源：U.S. Embassies，2016.

智能手机的高覆盖率是推动韩国电子商务市场快速增长的主要因素。2016 年，韩国移动电话端的电子商务销售总金额达到 310 亿美元，较 2015 年的 220 亿美元增长了 41%。与之对比，电脑端的销售总金额自 2015 年的 260 亿美元增加到了 2016 年的 270 亿美元，增幅仅为 3.85%。

---

① U. S. Department of Commerce. Korea-eCommerce [EB/OL] (2016-12-31) [2017-07-20]. https://www.export.gov/article?id=Korea-eCommerce.

韩国跨境电子商务发展态势良好,即使跨境购买需要计入国际运输费用和进口关税,韩国网民依然体现出极高的跨境网购热情。2016年,韩国跨境电子商务销售总金额已达16亿美元,较2015年增长了6.67%。在韩国网民的跨境电子商务消费中,65%从美国在线零售商处购买。根据自由贸易协定,快递服务邮寄的货物价值在200美元以下,从美国采购时是免税的。因此Amazon和eBay这样的多品牌在线零售商是韩国人最常访问的境外电子商务购物网站。

(4) 印度电子商务发展状况。印度的电子商务起步较晚,本土电商于2007年左右开始出现。但印度人口基数大、人口平均年龄仅有26岁,传统商业体系落后,具有得天独厚的语言和技术优势,未来的市场空间巨大。印度政府也十分重视数字经济发展,并于2015年推出"数字印度"计划,拟投入180亿美元加快"信息高速公路"建设,到2019年实现25万座村庄通网络。该计划被称为"印度未来的路线图",对加快信息化基础设施建设、推动电子商务普及应用具有重要意义。

印度电商从2014年开始快速成长,2015年呈爆发式发展势头,全年网民规模增长1.3亿,达到3.75亿,超过美国跃居世界第二位[①]。根据eMarketer报告,2015年印度网络零售成交额为140亿美元,增长130%,是亚太国家之中增长最快的[②]。

根据ASSOCHAM-Forrester统计数据,印度电子商务以每年51%的速度持续增长,达到世界最高水平。预计印度的电子商务销售总金额将从2016年的380亿美元跃升至2020年的1 200亿美元。

在印度电子商务市场上,Amazon、eBay等著名国际电商巨头与本土运营商(如Flipkart和Snapdeal)展开了激烈的市场竞争。由于电子商务行业与传统零售业不同,其在印度的进入壁垒相对较低,因此大批实体零售商纷纷进入电子商务领域,将电子商务作为增加销售额的崭新渠道。而在跨境电子商务领域,汽车、婴儿用品、玩具、服装、鞋类、可穿戴配件、饰品、手表、化妆品、保健品、数字娱乐和教育服务成为印度网民青睐的购买对象。尽管印度发展跨境电子商务受到了运输成本和进口关税较高、货币兑换困难等因素的制约,但其发展依然迅速。

此外,印度B2B电子商务市场也在快速成长,预计到2020年将实现7 000亿美元的市场规模。为了挖掘印度B2B电子商务领域的巨大潜力,领先的B2C公司已经开始为小企业主和交易商建立自己的平台。越来越多的公司和中小企业从事在线购买和销售,并计划通过互联网来转移采购交易,而不是以前的电子数据交换。为了进一步释放B2B电子商务领域的发展潜力,政府已经允许外资建立100%控股的B2B电子商务直接投资企业,沃尔玛和阿里巴巴等全球企业均对印度B2B电子商务领域表现出极大兴趣,预计在2017年将会有更多的动作出现在这一领域。

**2. 我国电子商务发展状况**

电子商务经济成为经济增长新引擎。一是网购成为消费增长新力量。"十二五"期间,网络零售额从7 500亿元猛增至3.882万亿元,其中实物商品网络零售额为3.24万亿元,在社会消费品零售总额中占比达10.8%。二是电子商务成为投资与创业新热点。"十二五"末,以实物商品、在线服务及数字产品交易为代表的互联网创业年投资额达153.62亿美元,占全国创业投资总额的28.5%。电子商务基础设施投资活跃,电子商务园区数量超过1 000个,全国电子商务仓储超过4 000万平方米。线上线下互动(O2O)、跨境电子商务、医疗健康、企业间电子商务交易(B2B)等成为投资与创业热点。三是跨境电子商务成为外贸增长新动力。跨境电子商务综合试验区建设取得阶段性成效,配套政策体系不断完善,交易规模快速增长,业务模式不断创新,成为新的外贸增长点。

电子商务"双创"催生规模化就业新领域。"十二五"末,全国开展在线销售的企业比例增至32.6%,电子商务服务业市场规模达到1.98万亿元,传统产业与新兴业态相关从业者达2 690万人。

---

① 数据来源:Internet World Stats,Internet Live Stats.
② eMarketer. 2015年亚太地区零售电子商务销售额8776.1亿美元[EB/OL](2015-12-24)[2016-04-23]. http://www.199it.com/archives/420790.html.

电子商务已成为各类企业创新发展的重要领域,培养了大量电子商务创业及经理人才,创造了许多新兴工作岗位,成为全面促进就业的有力支撑。

"电商扶贫"开辟"脱贫攻坚"新途径。2015年《中共中央国务院关于打赢脱贫攻坚战的决定》将"电商扶贫"正式纳入了精准扶贫工程,提出加大"互联网+"扶贫力度,实施电商扶贫工程,加快贫困地区物流配送体系建设。2014—2015年,财政部、商务部在256个县开展电子商务进农村综合示范建设,其中国家扶贫开发重点县和集中连片贫困县103个,占比40.2%。电子商务企业积极探索电子商务村、产业扶贫、创业扶贫、用工扶贫等"电商扶贫"方式。

1) 网民规模

中国互联网络信息中心数据显示,截至2017年12月,我国网民规模达7.72亿,全年共计新增网民4 074万人。普及率达到55.8%;手机网民规模达7.53亿,较2016年年底增加5 734万人,网民手机网上支付的使用比例由67.5%提升至68.8%。我国网络购物用户规模达到5.33亿,占网民比例为69.1%,相较2016年增长14.3%。其中,手机网络购物用户规模达到5.06亿,使用比例由63.4%增至67.2%,年增长率为14.7%,如图1-1-9所示。

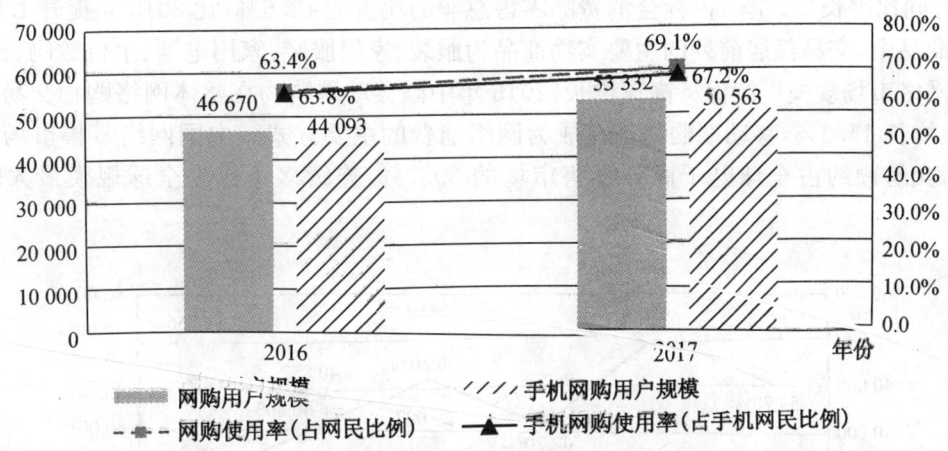

图1-1-9 2016—2017年网络购物/手机网络购物用户规模及使用率(单位:万人)

资料来源:中国互联网络信息中心,2017.

我国网民规模经历近10年的快速增长后,人口红利逐渐消失,网民规模增长率趋于稳定。2017年,中国互联网行业整体向规范化、价值化发展。首先,国家出台多项政策加快推动互联网各细分领域有序健康发展,完善互联网发展环境;其次,网民人均互联网消费能力逐步提升,在网购、O2O、网络娱乐等领域人均消费均有增长,网络消费增长对国内生产总值增长的拉动力逐步显现;最后,互联网发展对企业影响力提升,随着"互联网+"的贯彻落实,企业互联网化步伐进一步加快。

2) 电子商务交易规模

经过近20年积极推进和 ,"十二五"期间,我国电子商务交易规模从2011年的6万亿元增至2015 下同),已经成为全球规模最大、发展速度最快的电子商务

子商务交易额26.1万亿元,同比增长19.8%。相比2012—长34%,2016年的电子商务交易额增长率有所降低,如图急增长的发展阶段。

长态势,实物商品网上零售交易额占社会消费品零售总额 6年全国网上零售交易额为5.16万亿元,同比增长26.2%

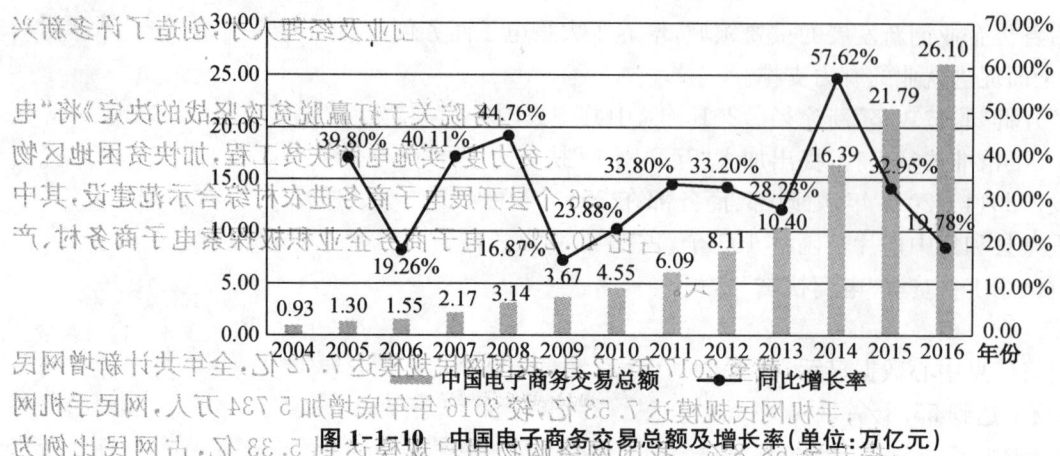

图 1-1-10 中国电子商务交易总额及增长率(单位:万亿元)

资料来源:国家统计局,2016.

(见图 1-1-11),其中 B2C 和 C2C 交易额分别为 2.82 万亿元和 2.34 万亿元。实物商品网上零售额 4.19 万亿元,同比增长 25.6%,占社会消费品零售总额的比重为 12.6%,比 2015 年提升 1.8 个百分点。在网上零售商品中,交易额居前列的主要实物商品为服装、家居服装、家用电器、手机数码、食品酒水、母婴等。移动网络市场规模继续保持高速增长,2016 年中国移动端购物在整体网络购物交易规模中占比 70.7%,同比增长 15.3%,移动端购物正在成为网络消费的主要方式。中国网络零售市场的国际影响力不断增强,交易额约占全球电子商务零售市场的 39.2%,连续多年成为全球规模最大的网络零售市场。

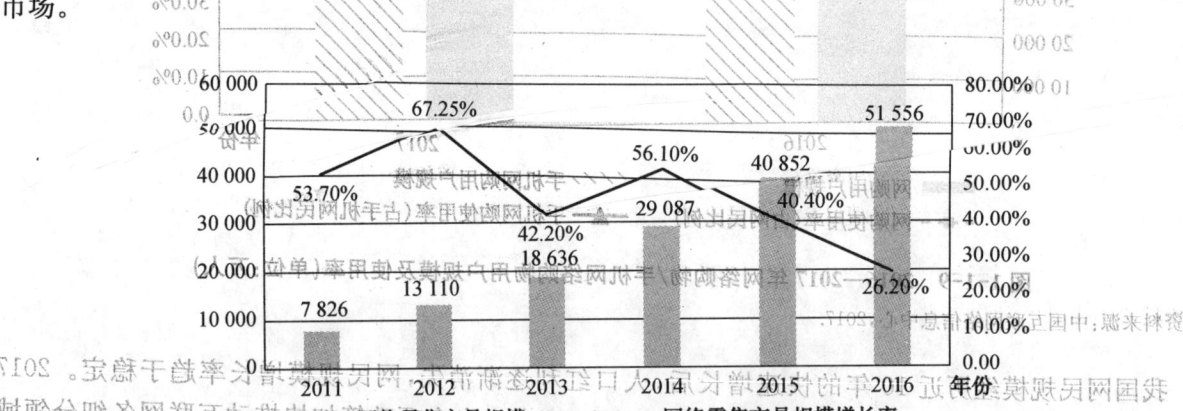

图 1-1-11 中国网络零售市场规模(单位:亿元)

资料来源:国家统计局,商务部《中国电子商务报告》2016.

**3. 我国电子商务发展趋势**

1) 跨境电商将成为电子商务新的发展重点

中国正在通过"一带一路"建设项目推动全球经济发展,跨境电商将在新形势下发挥重要作用。从大的环境来看,政府部门推进跨境电商的政策强势特征非常明显,主基调是大力扶持与推广。特别是在"一带一路"和"供给侧改革"思路的提出,跨境电子商务成为一个重要抓手,整个中国的制造业产业将在跨境电商的带领下跟随"一带一路"走向全球。

跨境电商的产品供应链生态体系将逐步趋于完善。拥有世界级的电子 3C、服装、鞋帽、家私、眼镜、珠宝、智能设备等中国加工制造产业链在跨境电商的引领下将真正实现"买全球、卖全球"。跨境电商将进一步拉动贸易增长,促进国内产业结构优化升级,充分对接国外优质需求,将更多物美价廉的商品输出到国外。跨境电商也将通过构建"网上丝绸之路"，扶持优质跨境电商企业，推动新时期外贸发展和国际合作。

2）零售业的新一轮革命将全面铺开

零售业经过百货商店、连锁商店、超级市场三次大的零售革命之后，正在迎来新的一轮革命性的变革。而这一轮的革命是在电子商务的大潮下产生的。作为电子商务的重要组成部分，网上零售带来了零售业的全新变革。网上零售不仅改变了交易模式，而且开始影响到供应端和供应链，物联网和智能技术的应用正在对整个行业产生深刻的改变。

零售业前三次的转变属于同一形式下不同模式的转变，而网上零售的转变却是由实体经营模式向虚拟经营模式的转变。后者对零售业发展的影响要比前者深远得多、广泛得多。而在这样一种转变过程中，现代信息技术是一种非常重要的、关键性的措施和手段，因为它是将传统零售与现代零售连接起来的最有效的桥梁。阿里巴巴提出的"新零售"概念，京东提出的"第四次零售革命"概念，都认为零售业将发生根本性的变革，以商品为中心的传统零售业将会转变为以消费者为中心的现代零售业。

3）平台经济的发展将跃上一个新台阶

伴随电子商务的深入发展，中国已经涌现出一批以大宗商品贸易平台、个人消费交易平台、专业服务支撑平台等为代表的平台经济型企业，以平台经济为代表的流通和交易模式创新深入发展，成为传统市场转型升级的重要方向。

未来几年，电子商务平台的发展，无论是在广度还是在深度上，都将跃上一个新的台阶。首先，它们提供的服务更倾向于一种综合而非单一的服务，所涉及的领域将不断拓展，集中度也将更加突出；其次，它们的服务模式将不断创新，呈现出交互的、跨地域的特征；最后，垂直型的交易平台和专业配套服务平台将进一步得到长足发展，这些平台将通过个性化的服务、完善的规则体系、多样化的功能和海量用户之间的互动，为电子商务生态圈的形成奠定坚实的基础。

4）IT新技术将在电子商务产业中发挥越来越重要的作用

未来几年，云计算、大数据、物联网、人工智能、虚拟现实等新技术将在电子商务发展中将发挥越来越重要的作用。

云计算将为更大交易量的网络购物节和日常网络交易提供稳定的技术支撑，云服务和大数据将在海关通关、自贸区和跨境电子商务综合实验区中大规模应用，以提高通关效率，实现"一次申报、一次查验、一次放行"，大幅度提高国际贸易便利化水平。

大数据的应用，为系统分析用户消费行为，提升电子商务网站精准营销的水平提供有力的保证，新的数字营销将完成从"消费者洞察"到"需求精准定向"到"线上线下整合"再到"效果精确衡量"乃至"大数据反馈"的闭环。电子商务从依靠流量的门户营销时代到搜索营销时代，如今已经进入到大数据营销时代，个性化营销为电子商务产业链向上下游延伸提供了很好的条件。在网络交易大数据的影响下，更多的定制生产和销售新模式将帮助生产性企业成功转型。

人工智能大潮已经来袭，这一领域的商业巨头布局完毕。阿里巴巴已经推出涵盖语音识别、图像识别、情感分析等技术的机器人和无人商店，京东的无人机送货，腾讯碳云智能公司在医疗保健领域、科大讯飞中文语音技术服务领域也都取得突破。人工智能成为电子商务企业新一轮的发展机遇。

虚拟现实技术（VR技术）的发展更深刻地改变人们认知世界的方式，成为电子商务提供场景重现的重要解决方案。虚拟现实技术正在向游戏、视频、零售、教育、医疗、旅游等领域延伸。各类电商企业将继续加快这一领域的资本投入、产品创新和市场推广。

电子签名技术的应用将取得重大突破。2016年8月，中国银监会、工信部、公安部、国家互联网信息办公室联合发布了《网络借贷信息中介机构业务活动管理暂行办法》。该办法第22条规定各方参与网络借贷信息中介机构业务活动，需要对出借人与借款人的基本信息和交易信息等使用电子签名和电子认证。《办法》的颁布使得《中华人民共和国电子签名法》时隔十余年重新回归公众视野,从操作层面上确认了电子签名应用于网贷合同签署中的合法地位。以数字认证为核心技术的法大大、大家签、中国云签等公司成为P2P行业电子签名应用的有力推动者,微贷网、投哪网、借贷宝等知名P2P网贷平台也纷纷加入电子签名的实践中。电子签名的应用将成为P2P行业发展全新的增长点,不仅对互联网金融,而且对整个电子商务领域都产生了不容忽视的带动作用。

5) 电子商务的运营环境将更加规范

《中华人民共和国电子商务法(草案)》正在广泛征求意见,正式版本有望在2018年出台。相关的法律法规,如反不正当竞争法、中小企业促进法、农民专业合作社法等也列入全国人大立法计划,电子商务法的运营环境将更加规范。

针对电子商务领域的严重违法违规问题,包括网络欺诈、虚假促销、个人信息泄露等,国家有关部门将强化电子商务监管,继续开展网上打击假冒伪劣专项行动,深入推进重点领域消费维权,积极开展网络交易监管执法,落实消费环节经营者首问制度和赔偿先付制度。国家工商行政管理总局启动的"全国第三方网络商品交易平台监管系统"和"全国电子商务网站监管服务系统"将以信用监管为核心,着力构建事中事后监管新机制,建立健全信用联动监管机制,协调有关部门联合出台惩戒措施;并充分运用大数据资源,建立全国统一的"经营异常名录系统库"和"严重失信名单库",实现部门和地区间对企业严重失信信息的全面共享和有效利用。

2016年,中国基于对电子商务领域的商业和法律实践的深入思考和总结,提出了网上争议解决的中国方案。中国方案对美国、欧盟方案进行了整合,提出了进一步的制度创新,得到了联合国国际贸易法委员会成员国的广泛支持,最终推动通过了《网上争议解决的技术指引》出台。在中国的经济发展得益于对外开放,得益于贸法会的法律文件和其他国家法律实践的同时,中国也将为国际社会提供更多的电子商务的法律规范的公共产品。

## 1.2 电子商务的概念

### 1.2.1 电子商务的定义

电子商务的产生和发展不仅改变了传统的交易模式,而且也改变了商业伙伴之间建立的合作关系模式以及计算机应用平台的模式。电子商务是在20世纪90年代兴起于美国、欧洲等发达国家的一个新概念。1997年,IBM公司第一次使用了电子商务(Electronic Business,E-Business)一词,后来电子商务一词的使用慢慢普遍起来。电子商务包含两个方面的内容:一是电子方式,二是商贸活动。电子商务指的是利用简单、快捷、低成本的电子通信方式,买卖双方不见面地进行各种商贸活动。事实上,目前还没有一个较为全面、确切的定义,国际组织、各国政府及企业都是依据自己的理解和需要来给电子商务下定义的。

**1. 国际组织对电子商务的定义**

世界贸易组织(World Trade Organization,WTO)认为,电子商务是通过电子方式进行货物和服务的生产、销售、买卖和传递。这一定义奠定了审查与贸易有关的电子商务的基础,也就是继承关贸总协定(General Agreement on Tariffs and Trade,GATT)的多边贸易体系框架。

经济合作与发展组织(OECD)认为,电子商务一般是指以网上数字的处理和传输为基础的组织和个人之间的商业交易。这里的网络既可以是开放的网络,如互联网,也可以是能够通过网关连接到开放网的网络,所传输的数据包括文件、声音和图像。

联合国国际贸易程序简化工作组认为,电子商务是采用电子形式开展的商务活动,它包括供应商、客户、政府及其参与方之间通过任何电子工具，如 EDI、Web 技术、电子邮件等共享非结构化或结构化商务信息，并管理和完成在商务活动、管理活动和消费活动中的各种交易。

全球信息基础设施委员会(GIIC)电子商务工作委员会认为，电子商务是运用电子通信手段进行的经济活动，包括对产品和服务的宣传、购买和结算。

加拿大电子商务协会对电子商务的定义是：电子商务是通过数字通信进行商品和服务的买卖以及资金的转账，它还包括公司间和公司内利用 E-mail、EDI、文件传输、传真、电视会议、远程计算机联网所能实现的全部功能（如市场营销、金融结算、销售以及商务谈判）。

**2. 各国政府对电子商务的定义**

美国政府在其《全球电子商务纲要》中比较笼统地指出：电子商务是指通过互联网进行的各项商务活动，包括广告、交易、支付、服务等活动。全球电子商务将会涉及各个国家。

中国政府的观点是：电子商务是网络化的新型经济活动，即基于互联网、广播电视网和电信网络等电子信息网络的生产、流通和消费活动，而不仅仅是基于互联网的新型交易或流通方式。电子商务涵盖了不同经济主体内部和主体之间的经济活动，体现了信息技术网络化应用的根本特性，即信息资源高度共享、社会行为高度协同所带来的经济活动的高效率和高效能。

**3. 企业对电子商务的定义**

IBM 提出了一个电子商务的定义公式，即电子商务＝Web＋IT(Information Technology，信息技术)。它所强调的是在网络计算环境下的商业化应用，是把买方、卖方、厂商及其合作伙伴在互联网(Internet)、企业内部网(Intranet)和企业外部网(Extranet)结合起来的应用。电子商务是采用数字化方式进行商务数据交换和开展商务业务的活动，是在互联网的广阔联系与传统信息技术系统的丰富资源相结合的背景下应运而生的一种相互联系的动态商务活动。显然，"数字化＋商务""互联网＋传统技术"是 IBM 观点的精髓。

HP 公司认为，电子商务是指从售前服务到售后支持的各个环节实现电子化、自动化，它能够使我们以电子交易手段完成物品和服务等价值交换。

**4. 对电子商务的进一步理解**

综合上述观点，可以对电子商务给出如下定义：电子商务是各种具有商业活动能力和需求的实体（生产企业、商贸企业、金融企业、政府机构、个人消费者等）为了跨越时空限制和提高商务活动效率，而采用计算机网络和各种数字化传媒技术等电子方式实现商品交易和服务交易的一种贸易形式。电子商务有狭义和广义之分。狭义的电子商务称作电子交易，主要是指利用 Web 提供的通信手段在网上进行的交易，包括电子商情、网络营销、网络贸易、电子银行等。广义的电子商务是包括电子交易在内的、利用 Web 进行的全面商业活动，如市场调查、财务核算、生产计划安排、客户联系、物资调配等，所有这些活动涉及企业内外。

一般而言，电子商务应包括以下几层含义。

(1) 采用多种电子方式，特别是通过互联网。

(2) 实现商品交易、服务交易（其中包含人力资源、资金、信息服务等）。

(3) 包含企业间的商务活动，包含企业内部的商务活动（生产、经营、管理和财务等）。

(4) 涵盖交易的各个环节，如询价、报价、订货和售后服务等。

(5) 电子方式是形式，跨越时空、提高效率是主要目的。

## 1.2.2 电子商务的主要功能

电子商务通过互联网可提供在网上的交易和管理的全过程的服务，具有对企业和商品的广告宣传、交易的咨询洽谈、客户的网上订购和网上支付、销售前后的服务传递、客户的意见征询、对交易过程的管理等各项功能。

**1. 广告宣传**

电子商务使企业可以通过自己的 Web 服务器、网络主页（Home Page）和电子邮件（E-mail）在全球范围内做广告宣传，在互联网上宣传企业形象和发布各种商品信息，客户用网络浏览器可以迅速找到所需的商品信息。与其他各种广告形式相比，网上的广告成本最为低廉，而给顾客的信息量却最为丰富。

**2. 咨询洽谈**

电子商务使企业可借助非实时的电子邮件、新闻组（News Group）和实时的讨论组来了解市场和商品信息，洽谈交易事务；如有进一步的需求，还可用网上的白板会议（Whiteboard Conference）、电子公告板（BBS）来交流即时的信息。在网上的咨询和洽谈能超越人们面对面洽谈的限制，且可提供多种方便的异地交谈形式。

**3. 网上订购**

企业的网上订购系统通常都是在商品介绍页面提供十分友好的订购提示信息和订购交互表格，当客户填完订购单后，系统回复确认信息单表示订购信息已收悉。电子商务的客户订购信息采用加密的方式对客户和商家的商业信息进行保密。

**4. 网上支付**

网上支付是电子商务交易过程中的重要环节。客户和商家之间可采用信用卡、电子钱包、电子支票和电子现金等多种电子支付方式进行网上支付，采用电子支付方式可节省交易的开销。对于网上支付的安全问题现在已有实用的技术来保证其安全性。

**5. 服务传递**

电子商务通过服务传递系统将客户所订购的商品尽快地传递到已订货并付款的客户手中。对于有形的商品，服务传递系统可以通过网络对在本地或异地的仓库或配送中心进行物流的调配，并通过物流服务部门完成商品的传送；而对于无形的信息产品，如软件、电子读物、信息服务等则立即从电子仓库中将商品通过网络直接传递到用户端。

**6. 意见征询**

企业的电子商务系统可以采用网页上的"选择""填空"等形式及时收集客户对商品和销售服务的反馈意见，这些反馈意见能提高线上、线下交易的售后服务水平，使企业获得改进产品、发现新市场的商业机会，使企业的市场运作形成一个良性的封闭回路。

**7. 交易管理**

电子商务的交易管理系统可以借助网络快速、准确地收集大量数据信息，利用计算机系统强大的处理能力，针对与网上交易活动相关的人、财、物、客户及本企业内部事务等各方面进行及时、科学、合理的协调和管理。

电子商务的上述功能，为网上交易提供了良好的交易服务和实施管理的环境，使电子商务的交易过程得以顺利和安全地完成，并可以使电子商务获得更广泛的应用。需要指出的是，这里所说的电子商务的功能只是电子商务的直接功能，其他一些派生功能，如电子商务促进产业结构合理化功能等没有阐述。

## 1.3 电子商务的分类与特征

### 1.3.1 电子商务的分类

电子商务可以从不同的角度进行分类，具体如表 1-3-1 所示。

表 1-3-1　电子商务的分类

| 分类标准 | 电子商务 |
| --- | --- |
| 参与交易对象 | B2B、B2C、B2G、C2C、C2B、C2G、B2B2C 等 |
| 应用平台 | 专用网（EDI）、互联网、内联网（Intranet）、电话网（固定电话和移动电话）等 |
| 商务活动形式 | 直接电子商务、间接电子商务、O2O 电子商务、网络团购等 |
| 服务行业类型 | 金融电子商务、旅游电子商务、娱乐（包括游戏）电子商务、房地产电子商务、交通运输电子商务、医药卫生电子商务等 |

**1. 按参与交易的对象不同划分**

1）企业与企业之间的电子商务

企业与企业之间的电子商务，即 B2B（Business to Business）电子商务。这是在企业之间（包括制造商与批发商之间、批发商与零售商之间）直接进行的网络交易。

B2B 电子商务分为特定企业间的电子商务和非特定企业间的电子商务。特定企业间的电子商务是指具有经常性交易关系的企业间利用网络进行的交易活动，包括订货、接收发票和付款。非特定企业间的电子商务是在开放的网络中对每笔交易寻找最佳交易伙伴，与伙伴进行从订购到结算的全部交易行为。

按照电子商务交易网站（平台）模式的不同，B2B 电子商务还可以分为综合 B2B 模式、垂直 B2B 模式、自建 B2B 模式以及关联行业 B2B 模式。

综合 B2B 模式在网站上聚集了分布于各个行业中的大量客户群，供求信息来源广泛，通过这种模式供求信息可以得到较高的匹配。阿里巴巴网站是这种模式的典型（见图 1-3-1）。但综合 B2B 模式缺乏对各行业的深入理解和对各行业资源的深层次整合，导致供求信息的精准度不够，进而影响到买卖双方供求关系的长期确立。

垂直 B2B 模式着力整合、细分行业资源，以专业化的平台打造符合各行业特点的信息化服务，提高供求信息的精准度。网盛科技是这种模式的代表（见图 1-3-2）。垂直 B2B 模式避开了综合 B2B 模式的优势和锋芒，明确了供求关系，使供求双方形成了牢固的交易关系。

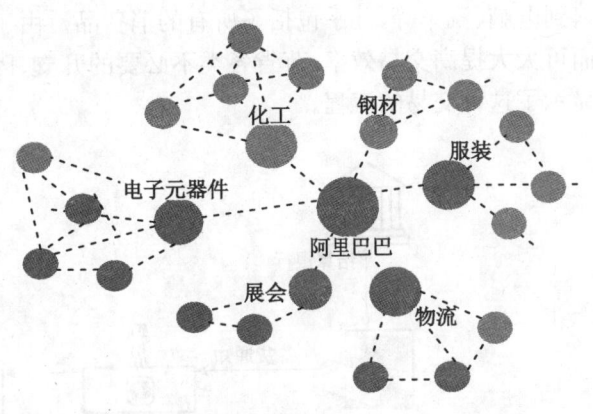

图 1-3-1　综合 B2B 模式（以阿里巴巴为例）

但垂直 B2B 模式容易导致供求信息的广泛性不足。此外，随着垂直网站的发展，自身行业专家不足的问题也会逐步显现，进而遇到发展"瓶颈"。

行业龙头企业自建 B2B 模式是大型行业龙头企业基于自身的信息化建设程度，搭建以自身产品供应链为核心的行业化电子商务平台。行业龙头企业通过自身的电子商务平台，串联起行业整条产业链，供应链上下游企业通过该平台实现信息、沟通、交易。但此类电子商务平台过于封闭，缺少产业链深度整合，若不能独立成为电子商务 B2B 交易平台，则不能适应未来市场发展的需要。中国石油、中国石化、宝钢集团等都采用这种模式。其基本架构，如图 1-3-3 所示。

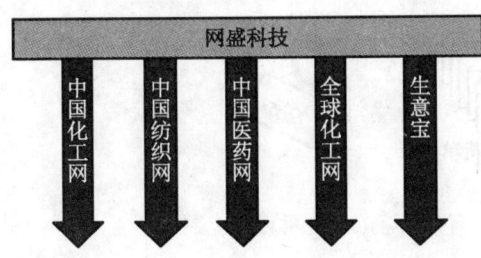

图 1-3-2　垂直 B2B 模式（以网盛科技为例）

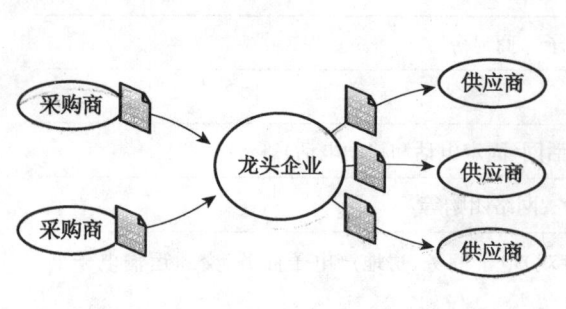
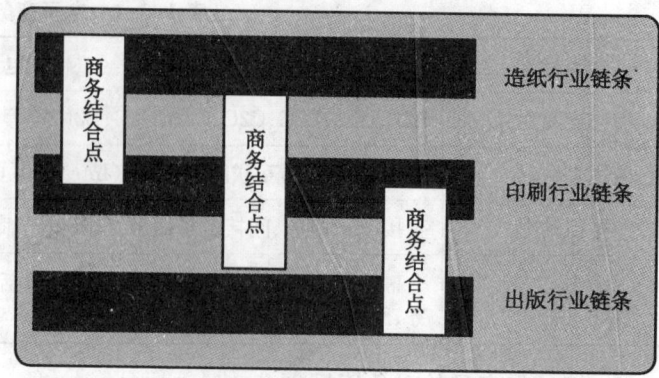

图 1-3-3　行业龙头企业自建 B2B 模式　　　　图 1-3-4　造纸、印刷和出版行业交易平台的融合

关联行业 B2B 模式是相关行业为了提升目前电子商务交易平台信息的广泛程度和准确性,整合综合 B2B 模式和垂直 B2B 模式而建立起来的跨行业电子商务平台,如中华印刷包装网。图 1-3-4 是造纸、印刷和出版行业交易平台融合的示意图。

2) 企业与消费者之间的电子商务

企业与消费者之间的电子商务,即 B2C(Business to Customer)电子商务,是人们最熟悉的一种电子商务类型,这类电子商务主要是借助于互联网所开展的在线式销售活动。大量的网上商店利用互联网提供的双向交互通信,完成在网上进行购物的过程。最近几年,随着互联网的发展,这类电子商务的发展异军突起。例如,在互联网上目前已经出现许多大型超级市场,所出售的产品一应俱全,从食品、饮料到电脑、汽车等,几乎包括了所有的消费品。由于这种模式可节省客户和企业双方的时间和空间,从而可大大提高交易效率,节省各类不必要的开支,因而得到了人们的认同,获得了迅速发展。图 1-3-5 显示了这种交易的流程。

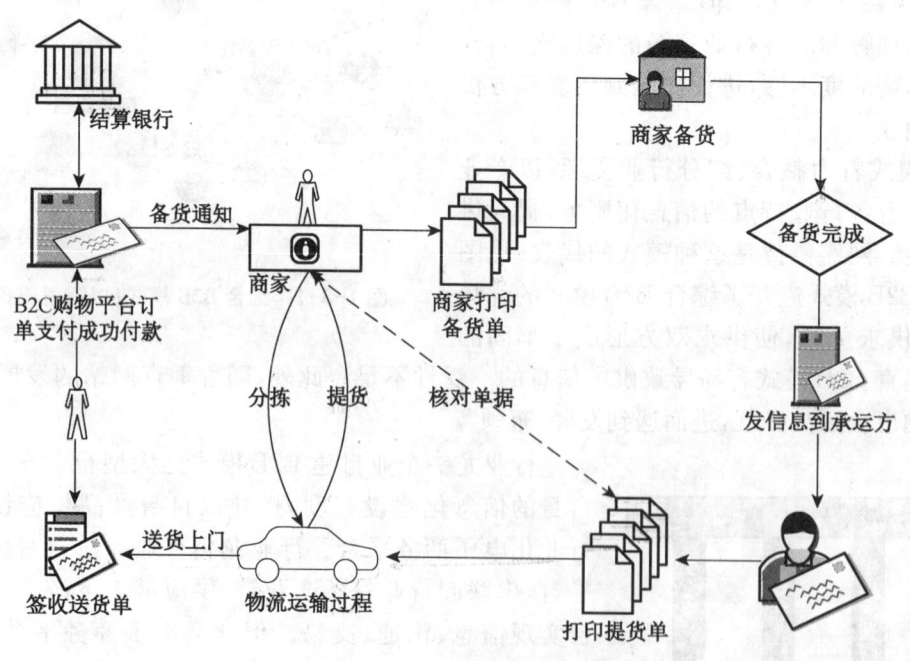

图 1-3-5　B2C 电子商务交易流程

3) 企业与政府之间的电子商务

企业与政府之间的电子商务,即 B2G(Business to Government)电子商务,包括政府采购、税收、商

检、社会保障、管理条例发布等。一方面,政府作为消费者,可以通过互联网发布自己的采购清单,公开、透明、高效、廉洁地完成所需物品的采购;另一方面,政府可以通过电子商务方式充分、及时地对企业实施宏观调控、指导规范、监督管理等职能。借助于网络及其他信息技术,政府职能部门能更及时、全面地获取所需信息,做出正确决策,做到快速反应,能迅速、直接地将政策法规及调控信息传达到企业,从而起到管理与服务的作用。在电子商务中,政府还有一个重要作用,就是对电子商务的推动、管理和规范作用。

4) 消费者与消费者之间的电子商务

消费者与消费者之间的电子商务,即C2C(Consumer to Consumer)电子商务。其构成要素,除了包括买卖双方外,还包括电子商务交易平台提供商,买卖双方通过电子商务交易平台提供商提供的在线交易平台,如淘宝网、拍拍网,发布商品信息,从事交易活动。

在C2C模式中,电子商务交易平台提供商扮演着举足轻重的角色。首先,平台提供商为买卖双方提供技术支持服务,包括帮助建立个人店铺、发布产品信息、提供支付手段等;其次,交易平台汇集了大量商务信息,将买卖双方聚集在一起;最后,平台提供商往往还担负监督和管理的职责,负责对交易行为进行监控,对买卖双方的诚信进行监督和管理。

图1-3-6是淘宝网C2C交易的流程图。

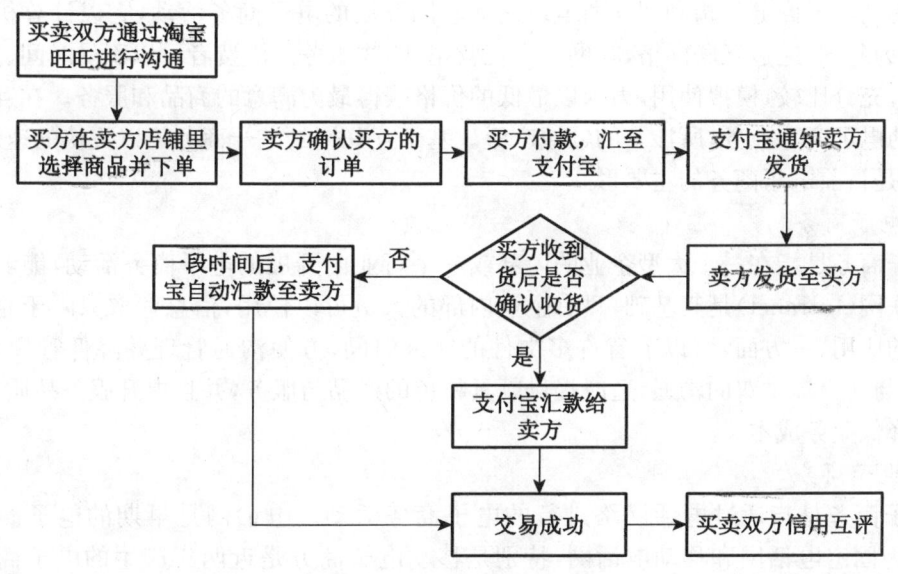

图1-3-6 淘宝网C2C交易流程

5) 消费者对企业的电子商务

消费者对企业的电子商务,即C2B(Consumer to Business)电子商务,是指消费者聚集起来进行集体议价,把价格主导权从厂商转移到自身,以便同厂商进行讨价还价。这种模式充分利用Internet的特点,把分散的消费者及购买需求聚合起来形成类似于集体团购的订单。在采购过程中,以数量优势同厂商进行议价谈判争取最优惠折扣。个体消费者可以享受到以批发商价格购买单件商品的实际利益,从而增加了其参与感与成就感。

6) 消费者与政府之间的电子商务

消费者与政府之间的电子商务,即C2G(Customer to Government)电子商务,指的是政府对个人的电子商务和业务活动。这类电子商务活动目前还不多,但应用前景广阔。居民的登记、统计和户籍管理以及征收个人所得税和其他契税、发放养老金、失业救济和其他社会福利是政府部门与社会公众个人日常关系的主要内容,随着我国社会保障体制的逐步完善和税制改革,政府和个人之间的直接经济往来会越来越多。

7) 供应商与企业、企业与消费者之间的电子商务

供应商与企业、企业与消费者之间的电子商务,即 B2B2C(Business to Business to Consumer)电子商务,是将 B2B 和 B2C 两种电子商务模式整合。该模式的思想是以 B2C 为基础,以 B2B 为重点,将两个商务流程衔接起来,从而形成一种新的电子商务模式。由于在 B2C 模式中,零售的特点决定了商家配送工作的复杂性,同时个体消费者又不肯为了原本低价的商品付出相对高额的配送费用,这种特性使得 B2C 模式面临着巨大的挑战。针对这种情况,在 B2C 模式中引入 B2B 模式,即把经销商作为销售渠道的下游引进,从而形成了 B2B2C 电子商务模式。

### 2. 按电子商务应用平台划分

1) 利用专用网的电子商务

利用专用网的电子商务就是利用 EDI 网络进行电子交易。EDI 是按照一个公认的标准和协议,将商务活动中涉及的文件标准化和格式化,通过计算机网络,在贸易伙伴的计算机网络系统之间进行数据交换和自动处理。EDI 主要应用于企业与企业、企业与批发商、批发商与零售商之间的批发业务。EDI 电子商务在 20 世纪 90 年代已得到较大的发展,技术上也较为成熟,但是因为开展 EDI 对企业的管理、资金和技术要求较高,因此至今尚未普及。

2) 基于互联网的电子商务

基于互联网的电子商务是指利用连通全球的互联网开展的电子商务活动,它以计算机、通信、多媒体、数据库技术为基础,通过互联网络,在网上实现营销、购物服务。消费者可以不受时间、空间、厂商的限制,广泛浏览,充分比较,模拟使用,力求以最低的价格获得最为满意的商品和服务。在互联网上可以进行各种形式的电子商务业务,所涉及的领域广泛。基于互联网的电子商务正以飞快的速度发展,且其前景十分可观,是目前电子商务的主要形式。

3) 内联网电子商务

内联网电子商务是指在一个大型企业的内部或一个行业内开展的电子商务活动,能够形成一个商务活动链。内联网(Intranet)是其基础,只有企业内部的人员可以使用,信息存取只限于企业内部。内联网电子商务的应用,一方面,可以节省许多文件的往来时间,方便沟通管理并降低管理成本;另一方面,可通过网络与客户提供双向沟通,适时提供颇具特色的产品与服务,并且提升服务品质,可以大大提高工作效率和降低业务成本。

4) 电话网电子商务

电话网电子商务是指通过电话网络进行的电子商务活动。电话网是早期的电子商务工具。电话网现在可分为固定电话网和移动电话网,特别是移动电子商务是近两年产生的电子商务的一个新的分支。移动电子商务利用移动网络的无线连通性,允许各种非 PC 设备(如手机、PDA、车载计算机、便携式计算机)在电子商务服务器上检索数据,开展交易。目前,移动电子商务已成为电子商务的新亮点。

### 3. 按照商务活动形式分类

按照商务活动的形式分类,电子商务可以分为 4 种形式。

1) 直接电子商务

直接电子商务用于数字产品和服务的网上交易,包括计算机软件、娱乐内容、旅游产品、信息文献的网上交易等。直接电子商务在订货、支付和配送单方面都实现了网上操作,是纯粹的电子商务。

2) 间接电子商务

间接电子商务应用于有形货物的电子购物,它采用网上订购,网下配送的方法,仍然需要利用传统渠道(如邮政服务和商业快递)送货或交割(如房地产产品)。

3) O2O 电子商务

O2O 即 Online to Offline,它把线上的消费者带到现实的商店中去,在线支付线下商品和服务,再到线

下去获取货物或享受服务(见图 1-3-7)。对商家来说,O2O 模式成为商家了解消费者购物信息的渠道,进而达成区域化精准营销的目的;同时,也在一定程度上降低了商家对店铺地理位置的依赖,减少了租金方面的支出。对消费者而言,O2O 提供了丰富、全面、及时的本地商家的产品与服务信息,能够快捷筛选并订购适宜的商品或服务,且价格实惠。

4) 网络团购

网络团购是指一定数量的消费者在一定时间内通过因特网渠道组成一定数量的购买群体,以折扣购买同一种商品(见图 1-3-8)。这种电子商务模式需要将消费者聚合并形成一定规模才能形成交易,常常需要即时通信(Instant Messaging)和社交网络(SNS)作为支持。

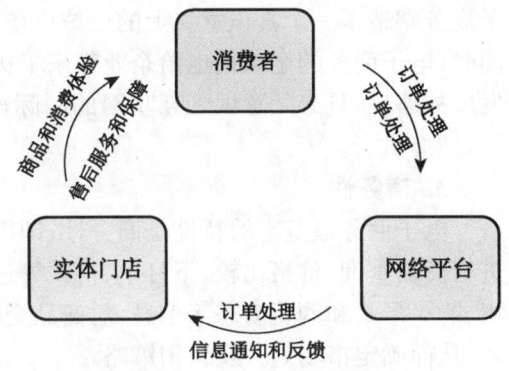

图 1-3-7　O2O 模式示意图

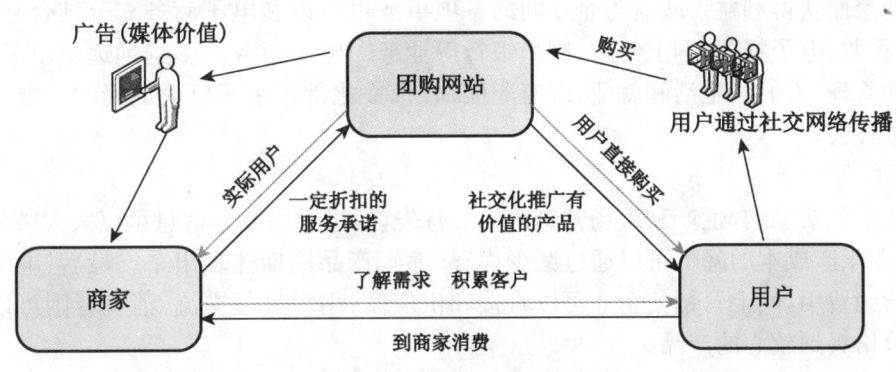

图 1-3-8　团购模式示意图

**4. 按照服务行业类型分类**

按照服务行业的特点,电子商务可以分为若干不同的类型,如金融电子商务、旅游电子商务、娱乐(包括游戏)电子商务、房地产电子商务、交通运输电子商务、医药卫生电子商务等。相对于其他电子商务形式,这些类型的电子商务具有相当现实的盈利点。因为它们主要都是提供信息服务,而较少涉及实物运输,无需用很大精力解决复杂的物流配送问题。它们可以采用 B2B、B2C、C2C、C2B 等多种形式,具有用户范围广、营运成本低、无时空限制以及能同用户直接交流等特点。

## 1.3.2　电子商务的特征

电子商务在全球各地通过计算机网络进行并完成各种商务活动、交易活动、金融活动和相关的综合服务活动。它与传统的商务活动有着较大的区别,具体表现为以下特征。

**1. 虚拟性**

电子商务的贸易双方,从贸易磋商、签订合同到支付等无须当面进行,均通过计算机网络完成,整个交易完全虚拟化。对卖方来说,可以到网络管理机构申请域名,制作自己的主页,组织产品信息上网。而买方则可以通过虚拟现实、网上聊天等新技术将自己的需求信息、反馈给卖方。通过信息的相互交换,最终签订电子合同,完成交易并进行电子支付,整个交易都在虚拟的环境中进行。

**2. 全球性**

全球性是指电子商务是在互联网络环境下,把整个世界变成了"地球村",经济活动也扩展到全球范围内进行,把空间因素和地理距离的制约降到了最低限度,不再受国家地域的限制。互联网是一个开放的全球计算机网络,几乎遍布世界的每一个角落。在此基础上的电子商务,突破了地理空间的界限。电子商务塑造了一个真正意义上的全球市场,打破了传统市场在时间、空间和流通上都存在的各种障碍。同时,电子商务的全球化也给企业带来了机遇和挑战。在激烈的国际竞争中,要求企业重新审视自己的发展战略,而且必须意识到互联网的国际性和对经济发展的重要作用,以全球经营的战略目光迎接挑战,把握机会。

### 3. 商务性

电子商务最基本的特性是商务性,即提供买卖双方交易的服务、手段和机会,通过万维网客户可以进行商品查询、价格比较、下订单、付款等过程来完成商品的购买;供应商可以记录客户的每次访问、销售、购买形式和购货动态等信息,对商品交易的过程进行处理,并通过统计相应的数据分析客户购买心理,从而确定市场划分及营销策略。

### 4. 广泛性

电子商务是一种新型的交易方式,无论是跨国公司还是中小企业,都可以通过电子商务方式找到新的市场和盈利机会,消费者也可以在电子商务中获得价格上的实惠,更可以通过自由的网络拍卖网站使自己成为一个商家而获得利益。政府与企业间的各项事务也可以和电子商务充分结合起来,开展网上政府采购、网上税收、电子报关、网上年审、网上银行等业务。电子商务的影响远远超出了商务本身,它对社会的生产和管理、人们的生活和就业、政府职能、教育文化都带来了巨大的影响。电子商务将人类真正带入了信息社会。

### 5. 低成本性

企业运营成本包括采购、生产和市场营销成本。首先,通过网络收集信息可以大大减少公司的采购步骤。其次,企业生产成本的降低可以通过减少库存、缩短产品周期体现出来。最后,电子商务可以大大降低企业的营销费用,网上营销使企业可以直接和供应商、用户进行交流,消费者则可以直接从生产厂家以更低的价格买到放心的产品。

### 6. 高效性

由于互联网将贸易中商业报文标准化,使商业报文能在世界各地短时间内完成传递和接受计算机自动处理,同时原料采购、产品生产、需求与销售、银行汇兑、货物托运等环节均无须工作人员干预即可在最短的时间内完成。在传统的商务中,用信件、电话和传真传递信息必须有人的参与,每个环节必须花不少的时间,有时由于人员合作及工作时间的问题,会延误传输时间,失去最佳的商机。电子商务克服了传统商务中存在的费用高、易出错、处理速度慢等缺点,极大地缩短了交易时间,使整个交易非常快捷与方便。

### 7. 互动性

互联网本身的双向沟通特性,使得电子商务的交易模式由传统的单向传播(指消费者被动地接受企业的产品或服务)变为互动沟通。一方面,企业可以利用这一特性为每位访客制定专门的网站服务,使每位访问者都会有不同的经历,让客户觉得与交易对方由陌生人变成了贴心的老朋友;另一方面,用户可以按自己的兴趣要求主动搜索网站,因而,不能对顾客群进行有效细分的企业将直接被顾客所淘汰。

### 8. 集成性

电子商务能通过互联网协调新老技术,使用户能行之有效地利用他们已有的资源和技术,更加有效地完成他们的任务;它能规范事务处理的工作流程,将人工操作和电子信息处理集成为一个不可分割的整体。

### 9. 安全性

电子商务是一个开放的平台,安全是非常重要的因素。对于客户而言,无论网上的物品如何具有吸引力,缺乏安全性的交易会被取消。企业和企业间的交易更是如此。在电子商务中,安全性是必须考虑的核心问题。欺骗、窃听、病毒和非法入侵都在威胁着电子商务,因此要求网络能提供一种端到端的安全解决方案,包括加密机制、签名机制、分布式安全管理、存取控制、防火墙、安全万维网服务器、防病毒保护等。为了帮助企业创建和实现这些方案,国际上多家公司联合开展了安全电子交易的技术标准和方案研究,并发表了SET(安全电子交易)和SSL(安全套接层)等协议标准,使企业能建立一种安全的电子商务环境。随着技术的发展,电子商务的安全性也会相应得以增强,并作为电子商务的核心技术。

**10. 协调性**

商务活动是一种协调过程,它需要雇员和客户、生产方、供货方以及商务伙伴间的协调。为了提高效率,许多组织都提供了交互式的协议,电子商务活动可以在这些协议的基础上进行。传统的电子商务解决方案能加强公司内部的相互作用,电子邮件就是其中一种。但那只是协调员工合作的一小部分功能。利用万维网将供货方与客户相连,并通过一个供货渠道加以处理,这样公司就节省了时间,消除了纸张文件带来的麻烦并提高了效率。电子商务是迅捷简便的、具有友好界面的用户信息反馈工具,决策者们能够通过它获得高价值的商业情报、辨别隐藏的商业关系和把握未来的趋势。因而,他们可以做出更有创造性、更具战略性的决策。

**11. 服务性**

在电子商务环境中,人们不再受地域的限制,客户能够非常方便地完成过去较为繁杂的商务活动。因此,在电子商务环境下,企业的服务质量成为商务活动取得成功的一个关键因素。

**12. 可扩展性**

为了电子商务能正常运作,系统的软、硬件必须能够迅速扩展,要确保其可扩展性,并且可扩展的系统是稳定的系统。随着计算机和网络技术的快速发展,作为其应用的电子商务无论在规模上还是形式上都有了巨大的发展,不断契合技术特征的电子商务交易方式有力地推动着经济的发展,包括从简单的信息传输到构建数字化交易平台,从初始的 E-mail 身份认证到数字签名。电子商务交易形式的高速发展使得相应的法律法规要更加完善、更加配套,以适应电子商务的发展。

## 1.4 电子商务基本框架

### 1.4.1 电子商务概念模型

电子商务的概念模型是对现实世界中电子商务活动的一般抽象描述,它由电子商务实体、电子交易市场、交易事务和物流、资金流、信息流、商流等基本要素组成,如图1-4-1所示。

**1. 电子商务实体**

在电子商务概念模型中,电子商务实体是指能够从事电子商务的客观对象,如消费者、企业、网上银行、认证中心、政府机构、物流中心和中介机构等。

1) 消费者

消费者是电子商务交易过程中占主导地位的主体,是经济活动不可缺少的重要一环,在电子商务中其角色定位明确,也比较容易理解。

2) 企业

企业是电子商务最主要的推动者和受益者。

3) 网上银行

网上银行在互联网上实现传统银行的业务,为用户提供24小时实时服务;与信用卡公司合作,发放

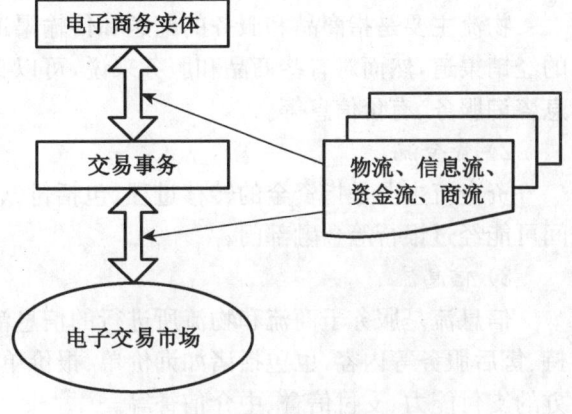

图1-4-1 电子商务的概念模型

电子钱包,提供网上支付手段,为电子商务交易中的用户和商家服务。

4) 认证中心

认证中心(Certificated Authority,CA)是受法律承认的权威机构,负责发放和管理电子证书,使网上交易的各方能互相确认身份。电子证书是一个包含证书持有人、个人信息、公开密钥、证书序号、有效期、发证单位的电子签名等内容的数字文件。

5) 政府机构

在电子商务环境中,各国政府对自身发挥作用的态度不尽相同。对于我国来说,政府在电子商务中扮演着双重角色,既是宏观政策的制定者和调控者,又是商业采购的积极参与者。

6) 物流中心

物流中心接受商家的送货要求,组织运送无法从网上直接得到的商品,跟踪产品的流向,将商品送到消费者手中。

7) 中介机构

中介机构可以分为三类:一类是为商品所有权的转移过程(即支付机制)服务的,像一些金融机构,如支付宝;另一类是提供电子商务软硬件服务、通信服务的各种厂商,像IBM、HP、Microsoft这样的软硬件和解决方案提供商;还有一类是像Yahoo、Alta Vista、Infoseek这样的提供信息及搜索服务的信息服务增值商。

**2. 电子交易市场**

在电子商务中,对于每个交易实体来说,所面对的是一个电子交易市场(Electronic Market,EM),它必须通过EM来选择交易的对象和内容。电子交易市场是指电子商务实体从事商品和服务交换的场所,它由各种各样的商务活动参与者利用各种接入设备(计算机、个人数字助理等)和网络连成一个统一的整体。它是在互联网通信技术和其他电子化通信技术的基础上,通过一系列的动态Web应用程序和其他应用程序将交易的双方集中在一起的虚拟交易环境。EM中众多的交易主体可以通过EM提供的电子化交易信息和交易工具建立起点对点和一对多的交易通道。负责EM的建立、维护、运行等工作的中介服务机构被称为EM运营商。阿里巴巴就是国内一家电子交易运营商。

**3. 交易事务**

交易事务是指电子商务实体之间所从事的具体的商务活动的内容,如询价、报价、转账支付、广告宣传、商品运输等。

**4. 电子商务中的"四流"**

1) 物流

物流主要是指商品和服务的配送和传输渠道,对于大多数商品和服务来说,物流可能仍然经由传统的经销渠道,然而对有些商品和服务来说,可以直接以网络传输的方式进行配送,如各种电子出版物、信息咨询服务、有价信息等。

2) 资金流

资金流主要是指资金的转移过程,包括付款、转账、兑换等过程。它始于消费者,终于商家账户,中间可能经过银行等金融部门。

3) 信息流

信息流是服务于商流和物流所进行的信息活动的总称,既包括商品信息的提供、促销营销、技术支持、售后服务等内容,也包括诸如询价单、报价单、付款通知单、转账通知单等商业贸易单证,还包括交易方的支付能力、支付信誉、中介信誉等。

4) 商流

商流是指商品在购、销之间进行交易和商品所有权转移的运动过程。具体指商品交易的一系列活动,包括交易前的商品宣传,用户选择及双方的谈判磋商,交易中的规则确认(合同)及订货、发货过程,交易后的服务行为等,往往涉及商检、税务、海关、运输等各行业。

电子商务中的任何一笔交易都包含四种基本的"流",即物流、资金流、信息流、商流。资金流、信息流、商流的处理可以通过计算机和网络通信设备来实现,而物流作为电子商务四种流中最为特殊的一种,是指物质实体(商品和服务)的流动。它们之间的关系,如图1-4-2所示。

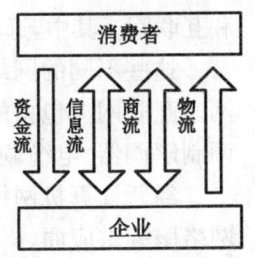

图 1-4-2 "四流"之间的关系

从流动方向看,信息流、商流在商家和消费者之间传递和交互,是双向的;而资金流和物流的流向是单向的、相逆的。

在商品价值形态的转移过程中以信息流为依据,通过资金流实现商品的价值,通过物流实现商品的使用价值,从而完成整个电子商务交易活动。

物流是基础,信息流及资金流是桥梁,但信息流处于中心地位,直接影响控制着商品流通中各个环节的运作效率。物流是资金流的前提与条件,资金流是物流的价值担保,并为适应物流的变化而不断进行调整。商流是交易的核心,是电子商务的最终目的。

### 1.4.2 电子商务系统框架

为了说明电子商务的各类应用环境,Ravi Kalakota 和 Andrew B. Whinston 两位著名学者提出了一般的电子商务系统框架。如图1-4-3所示,该系统从宏观角度系统地描述了要实现电子商务体系的各应用层面和众多支持条件,可以帮助我们更好地理解电子商务。

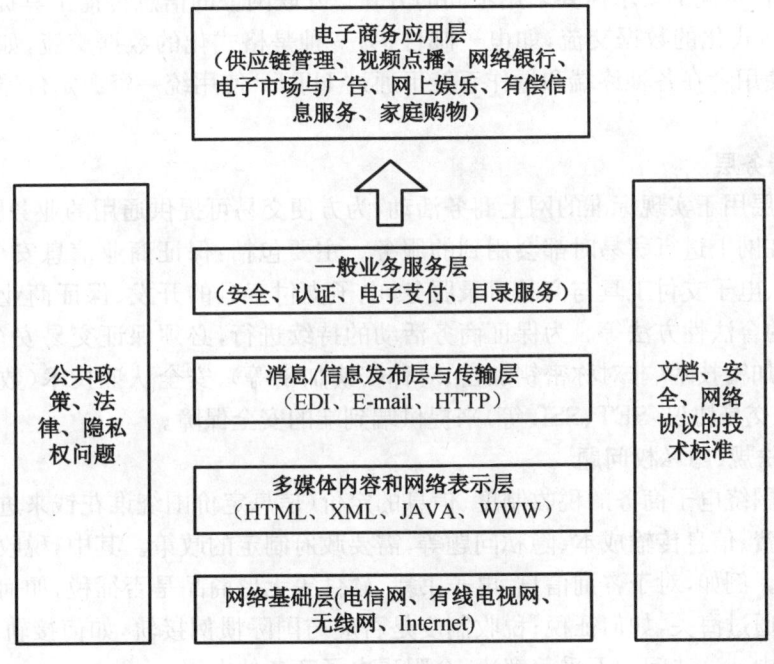

图 1-4-3 电子商务系统框架

电子商务系统框架可以分为五个层次和两个支柱。五个层次自下而上分别为网络基础层、多媒体内容和网络表示层、消息/信息发布层与传输层、一般业务服务层以及电子商务应用层,五个层次依次代表电子商务设施的各级技术及应用层次。两个支柱分别是安全技术标准和国家宏观政策、法规等社会人文环境,这是电子商务顺利应用的坚实基础。电子商务各类应用是建立在两大支柱和五个相互支持的层次基础设施之上的。

**1. 网络基础层**

网络基础层是电子商务的硬件基础设施,是信息传输系统,包括远程通信网、有线电视网、无线通信网和互联网。其中,远程通信网包括电话、电报,无线通信网包括移动通信和卫星网,互联网是计算机网络。

这些不同的网络都提供了电子商务信息传输线路,但是,当前大部分的电子商务应用还是基于互联网。互联网上包括的主要硬件有:基于计算机的电话设备、集线器(hub)、数字交换机、路由器(router)、调制解调器、电缆调制解调器(cable modem)等。

经营计算机网络服务的是互联网网络接入服务供应商(IAP)和内容服务供应商(ICP),他们统称为网络服务供应商(ISP)。IAP只向用户提供拨号入网服务,它的规模一般较小,向用户提供的服务有限,一般没有自己的骨干网络和信息源,用户仅将其作为一个上网的接入点看待。ICP能为用户提供全方位的服务,可以提供专线、拨号上网,提供各类信息服务和培训等,拥有自己的特色信息源。它是ISP今后发展的主要方向,也是发展电子商务的重要力量。

**2. 多媒体内容和网络表示层**

多媒体内容和网络表示层解决电子商务系统内部信息的发布问题。HTML作为互联网中主要的信息内容出版及制作的工具,可以容纳文字、图形、动画、音效等多媒体内容,并将其组织得晚于检索和富有表现力。应用Java语言可以更方便地使之适用于各种网络、设备、操作系统及界面等。最常用的信息发布应用就是WWW,用HTML或Java将多媒体内容发布在Web服务器上,然后通过一些传输协议将发布的信息传送到接收者。

**3. 消息/信息发布与传输层**

消息/信息发布与传输层解决电子商务系统外部信息的传输问题。信息的发布和传输形式并不是唯一的,不同的场合、不同的要求需要采用不同的方式。互联网上的信息传播工具提供了两种主要的交流方式:一种是非格式化的数据交流,如电子邮件;另一种是格式化的数据交流,如电子数据交换。目前,大量的互联网使用者在各种终端和操作系统下通过HTTP使用统一资源定位器(URL)查找到所需要的信息。

**4. 一般业务服务层**

一般业务服务层用于实现标准的网上商务活动,为方便交易可提供通用的业务服务,这些业务服务是所有企业、个人在网上进行贸易时都会用到的服务。主要包括:保证商业信息安全传输的方法、买卖双方合法性的认证、电子支付工具与商品目录服务、电子支付工具的开发、保证商业信息安全传送的方法、认证买卖双方的合法性方法等。为保证商务活动的持续进行,必须保证交易安全有效地进行,目前的做法是采用信息加密技术(非对称密钥加密、对称密钥加密等)、安全认证技术(数字签名、数字证书、CA认证等)和安全交易协议(SET、SSL等)来提供端到端的安全保障。

**5. 公共政策、法规、隐私权问题**

公共政策包括围绕电子商务的税收制度、信息的定价(信息定价围绕谁花钱来进行信息高速公路建设)、信息访问的收费、信息传输成本、隐私问题等,需要政府制定的政策。其中,税收制度如何制定是一个至关重要的问题。例如,对于咨询信息、电子书籍、软件等无形商品是否征税,如何征税;对于汽车、服装等有形商品如何通过海关,如何征税;税收制度是否应与国际惯例接轨,如何接轨;WTO是否应把电子商务部分纳入其中。这些问题不妥善解决,会阻碍电子商务的发展。

法规维系着商务活动的正常运作,违规活动必须受到法律制裁。网上商务活动有其独特性,买卖双方很可能存在地域的差别,如果没有一个成熟的、统一的法律系统进行仲裁,其纠纷就难以解决。那么,这个法律系统究竟应该如何制定、应遵循什么样的原则、其效力如何保证、如何保证授权商品交易的顺利进行、如何有效遏止侵权商品或仿冒产品的销售以及如何有力打击侵权行为,这些都是制定电子商务法规时应该考虑的问题。法规制定得成功与否,直接关系到电子商务活动能否顺利开展。保障隐私权是指在电子商务交易过程中,对交易各方各种信息的有效保护。

**6. 文档、安全、网络协议的技术标准**

安全问题和技术标准两个支柱构成了电子商务必备的外部支撑条件。

安全问题可以说是电子商务的中心问题。如何保障电子商务活动的安全,一直是电子商务能否正常开展的核心问题。作为一个安全的电子商务系统,首先,必须具有一个安全、可靠的通信网络,以保证交易信息安全、迅速地传递;其次,必须保证数据库服务器的绝对安全,防止网络黑客闯入盗取信息。目前,电子签名和认证是网上比较成熟的安全手段。同时,人们还制定了一些安全标准,如安全套接层(Secure Sockets Layer,SSL)、安全 HTTP 协议(Secure-HTTP)、安全电子交易(Secure Electronic Transaction,SET)等。

技术标准定义了用户接口、通信协议、信息发布标准、安全协议等技术细节。它是信息发布、传递的基础,是网络信息一致性的保证。就整个网络环境来说,技术标准对于保证各种硬件设备和应用软件的兼容性和通用性是十分重要的。目前,许多企业和厂商、国际组织都意识到技术标准的重要性,正致力于联合起来开发统一的国际技术标准,如 EDI 标准、TCP/IP 协议等。

**7. 电子商务应用层**

上面所介绍的四个基础设施和两个支柱构成了电子商务运行的环境平台,在此基础上可以开展网上招标、在线购物、在线营销、博客营销、网上银行、有偿信息服务等电子商务活动。

## 1.5 电子商务对社会的影响

### 1.5.1 电子商务对社会经济的影响

我国《电子商务"十三五"发展规划》指出,电子商务是网络化的新型经济活动,是推动"互联网+"发展的重要力量,是新经济的主要组成部分。电子商务经济以其开放性、全球化、低成本、高效率的优势,广泛渗透到生产、流通、消费及民生等领域,在培育新业态、创造新需求、拓展新市场、促进传统产业转型升级、推动公共服务创新等方面的作用日渐凸显,成为国民经济和社会发展新动力,孕育全球经济合作新机遇。

电子商务对社会经济的影响具体表现在以下几个方面。

**1. 促进全球经济发展**

电子商务超越国界。许多电子商务公司,无论是做实实在在的商品贸易还是提供无形的有偿服务,他们都盯上了国际市场的巨大潜在发展空间。许多政府和国际组织纷纷鼓励电子商务公司积极参与国际贸易竞争,以促进本国经济的发展和就业。尽管这种国际贸易面临高的运输成本、语言障碍和货款支付与结算等方面的问题,但全球经济一体化进程的提速以及电子商务法规的日趋完善,还有电子商务模式的创新,将会逐步扫清这些障碍。像阿里巴巴和ebay这样迅速崛起的国际电子商务大公司就是最好的例证。

**2. 促进知识经济发展**

电子商务将改变传统的社会秩序和法律制度。电子商务活动的国际性特征,决定了人们会研究、整合和借鉴国际组织、各国和各地区成熟的立法经验,避免与国际通用规则相抵触。同时,电子商务可能涉及的国家经济情报、企事业的商业利益、公民个人的隐私权利都直接或间接地反映和表现为国家利益,强调和保障国家经济安全十分重要。因此,在强调电子商务立法国际属性的同时,必须从国家经济安全的高度来审视和确定我国的电子商务立法,尊重技术自主知识产权,加强网络与电子商务核心软件及数据库的独立开发。

**3. 促进新兴行业产生**

电子商务将带来一个全新的金融业。在线电子支付是电子商务的关键环节,也是电子商务得以顺利发展的基础条件,1995 年 10 月,全球第一家网上银行"安全第一网上银行"(Security First Network

Bank)在美国诞生。这家银行没有建筑物,没有地址,营业厅就是首页画面,员工只有10人,与总资产超过2 000亿美元的美国花旗银行相比,"安全第一网上银行"简直是微不足道,但与花旗银行不同的是,该银行所有交易都通过互联网进行。

在线支付是电子商务的关键环节,也是其发展的基础条件。随着技术不断地进步,网上银行、银行卡支付网络、电子现金等服务随之出现,将传统的金融业带入了一个全新的领域。故网上金融机构的出现改变了传统的客户和金融机构雇员面对面的交易方式,距离不会再制约金融机构的业务发展。金融机构加速采用国际先进的科学技术开发新的金融产品,提供新的金融服务,从而拓展市场,形成金融机构业务发展的新增长点,推动金融机构业务向更新、更高层次发展。金融服务的电子化和信息化大大加快了资金流动速度和信息透明度,使金融机构依赖资金周转时间和信息不对称来获取赢利的可能性越来越小。金融机构通过智能化信息处理系统,将经济及金融信息分析、资源投向决策、资金筹措调配、金融工具选择、交易结果反馈等环节有机结合起来,可明显地提高资金运用效率。

### 1.5.2 电子商务对企业的影响

电子商务对企业的影响表现在以下几个方面。

**1. 电子商务改变了企业的生产方式**

电子商务通过企业生产过程现代化、低库存生产和数字化定制生产三个方面改变了企业的生产方式。

1) 企业生产过程现代化

电子商务在企业生产过程中的应用,可在管理信息系统(MIS)的基础上采用计算机辅助设计与制造(CAD/CAM),建立计算机集成制造系统(CIMS);可在开发决策支持系统(DSS)的基础上,通过人机对话实施计划与控制,从物料资源规划(MRP)发展到制造资源规划和企业资源规划(ERP)。这些新的生产方式把信息技术和生产技术紧密地融为一体,使传统的生产方式升级换代。

2) 低库存生产

在实施电子商务后各个生产阶段可以通过网络相互联系,同时进行使传统的直线串行式生产变成网络经济下的并行式生产,在减少了许多不必要的等待时间的同时,也使即时式生产(Just In Time,JIT)成为可能,使库存降低到最低限度。IBM个人系统集团从1996年开始就应用电子商务高级计划系统。通过该系统,生产商可以准确地依据销售商的需求来生产,这样就提高了库存周转率,使库存总量保持在很低的水平,从而把库存成本降到最低限度。

3) 数字化定制生产

电子商务的发展使数字化定制生产不仅变得必要,而且也成为可能。进入电子商务时代的消费需求变得越来越多样化、个性化,市场细分的彻底化使企业必须针对每位顾客的需求进行一对一的"微营销"。否则,顾客如果觉得某家公司提供的产品不够满意,他只要单击鼠标即可轻而易举地进入其他公司的站点了。同时,电子商务使数字化定制生产变得简单可行。企业通过构建各种数据库,记录全部客户的各种数据,并可通过网络与顾客进行实时信息交流,掌握顾客的最新需求动向,企业得到用户的需求信息后,即可准确、快速地把信息送到企业的设计、供应、生产、配送等各环节,各环节可及时准确又有条不紊地对信息作出反应。数字化定制生产成功的典型是戴尔电脑公司。戴尔公司每年生产数百万台个人计算机,每台都是根据客户的具体要求组装的。尽管客户的需求千差万别,但戴尔公司通过网络与客户建立了直接的联系,只生产客户签下了订单的计算机,不仅显著降低了生产经营成本,而且让客户更加满意。

**2. 电子商务改变了企业的管理模式**

在以往的企业组织结构中,上情下达、下情上呈由中层管理者起作用,而实施电子商务的企业由网络承担,这就为企业组织结构多元化发展创造了条件。电子商务减少了经济活动的中间层,缩短了相互作用和影响的时间差,提高了经济主体对市场的反应能力,使信息传递效率明显提高,市场竞争力显著增强。另外,由于网络办公与电脑会议的普及,公司的组织结构将成为一种象征性的虚拟,类似网络中的一个网站。而这种具有流动性特点的虚拟组织结构将更能适应信息时代的瞬息万变。

电子商务改变了上下游企业之间的成本结构,使上游企业或下游企业改变供销合同的机会成本提高,从而进一步密切了上下游企业之间的战略联盟。电子商务不仅给消费者和企业提供了更多的选择消费与开拓销售市场的机会,而且也提供了更加密切的信息交流场所,从而提高了企业把握市场和消费者了解市场的能力。电子商务促进了企业开发新产品和提供新型服务的能力,使企业可以迅速了解到消费者的偏好和购买习惯,同时可将消费者的需求及时反映到决策层,从而促进了企业针对消费者的需求进行研究与开发活动。

**3. 电子商务改变了企业的经营方式**

电子商务是一种新的贸易服务方式,它以数字化网络和设备替代了传统的纸介质。这种方式突破了传统企业中以单向物流为主的运作格局,实现了以物流为依据、信息流为核心、商流为主体的全新运作方式。在这种新型运作方式下,企业的信息化水平将直接影响到企业供销链的有效建立,进而影响企业的竞争力。这就需要企业对现有业务流程进行重组,加强信息化建设和管理水平,从而适应电子商务的发展需要。

以往的批零方式被网络代替,人们直接从网络上采购,传统的人员推销失去大部分市场,广告宣传也为适应新的传播媒体而改变。管理界对目标市场的选择和定位,将更加依赖于上网者的资料以及对网络的充分利用。企业的市场调研、产品组合和分销等一系列营销管理活动将会因电子商务而发生改变。当前,网络营销正成为营销学的一个分支,它使顾客有了更多、更广泛的选择,同时帮助企业扫清向国际市场拓展业务的障碍。目前越来越多的企业开始运用网络与传统营销的组合方式进行管理,效果显著,营销费用明显降低,营销预算更加方便、准确。

**4. 电子商务改变了企业的结算支付方式**

企业可以通过网上银行系统实现电子付款,进行资金结算、转账、信贷等活动。目前主要的信用传输安全保障和认证问题还未得到全面解决,但是纸货币流被无纸电子流所代替而引发的结算革命是不可阻挡的发展趋势。企业应该顺应这种趋势,做好改变传统结算方式的准备。

## 1.5.3 电子商务对个人的影响

电子商务带给人类生活的改变,使人类有了全新的生活体验和更高的生活质量。电子商务增加了人们获取信息的渠道,人们除了从电视、广播、书籍和报纸杂志等传统媒体中获取信息以外,还可以从一种全新的媒体互联网中获取所需的信息。所以,越来越多的人利用网络获取信息服务,网上信息服务成为电子商务的一个重要方面。

进入电子商务时代后,消费者的消费行为和消费需求将发生根本性的变化,表现为以下三点:第一,由于选择范围的显著扩大,消费者可以在短时间内通过网络从大量的供应商中反复比较,找到理想的供应商,而不必像现在这样要花费大量的时间、精力去"货比三家";第二,消费者的消费行为将变得更加理智,对商品的价格可以精心比较,不再会因为不了解行情而上当受骗;第三,消费需求将变得更加多样化、个性化,消费者可直接参与生产和商业流通,向商家和生产厂家主动表达自己对某种产品的欲望,定制化生产将变得越来越普遍。

电子商务使得在家办公成为可能。电子商务保证了及时通信和业务处理,所以办公的方式、地点、时间可以是灵活的。特别是对于工作独立性较强的管理决策人员,他们再也不需要将时间花在交通拥挤的路途中。电子商务不仅提高了人们的办公效率,还有助于缓解交通,减少城市污染。电子商务让人们足不出户就能满足各类基本的生活需要,完成自己的工作任务,人们的生活质量和工作效率大大提高。

  互联网与电子商务改变了人们接受教育的方式。随着互联网的广泛应用、电子商务的推广,网络学校应运而生。网络学校属于现代远程教育的一种方式,它以计算机通信技术和网络技术为依托,采用远程实时多点、双向交互式的多媒体现代化教学手段,可以实时传送声音、图像、电子课件和教师板书,身处两地的师生能像现场教学一样进行双向视听问答,是一种实现跨越时间和空间的教育传送过程。

  与传统的学校比较,网络学校的优势在于以下几点:首先,它不需要服务学生生活的庞大后勤辅助机构,学校管理人员和机构也大大减少。其次,可以排除地域差别,缩小先进地区与落后地区教学质量的差距。实时性、交互性远程教育还可使多种观念得以沟通和交流。最后,可以最大程度地发挥好教师、好教材的优势。传统学校和局部授课只能影响一个教室、一个学校,至多一个地区,而网络学校覆盖面可以达到整个网络。网络学校与其他远程教育方式,如广播大学、电视大学等比较,很好的交互性、实时性是其突出的优点。总之,网上教育是一种成本低、效果好、覆盖面大、便于普及高质量教育的新型教育方式。

# 参 考 文 献

[1] 姜红波. 电子商务概论[M]. 北京:清华大学出版社,2013.
[2] 敖山. 电子商务概论[M]. 北京:清华大学出版社,2016.
[3] 刘宏. 电子商务概论[M]. 北京:清华大学出版社,2013.
[4] 中华人民共和国商务部编写组. 中国电子商务报告[M]. 北京:中国商务出版社,2016.
[5] 杨坚争. 电子商务基础与应用[M]. 西安:西安电子科技大学出版社,2015.
[6] 中华人民共和国国民经济和社会发展第十三个五年规划纲要[C],2016:243-322.
[7] 王玉珍. 电子商务概论[M]. 北京:清华大学出版社,2017.

# 第 2 章

# 电子商务技术基础

从20世纪90年代开始,计算机网络技术有了突飞猛进的发展,互联网开始普及。依托互联网的电子商务活动也就应运而生。互联网电子商务是以交易双方为主体,以银行支付结算为手段,以客户数据库为依托的全新的商业模式,它利用互联网的网络环境进行快速有效的商业活动,从而使电子商务发生了一个质的飞跃。读者通过本章的学习,应了解计算机网络的基本概念、功能和分类,认识计算机网络的相关体系和协议;了解常用的互联网服务,学习物联网的相关知识;认识无线通信网络的相关技术,了解Web的技术结构和应用服务器;理解数据库技术的相关概念,学习电子数据交换技术的相关知识。

## 2.1 计算机网络基础

### 2.1.1 计算机网络的概念和组成

简单地说,计算机网络就是通过电缆、电话或无线通信设备,将分布在不同地理位置上的具有独立功能的两台或两台以上的计算机、终端及其附属设备用通信手段连接起来以实现资源共享的系统。更严格地说,计算机网络是用通信线路将分散在不同地点并具有独立功能的多台计算机系统互相连接,按照网络协议进行数据通信,实现资源共享的信息系统。

计算机网络的组成可以从它的物理组成和系统组成两个方面来描述。

1) 计算机网络的物理组成

计算机网络的物理组成主要有主机、终端、通信控制处理机、通信设备和通信线路等。

(1) 主机:是计算机网络中承担数据处理的计算机系统,可以是单机系统,也可以是多机系统。

(2) 终端:是网络中用量大、分布广的设备。

(3) 通信控制处理机:也称前端处理机,是主计算机与通信线路单元间设置的计算机,负责通信控制和通信处理工作。

(4) 通信设备:是数据传输设备,包括集中器、信号变换器和多路复用器等。集中器设置在终端较集中的地方,它把若干个终端用低速线路先集中起来,再与高速通信线路连接。信号变换器提供不同信号间的变换,不同传输介质采用不同类型的信号变换器。

(5) 通信线路:是用来连接上述各部分并在各部分之间传输信息的载体。

2) 计算机网络的系统组成

从计算机网络系统组成的角度来看,典型的计算机网络从逻辑功能上可以分为资源子网、通信子网和计算机网络软件三个部分。

(1) 资源子网。资源子网由主机、终端、终端控制器、联网外设、各种软件资源与信息资源组成。资源子网负责全网的数据处理业务,并向网络用户提供各种网络资源与网络服务。

(2) 通信子网。通信子网由通信控制处理机、通信线路与其他通信设备组成,完成网络数据传输、转发等通信处理任务。

(3) 计算机网络软件。网络软件是实现网络功能必不可少的软环境，包括网络协议软件、网络通信软件、网络操作系统、网络管理软件和网络应用软件等。

### 2.1.2 计算机网络的功能和分类

**1. 计算机网络的功能**

建立计算机网络的主要目的是实现在计算机通信基础上的"资源共享"。计算机网络具有以下几个方面的功能。

1) 能够实现资源共享

所谓资源共享，是指所有网内的用户均能享受网上计算机系统中的全部或部分资源，这些资源包括硬件、软件、数据和信息资源等。

2) 能够进行数据信息的集中和综合处理

将地理上分散的生产单位或业务部门通过计算机网络实现联网，把分散在各地计算机系统中的数据资料适时集中，综合处理。

3) 能够提高计算机的可靠性及可用性

在单机使用的情况下，计算机或某一部件一旦有故障便引起停机，当计算机连成网络之后，各计算机可以通过网络互为后备，还可以在网络的一些节点上设置一定的备用设备，作为全网的公用后备。另外，当网中某一计算机的负担过重时，可将新的作业转给网中另一较空闲的计算机去处理，从而减少了用户的等待时间，均衡了各计算机的负担。

4) 能够进行分布处理

在计算机网络中，用户可以根据问题的性质和要求选择网内最合适的资源来处理，以便能迅速而经济地处理问题。对于综合性的大型问题可以采用合适的算法，将任务分散到不同的计算机上进行分布处理。利用网络技术还可以将许多小型机或微型机连成具有高性能的计算机系统，使它具有解决复杂问题的能力。

5) 能够进行协同处理

将分散在各地的计算机中的数据资料适时集中或分级管理，共同解决某个大问题，并经综合处理后形成各种报表，为管理者或决策者提供分析和参考。当某个计算中心的任务负载很重时，可通过网络将此任务传递给空闲的计算机去处理，以调节忙闲不均现象，实施协同处理。此外，基于地域的时差也可为网络协同处理带来很大的灵活性。

6) 能够节省软、硬设备的开销

因为每一个用户都可以共享网中任意位置上的资源，所以网络设计者可以全面统一地考虑各工作站上的具体软、硬件资源配置，从而达到用最低的开销，获得最佳的效果。例如，只为个别工作站配置某些昂贵的软、硬件资源，其他工作站可以通过网络调用，从而使整个建网费用和网络功能的选择控制在最佳状态。

**2. 计算机网络的分类**

计算机网络的分类标准很多，如按拓扑结构、介质访问方式、交换方式以及数据传输率等，但这些分类标准只给出了网络某一方面的特征，并不能反映网络技术的本质。能反映网络技术本质的网络划分标准是计算机网络的作用范围。

1) 按网络的作用范围划分

(1) 局域网。局域网(Local Area Network，LAN)是计算机通过高速线路相连组成的网络。地理范围一般从几十米至数公里。局域网组建方便，使用灵活，是目前计算机网络发展中最活跃的分支。

(2) 广域网。广域网(Wide Area Network，WAN)跨越国界、洲界，甚至全球范围。广域网互联的形式主要有两种：一是局域网到局域网的连接；二是单机到局域网的连接。广域网的典型代表是Internet。

(3) 城域网。城域网(Metropolitan Area Network,MAN)介于LAN和WAN之间,其范围通常覆盖一个城市或地区,距离从几十公里到上百公里。城域网是对局域网的延伸,用于局域网之间的连接。

2) 按照网络的拓扑结构划分

(1) 星型网络。在星型拓扑网络结构中,各节点通过传输介质与中心节点相连,中心节点具有数据处理和转接的功能。星型拓扑结构的优点是结构简单,易于增加新的站点；缺点是对中心节点的依赖性大,一旦中心节点有故障会引起整个网络瘫痪。

(2) 树型网络。在树型拓扑网络结构中,其形状像一棵倒置的树,每个树中的各个节点都是计算机。树型拓扑结构可以看成是星型拓扑结构的扩展。

(3) 总线型网络。在总线型拓扑网络结构中,所有的节点共享一条数据通道,一个节点发出的信息可以被网络上的多个节点接收。总线型网络结构简单,某个站点自身的故障一般不会影响整个网络,故,相对于其他几种结构可靠性高。

(4) 环型网络。在环型拓扑网络结构中,节点通过点到点通信线路连接成闭合环路,环中数据沿一个方向传送。环型网络结构简单,网络节点的加入、退出以及环路的维护和管理都比较复杂。

(5) 网状型网络。在网状型拓扑网络结构中,节点之间的连接是任意的,没有规律。其优点是可靠性高,但结构复杂,必须采用路由选择算法和流量控制方法。广域网基本上采用网状型拓扑结构。

## 2.1.3 计算机网络的体系和协议

通过通信信道和网络设备互联起来的不同地理位置上的多个计算机系统,要使其能协同工作实现信息交换和资源共享,它们之间必须具有共同的语言。交流内容、交流方式及交流时间,都必须遵循某种互相都能接受的规则。

网络协议(Protocol)是为了进行计算机网络中的数据交换而建立的规则、标准或约定的集合。准确地说,它是对同等实体之间通信制定的有关规则和约定的集合。

1) 网络协议的要素

(1) 语义(Semantic),涉及用于协调与差错处理的控制信息。

(2) 语法(Syntax),涉及数据及控制信息的格式、编码及信号电平等。

(3) 定时(Timing),涉及速度匹配和定序等。

2) 网络体层次构及其划分所遵循的原则

计算机网络系统是个十分复杂的系统。可将一个复杂系统分解为若干个容易处理的子系统。分层就是系统分解的最好方法之一。在一般分层结构中,$n$层是$n-1$层的用户,又是$n+1$层的服务提供者。$n+1$层虽然只直接使用了$n$层提供的服务,实际上它通过$n$层还间接地使用了$n-1$层以及以下所有各层的服务。层次结构的优点在于使每一层实现一种相对独立的功能,分层结构还有利于交流、理解和标准化。

所谓网络的层次模型,就是计算机网络各层次及其协议的集合。层次结构一般以垂直分层模型来表示,计算机网络的层次模型如图2-1-1所示。

层次结构的要点如下：

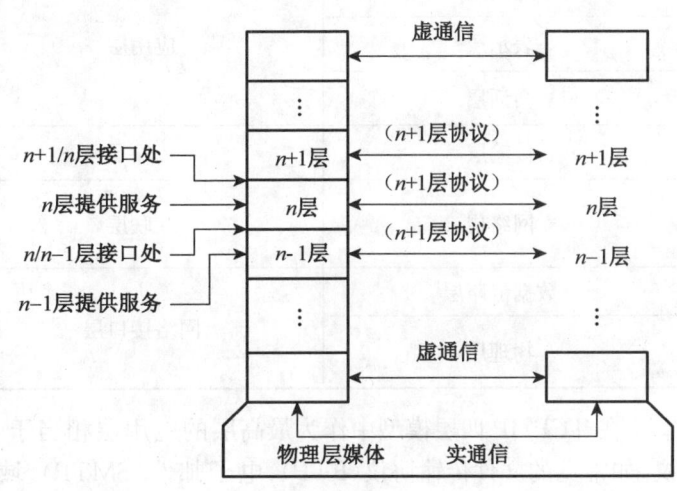

图2-1-1 计算机网络的层次模型

(1) 除了在物理媒体上进行的是实通信之外,其余各对等实体间进行的都是虚通信。
(2) 对等层的虚通信必须遵循该层的协议。
(3) $n$ 层的虚通信是通过 $n/n-1$ 层间接口处 $n-1$ 层提供的服务以及 $n-1$ 层的通信来实现的。

3) OSI 七层结构与 TCP/IP 四层结构

(1) OSI/RM 基本参考模型。OSI/RM 包括了体系结构、服务定义和协议规范三级抽象。体系结构定义了一个七层模型来进行进程间的通信,并作为一个框架来协调各层标准的制定。服务定义描述了各层标准提供的服务,及层与层间的抽象接口和交互用的服务原语;各层协议规范定义了应当发送控制信息的种类及解释路径。OSI/RM 的七层参考模型,如图 2-1-2 所示。

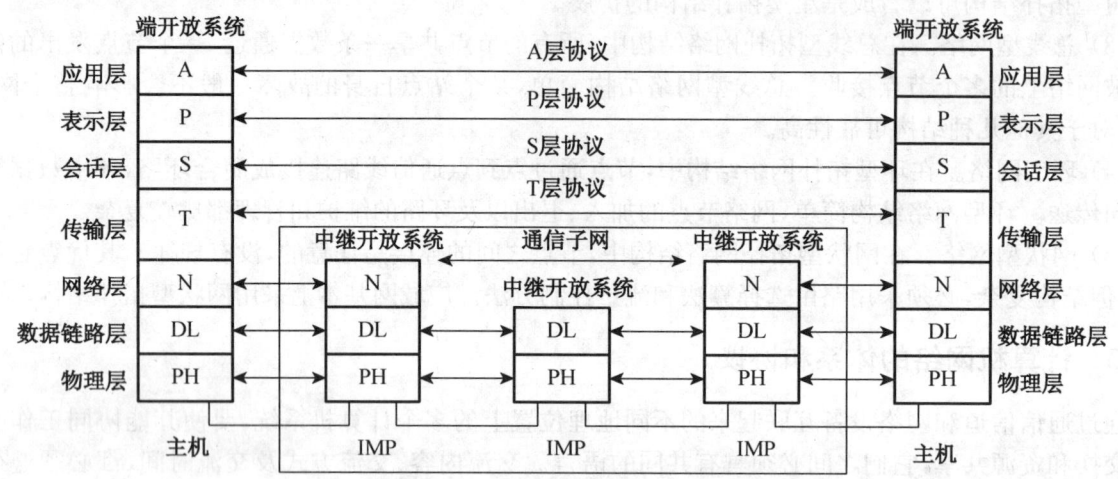

图 2-1-2 OSI/RM 参考模型

(2) Internet 层次模型。Internet 网络结构以 TCP/IP 协议层次模型为核心,分为四层结构:应用层、传输层、网际层和网络接口层。

TCP/IP 的体系结构与 ISO 的 OSI 七层参考模型的对应关系,如表 2-1-1 所示。

表 2-1-1 TCP/IP 体系结构与 ISO 的 OSI 七层参考模型对应关系图

| OSI 参考模型 | TCP/IP 参考模型 | TCP/IP 协议集 | |
|---|---|---|---|
| 应用层 | 应用层 | HTTP SMTP Telnet | FTP DNS RIP |
| 表示层 | | | |
| 会话层 | | | |
| 传输层 | 传输层 | TCP | UDP |
| 网络层 | 互联层 | IP ICMP ARP | IGMP RARP |
| 数据链路层 | 网络接口层 | LAN   WAN | MAN |
| 物理层 | | Token  Ethernet | Ring |

在 TCP/IP 四层模型中作为最高层的应用层相当于 OSI 的 5~7 层,该层中包括了所有的高层协议,如常见的文件传输协议(FTP)、电子邮件(SMTP)、域名系统(DNS)、网络管理协议(SNMP)、访问 WWW 的超文本传输协议(HTTP)、远程终端访问协议(TELNET)等。

TCP/IP 的次高层为传输层，相当于 OSI 的传输层，该层负责在源主机和目的主机之间提供端到端的数据传输服务。这一层主要定义了两个协议：面向连接的传输控制协议（TCP）和无连接的用户数据报协议（User Datagram Protocol，UDP）。

TCP/IP 的第三层互联层相当于 OSI 的网络层，该层负责将报文（数据包）独立地从信源传送到信宿，主要解决路由选择、阻塞控制级网际互联问题。这一层上定义了网际协议（IP 协议）、地址转换协议（ARP）、反向地址转换协议（RARP）和网际控制报文协议（ICMP）等。

TCP/IP 的最底层为网络接口层，该层负责将 IP 分组封装成适合在物理网络上传输的帧格式并发送出去，或将从物理网络接收到的帧重组并递交给高层。这一层与物理网络的具体实现有关，自身并无专用协议。事实上，任何能传输 IP 报文的协议都可以运行。该层一般不需要专门的 TCP/IP 协议，各物理网络可使用自己的数据链路层协议和物理层协议。

4）Internet 主要协议

表 2-1-1 给出了 TCP/IP 协议集与 OSI 参考模型的对应关系，其中每层都有多种协议。一般来说，TCP 提供传输层服务，而 IP 提供网络层服务。

（1）TCP/IP 的数据链路层。数据链路层不是 TCP/IP 协议的一部分，但它是 TCP/IP 与各种通信网之间的接口。这些通信网包括多种广域网和各种局域网。一般情况下，各物理网络可以使用自己的数据链路层协议和物理层协议，不需要在数据链路层上设置专门的 TCP/IP 协议。但是，当使用串行线路连接主机与网络，或连接网络与网络时，如用户使用电话线接入网络时，则需要在数据链路层运行专门的 SLIP（Serial Line IP）协议的 PPP（Point-to-Point Protocol）协议。

（2）TCP/IP 网络层。网络层最重要的协议是 IP，它将多个网络联成一个互联网，可以把高层的数据以多个数据报的形式通过互联网分发。网络层的功能主要由 IP 来提供，除了提供端到端的报文分发功能外，IP 还提供了很多扩充功能。例如，为了克服数据链路层对帧大小的限制，网络层提供了数据分块和重组功能，这使得很大的 IP 数据报能以较小的报文在网上传输。

网络层的另一个重要服务是在互相独立的局域网上建立互联网络，即网际网。网间的报文来往根据它的目的 IP 地址通过路由器传到另一网络。

IP 的基本任务是通过互联网传送数据报，各个 IP 数据报之间是相互独立的。主机上的 IP 层向传输层提供服务。IP 从源传输实体取得数据，通过它的数据链路层服务传给目的主机的 IP 层。IP 不保证服务的可靠性，在主机资源不足的情况下，它可能丢弃某些数据报，同时 IP 也不检查被数据链路层丢弃的报文。

在传送时，高层协议将数据传给 IP 层，IP 层再将数据封装为互联网数据报，并交给数据链路层协议通过局域网传送。若目的主机直接连在本局域网中，IP 可直接通过网络将数据报传给目的主机；若目的主机在其他网络中，则 IP 路由器传送数据报，而路由器则依次通过下一网络将数据报传送到目的主机或再下一个路由器。也就是说，IP 数据报是通过互联网络逐步传递，直到终点为止。

（3）TCP/IP 传输层。TCP/IP 在传输层提供了两个主要的协议：传输控制协议（TCP）和用户数据协议（UDP）。TCP 提供的是一种可靠的数据流服务，当传送有差错数据，或网络故障，或网络负荷太大不能正常工作时，就需要通过其他协议来保证通信的可靠。TCP 就是这样的协议，它对应于 OSI 模型的传输层，在 IP 协议的基础上提供端到端的面向连接的可靠传输。

TCP 采用"带重传的肯定确认"技术来实现传输的可靠性。简单的"带重传的肯定确认"是指与发送方通信的接收者每接收一次数据，就送回一个确认报文，发送者对每个发出去的报文都留一份记录，等收到确认之后再发出下一个报文。发送者发出报文时，启动计时器，若计时器计数完毕，确认还未到达，则发送者重新发送该报文。

TCP 通信建立在面向连接的基础上，实现了一种"虚电路"的概念。双方通信之前，先建立一条连接，然后双方就可以在其上发送数据流。这种数据交换方式能提高效率，但事先建立连接和事后拆除连接需要开销。

UDP协议在网络中与TCP协议一样用于处理数据包,是一种无连接的协议。与所熟知的TCP(传输控制协议)协议一样,UDP协议直接位于IP(网际协议)协议的顶层。根据OSI(开放系统互连)参考模型,UDP和TCP都属于传输层协议。UDP协议的主要作用是将网络数据流量压缩成数据包的形式。

5) TCP/IP协议族中的其他协议

TCP/IP是网络中基本的通信协议,是一系列协议和服务的总集。虽然从名字上看TCP/IP包括传输控制协议(TCP)和网际协议(IP),但实际上是一组协议,包括许多种,而TCP协议和IP协议是保证数据完整传输的两个最基本的重要协议。通常说TCP/IP是指TCP/IP协议族,而不单单是TCP和IP。TCP/IP依靠TCP和IP这两个主要协议提供的服务,加上高层应用层的服务,共同实现了TCP/IP协议族的功能。TCP/IP的最高层与OSI参考模型的上三层有较大区别,也没有非常明确的层次划分。其中FTP、TELNET、SMTP、DNS是几种广泛应用的协议,TCP/IP中还定义了许多别的高层协议。

(1) FTP。FTP(File Transfer Protocol,文件传输协议)允许用户将远程主机上的文件复制到自己的计算机上。文件传输协议是用于访问远程机器的专门协议,它使用户可以在本地机与远程机之间进行有关文件的操作。FTP工作时建立两条TCP连接:一条用于传送文件;另一条用于传送控制。FTP采用客户服务器模式,它包含FTP客户端和FTP服务器。客户启动传送过程,而服务器对其作出应答。客户FTP大多有交互式界面,使客户可以方便地上传或下载文件。

(2) Telnet。Telnet(Remote Login,远程终端访问协议)提供远程登录功能,用户可以登录到远程的另一台计算机上,如同在远程主机上直接操作一样。通过设备或终端进程交互的方式,完成终端到终端的连接及进程到进程分布式计算的通信。

(3) DNS。DNS是一个域名服务协议,提供域名到IP地址的转换,允许对域名资源进行分散管理。

(4) SMTP。SMTP(Simple Mail Transfer Protocol,简单邮件传输协议),用于传输电子邮件。

互联网标准中的电子邮件是基于文件的协议,用于可靠、有效的数据传输。SMTP作为应用层的服务,并不关心它下面采用的是哪种传输服务,它可通过网络在TCP连接上传送邮件,或者简单地在同一机器的进程之间通过进程通信的通道来传送邮件。

邮件发送之前必须协商好发送者、接收者。SMTP服务进程同意为接收方发送邮件时,它将邮件直接交给接收方用户或将邮件经过若干段网络传输再交给接收方用户。在邮件传输过程中,所经过的路由被记录下来,这样,当邮件不能正常传输时可按原路由找到发送者。

## 2.1.4 计算机网络的互联和接入

**1. 互联与接入的概念**

通常,单一的局域网络覆盖的范围和资源都比较有限,要想扩大通信和资源共享范围,就需要将若干个局域网络连成更大的网络,使各个不同网络的用户能够互相通信、交换信息、共享资源。常见的企业网、校园网以及全球性的因特网,都是通过网络互联设备把不同的众多网络或网络群体连接起来而形成的计算机网络。

网络互联是指多个独立的计算机网络通过一定的方法,用一种或多种通信处理设备相互连接起来,从而构成更大的网络系统,以便访问远程资源和进行分布式控制。

网络接入技术要解决的问题是如何将用户连接到各种网络上,作为网络中与用户相连的最后一段线路上所采用的技术,接入技术目前已成为网络技术的一大热点,为了提供端到端的宽带连接,宽带接入是必须要解决的一个问题。

网络可以分为局域网(LAN)和广域网(WAN)两大类,因此,网络互联的形式主要有:局域网—局域网、局域网—广域网、广域网—广域网、局域网—广域网—局域网的互联等。由于不同的互联形式所采用的互联方法和协议不尽相同,因而采用的网络互联设备也是不同的。按照OSI把通信协议分层的观点,网络互联设备根据它所工作的网络层次和所支持的协议可分为五种类型:中继器、网桥、路由器、交换机和协议转换器,如图2-1-3所示。

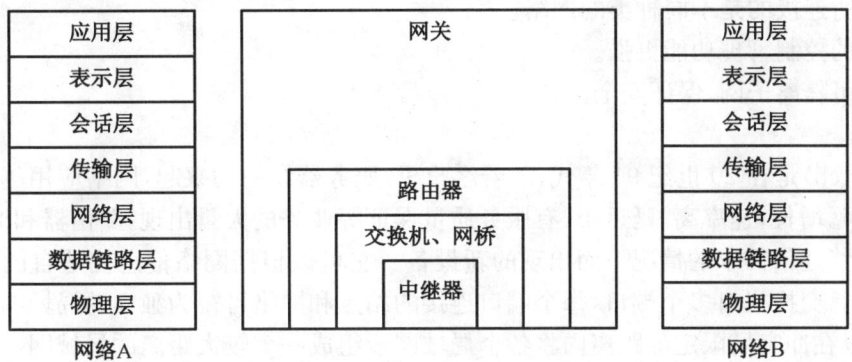

图 2-1-3　网络连接设备层次图

1) 中继器

中继器(Repeater)用于同种局域网络互联,是在物理层次上实现互联的网络互联设备,用于扩展网段的距离。由于IEEE802.3标准的MAC协议规定,总线网的电缆长度最大允许为2.5 km,而一般的以太网收发器只能支持500 m的粗同轴电缆或185 m的细同轴电缆。中继器可将若干网段连接起来,从而达到延长电缆的总长度、扩展局域网作用范围的目的。

电信号强度在电缆中传送时随电缆长度增加而递减,中继器在物理层内实现透明的二进制比特复制,补偿信号衰减。也就是说,中继器接收从一个网段传来的所有信号,放大发送到另一个网段继续传输。但中继器也有其缺点,虽然能保证信号的强度,但增加了信号的延迟。如果延迟太长,网络就不能正常工作。因此,在传输中,中继器必须具有个数限制,如以太网中规定,其个数不能超过4个。中继器不能识别一个完整的帧,当信号在网段中转发时,它不能区分信号帧是否失效,因而会将失效的包括差错信号一起传送。根据不同的用途,中继器可分为不同的类型,主要有双口中继器、多口中继器、集线器(Hub)、多路复用器、模块中继器和缓冲中继器等。

2) 网桥

网桥(Bridge)是一种在数据链路层实现局域网互联的存储转发设备。网桥与中继器不同,处理的是一个完整的帧,与网络高层协议无关,它在从一个网段接收到完整的数据帧,进行必要的比较和验证后,决定是丢弃还是发给另外一个网段。网桥不进行路由选择,因而具有隔离网段的功能。在网络上适当地使用网桥可以起到调整网络的负载、提高整个网络传输性能的作用。网桥不具备网络层功能,对不同的网络操作系统、不同高层协议的信息包,网桥都不能作任何变换地照样转发。但是对于不同拓扑的局域网,在介质访问控制子层上存在着帧格式、传输率、最大帧长等差别,给网桥带来很多麻烦,需要用软件来处理,所以网桥对于同类局域网互联最为简单有效。

3) 路由器

路由器(Router)工作在OSI的网络层,是实现异种网络连接的互联设备。路由器的功能包括过滤、存储转发、路径选择、流量管理、介质转换等,即在不同的多个网络之间存储和转发分组,实现网络层上的协议转换,把在网络中被传输的数据正确地传送到下一个网段上。路由器最主要的功能是路径选择,它是在支持网络级别寻址的网络协议和结构上进行的,其工作是保证把一个进行网络寻址的报文传送到正确的目的网络中。每个路由器通过路由信息协议,收集其他路由器的信息,它综合所收到的信息后建立起自己的路由表以决定如何把其所控制的本地系统的通信表传送到网络中的其他位置。

路由器具有如下特点:

(1) 路由器和协议相关。
(2) 路由器有路由协议处理功能。
(3) 路由器所连接的是不同种类的网络。
(4) 路由器的控制管理功能更强。
(5) 路由器可隔离子网,保证安全。

4) 交换机

交换机(Switch)是在 20 世纪 90 年代,随着客户机/服务器结构的兴起,网络应用越来越复杂,局域网上的信息量迅猛增长,速率高、延迟小、有服务质量保证等业务的大量出现,路由器和旧有的桥接式方法已不能满足网络通信需求的情况下而出现的新设备。它可以根据网络信息构造自己的转发表,做出数据包转发决策。交换机有多个端口,每个端口连接的站点和网络可视为独立的局域网段,或称一个冲突域,交换机可以在冲突域限定的距离内将各个局域网段组成一个较大距离的局域网,扩大了局域网的覆盖范围。

交换机是基于硬件结构的,对帧的转发处理过程非常简单,可以达到很高的吞吐量。三层路由交换机能够实现路由器的全部功能,根据网络层信息对包含网络目的地址和信息的数据进行更好的转发和选择优先权工作、交换 MAC 地址,从而解决了网络"瓶颈"问题。交换机具有造价低、交换速度快、易于管理、配置方便等特点,在局域网中得到了广泛的使用。

5) 协议转换器

协议转换器(Gateway)在有些书中也称为网关,但协议转换器和网关是两个完全不同的概念,协议转换器是互联设备,网关是处在内网和外网之间的设备,相当于内、外网间的屏障,在内、外网间设置一台路由器或一台代理服务器都可以用作网关。协议转换器实现了传输层及以上的网络互联,是用于高层协议转换的网间连接器。

协议转换器的主要功能是进行报文格式转换、地址映射、网络协议转换等,构成是非常复杂的。协议转换器使在不同的体系结构和环境之间的通信成为可能,它把数据重新进行转换,使数据可以从一个网络环境进入另一个不同的网络环境,让它们能够互相理解、交流对方的数据,从而实现异种网络的互联。

**2. 互联与接入的方式**

互联网接入是通过特定的信息采集与共享的传输通道,利用以下传输技术完成用户与 IP 广域网的高带宽、高速度的物理连接。

1) 电话线拨号

电话线拨号(PSTN)是普遍的窄带接入方式,即通过电话线,利用当地运营商提供的接入号码,拨号接入互联网,速率不超过 56 Kbps。其优点是使用方便,只需有效的电话线及自带 Modem 的 PC 机就可完成接入。它主要适合于临时性接入或无其他宽带接入场所的使用。其缺点是速率低,无法实现高速率要求的网络服务;其次是费用高(接入费用由电话通信费和网络使用费组成)。

2) ISDN

ISDN 俗称"一线通",它采用数字传输和数字交换技术,将电话、传真、数据、图像等多种业务综合在一个统一的数字网络中进行传输和处理。用户利用一条 ISDN 用户线路,可以在上网的同时拨打电话、收发传真。ISDN 的基本速率接口有两条 64 Kbps 的信息通路和一条 16 Kbps 的信令通路,简称 2B+D,当有电话拨入时,它会自动释放一个 B 信道来进行电话接听。ISDN 主要适合于普通家庭用户使用,其缺点是速率较低,无法实现一些高速率要求的网络服务以及费用较高(接入费用由电话通信费和网络使用费组成)。

3) XDSL 接入

XDSL 主要是以 ADSL/ADSL2+接入方式为主,是目前运用最广泛的铜线接入方式。ADSL 可直接利用现有的电话线路,通过 ADSL Modem 后进行数字信息传输。其理论速率可达到 8 Mbps 的下行和 1 Mbp 的上行,传输距离可达 4~5 千米。ADSL2+速率可达 24 Mbps 的下行和 1Mbps 的上行。另外,最新的 VDSL2 技术可以达到上下行各 100 Mbps 的速率。其特点是速率稳定、带宽独享、语音数据不干扰等。XDSL 适用于家庭、个人等用户的大多数网络应用场景,满足一些宽带业务的需求,包括 IPTV、视频点播(VOD)、远程教学、可视电话、多媒体检索、LAN 互联、Internet 接入等。

4) HFC

HFC(CABLE Modem)是一种基于有线电视网络铜线资源的接入方式,具有专线上网的连接特点,允许用户通过有线电视网实现高速接入互联网。HFC 适用于拥有有线电视网的家庭、个人或中小团体。其优点是速率较高,接入方式方便(通过有线电缆传输数据,不需要布线),可实现各类视频服务、高速下载等。其缺点在于基于有线电视网络的架构是属于网络资源分享型的,当用户激增时,速率就会下降且不稳定,扩展性不够强。

5) 光纤宽带接入

光纤宽带接入是通过光纤接入到小区节点或楼道,再由网线连接到各个共享点上(一般不超过 100 米),提供一定区域的高速互联接入。其优点是速率高、抗干扰能力强,适用于家庭、个人或各类企事业团体,可以实现各类高速率的互联网应用(视频服务、高速数据传输、远程交互等);缺点是一次性布线成本较高。

6) 无源光网络

无源光网络(PON)技术是一种点对多点的光纤传输和接入技术,服务节点到用户端的最大距离为 20 km,接入系统总的传输容量为上行和下行分别为 155 Mbps/622 M/1Gbps,由各用户共享,每个用户使用的带宽可以以 64Kbps 为单位进一步划分。其优点是接入速率高,可以实现各类高速率的互联网应用(视频服务、高速数据传输、远程交互等);缺点是一次性投入较大。

7) 无线网络

无线网络是一种有线接入的延伸技术,使用无线射频(RF)技术收发数据,减少使用电线连接,因此,无线网络系统既可达到建设计算机网络系统的目的,又可让设备自由安排和搬动。在公共开放的场所或者企业内部,无线网络一般会作为已存在的有线网络的一个补充方式,装有无线网卡的计算机通过无线手段方便地接入互联网。

## 2.1.5 常用的互联网服务

**1. 万维网**

万维网(World Wide Web,WWW)又称 Web、W3 或全球信息网,它是一种以图形界面和超文本链接方式来组织信息页面的技术,在该网中允许用户从某台计算机中访问网上资源。这个服务基于超文本传输协议(HTTP),采用了超文本(hypertext)和超媒体(hypermedia)及链接技术,可用多种媒体技术直观地向用户展现信息。

1) 万维网特征

(1) 提供文本、声音、图形图像等信息、赋予超媒体链接图形界面,可交互地查询和访问网上资源。

(2) 支持可产生具体网页的超文本标识语言——HTML。

(3) 基于域名地址的统一资源定位器(URL)等特征。

2) 统一资源定位器

WWW 上的每个信息资源都有统一的地址,由统一资源定位器 URL(Uniform Resource Locator)来标识,以确定资源在网络上的位置及所需要检索的文档。

URL 由三部分组成:资源类型、存放资源的主机代号域名及资源的路径和文件名。例如,http://www.w3.org/hypertext/www/client.html,其中,http://指明了要访问的资源类型是超文本信息,使用 HTTP 协议；www.w3.org 为要连接的主机域名；/hypertext/www/为文档在主机服务器上的目录路径；client.html 为要访问文件名。

互联网上的所有资源及类型都可由 URL 来体现，且 URL 地址唯一，如表 2-1-2 所示。

表 2-1-2　URL 中涉及的资源类型

| 资源名 | 功　能 | 网络地址举例 |
| --- | --- | --- |
| FTP | 文件传输 | ftp://ftp.hpu.edu.cn |
| Telnet | 远程登录连接 | telnet://telnet.hpu.edu.cn |
| News | 专题讨论 | news://news.pku.edu.cn |
| Gopher | Gopher 访问 | gopher://gopher.sta.net.cn |
| HTTP | 万维网资源访问 | http://www.hpu.edu.cn |

3）WWW 浏览器

浏览器（browse）是 WWW 客户端的软件，是一个帮助人们阅读文件并选择相关资料的工具和界面。在浏览器窗口所展示的页面上，有许多与其他文件的文本、图片相关联的超链接。超链接以特殊的颜色并带有下划线的方式显示，当用鼠标单击后，就会立刻跳到另一个 URL 中去。为了访问 WWW，人们开发了许多浏览器软件，其中最著名的是美国微软公司开发的 Internet Explorer 和由 Mozilla 开发的 Firefox 等。不同浏览器的窗口界面有所不同，但功能大同小异。

4）WWW 搜索引擎

互联网是一个巨大的信息海洋，WWW 的出现促进了互联网的发展，提高了人们浏览网页的速度和效率。然而，用传统的方法来查找与日俱增的站点和网页已经不能满足用户的需要，于是搜索引擎应运而生了，搜索引擎是互联网上快速查找信息的检索工具。好的搜索引擎应具有以下功能：自动搜集信息并自动标引分类、发现新的信息或站点，经分门别类后再提供检索软件来协同用户检索。

一个好的搜索引擎应有自己丰富的、能及时更新的、数量颇具规模的数据库，并能及时提供多种信息查询、智能检索等功能。Google、Baidu、Yahoo 是几个常见的国内外搜索引擎。

**2. 电子邮件**

电子邮件（E-mail）是互联网最基本的服务，也是最重要的服务。电子邮件是一种用电子手段提供信息交换的通信方式。通过全球互联网实现文本、声音、图形、图像与影视等信息的传送、接收、存储，从而将邮件发往世界各个区域。电子邮件具有通邮地域不受距离和自然条件的限制、信息传递快、效率高、故障率低、通信资费便宜、使用范围广泛等特征，具有传统邮件不可比拟的优越性。电子邮件是互联网资源应用中使用率最高的一种服务。电子邮件涉及用于保证不同操作系统的计算机间能有效传送邮件的 SMTP（Simple Mail Transfer Protocol，简单邮件传送协议）、允许用户通过计算机访问负责接收邮件的主机并取走存放在其中的邮件的 POP3（Post Office Protocol）协议等。

由于电子邮件数字化的特征使其功能大大超越了传统意义上的邮件。不但文本文件（ASCII 文件）可邮寄，而且对非文本文件（如多媒体文件、二进制文件等）均可在发信端用附件方式发出。根据电子邮件及电子邮件软件的使用效果，其功能可归结如下：

（1）可同时向多个收信人发送同一邮件，传递包括文本、声音、影像和图形在内的多种类型信息。

（2）可同时自动接收几个邮箱中的信件，伴有转发、自动回复等许多辅助功能。

（3）可向互联网以外的网络用户发送信件。

在互联网中电子邮件的地址格式为 Username@Domainame，其中 Username 表示用户名，@表示位于，Domainname 表示接收邮件的电子邮件服务器的域名。目前，使用电子邮件的主要形式有基于专用电子邮件软件与基于 www 站点附带的电子邮件两种。电子邮件软件是用户用来发送和接收邮件的程序(或称为用户代理),如 Outlook,Foxmail 等。IE 浏览器的邮件软件默认使用 Outlook,而基于 www 站点邮件发送,则是通过 www 浏览器的电子邮件功能(如 http://mail.163.com 等)收发电子邮件。

### 3. 远程登录

远程登录(Telnet)可使用户的计算机变成网络上另一台计算机的远程终端。只要用户有那台计算机的账号和口令,就可登录、使用该计算机的各种资源。网络上的超级计算机往往利用这种方式供大家共享。

Telnet 协议是 TCP/IP 协议族中的一员,是互联网远程登录服务的标准协议和主要方式。它为用户提供了在本地计算机上完成远程主机工作的能力。在终端使用者的电脑上使用 Telnet 程序,用它连接到服务器。终端使用者可以在 Telnet 程序中输入命令,这些命令会在服务器上运行,就像直接在服务器的控制台上输入一样,可以在本地控制服务器。要开始一个 Telnet 会话,必须输入用户名和密码来登录服务器。Telnet 是常用的远程控制 Web 服务器的方法。

在 IE 窗口地址栏中输入要访问的主机 URL 地址,如 telnet://www.hpu.edu.cn,按回车键,屏幕上将弹出登录窗口。输入远程主机的用户名和密码,系统验证用户名、密码后,若用户名和密码正确,则登录成功,显示该主机的命令提示符,并可用命令行模式进行远程主机的操作。

### 4. 文件传输

文件传输服务采用文件传输协议 FTP,利用这个服务,可以直接进行任何类型的文件双向传输。使得用户上传、下载信息得心应手。但用户需具有该网络计算机的账号、口令等权限才能进行操作。

在互联网上有着数量巨大的匿名 FTP 服务器,提供一种匿名 FTP 服务(互联网上较为重要的服务之一),这些服务器中存有大量可由人们自由复制的各类信息,如各种免费或共享软件、技术文档,甚至电子杂志和归档的新闻组。许多使用互联网所必需的客户和服务器软件都能从匿名 FTP 服务器中复制。许多正在开发的互联网软件的中间版本往往由匿名 FTP 服务器向公众发布,供用户试用。这些服务器构成了互联网的巨大信息资源。匿名 FTP 服务器可由任何人以用户名 Anonymous 进行访问。

在 IE 环境下的 FTP 是在 Window 基础上开发的文件传输协议,使用窗口界面,操作方便。FTP 提供匿名(Anonymous)FTP 的服务,所以不要求用户输入用户名和密码。在 IE 窗口地址栏输入要连接的 FTP 服务器的 URL 地址,如 ftp://ftp.hpu.edu.cn,按回车键,系统便开始建立连接,若连接成功,则窗口上会出现 FTP 页面,显示服务器上的文件目录,可进行其他操作。

### 5. 博客和微博

"博客"是音译,它的正式名称为网络日志;又音译为"部落格"或"部落阁"等,是一种通常由个人管理、不定期张贴新的文章的网站。博客上的文章通常根据张贴时间以倒序方式由新到旧排列。一个典型的博客结合了文字、图像、其他博客或网站的链接及其他与主题相关的媒体,能够让读者以互动的方式留下意见,是许多博客的重要因素。大部分的博客内容以文字为主,也有一些博客专注在艺术、摄影、视频、音乐、播客等各种主题。博客是社会媒体网络的一部分,比较著名的有新浪、网易等博客。

由于博客的沟通方式比电子邮件、讨论群组更简单和容易,已成为家庭、公司、部门和团队之间越来越盛行的沟通工具,因而它也逐渐被应用在企业内部网络(Intranet)中。微博(Weibo)是微型博客(microblog)的简称,即一句话博客,是一种通过关注机制分享简短实时信息的广播式的社交网络平台。

微博是一个基于用户关系进行信息分享、传播以及获取的平台。用户可以通过 Web、WAP 等各种客户端组建个人社区,以 140 字(包括标点符号)的文字更新信息,并实现即时分享,微博的关注机制分为单向、双向两种。微博作为一种分享和交流平台,其更注重时效性和随意性,更能表达出每时每刻的思想和最新动态,而博客则更偏重于梳理自己在一段时间内的所见、所闻、所感。

相对于强调版面布置的博客来说,微博的内容只是由简单的只言片语组成,从这个角度来说,对用户的技术要求门槛很低,而且在语言的编排组织上没有博客那么高。微博开通的多种 API 使得大量的用户可以通过手机、网络等方式来即时更新自己的个人信息。微博网站即时通信功能非常强大,通过QQ和MSN直接书写,在有网络的地方,只要有手机就可即时更新自己的内容。当一些突发事件或引起全球关注的大事发生时,如果在现场利用各种通信设备在微博上发表出来,其实时性、有效性甚至超过其他媒体。微博比博客更加大众化,且广泛分布在浏览器和移动终端等多个平台上,有多种商业模式并存或形成多个垂直细分领域的可能。但无论哪种商业模式,都离不开用户体验的特性和基本功能。

### 6. 即时通信服务

即时通信(Instant Messaging,IM)是一个终端服务,允许两人或多人使用网络即时传递文字讯息、文件、语音与视频交流。即时通信按使用用途分为企业即时通信和网站即时通信;根据装载的对象又可分为手机即时通信和PC即时通信,手机即时通信的代表是短信。

最早的即时通信软件是ICQ,ICQ是英文I seek you的谐音,意思是"我找你"。4名以色列青年于1996年7月成立Mirabilis公司,并在11月份发布了最初的ICQ版本,在6个月内有85万用户注册使用。早期的ICQ很不稳定,尽管如此,还是受到大众的欢迎。其后,雅虎推出Yahoo! pager,美国在线也将具有即时通信功能的AOL包装在Netscape Communicator中,而后微软将Windows Messenger内建于Microsoft Windows系列操作系统中。腾讯公司推出的腾讯QQ也迅速成为中国最大的即时通信软件。

1) 即时通信的分类

按使用对象来分类,即时通信一般分为以下几类:

(1) 个人即时通信。个人即时通信主要是以个人(自然)用户使用为主,其特点是开放式的会员资料,非营利目的,方便聊天、交友、娱乐,如Anychat、YY语音、IS、QQ、网易POPO、新浪UC、百度HI、盛大圈圈、移动飞信、LAHOO(乐虎)、LASIN(乐信)、FastMsg、蚁傲等。此类产品以网站为辅、软件为主,以免费使用为辅、增值收费为主。

(2) 商务即时通信。此处商务泛指买卖关系。商务即时通信的主要功能是实现寻找客户资源或便于商务联系,以低成本实现商务交流或工作交流。

商务即时通信的代表有阿里旺旺贸易通、阿里旺旺淘宝版、慧聪TM、QQ(拍拍网,使QQ同时具备商务功能)、MSN、Anychat、阳光互联Lync等。

(3) 企业即时通信。企业即时通信有两种:一种是以企业内部办公为主,建立员工交流平台,减少运营成本,促进企业办公效率;另一种是以即时通信为基础,整合相关应用。企业通信软件被各类企业广泛使用,如信鸽、Anychat、ActiveMessenger、网络飞鸽、腾讯RTX、Arrow IM、叮当旺业通、微软Lync、阳光互联Lync、大蚂蚁(BigAnt)、IBM Lotus Sametime、互联网办公室Imo、腾讯EC营销即时通、中国移动企业飞信、FastMsg、蚁傲、中电智能即时通信软件等。

2) 即时通信的新发展

即时通信的新发展如下:

(1) 互动性增强。所谓互动性,是指用户交互体验方面的内容,不管是互联网还是简单的通信技术,只有真正地从用户的角度出发,才能够在这一行业内立足。即时通信未来一定会向着人性化的方向发展,会越来越重视用户的体验,未来的即时通信服务互动性会增强,人们的网络生活将会更加丰富,并且虚拟世界的开放将会成为未来即时通信行业的主导,如购物消费以及视频聊天这些功能都基本得到满足,而且随着用户需求的不断变化,这些功能在内容上也会逐渐丰富起来。

(2) 社会效能突出。未来即时通信在人们之间必定会成为一种时尚,如微博等自媒体平台的使用,就能够极大地丰富人们之间的信息交流。在这个过程中,即时通信作为一种信息的传播方式,传递社会正能量的作用将会被凸显,所以说即时通信未来的社会效能会更加突出。而且即时通信行业的运营商为了获得更多的用户支持,在未来的技术设计之中一定会越来越贴近用户的需求,贴近文化以及用户的生活习惯。

(3) 网页即时通信出现新趋势。以 xtalk 为例，xtalk 是通用开放的即时通信服务，通过提供定制化解决方案，向社区网站、普通网站、客户端软件提供免费、稳定、灵活的聊天服务。把即时通信技术集成到社区、论坛以及普通网页当中，实现用户浏览网站时进行即时交流，可以提高网站访客的活跃度、网站用户黏度以及游客的转化率。

在互联网上的服务还有新闻组、电子公告板等，随着网络技术的发展，越来越多的服务会出现在互联网上。

## 2.2 物 联 网

国际电信联盟(ITU)发布的 ITU 互联网报告中对物联网作了如下定义：通过二维码识读设备、射频识别(RFID)装置、红外感应器、全球定位系统和激光扫描器等信息传感设备，按约定的协议，把任何物品与互联网相连接，进行信息交换和通信，以实现智能化识别、定位、跟踪、监控和管理的一种网络。

根据国际电信联盟的定义，物联网主要解决物品与物品(Thing to Thing, T2T)、人与物品(Human to Thing, H2T)、人与人(Human to Human, H2H)之间的互联。但是与传统互联网不同的是，H2T 是指人利用通用装置与物品之间的连接，从而使得物品连接更加简化，而 H2H 是指人之间不依赖于 PC 而进行的互连。因为互联网并没有考虑到对于任何物品连接的问题，故使用物联网来解决这个传统意义上的问题。

因此，物联网顾名思义就是连接物品的网络，许多学者讨论物联网时经常会引入一个 M2M 的概念，可以解释成为人到人(Man to Man)、人到机器(Man to Machine)、机器到机器(Machine to Machine)。从本质上而言，人与机器、机器与机器的交互大部分是为了实现人与人之间的信息交互。

**1. 物联网的特征**

物联网是指通过各种信息传感设备，实时采集任何需要监控、连接、互动的物体或过程等各种需要的信息，与互联网结合形成的一个巨大网络。其目的是实现物与物、物与人所有的物品与网络的连接，方便识别、管理和控制。和传统的互联网相比物联网有其鲜明的特征。

(1) 它是各种感知技术的广泛应用。物联网上部署了海量的多种类型传感器，每个传感器都是一个信息源，不同类别的传感器所捕获的信息内容和信息格式不同。传感器获得的数据具有实时性，按一定的频率周期性地采集环境信息，不断更新数据。

(2) 它是一种建立在互联网上的泛在网络。物联网技术的重要基础和核心仍旧是互联网。通过各种有线和无线网络与互联网融合，将物体的信息实时准确地传递出去。在物联网上的传感器定时采集的信息需要通过网络传输，由于其数量极其庞大，形成了海量信息，在传输过程中为了保障数据的正确性和及时性，必须适应各种异构网络和协议。

(3) 物联网不仅提供了传感器的连接，其本身也具有智能处理的能力，能够对物体实施智能控制。物联网将传感器和智能处理相结合，利用云计算、模式识别等各种智能技术，扩充其应用领域。从传感器获得的海量信息中分析、加工和处理出有意义的数据，以适应不同用户的不同需求，发现新的应用领域和应用模式。

(4) 物联网的精神实质是提供不拘泥于任何场合、任何时间的应用场景与用户的自由互动，它依托云服务平台和互通互联的嵌入式处理软件，弱化技术色彩，强化与用户之间的良性互动，更佳的用户体验、更及时的数据采集和分析建议、更自如的工作和生活是通往智能生活的物理支撑。

根据《2016—2017 年中国物联网发展年度报告》，2016 年我国物联网市场规模超 9 000 亿元，同比增速连续多年超过 20%。预计到 2020 年，我国物联网产业规模将超过 1.5 万亿元。2016 年以来，全球物联网技术与应用空前活跃,创新潮、应用潮、融合潮兴起。我国物联网初步确立系统性竞争优势,正迈入"重点突破、系统创新、跨界融合、协同发展"的新阶段。

**2. 物联网的关键技术**

在物联网应用中有三项关键技术:

(1) 传感器技术:这也是计算机应用中的关键技术。到目前为止,绝大部分计算机处理的都是数字信号。自从有计算机以来,就需要传感器把模拟信号转换成数字信号,计算机才能处理。

(2) RFID 标签:也是一种传感器技术,RFID 技术是融合无线射频技术和嵌入式技术为一体的综合技术,RFID 在自动识别、物品物流管理领域有着广阔的应用前景。

(3) 嵌入式系统技术:是综合了计算机软硬件、传感器技术、集成电路技术、电子应用技术为一体的复杂技术。经过几十年的演变,以嵌入式系统为特征的智能终端产品随处可见;小到人们身边的 MP3,大到航空航天的卫星系统。嵌入式系统正在改变着人们的生活,推动着工业生产以及国防工业的发展。

如果把物联网用人体做一个简单比喻,传感器相当于人的眼睛、鼻子、皮肤等感官,网络就是神经系统,用来传递信息,嵌入式系统则是人的大脑在接收到信息后要进行分类处理。

**3. 物联网的应用**

1) 应用模式

物联网根据其实质用途可以归结为两种基本应用模式:

(1) 对象的智能标签。通过 NFC、二维码、RFID 等技术标识特定的对象,用于区分对象个体,如在生活中人们使用的各种智能卡、条码标签的基本用途就是用来获得对象的识别信息;此外,通过智能标签还可以用于获得对象物品所包含的扩展信息,如智能卡上的金额余额,二维码中所包含的网址和名称等。

(2) 对象的智能控制。物联网基于云计算平台和智能网络,可以依据传感器网络用获取的数据进行决策,改变对象的行为,并进行控制和反馈,如根据光线的强弱调整路灯的亮度,根据车辆的流量自动调整红绿灯间隔等。

2) 用途范围

物联网用途广泛,遍及智能交通、环境保护、政府工作、公共安全、平安家居、智能消防、工业监测、环境监测、路灯照明管控、景观照明管控、楼宇照明管控、广场照明管控、老人护理、智慧医疗、花卉栽培、水系监测、食品溯源、敌情侦查和情报搜集等多个领域。

国际电信联盟于 2005 年的报告中曾描绘"物联网"时代的图景:当司机出现操作失误时汽车会自动报警,公文包会提醒主人忘带了什么东西,衣服会"告诉"洗衣机对颜色和水温的要求,等等。物联网在物流领域内的应用,比如,一家物流公司应用了物联网系统的货车当装载超重时,汽车会自动告诉你超载了,并且超载多少,但空间还有剩余告诉你轻重货怎样搭配。

物联网把新一代 IT 技术充分运用到各行各业之中,具体地说,就是把感应器嵌入和装备到电网、铁路、桥梁、隧道、公路、建筑、供水系统、大坝、油气管道等各种物体中,然后将物联网与现有的互联网整合起来,实现人类社会与物理系统的整合。在这个整合的网络当中,存在能力超级强大的中心计算机群,能够对整合网络内的人员、机器、设备和基础设施实施实时的管理控制,在此基础上,人类可以以更加精细和动态的方式管理生产和生活,达到"智慧"状态,提高资源利用率和生产力水平,改善人与自然间的关系。

智慧医疗英文简称 WIT120,是最近兴起的专有医疗名词,通过打造健康档案区域医疗信息平台,利用最先进的物联网技术,实现患者与医务人员、医疗机构、医疗设备之间的互动,逐步达到信息化。智慧医疗由三部分组成,分别为智慧医院系统、区域卫生系统以及家庭健康。在不久的将来,医疗行业将融入更多的人工智能、传感技术等高科技,使医疗服务走向真正意义的智能化,推动医疗事业的繁荣发展。

## 2.3 无线通信网络

无线网络早已不是新奇之物,它是一种相对于有线网络而言的全新的网络组建方式。无线网络在一定程度上摆脱了有线网络必须要依赖的网线,更为方便快捷。无线接入是指从交换节点到用户终端之间部分或全部采用了无线手段。典型的无线接入系统主要由控制器、操作维护中心、基站、固定用户单元和移动终端等几个部分组成。

### 2.3.1 常用无线通信网络技术

随着无线网络技术的不断发展,无线通信技术现如今越来越广泛地应用于人们的生活和工作中,已成为现代科技研究的重要领域。

**1. 全球移动通信系统 GSM**

GSM 是一种起源于欧洲的移动通信技术标准,是第二代移动通信技术。该技术是目前个人通信的一种常见技术代表。它用的是窄带 TDMA,允许在一个射频,即"蜂窝"同时进行 8 组通话。GSM 是 1991 年开始投入使用的,到 1997 年年底,已经在 100 多个国家运营,成为欧洲和亚洲实际上的标准。GSM 数字网具有较强的保密性和抗干扰性,音质清晰,通话稳定,并具备容量大、射频资源利用率高、接口开放、功能强大等优点。我国于 20 世纪 90 年代初引进并采用此项技术标准,此前一直是采用蜂窝模拟移动技术,即第一代 GSM 技术。目前,中国移动、中国联通各拥有一个 GSM 网,GSM 手机用户总数在 1.4 亿以上,为世界最大的移动通信网络。

**2. 无线通信协议标准 WAP**

就像 TCP/IP 是 Internet 网上信息互联和通信协议的标准,WAP(Wireless Application Protocol)技术是移动终端访问无线信息服务的全球主要标准,也是实现移动数据传输以及增资业务的技术基础。WAP 协议定义了一种移动通信终端连接因特网的标准方式,提供了一套统一、开放的技术平台,使移动设备可以方便地访问以统一的内容格式表达的因特网及因特网的信息。它是目前大多数移动通信终端和设备制造商及部分无线通信服务商、基础设施提供商普遍采用的统一标准。

**3. 通用分组无线业务 GPRS**

通用分组无线业务(General Packet Radio Service,GPRS)是一项高速数据处理技术,即以分组的形式把数据传送到用户手上。GPRS 突破了 GSM 网只能提供电路交换的思维定式,将分组交换模式引入 GSM 网络中。它通过仅仅增加相应的功能实体和对现有的基站系统进行部分改造来实现分组交换,从而提高资源的利用率。GPRS 能快速建立连接,适用于频繁传送小数据量业务或非频繁传送大数据量业务。它是 2.5 代移动通信系统。由于是基于分组交换的,用户可以保持永远在线。

**4. 码分多址通信技术 CDMA**

CDMA 即 Code-Division Multiple Access 的缩写,译为码分多址分组数据传输技术,被称为第 2.5 代(2.5G)移动通信技术。CDMA 手机具有话音清晰、不易掉线、发射功率低和保密性强等特点,被称为"绿色手机"。更为重要的是,基于宽带技术的 CDMA 使得移动通信中视频应用得以实现。CDMA 与 GSM 一样,也是属于一种比较成熟的无线通信技术。与使用时分复用(Time-Division Multiplexing,TDM)技术的 GSM 不同的是,CDMA 并不给每一个通话者分配一个确定的频率,而是让每一个频道使用所能提供的全部频谱。因此,CDMA 数字网络具有的优势包括高效的频带利用率和更大的网络容量、简化的网络规划、通信质量高、保密性及信号覆盖好和不易掉线等。另外,CDMA 系统采用编码技术,其编码有 4.4 亿种数字排列,每部手机的编码还随时变化,这使得盗码只具有理论上的可能。

### 5. 蜂窝数字式分组数据交换网络 CDPD

CDPD 接入技术最大的特点就是传输速度快,最高的通信速度可以达到 19.2 kb/s。另外,在数据的安全性方面,由于采用了 RC4 加密技术,所以安全性相对较高。该技术正反向信道密钥不对称,密钥由交换中心掌握,移动终端登录一次,交换中心自动核对旧密钥、更换新密钥一次,实行动态管理。此外,由于 CDPD 系统是基于 TCP/IP 的开放系统,因此,可以很方便地接入互联网,所有基于 TCP/IP 协议的应用软件都可以无须修改直接使用,移动终端通信编号直接使用 IP 地址。CDPD 系统还支持用户越区切换、全网漫游、广播和群呼,可与公用有线数据网络互联互通。

### 6. DBS 技术

DBS 技术也叫数字直播卫星接入技术,该技术利用位于地球同步轨道的通信卫星将高速广播数据送到用户的接收天线,所以它一般也称为高轨卫星通信。其特点是通信距离远,费用与距离无关,覆盖面积大且不受地理条件限制,频带宽,容量大,适用于多业务传输,可为全球用户提供大跨度、大范围、远距离的漫游和机动灵活的移动通信服务等。

在 DBS 系统中,大量的数据通过频分或时分等调制后利用卫星主站的高速上行通道和卫星转发器进行广播,用户通过卫星天线和卫星接收调制解调器接收数据,接收天线直径一般为 0.45 m 或 0.53 m。由于数字卫星系统具有高可靠性,不像 PSTN 网络中采用双绞线的模拟电话需要较多的信号纠错,因此可使下载速率达到 400 kb/s,而实际的 DBS 广播速率最高可达到 12 MIb/s。

目前美国已经可以提供 DBS 服务,主要用于互联网接入,其中最大的 DBS 网络是休斯网络系统公司的 Direct PC。Direct PC 的数据传输也是不对称的,在接入互联网时,下载速率为 400 kb/s,上行速率为 33.6 kb/s,这一速率虽然比普通拨号调制解调器提高不少,但与 DSL 及线缆调制解调器(cable modem)技术仍无法相比。

### 7. Home RF 技术

Home RF 主要为家庭网络设计,旨在降低语音数据成本。为了实现对数据包的高效传输,Home RF 采用了 IEEE 802.11 标准中的 CSMA/CA 模式,它与 CSMA/CD 类似,以竞争的方式来获取对信道的控制权,在一个时间点上只能有一个接入点在网络中传输数据。不像其他的协议,Home RF 提供了对流业务(stream media)的真正意义上的支持。由于对流业务规定了高级别的优先权并采用了带有优先权的重发机制,这样就确保了实时性流业务所需的带宽和低干扰、低误码。Home RF 工作在 2.4 GHz 频段。它采用数字跳频扩频技术,速率为 50 跳/s,共有 75 个带宽为 1 MHz 的跳频信道。调制方式为恒定包络的 FSK 调制,分为 2FSK 与 4FSK 两种。采用调频调制可以有效地抑制无线环境下的干扰和衰落。在 2FSK 方式下,最大数据的传输速率为 1 mb/s;在 4FSK 方式下,速率可达 2 Mb/s。最新版 Home RF 2.x 中,采用了 WBFH(Wide Band Frequency Hopping,宽带跳频)技术来增加跳频带宽,从原来的 1 MHz 增加到 3 MHz、5 MHz,跳频的速率也增加到 75 跳/s,其数据峰值也高达 10 Mb/s,接近 IEEE 802.11b 标准的 11 Mb/s,基本能满足未来的家庭宽带通信。

### 8. 宽带码分多址技术 WCDMA

WCDMA 技术能为用户带来最高 2 Mb/s 的数据传输速率,在这样的条件下,现在计算机中应用的任何媒体都能通过无线网络轻松地传递。WCDMA 的优势在于码片速率高,有效地利用了频率选择性分集和空间的接收和发射分集,可以解决多径问题和衰落问题。该技术采用 Turbo 信道编解码,提供较高的数据传输速率,FDD 制式能够提供广域的全覆盖,下行基站区分采用独有的小区搜索方法,无须基站间严格同步。采用连续导频技术,能够支持高速移动终端。相比第二代的移动通信技术,WCDMA 具有更大的系统容量、更优的话音质量、更高的频谱效率、更快的数据速率、更强的抗衰落能力、更好的抗多径性、能够应用于高达 500km/h 的移动终端的技术优势,而且能够从 GSM 系统进行平滑过渡,保证运营商的投资获得回报,为 3G 运营提供了良好的技术基础。WCDMA 通过有效地利用宽频带,不仅能顺畅地处理声音、图像数据、与互联网快速连接,而且 WCDMA 和 MPEG-4 技术结合起来还可以处理真实的动态图像。

### 9. 移动 IP 技术

移动 IP 通过网络层改变 IP 协议，从而实现移动计算机在 Internet 中的无缝漫游。移动 IP 技术使得节点在从一条链路切换到另一条链路上时无须改变它的 IP 地址，也不必中断正在进行的通信。移动 IP 技术在一定的程度上能够很好地支持移动电子商务的应用。

现有的移动 IP 技术还有很多不足之处，Ipv6 也还没有最终完善，但可以肯定的是，基于移动 IP 技术的第三代移动通信系统（3G）和互联网现结合，提供高速、高质量的多媒体通信业务必将是大势所趋。移动 IP 技术为移动节点提供了一个高质量的实现技术，可用于用户需要经常移动的领域。例如，笔记本电脑无线上网，通过移动 IP 技术还可以和公司的专用网络相连，扩展移动 IP 技术，可以使网络移动化，即把移动节点改成移动网络。该技术的实现可以简单地认为把原先的移动节点所做的工作改成移动网络中路由器所做的工作，这种技术经过发展已经开始应用于轮船、列车等动态网络中。

### 10. Bluetooth 蓝牙技术

Bluetooth 是由爱立信、IBM、诺基亚、英特尔和东芝共同推出的一项短程无线连接标准，旨在取代有线连接，实现数字设备间的无线互联，以便确保大多数常见的计算机和通信设备间可以方便地进行通信。"蓝牙"作为一种低成本、低功率、小范围的无线通信技术，可以使移动电话、个人数字助理（PDA）、便携式电脑、打印机及其他计算机设备在短距离内无须线缆即可进行通信。

### 11. 3G/4G 技术

3G 规范是由国际电信联盟（ITU）所制定的 IMT—2000 规范的最终发展结果。原先制定的 3G 远景，是能够以此规范达到全球通信系统的标准化。目前 3G 存在多种标准：CDMA2000、WCMA、WCDMA 的时分工（Time Division Duplex）、TD-SCDMA、WiMAX，以及数字式增强型无线电话（DECT）等。GSMMAP 通过标准集的支持与 IS-41 网络的相互作用也就是说，必须在 WCDMA 规范前提下，允许与 IS-41 的相互连接，通过 CDMA2000 为 GSMMAP 提供接口。2001 年 4 月 16 日，第一个 3G 电话经由英国的沃达丰网络拨出。

4G 集 3G 与 WLAN 于一体，并能够快速传输数据、高质量的音频、视频和图像等。4G 能够以 100Mbps 以上的速度下载，比目前的家用宽带 ADSL（4 兆）快 25 倍，并能够满足几乎所有用户对于无线服务的要求。此外，4G 可以在 DSL 和有线电视调制解调器没有覆盖的地方部署，然后再扩展到整个地区。很明显，4G 有着不可比拟的优越性。

### 12. Wi-Fi 和 WiMAX 技术

Wi-Fi 是无线保真（Wireless Fidelity）的缩写，其核心是 WLAN（Wi-Fi 仅指 802.11b，WLAN 则可分别采用 802.11b 及 802.11b+），麦肯锡管理学家 Reed E. Hundt 指出，这是一项全新的技术，它能重新激发经济的增长，而且可以帮助任何人在任何地方以低成本接入互联网。只要将一个便宜的 Wi-Fi 基站与 DSL、光缆调制解调器或 T1 线路等高速互联网接入设备相连，并将该基站放置在距用户两三百英尺的范围，这一范围内所有用户都能通过带有廉价的 Wi-Fi 装置的个人电脑或 PDA 共享这一低价、高速的互联网接入，而无须分别支付专用 DSL 或光缆调制解调器较高的服务费用。另外，Wi-Fi 能以低廉的价格轻而易举地将互联网互联互通的脉络延伸到任何社区，把信息流汇入高速光纤主干网络的各个端点。

无线网络无线上网在大城市比较常用，虽然由无线保真技术传输的无线通信质量较差，数据安全性能没有蓝牙好，传输质量也有待改进，但传输速度非常快，可以达到 54 Mbps，符合个人和社会信息化的需求。无线保真最主要的优势在于不需要布线，可以不受布线条件的限制，因此非常适合移动办公用户的需要，并且由于发射信号功率低于 100 MW，低于手机发射功率，所以无线保真上网相对也是最安全健康的。

根据中国互联网络信息中心的报告，截至 2016 年 6 月，我国 92.7% 的网民最近半年曾通过 Wi-Fi 无线网络接入互联网，较 2015 年年底增长了 0.9 个百分点。这说明无线网络的覆盖范围在国内越来越广泛，高级宾馆、豪华住宅区、飞机场、咖啡厅、企业工厂、列车等都有无线保真接口。

### 13. 无线光接入系统 FSO

无线红外光传输系统是光通信与无线通信的结合,通过大气而不是光纤来传输光信号。这一技术既可以提供类似光纤的速率,又不需要频谱这样的稀有资源。其主要特点是:传输速率高,为 2~622 Mb/s 的高速数据传输,传输距离为 200 m~6 km 的范围。由于工作在红外光波段,对其他传输系统不会产生干扰,安全性强。

### 2.3.2 网络技术的发展趋势

#### 1. Web 3.0

Web 3.0 是指网站内的信息可以直接和其他网站相关信息进行交互,能通过第三方信息平台同时对多家网站的信息进行整合使用;用户在互联网上拥有自己的数据,并能在不同网站上使用;完全基于 Web,用浏览器即可实现复杂系统程序才能实现的系统功能;用户数据审计后,同步于网络数据。Web 3.0 区别于 Web 2.0 的本质就是"以人为本",Web 3.0 是在 Web 2.0 的基础上发展起来的能够更好地体现网民的劳动价值,并且能够实现价值均衡分配的一种互联网方式。总体而言,Web 3.0 不仅仅是一种技术上的革新,而是以统一的通信协议,通过更加简洁的方式为用户提供更为个性化的互联网信息资讯定制的一种技术整合。这将会是互联网发展中由技术创新走向用户理念创新的关键一步。

#### 2. 机器学习

机器学习(Machine Learning,ML)是一门多领域交叉学科,它致力于研究如何通过计算的手段,利用经验来改善系统自身的性能。在计算机系统中,"经验"通常以"数据"形式存在,因此机器学习所研究的主要内容,是关于在计算机上从数据中产生"模型"(model)的算法,即"学习算法"(learning algorithm)。机器学习是人工智能(Artificial Intelligence)研究发展到一定阶段的必然产物,它是人工智能的核心,是使计算机具有智能的根本途径,其应用遍及人工智能的各个领域,它主要使用归纳、综合而不是演绎。随着机器学习与大数据、云计算、物联网的深度融合,将会掀起一场新的数字化技术革命,借助自语言理解、情感及行为理解将会开启更加友好的人机交互新界面,将能够提供更多智能化、个性化服务定制服务,机器学习将会造福于整个人类。

#### 3. 人工智能

人工智能(Artificial Intelligence),英文缩写为 AI。它是研究、开发用于模拟、延伸和扩展人的智能的理论、方法、技术及应用系统的一门新的技术科学。人工智能是计算机科学的一个分支,它企图了解智能的实质,并生产出一种新的能以人类智能相似的方式做出反应的智能机器,该领域的研究包括机器人、语言识别、图像识别、自然语言处理和专家系统等。人工智能从诞生以来,理论和技术日益成熟,应用领域也不断扩大,可以设想,未来人工智能带来的科技产品,将会是人类智慧的"容器"。人工智能的具体概念是美国斯坦福大学人工智能研究中心尼尔逊教授所提出的。通过人工智能机器为载体,使机器具有一定人类的表达能力与思维方式。这点是人工智能最基本的概念。如今,弱人工智能已经逐步覆盖于社会的方方面面,对人类的工作和生活都带来了巨大的影响。在未来的科技进程中,人工智能技术将不可避免,将成为推动科技发展的重要"杀伤武器",人类的未来将发生颠覆性的变化。

## 2.4 Web 技 术

### 2.4.1 Web 技术结构

Web 技术从结构上来分析是一个 B/S 结构。B 指的是安装浏览器的客户机,S 指的是 Web 服务器,是一个存放多媒体数据资源和执行 WWW 服务的主机。中间接口起桥接的作用,用它来作为 Web

服务器与服务器中的数据库和其他应用程序的桥梁,常用的中间接口有 CGI(公共网关接口)、ODBC(开放数据库连接)、JDBC(Java 数据库连接)和 WebAPI(Web 应用程序接口)等。

通信过程是:由客户机通过浏览器向 Web 服务器发送 HTTP 请求,Web 服务器接收到请求后,进行解释并做相应的处理,必要时 Web 服务器程序通过接口访问数据库或其他应用程序,最终的处理结果以 HTML(超文本标记语言)网页文件的形式返回给客户机,由客户机浏览器对其进行解释并显示给用户。

### 2.4.2 Web 应用服务器简述

应用服务器是指通过各种协议把商业逻辑暴露给客户端的程序。它提供了访问商业逻辑的途径,以供客户端应用程序使用。应用服务器使用此商业逻辑就像调用对象的一个方法一样。简单地说,能实现动态网页技术的服务器叫作 Web 应用服务器。

**1. Web 应用服务器**

Web 服务器可以解析 HTTP 协议。当 Web 服务器接收到一个 HTTP 请求(request)时,会返回一个 HTTP 响应(response),如送回一个 HTML 页面。为了处理一个请求,Web 服务器可以响应一个静态页面或图片,进行页面跳转(redirect),或者把动态响应(dynamic response)的产生委托(delegate)给一些其他的程序,如 CGI 脚本、JSP(Java Server Pages)脚本、servlets、ASP(Active Server Pages)脚本、服务器端 JavaScript 或者其他的服务器端技术。无论脚本的目的如何,这些服务器端的程序通常产生一个 HTML 的响应来让浏览器可以浏览。

Web 服务器的代理模型(delegation model)非常简单。当一个请求被送到 Web 服务器时,它只单纯地把请求传递给可以处理请求的程序(即服务器端脚本)。Web 服务器仅仅提供一个可以执行服务器端程序和返回(程序所产生的)响应的环境,而不会超出职能范围。服务器端程序通常具有事务处理、数据库连接等功能。

虽然 Web 服务器不支持事务处理或数据库连接池,但它可以配置(employ)各种策略来实现容错性和可扩展性,如负载平衡、缓冲。集群特征经常被误认为仅仅是应用程序服务器专有的特征。

**2. 大型 Web 服务器**

在 UNIX 和 Linux 平台下使用最广泛的免费 HTTP 服务器是 W3C、NCSA 和 Apache 服务器,而 Windows NT/2000/2003 使用 IIS 的 Web 服务器。在选择使用 Web 服务器时应考虑其性能、安全性、日志和统计、虚拟主机、代理服务器、缓冲服务和集成应用程序等特性,下面介绍几种常用的 Web 服务器。

1) Microsoft IIS

Microsoft 的 Web 服务器产品为 Internet Information Server (IIS),IIS 是允许在内联网或互联网上发布信息的 Web 服务器。IIS 是目前最流行的 Web 服务器产品之一,很多著名的网站都是建立在 IIS 的平台上的。IIS 提供了一个图形界面的管理工具,称为互联网服务管理器,可用于监视配置和控制互联网服务。

IIS 是一种 Web 服务组件,其中包括 Web 服务器、FTP 服务器、NNTP 服务器和 SMTP 服务器,分别用于网页浏览、文件传输、新闻服务和邮件发送,它使得在网络(包括互联网和局域网)上发布信息成了一件很容易的事。它提供 ISAPI(Intranet Server API)作为扩展 Web 服务器功能的编程接口。它还提供一个互联网数据库连接器,可以实现对数据库的查询和更新。

2) IBM WebSphere

WebSphere Application Server 是一种功能完善、开放的 Web 应用程序服务器,是 IBM 公司电子商务计划的核心部分,它是基于 Java 的应用环境,用于建立、部署和管理互联网和内联网 Web 应用程序。WebSphere 针对以 Web 为中心的开发人员 HTTP 服务器和 CGI 编程技术上成长起来的。IBM 公司提供 WebSphere 产品系列,通过综合资源、可重复使用的组件、功能强大并易于使用的工具以及支持 HTTP 和 IIOP 通信的可伸缩运行时环境来帮助用户从简单的 web 应用程序转移到电子商务世界。

3) BEA WebLogic

BEA WebLogic Server 是一种多功能、基于标准的 Web 应用服务器,为企业构建自己的应用提供了坚实的基础。各种应用开发、部署所有关键性的任务,无论是集成各种系统和数据库还是提交服务、跨互联网协作,起始点都是 BEA WebLogic Server。由于它具有全面的功能、符合开放标准、多层架构以及支持基于组件的开发等特点,基于互联网的企业都选择它来开发、部署最佳的应用。BEA WebLogic Server 在使应用服务器成为企业应用架构的基础方面继续处于领先地位。BEA WebLogic Server 为构建集成化的企业级应用提供了稳固的基础,它们以互联网的容量和速度在联网的企业之间共享信息、提交服务,实现协作自动化。

4) Apache

Apache 仍然是世界上用得最多的 Web 服务器,市场占有率达 60% 左右。它源于 NCSA HTTPd 服务器,当 NCSA WWW 服务器项目停止后,那些使用 NCSA WWW 服务器的人们开始交换用于此服务器的补丁,这也是 Apache 名称的由来(pache 意为补丁)。世界上很多著名的网站都是 Apache 的产物,它的成功之处主要在于它的源代码开放、有一支开放的开发队伍、支持跨平台的应用(可以运行在几乎所有的 UNIX、Windows、Linux 系统平台上),以及它的可移植性等方面。

5) Tomcat

Tomcat 是一个开放源代码、运行 Servlet 和 JSP Web 应用软件的基于 Java 的 Web 应用软件容器。Tomecat Server 是根据 Servlet 和 JSP 规范执行的,因此 Tomcat Server 也实行了 Apache-Jakarta 规范且比绝大多数商业应用软件服务器要好。

Tomcat 是 Java Servlet2.2 和 Java Servlet Pages1.1 技术的标准实现,是基于 Apache 许可证下开发的自由软件。Tomcat 是完全重写的 Servlet API 2.2 和 JSP 1.1 兼容的 Servlet/JSP 容器。Tomcat 使用了 JServ 的一些代码,特别是 Apache 服务适配器。随着 Catalina Servlet 引擎的出现,Tomcat 第四版的性能得到提升,使它成为一个值得考虑的 Servlet/JSP 容器,因此目前许多 Web 服务器都采用了 Tomcat。

和 Web 服务器相对应的还有应用服务器,感兴趣的同学可查阅相关书籍。

## 2.5 数据库技术

### 2.5.1 关系型数据库

数据库系统(database system)是整个电子商务应用系统建设中的重要组成部分,泛指引入数据库技术后的系统。狭义地讲,数据库系统是由数据库、数据库管理系统构成的;广义而言,数据库系统是由计算机系统、数据库管理系统、数据库管理员、应用程序、维护人员和用户组成的。数据库系统是一个有机体,在整个电子商务系统中的地位,如图 2-5-1 所示。

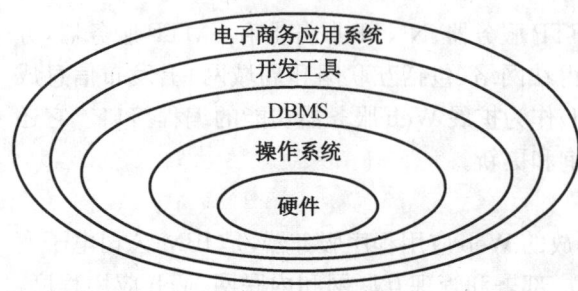

图 2-5-1 数据库系统在电子商务系统中的地位

**1. 数据库系统的组成**

数据库可以实现有组织地、动态地存储大量的相关数据,并提供数据处理和共享的便利手段,为用户提供数据访问和所需的数据查询服务。一个数据库系统通常由五个部分组成，包括计算机硬件、数据库集合、数据库管理系统、相关软件和人员。

1) 计算机硬件系统

任何一个数据库系统都需要有足够容量的内外存与足够快的处理器支撑的计算机系统来存储大量的数据，以便快速响应用户的数据处理和数据检索请求。对于网络数据库系统，还需要有网络通信设备的支持。

2) 数据库集合

数据库是指存储在计算机外部存储器上的结构化的相关数据集合。数据库不仅包含数据本身，还包括数据间的联系。数据库中的数据通常可被多个用户或多个应用程序所共享。在一个数据库系统中，常常可以根据实际应用的需要创建多个数据库。

3) 数据库管理系统

用来对数据库进行集中统一的管理，是帮助用户创建、维护和使用数据库的软件系统，是整个数据库系统的核心。

4) 相关软件

除了数据库管理系统软件之外。一个数据库系统还必须有其他相关软件的支持，包括操作系统、编译系统、应用软件开发工具等。对于大型的多用户数据库系统和网络数据库系统，还需要多用户系统软件和网络系统软件的支持。

5) 人员

数据库系统的人员包括数据库管理员和用户。在大型的数据库系统中，需要有专门的数据库管理员来负责系统的日常管理和维护工作，他们是系统的核心与中坚力量。而数据库系统的用户则可以根据应用程度的不同分为专业用户和最终用户。

**2. 数据库系统的特点**

数据库系统的特点包括数据结构化、数据共享、数据独立性以及统一的数据控制功能。

1) 数据结构化

数据库中的数据是以一定的逻辑结构存放的，这种结构是由数据库管理系统所支持的数据模型决定的。数据库系统不仅可以表示事物内部各数据项之间的联系，还可以表示事物和事物之间的联系。只有按一定结构组织和存放数据，才便于对它们实现有效的管理。

2) 数据共享

这是数据库系统最重要的特点。数据库中的数据能够为多个用户、多个应用程序所共享。此外，由于数据库中的数据被集中管理、统一组织，因而避免了不必要的数据冗余。与此同时，还带来了数据应用的灵活性。

3) 数据独立性

在数据库系统中，数据与程序基本上是相互独立的，其相互依赖的程度已大大减小。对数据结构的修改将基本不会对程序产生影响。反过来，对程序的修改也基本不会对数据产生影响。

4) 统一的数据控制

数据库系统必须提供必要的数据安全保护措施、完整性控制、并发操作控制等。

一般而言，数据库关注的是数据，数据库管理系统强调的是系统软件，数据库系统则侧重的是数据库的整个运行系统。

**3. 数据库管理员**

要想成功地运转数据库，就要在数据处理部门配备数据库管理员（DBA）。DBA必须具有相当熟悉系统性能、充分了解用户需求、明了企业数据用途等素质。DBA的主要职责包括：①决定数据库信息结构，设计数据库相关模式；②决定数据库的存储结构和存取策略，定义数据库系统的完整性约束条件；③

监督和控制数据库的使用和运行,对数据库系统性能加以改进;④关注数据库系统的更新重组,即对数据库进行较大的重构,涵盖内模式和模式的修改。

**4. 关系型数据库**

关系型数据库是建立在关系模型基础上的数据库,借助于集合代数等数学概念和方法来处理数据库中的数据。现实世界中的各种实体以及实体之间的各种联系均用关系模型来表示。关系模型是由埃德加·科德于1970年首先提出的,并配合"科德十二定律"。现在虽然对此模型有一些批评意见,但它还是数据存储的传统标准,标准数据查询语言SQL就是一种基于关系数据库的语言,这种语言执行对关系数据库中数据的检索和操作。

关系模型由关系数据结构、关系操作集合、关系完整性约束三部分组成。支持关系数据模型的数据库就叫关系型数据库。

关系模型的基本假定是所有数据都表示为数学上的关系,也就是说,$n$ 个集合的笛卡儿积的一个子集,有关这种数据的推理通过二值(即没有NULL)的谓词逻辑来进行,这意味着对每个命题都只有两种可能的求值:要么是真要么是假。数据通过关系演算和关系代数的方式来操作。

1) 关系数据模型的数据结构

关系模型是采用二维表格结构表达实体类型及实体间联系的数据模型。下面介绍关系模型中所涉及的一些基本概念。

(1) 关系:一个关系对应一张表。

(2) 元组:表中的一行即为一个元祖。

(3) 属性:表中的一列即为一个属性,给每一个属性起一个名称即为属性名。

(4) 主键:表中的某个属性或属性组,它可以唯一确定一个元组。

(5) 域:属性的取值范围。

(6) 分量:元组中的一个属性值。

(7) 关系模式:关系的描述一般表示为

关系名(属性名1,属性名2,…,属性名 $n$)。

关系模式是模型的表示,在关系模型中,实体和实体间的联系都用关系来表示。

关系模型要求关系必须是规范化的,即要求关系必须满足一定的规范条件,这些规范条件中最基本的一条就是,关系的每一个分量必须是一个不可再分的数据项,也就是说,不允许表中有表。

2) 关系数据模型的操纵与完整性约束

数据操纵主要包括查询、插入、删除和修改数据,这些操作必须满足关系的完整性约束条件,即实体完整性、参照完整性和用户定义的完整性。

在非关系模型中,操作对象是单个记录;而关系模型中的数据操作是集合操作,操作对象和操作结果都是关系,即若干元组的集合。用户只要指出"干什么",而不必详细说明"怎么干",从而大大地提高了数据的独立性,提高了用户的生产率。

**5. 分布式数据库**

从一般意义上理解分布式数据库系统,它是代表在物理上分散而在逻辑上集中的数据库系统。分布式数据库系统的基本思想是利用计算机网络将地理位置上处于分散而管理控制上需要不同程度集中的多个逻辑单位(通常是集中式数据库系统)连接起来,共同组成一个统一的数据库系统。所以,分布式数据库系统可以看成是计算机网络与数据库系统的有机结合。

在分布式数据库系统中,被计算机网络连接的每个逻辑单位是能够独立工作的计算机,这些计算机称为站点(Site)或场地,也称为结点(Node)。所谓地理位置上分散,是指各站点分散在不同的地方,大可以到不同国家,小可以仅指同一建筑物中的不同位置。所谓逻辑上集中,是指各站点之间是存在一定关系的,它们是一个逻辑整体,并由一个统一的数据库管理系统进行管理,这个数据库管理系统称为分布式数据库管理系统(Distributed Database Management System,DDBMS)。

在分布式数据库系统中,一个用户或一个应用如果只访问他注册的那个站点上的数据称为本地(或局部)用户或本地应用。如果访问涉及两个或两个以上的站点中的数据,称为全局用户或全局应用。所以,分布式数据库系统具有自己独有的特点,也具有与集中式数据库系统相类似的特点。

(1) 物理分布性。与集中式数据库系统的最大差别之一,就是分布式数据库系统的数据具有物理分布性。即分布式数据库系统中的数据并不是存储在一个站点上,而是分散存储在由计算机网络连接起来的多个站点上,并且用户感觉不到这种分散存储。

(2) 逻辑整体性。与分散式数据库的最大区别在于分布式数据库的"逻辑整体性"特点。即从物理角度来看,分布式数据库系统中的数据是分散在各个站点中的,但从逻辑角度来看,这些分散的数据在逻辑上却构成一个整体,它们被分布式数据库系统的所有用户(全局用户)共享,并由一个分布式数据库管理系统统一管理,这使得"分布"相对于用户来说是透明的。区别一个数据库系统是分散式还是分布式,只需判断该数据库系统是否支持全局应用。

(3) 站点自治性。站点自治性又称场地自治性,因为各站点上的数据由本地的 DBMS 管理,具有自治处理能力,完成本站点的应用(局部应用),这是分布式数据库系统与多处理机系统的区别(比较图 2-5-2 和图 2-5-3)。

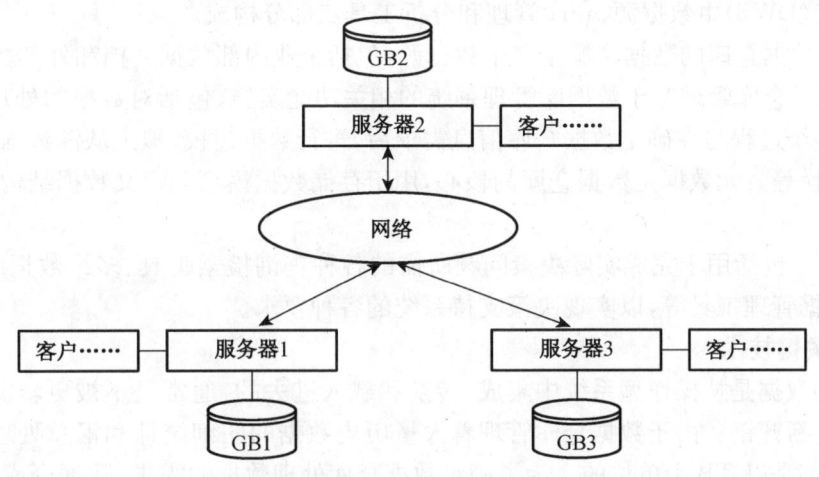

图 2-5-2 分布式数据库系统示意图

虽然多处理机系统也是把数据分散存放于不同的数据库中,但从应用角度来看,这种数据分布与应用程序并没有直接联系,所有的应用程序均由前端机处理,只是对应用程序的执行是由多个处理机进行,这样的系统仍然是集中式数据库系统。

除了以上这三个分布式数据库系统的基本特点,由于分布式数据库来源于集中式数据库系统,分布式数据库系统还可以得出在数据独立性、数据共享、冗余度、并发控制、完整性、安全性和恢复等方面属于自己的特性和特征。

## 2.5.2 数据仓库

数据仓库对于大型的电子商务系统是不可或

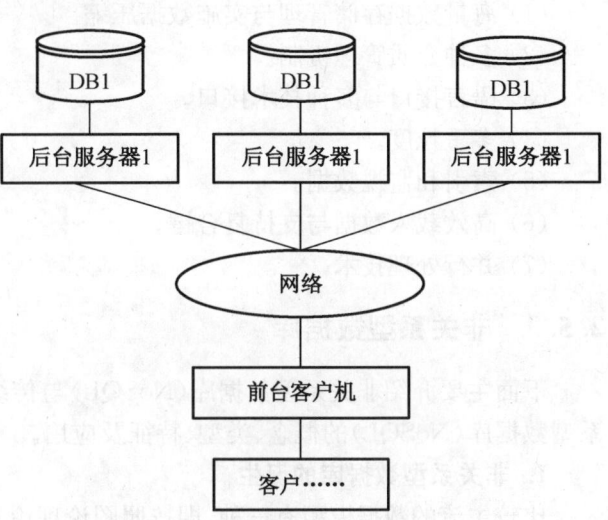

图 2-5-3 多处理机系统示意图(SN 并行)

缺的。随着电子商务应用和数据库应用的不断拓展,从大量数据中检索、查询出制定市场策略所需的信息就显得越来越重要。

**1. 数据仓库理念**

如何对电子商务下的海量数据进行高速、有效的访问成为人们关注的焦点。据此人们引出了一种用于支持决策的特殊的数据仓库(Data Warehouse,DW)理念,即从大量的事务型数据库中抽取数据,并将其处理、转换为新的存储格式,为锁定决策目标而把数据聚合在一种特殊的格式中。

数据仓库是面向主题的、集成的、随时间变化的,但信息本身是相对稳定的数据集合。其中,"主题"是指用户使用数据仓库辅助决策时所关心的重点问题,每一个主题对应一个客观分析领域,如销售、成本、利润的情况等。所谓"面向主题"就是指数据仓库中的信息是按主题组织和提供信息的。"集成的"是指数据仓库中的数据不是业务处理系统数据的简单拼凑与汇总,而是经过系统地加工整理,是相互一致的、具有代表性的数据。"随时间变化"是指数据仓库中存储的是一个时间段的,主要用于进行时间趋势分析的数据。

数据仓库包括数据的存储与组织、联机分析技术(OLAP)和数据挖掘技术(DM),它能管理完备的、及时的、准确的和可理解的业务信息,并把这些信息赋予个人,使之做出相应的决定。

**2. 数据仓库系统构成**

数据仓库系统(DWS)由数据源、仓库管理和分析工具三部分构成。

(1) 数据源。数据仓库的数据来源于多个数据源,包括企业内部数据文档和外部数据。

(2) 仓库管理。仓库管理基于数据库管理系统的相关功能实施,包括对数据的处理、归档、维护、恢复等管理工作。整个过程是在确定数据仓库信息需求后,进行数据建模,拟定从源数据到数据仓库的数据抽取、清理和转换等。元数据是数据仓库的核心,用于存储数据模型和定义数据结构、转换规划、控制信息等。

(3) 分析工具。包括用于完成实际决策问题所需的各种查询检索工具、多维数据的OLAP分析工具、数据开采的数据管理工具等,以实现决策支持系统的各种要求。

**3. 数据仓库关键技术**

数据仓库中的数据是从操作型系统中集成、转换和载入进去的,通常是不被更新的,因此数据仓库系统基本上没有更新开销。由于数据仓库管理着大量历史数据的明细统计和汇总处理,数据量比一般环境多得多,基本都是以TB为单位的。为了满足数据仓库处理数据的需求,数据仓库须具备如下关键技术:

(1) 海量数据存储管理与实施数据压缩。

(2) 多种介质管理机制。

(3) 语言接口与多种技术接口。

(4) 多重粒度。

(5) 索引和监视数据。

(6) 高效载入数据与支持复合键。

(7) 并行处理技术。

## 2.5.3 非关系型数据库

下面主要介绍非关系型数据库(NoSQL)与传统的关系型数据库(RDBMS)的区别,详细阐述非关系型数据库(NoSQL)的概念、类型、特征及应用。

**1. 非关系型数据库的诞生**

比较主流的数据模型有三种,即按照图论理论建立的层次结构模型、网状结构模型以及按照关系理论建立的关系结构模型。数据库根据不同的数据模型主要分为阶层型数据库、网络型数据库、关系型数据库和非关系型数据库,不同类型的数据库按照不同的数据结构来联系。

1) 阶层型数据库

早期的数据库是阶层型数据库,所有的关系以简单的树形结构定义,程序通过树形结构对数据进行访问。

2) 网络型数据库

网络型数据库拥有同阶层型数据库相近的数据结构,同时各种数据如网状交织在一起,因此称为网络数据库。

3) 关系型数据库

Edgar Frank Codd 于 1969 年提出关系数据模型,奠定了当今关系型数据库的基础。早期由于硬件性能低、处理速度慢的原因,关系型数据库并没有大规模应用。随着硬件性能的提升、使用简单、性能优越等优势,关系型数据库得到了广泛的应用。

4) 非关系型数据库

随着 Web 2.0 应用的普及与数据量的爆炸性增长,传统的关系型数据库(RDBMS)已经难以实现 Web 2.0 环境下可能出现的众多并发读写请求,特别是超大规模和高并发的 SNS 类型的 Web 2.0 纯动态网站。

数据库在 Web 2.0 环境下需求发生变更,主要表现在以下三个方面:一是高并发读写的需求(High performance),Web 2.0 网站要根据用户个性化信息来实时生成动态页面和提供动态信息,无法使用动态页面静态化技术,因此数据库的并发负载非常高,往往要达到每秒上万次的读写请求;二是海量数据的高效率存储和访问的需求(Huge Storage),类似 Facebook、Twitter、腾讯、百度、新浪等的 Web 2.0 网站,每天用户产生海量的用户动态,且有数以亿计的账号访问;三是高扩展性和高可用性的需求(High Scalability & High Availability),在 Web 架构下,数据库较难横向扩展,当用户量和访问量增加时,数据库不能像 Web Server 一样,通过简单添加更多硬件和服务结点来扩展性能和负载能力,且数据库系统的升级和扩展往往需要停机维护,而现在很多服务类网站都需要 24 小时服务。

面对 Web 2.0 的高要求,传统的关系型数据库(RDBMS)很多主要特性都没有实际用处。例如,数据库事务一致性需求,很多 Web 实时系统并不要求严格的数据库事务,对读一致性的要求很低,对写一致性的要求也不高,因此数据库事务管理成了数据库高负载的重负担;数据库的读写实时性需求,对关系数据库来说,插入一条数据之后立刻查询,可以实时读出这条数据,但是对于很多 Web 应用来说,并没有要求这么高的实时性;对复杂的 SQL 查询,特别是多表关联查询的需求,现在任何大数据量的 Web 系统都尽量避免多个大表的关联查询,以及复杂的数据分析类型的复杂 SQL 报表查询,特别是 SNS 类型的网站,更多关注单表的主键查询、简单条件分页查询,因此,SQL 的查询功能被弱化。

现今的计算机体系结构在数据存储方面要求具备庞大的水平扩展性,可将多个服务器从逻辑上看成一个实体,而非关系型数据库(NoSQL)存储即可实现这一需求。

(1) 易于数据分散与读写处理。传统的关系型数据库(RDBMS)并不擅长大量数据的写入处理。原本传统的关系型数据库(RDBMS)就是以 JOIN 为前提的,各个数据之间存在关联是关系型数据库的主要特征。为了进行 JOIN 处理,传统的关系型数据库(RDBMS)不得不把数据存储在同一个服务器内,这不利于数据的分散。然而,非关系型数据库(NoSQL)不支持 JOIN 处理,各个数据都是独立设计的,很容易将数据分散到多个服务器上,减少了每个服务器上的数据量,即使要进行大量数据的写入操作或读入操作,处理起来也更加容易。

(2) 提升性能与增大规模。要使服务器能够轻松地处理更大量的数据,有两种办法:一是提升服务器性能,二是增大服务器规模。提升服务器性能是通过提升现行服务器自身的性能来提高处理能力,该方法简单易行、程序无须变更,但是成本较高,因为要购买性能翻倍的服务器,往往需要花费的资金可能需要多达 5~10 倍。增大服务器规模是使用多台廉价的服务器来提高处理能力,该方法需要对程序进行变更,但廉价的服务器可以控制成本。非关系型数据库(NoSQL)的设计是让大量数据的写入处理更加容易(让增加服务器数量更容易),使它在处理大量数据方面很有优势。

**2. 非关系型数据库的概念**

1) 概念

非关系型数据库(NoSQL)最初来源于Johan Oskarsson组织的"opensource, distributed, nonrelational database"会议。根据NoSQL官网给出的定义,下一代数据库主要是解决以下问题:非关系、分布式、开源和水平可伸缩性[①]。非关系型数据库(NoSQL)提倡运用非关系型的数据存储,这突破了关系型数据库与ACID理论。非关系型数据库(NoSQL)数据存储不需要固定的表结构,一般也不存在连接操作。在数据存取上具备关系型数据库无法比拟的性能优势,因此非关系型数据库(NoSQL)很快在计算机领域流传。

关系型数据库应用广泛,能进行事务处理和JOIN等复杂处理。而非关系型数据库(NoSQL)只应用在特定领域,基本上不进行复杂的处理,这恰恰弥补了关系型数据库的不足之处。现在已经涌现了一些具有显著特色的非关系型数据库(NoSQL)系统,其中最有代表的是Google的Bigtable系统、Amazon公司的Dynamo系统、Yahoo的PNUTS、Hadoop的一个项目Hbase等等。

NoSQL是Not Only SQL的缩写,是非关系型数据存储的广义定义,而不是Not SQL,它不一定遵循传统数据库的一些基本要求,如遵循SQL标准、ACID属性、表结构等。相比传统数据库,叫它分布式数据管理系统更贴切,数据存储被简化且更灵活,重点被放在了分布式数据管理上。目前多数分布式数据库产品的主要是高可用性和分区容错性(AP),而传统的关系型数据库则主要追求可用性和一致性(CA)。

大数据的存储通常采用分布式存储,非关系型数据库(NoSQL)又称为非关系型分布式数据库,(NoSQL)是分布式存储的主要技术。一般有四种非关系型数据库管理系统,即基于列存储的NoSQL、基于键值的NoSQL、图表数据库和基于文档的数据库。非关系型数据库管理系统将源数据聚集并用MapReduce的分析程序来对汇总的信息进行分析。

非关系型数据库(NoSQL)的主要特性包括:易扩展、灵活的数据模型、高可用、大数据量、高性能。

(1) 易扩展。NoSQL数据库种类繁多,但有一个共同的特点是去掉关系型数据库的关系型特性。数据之间无关系,这样就非常容易扩展。无形之间,在架构的层面上带来了可扩展的能力。甚至有多种NoSQL之间的整合。

(2) 灵活的数据模型。NoSQL无须预先为要存储的数据建立字段,随时可以存储自定义的数据格式。而在关系型数据库里,增删字段是一件非常麻烦的事情。如果是非常大数据量的表,增加字段十分困难。这点在大数据量的Web2.0时代尤其明显。

(3) 高可用。NoSQL在不太影响性能的情况,可以方便地实现高可用的架构,如Cassandra,HBase模型,通过复制模型也能实现高可用。

(4) 大数据量,高性能。非关系型数据库(NoSQL)都具有非常高的读写性能,尤其在大数据量下,依旧表现优秀。这得益于它的无关系性,数据库的结构简单。一般MySQL使用Query Cache,每次表的更新Cache就失效,是一种大粒度的Cache,在针对Web 2.0的交互频繁的应用,Cache性能不高。而非关系型数据库(NoSQL)的Cache是记录级的,是一种细粒度的Cache,所以NoSQL在这个层面上来说性能就高很多了。

当今的应用体系结构需要数据存储在横向伸缩性上能够满足需求。而NoSQL存储就是为了实现这个需求。NoSQL可以处理超大量的数据,通过NoSQL架构可以省去将Web或Java应用和数据转换成SQL友好格式的时间,执行速度变得更快。Google的BigTable与Amazon的Dynamo是非常成

---

[①] http://nosql-database.org/.

功的商业 NoSQL 实现。一些开源的 NoSQL 体系,如 Facebook 的 Cassandra,Apache 的 HBase,也得到了广泛认同。

2) 核心理论

(1) BigTable。Google 的 BigTable 提出了一种很有趣的数据模型,它将各列数据进行排序存储,数据值按范围分布在多台机器,数据更新操作有严格的一致性保证。

BigTable 是谷歌设计的基于 GFS 系统、用于处理海量数据的非关系型数据库。BigTable 具有适用性广、可扩展、高性能和高可用性的特点,能够可靠处理 PB 级别的数据,并能在上千台机器的集群上进行部署。目前,BigTable 已经在 60 多个谷歌产品和项目应用,包括谷歌分析、谷歌财务、谷歌地图、谷歌社交网站等,这些产品对 BigTable 性能需求差异明显,有的需要能够进行高吞吐的批处理,有的需要能够及时响应用户请求,BigTable 根据不同的产品需求进行相应的集群配置。BigTable 采用多维映射结构,称为键值映射(key-value)。其中键(key)有三维,分别是行键(row key)、列键(column key)和时间戳(timestamp),行键和列键都是字符串数据,时间戳是 64 位整型数据。

(2) Dynamo。Amazon 的 Dynamo 使用的是另外一种分布式模型。Dynamo 的模型更简单,它将数据按 key 进行哈希存储。其数据分片模型有比较强的容灾性,因此它实现的是相对松散的弱一致性——最终一致性。

Dynamo 是亚马孙的非结构化数据库平台,具有较好的可用性和扩展性,99.9%的读写访问响应时间都在 300 ms 内。Dynamo 按分布式系统常用的哈希算法切分数据,并分别存放在不同的节点(node)上。读取时,Dynamo 根据键值映射寻找对应的 node,并采用了改进的一致性哈希算法,node 对应的不再是一个确定的 hash 值,而是一个 hash 值范围,key 的 hash 值落在这个范围内,则顺时针沿 ring 找,碰到的第一个 node 即为所需。

Dynamo 首次提出了 NRW 方法,其中 N 代表数据复制的次数,R 代表读数据的最小节点数,W 代表写成功的最小分区数,调整这三个数可以灵活平衡 Dynamo 系统的可用性与一致性,Dynamo 推荐使用 322 的组合。Dynam 还针对一些经常可能出现的问题,提供了一些解决的方法,如节点出现临时性故障是自动切换数据、增加向量时钟进行版本控制、使用 Merkle tree 为数据建立索引、增加对 Gossip 通信协议的支持等。

两种系统都已商用,而且都有详细的实现文档。各自实现架构迥异,存储特性不一,但都结构优美,技术上各有千秋,却又殊途同归。两者都是以(key value)形式进行存储的,但 Dynamo 存储的数据是非结构化数据,对 value 的解析是用户程序的事情,Dynamo 系统不识别任何结构数据,都统一按照二进制数据对待;而 BigTable 存储的是结构化或半结构化数据——就如关系型数据库中的列一般,因而可支持一定程度的查询。对于架构而言,Dynamo 让数据在环中均匀"存储",各存储点相互通信,不需要 Master 主控点控制,优点是无单点故障危险,且负载均衡。BigTable 由一个主控服务器加上多个子表服务器构成,Master 主控服务器负责监控各客户存储节点,好处是更人为可控,方便维护,且集中管理时数据同步容易方便。

3) 分类比较

非关系型数据库(NoSQL)种类众多,截至 2014 年 7 月非关系型数据库(NoSQL)共有 150 种[①],根据数据的存储模型和特点主流非关系型数据库(NoSQL)大致分为六类,包括键值(key-value)存储、文档存储、图存储、列存储、对象存储、XML 存储,如表 2-5-1 所示。

非关系型数据库(NoSQL)的种类多样,每种数据库又包含各自的特点,本节主要介绍"键值存储数据库""文档存储数据库"和"列存储数据库",具体代表如表 2-5-2 所示。

---

① http://nosql-database.org/

表 2-5-1 非关系型数据库(NoSQL)的主要类型、部分产品、特征及应用

| 主要类型 | 部分名称 | 特征 | 应用 |
| --- | --- | --- | --- |
| 键值存储 | Tokyo Cabmet / Tyrant<br>Berkeley DB<br>Memcache DB<br>Redis<br>Dynamo<br>Voldemort<br>Oracle Coherence | 可以通过 key 快速查询到其 value。一般来说,存储不管 value 的格式,照单全收(Redis 包含了其他功能) | 大数据高负荷应用、日志 |
| 文档存储/全文索引 | MongoDB<br>CouchDB | 文档存储一般用类似 json 的格式存储,存储的内容是文档型的。这样也就有有机会对某些字段建立索引,实现关系数据库的某些功能。数据结构不严格,表结构可变 | 半结构和非结构化数据存储 |
| 图存储 | Neo4J<br>FlockDB<br>InfoGrid<br>HyperGraghDB<br>Infinite Gragh | 图形关系的最佳存储,高效匹配图结构相关算法。使用传统关系数据库来解决的话性能低下,而且设计使用不方便 | 社交网络 |
| 列存储 | BigTable<br>HBase<br>Cassandra<br>Hypertable | 按列存储数据的。最大的特点是方便存储结构化和半结构化数据,方便做数据压缩,对针对某一列或者某几列的查询有非常大的 I/O 优势。查找速度快、可扩展性强、更容易进行分布式扩展 | 汇总统计、数据仓库 |
| 对象存储 | db4o<br>Versant | 通过类似面向对象语言的语法操作数据库,通过对象的方式存取数据 | |
| XML 存储 | Berkeley BXML<br>BaseX | 高效的存储 XML 数据,并支持 XML 的内部查询语法,比如 XQuery 和 Xpath 等 | |

表 2-5-2 非关系型数据库(NoSQL)的主要类型、部分产品、特征及应用

| 临时型键值存储 | 永久型键值存储 | 混合型键值存储 | 文档存储数据库 | 列存储数据库 |
| --- | --- | --- | --- | --- |
| Memcached | Tokyo Tyrant | Redis | MongoDB<br>CouchDB | BigTable<br>HBase<br>Cassandra |

(1) 键值存储数据库。键值存储数据库属于最常见的非关系型数据库(NoSQL),数据以键值的形式存储,主要特点就是具有极高的并发读写性能。虽然它的处理速度非常快,但是基本上只能通过 key 的完全一致查询获取数据。根据数据的保存方式可以分为临时型、永久型和两者兼具的混合型三种。

第一,临时型。临时指的是数据有可能丢失、在内存中保存数据、可以进行非常快速的保存和读取处理。MemcacheDB 属于这种类型,它把所有数据都保存在内存中,这样保存和读取的速度非常快,但是当 MemcacheDB 停止的时候,数据就不存在了。由于数据保存在内存中,所以无法操作超出内存容量的数据(旧数据会丢失)。

第二,永久型。永久指的是数据不会丢、在硬盘上保存数据、可以进行非常快速的保存和读取处理(但无法与 MemcacheDB 相比)。Tokyo Tyrant、Flare、ROMA 等属于这种类型。这里的 key-value 存储不像 MemcacheDB 那样在内存中保存数据,而是把数据保存在硬盘上。与 MemcacheDB 在内存中处理数据比起来,由于必然要发生对硬盘的 I/O 操作,所以性能上还是有差距的。但数据不会丢失是它最

大的优势。

第三，混合型。这种类型兼具临时型和永久型的优点，数据同时在内存和硬盘上保存、保存在硬盘上的数据不会消失（可以恢复）、可以进行非常快速的保存和读取处理、适合于处理数组类型的数据。Redis 属于这种类型。Redis 有些特殊，Redis 首先把数据保存到内存中，在满足特定条件（默认是 15 分钟一次以上，5 分钟内 10 个以上，1 分钟内 10 000 个以上的 key 发生变更）的时候将数据写入硬盘中。这样既确保了内存中数据的处理速度，又可以通过写入硬盘来保证数据的永久性。这种类型的数据库特别适合于处理数组类型的数据。

(2) 文档存储数据库。文档存储数据库是非常容易使用的 NoSQL 数据库。具有以下特征。

第一，不定义表结构，即使不定义表结构，也可以像定义了表结构一样使用，关系型数据库在变更表结构时比较费事，而且为了保持一致性还需修改程序，然而 NoSQL 数据库则可省去这些麻烦（通常程序都是正确的），方便快捷。

第二，可以使用复杂的查询条件，跟键值存储数据库不同的是，文档存储数据库可以通过复杂的查询条件来获取数据，虽然不具备事务处理和 JOIN 这些关系型数据库所具有的处理能力，但除此以外的其他处理基本上都能实现。MongoDB、CouchDB 属于这种类型。

(3) 列存储数据库。普通的关系型数据库都是以行为单位来存储数据的，擅长进行以行为单位的读入处理，主要对少量行进行读取和更新，如特定条件数据的获取。因此，关系型数据库也被称为面向行的数据库。相反，面向列的数据库是以列为单位来存储数据的，擅长以列为单位读入数据，主要对大量行少数列进行读取，对所有行的特定列进行同时更新。

列存储数据库具有高扩展性，即使数据增加也不会降低相应的处理速度（特别是写入速度），所以它主要应用于需要处理大量数据的情况。另外，利用列存储数据库的优势，把它作为批处理程序的存储器来对大量数据进行更新也是非常有用的。但由于面向列的数据库跟现行数据库存储的思维方式有很大不同，应用起来十分困难。

BigTable、HBase、Cassandra、Hypertable 属于这种类型。由于近年来数据量出现爆发性增长，这种类型的 NoSQL 数据库尤其引人注目。例如，Twitter 和 Facebook 这样需要对大量数据进行更新和查询的网络服务不断增加，列存储数据库的优势对其中一些服务是非常有用的。

**3. 非关系型数据库的产品**

在互联网应用领域，特别是 Web 2.0 网站的一些常见需求，如数据库高并发读写、海量数据的高效存取、高可用性及高扩展性架构等，传统的关系型数据库（RDBMS）应对这些需求时异常艰难，或者实现成本极为高昂。从 2009 年开始，非关系型数据库（NoSQL）经过 3 年的蓬勃发展，发展出了众多不同应用场景的产品，其所拥有的高效海量数据处理能力、高并发存取和简便的横向扩展等特点，非常适合互联网应用。

2009 年，非关系型数据库（NoSQL）应用兴起，国外的互联网巨头早把精力投入到非关系型数据库（NoSQL）产品的研发并广泛应用，国内众多门户及新兴的 Web 2.0 网站也在利用各种开源非关系型数据库（NoSQL）技术来解决实际问题。比较流行的产品有：用于列式存储及分布式计算的有 Hadoop 项目中的 Hbase（Google BigTable 的开源项目）、FaceBook 的 Cassandra、GreenPlum，来自 Yahoo 的 PNUTS 等；用于文档存储类的包括 CouchDB、MongoDB 等；用于高可用读写的 key-value 方案更是不胜枚举，如 MemcacheDB、Tokyo Cabinet/Tyrant、Redis、LightCloud、BeansDB 等。

(1) Memcached。Memcached 是一套分布式的快取系统，由 LiveJournal 下属公司 Danga Interactive 的 Anatoly Vorobey 和 Brad Fitzpatrick 为首开发的一款软件，起初用于降低数据库负载、分配资源、提升 LiveJournal.com 访问速度，现已成为 mixi、hatena、Facebook、Vox、LiveJournal 等众多服务中提高 Web 应用扩展性的重要因素。Memcached 已经发展成为高性能的分布式内存对象缓存系统，是一套开放源代码软件，以 BSD license 授权释出，用于动态 Web 应用以减轻数据库负载。它通过在内存中缓存数据和对象来减少读取数据库的次数，从而提高动态、数据库驱动网站的速度。

Memcached 基于一个存储键/值对的 hashmap。其守护进程(daemon)是用 C 写的,但是客户端可以用任何语言来编写,并通过 Memcached 协议与守护进程通信。

　　Memcached 本身是为缓存而设计的服务器,因此并没有过多考虑数据的永久性问题,即其并不提供冗余,如当某个服务器停止运行或崩溃(如重启 Memcached、重启操作系统),所有存放在该服务器上的键/值对都将丢失,因此会导致全部数据消失;内容容量达到指定值之后,就基于 LRU(Least Recently Used)算法自动删除不使用的缓存。Memcached 具有多种语言的客户端开发包,包括 Perl/PHP/ JAVA/ C/ Python/ Ruby/ C#/ MySQL/。Memcached 作为高速运行的分布式缓存服务,主要特征是:协议简单;基于 libevent 的事件处理;内置内存存储方式;不互相通信的分布式等。

　　(2) CouchDB。CouchDB 是一个顶级 Apache Software Foundation 开源项目,是用 Erlang 开发的开源的、面向文档的分布式数据库系统,CouchDB 支持 REST API,可以让用户使用 JavaScript 来操作 CouchDB 数据库,也可以用 JavaScript 编写查询语句。CouchDB 具有高度可伸缩性,提供高可用性和高可靠性。CouchDB 存储半结构化的数据,比较类似 lucene 的 index 结构,特别适合存储文档,因此很适合 CMS、电话本、地址本等应用,所以 CouchDB 是一个面向 web 应用的新一代存储系统。

　　CouchDB 构建在强大的 B-树储存引擎之上。这种引擎负责对 CouchDB 中的数据进行排序,并提供一种能够在对数均摊时间内执行搜索、插入和删除操作的机制。CouchDB 将这个引擎用于所有内部数据、文档和视图。CouchDB 可以安装在大部分 POSIX 系统上,包括 Linux® 和 Mac OS X。尽管目前还不正式支持 Windows®,但现在已经着手编写 Windows、平台的非官方二进制安装程序。CouchDB 可以从源文件安装,也可以使用包管理器安装(如在 Mac OS X 上使用 MacPorts)。

　　(3) Neo4j。Neo4j 是一个用 Java 实现、完全兼容 ACID 的图形数据库。数据以一种针对图形网络进行过优化的格式保存在磁盘上。Neo4j 的内核是一种极快的图形引擎,具有数据库产品期望的所有特性,如恢复、两阶段提交等。Neo4j 既可作为无须任何管理开销的内嵌数据库使用;也可以作为单独的服务器使用,在这种使用场景下,它提供了广泛使用的 REST 接口,能够方便地集成到基于 PHP、.NET 和 JavaScript 的环境里。Neo4j 的典型数据特征:数据结构不是必需的,也可以没有数据结构,简化模式变更和延迟数据迁移;方便建模常见的复杂领域数据集,如 CMS 里的访问控制可被建模成细粒度的访问控制表、类对象数据库的用例、TripleStores 以及其他例子;典型使用的领域,如语义网和 RDF、LinkedData、GIS、基因分析、社交网络数据建模、深度推荐算法以及其他领域。

　　(4) Redis。Redis 是一种高性能的 key-value 型的内存数据库,对数据库的操作都在内存中进行,并定期把数据更新到硬盘上以实现数据的持久存储。因为读写操作是在内存中进行的,所以 Redis 的速度非常快,每秒可以处理超过 10 万次的读写操作。Redis 支持丰富的数据类型,它支持存储的 value 类型有 strings(字符串)、lists(链表)、sets(集合)和 zsets(有序集合)。strings 可以用来存储一般的文本。使用 get 和 set 命令来存取值,可以使用 INCR,DECR 等命令进行加减操作。lists 类型支持从两端插入,取 lists 区间,排序等操作。利用 Redis 的 lists 类型做一个 fifo 双向列表,可以实现一个轻量级的高性能消息队列服务。sets 类型支持对集合的交并操作,可以用来实现高性能的 tags 系统。Redis 的主要缺点是受到内存容量的限制,不能对海量数据作高性能的读写。如果突发掉电,Redis 来不及把数据 flush 到硬盘上,可能会出现丢失数据的现象。Redis 主要应用在较小数据量的高性能读写操作上。

　　(5) Tokyo Tyrant/Cabinet。Tokyo Tyrant/Cabinet 是日本最大的 SNS 社交网站 mixi.jp 开发的 key-value 型的数据库,其中 TC 是一个非关系型数据库(NoSQL),用来做持久化数据,TC 的读写速度非常快,写入 100 万条数据只需要 0.4 秒,读取 100 万条数据只需要 0.33 秒。TC 除了支持 key/value 存储外,还支持保存哈希表。TT 则是 TC 的网络接口,它使用简单的基于 TCP/IP 二进制协议通信。TC/TT 在 mixi 的实际应用中,存储了千万级的数据,支撑了上万个并发连接,表现出了良好的性能。

　　(6) MongoDB。MongoDB 是一种非常优秀的面向文档存储的数据库,它主要解决海量数据的存储和访问效率的问题。数据以一种类似 json 格式的 bson 格式组织成一个文档,存储在一个集合里。

根据官方测试,当数据量达到 50 Gb 以上的时候,MongoDB 的访问速度是 MySQL 的 10 倍以上,支撑的并发可以达到每秒 0.5 万~1.5 万次。MongoDB 自带了一个很出色的分布式文件系统 gridfs,用来支持海量数据存储。此外 MongoDB 还支持复杂的数据结构,有很强的数据查询功能,基本上可以完成关系型数据库要完成的任务。

(7) HandlerSocket。HandlerSocket 是日本 DeNA 公司 Yoshinori 开发的一个非关系型数据库(NoSQL)产品,以 MySQL Plugin 的形式运行。其主要的思路是在 MySQL 的体系架构中绕开 SQL 解析这层,使得应用程序直接和 Innodb 存储引擎交互,通过合并写入、协议简单等手段提高了数据访问的性能,在 CPU 密集型的应用中这一优势尤其明显。

随着互联网的不断发展,云计算时代对技术提出了更多的需求。虽然关系型数据库已经在数据存储方面占据不可动摇的地位,但是由于其自身限制,很难满足。新类型的非关系型数据库(NoSQL)关注对数据高并发地读写和对海量数据的存储等,与传统的关系型数据库(RDBMS)相比,在架构和数据模型方量面做了"减法",而在扩展和并发等方面做了"加法"。

尽管非关系型数据库(NoSQL)还存在着一些不足之处,但相对于传统的关系型数据库,非关系型数据库(NoSQL)在面向较多的并发用户数及海量数据的处理方面存在着一定的优势。非关系型数据库(NoSQL)在 Web 2.0 环境下的应用前景良好。现今的计算机体系结构在数据存储方面要求有庞大的水平扩展性,非关系型数据库(NoSQL)则致力于改变这一现状。目前 Google、Yahoo、Facebook、Twitter、Amazon 都在大量应用非关系型数据库(NoSQL),国内也有众多网络应用开始使用非关系型数据库(NoSQL)。

**4. 非关系型数据库的应用**

1) 新浪

新浪微博从技术上来说,每天用户发表微博特别容易,这造成每天新增的数据量都是百万级的、上千万级的。这样经常要面对的一个问题就是增加服务器,因为一般一台 MySQL 服务器,它可能支撑的规模也就是几千万,或者说复杂一点只有几百万。

目前新浪微博是 Redis 全球最大的用户,在新浪有 200 多台物理机,400 多个端口正在运行着 Redis,有 4G 的数据运行在 Redis 上为微博用户提供服务。在新浪的众多应用中,大多数情况下结合了 NoSQL 和 MySQL,根据应用的特点选择合适存储方式。譬如:关系型数据,如索引使用 MySQL 存储,非关系数据库;如一些 Key-Value 需求的,对并发要求比较高的放入 Redis 存储。

2) 淘宝

淘宝的数据总量比较大,未来一段时间内的数据规模为百 TB 级别,千亿条记录,另外,数据膨胀很快,传统的分库分表对业务造成很大的压力,必须设计自动化的分布式系统。淘宝 Oceanbase,它以一种很简单的方式满足了未来一段时间的在线存储需求,并且还获得了一些其他特性,如高效支持跨行跨表事务,这对于淘宝的业务是非常重要的。

另外,淘宝 Tair 是由淘宝自主开发的 key-value 结构数据存储系统,并且于 2010 年 6 月 30 日在淘宝开源平台上正式对外开源,在淘宝网有着大规模的应用。用户在登录淘宝、查看商品详情页面的时候,都在直接或间接地和 Tair 交互。淘宝将 Tair 开源,希望有更多的用户能从其开发的产品中受益,更希望依托社区的力量,使 Tair 有更广阔的发展空间。

3) 优酷

目前优酷的在线评论业务已部分迁移到 MongoDB,运营数据分析及挖掘处理目前在使用 Hadoop/HBase;在 key-value 产品方面,它也在寻找更优的 Memcached 替代品,如 Redis,相对于 Memcached,除了对 Value 的存储支持三种不同的数据结构外,同一个 key 的 value 进行部分更新也会更适合一些对 Value 频繁修改的在线业务;同时在搜索产品中应用了 Tokyo Tyrant;对于 Cassandra 等产品也进行过研究。对于优酷来说,已经在考虑未来自建数据中心,提高数据处理能力,从网站的运营中发掘出更多信息,为用户提供更好的视频服务。

4) 飞信

飞信的 SNS 平台数据量大,增长快,目前的状态为:日活跃用户 100 万,平均主动行为 1.3 次;平均好友 20 个;平均每条动态存储数据量 1.5 K;数据容量 2 600 W×1.5 KB=40 GB;以关系型数据库估计,占用存储 100 GB 左右。SNS 类型应用中,Feed 的数据量最大,Feed 数据的存储与读写操作往往是技术难度最高的部分,由于 Feed 要求的高并发写入、弱一致性,使 HandlerSocket 成为 NoSQL 技术的主要应用战场。

HandlerSocket 还帮飞信解决了缓存的问题,因为 Innodb 已经有了成熟的解决方案,通过参数可以配置用于缓存数据的内存大小,这样只要分配合理的参数,就能在应用程序无需干涉的情况下实现热点数据的缓存,降低缓存维护的开发成本。因为 HandlerSocket 是 MySQL 的一个 Plugin,集成在 mysqld 进程中,对于 NoSQL 无法实现的复杂查询等操作,仍然可以使用 MySQL 自身的关系型数据库功能来实现。在运维层面,原来广泛使用的 MySQL 主从复制等经验可以继续发挥作用,相比其他或多或少存在一些 bug 的 NoSQL 产品,数据安全性更有保障。

5) 豆瓣

豆瓣(BeansDB)是一个由国内知名网站豆瓣网自主开发的主要针对大数据量、高可用性的分布式 key/value 存储系统,采用 HashTree 和简化的版本号来快速同步保证最终一致性(弱),一个简化版的 Dynamo,它在伸缩性和高可用性方面有非常好的表现。

目前,BeansDB 在豆瓣主要部署了两个集群:一个集群用于存储数据库中的大文本数据,如日记、帖子一类;另外一个豆瓣 FS 集群,主要用于存储媒体文件,如用户上传的图片、豆瓣电台上的音乐等。BeansDB 采用 key-value 存储架构,其最大的特点是具有高度的可伸缩性。在 BeansDB 的架构下,扩展数据节点将轻而易举,只需要添加硬件,安装软件,修改相应的配置文件即可。

## 2.6 电子数据交换技术

### 2.6.1 电子数据交换技术的概念及其进展

电子数据交换(Electronic Data Exchange,EDI)是信息技术向商贸领域渗透的产物。EDI 用于计算机之间商业信息的传递,包括日常咨询、计划、询价、合同等信息的交换,是在互联网出现之前进行国际贸易,实现商务信息传输无纸化的主要手段。目前,EDI 已越过"无纸贸易"这一领域而广泛用于经济、行政等部门。EDI 是最早开展电子商务活动的技术基础。

国际标准化组织对 EDI 的定义是:商业或行政事务处理,按照一个公认的标准,形成结构化的事务处理或信息数据结构,从计算机到计算机的数据传输。目前对 EDI 的定义还没有一个统一的规范,但有三个方面的内容是相同的:

(1) 交易双方传递的数据文件采用统一的报文标准。

(2) 交易双方拥有自己的计算机或者计算机管理信息系统。

(3) 交易双方的信息传输是通过计算机系统之间的网络通信系统实现的。

EDI 其实是电子商务的先驱者和早期形式,它开始于 20 世纪 70 年代,当时一些大的公司开始组建专有网络,以便在商业伙伴和供应商之间分享关于销售、供应、资金传送和订单处理等信息,这种方式称为 EDI,它传送标准化的数据,优化了企业之间的采购过程,几乎消除了纸面作业和人工干预。例如,一个零售商利用 EDI 可以立即让仓库知道一份订单,同时仓库可以立即通知供应商有关库存的变化。EDI 在降低费用和提高效率方面非常有效。

20 世纪 60 年代至 70 年代初。在世界范围爆发了石油危机,西欧和北美工业发达国家结束了使用廉价石油发展工业的阶段,开始从工业社会向信息化社会过渡。以微电子技术、通信技术、计算机技术为核心的高新技术迅速发展,信息技术逐渐在各个领域普及应用。20世纪70年代中期,微处理器、微型机的出现和发展推动着计算机向社会各部门的推广应用,通信网络的发展、国际数据传输网及增值网的出现为EDI的产生与发展奠定了技术基础。

工业、交通与通信的发展、生产社会化促进了经济全球化和产业结构调整,资本的大量转移和跨国公司的涌现推动了国际贸易的发展。全球贸易额的增长率明显高于世界经济增长率,全球贸易额的上升带来了各种贸易与单证、纸面文件的激增,平均一笔生意需要30～40份纸面单证。人工处理单证和纸面文件劳动强度大、效率低、出错率高、速度慢、费用大,纸面文件成了阻碍贸易发展的一个突出因素。市场竞争的激烈化使生产和经济活动的组织发生了重大变化。生产由大规模批量生产向柔性生产转变,要求小批量多品种,缩短产品上市时间,以适应瞬息万变的市场行情。组织形态由大型纵向集中式向横向分散式、网络化发展。制造商、供应商和用户之间,跨国公司与各分公司之间要求提高商业文件传递和处理速度、空间跨度和正确度,追求商业贸易的"无纸化"成为所有贸易伙伴的共同需求。正是在这种背景下,以计算机网络通信和数据标准化为基础的EDI应运而生。20世纪80年代以来,在新技术革命浪潮的猛烈冲击下,一场高技术竞争席卷世界,使人类社会的一切领域正在飞速地改变着面貌。国际贸易也空前活跃,市场竞争愈演愈烈。时至今日,EDI历经萌芽期、发展期已步入成熟期。英国的EDI专家明确指出:"以现有的信息技术水平,实现EDI已不是技术问题,而仅仅是一个商业问题"。

在国际贸易中,由于买卖双方地处不同的国家和地区,因此在大多数情况下,不是简单地、直接地、面对面地买卖,而必须以银行进行担保,以各种纸面单证为凭证,方能达到商品与货币交换的目的。这时,纸面单证就代表了货物所有权的转移,因此,从某种意义上讲,"纸面单证就是外汇"。

全球贸易额的上升带来了各种贸易单证、文件数量的激增。虽然计算机及其他办公自动化设备的出现可以在一定范围内减轻人工处理纸面单证的劳动强度,但由于各种型号的计算机不能完全兼容,实际上又增加了对纸张的需求,美国森林及纸张协会曾经做过统计,得出了用纸量超速增长的规律,即年国民生产总值每增加10亿美元,用纸量就会增加8万吨。此外,在各类商业贸易单证中有相当大的一部分数据是重复出现的,需要反复地键入。有人对此也做过统计,计算机的输入平均70%来自另一台计算机的输出,且重复输入也使出差错的几率增高,据美国一家大型分销中心统计,有5%的单证中存在着错误。同时重复录入浪费人力、浪费时间、降低效率。因此,纸面贸易文件成了阻碍贸易发展的一个比较突出的因素。

另外,市场竞争也出现了新的特征。价格因素在竞争中所占的比重逐渐减小,而服务性因素所占比重增大。销售商为了减少风险,要求小批量、多品种、供货快,以适应瞬息万变的市场行情。而在整个贸易链中,绝大多数的企业既是供货商又是销售商,因此提高商业文件传递速度和处理速度成了所有贸易链中成员的共同需求。同样,现代计算机的大量普及和应用以及功能的不断提高,已使计算机应用从单机应用走向系统应用;同时通信条件和技术的完善,网络的普及又为EDI的应用提供了坚实的基础。

EDI具有高速、精确、远程和巨量的技术性能,因此EDI的兴起标志着一场全新的、全球性的商业革命的开始。国外专家深刻地指出:"能否开发和推动EDI计划,将决定对外贸易方面的兴衰和存亡。如果跟随世界贸易潮流,积极推行,EDI就会成为巨龙而腾飞,否则就会成为恐龙而绝种。"

## 2.6.2 电子数据交换技术的实现过程

构成EDI系统的三要素是数据标准化、EDI软硬件和通信网络。

**1. EDI的特点**

(1) EDI的使用对象是具有固定格式的业务信息和具有经常性业务联系的单位。

(2) EDI所传送的资料是一般业务资料,如发票、订单等,而不是指一般性的通知。

(3) 采用共同标准化的格式,如联合国EDIFACT标准。

(4) 信息收发双方的计算机系统自动传送和交换资料,尽量避免人工干预。

**2. EDI 中的商业信息流通过程**

EDI 中的商业信息流通过程如图 2-6-1 所示(图中数字是按照信息流通过程顺序编号的)。

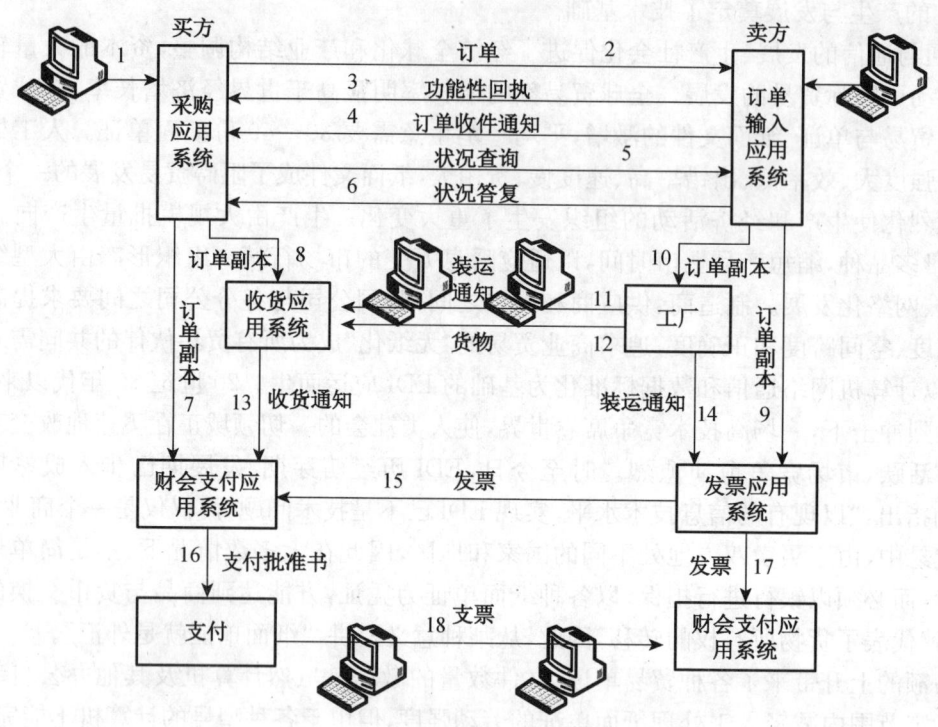

图 2-6-1　EDI 中的商业信息流通过程

EDI 系统从功能的角度可分成三个层次,即所谓的三层结构模型,有 EDI 交换层、EDI 代理服务层、EDI 应用层,如图 2-6-2 所示。

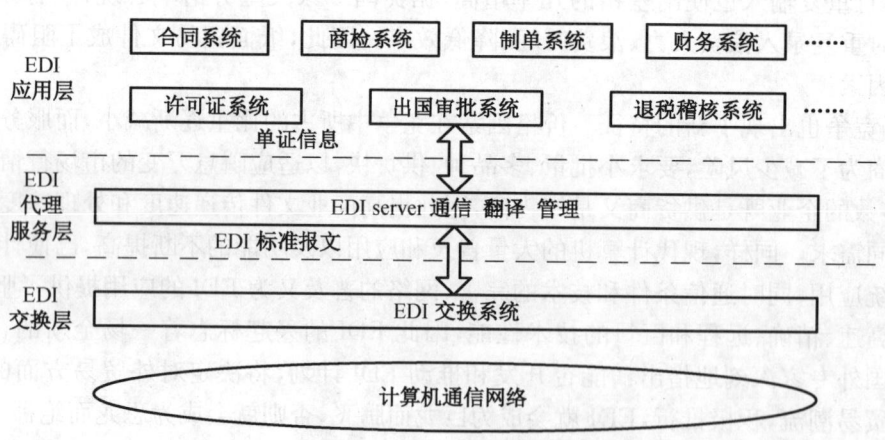

图 2-6-2　EDI 的 3 层结构图

EDI 中心是集中处理 EDI 业务的服务中心,主要组成如下:
(1) 公用 EDI 服务手段。
(2) 通信接口。
(3) 公共业务服务。
(4) EDI 最终用户系统。

EDI 中心的功能主要体现在以下九个方面：

(1) 邮箱管理，如信件的收发管理和分送管理等功能。

(2) 回执响应功能，即返回信件被收件人收取，或者未在指定时间内收取等回应通信。

(3) 分类取件，由使用者选择，可依照信件的种类和送件人的地址等分类方式收取信件。

(4) 断点重发功能，因故障未完成发送的邮件可以自动进行重发操作。

(5) 编制管理报表，客户的基本信息管理以及客户关系管理，如送件人清单、收件人清单和回执清单等。

(6) 检查信件的正确性，帮助客户检查 EDI 文件的正确性，如检查商业文件进行 EDI 转换、格式的正确性等。

(7) EDI 的翻译功能，实现不同标准的 EDI 文件的转换等。

(8) 安全控制能力，防止多次不正确的系统登录和跟踪核查对系统造成的威胁，如对密码的猜测性多次输入、越权查看使用者存取记录等。

(9) 灾害恢复功能，即在灾害发生时，自动保存现行系统数据，使损失降到最小。

据有关专家分析，使用 EDI 业务，可以使商业文件传递速度提高 31%～44%，使由于错漏造成的商业损失减少 40%，使竞争能力提高 34%。美国国际贸易单证委员会的调查表明，美国过去出口一批货物要打印编制 46 种单证，连同正副本一共要 360 份，制单需要 36 小时之多，单证费用一般占货物价值的 7.5% 左右，采用 EDI 可以降低纸张使用成本 25%。

采用 EDI，在各种不同处理阶段，不需要重新输入信息（数据存储在直接读取的数据库中）；降低或者减少了与书面相关联的任务、文档的发送和检验等行政管理工作，使错误数据处理减少 30%、节省库存费用 23%、节省人员费用。同时信息传递快，可靠性强，提高工作效率和竞争能力，有利于在贸易伙伴间建立更好、更密切的关系。

企业要开展 EDI 电子商务，就必须建设一个 EDI 应用系统，而建设一个 EDI 应用系统需要大量的资金，这对于一般中小企业来讲是困难的，而这也正是 EDI 发展中的"瓶颈"之一。

伴随着互联网技术的发展和普及，利用互联网开展 EDI 业务就成为中小企业进行数据交换和贸易往来的最好解决方案。互联网低廉的费用为众多中小企业所青睐。将来会有越来越多的用户在互联网上进行各种商务数据的交换，从事各种商务活动。

### 2.6.3 电子数据交换技术的标准及应用

目前，国际上存在两大标准体系：一个是流行于欧洲和亚洲的，由联合国欧洲经济委员会（UN/ECE）制定的 UN/EDIFACT 标准，另一个是流行于北美的，由美国国家标准化委员会（ANSI）制定的 ANSIX.12 标准。

EDIFACT 即用于行政管理、商业和运输业的电子数据互换标准，UN/EDIFACT 标准已被国际标准化组织接受为国际标准，编号为 ISO 9735。

ANSIX.13 标准由美国国家标准化委员会制定，20 世纪 90 年代开始逐渐被 EDIFACT 替代。中国采用 EDIFACT 标准。

## 2.7 电子商务网站的建设及维护

### 2.7.1 电子商务网站的体系结构

与一般的 Web 网站相比，电子商务网站以商务数据处理为主，数据类型更复杂，数据流入量更大，数据库运行效率直接影响整个电子商务系统的效率，数据安全性直接影响系统的正常运行。数据安全和运行效率等是影响电子商务网站构架的重要因素。电子商务网站的数据大部分来自用户,数据安全极其重要。电子商务网站是商务应用系统运行的主要承担者和体现者,商务网站采用客户机/服务器体系结构,主要包括网络服务器、客户浏览器、HTTP协议和应用程序。商家服务器提供各种服务,客户通过浏览器访问多种协议的多媒体信息,浏览和检索全球范围的商务网站,使得商务信息的共享与交流越来越迅速、方便。

广义地讲,电子商务网站是由一系列网页和具有商务功能的软件系统、数据库等构成,如图2-7-1所示。狭义地讲,电子商务网站是由主网页、企业组织结构和员工等组成企业信息资料、服务网页、产品信息网页,以及如财务报告、辅助信息、增值服务等其他信息组成的各种功能模块构成的。图2-7-2就是一种电子商务网站体系结构按照功能模块划分的方式。

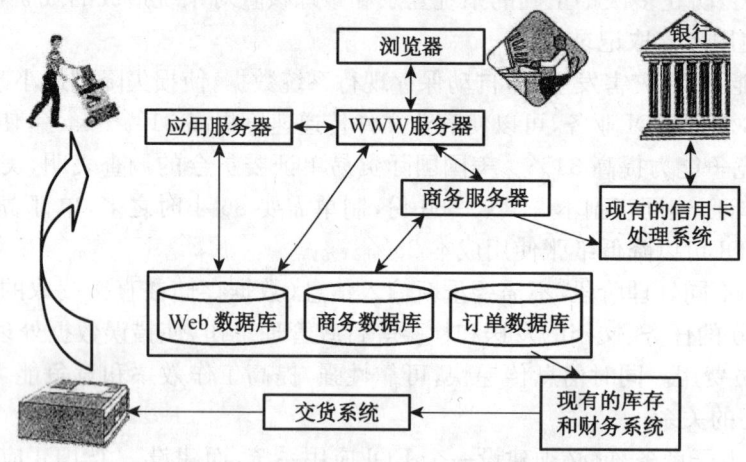

图2-7-1 电子商务网站的体系结构图

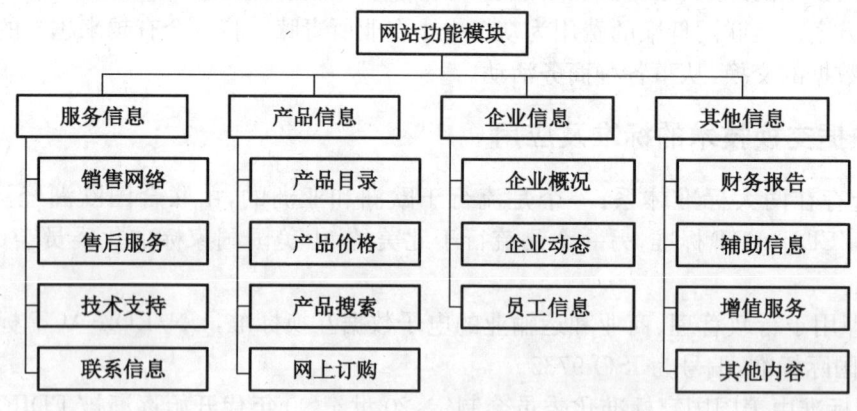

图2-7-2 电子商务网站的功能模块结构图

## 2.7.2 电子商务网站的建设流程

一般来说,普通网站建设需要经过以下六个步骤:①申请域名;②选择主机位置;③选择主机;④选择操作系统;⑤制作网页;⑥调试和开通网站。

而电子商务网站在以上各个步骤进行细化的情况下还要更加复杂一些,因其中包含了在线交易等核心环节。需成立专门网站开发小组进行网站内容设计,其具体设计步骤,如图2-7-3所示。

电子商务网站的基本建设流程也可划分为网站的规划与分析、网站开发、网站的测试与发布三个方面,每个方面又包含许多详细步骤,具体内容,如图2-7-4所示。

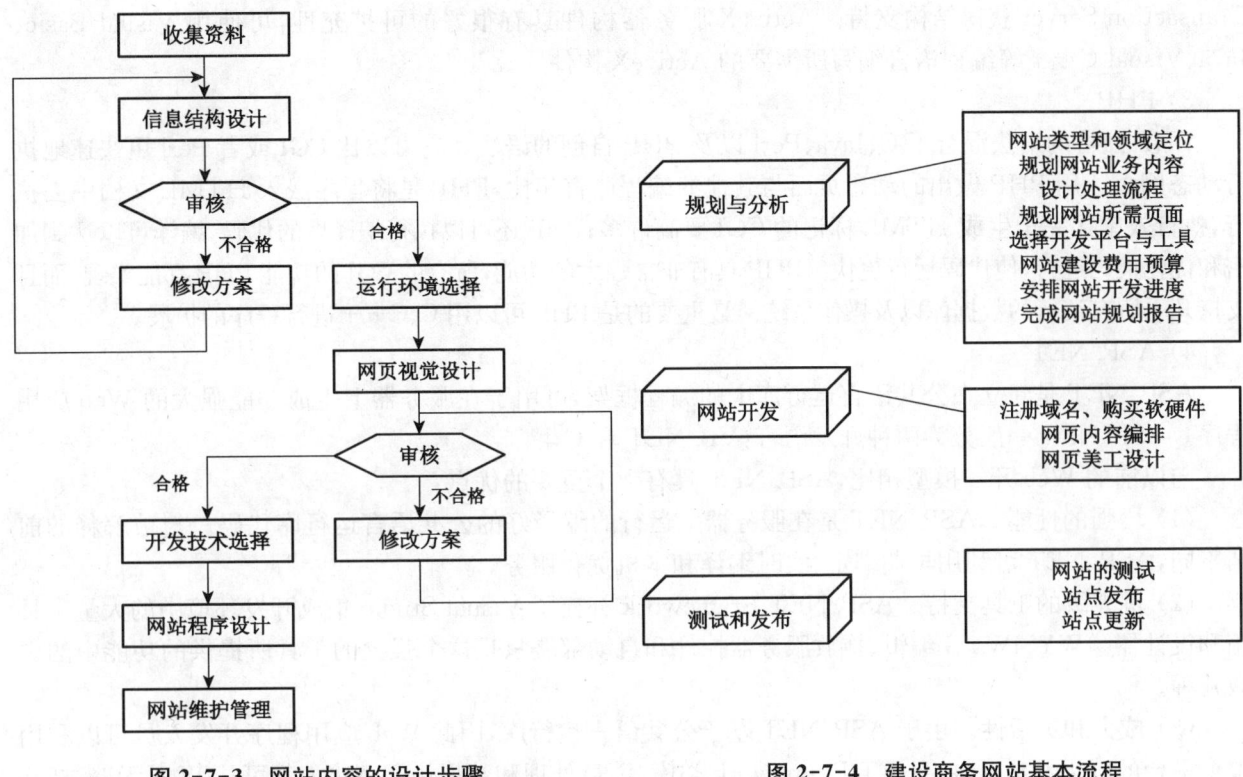

图 2-7-3 网站内容的设计步骤　　　　图 2-7-4 建设商务网站基本流程

## 2.7.3 电子商务网站的开发语言

**1. HTML**

HTML 支持 Web 上所有文档格式化、可单击超级链接、图形图像、多媒体文档、表单等。HTML 是由很多标记组成的,每一个标记的语句以"<"开始并以"/>"结束,且每种标记都有很多属性。正确、灵活地使用标记的属性能制作出精美的主页。

**2. 动态网页**

要编写出动态网页,就需要另外四种技术,即 CGI,ASP,PHP 和 ASP.NET。

1) CGI

CGI 是公用网关接口(Common Gateway Interface)的缩写,它是用于 Web 服务器和外部应用程序之间的信息交互的标准接口。它的工作就是控制信息要求而且产生并传回所需的文件,提供同客户端 HTML 页面的接口。它的特点是运行速度快、兼容性好。

2) ASP

ASP 采用的脚本语言是 VBScript,JavaScript,它能把 HTML 语言、脚本语言、COM 组件等有机结合起来,由服务器解释执行,按用户要求提交给客户端,无须客户端的执行。ASP 使用的 Active X 技术基于自己的动态网页,具有很好的扩充能力。ASP 还可利用 ADO 方便地访问数据库,以此开发出基于 WWW 的应用系统。ASP 技术采用浏览器/Web 服务器/数据库服务器三层体系结构。

ASP 技术具有以下一些特点:①使用简单易懂的脚本语言,嵌入在 HTML 代码中;②无须编译或连接,即可在服务器端直接解释执行;③由于集成在 HTML 中,所以与浏览器无关,用户端只要使用常规的可执行 HTML 代码的浏览器,即可浏览用 ASP 设计的网页内容;④除使用 VBScript 或 JavaScript 语言来设计外,ASP 还可通过 Plug-in 的方式,使用由第三方提供的其他脚本语言,如 Perl、Tcl 等;⑤可通过 Microsoft Windows 的 COM/DOCM 获得 ActiveX 规模的支持,通过 DCOM 和 Microsoft

Transaction Server 获得结构支持。ActiveX 服务器构件具有很好的可扩充性，可使用 Visual Basic、Java、Visual C++等编程语言编写所需要的 ActiveX 构件。

3) PHP

PHP 独特的语法混合了 C、Java、Perl 以及 PHP 自创的语法。它可以比 CGI 或者 Perl 更快速地执行动态网页。用 PHP 做出的动态页面与其他的编程语言相比，PHP 是将程序嵌入 HTML 文档中去执行，执行效率比完全生成 HTML 标记的 CGI 要高许多；PHP 还可以执行编译后的代码，编译可以达到加密和优化代码运行，使代码运行更快。PHP 具有非常强大的功能，所有的 CGI 的功能 PHP 都能实现，而且支持几乎所有流行的数据库以及操作系统。最重要的是 PHP 可以用 C、C++进行程序的扩展。

4) ASP.NET

ASP.NET 是建立在公共语言运行库上的编程框架，可用于在服务器上生成功能强大的 Web 应用程序。ASP.NET 一般分为两种开发语言：VB.NET 和 C#。

与以前的 Web 开发模型相比，ASP.NET 具有数个重要的优点：

（1）增强的性能。ASP.NET 是在服务器上运行的编译好的公共语言运行库代码。与被解释的前辈不同，ASP.NET 可利用早期绑定、实时编译和本机优化服务。

（2）世界级的工具支持。ASP.NET Framework 补充了 Visual Studio 集成开发环境中的大量工具箱和设计器。WYSIWYG 编辑、拖放服务器控件和自动部署只是这个强大的工具所提供的功能中的少数几种。

（3）威力和灵活性。由于 ASP.NET 基于公共语言运行库，因此 Web 应用程序开发人员可以利用整个平台的威力和灵活性。NET Framework 类库、消息处理和数据访问解决方都可从 Web 无缝访问。ASP.NET 也与语言无关，所以可以选择最适合应用程序的语言，或跨多种语言分割应用程序。另外，公共语言运行库的交互性保证在迁移到 ASP.NET 时保留基于 COM 的开发中的现有投资。

（4）简易性。ASP.NET 使得简单的窗体提交、客户端身份验证和站点配置等常见任务的执行变得容易。例如，ASP.NET 页框架你可以生成将应用程序逻辑与表示代码清楚分开的用户界面，可在类似 Visual Basic 的简单窗体处理模型中处理事件。另外，公共语言运行库利用托管代码服务（自动引用计数和垃圾回收）简化了开发。

（5）可管理性。ASP.NET 采用基于文本的分层配置系统，简化了将设置应用于服务器环境和 Web 应用程序。由于配置信息是以纯文本形式存储的，因此，可以在没有本地管理工具帮助的情况下应用新设置。此"零本地管理"哲学也扩展到了 ASP.NET Framework 应用程序的部署。只需将必要的文件复制到服务器，即可将 ASP.NET Framework 应用程序部署到服务器。即使是在部署或替换运行的编译代码时，也不需要重新启动服务器。

（6）可缩放性和可用性。ASP.NET 在设计时考虑了可缩放性，增加了专门用于在聚集环境和多处理器环境中提高性能的功能。另外，进程受到 ASP.NET 运行库的密切监视和管理，以便当进程行为不正常时，就地创建新进程，帮助保持应用程序始终可用于处理请求。

（7）自定义性和扩展性。ASP.NET 随附了一个设计周到的结构，它使开发人员可以在适当的级别"插入"代码。实际上，软件开发人员可以用自己编写的自定义组件扩展或替换 ASP.NET 运行库中的任何子组件。

（8）安全性。借助内置的 Windows 身份验证和基于每个应用程序的配置，可以保证应用程序是安全的。

## 2.7.4 电子商务网站的维护

**1. 网站维护的基本内容**

网站维护一般包含内容（如产品信息、企业新闻动态、招聘启事等）的更新、网站风格的更新（网站改版)、网站重要页面设计制作、网站系统维护服务(E-mail 账号维护、域名维护续费服务、网站空间维护、与 IDC 进行联系、DNS 设置、域名解析服务等)。

**2. 网站维护的作用**

网站维护具有如下作用:

(1) 经常更新内容才能够吸引人。这个时代不缺少网站,缺少的是新鲜的内容。

(2) 让网站充满生命力。一个网站,只有不断更新才会有生命力。人们上网无非是要获取所需,只有不断地提供人们所需要的内容,才能有吸引力。

(3) 与推广并进。网站推广会给网站带来访问量,但真正想提高网站的知名度和有价值的访问量只有靠回头客。网站应当经常有吸引人的、有价值的内容,以便能经常被访问。

**3. 网站维护的方法**

网站维护可以采取以下方法。

1) 网站更新

网站主要是更新产品及说明文字。中小企业大多没有后台管理系统和懂得做网页的人员,那么在跟做网站的网络公司签订合同时就应订下有关网页更新服务的条款。或者公司训练一个编辑网页的人员,学会使用 Frontpage、Dreamweaver 等 HTML 编辑程序。

2) 网站推广

重点项目外包,其他推广工作内部承担。重点项目主要指搜索引擎推广、网络广告。国内搜索引擎和网络广告的业务开展都力推代理制,可在网站上找到各地区的授权代理商。

3) 其他推广维护工作

寻找互换链接的对象、发布信息、E-mail 营销推广、回复客户 E-mail 以及网站与用户的互动应答等,大多数都需要长期经营。这些工作大多不需要涉及太复杂的专业知识,但需要投入很多精力。对于网站维护人员,需要明确工作职责、内容,并长期学习新知识。

# 参 考 文 献

[1] 敖山. 电子商务概论[M]. 北京:清华大学出版社,2016.
[2] 姜红波. 电子商务概论[M]. 北京:清华大学出版社,2013.
[3] 王勇. 电子商务[M]. 长沙:湖南人民出版社,2015.
[4] 刘冠杞. 即时通信技术现况以及未来发展[J]. 数字通信世界,2017,(02):182+179.
[5] 王玉珍. 电子商务概论[M]. 北京:清华大学出版社,2017.

# 第 3 章

# 网 络 营 销

20世纪90年代初,互联网的飞速发展在全球范围内掀起了互联网的应用热潮,世界各大公司纷纷利用互联网提供信息服务并拓展公司的业务范围。根据互联网的特点积极改造、重组企业内部结构,进而探索新的管理营销方法,网络营销应运而生。本章将围绕网络营销,对网络营销进行基本概述,并分别从网络营销市场调研、网络营销市场细分与定位、网络营销策略、网络营销方式四个层面展开,最后对网络营销管理进行了介绍。

## 3.1 网络营销概述

### 3.1.1 网络营销的产生与发展

**1. 网络营销的产生**

现在公认的是,1994年被称为是网络营销发展重要的一年,因为网络广告诞生的同时,基于互联网的知名搜索引擎Yahoo!、Webcrawler、Infoseek、Lycos等也相继在1994年诞生。另外,由于1994年曾发生了"第一起利用互联网赚钱"的"律师事件",促使人们开始对E-mail营销进行深入思考,也直接促成了网络营销概念的形成。从这些历史事件来看,可以认为网络营销诞生于1994年。

在E-mail和WWW普遍应用之前,新闻组(Newsgroup)是人们获取信息和互相交流的主要方式之一。新闻组也是早期网络营销的主要场所,是E-mail营销得以诞生的摇篮。"律师事件"发生在1994年4月12日,美国亚利桑那州两位从事移民签证咨询服务的律师(Laurence Canter、Martha Siegel),把一封"绿卡抽奖"的广告信发到他们可以发现的每个新闻组,这在当时引起了轩然大波,他们的"邮件炸弹"的广告信让许多服务商处于瘫痪状态。有趣的是,两位律师在1996年还合作写了一本书《网络赚钱术》,书中介绍了他们的这次辉煌经历:通过互联网发布广告信息,只花了20美元的上网通信费用就吸引来25 000个客户,赚了10万美元。他们认为,通过互联网进行E-mail营销是前所未有的、几乎不需要任何成本的营销方式。

尽管这种未经许可的电子邮件与正规的网络营销思想相去甚远,但由于这次事件所产生的影响,人们开始认真思考和研究网络营销的有关问题,网络营销的概念也逐渐形成。此后,随着企业网站数量和上网人数的日益增加,各种网络营销方法也开始陆续出现,许多企业开始尝试利用网络营销手段来开拓市场。

**2. 网络营销的发展历程**

早在1971年就已经诞生了电子邮件,但在互联网普及应用之前,电子邮件并没有被应用于营销领域,直到1993年,才出现基于互联网的搜索引擎,1994年10月网络广告诞生,1995年7月,全球最大的网上商店亚马逊成立。这些事件在互联网及网络营销发展历史上都具有里程碑式的意义。网络营销的产生时间并不长,部分网络营销模式自1994年才开始陆续出现。直到2000年之前,网络营销的部分内容都很简单,只是进入21世纪之后,网络营销才进入爆炸性发展阶段。

相对于互联网发达国家,我国的网络营销起步较晚,从1994年至今,我国的网络营销大致可分为五个阶段:传奇阶段、萌芽阶段、发展应用阶段、市场形成和发展阶段、社会化转变阶段。

1) 传奇阶段(1997年之前)

网络营销随着互联网的发展而逐步被企业所应用。在1997年之前,也就是我国开通互联网的前3年,网络营销在我国有一定的发展,但由于互联网还是一种新生事物,所以当时我国的网络营销处于一种神秘阶段。这一阶段并没有清晰的网络营销概念和方法,也很少有企业将网络营销作为主要的营销手段。同时,这个阶段的网络营销概念和方法不明确,是否产生效果主要取决于偶然因素,多数企业对于上网几乎一无所知。因此,网络营销的价值主要在于其对于新技术、新应用的新闻效应,以及对于了解和体验营销手段变革的超前意识。

2) 萌芽阶段(1997—2000年)

根据CNNIC发布的《第一次中国互联网网络发展状况调查(1997年10月)》的结果,1997年10月底,我国上网人数为62万人,WWW站点数约1 500个。无论上网人数还是网站数量均微不足道,但发生于1997年前后的部分事件标志着中国网络营销进入萌芽阶段,如网络广告和E-mail营销在中国的诞生、电子商务的促进、网络服务(如域名注册和搜索引擎)的涌现等。到2000年年底,多种形式的网络营销被应用,网络营销呈现出快速发展的势头并且逐步走向实用的趋势。这个阶段的网络广告和E-mail营销诞生,以及电子商务网站的初建均对网络营销的发展有一定程度的推动作用。此外,企业网站建设从神话走向现实、搜索引擎对网络营销的贡献和互联网泡沫破裂,刺激了网络营销的应用。

3) 发展应用阶段(2001—2003年年底)

进入2001年后,网络营销已不再是空洞的概念,而是进入了实质性的应用和发展时期。这一时期的主要特征表现在六个方面:网络营销服务市场初步形成、企业网站建设发展迅速、网络广告形式和应用不断发展、E-mail营销市场环境亟待改善、搜索引擎向深层次发展和网上销售环境日趋完善。

4) 市场形成和发展阶段(2004—2008年)

2004年之后,我国网络营销的最主要的特点之一是第三方网络营销服务市场蓬勃兴起,包括网站建设、网站推广、网络营销顾问等付费网络营销服务都获得了快速发展。这不仅体现在网络营销服务市场规模的扩大,同时也体现在企业网络营销的专业水平提高、企业对网络营销认识程度和需求层次提升,以及更多的网络营销资源和网络营销方法不断出现等方面。此阶段,我国网络营销发展的特征简单归纳为:企业网站数量缓慢增长,网站建设专业水平有待提高;网络服务市场快速增长,新型网络营销服务不断出现;企业网络营销的认识和需求层次提升;搜索引擎营销呈现专业化、产业化趋势;更多有价值的网络资源为企业网络营销提供了新的机会;网络营销服务市场直销与代理渠道模式并存;新型网络营销概念和方法受到关注。

5) 社会化转变阶段(2009年至今)

网络营销社会化并不简单等同于基于SNS的社会化网络营销,社会化网络营销只是网络营销社会化所反映的一个现象。社会化阶段的网络营销主要特征有:网络营销开始向全员网络营销发展;Web 2.0营销思想进一步深化,出现更多的新型网络营销平台;社会化媒体网络营销蓬勃兴起;网络营销与网上销售的结合日益紧密;部分传统网络营销模式影响力逐渐降低;手机上网及移动网络销售的重要性不断增强。

中国互联网络信息中心(CNNIC)发布的第41次《中国互联网络发展状况统计报告》数据显示,截至2017年12月,中国网民规模达7.72亿,互联网普及率达到55.8%,较2016年年底提升2.6个百分点;我国手机网民规模达7.53亿,占比由2016年的95.1%提升至97.5%;台式电脑、笔记本电脑、平板电脑的使用率均出现下降,手机不断挤占其他个人上网设备的使用。以手机为中心的智能设备,成为"万物互联"的基础,车联网、智能家电促进"住行"体验升级,构筑个性化、智能化应用场景。

同时,移动互联网塑造了全新的社会生活形态,"互联网+"行动计划不断助力企业发展,互联网对于整体社会的影响已进入新的阶段。互联网不再是单一的辅助工具,企业开始将"互联网+"行动计划纳入企业战略规划的重要组成部分。在传统媒体与新媒体加快融合发展的趋势下,互联网在企业营销体系中扮演的角色愈发重要,截至2016年12月,利用互联网开展营销推广活动的企业比例为38.7%。这突出表现在企业对互联网人才的重视、开展网上销售和采购业务,以及运用移动端进行企业推广等,随着移动端的广泛使用,移动营销成为企业推广的重要渠道。

网络营销一直在持续、高速发展之中,新的网络营销平台和资源不断涌现,今天的主流网络营销模式,几年后也可能失去自己的核心地位。未来几年的网络营销将从封闭式向开放式转变;从以企业自有网站为核心到多平台的综合应用;行业内企业网络营销竞争加剧;传统网络营销方法不断调整适应互联网环境发展。尽管许多传统的网络营销方法在今后相当长时间内仍然有效,但在不断变化的互联网环境汇总也需要进行适当的调整和修正。总之,没有一成不变、永远有效的网络营销方法。

### 3.1.2 网络营销的含义与特点

#### 1. 网络营销的含义

网络营销在国外有许多种表述,如 Cyber Marketing、Internet Marketing、Network Marketing、e-Marketing 等;不同的单词词组有着不同的含义,比较典型的如下:

(1) 网络营销就是"网络+营销",即网络营销是利用互联网的功能从事营销活动的全新革命性的营销模式。

(2) 网络营销是企业整体营销战略的一个组成部分,是为实现企业总体经营目标所进行的、以互联网为基本手段营造网上经营环境的各种活动。所谓网上经营环境,是指企业内部和外部与开展网上经营活动相关的环境,包括网站本身、顾客、网络服务商、合作伙伴、供应商、相关行业的网络环境等。

(3) 网络营销是借助于互联网完成一系列营销环节以达到营销目标的过程。

从狭义来讲,网络营销是指以互联网为媒体从事的营销活动,强调互联网在整合营销中的商业价值;从广义上看,网络营销是市场营销的一种新的营销方式,它是企业整体营销战略中的一个组成部分,是为实现企业总体经营目标所进行的、利用以互联网为主要代表的信息通信技术手段为产品销售服务等系统营销活动的总称。其中,Cyber Marketing 强调网络营销在虚拟的计算机空间中运行;Internet Marketing 指互联网上开展的营销活动;Network Marketing 指在网络上进行的营销活动,除互联网外还包括 Intranet、Van 等;e-Marketing 强调电子化、信息化、网络化、与 E-commerce、E-marketing 相对应。

#### 2. 网络营销的特点

随着互联网技术的成熟发展,互联网将企业、团体、组织以及个人跨时空联结在一起,使得他们之间信息的交换变得便捷高效。市场营销中最重要、最本质的就是在组织和个人之间进行信息传播和交换。互联网拥有营销所需良好条件,因此网络营销呈现出以下一些特点:

(1) 跨时空。营销的最终目的是占有市场份额,由于互联网能够超越时间约束和空间限制进行信息交换,使营销脱离时空限制进行交易变成可能,使企业有了更多时间和更大空间进行营销活动,可以每周7×24小时随时随地提供全球性营销活动。

(2) 多媒体。互联网被设计成可以传递多种信息的载体,如文字、声音、图像等,这使得为达成交易进行的信息交换能以多种形式存在并交换,可以充分发挥营销人员的创造性和能动性。

(3) 交互式。互联网通过展示商品图像,由商品信息资料库提供有关的查询,来实现供需互动与双向沟通,同时还可以进行产品测试与消费者满意调查等活动。

(4) 人性化。互联网上的促销是一对一的、理性的、消费者主导的、非强迫性的、循序渐进式的,而且是一种低成本与人性化的促销,避免推销员强势推销的干扰,并通过互联网提供交互式交谈,使促销员能与消费者建立长期良好的关系。

（5）成长性。互联网使用者数量快速成长并遍及全球，使用者多为年轻、中产阶级、高教育水准，由于这部分群体购买力强而且具有很强的市场影响力，因此这也是一项极具开发潜力的市场渠道。

（6）整合性。互联网上的营销可从商品信息至收款、售后服务一气呵成，因此也是一种全程的营销渠道。另外，企业可以借助互联网将不同的传播营销活动进行统一设计规划和协调实施，以统一的传播资讯向消费者传达信息，以避免不同传播中的不一致性产生的消极影响。

（7）超前性。互联网是一种功能强大的营销工具，它同时兼具渠道、促销、电子交易、互动顾客服务，以及市场信息提供与分析等多种功能。它所具备的一对一营销能力，正符合定制化营销与直复营销的未来趋势。

（8）高效性。计算机可存储大量的信息提供消费者查询，其可传送的信息数量与精确度远远超过其他媒体，并能应市场需求，及时更新产品或调整价格。因此，能及时、高效地了解并满足顾客的需求。

（9）经济性。通过互联网进行信息交换，代替以前的实物交换，一方面可以减少印刷与邮递成本，可以实现无店面销售、免交租金、节约水电与人工成本，另一方面还可以减少由于多次交换带来的损耗。

（10）技术性。网络营销是建立在以高科技为支撑的互联网的基础上的，企业实施网络营销必须有一定的技术投入和技术支持，以改变传统的组织形态；同时提升信息管理部门的功能，以引进熟悉营销与计算机的复合型人才。

## 3.1.3 网络营销的职能

网络营销的定义中提出了网络营销的核心思想就是"营造网上经营环境"，但由于网上经营环境本身比较笼统，因此还需要将网络营销体系进一步具体化，这样才可以更加容易理解网络营销的实质和全貌。因此，将用网络营销的职能来勾画网络营销的基本框架。

网络营销可以在14个方面发挥作用：网络品牌、网址推广、网站优化、信息发布、销售促进、渠道拓展、顾客服务、顾客关系、网上调研、资源合作、网上销售、网站建设、网站营销策略、网站流量统计分析。这14种作用也就是网络营销的14大职能，网络营销策略的制订和各种网络营销手段的实施也以发挥这些职能为目的。

**1. 网络品牌**

网络营销的重要任务之一就是在互联网上建立并推广企业的品牌。知名企业的网下品牌可以在网上得以延伸；一般企业则可以通过互联网快速树立品牌形象，并提升企业整体形象。

**2. 网址推广**

网址推广是网络营销最基本的职能之一，其基本目的就是为了让更多的用户对企业网站产生兴趣并通过访问企业网站内容、使用网站的服务来达到提升品牌形象、促进销售、增进顾客关系、降低顾客服务成本等。

**3. 网站优化**

网站优化是对网站进行程序、内容、版块、布局等的优化调整，使网站更容易被搜索引擎收录，提高用户体验（UE）和转化率进而创造价值。网站优化可以从狭义和广义两个方面来说明，狭义的网站优化，即搜索引擎优化（SEO），也就是搜索互联网站设计时适合搜索引擎检索，满足搜索引擎排名的指标，从而在搜索引擎检索中获得排名靠前，增强搜索引擎营销的效果。广义的网站优化所考虑的因素不仅仅是搜索引擎，也包括充分满足用户的需求特征、清晰的网站导航、完善的在线帮助等，在此基础上使得网站功能和信息发挥最好的效果。也就是以企业网站为基础，与网络服务商（如搜索引擎等）、合作伙伴、顾客、供应商、销售商等网络营销环境中各方面因素建立良好的关系。

通俗地来讲，网站优化分为两个部分：一是站内优化，二是站外优化。站内优化就是通过SEO手段提升企业的网站在搜索引擎友好度和站内用户的良好体验度。这样做的目的很简单，就是为了让企业的网站在搜索引擎的排名靠前并且得到很好的客户转换率。站外优化是通过SEO手段帮助网站和网站所属企业进行品牌推广,这个过程可能涉及的方式有百度竞价、谷歌广告、自然推广等。

**4. 信息发布**

网站是一种信息载体,通过网站发布信息是网络营销的主要方法之一。同时,信息发布也是网络营销的基本职能,所以也可以这样理解,无论哪种网络营销方式,结果都是将一定的信息传递给目标人群,包括顾客/潜在顾客、媒体、合作伙伴、竞争者等。

信息发布需要一定的信息渠道资源,这些资源可分为内部资源和外部资源。内部资源包括企业网站、注册用户电子邮箱等;外部资源则包括搜索引擎、供求信息发布平台、网络广告服务资源、合作伙伴的网络营销资源等。掌握尽可能多的网络营销资源,并充分了解各种网络营销资源的特点,向潜在用户传递尽可能多的有价值的信息,是网络营销取得良好效果的基础。

**5. 销售促进**

营销的基本目的是为增加销售提供帮助,网络营销也不例外,大部分网络营销方法都与直接或间接促进销售有关,但促进销售并不限于促进网上销售,事实上,网络营销在很多情况下对于促进网下销售十分有价值。因此,没有开展网上销售业务的企业同样有必要开展网络销售。

**6. 渠道拓展**

一个具备网上交易功能的企业网站本身就是一个网上交易场所,网上销售是企业销售渠道在网上的延伸,网上销售渠道建设也不限于网站本身,还包括建立在综合电子商务平台上的网上商店,以及与其他电子商务网站不同形式的合作等。因此,网上销售并不仅仅是大型企业才能开展,不同规模的企业都有可能拥有适合自己需要的在线销售渠道。

**7. 顾客服务**

互联网提供了更加方便的在线顾客服务手段,包括从形式最简单的常见问题解答,到电子邮件、邮件列表,以及在线论坛和各种即时信息服务等。在线顾客服务具有成本低、效率高的优点,在提高顾客服务水平方面具有重要作用,同时也直接影响到网络营销的效果。因此,在线顾客服务成为网络营销的基本组成内容。

**8. 顾客关系**

良好的顾客关系是网络营销取得成效的必要条件,通过网站的交互性、顾客参与等方式在开展顾客服务的同时,也增进了顾客关系。顾客关系是与顾客服务相伴而产生的一种结果,良好的顾客服务才能带来稳固的顾客关系。顾客关系对于开发顾客的长期价值具有至关重要的作用,以顾客关系为核心的营销方式成为企业创造和保持竞争优势的重要策略。网络营销为建立顾客关系、提高顾客满意和顾客忠诚提供了更为有效的手段,通过网络营销的交互性和良好的顾客服务手段,增进顾客关系成为网络营销取得长期效果的必要条件。

**9. 网上调研**

网上调研已成为网络营销的主要职能之一。通过在线调查表或者电子邮件等方式,可以完成网上市场调研,相对传统市场调研,网上调研具有高效率、低成本的特点。网上调研主要的实现方式包括:通过企业网站设立的在线调查问卷、通过电子邮件发送的调查问卷,以及与大型网站或专业市场研究机构合作开展专项调查等。网上调研不仅为制定网络营销策略提供支持,也是整个市场研究活动的辅助手段之一。合理利用网上市场调研手段对于市场营销策略具有重要价值。

**10. 资源合作**

资源合作是独具特色的网络营销手段。为了获得更好的网上推广效果,需要与供应商、经销商、客户网站以及其他内容、功能互补或者相关的企业建立资源合作关系,实现从资源共享到利益共享的目的。如果没有企业网站,便失去了很多积累网络营销资源的机会,没有资源,合作就无从谈起。常见的资源合作形式包括交换链接、交换广告、内容合作、客户资源合作等。

**11. 网上销售**

建立网站及开展网络营销活动的目的之一是增加销售。一个功能完善的网站本身就可以完成订单确认、网上支付等电子商务功能,即企业网站本身就是一个销售渠道。随着电子商务价值越来越多地被证实,更多的企业将开拓网上销售渠道,增加网上销售手段。实现在线销售的方式有多种,利用企业网站本身的资源来开展在线销售是有效的一种形式。

**12. 网络营销策略**

网络营销策略就是为有效实现网络营销任务、发挥网络营销应有的职能,从而最终实现销售业绩增加和持久竞争优势所制定的方针、计划,以及实现这些计划需要采取的方法。

**13. 网站建设**

企业网站建设与网络营销方法和效果有直接关系,没有专业化的企业网站作为基础,网络营销的方法和效果将受很大限制。因此,企业网站建设应以网络营销策略为导向,从网站总体规划、内容、服务和功能设计等方面为有效开展网络营销提供支持。

**14. 网站流量统计分析**

对企业网站流量的跟踪分析,不仅是有助于了解和评价网络营销效果,同时也为发现其中所存在的问题提供了依据。网站流量分析不仅可以通过网站本身安装统计软件来实现,也可以委托第三方专业流量统计独立统计机构来完成。开展网络营销的意义就在于充分发挥各种职能,让网上经营的整体效益最大化。

网络营销的各个职能之间并非相互独立的,而是相互联系、相互促进的,网络营销的最终效果是各项职能共同作用的结果。网络营销的职能是通过各种网络营销方法来实现的,同一个职能可能需要多种网络营销方法的共同作用,而同一种网络营销方法也可能适用于多个网络营销职能。网络营销的14项职能也说明,开展网络营销需要用全面的观点,充分协调和发挥各种职能的作用,让网络营销的整体效益最大化。

网络营销的职能不仅表明了网络营销的作用和网络营销工作的主要内容,也说明了网络营销可以实现的效果。对网络营销职能的认识,有助于全面理解网络营销的价值和网络营销的内容体系。

## 3.1.4 网络营销的理论基础

网络营销不同于传统营销的根本原因,是网络技术本身的特性和消费者需求的个性回归。在这两者的综合作用下,传统营销理论不能完全胜任对网络营销的指导。因此,需要在传统营销理论的基础上,从网络的特征和消费者需求者两个视觉出发进行创新。网络营销既强化了传统市场营销理论的某些观点,又对工业化大规模生产时代的传统营销理论有新发展。

**1. 网络整合营销理论**

网络的特征在营销中所起到的作用一句话来概括就是:使顾客这个角色在整个营销过程中的地位得到提高,互动的特性使顾客真正参与到整个营销过程中成为可能;顾客不仅参与的主动性增强,而且网络上信息丰富的特征使顾客的选择余地变得很大。在满足个性化需求的驱动下,企业必须严格遵循以消费者需求为出发点,以满足消费者需求为归宿点的现代市场营销思想,否则顾客就会选择其他企业的产品。因此,网络营销首先要求把顾客整合到整个营销过程中,从顾客的要求出发开始整个营销过程。

1)网络营销中顾客概念的整合

传统的市场营销中的顾客是指与产品购买和消费直接有关的个人或组织。在网络营销中,这种顾客仍然是企业最重要的顾客。从事网络营销的企业必须改变原有的顾客概念,应该将搜索引擎当作企业的特殊顾客,搜索引擎虽然不是网上直接消费者,但却是网上信息最直接的受众。它的选择结果直接决定了网上顾客接受的范围。以网络为媒体的商品信息,只有在被搜索引擎选中的情况下,才有可能传递给网上的顾客。也就是说,搜索引擎已然成为企业从事网络营销的特殊顾客。企业在设计广告或发布网上信息时,不仅要研究网上顾客及其行为规律,也要研究搜索引擎行为,掌握各类引擎搜索规律。

2) 网络营销中产品概念的整合

传统市场营销学中将产品解释为能够满足某种需求的东西,并认为完整的产品是由核心产品、形式产品和附加产品构成,即整体的产品概念。网络营销一方面继承了上述整体产品的概念,另一方面比以前任何时候更加注重和强调信息对消费者行为的引导,因而将产品的定义扩大为:产品是提供到市场上引起消费者注意、需要和消费的内容。

网络营销主张以更加细腻的、周全的方式为顾客提供更完美的服务和更高的满意度。因此,网络营销在扩大产品定义的同时,还进一步细化了整体产品的构成。它用五个层次来描述整体产品的构成:核心产品、一般产品、期望产品、扩大产品和潜在产品。核心产品与原来的意义相同。扩大产品与原来的附加产品相同,但还包括区别于其他竞争产品的附加利益和服务。一般产品和期望产品由原来的形式产品细化而来,一般产品是指同种产品通常具备的具体形式和特征,期望产品是指符合目标顾客一定期望和偏好的某些特征和属性。潜在产品是指顾客购买产品后可能享受到的超乎顾客现有期望、具有崭新的价值利益或服务,但在购买后的使用过程中,顾客会发现这些利益和服务中总会有一些内容对顾客有较大的吸引力,从而有选择地去享受其中的利益或服务,潜在产品是一种完全意义上的服务创新。

3) 网络营销中营销组合概念的整合

网络营销过程中,营销组合概念因产品性质不同而不同。对于知识产品(文字、音像等),企业可直接在网上完成其经营销售过程。在这种情况下,市场营销组合发生了很大的变化。首先,对于传统营销组合的4P中的产品、渠道和促销,由于摆脱了对传统物质载体的依赖,已经完全电子化和非物质化了。因此,就知识产品而言,网络营销中的产品、渠道和促销本身纯粹就是电子化的信息,它们之间的分界线已变得相当模糊,以至于三者不可分(若不与作为渠道和促销的电子化信息发生交互作用,就无法访问或得到产品)。其次,价格不再以生产成本为基础,而是以顾客意识到的产品价值来计算。最后,顾客对产品的选择和对价值的估计很大程度上受网上促销的影响,因而网上促销的作用备受重视。

对于有形产品和某些服务,虽然不能以电子化方式传递,但企业在营销时可利用互联网完成信息流和商流。在这种情况下,传统的营销组合没有发生变化,价格由生产成本和顾客的感受价值共同决定(其中包括与竞争对手的比较)。促销及渠道中的信息流和商流则是由可控制的网上信息代替,渠道中的物流则可实现速度,流程和成本最优化。因为网上简便而迅速的信息流和商流使中间商在数量上最大限度地减少甚至成为多余的。

在网络营销中,市场营销组合本质上是无形的,是知识和信息的特定组合,是人力资源和信息技术综合的结果。在网络市场中,企业通过网络市场营销组合,向消费者提供良好的产品和企业形象,获得满意的回报和产生良好的企业影响。

4) 网络营销对企业组织的整合

网络营销带动了企业理念的发展,也相继带动了企业内部网的发展,形成了企业内外部沟通与经营管理均将网络作为主要渠道和信息源的局面。销售部门人员的减少、销售组织层级的减少和扁平化、经销代理与门市分店数量的减少、渠道的缩短,以及虚拟经销商、虚拟门市、虚拟部门等内外组织的盛行,都促使企业对组织进行再造。

在企业组织再造过程中,在销售部门和管理部门中将衍生出一个负责网络营销并与公司其他部门协调的网络营销管理部门。它区别于传统的营销管理,主要负责解决网上疑问,解答新产品开发以及网上顾客服务等事宜。同时,企业内部网的兴起,将改变企业内部运作方式以及员工的素质。

在整个营销过程中,要不断地与顾客交互,每一个营销决策都要从消费者出发而不是像传统营销理论那样主要从企业自身的角度出发。传统的以4P理论为典型代表的营销管理方法需要进一步的扩展,因为4P理论的经济学基础是厂商理论,即利润最大化。所以4P理论的基本出发点是企业的利润,而没有把顾客的要求放到与企业的利润同等重要的位置上,它指导的营销决策是一条单向的价值链。

**2. 网络"软营销"理论**

网络营销是一种"软营销"理论,这是网络营销中有关消费者心理学的另一个理论基础。导出这个理论基础的原因仍然是网络本身的特点和消费者个性化需求的回归。

与软营销相对的是工业化大规模生产时代的"强势营销",而传统营销中最能体现强势营销特征的是两种促销手段,即传统广告和人员推销。传统广告根本不考虑顾客是否需要这类信息;人员推销也是一样,事先并不征求推销对象的允许或请求,而是企业推销人员主动(一种强势)地"敲"开顾客的门。在网络上这种以企业为主动方的强势营销(无论是有直接商业利润目的的推销行为还是没有直接商业目标的主动服务)存在很多不合理的地方。

在网上提供信息必须遵循一定的规则,这就是"网络礼仪",是网上行为规则。网络营销也不例外,"软营销"的特征主要体现在"遵守网络礼仪的同时通过对网络礼仪的巧妙运用来获得一种微妙的营销效果"。概括地说,软营销和强势营销的一个根本区别就在于:软营销的主动方是消费者而强势营销的主动方是企业。个性化消费需求的回归使消费者在心理上要求自己成为主动方,而网络的互动特性又使其成为主动方真正成为可能,消费者会在某种个性化需求的驱动下,自己到网上寻找相关的信息和广告。

**3. 网络直复营销理论**

从销售的角度来看,网络营销是一种直复营销。直复营销中的"直"(Direct)是指不通过中间分销渠道,而直接通过媒体连接企业和消费者。直复营销中的"复"(Response)是指企业与顾客之间的交互,顾客对这种营销努力有一个明确的态度(买或不买),企业可通过这种明确的回复得到数据,由此可对以往的营销努力做出评价。

网络上的销售最大的特点就是企业和顾客的交互,不仅可以作为订单的测试基础,还可获得顾客的其他数据甚至建议。所以,仅从网上销售来看,网络营销是一类典型的直复营销。网络营销的这个理论基础的关键作用是要说明网络营销是可测试、可度量、可评价的。有了及时的营销效果评价,就可以及时改进以往的营销努力,从而获得更满意的结果。所以,在网络营销中,营销测试是着重强调的一个核心内容。几乎所有网络营销的活动都是在网络这个媒介上进行的,它既是市场调研的工具又是销售产品的渠道,同时还是广告和公关的媒体。

**4. 网络关系营销理论**

所谓"网络关系"营销,是指企业借助联机网络、计算机通信和数字交互式媒体的威力来实现营销目标。它是一种以消费者为导向,强调个性化的营销方式,适应了定制化时代的要求;它具有极强的互动性,是实现企业全程营销的理想工具。同时,它还能极大地简化顾客的购买程序,节约顾客的交易成本,提高顾客的购物效率。此外,网络化营销更多地强调企业应借助电子信息网络,在全球范围内拓展客源,为企业走向世界提供基础。现代企业应充分发挥"互联网"的互动优势,灵活开展网络营销,促进企业的持续发展。

在网络关系营销理论中,互联网是作为一种有效的双向沟通渠道,企业与顾客之间可以实现低费用成本的沟通和交流,它为企业与顾客建立长期关系提供了有效的保障。另外,通过互联网,企业还可以实现与相关的企业和组织建立关系,实现双赢发展。互联网作为最廉价的沟通渠道,它能以低廉成本帮助企业与企业的供应商、分销商等建立协作伙伴关系,如联想电脑公司,就是通过建立电子商务系统和管理信息系统实现与分销商的信息共享,从而降低库存成本和交易费用,同时密切双方的合作关系。

## 3.1.5 网络营销与传统营销的异同

网络营销是在传统的基础上发展起来的,它与传统营销既有相同点,也有不同点。现代企业的市场营销应该是传统营销与网络营销的结合。

**1. 网络营销与传统营销的相同点**

1) 两者都是企业的一种经营活动

网络营销与传统营销两者都是企业的一种经营活动,而且两者贯穿于企业经营的整个过程,包括信息发布、网站推广、客户服务等职能以及市场调查、寻找客户等工作内容。

2) 两者都需要通过组合发挥功能

网络营销与传统营销两者都不是依靠单一手段去实现目标,而是通过策划、系统地开展各项营销活动。在信息社会,由于现代的营销环境发生了深刻的变化,现代企业的市场营销目标已不仅仅是某个单一的目标,更重要的是要追求某种价值的实现。这就必须要调动各种资源、制定多种策略、组合运用,最终才能够达到预期的目标。

3) 两者都把满足消费者需求作为一切活动的出发点

营销的本质是排除或减少障碍,引导商品或服务从生产者转移到消费者的过程。所以,两者都是把满足消费者需求作为一切活动的出发点。同时,消费者需求不仅包括现实需求,而且包括潜在需求。

**2. 网络营销与传统营销的不同点**

1) 消费者行为存在较大差异

在网络营销模式之下,人们在足不出户的情况下就能够实现货比三家,在较大范围内对多种商品的质量和价格进行比较,从而获得最有个性、质量最好、价格最低的商品,还能够避免商家通过违法的方式获得额外利润。同时,消费者能够通过网络向商品销售者表达自身需要,为企业开发新产品新技术提供动力,从而满足其个性化的要求,有效避免了传统市场营销模式大众化的市场目标所造成的经济损失。

2) 营销技术手段发生了明显的改变

在市场营销模式的改变过程中,信息技术的快速发展为其提供了可靠的技术支持,并保证网络营销理念实现了广泛的推广。在网络营销模式运行过程中,客户关系的维持和管理是其主要的技术支持措施,主要涉及客户满意度和客户关怀两个方面的内容,充分体现了现阶段最新的信息技术手段。网络营销中客户关系管理的基本作用主要体现为:客户服务、电话营销、营销管理、电话销售、销售管理、潜在客户管理、时间管理、联系人管理、客户管理等基础性内容,同时还涉及电子商务、知识管理、商业智能、合作伙伴关系管理、呼叫中心等更加高级的功能。

3) 市场营销管理核心发生了明显改变

电子商务的发展和形成是造成企业营销模式和理念改变的主要动力和基础,为营销模式从"以产品为中心"向"以客户为中心"转变,营销重点从"推销已有产品"向"满足客户需求"转变奠定了良好的基础。所以,企业市场营销管理的核心也从常规的促销、渠道、价格和产品逐渐变成了目前的沟通、方便、成本、客户等几个方面。

4) 营销理念的升级

传统的市场营销模式目标在于获得最大利润,并逐渐经历了生产观念、产品观念、推销观念、市场营销观念、社会市场营销观念等五个阶段。而网络营销模式则逐渐突破了传统的限制,实现了信息传输成本的降低、商品流通时间的缩短,保证消费环节和生产环节联系更加紧密,大大拓展了消费者的选择余地和空间。

## 3.2 网络营销市场调研

市场调研是营销活动中的重要环节,没有市场调研就把握不了市场。企业进行市场调研不仅有利于实现对质量和顾客满意度的提升,进而留住现有顾客,也有利于快速准确把握市场营销信息,充分挖掘潜在客户。市场营销信息指在一定时间和条件下,同市场营销活动有关的各种信息、情报、数据、资料的总称。只有准确地获得这些信息,企业才能进行正确的决策和计划,才能监督和调控企业的营销活动。所以,市场营销调研有利于管理人员了解持续变化的市场。

### 3.2.1 网络市场调研的概念与特点

网络市场调研又称联机市场调研(online survey,web-based survey),是指以网络技术为基础,针对特定营销环境,有系统、有计划、有组织地收集、整理、分析有关产品与劳务等市场数据信息,客观地测定、评价及发现各种事实,获得市场经营资料。它的目的是摸清企业目标市场和经营环境,为经营者细分市场、识别消费者需求和确定营销目标提供相对准确的决策依据,提高企业网络营销的效用和效率。

传统的市场调研一般包括两种方式:一种是直接收集一手资料,如问卷调查、专家访谈和电话调查等;另一种是间接收集二手资料,如报纸、杂志、电台、调查报告等。同样,网络市场调研也有两种方式:一种是利用网络直接进行问卷调查等,收集一手资料,即网络直接调研;另一种是利用网络的媒体功能,从网络中收集二手资料,即网络直接调研。网络市场调研是一种全新的询问式市场调研方法,它综合利用了互联网的各种特点和优势,收集现有顾客的有关信息,为网络营销的实施提供决策依据。

与传统的调研方式比较,网上调研在调研时空、费用、速度、准确性、及时性、针对性、调查范围、调查结果的可信度及适用性方面具有明显优势。

表3-2-1 传统市场调研和网络市场调研对比

| 比较项目 | 网络市场调研 | 传统市场调研 |
| --- | --- | --- |
| 时空限制 | 无 | 有 |
| 调查费用 | 较低 | 昂贵 |
| 运作速度 | 很快,可以即刻看到统计结果 | 慢,2~6个月才可得到结论 |
| 统计准确性 | 准确 | 不太准确,易出现误差 |
| 及时调整性 | 及时 | 不及时 |
| 针对性 | 强 | 一般 |
| 调查范围 | 样本数量庞大 | 受成本限制,调查地位和样本数量均有限 |
| 调查结果的可信性 | 相对真实可靠 | 一般 |
| 适用性 | 长期大量样本调查或迅速得出结论的调查 | 面对面深度访谈 |

网络市场调研的实施可以充分利用互联网作为一种信息沟通渠道,具有开放性、自由性、平等性、广泛性和直接性的特性,使网络市场调研具有传统的一些调研手段和方法所不具备独特的特点和优势。

**1. 及时性和共享性**

网络上的信息传播速度非常快,调查资料准确、及时地传送到网络上的任何用户。而且,网络市场调研是开放的,任何用户都可以根据自己的意愿,在任何时间、任何地点参加投票。网络调研信息经过统计分析软件初步处理后,用户可以查看阶段性的调查结果。这些都保证了网络市场调研信息的及时性和共享性,而传统的市场调研得出结论需经过很长的一段时间。例如人口抽样调查系统分析需3个月,而CNNIC(中国互联网信息中心)在对互联网进行调查时,从设计问卷到实施网上调查和发布统计结果,总共只有1个月时间。

**2. 便捷性和简洁性**

在网络上进行调研,一般只需拥有一台能上网的计算机即可。市场调查者和企业站点上发布电子调查问卷,网络用户自愿填写,调查者不间断地接收用户填表,然后通过统计分析软件对访问者反馈回来的信息进行整理和分析。网络市场调研在信息收集过程中,不需要印制调查问卷,而且调查过程中最繁重、最关键的信息收集和录入工作也由分布到众多网络用户的终端来完成。被调查者根据自身的需要可以自由选择调研的时间与地点来回答问卷,极大地方便了被调查者,这样一来,网络市场调研不仅可以节省大量的人力和物力,而且还能保证整个调研过程的简单和易行。

### 3. 交互性和充分性

网络的最大优势是交互性,在网上调研时,被调查者可以及时就问卷相关的问题提出自己的想法与建议,减少了因问卷调查设计不合理而导致的调研结论出现偏差的问题。被调查者可以自由地在网上发表自己的意见和看法,同时没有时间的限制,不容易受到外界的影响。而传统的市场调研是不可能做到这些的。例如,传统的问卷调查法广泛采用随机拦截的方式对消费者采取调查,调查时间较短,一般不超过10分钟,否则被调查者会出现各种负面的情绪,从而影响问卷调查结果的客观性。网络市场调研的充分性体现在可以利用在线调查系统,在调查问卷中加入图片、视频、音频,更加方便与被访者互动,充分地调动被调查者的积极性。

### 4. 可靠性和客观性

被调查者接受企业的网络营销问卷调查一般是对企业具有一定的兴趣,这种基于顾客和潜在顾客的市场调研结果是客观和真实的,它在很大程度上反映了消费者的消费心态和市场发展的趋向。被调查者在完全自愿的原则下参与调查,这使得调查的针对性更强。而传统的市场调研采用的面谈法中的拦截询问法,实质上是带有一定的"强制性"的。网络市场调研可以避免传统市场调研中人为因素干扰所导致的调查结论的偏差,被访问者是在完全独立思考的环境中接受调查的,其对问题回答相对认真,问卷填写的可靠性也比较高,能最大限度地保证调研结果的客观性。

### 5. 质量可控性

利用互联网进行网上市场调研,可以有效地对采集信息的质量实施系统的检验和控制。网上调查问卷可以附加全面规范的指标解释,有利于消除被访者因对指标理解有误或调查员解释口径不一致而造成的调查偏差。问卷的复核检验由计算机依据设定的检验条件和控制措施自动实施,可以有效地保证对调查问卷100%的复核检验,保证检验与控制的客观公正性。通过对被调查者的身份验证技术可以有效地防止信息采集过程中的舞弊行为。

### 6. 无时空和地域限制性

传统的市场调研往往会受到区域与时间的限制,而网络市场调研可以24小时全天候进行,同时也不会受到区域的限制。采取网络市场调研,被调查者可以在任何时间、任何地点自由地在网络上填写问卷,不受区域和时间的制约。这与受区域和时间制约的传统的市场调研方式有很大不同。例如,某家电企业用传统的调研方式在全国范围内进行市场调研,需要各个区域代理商的密切配合。而网络环境下,只需要在其官网或者访问率较高的ISP站点上进行问卷调查就可以完成。

## 3.2.2 网络市场调研的研究内容

### 1. 市场需求研究

研究和分析市场需求情况的主要目的在于掌握市场需求量、市场规模、市场占有率,以及如何运用有效的经营策略和手段,具体内容包括:现有市场对某种产品的需求和销售量;市场潜在需求量;不同的市场对某种产品的需求、饱和点和潜在能力;产品的市场占有率;市场的进入策略和时间策略;国内外市场的变化动态及未来的发展趋势等。

### 2. 购买行为研究

影响网络用户及消费者购买行为的研究内容众多,主要包括:消费者类型、特征等用户属性;个人收入水平、产品或服务价格等经济因素;消费者心理、需求与动机等心理因素;社会文化、职业环境和相关群体等社会文化因素等。

**3. 营销因素研究**

营销因素研究的内容包括以下几个方面。

1) 产品的研究

产品的研究包括企业现有产品所在产品生命周期、产品策略、产品的设计和包装,产品的原料和制造技巧,以及产品的保养和售后服务等。

2) 价格的研究

价格对产品的销售和企业盈利的大小都有着重要的影响。价格研究的内容包括:影响产品价格的因素;企业产品的价格策略的合理性;产品的价格的接受程度,价格的弹性系数等。

3) 分销渠道的研究

分销渠道的研究内容包括:企业现有的销售力量,培训和增强销售力量的途径;现有的销售渠道的合理性,以及如何正确地选择和扩大销售渠道,减少中间环节,以利于扩大销售,提高经济效益等。

4) 广告策略的研究

广告策略的研究内容包括:如何运用广告宣传作为推销商品的重要手段,以及正确地选择各种广告媒介;如何制定广告预算,以较少的广告费用取得较好的广告效果;了解广告的接收率及广告推销效果,并评估广告效果,以便确定今后的广告策略等。

5) 促销策略的研究

促销策略的研究内容包括:如何正确地运用促销手段,以达到刺激消费,创造需求,吸引用户竞相购买;对企业促销的目标市场进行选择研究;企业促销策略的合理性和促销效果,以及用户接受度等。

**4. 宏观环境研究**

宏观环境包括人文、经济、自然地理、科学技术、政治法律和社会文化等因素。一切营销组织都处于这些宏观环境之中,不可避免地要受其影响和制约。

1) 政治法律环境

政治法律环境是指在一定时期内,政府的经济方针、政策,有关税收、财政、外贸等方面的政策会对市场营销产生的影响以及政府的有关法令和规章制度对企业发展的影响等。

2) 经济环境

经济环境是指国民生产、国民收入、社会购买力及其投向的变化,在它的影响下,市场供应和需求总量及结构的变化趋势;一定时期内个人收入水平、平均工资水平和物价水平的变化;消费水平和消费结构将会对市场产生的影响等。

3) 社会文化环境

社会文化环境是指一定时期,一定范围内人口的数量及其文化、教育、职业、性别、年龄等结构的变化,以及对各类消费者需求的影响;各地的风俗习惯、民族特点对消费需求产生的影响等。

4) 科学技术环境

科学技术环境是指在一段时期内,本行业的科技发展新动态;新工艺、新技术的研发状况以及对本企业产生的影响等。

5) 自然地理环境

自然地理环境是指产品(或劳务)供应地区的地理位置,交通运输状况,气候条件和气象变化规律等。

**5. 竞争对手研究**

商品经济社会是一个竞争激烈的社会,企业要在竞争中取胜,必须"知己知彼",每个企业都应充分地掌握并分析同行业竞争者的各种情况,认真地分析自身的优点和缺点。做到知己知彼,学会扬长避短,发挥优势的竞争诀窍。竞争对手研究的主要内容有:市场上的主要竞争对手及其市场占有率情况;竞争对手在经营、产品技术等方面的特点;产品、新产品水平及其发展情况;竞争者的营销策略、服务水平等情况。

### 3.2.3　网络市场调研的一般步骤

网络市场调研应遵循一定的程序,一般而言,应经过五个步骤:确定调研目的和调研提纲、确定调研对象、制定调研方案、收集并分析信息和撰写调研报告。

**1. 确定调研目的和调研提纲**

调研问题的界定和调研目的的确定是第一步。在进行网络调研前,首先要明确调查的问题。一般企业进行网上调研的目的包括以下几个方面:为开发新产品而有针对性地对市场前景进行了解或对用户群体进行访问;了解市场竞争者(包括潜在竞争者)的相关情况;通过顾客的声音来发现市场机会,或改善目前的经营效果,降低经营风险;在公司日常的运作中规避经营风险,提升企业形象等。

只有清楚地定义了网络市场调研的问题,确定了调研目标,方能正确地制定调研提纲。调研提纲可以将网上的思路具体化、条理化,将企业(调查者)与客户(被调查者)两者结合在一起。调研提纲内容包括资料来源、调研方法、调研手段、抽样方案和联系方法等。

**2. 确定调研对象**

确定调研对象是保证调研信息来源准确的重要环节。一般来说,网络调研对象主要包括企业产品的消费者、企业的竞争者、上网公众、企业所在行业的管理者和行业研究机构。

1) 企业产品的消费者

消费者在网上购物必然访问企业站点,利用企业首页所提供的分类、目录或搜索引擎工具,浏览网页的说明、功能、价格、付款方式、送货与退货条件、售后服务等方面的信息。企业市场营销调研人员可以通过追踪消费者,了解其对产品的意见和建议。

2) 企业的竞争者

通过对行业竞争力的分析可以了解本企业在行业中所处的地位、所具有的竞争优势与不足,以便制定企业战胜各种竞争力量的对策。因此,市场调研人员应随时掌握有关的信息和资料,而互联网为调研工作提供了极为方便的工具。调研人员可以进入互联网上竞争者的站点查询面向公众的所有信息,如竞争企业的历史、企业的结构、产品系列、有关年度评价报告、营销措施等。调研人员通过对竞争者有关动态信息的发布,准确地把握行业竞争优势,做到知己知彼,使企业能及时调整营销策略。

3) 上网公众、企业所在的行业的管理者和行业研究机构

上述管理者和机构能站在第三方的立场上,提供一些极有价值的信息和比较客观地评估分析报告。

**3. 制定调研方案**

网上调研方案的制定具体包括以下三个方面。

1) 确定资料来源

明确应收集第一手资料(原始资料)还是第二手资料(他人直接收集的资料),或是两者都要。

2) 确定调查方法

根据确定的资料来源确定调查方法。例如,收集第一手资料,可以采用网上问卷形式或电子邮件方式等,问卷可以通过软件自动生成、发布,电子邮件可以通过邮件列表自动发送,调查结果自动汇总;若收集第二手资料,可以用搜索引擎、访问专业网站等方式进行。

3) 确定统计方案

即确定数据分析的数学方法。现在有许多统计分析软件,可以将其整合到网络市场调研中。样本选择一般可分为随机抽样和非随机抽样。

**4. 收集并分析信息**

企业市场调研人员在确定了具体的调查方案后,即可通过电子邮件向互联网上的个人主页、新闻组或者邮箱列表发出相关查询,之后就进入收集信息阶段。调研人员可以不定时地查看本企业的电子邮件信箱,并通过公告板块向各个私人或公众站点发送询问请求,以便及时准确地了解来自各方面的信

息,把握市场变化动态和消费变化趋势,制定相应的市场营销战略。同时,市场营销调研人员在互联网上所获得的大量有价值的环境、商业原始数据和信息可以发送到专门的电子邮件信箱中,或者直接把所需要的信息加到私人网页的主页上或者发送到传真机上,以做进一步的阅读分析和研究。在确定并选择了合适的信息收集手段之后,企业应建立专门的信息跟踪和处理系统,以便充分利用信息,这是市场营销调研的根本目的。

在互联网上收集得到信息后,根据调研的目的和用途进行整理和分析,剔除信息中不真实和无关的内容,并采用适当的方法进行资料分类处理。经过分类整理的信息资料,要运用各种定性和定量的方法对其进行分析研究,以掌握市场营销活动的动向和发展变化趋势,探索解决问题的措施和办法。

**5. 撰写调研报告**

调研报告的撰写是整个调研活动的最后一个阶段。调研报告不能是数据和资料的简单堆积,而是市场调研成果的集中体现,它需要经过对信息资料的分析,对所调研的问题做出结论。并提出实现调研目的的建设性意见,供有关决策者参考。因此,调研人员应把与市场营销决策有关的主要调查结果以报告的形式呈现出来,并遵循所有有关组织机构、格式和文笔流畅的写作原则。

市场营销调研报告一般分为专门性报告和一般性报告。专门性报告是专供市场研究及市场营销人员使用的内容详尽具体的报告。一般性报告是供职能部门管理人员和企业领导者阅读的内容简明扼要、重点突出的报告。网络市场调查的方法是基于网络,针对特定营销环境而进行的调查设计、收集资料和初步分析,并为完成交易目的所采取的途径、步骤和手段。

## 3.2.4 网络市场调研的一般方法

网络市场调研的方法目前呈现多元化趋势,不同的方法具有不同的特点和适用条件。一般分为两类:一类是直接收集资料的方法,即由调研人员直接在网上搜索第一手资料的方法;另一类是间接收集资料的方法,即在网络上收集他人编辑与整理的资料的方法。企业在进行网络市场调研时,应根据调研的目的和内容选择合适的调研方法。

**1. 网络直接市场调研**

网络直接市场调研是指企业利用互联网以问卷调查等方式直接收集一手资料。网络直接市场调研按不同的标准可划分为不同的类型。

1) 根据调研的方法进行分类

根据调研方法的不同,网络直接市场调研可以分为网络问卷调查法、网络观察法和专题讨论法。调查过程中具体应采用哪一种方法,要根据实际调查的目的和需要而定。需注意一点,调查中应遵循网络规范和礼仪。

(1) 网络问卷调研法。企业网站本身作为一个有效的网上调查工具,常被许多企业所忽视,浪费了从顾客那里直接获得有用信息的机会。网络问卷调研法是将问卷发布在网上,访问者在线填写并提交到网站服务器,这是网上调研最基本的形式。问卷调研方法被广泛地应用于各种调研活动,这实际上也就是问卷调研方法在互联网上的延伸。

网络问卷调研法根据不同情况可以分为不同的类型。按照调研者组织调研样本的行为,网上问卷调研可以分为主动调研法和被动调研法。

第一,主动调研法,即调研者主动组织调研样本,完成统计调查的方法。例如,通过 E-mail 方式将调研问卷发给一些特定的网上用户,由用户填写后以 E-mail 的形式再反馈给调研者。这种方式的好处是可以有选择地控制被调研者,缺点是容易使访问者反感,有侵犯个人隐私之嫌。因此,采用该方式时,首先应争取被访问者的同意,或者估计被访问者不会反感,并为被访问者提供一些补偿,如有奖回答或赠送小礼品,以减轻被访问者的敌意。

第二,被动调研法,是指调查者将问卷放置在 WWW 站点上被动地等待访问者访问时填写,完成统计调查的方法。例如,CNNIC每半年进行一次的"中国互联网络发展状况调研"就是采用这种方式。这种方式的好处是问卷填写者一般是自愿的,缺点是无法核对问卷填写者的真实情况。为达到一定问卷数量,站点还必须进行适当宣传,以吸引大量访问者。

(2) 网络观察法。由调查人员通过电子邮件向互联网的个人主页、新闻组或邮件列表发出相关查询请求。直接或通过软件分析工具观察调查对象的行为并加以记录而获取信息的一种方法。例如,对IP地址、浏览网页、浏览路线、点击广告、进入的链接、关心的产品、停留的时间等消费者的网页浏览行为信息进行记录和分析。网络调研人员可以利用跟踪软件进行观察,以了解很多上网者的消费行为,如果配合该上网者的注册信息进行相关分析,可以探求到很多消费者的消费心理和消费需求。

(3) 专题讨论法。专题讨论法是指通过Usenet新闻组、电子公告牌或邮件列表(Mailing List)讨论组进行讨论,从而获得资料和信息的一种调研方法。腾讯公司开发的QQ聊天工具,也非常适合网上专题的讨论。开展在线专题讨论一般有以下几个步骤:首先,确定要调查的目标市场;其次,识别目标市场中要加以调查的讨论组;再次,确定可以讨论和准备讨论的话题;最后,登录相应的讨论组,通过过滤系统发现有用的信息,或创建新的话题让大家讨论,以便从中获取有用的信息。

2) 根据采用的技术标准进行分类

根据采用的技术标准不同,网络直接市场调研可以分为站点法、电子邮件法、随机IP法和视频会议法等。

(1) 站点法。也称主动浏览访问法,是将调查问卷的HTML文件附加在一个或几个点击量和访问率较高的Web网页上,浏览这些站点的网上用户在此Web上回答调查问题的方法。站点法属于被动调查法,这是目前出现在网上调查的基本方法,也将成为网上调查的主要方法。

(2) 电子邮件法。同传统调查中的邮寄调查表的道理一样,电子邮件法通过发送电子邮件的形式将调查问卷发给一些特定的用户,由网络用户填写后以电子邮件的形式再反馈给调查者的调查方法。电子邮件属于主动调查法,这种方法在一定程度上可以对用户成分加以选择,并节约被访问者的上网时间,如果调查对象选择适当且调查表设计合理,往往可以获得相对较高的问卷回收率。但采用电子邮件调查方式的前提是已经获得被调查者的电子邮件地址,并且预计他们对调查的内容感兴趣。

(3) 随机IP法。它是以IP地址为抽样框,采用IP自动拨叫技术以产生一批随机地址作为抽样样本,邀请该样本的网络用户参与调查的一种方法。例如,可将IP地址排序,每隔100个进行一次抽样,被抽中的网络用户会自动弹出一个小窗口,询问其是否接受调查,回答"是",则弹出调查问卷;回答"否",则呼叫下一个IP地址。随机IP法属于主动调查法,其理论基础是随机抽样,利用该方法可以进行纯随机抽样,也可以依据一定的标志排队进行分层抽样和分段抽样。

(4) 视频会议法。又称网络会议法,是基于Web的计算机辅助访问(Computer Assisted Web Interviewing,CAMI)。它将分散在不同地域的被调查者通过互联网视频会议功能虚拟地组织起来,在主持人的引导下,对某一问题进行深入或探索性讨论、研究的一种网络调查方法。这种调查法是属于主动调查法,其原理与传统调查法中的专家调查法相似,不同之处是参与调查的专家不必实际聚集在一起,而是分散在任何可以连接国际互联网的地方,如家中、办公室等,因此网上视频调查会议组织比传统的专家调查法简单得多。视频会议法适合对关键问题的定性调查研究。

**2. 网络间接市场调研**

网络间接市场调研主要是利用互联网收集与企业营销相关的市场、竞争者、消费者以及宏观环境等二手资料及信息。二手资料的来源有很多,如政府出版物、公共图书馆、贸易协会、市场调查公司、广告代理公司和媒体、专业团体等,其中许多单位都已经在互联网上建立了自己的网站,各种各样的信息都可以通过访问其网络获得。再加上综合型ICP(互联网内容提供商)、专业型ICP以及成千上万个搜索引擎,使得互联网的二手资料的收集非常方便。

企业用得最多的还是网络间接调研方法,因为它的信息广泛,能满足企业管理决策的需要,而网络直接调研一般只适用于针对特定问题进行专项调研。网络间接调研渠道主要通过以下几种方法,其中利用搜索引擎收集资料是主要的信息来源。

1) 利用搜索引擎收集资料

搜索引擎是网络搜索工具的统称,它依据一定的策略,运用特点的计算机程序搜索互联网上的信息,在对计算机进行组织和处理后,可以获取含有相关信息的大量网站,将其显示给用户,为用户提供检索服务。它提供了一种快速、准确地获取有价值信息的解决方案,成为互联网上使用最普遍的网络信息检索工具。

目前,几乎所有的搜索引擎都有两种检索功能,即主题分类检索和关键字检索。

(1) 主题分类检索。即通过各搜索引擎的主题分类目录查找信息。主要分类目录的建立是通过搜索引擎把搜集到的信息资源按照一定的主题分类建立目录,先建一级目录,再依次建二级目录、三级目录……如此下去建立层级概念包含关系的目录。用户完全可以按照分类目录找到所需的信息,而不是依靠关键词进行查询。在以主题分类检索的网站中具有代表性的有搜狐网、新浪网等。

(2) 关键字检索。用户通过输入关键词来查找所需信息的方法称关键词检索法。这种方法方便、直接,十分灵活,既可以使用布尔算符、位置算符、截词符等组合关键词,也可以缩小和限定检索的范围、语言、地区、数据类型、时间等。关键词法可对满足选定条件的资源进行准确定位。使用关键词法查找资料一般分为三步:第一,检索目标,分析检索课题,确定几个能反映课题主题的核心词作为关键词,包括它的同义词、近义同、缩写或全称等;第二,采用一定的逻辑关系组配关键词,输入搜索引擎检索框,单击检索(或 Search)按钮,即可获得想要的结果;第三,如果检索效果不理想,可调整检索策略,结果太多的,可进行适当的限制,结果太少的,可扩大检索范围,取消某些限制,直到获得满意的结果。这种关键词检索的著名搜索引擎包括谷歌和百度等。

2) 利用网上数据库收集资料

网络调研中,网络数据库的利用是非常重要的。在网络环境下,数据库具有信息量大、更新快、品种齐全、内容丰富、数据标引深度高、检索功能完善等特点,是沟通企业与消费者之间的内容和手段,是整个信息系统的基础,也是网络营销市场调查定量分析工作的基础。营销人员通过提供迎合大众趣味或者有关本行业的数据库来吸引顾客访问企业主页。另外,营销人员也能通过数据库来获得有关产品、顾客的信息和其他市场营销信息。

网络市场调研人员建立和使用数据库,一般有下列两种措施和途径:

(1) 充分利用网络数据库。在互联网上,企业可以将网络服务商已有的数据库链接到企业的网上,这样不论是谁访问过企业的主页,都能进入已链接的数据库。企业营销人员根据市场调查的目的、内容,选择适当的搜索引擎,查找所需要的数据库,并经常查看每个已连接的数据库以保证数据库信息的及时和准确。营销人员通常使用谷歌、百度等常用的搜索引擎,利用政府数据库和商业数据库搜集资料。

(2) 充分利用企业数据库。建立企业自己的数据库,无疑要投入最大的人力和资金。但一个能及时提供信息、富有参考使用价值并使用户开阔眼界、娱乐身心、打破地域和交通局限的数据库无疑会吸引更多的访问者,企业也会得到准确、客观、及时的市场信息。在设计企业主页的时候,应该提供到达数据的链接路径,以方便访问者查询。

3) 相关网站

企业营销环境中的各种影响因素所在的网站就是与企业相关的网站,如果知道某一专题的信息主要集中在哪些网站,可直接访问这些网站,获得所需的资料。这些网站集中了各种与企业经营相关的信息,包括提供政策信息的政府网站、提供行业动态的行业性网站、与企业经营决策密切相关的竞争对手的企业网站、与企业密切协作的上下游合作伙伴网站、与企业有贸易往来的客户网站、聚集网络目标顾客需求信息的企业论坛网站等,都可以为企业提供需要的、有效的调研信息。

4）网上论坛新闻组

网上论坛新闻组是进行网上交流的常用手段。人们会对企业、产品、服务等各方面发表评论，表达自己的观点，也可能提供有关的行业信息和动态，或者技术、经验等。企业可以通过加入相关主题的论坛和新闻组，了解有关产品或技术信息，从而掌握该产品性能和动态发展，了解用户的想法和需求，为企业进行相关的商务活动提供参考。

5）利用 E-mail 收集资料

通过 E-mail 收集资料价格低廉，使用方便快捷。利用 E-mail 收集资料有两种方式：第一种是收集企业外部主体发送给企业的邮件，如顾客、供应商和代理商等主体；第二种是企业在一些相关的知名网站注册邮件地址，订阅大量的相关邮件信息。但在注册的时候，为了避免受到垃圾邮件的侵扰，企业要注意设置垃圾邮件过滤系统。

### 3.2.5 网络市场调研的注意事项

网上市场调研的目的是收集网上购物者和潜在顾客的信息，利用网络加强与消费者的沟通和理解，改善营销并更好地服务于顾客，简单来讲，就是尽可能以最低成本快速获取准确的市场营销信息，进而总结制定出有效的营销策略。因此，网上市场调研应该具有真实性、及时性、完整性、经济性、针对性、公正性和有效性。

就常用的在线问卷调查而言，一个完整的在线调查表由调查说明、调查内容、被调查者信息登记三个组成部分。其中，调查说明是为了增加被调查者的信任，以及对其做必要的解释以免引起歧义，影响参加者的积极性，或者对调查产生不良影响；调查内容是指调查的主体；被调查者信息登记是可选内容，该部分是为了了解被调查者的基本情况，同时也是为了向参与被调查者提供奖励、感谢等。

一个成功的调查问卷应该具备两个功能：一是能将所调查的问题明确地传达给访问者；二是设法取得对方的合作，使访问者能真实、准确地回复。一般应注意以下几点。

1）遵守问卷设计的原则

在问卷设计中，应把握的原则包括：目的性原则，即所列问题和调查主题密切相关；可接受原则，即要求问题要被调查者所接受，有关个人隐私不应出现在调查问卷中，以免引起访问者的反感；简明性原则，即问卷内容要简明扼要，使被调查者易读、易懂，而且回复内容要简短，回答问题方式也尽可能方便；匹配性原则，即应让回复的问题便于检查、数据处理、统计和分析。

2）公布保护个人隐私的声明

要让用户了解调研目的，并注意保护被调查者的个人隐私，公布个人信息要以保护隐私为准则。如果以市场调查为名义收集用户个人信息以展开所谓的数据库营销或个性化营销，不仅会严重损害企业的声誉，特别是在被调查者中的声誉，同时也将损害合法的市场调查。因此，有必要在问卷开头声明保护用户个人隐私的承诺。

3）注意问卷设计的技巧与经验

在设计调查问卷时，应注意一定的技巧与经验，尽量设计成数量不多的选择题且从简到难；调查问题要有实际价值、描述要清晰不要造成歧义；利用技术手段尽量减少无效问卷，如设置 IP 地址鉴别或访问口令以保证一人一答，提醒被调查者对遗漏的项目或明显超出范围的内容进行完善；在正式发放调查问卷之前，可以先在小范围对调查表进行测试，收集测试过程中发现的问题，对调查表进行必要的修正；为了补偿或刺激被调查者参与调查的积极性，问卷调查机构应提供一定的奖励措施，并合理设置奖项。

4）吸引尽可能多的人参与调查

参与者的数量对调查结果的可信度至关重要。因此，要采取一定的措施尽量增加被调查者的数量，如进行有力的宣传推广，网上调查与适当的激励措施相结合会有明显的作用，必要时还应该和访问量大的网站合作以增加参与者数量。

5) 采用多种调研手段相结合

在网站上设置在线调查问卷是最基本的调研方式,但并不局限于这种方式。常用的网上调研手段除了在线调查表之外,还有电子邮件调查、对访问者的随机抽样调查、固定样本调查等。具体使用时应根据调查目的和预算,将多种网上调查手段相结合,以最小的投入取得尽可能多的有价值的信息。

## 3.3 网络营销的市场细分与定位

### 3.3.1 网络营销的市场细分

**1. 网络营销市场细分的概述**

相对于传统市场,网络市场是一个全球性的、产品非常丰富的市场。网络市场不仅仅为企业开创了面对全球的营销橱窗,也为顾客展示了多种产品。在全球范围内,只要有网络存在的区域和地方,企业就可以直接与顾客进行各种商务活动,增加了营销机会。这种特点,为中小型企业跻身国际贸易创造了良好的条件,同时也大大增加了营销的难度,这就需要对网络营销市场进行细分。

对市场进行细分,并不是由人们的主观意志决定的,而是商品生产和市场经济不断发展的客观要求和必然产物。在计划经济时代,商品生产水平相对较低,生产的产品数量较为有限。在卖方市场的条件下,企业既不可能也无必要去关心消费者的需求。然而,在市场经济环境中,随着生产水平的提高,产品数量的丰富、质量的提高和品种的增多,消费者有了挑选的余地,市场出现了竞争,并且日趋激烈。于是企业必须注重市场调研,把握消费者的爱好与需求变化,在市场经济中做到有的放矢,游刃有余,市场细分就应运而生了。

**2. 网络营销市场细分的作用**

研究网络市场细分的目的是为了找到客户并对由此形成的目标与市场加以描述,确定针对目标市场的最佳营销策略。电子商务的分类本身就是若干细分的市场。例如,B2B 实际上是针对市场上的交易活动,而 B2C 是消费者市场上的交易活动。与传统营销市场的作用相比,网络营销市场细分的作用没有很大的变化,其具体作用有以下几点。

1) 发掘和开拓新市场

企业可以通过市场细分及时分析市场需求的满足程度,迅速寻觅到市场机会,开辟新的市场领域。网民的数量激增,而且层次参差不齐,只有进行市场细分找到自己企业的优势所在才能发掘新市场,培育企业新的经济增长点。

2) 提高适应能力和应变能力

企业重视市场细分策略,市场信息反馈较快,能及时地掌握用户的需求变化。一旦市场发生变化,企业就能灵活有效地调整商品结构和市场布局,使自己具有高度的适应能力与应变能力。

3) 提高竞争能力

对于那些实力相对较弱的中小企业,在网上具有与大企业平等的机会,只要自己的网站有特色,所卖的商品有特点,就能发挥自身的品牌优势,吸引充足的资金做广告。只要认真研究市场细分策略,完全有可能在复杂的市场竞争中发掘某些特定的市场,满足这部分用户的特定需要。

4) 提高经济效应

企业通过市场细分,可以深入地了解每一个细分市场的需求状况和购买潜力以及同行竞争者的情况。这样,企业可以根据各个细分市场的外部环境与本企业的经营实力进行反复权衡比较,选择对自己最有利的市场,以便集中力量,有效地使用人力、物力、财力等各项资源,从而取得理想的经济效应。

5) 制定和调整营销整合策略

市场细分后,每个市场变得小而具体,细分市场的规模、特点显而易见。企业可以根据不同的商品制定不同的市场营销组合策略,使营销组合策略适应消费者不断变化的需求。否则,离开了市场细分,所制定的市场营销组合策略必然是无的放矢。

**3. 网络营销市场细分的依据**

产业市场的细分首先是宏观细分,即通过总体特征进行市场细分。例如,按照行业划分或按照地理位置划分。其次是微观细分,关注不同规模的企业市场或不同原材料市场。

消费者市场一般分为六类。一是地理细分,以地理位置、市场密度和气候特征为基础;二是人口细分,包括年龄、性别、收入水平、种族和家庭生命周期等特征;三是心理细分,包括个性、动机和生活方式;四是利益细分,根据消费者从产品中寻求的利益识别消费者;五是使用率细分,通过购买量或消费量来划分市场;六是行为细分,通过消费者对产品或服务的认知程度、使用或反应表现来细分市场。

网络营销中的市场细分需要注意以下四点:

(1) 在电子商务条件下,市场细分有"精深"的特点。主要根据用户的生活方式、个人性格、需求动机、购买行为、需要数量等因素进行划分,这些因素相互联系或交叉发生作用,企业应综合开展研究。

(2) 网络营销市场细分的依据是对网上顾客对象的分析。例如,生产企业一定不能忽视网上年轻群体的心理特点、行为特点和需求特点,因为他们占整体网民的一半以上。他们的行为特点是追求特色,企业的商品只有具备符合其需求的特色才能吸引年轻群体购买。

(3) 网络消费者的需求和购买特点随年龄的增长而发生变化。可以把网络消费者按年龄划分为不同消费层次,并根据这些特征开发出一个个特定的目标市场。例如,开心农场将游戏对象对准了在校大学生和年轻的白领人士。

(4) 在细分市场的时候,要用创新的意识,探索市场细分的新方法。例如,在细化市场时,可以先模拟出一条"轴线",这条"轴线"可以依据用途、材质、对象等来划分。同一大轴线里,还可以细分出许多不同的细轴线。

**4. 网络营销市场细分的条件**

首先,要明确什么时候进行市场细分。一般认为,如果面临以下问题,则需要进行市场细分:

(1) 产品定位已经非常明晰,但不了解采用何种促销组合能最大程度地吸引目标顾客。

(2) 不同的消费者对产品有不同的偏好,厂商希望知道哪些偏好是厂商能满足的。

(3) 销售额仿佛没有变化,但厂商已经感觉到顾客群的构成正在发生变化,并希望获得变化的详情。

(4) 厂商准备打入竞争者牢固占领的市场,希望先取得一定的市场份额。

(5) 厂商之间的产品在市场上占据主导地位,但有竞争者开始蚕食这一领地。

(6) 尽管厂商有好的产品,但市场数据显示营销计划遭受重大挫折。

(7) 作为新的市场决策者,需要重新审定公司的营销计划。

其次,应具有明确的市场细分标准。以生活消费品为例,一般可以选择地理、人文、心理和消费行为四个因素作为细分标准。具体细分时可应用发散思维,得出一系列细分市场。如自行车市场可分为国内市场、国际市场,其中,国内市场还可以进一步细分为华中市场、西南市场、东北市场等;也可根据消费者行为细分为普通自行车市场、山地自行车市场、比赛用自行车市场等。例如,对生产资料市场进行细分,则可选择最终用户、用户规模和生产能力、用户地点等因素作为细分标准。

最后,应注意把握市场细分中的三个原则:

(1) 可衡量性原则。对细分市场上消费者对商品需求的差异性要能明确加以反映和说明,能清楚界定,细分后的市场范围、容量、潜力等也要能定量加以说明。

(2) 可占据性原则。应使各个细分市场的规模、发展潜力、购买力等足够大,以保证企业进入这个市场后有一定的销售额。

(3) 相对稳定性。占领后的目标市场要能保证企业在相当长的一个时期经营稳定,避免目标市场变动过快给企业带来风险和损失,保证企业取得长期稳定的利润。

**5. 网络营销市场细分的研究步骤**

网络营销市场细分的研究步骤如下所述。

1) 确定网络市场细分的目的

作为网络市场细分的第一步,首先要明确细分市场的目的。细分是为企业短期市场开发服务还是为长期战略服务,是为新产品确定顾客范围还是为增加现有顾客对产品的忠诚度,以及公司管理者和销售者对现有市场结构的看法。

2) 确定基础变量

确定基础变量是市场细分过程中最重要的一步。菲利普科特勒提出,在市场细分企业类型和购买者时,需要研究五大变量。包括行业、企业规模以及销售范围的人口统计学变量;技术、使用者和非使用者的状况、消费者的需求能力等运营型变量;购买企业的购买集中和分散的程度、购买企业的核心业务、已存在的商业关系、通常的购买政策、购买的评价标准等购买方式变量;是否属于紧急性购买行为、某种具体应用以及购买量的多少等情况因素变量;买卖双方的共同点、对风险的态度以及忠诚的个人特征因素。

3) 收集并分析数据

市场细分的研究对样本量有较高要求,多城市研究的成功样本应在 1 000 以上。网上调查已经有很多成功的经验可以借鉴,数据收集、信息收集都可以通过网络较容易地解决,营销数据库可以帮助调查者解决很多问题。同时,收集到的数据可以利用数学工具进行分析。常用的数学分析方法有回归分析、判别分析、聚类分析、时间序列分析等。但无论是回归分析还是聚类分析,都会因分析因子的不同而产生多种结果。虽然没有确定的答案,但可以给研究者提供不同的参考视角。

4) 构建并描述细分市场结构

一旦确定了能够代表真实市场的细分方案,就需要对每个细分市场进行简单明了的归纳,一般包括:细分市场的名称、使细分市场产生差异化的重要因素、细分市场中群体的简要描述;网络营销 4P(产品、价格、渠道和促销)相关的信息等。接着对每个细分市场进行简单明了的归纳。

5) 明确准备进入的细分市场

明确准备进入的细分市场,数据背后的经验是必不可少的。评估不同市场的吸引力需要考虑细分市场必须足够大以保证有利可图;细分市场必须可以运用人口统计因素进行识别;细分市场必须是网络可以接触到的;不同的细分市场应该对营销组合有不同的反应;各细分市场应该是相对稳定的;细分市场应该具有增长的潜力等。

### 3.3.2 网络营销的目标市场定位

**1. 网络营销目标市场的定位策略**

1) 正确理解目标市场定位

网络市场定位并不是去塑造全新而独特的东西,而是掌握原来已存在于人们心中的想法,打开客户的联想之门,目的是要使产品在顾客心目中占据有利地位。因此,定位的起点是网民的消费心理。只要把握了网民的消费心理,并借助恰当的手段把这一定位传播给目标网民,就可以收到较好的营销效果。在掌握消费者消费心理的同时,也要琢磨产品,使品牌的心理定位与相应产品的功能和利益相匹配,定位才能成功。

定位需要公司的市场研究、定位策划、产品开发以及其他有关部门的密切配合。仔细分析定位内涵不难发现,定位是为了在消费者心目中占据有利的地位,这个"有利地位"当然是相对竞争对手而言的。

从这个角度讲,定位不仅要把握消费者的心理,而且要研究竞争者的优劣势。

2) 目标市场的定位策略

网络营销所定位的目标市场,应具备以下两个条件:

(1) 目标市场内的所有人必须具备1~2个基本相同的条件,如收入、受教育的程度、职业、消费习惯等,这样才能明确地划分出目标市场的范围。

(2) 目标市场必须具备一定的规模。因为,目标市场太小,购买力相应也小,如果投资过大,就会得不偿失。

在实践中,网络营销商应注意初次定位与重新定位、对峙性定位与回避性定位、心理定位等战略的不同区别,并进行合理运用。

(1) 初次定位与重新定位。初次定位也称潜在定位,是指新成立的企业初入虚拟市场,或企业新产品投入虚拟市场时,企业运用所有的市场营销组合,使产品特色符合所选择的目标市场的定位策略。但是,企业进入目标市场时,往往竞争者已在市场露面或形成了一定的市场格局。这时,企业就应认真研究目标市场上竞争对手及产品所处的位置,从而确定本企业及产品的位置。

重新定位也称二次定位,是指企业变动产品特色,改变目标顾客对其原有的印象,使目标顾客对其产品新形象重新认识的定位策略。市场重新定位对于企业适应市场环境、调整市场营销战略而言是必不可少的。一般来说,企业产品在市场上的初次定位即使很恰当,但在出现下列情况时也需考虑重新定位:一是在本企业产品定位附近出现了强大的竞争者,挤占了本企业品牌的部分市场,导致本企业产品市场萎缩和产品品牌的目标市场占有率下降;二是消费者偏好发生变化,从喜爱本企业品牌转移到喜爱竞争者的品牌。

(2) 对峙性定位与回避性定位。对峙性定位又称竞争性定位,是指企业选择接近现有竞争者或与其重合的市场位置,争夺同样的顾客,彼此在产品、价格、分销及促销方式方面的区别不大的定位策略。

回避性定位又称创新式定位,是指企业回避与目标市场竞争者直接对抗,将其位置定在市场上某处空白领地或"空隙",开发并销售目前市场上还不具有某种特色的产品,以开拓新的市场的定位策略。

(3) 心理定位。心理定位是指企业从顾客需求心理出发,突出自己产品的特色和优点,从而在顾客心目中留下深刻印象,达到树立市场形象之目的的定位策略。心理定位应贯穿于产品定位的始终,无论是初次定位还是重新定位,无论是对峙性定位还是回避性定位,都要考虑顾客的需求心理,赋予产品新的特点和优点。

**2. 网络营销对象的定位**

1) 性别

无论是在国内还是在国外,男性公民是网络漫游的主体。企业的产品要想在网络上打开市场,必须能够吸引男性公民,或者能够吸引男性公民为女性公民购买。耐用消费品和不动产,如汽车、摩托车、房屋等,都是男性公民关注的对象。

2) 年龄

比如手游消费者,特别是青年消费者在使用网络的人员中占比较高。所以,手游企业网络营销主要侧重中青年消费者。再如青年人喜欢的体育用品也是网络上的畅销产品,这类市场目前是网络市场拥挤的地方,也是商家较为看好的一个市场。

3) 文化

因特网漫游对上网者的文化水平要求较高。一方面,为减少上网费用,需要上网者具有快速阅读能力,并熟练操作计算机。另一方面,在国外网站漫游,还需要一定的英文水平。

4) 收入

上网用户大都属于中等收入阶层,否则难以维系上网费用。近两年来,随着因特网的普及,对收入的要求有降低,但低收入阶层与网上消费仍然有一段距离。瞄准这一市场,就需要推出中高档的产品或服务。

5) 团购群体

从消费者的角度分析,网络团购将众多的消费者聚合起来,形成一个群体与商家进行谈判和交易。参加网络团购的消费者有共同的需求,集体购买同款商品,享受低价折扣。

此外,还有一些商户积极参与团购业务,主要是希望通过合作降低采购成本和销售成本。这些商户主要是小商家或服务提供商,如餐馆、发廊、电影院、文化活动中心等,这些企业一般无力支付巨额的纸媒广告费,也没有找到自我展示的在线广告平台。团购网站正好提供了一个为他们吸引客户的平台。

### 3. 网络营销产品的定位

现在上市的产品中,不是每一种都可以用网络营销的方式来销售。企业想通过网络营销把产品推向市场,就必须了解网上销售产品的整体概念、分类以及方式等。适合于网络营销的产品,按其形态的不同可以分为三大类:实体产品、软体产品和在线服务。它们的营销方式和销售品种有很大区别,表3-3-1列举了这三类产品及其基本特征。

表3-3-1 网络营销商品

| 产品形态 | 营销方式 | 销售品种 |
| --- | --- | --- |
| 实体产品 | 在线浏览、购物选择、送货上门 | 民用品、工业品、农产品 |
| 软体产品 | 提供浏览 | 资料库检索、电子新闻、电子图书、电子期刊、研究报告、论文 |
| | 软件销售 | 电子游戏、软件套装 |
| 服务产品 | 情报服务 | 法律咨询、医药咨询、股市行情分析、银行、金融咨询服务等 |
| | 互动式服务 | 网络交友、电脑游戏、远程医疗、法律救助 |
| | 网络预约服务 | 航空、火车订票、电影票、饭店订位、旅游预约服务、医院预约挂号 |

## 3.4 网络营销策略

网络营销是以国际互联网络为基础,利用数字化的信息和网络媒体的交互性来辅助营销目标实现的一种新型的市场营销方式。简单地说,网络营销就是以互联网为主要手段进行的,为达到一定营销目的的营销活动。而网络营销策略是企业根据自身所在市场中所处地位不同而采取的一些网络营销组合,它包括品牌策略、定价策略、服务策略、渠道策略和其他网络营销策略等。

### 3.4.1 品牌策略

虽然网络营销和传统营销在产品的销售方面有很大的不同,但两者都需要注意产品营销策略。与传统营销相比,网络营销有很多不利之处,产品的质量、包装、直观感受都不易觉察到,这就决定了网络营销的品牌策略在网络交易中有更重要的作用。

网络营销的重要任务之一就是在互联网上建立并推广企业的品牌,知名企业的网下品牌可以在网上得以延伸,一般企业则可以通过互联网快速树立品牌形象,并提升企业整体形象。相对于传统意义的企业品牌,网络品牌是网络营销效果的综合表现,体现了为用户提供的信息和服务,其价值只有通过网络用户才能表现出来,并且网络品牌的建设是一个长期的过程。

#### 1. 品牌产品开发策略

品牌营销是市场经济高度竞争的产物,经过多年实践,已经发展得相当成熟,形成一个以"品牌经理制"为代表的完整管理体系。因特网所具有的交互、快捷、全球、媒体特性等优势,对于提高企业知名度、树立企业品牌形象、更好地为用户服务等都提供了有利的条件,这些网络本身固有的特性对于每一个企业都是公平的。因此,企业应该根据自身的产品与服务特点,利用网络资源创建自己的网络品牌。

**2. 网络品牌的经营管理策略**

品牌是有个性的,需要实力的支撑和文化的承载。网络公司成立时间短,人员流动快,很难形成自己的一套企业文化。而没有企业文化支撑的品牌是脆弱的。如果网站只做那些浮躁无效的广告是不可能赢得受众的心理认同的,只可能导致注意力的泡沫,也就是说,注意力经济是要有实效支撑的。

**3. 网络品牌的保护策略**

市场竞争犹如一场没有硝烟的战争,企业不仅应该时刻防备竞争者的挑战,还需防范有损自己产品形象的不法行为,尤其是在网络环境下,随着越来越多的公司在因特网上建立网站,网络品牌的争议也变得相当普遍。

首先,不同的公司可能在不同的国家拥有商标权。但因特网是全球性的,只允许在世界范围内有一个独立的域名,范围的不同导致了问题的产生。其次,由于因特网的全球性,那些原本在不同行业使用同样商标而能合法共存的公司,也不能使用相同的名称作为域名。最后,域名对商标权的侵犯在网络上是相当严重的。侵权者不仅盗用了他人的商标,而且还限制了商标权人在网络上用其商标作为域名的权利,而这一点对商标权人非常重要,对商标与企业名称一致的商标权人则更是如此。

## 3.4.2 定价策略

价格有狭义和广义之分,狭义的价格是指人们为了得到某种产品或者服务所支付的货币数量;广义的价格则是指消费者为获得某种商品或服务与卖方进行的交换,这其中包括了其花费的货币、时间、精力和心理成本等。随着互联网的发展,消费者在获得更多的购买选择的同时,还能更加便利和廉价地获取产品及其价格等相关信息,产品的价格变得越来越透明,企业和消费者都很容易了解一种产品所有企业的定价。可见,在互联网环境下,网络市场中产品定价变得更加复杂,因此,也改变了企业的定价方法。

**1. 网络低价策略**

通过互联网销售产品或服务,比使用传统销售渠道具有成本优势,因此,一般来说,网上销售价格会比实体商店中的售价要低。由于网上的信息是公开和易于搜索比较的,所以网上的价格信息对消费者的购买起着重要的作用。根据研究,消费者选择网上购物,一方面是因为网上购物比较方便,另一方面是因为从网上可以获取更多的产品信息,从而以最优惠的价格购买。

1) 网络低价定价策略

通过低价定价策略就是通过在定价时大多采用成本加一定利润,有的甚至是零利润来定价。这种定价在公开价格时就比同类商品价格低。它一般是由制造业企业在网上进行直销时采用的定价方式,如戴尔公司计算机的定价比同性能的其他公司的产品价格低10%~15%,采用低价策略的基础是企业通过互联网可以节省大量的成本费用。

2) 折扣定价策略

折扣定价策略是以在原价基础上进行一定的折扣来定价的。这种定价方法可以让消费者直接了解产品的降价幅度以促进消费者的购买,这类价格策略主要为一些网上商店采用,它通过对购买来的产品按照市面上的流行价格竞相折扣来定价。

3) 促销定价策略

促销定价常用的手段除了折扣外,还包括比较常用的有奖销售和附带赠品销售。一般来说,如果企业是为拓展网上市场,但产品价格又不具有竞争优势时,就可以促销定价策略。在采用低价定价策略时,要注意以下几个方面。

由于互联网是从免费共享资源发展而来的,因此用户一般认为从网上购买商品比从一般渠道购买商品要便宜,在网上不宜销售那些消费者对价格敏感而且又难以降价的产品。在网上公布价格时,要注意区分消费对象——一般消费者、零售商、批发商、合作伙伴,针对不同对象分别提供不同的价格信息发布渠道,否则可能因价格策略混乱导致销售渠道混乱。

网上发布价格时要注意比较同类站点分布的价格,因为消费者可以通过搜索功能很容易在网上找到最便宜的同类产品,从而使价格信息公布起到反作用。

**2. 定制生产定价策略**

作为个性化服务的重要组成部分,按照消费者需求进行定制生产是网络时代满足消费者个性化需求的基本形式。定制化生产根据消费者对象可以分为两类:一类是面对工业组织市场的定制生产,另一类是面对大众消费者市场的定制生产。

由于消费者的个性化需求差异性大,而需求量少,因此企业实行的定制生产必须在管理、供应、生产和配送等各个环节上都能适应这种小批量、多样式、多规格和多品种的生产和销售变化。

定制定价策略是在企业能实行定制生产的基础上,利用网络技术和辅助设计软件,帮助消费者选择配置或者自行设计能满足自己需求的个性化产品,同时承担自己愿意付出的价格成本。由于对产品价格有比较透明的认识,也增加了企业在消费者心理的信用水平。目前这种允许消费者定制定价订货的尝试还只是处于初步阶段,消费者只能在有限的范围内进行挑选,还不能完全要求企业满足自己所有的个性化要求。

**3. 拍卖竞价策略**

网上拍卖是目前发展比较快的领域,经济学认为市场要形成最合理的价格,拍卖竞价是最合理的方式。网上拍卖是由消费者通过互联网轮流公开竞价,在规定的时间内价高者得到商品。比如,国内比较有名的东方钢铁,提供竞价交易的网上平台,组织、监督竞价交易。此外,东方钢铁通过专业化的"循环物资竞价服务",丰富卖方的物资处置手段,帮助卖方挖掘客户和开发市场,实现循环物资销售的合规、透明、增效、便捷。

根据供应关系,网上拍卖竞价方式有以下几种:

(1) 竞价拍卖。这种方式中最大量的是 C2C 的交易,包括二手货、收藏品,也可以是普通商品以竞价拍卖方式进行出售。

(2) 竞价拍卖。它是竞价拍卖的反向过程,消费者提出一个价格范围,求购某一种商品,由商家出价,出价可以是公开的或隐藏的,消费者将与出价最低或最接近的商家成交。

(3) 集体议价。在互联网出现之前,这种方式在国外主要是由多个零售商结合起来的,向批发商(或生产商)以数量换价格的方式进行。互联网出现后,使得普通的消费者也能使用这种方式购买商品。集体议价是一种全新的互联网商务模式,它充分利用互联网的特性将零散的消费者及其购买需求聚合起来,形成类似集团采购的庞大订单,从而与供应商讨价还价,争取最优惠的折扣。提出这一模式的是美国著名的 Priceline 公司,而这一模式符合中国消费者的议价习惯,在被引入中国后,得到了快速发展。

就价格而言,理论上有两种价格模式:浮动价格模式和固定价格模式。浮动价格模式包括竞价拍卖、竞价拍卖和集体议价等竞价模式;固定价格模式包括供方定价直销、需方定价求购等定价模式。

**4. 免费定价策略**

免费定价策略是传统市场营销中常用的营销策略,它主要用于促销和推广产品,这种策略一般是短期和临时性的。但在网络营销中,免费价格不仅仅是一种促销策略,它还是一种非常有效的产品和服务定价策略。

免费价格策略就是将企业的产品和服务以免费形式提供给顾客使用,以满足顾客的需求。免费价格形式有以下几种类型:

（1）产品和服务完全免费，即产品（服务）从购买、使用和售后服务所有环节都实行免费服务。

（2）对产品和服务实行限制免费，即产品（服务）可以被有限次使用，超过一定期限或者次数后，就取消这种免费服务。

（3）对产品和服务实行部分免费，如一些著名研究公司的网站公布了部分研究成果，如果要获取全部成果必须付款成为公司客户。

（4）对产品和服务实行捆绑式免费，即购买某产品或者服务同时会赠送其他产品和服务。

上面几种价格策略是企业在利用网络营销拓展市场时可以考虑的比较有效的策略，并不是所有的产品和服务都可以采用上述定价方法，企业应根据产品特征和网上市场发展状况来决定定价策略。不管采用何种策略，企业的定价策略应与其他策略相配合，以保证企业总体营销策略的实施效果。

### 3.4.3 服务策略

随着信息技术的发展和网络时代的来临，应用网络购物、电子结算等手段日益普遍，网络消费者已经进入全新的营销时代。但是，很多网络营销手段还处在初始化、无序化的发展水平，营销手段的雷同化现象非常突出。面对众多卖家，网络购物的消费者的随机性很大，可以进行广泛的比较和选择。如何进行个性化营销和个性化服务，以吸引更多新顾客和留住老顾客，成为众多网点面临的新课题。

**1. 网络营销服务的概念**

网络营销服务就是以互联网为基础，利用数字化的信息和网络媒体的交互性来辅助营销目标实现的一种新型的市场营销服务方式。

网络营销服务有广义与狭义之分。广义的网络营销服务是以互联网为主要手段（包括企业内部网、EDB行业系统专线网及互联网）开展的营销服务活动。狭义的网络营销服务是指组织或个人基于开放便捷的互联网，对产品、服务所做的一系列经营服务活动，从而达到满足个人需求的全过程。

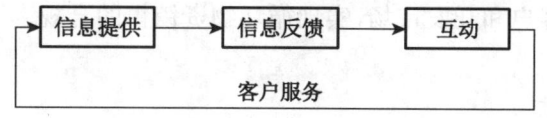

图 3-4-1 网络客户"一对一"的服务策略思路

**2. 网络客户的服务策略**

网络客户需要一种互动性的、能够体现个性化的服务。而网络客户服务的最大优势就是能够与客户建立起持久的"一对一"的服务关系，其服务策略的思路可用图3-4-1所示的过程来表示。

1) 信息提供

为客户提供信息的基础是对交易信息的收集。随着时间的推移，网上商务活动相互影响的程度也在不断提高，促使企业不断提高为客户服务的价值，并且优化同每个顾客关系的收益。由于这个过程是渐进的，因而有时被称为渐进的个性化服务。

渐进的个性化服务是通过提供外在资料和内在资料而实现的。外在资料指通过调查、检索、分析所获得的市场信息，它对于客户了解整个行业发展走势、市场价格波动等具有指导意义，但也存在信息不准确的风险。内在资料是指网站后端收集的数据，如通过网站所记录的厂商和顾客交易行为、网络广告发布的数量和频率等信息。

2) 信息反馈

网络时代使信息渠道变得畅通无阻，信息的反馈也变得更加及时、准确。电子商务网站经常采用的信息反馈手段是电子邮件和实时客服工具。

利用电子邮件与客户建立主动的服务关系主要包括两个方面的内容：一方面，主动向客户提供公司的最新信息，使客户通过电子邮件了解公司的最新动态；另一方面，公司也可以通过电子邮件解答客户的问题，了解客户的需求并将其整合到营销组合中。

"在线客服"是专门为企业网站量身定制的网络实时客服工具，是目前电子商务网站客户服务中广泛推行的一种技术。"在线客服"可以帮助企业的客服人员实时监控网站访问情况，它能"看见"每个登录网站的访客,并向访客发出主动邀请,帮助企业发现访客并为访客提供服务。访客无须安装任何插件,点击页面上的漂浮框即可与网站客服进行实时的联系。企业客户只需在客服人员处安装相应客户端软件就能够处理客服问题。在网站客服离线的状态下,离线服务能保存留言,并在上线后回答访客留言。在线客服彻底改变了传统营销中被动的、静态的营销模式,成功实现网站与访客双向的、主动的交流,降低了运行成本,提高了服务质量。

3) 电子客户关系管理

电子商务客户关系管理(E-commerce Customer Relationship Management,eCRM)是利用当今最新的信息网络技术(包括电子邮件技术、多媒体技术、呼叫中心、数据挖掘、专家系统等)了解客户需求,加强与客户的沟通,挖掘客户需求,不断改进产品与服务,提高客户忠诚度和满意度的过程。

在网络营销中,电子商务企业常常用"客户忠诚度"来衡量网站客户关系维系的好坏。网络市场竞争激烈,使得吸引新顾客的成本变得很昂贵,因此,如何留住老顾客就成为电子商务网站的主要服务目标。为了留住老顾客,电子商务网站需要真正了解客户的需要,也需要提供高质量的产品或服务,同时还需要保护客户的隐私。只有为客户提供更多的利益,才能使客户的访问率不断提高。客户的评价反馈也是衡量网站改善客户关系管理的标准。将客户的观点融进客户关系管理业务流程中,就会使客户关系管理业务流程随客户的需求而变化。

在实施电子商务客户关系管理之前,管理人员需要重新构造与客户的交互流程。以往的组织结构是按照为客户服务的不同活动来划分的,这种划分妨碍了客户信息在企业内部的自由流动,从而影响了客户关系的建立和客户定制服务的提供。电子商务网站需要充分发挥网络技术的优势,彻底打破职能部门的界限,以整合的方式完成客户关系管理业务流程的调整,形成同客户的直接沟通并履行相应的职责,高质量地完成确定客户状态、开具事故处理单、追踪产品售后状况、执行监督服务协议、提供退货服务等任务。

电子商务客户关系管理的高级阶段是客户关怀。在客户关系管理的初级阶段,电子商务企业仅仅把产品定期的修理和维护作为客户关系管理的主要工作。而在客户关系管理的高级阶段,客户关怀成为主要工作,包括信息推送(向客户提供所需要的产品和服务信息)、产品推荐和体验、定期意见征求、售后服务跟踪等。客户关怀的注意力放在交易的不同阶段上,重点是营造出友好、激励、高效的网络购物氛围,提高客户忠诚度和保有率,实现客户价值持续地贡献,从而全面提升企业盈利能力。

## 3.4.4 渠道策略

网络营销的渠道策略是整个市场经营组合策略的重要组成部分。合理的分销渠道,一方面可以最有效地把产品及时提供给消费者,满足用户的需要;另一方面也有利于扩大销售,加速物品和资金的流转速度,降低营销费用。

**1. 网络营销渠道概述**

随着因特网的发展,特别是基于 Web 的电子商务技术的突飞猛进,改变了原来的经济社会运行的部分规则,传统的分销渠道受到了极大的影响。一些网络公司借助于互联网为平台,整合各种资源,开展网络直销业务,如全球最大的网上书店亚马孙、当当等。此外,一个营销过程的环节,如仓储、配送也越来越多地利用互联网进行管理,使用网络营销渠道管理系统、物流管理系统、仓储管理系统等管理软件,搭建网络物流平台。由此可见,网络渠道已经成为一种独立、完整的营销渠道。

传统的营销渠道是指某种货物或劳务从生产者向消费者转移时需经过的流通途径。网络营销渠道则是指生产者借助计算机、网络软硬件技术创建网络平台,并依靠这个平台在将产品或服务从生产者转移到消费者的过程中,能够实现分销渠道所涉及的商流、物流、资金流、信息流等功能的传递目的。作为全球网民数量第一的中国,庞大的网民资源形成了巨大的网络消费群体和网络营销空间。

网络营销渠道也面临着与传统营销渠道相同的任务,即完成产品从生产者到消费者的转移及系列附属职能。但由于网络平台的介入,具体形式发生了较大的变化,突出表现在渠道中间商的作用与功能上。一方面,网络企业为消费者提供更加详细的产品信息,让消费者进行选择,达成初步的购买协议。另一方面,在消费者选择产品后又能完成"一手交钱,一手交货"的交易手续,只不过交钱和交货在时间上有所分离,需要借助渠道中间商帮助完成商品所有权的转移。因此,一个完善的网络销售渠道由订货系统、结算系统和配送系统三个部分组成,其职能要借助电子中间商来完成。

**2. 网络营销渠道策略**

一般来说,企业在选择网络营销渠道时可采取以下策略。

1) 网上配送联盟

随着消费者个性化、多样化的发展,客观上要求企业在配送上必须应对消费者不断变化的趋势,这无疑大大推动了多品种、少批量、多频率的配送,而且这种趋势会越来越强烈。在消费者希望加大配送速度的背景下,一些中小型商务网站面临着经营成本上升和竞争的巨大压力,它们难以适应如今多频率、少量配送的要求。即使有些商务网站已经完善了自己的配送体系从而拥有了这种能力,但限于经济上的考虑,也要等到商品配送总和达到企业配送规模经济要求时才能降低成本。面对上述问题,作为解决网络营销中配送问题的新方向,旨在弥合企业规模与实际需要对应矛盾的企业网上配送联盟应运而生。

动态联盟可以通过优势互补,营造集成增效的效果,在纵深两方面强化营销渠道的竞争能力,可以说营销渠道本身就是一种战略的联盟。供应商的服务从产品研发开始,通过对渠道的全面支持,最终到达消费者,并以获得消费者的认同为目的;营销渠道的服务要同时面对供应商和消费者,对供应商要提供市场信息和消费者的反馈,以确保消费者的最大满意度。这使得服务链变得更加稳固,供应商、渠道商和消费者之间的亲和度大大增强。

2) 虚拟店铺渠道

在企业网站上设立虚拟店铺,通过三维多媒体设计,形成网上优良的购物环境,并可进行各种新奇的、个性化的店面布置以吸引更多的消费者进入虚拟商店购物。虚拟橱窗可24小时营业,服务全球消费者,并可设虚拟售货员或网上导购员回答专业性问题,这一优势是一般商店所不能比拟的。

例如,企业可以在首页设计上采取虚拟实境的手法,设立虚拟的商店橱窗,使消费者如同进入实际的商场一般,可以随意选择要进入的柜台,如服务专柜、家电专柜等,挑选自己所爱的商品。商品橱窗的样式、布局、色调可以利用计算机技术设计得更加吸引消费者,并且可以随时间、季节、促销活动、经营策略、消费者类型等的不同需要,轻易且快速地改变设计,随时变动,这是现实中的零售商望尘莫及的。虚拟商店可以24小时服务,不占用土地和设备,全球消费者可以随时进入"商场"选购。

3) 网络渠道

网络将消费者与企业直接连接在一起,给企业提供了一种全新的销售渠道。

(1) 会员网络。会员网络是在企业建立虚拟组织的基础上形成的网络团体。通过会员制,促进消费者间相互的联系和交流,以及消费者与企业的联系和交流,以培养消费者对企业的忠诚,并把消费者融入企业的整个营销过程中,使会员网络的每一个成员都能互惠互利,共同发展。

(2) 分销网络。根据企业提供的产品和服务的不同,分销渠道也不一样。如果企业提供的是信息产品,企业可以直接在网上进行销售,需要较少的分销商,甚至不需要分销商。如果企业提供的是有形产品,企业就需要分销商。企业要想达到较大规模的营销,就要有较大规模的分销渠道,建立大范围的分销网络。

(3) 快递网络。对于提供有形产品的企业,要把产品及时送到消费者手中,就需要通过快递公司的送货网络来实现。规模大、效率高的快递公司建立的全国甚至全球范围的快递网络,是企业开展网络直销的重要条件。

(4) 服务网络。如果企业提供的是无形服务,企业可以直接通过互联网实现其服务功能。如果企业提供的是有形服务,则需要对消费者进行现场服务,企业就需要建立服务网络,为不同区域的消费者提供及时的服务。企业可以直接建立服务网络,也可以通过专业性服务公司的网络来实现为顾客服务的目的。

(5) 生产网络。为了及时供货,同时降低生产、运输等成本,企业就需要在一些目标市场区域建立生产中心或配送中心,形成企业的生产网络,并同供应商的供货网络及快递公司的送货网络相结合。企业在进行网络营销中,可根据消费者的订货情况,通过互联网和企业内部网对生产网络、供货网络和送货网络进行最优组合调度,这样也可以把低成本、高速度的网络营销方式发挥到极限。

网络分销渠道使传统的分销渠道在商品流通过程中所创造的时间、地点和所有权是那种得到了进一步的加强,但是企业在营销传递中不能仅仅盯住销售渠道策略,更应该着重考虑为消费者购买商品提供方便。

### 3.4.5 其他网络营销策略

网络营销的沟通策略是指企业利用各种信息载体与目标市场进行沟通的传播活动,包括了广告、公关、营业推广和促销在内的所有活动的集合,其目标是建立并长期维持与消费者和各种利益相关者间的良好关系。网络沟通策略的出发点是利用网络的特征实现与顾客的互动沟通。这种沟通方式不是传统促销中"推"的形式而是"拉"的形式。不是传统的"强势"推销而是"软"营销。网络和沟通手段有很多,主要有网络互动沟通、网络广告、网络促销、网络推广、网络公共关系营销等。

**1. 网络互动沟通策略**

从压迫式促销转向加强与顾客的互动、沟通和联系,其核心是处理好与顾客的关系,通过对客户服务的高度承诺,把服务、质量和营销有机地结合起来;通过与顾客建立长期稳定的关系实现长期拥有客户的目标。所谓的互动,包括两个层面:一是消费者与品牌之间的互动,二是消费者与消费者之间的互动。消费者与品牌之间的互动是指新一代的消费者不喜欢单向性,被迫地接受媒体的信息传播,他们希望自己在体验中主动感受。消费者与消费者之间的互动,是指他们需要与别人分享、交换自己的体验。在消费者为核心的时代,对互动的要求越来越强烈。

**2. 网络广告策略**

网络广告形式的创新能力强、成本低廉、更新快,以新颖活泼的形式吸引消费者的兴趣,吸引他们主动点击,增强消费者的关注效果。与传统的广告一样,网络广告也要明确目的,制定预算,精心设计广告,选择合适的投放站点并对效果进行评价。

**3. 网络促销策略**

网络促销是指利用现代化的网络技术向虚拟市场发布有关产品和服务的信息,以激发消费者的需求欲望,刺激消费者购买产品和服务,扩大产品销售而进行的一系列宣传介绍、广告、信息刺激等活动。网络促销工具包括:导购、有奖促销、赠品促销、积分促销。虚拟货币促销、折扣促销、免费资源与服务促销等。

随着消费者需求变化的日益加快,消费者的个性越来越突出,企业可以通过营销数据库,自动地将定制化的广告直接送给顾客。企业还可根据消费者的购买偏好,根据不同的商品、不同的购买方式开展促销活动,这种促销活动往往是针对消费者的,是个性化的活动,因而是有效的。

**4. 网络推广策略**

网络推广主要通过搜索引擎营销、合作推广、友情链接、目录门户网站等方式向客户推广,其目标是赢得更多的有效访问和点击率。

**5. 网络公共关系策略**

网络公共关系是指充分利用各种网络传媒技术,宣传产品特色,树立企业形象,唤起公众注意,培养人们对企业及其产品的好感、兴趣和信心,提升知名度和名誉度,为后续营销活动准备良好的感情铺垫。

网络公共关系包括非广告、促销或交易性的网络新闻、公益活动，在线社区、博客和在线客户服务等。企业利用这些工具对消费者进行公关，提高企业或品牌在消费者心中的形象。

## 3.5 网络营销方式

企业的网络营销策略需要通过各种相应的网络营销方式来实现，因此探讨网络营销的方式是网络营销的组成部分。常用的网络营销方式包括传统营销方式和新型营销方式。传统营销方式包括：搜索引擎营销、许可 E-mail 营销、BBS/论坛营销、RRS 营销等，而新型营销方式包括：病毒式营销、博客营销、微博营销、微信营销、移动互联网营销等。

### 3.5.1 传统网络营销方式

**1. 搜索引擎营销**

搜索引擎营销就是利用用户检索信息的机会将营销信息传递给目标用户，其目的在于推广网站，增加知名度，通过搜索引擎返回的结果来获得更好的销售或者推广渠道。搜索引擎营销追求最高的性价比，以最小的投入获得最大的来自搜索引擎的访问量，并产生商业价值。搜索营销的最主要的工作是扩大搜索引擎在营销业务中的比重，通过对网站进行搜索优化，更多地挖掘企业的潜在客户，以帮助企业实现更高的转化率。

搜索引擎营销是网络营销最重要的形式之一。搜索引擎营销的实质就是通过搜索引擎工具，向用户传递他所关注对象的营销信息。相较于企业网络营销方法，它有以下主要特点：

（1）用户主动创造了被营销的机会。以关键字广告为例，它平时在搜索引擎工具上并不存在，只有当用户输入了关键字，结束查找，才在关键字搜索结果旁边出现。虽然广告内容已定，不是用户所决定的，但给人的感觉就是用户自己创造了被营销的机会，用户主动地加入了这一过程，这也是为什么搜索引擎营销比其他网络营销方法效果更好的原因。

（2）搜索引擎方法操作简单、方便。第一，登陆简单。如果搜索引擎是分类目录，企业想在此搜索引擎登录，只需工作人员按照相应说明填写即可，无须专业技术人员或者营销策划人员，纯技术的全文搜索则不存在登陆的问题。第二，计费简单。以关键字广告为例，它采用的计费方式是 CPC（Cost-per Click），区别于传统广告形式，它根据点击的次数来收费，价格便宜，并可以设定最高消费（防止恶意点击）。第三，分析统计简单。一旦企业和搜索引擎发生了业务联系，搜索引擎便向企业提供一个统计工具，企业可方便地知道每天的点击量、点击率，这样有利于企业分析营销效果，优化营销方式。

**2. 许可 E-mail 营销**

E-mail 营销是用户事先许可的前提下，通过电子邮件的方式向目标用户传递有价值信息的一种网络营销手段。E-mail 营销有三个基本因素：基于用户许可、通过电子邮件传递信息、信息对用户是有价值的。三个因素缺少一个，都不能称之为有效的 E-mail 营销。因此，真正意义上的 E-mail 营销也就是许可 E-mail 营销（以下简称"许可营销"）。

基于用户许可的 E-mail 营销与滥发邮件（Spam）不同，许可营销比传统的推广方式或未经许可的 E-mail 营销具有明显的优势，如可以减少广告对用户的滋扰、增加潜在客户定位的专区额度、增强与客户的关系、提高品牌忠诚度等。

根据许可 E-mail 营销所应用的用户电子邮件地址资源的所有形式，可分为内部列表 E-mail 营销和外部列表 E-mail 营销，或简称内部列表和外部列表。内部列表也就是通常所说的邮件列表，是利用网站的注册用户资料开展 E-mail 营销的方式，常见的形式如新闻邮件、会员通信、电子刊物等。外部列表 E-mail 营销则是利用专业服务商的用户电子邮件地址来开展 E-mail 营销，也就是通过电子邮件广告的形式向服务商的用户发送信息。许可 E-mail 营销是网络营销方法体系中相对独立的一种,既可以与其他网络营销方法结合,也可以独立应用。

**3. BBS/论坛营销**

BBS/论坛营销就是企业利用论坛这种网络交流的平台,通过文字、图片、视频等方式发布企业的产品和服务的信息,从而让目标客户更加深刻地了解企业的产品和服务,最终达到宣传企业的品牌、加深市场认知度的目的。

在互联网发展的早期,BBS、聊天室和论坛都被作为网络营销的重要场所,企业在其中进行营销宣传。但是,从目前的发展趋势来看,企业已经很少利用这些地方进行宣传工作,因为这很容易遭到消费者的强烈反对。如今企业主要利用这些虚拟空间作为客户服务以及发展忠诚客户的场所。

**4. RSS 营销**

RSS 起源于 Netscape 公司的 Push 技术,它是一种用于共享新闻和其他 Web 内容的数据交换规范,通过用于新闻和其他按顺序排列的网站,如 Blog、Wiki 和网上新闻频道等。借助于 RSS 技术,网络用户可以在客户端借助于支持 RSS 的新闻聚合软件(如 FeedDemon、SharpReader、NewzCrawler、看天下等),在不打开网站内容页面的情况下阅读支持 RSS 输出的网站内容。

RSS 通常用于新闻网站,而且从世界范围来看,大多数新闻网站均提供 RSS 订阅服务。目前,商业网站的信息发布使用 RSS 的还相对较少,所以还有很大的增长空间。实际上,许多企业网站已经认识到 RSS 技术的先进性和优越性,并把对 RSS 技术的支持当作增加网站访问量、推广网站品牌、更好地作为用户的重要手段。

## 3.5.2 新兴网络营销方式

**1. 病毒式营销**

病毒式营销作为一种常用的网络营销方法,利用用户口碑传播的原理,常用于进行网站推广、品牌推广等。在互联网上,这种"口碑传播"更为方便,可以像病毒一样迅速蔓延,因此病毒式营销成为一种高效的信息传播方式,而且,由于这种传播是用户之间自发进行的。因此几乎是不需要费用的网络营销手段。

病毒式营销并非真的以传播病毒的方式开展营销,而是通过用户的口碑宣传网络,信息像病毒一样传播和扩散,利用快速复制的方式传向数以千计、数以百计的受众。病毒式营销的经典范例是 Hotmail.com。Hotmail 是世界上最大的免费电子邮件服务提供商,在创建之后的一年半时间里,就吸引了 1 200 万注册用户,而且还在以每天超过 15 万新用户的速度发展,令人不可思议的是,在网站创建的 12 个月内,Hotmail 只花费了很少的营销费用,还不到其直接竞争者的 3%。Hotmail 之所以爆炸式的发展,就是由于它利用了"病毒式营销"的巨大效力。病毒式营销的成功案例还包括 Amazon、ICQ、eGroups 等国际著名的网络公司。病毒式营销既可以被看作一种网络营销方法,也可以被看作是一种网络营销思想,即通过提供有价值的信息和服务,利用用户之间的主动传播来达到网络营销信息传递的目的。

**2. 博客营销**

博客营销是一种以企业为主体,基于网络并通过博客来实现营销的一种商业模式,它注重企业与外部的沟通,在产品、价格、渠道与促销等营销组合的四个方面以及价值链的各个环节实现价值增值,是一种新型的营销模式。开展博客营销的基本思路是:通过对某个领域知识的掌握、学习和有效利用,借助知识传播达到营销信息传播的目的。目前微博(如新浪微博等)逐渐有取代博客来进行营销的趋势,它包含有博客营销的基本内涵,同时兼有病毒营销的特征。

网络营销专家冯英健博士在《2004 年的中国网络营销综述》中首次提到了博客营销的概念,他认为"博客是一种个人思想、观点、知识等在互联网上的共享,具有知识性、自主性、共享性等基本特征,博客的这种性质决定了博客营销的概念。博客营销是一种基于个人知识资源(包括思想、体验等表现形式)的网络信息传递形式"。

对于博客营销,目前还没有非常严格的定义,可以从博客本身的作用和价值出发来分析博客营销这一概念。

顾名思义,博客营销就是用博客来开展的一种网络营销。它包含两层含义:

第一层含义是将博客看作营销的平台。公司、企业利用博客这种网络交互性平台,发布并更新企业或公司的相关概况及信息,密切关注并及时回复平台上客户对企业的相关疑问以及咨询,并通过较强的博客平台帮助企业或公司零成本获得搜索引擎的较前排位,以达到宣传目的的营销手段。

第二层含义是将博客看作营销的广告载体。博客的自媒体属性决定了每一个博客空间不仅能发布信息,还能登载广告。尽管人们对于在博客上登载广告还持有异议,但从理论上看,博客是具有营销价值的广告载体。企业可以选择访问量高、有社会知名度的博客推出自己的形象广告,借助博客的高信任度、高互动性和高忠诚度,树立企业的品牌,最终实现博客营销。

与博客营销相关的概念还有企业博客、营销博客等,这些概念都是从博客具体应用的角度来描述,用于区别一般侧重兴趣和情感的个人博客。但无论是企业博客还是个人博客,都是博客营销需要借助的平台和渠道。

**3. 微博营销**

微博营销是指通过微博平台为商家、个人等创造价值而进行的一种营销方式,也是商家或个人通过微博平台发现并满足用户的各种需求的商业行为方式。微博营销以微博作为营销平台,每一个听众(粉丝)都是潜在营销对象,企业利用更新自己的微博向网友传播企业信息、产品信息,树立良好的企业形象和产品形象。每天更新内容就可以跟大家交流互动,或者发布大家感兴趣的话题,以此达到营销的目的,这样的方式就是新兴的微博营销。

微博营销是一种以Web 2.0为基础的媒体营销模式,企业可以通过利用长度在140字以内的微型博客,快速宣传企业新闻、产品、文化等,形成一个固定圈子的互动交流平台。

在微博平台上,人们可以随时随地分享所见所闻,图片、链接、文字等均可通过互联网、短信、3G/4G手机完成,无须标题和文章构思,瞬间的灵感即可便捷地发布,并被病毒传播似地分享。正是由于微博的这些特点,许多企业开始尝试利用微博开展营销活动,以扩大品牌的营销力,传播更具有人性化的公司形象。微博营销不仅仅简单、高效、传播快,而且针对性和互动性强、成本低廉,非常适合一些资金不太充裕的中小型企业。

**4. 微信营销**

1) 微信营销的概念

微信营销是网络经济时代企业营销模式的一种,是伴随着微信的火热而兴起的一种网络营销方式。微信不存在距离的限制,用户注册微信后,可与周围同样注册的"朋友"形成一种联系,订阅自己所需的信息,商家通过提供用户需要的信息推广自己的产品,从而实现点对点的营销。微信是一种更快速的即时通信工具,具有零资费、跨平台沟通、显示实时输入状态等功能,与传统的短信沟通方式相比,更灵活,更智能,且节省资费。

2) 微信营销的五大模式

微信是移动互联网时代下的社交媒介,大量用户和被看好的发展前景,都让微信成为新媒体营销的宠儿。微信营销的运作方式和营销模式,都成为企业头疼的问题。微信营销有五种模式:

(1) 朋友圈营销。朋友圈作为朋友之间的社交空间,以其更新速度快和涉及范围广而被广泛地使用,在这个平台上,不仅不需要大数据推送就可以了解他人的喜好,而且可以根据人们所处的年龄进行对称信息的推送,达到效用的最大化。并且朋友圈里几乎都是好朋友,也就是所谓的熟人,熟人成为经销商,热情地推荐他们销售的产品。这就是所谓的熟人经济。熟人经济看似简单,却是商家做买卖的好机会,"杀熟"成为了其最重要的标志之一。大部分人虽然对微信代购刷屏非常反感,但还是会从中筛选出自己所需要的信息,还是会对别人的状态产生兴趣。所以只要朋友圈的内容具有针对性和潮流性,基本可以成为信息传递的最佳平台。

(2) 二维码营销。二维码是微信功能中重要的一部分,用户首先将二维码图案置于取景框内,然后通过扫描二维码识别另一位用户的二维码身份使其成为好友。很多企业在二维码出现之初就积极应用二维码搞促销。用户在通过二维码首次加企业为好友时,就可以得到相应的折扣。在之后,企业也会通过微信向用户发送折扣信息,实现了线上营销带动线下营销,同时一些拥有线上旗舰店的商家也会通过微信发布折扣信息,实现线上和线下之间的互动。例如,星巴克的"自然醒"就是通过二维码进行营销的经典案例。现在很多地产公司在做客户宣传的时候也喜欢通过二维码吸引潜在客户,但是单纯地添加好友,并不能培养客户的忠诚,应该采取更多的互动手段,才能更好地利用微信二维码。

二维码不仅是企业用户作促销的手段,更是营销信息传播的有效工具。智能手机的普及和二维码扫描技术的发展,使用户只用通过几秒时间就能够扫描完整个二维码。通过二维码可以获得商家和产品的信息,甚至可以追溯到产品的产地,得知整体产品生产链的信息。微信二维码技术是微信营销传播的重要手段。

(3) 地理位置推送。2011年8月,微信添加了"查看附近的人"的陌生人交友功能,通过这个功能,用户可以查看地理位置相近的陌生人,并添加为好友。企业也可以通过这个功能向周围的微信用户发送更多的营销信息。在微信中用户的个性签名都能被查看到。企业可以充分利用这一优势,将个性签名当作广告信息的传播模块,在其中可以填写企业名称、优惠信息、企业宣传信息等。同时,商家也可以通过其他的微信用户宣传企业的营销信息。某些服务行业的商家在开店之初可以通过查看附近的人向周围的微信用户发送开业信息和优惠活动信息,尤其是商超。例如,K5便利店在开业的时候就向附近的居民发送信息。

(4) 漂流瓶营销。腾讯公司旗下的QQ就有漂流瓶的功能,但是QQ中的漂流瓶并没有发挥营销的功能,只是作为不同地域的用户通过抛出漂流瓶随机交友的工具。但是在微信中,漂流瓶不再仅仅是随机交友的插件,而是成为微信营销的一个重要手段。用户既可以扔漂流瓶,也可以捞漂流瓶。用户将微信通过漂流瓶发送出去,等待其他用户将其捡起。用户也可以通过捞漂流瓶得到其他用户的信息。

企业正好可以利用漂流瓶将企业的营销信息发送到用户手中。用户可随时收到企业的漂流瓶,因为微信漂流瓶可以使用语音交流,用户和企业之间也可以相互交流。企业可以和微信官方沟通,提高每日漂流瓶的投放数量,增加用户捞到企业漂流瓶的概率,因为微信漂流瓶可以发送文字、语音甚至小游戏,更增加了趣味性,同时漂流瓶是微信用户自愿捞到的,不会让用户产生厌烦感。因此漂流瓶是宣传企业形象、增强企业品牌效应的利器,如招商银行的爱心漂流瓶活动就是其中比较成功的。

(5) 微信公众平台。微信公众平台和微信开发平台并不相同,微信公众平台是企业在微信中自行开发,通过公众平台不仅可以像微博一样推送消息,也可以与用户互动,回答微信用户的问题。用户订阅企业微信公众平台,企业可以精准地投放信息,同时由于数据可搜集,微信公众平台数据可以为企业未来营销运营提供数据支撑。微信公众平台的推出让微信营销可以更加细化。微信公众平台的建立使得信息实现了相互传递,企业与用户之间的信息传播更加方便快捷。

**5. 移动互联网营销**

1) 移动互联网营销的概念

移动互联网营销就是将移动通信和互联网结合起来,成为一体。其借助彩信、短信群发、WAP、二维码、手机应用等手机和移动互联网技术,市场上的移动互联网营销主要包括WAP、APP、彩信、即时IM工具等方式。

移动互联网主要有宽带和窄带两种形式。宽带移动互联网是指移动终端通过宽带无线通信网络采用HTTP协议接入公共互联网;窄带移动互联网则采用WAP协议接入,其移动终端是手机。智能化移动终端以及终端应用程序的大量涌现,带来了移动互联网应用市场的蓬勃发展,用户的使用行为和消费习惯也随之改变。借助移动互联网,可以便捷地完成诸如信息收集、洽谈交易、咨询服务、资金支付等多种商务活动,移动互联网因而成为企业营销的重要媒介。

2) 移动互联网营销的特点

作为营销信息传播的新手段,移动互联网营销的主要特点有:

(1) 传播效果可能改善。互联网上虽有海量信息,但这些信息的传播效果往往并不理想。原因在于,受自身接受能力的限制,用户通常不会关注网上的所有信息,而只会关注位置、形式较为特殊的少量信息。移动终端尺寸有限的显示屏限制了导入界面的信息量,可以较好地减缓或避免互联网的信息过载问题。这样,用户在浏览和阅读时就能更好地关注那些导入的信息,所导入信息的传播效果也可能随之改善。

(2) 传播内容相对精准。互联网具有较大的开放性,其终端的使用对象不易确定,无法根据使用者的喜好提供有针对性的信息。这就使得营销信息在传播的过程中,有相当多的一部分是无效的。大多数用户采用手机登录移动互联网,手机的私密性使企业可以基本确定使用者。因此,在进行移动互联网营销时,企业就能够根据用户的特征、偏好、所处地理位置等方面的不同情况,相对精准地传送相关的营销信息。

(3) 便利与顾客的互动。移动终端的便捷性使人们可以随时随地接入互联网,大大便利了企业与顾客之间的沟通及互动。通过移动互联网,企业可以适时发布营销信息,顾客则可及时了解这些信息。另外,视实际需要,顾客可随时登录网络查阅有关信息,还可就其感兴趣的商品等对企业进行咨询,企业则可以对顾客的询问做出及时的应对与反馈。简言之,手机本身就是通信工具,它可以便利地实现企业与顾客之间的良好互动。

3) 移动互联网营销的模式

根据移动互联网上的上述特点,可将目前主流的移动互联网营销分为基于目标用户的精准营销和基于信息分享的社会媒体营销两种模式。

(1) 精准营销。精准营销是在充分了解消费者信息的基础上,根据其特征和偏好有针对性地开展一对一的营销。移动互联网的使用者大多数是固定不变的,可以利用新的网络技术深入洞察消费者的兴趣和需求,并建立针对每个具体客户的数据库。在分析客户数据的基础上,就可根据不同客户的特征及偏好等信息进行精准营销,同时还可以根据客户的信息反馈有针对性地调整产品及其营销,以更好地满足顾客的要求。

(2) 社会媒体营销。社会媒体营销以移动互联网用户之间的信息分享为基础,病毒营销、事件营销和体验营销都是其典型方式。病毒营销如前所述;事件营销见其他网络营销方法;体验营销是通过使用户在消费过程中能亲身体验产品或服务,来满足消费者的体验需求,移动互联网则可使消费体验过程更加人性化和真实化。同时,移动互联网较强的信息交互性,也可使企业在用户体验的过程中收集到充足的信息,为产品和服务的改进提供可参考的数据。

## 3.5.3 其他网络营销方式

### 1. 事件营销

事件营销是指企业通过策划、组织和利用具有新闻价值、社会影响以及名人效应的人物或事件、吸引媒体、社会团体和消费者的兴趣与关注,以求提高企业或产品的知名度、美誉度,树立良好的品牌形象,并最终促成产品或服务销售的手段或方式。

事件营销具有受众广、突发性强,在短时间内能使信息达到最大、最优传播的效果,为企业节约大量的宣传成本等特点,近年来成为国内流行的一种公关传播与市场推广手段。事件营销包括新闻、造势、人物、活动、广告事件营销等多种类型。

**2. 名人营销**

所谓名人,是指广为社会大众所知、具有较高社会知名度的人物。名人营销是指利用名人作为营销手段,帮助企业做宣传,来推动产品销售的营销方式。

名人效应的关键是名人的知名度,而知名度又是一个人的社会知名度。为了快速出名或达到一些商业目的,甚至有人会故意惹上名人,牺牲自己的某些利益来"傍"到一个名人,以制造事由、吸引媒体,自己则随之出名并达到目的。前几年,网络上曾一度刮起了名人博客之风,从文化界、娱乐圈到体育界的名人们,顿时成为了几大著名门户网站争夺的对象,新浪网旗下的名人阵容最为庞大。

**3. 网络公关**

网络公共(Electronic Public Relation,ERP)又称线上公关或E公关,它利用互联网的高科技表达手段营造企业形象,为现代公共关系提供了新的思维方式、策划思路和传播媒介。处理好网络公共关系,大到国家,小到企业及个人,都具有重要的作用。

网络的空间存在着形形色色的"大众群体",企业通过其网络上的各种存在形式,采取各种方式与网络公众增进了解,进而维持与公众的良好关系与互动,以此来加强品牌的影响力,促进品牌推广。其特点如下所述。

1) 突破时间、空间的局限

互联网把企业的公关活动带到了一个虚拟的平台上,在这个平台上,企业的公关行为不再受时间或地域的局限。

2) 实现多方面即时互动

通过互联网技术,让企业与客户、媒体与受众之间的即时互动成为可能。企业可通过网上公关活动的开展,与受众进行实时互动交流,向受众传递企业信息,收集用户对企业的评价与反馈等,这一切不再需要繁杂的市场程序和众多的人力资源。

3) 拓展企业公关的渠道和形式

互联网为企业公关提供了多种多样的公关渠道与形式,企业可根据自身特点及需要,合理选择、恰当使用。同时,互联网带来了即时性、娱乐性、个性化和互动性等特点,将大大增强企业公关的效果。

4) 更加人性化

网络公关更加人性化,受众的目的性更强。传统传播媒介的单向性、强迫性,总是让受众处于被动接收信息的地位,而网络平台给受众提供了主动选择接收信息的机会,从某种意义上说,网络是真正的"大众"媒体,而不是"媒体机构"的媒体。在这里,受众与信息传播者有着同等的地位。因此,受众对于企业公关信息的选择与公共活动的参与,将具有更强的主动性与盲目性。

**4. 直播营销**

1) 直播营销的定义

随着信息呈现形式的变化,网络信息由文字、图片信息拓展到音视频、直播等多种实现形式,狭义的直播营销,即通过直播平台/工具/模块实现的商业推广形式的统称。

广义的直播营销活动覆盖直播前后的系列时间节点。广义直播营销不仅局限于直播过程中的商业宣传,还包括直播前策划、造势、直播发布、二次传播全流程商业化运作的相关方以及技术支持方。

一方面,直播是内容营销的新表达形式;另一方面,内容营销贯穿直播营销前后流程。因此,直播营销不只是孤立的营销事件,好的直播营销对全案策划能力、全媒体渠道资源整合能力都有较高的要求。

慧辰资讯撰写的《直播营销价值报告》提出了"广义直播营销"的概念界定:广义直播营销不仅包含直播过程当中进行的品牌展示和产品推荐,还同时包括直播前的内容策划及预热、直播过后的二次包装、长尾传播。

2) 直播营销的特点

(1) 深度参与。深度参与体现在直播中的互动性、真实性和体验感。主播传递的内容很大程度上和用户的喜好和实时反馈有关,用户主动互动成为直播营销深度参与的基础。直播满足了用户窥探未知生活的好奇心和猎奇心理,眼见为实的普遍心理使直播营销相较于其他营销形式更能在消费者中产生信任。主播通过直播传递的不只是信息,还可能是体验,用户足不出户即可获得参与感和体验的直观分享。直播的形式决定了对用户时间和注意力的占用,独占的方式、实时互动形式,对用户的影响是实时的、直接的。与传统线下营销相比,入侵性相对较低,用户在任何空间都可随时参与或退出。

(2) 广泛传播。广泛传播指的是直播活动前期预热、内容策划及后续二次传播。直播与社交网络、电商平台等现有流量入口的深度结合,都可能是传播爆点。直播过程中产生的事件亮点以及效果展示都可以成为营销内容的延展。

3) 直播营销的模式

根据直播营销的受众对象不同,分为针对企业(To B)的商务直播和针对用户(To C)的直播营销模式。

(1) To B 商务直播。To B 商务直播突破了线下场地的限制,通过直播形式助力多种形式的企业营销活动。行业会议/会展、企业论坛/沙龙、产品介绍/宣讲等传统线下活动提供即时直播、活动管理、二次传播、数据分析等功能。与线下活动相比,To B 商务直播具备轻量化、节约成本的优势。现阶段,发布会直播已成为企业活动营销标配,企业产品发布、客户宣讲,包括金融等垂直行业的直播营销都有所应用。

(2) To C 直播。直播营销的另一种模式直接面向用户和消费者,分为品牌导向(包括企业自身代言、企业解密、广告植入等方式)的直播营销和产品导向(包括产品宣传、电商或产品销售等形式)的直播营销。发布会模式可以兼顾两种导向。

直播因其实时进行音视频传递的属性使得其更容易与线上消费形成联动,对线下消费多为品牌营销导向。结合企业内外部资源,整合采访、展示、生产解密、发布会、促销、路演等多种形式,直播营销延伸出了多种玩法。企业还可选择不同元素的叠加整合来达到品牌和产品营销的目的。

直播品牌类广告主多以传统行业为主,他们往往实力雄厚,对营销手段投入大,敢于尝试,同时越来越注重精准度;互联网领域广告主更青睐效果类广告,对受众购买接受度更高。直播营销可以以多种组合形式满足广告主的品牌和效果需求。

# 3.6 网络广告营销

网络广告是主要的网络营销方法之一,在网络营销方法体系中具有举足轻重的地位,事实上多种网络营销方法也都可以理解为网络广告的具体表现形式,并不仅仅限于放置在网页上的各种规格的 Banner 广告,如电子邮件广告、搜索引擎关键词广告,搜索固定排名等都可以理解为网络广告的表现形式。无论以什么样式出现,网络广告所具有的本质特征是相同的,即向互联网用户传递营销信息的一种手段,是对用户注意力资源的合理利用。

## 3.6.1 网络广告概述

**1. 网络广告的起源**

以互联网为传播媒介的网络广告公司(Internet Advertising)成为当今欧美发达国家最热门的广告形式。目前我们广告公司和客商也开始涉足网络广告的新空间。这使得无论广告公司还是营销厂商都面临着改变营销传播方法及选取媒体的压力和机遇。

最早的网络广告出现在 1994 年的美国。1994 年 10 月 14 日,美国著名的 Wired 杂志推出了网络版的 Hotwired(www.hotwired.com),其主页上开始有 AT&T 等 14 个客户的广告 Banner。这是广史上里程碑式的一个标志,同时也让开发商与服务商看到了一条深藏着无限潜力的发展道路。从此开始,网络广告逐渐成为网络上的热点,无论是网络媒体还是广告主均对其充满了希望。这也带动了各网络媒体的经营者纷纷改进经营方向,向多元化发展,意在尽量地吸引更多的浏览人群及广告客户。1997年,我国网络广告业实现了零的突破,第一个商业性的网络广告出现在1997年3月,传播网站是Chinabyte 广告主IBM(一说为Intel),广告表现形式为468×60像素的动画旗帜广告。直到1998年年初,我国网络广告才稍有规模。

**2. 网络广告的概念**

广告是广告主以付费方式运用大众传媒劝说公众的一种信息传播活动。网络广告用于打开知名度,提供信息,建立对产品形象的正面影响以及提醒用户此产品的存在,网络广告可以用来建立品牌效益并获取消费者的直接回应。

中国工商行政管理总局于2016年7月8日发布了《互联网广告管理暂行办法》,界定了互联网广告范围,强化了互联网广告的监察和管理措施,并首次提及了程序化购买,并于2016年9月1日起正式施行。该办法规定的互联网广告,是指通过网站、网页、互联网应用程序等互联网媒介,以文字、图片、音频、视频或者其他形式,直接或者间接地推销商品或者服务的商业广告,包括以推销商品或者服务为目的,含有链接的文字、图片或者视频等形式的广告、电子邮件广告、付费搜索广告、商业性展示中的广告以及其他通过互联网媒介商业广告等。

从内涵来说,网络广告有广义和狭义之分,狭义的网络广告是指互联网上传播的商业广告;广义的广告是在互联网上传播的所有广告信息。本书所说的网络广告,一般指的是狭义的网络广告。网络广告是依赖网络技术而产生的一种新型广告形式,是在新媒体环境下对广告的丰富,不仅创新了广告形式,而且极大地丰富了广告传播的内容。基于网络技术,网络广告实现了发布者的多元化、投放效果的可测量,实现了与消费者的互动等较之于传统广告的重大变革,这也是在定义网络广告时必须关注的因素。

**3. 网络广告的特点**

网络广告是新生的主要广告媒介,它随着互联网的发展而逐步兴起的,具有传统媒介广告所具有的所有优点,同时具有传统媒介所无法比拟的优势。网络广告主要具有以下一些特点。

1) 传播对象面广

广告的作用对象是与互联网相连的所有计算机终端用户,通过互联网将产品、服务等信息传送到世界各地,其全球性的广告覆盖范围使其他广告媒介望尘莫及。

2) 表现手段丰富多彩

广告采用文字介绍、声音、影像、图像、颜色、音乐等于一体的丰富表现手段,具有报纸、电视的各种优点,更加吸引大众。同时,网络广告制作成本低、时效长,它所体现的高科技形象将使越来越多的工商企业选择网络广告作为重要的广告媒体之一。

3) 内容种类繁多

庞大的互联网广告能够容纳难以计量的内容和信息,它的广告信息面之广、量之大是报纸、电视无法比拟的。因为传统的媒介方式不仅受到版面大小的影响,还受到广告费用的制约。随着我国PC的普及和发展,越来越多的国内工商企业和个人在互联网上建立自己的网点,链接广告,推销自己的品牌,推销产品,使网络广告信息量激增,并且不断冲击更高的点击率。

4) 多对多的传播过程

广告基本是一对一的传播过程,电视传媒则是一对多的方式,而互联网的广告则是多对多的传播过程。之所以这样说,是因为在互联网上有众多的信息提供者和信息接收者,他们既在互联网上发布广告信息,也利用网上广告获取自己所需产品和服务的信息。

5) 互动性强

网络广告的互动性是指广告主将广告信息内容准备好,放置于站点上,所有网络用户都可以通过上网及时查看，获取广告信息，即人-机-人模式。例如，一家公司通过网络广告将公司产品信息传播到世界各地的互联网计算机终端用户，当个人受到该信息后，对该公司的产品产生了兴趣，开始在网上交互查找该产品信息，以期获得更多的有关信息。或者更进一步，此人可通过电子邮件、网络电话、网络传真等向该公司询问各类有关问题，得到满意答复后，可通过电子商务手段实现商品购买。

与此同时，电子网络广告业也有其局限性和缺点。如广告信息纷繁复杂、网络传输速度慢和上网查询费用较高等。同时有些广告制作简单，不能形成像电视广告那样的视觉冲击力，产生深刻的印象。此外，各种广告信息鱼龙混杂，造成广告可信度差等。

**4. 网络广告的类型**

最初的网络广告就是网页本身。当越来越多的商业网站出现后，广告主急需要一种可以吸引浏览者到自己网站上来的方法，而且网络媒体也需要依靠它来盈利。在本节，将介绍当今网络广告界常用的一些网络广告形式。

1) Banner 广告

Banner 广告一般放置在网页上的不同位置，在用户浏览网络信息的同时，吸引用户对广告信息的关注，从而获得网络营销的效果。它有多种表现规格和形式，最常用的是 486 像素 × 60 像素的标准标志广告，在 2000 年以前的网络广告中，它一直处于主流地位。这种标志广告有多种不同称呼，如横幅广告、条幅广告、旗帜广告等。以 Banner 广告为代表的传统互联网广告投放方式其实很大程度上是相当于将传统媒体上的电视广告和平面广告转移到网络上，依然继承了传统媒体单向、生硬的缺陷，并且单调的投放方式使得广告创意受到了极大的限制。

2) 文本链接广告

文本链接广告是以一行文字作为一个广告，点击可以进入相应的广告页面。这是一种对浏览者干扰最小，但较为有效的网络广告形式。

3) 电子邮件广告

电子邮件广告具有针对性强（除非肆意滥发）、费用低廉的特点，且广告内容不受限制。它可以针对某一个人发送特定的广告，这一点为其他网络广告形式所不及。

4) 弹出式广告

弹出式广告是指访客在请求登录页面时强插入一个广告页面或者弹出广告窗口。它们有些类似电视广告，都是打断正常节目的播放，强迫观看。弹出式广告有各种尺寸，有全屏也有小窗口，有静态也有动态。浏览者可以关闭窗口不看广告，但是它的出现没有任何征兆，肯定会被浏览者看到。

5) 博客广告

博客（Blog）是一个易于使用的网站，用户可以在其中迅速发布想法，与其他人以及从事其他活动。一个博客就是一个网页，它通常是由简短且经常更新的文章所勾陈，张贴的文章都按照年份和日期排列。博客广告具有知识性、自主性、共享性等特征，决定了博客广告是一种基于个人知识资源的网络信息传递形式，通过对知识的传播来传递广告信息的方式。博客广告的主要形式有两种：一种是企业自建博客频道来进行广告活动，另一种是企业利用第三方博客平台进行博客广告投放。

6) 微博广告

微博是微博客的简称，是一个基于用户关系的信息分享、传播以及获取平台，用户可以通过 Web、WAP 等各种客户端组建个人社区，以 140 字左右的文字跟新信息，并实现即时分享。基于微博的媒介属性展开的各种刚搞投放方式称为微博广告。由于运营商的不同，微博广告业呈现出不同形式。

7) 搜索引擎广告

搜索引擎广告是指企业通过付费给搜索引擎提升网站的排名，使企业网站主要搜索引擎的搜索结果中处于较好的位置，以吸引更多的网络用户访问该网站。

目前，用户可以根据需要更换关键词，相当于在不同页面轮换投放广告。目前这种模式衍生出了两种模式:一种是固定排名,另一种是竞价排名。固定排名也称为付费排名,即搜索引擎所付费的关键词网页在搜索结果的第1~第10位出现,位置固定,网站付费才能被搜索引擎找到,付费越高的在检索结果中排名越靠前;竞价排名则是按照付费高者排名靠前的原则,对购买了同一关键词的网站进行排名,然后按点击付费的一种方式。

8) 社区论坛广告

论坛广告是指企业利用论坛这种网络交流的平台,通过文字、图片、视频等方式发布企业的产品和服务的广告信息,从而让目标客户加深对企业产品和服务的了解,最终达到宣传企业的品牌、加深目标客户的市场认知度的网络广告营销活动。

9) 网络视频广告

网络视频广告是指在提供网络视频传播的网站或视频软件中插入广告。目前,我国国内的网络视频主要有三种:第一种是视频分享网站,如优酷网、乐视网、我乐网等;第二种是基于P2P流媒体技术的网络视频软件提供网站,如PPlive,PPstream等;第三种则是宽频影视类,可以提供较为清晰的在线视频观看。

10) 富媒体广告

在互联网发展的初期,因为带宽的原因,网站的内容以文本和少量低质量的GIF、JPG图片为主,通常所说的网络广告业主要是指Banner广告。随着技术的进步以及消费市场的成熟,出现了具备声音、图像、文字等多媒体组合的媒介形式,人们普遍把这些媒介形式的组合叫作富媒体(Rich Media),以此技术设计的广告叫作富媒体广告。富媒体广告能够提高广告的互动性,提供更广泛的创意空间。最新的网络媒体技术甚至允许用户在广告页面上直接留下数据,从而有效地促进了用户与广告的交互。

**5. 网络广告的发展规模**

根据中国互联网络信息中心统计数据,2017年中国网络广告市场规模为2 957亿元,在2016年基础上增长28.8%,增速较2017年有所提高。图3-6-1反映了2010—2017年中国网络广告市场规模和增长率情况。

2017年,中国网络广告市场进一步成熟,市场结构趋于稳定,广告主的投放预算在以更快的速度向移动端转移,主流互联网广告运营商广告收入结构呈现移动端压倒PC端的态势。从未来发展趋势来看,技术仍然是互联网广告快速发展的驱动力量,通过智能算法、数据挖掘实现精准推送;创意方面将深度整合直播、社交、游戏、奖金等激励元素;渠道方面互联网广告将逐渐成为广告主常规、主流、高效的投放渠道。

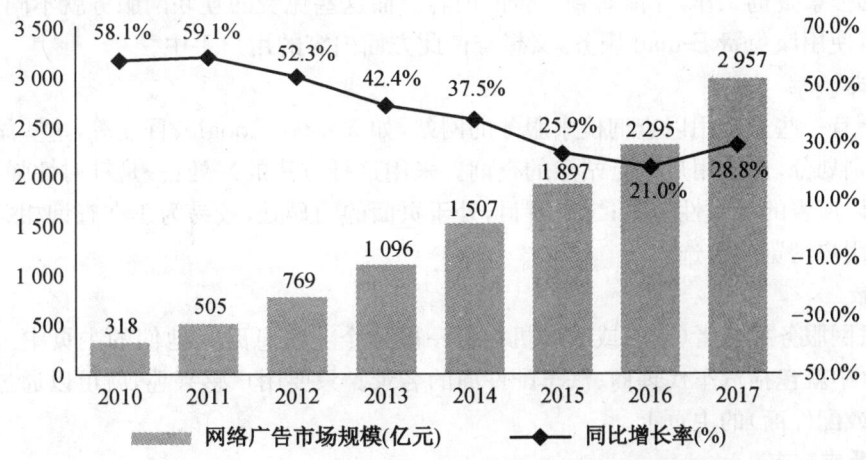

图3-6-1　2010—2017年中国网络广告市场规模级增长率

数据来源:中国互联网络信息中心,2018.

另外,根据艾瑞咨询 2016 年度中国网络广告核心数据显示,2016 年移动广告市场规模达到 1 750 亿元,同比增长率达 75.4%,依然保持高速增长。移动广告的整体市场增速远远高于网络广告市场增速。预计到 2019 年,中国移动广告市场规模将接近 5 000 亿元,在网络广告市场的渗透率近 80%。

### 3.6.2 网络广告的发布途径

目前,随着网络广告的功能、作用和效果的日益提升和明显,在网上发布广告也被越来越多的企业和组织所认可。从目前来看,企业一般可以根据自身的需求,从以下几种方式中选择一种或几种方式发布企业的网络广告。

**1. 主页形式**

建立企业自己独立的网站是一种常见的网络广告形式,同时企业网站本身就是一种活的广告。实际上,做网络广告的最根本手段就是建立公司主页,而企业各种形式的网上广告仅仅是为了提供连接到公司主页的多种途径,以扩大公司网页的访问规模。随着公司网页形式的发展,公司的主页地址便会像公司的地理地址、名称、标志、电话、传真一样,成为公司独有的标志。更重要的是,由于网址的独占性,而不同的传播能力存在差异,使得公司网址成为公司的无形资产。

另外,公司自设网站的广告是属于一种"软性"广告,即需要用户主动上网连接,才能达到发布广告信息的目的,因此,这种广告方式更适合现在理性成熟的消费者。

**2. 网络内容服务商(ICP)**

由于 ICP 提供了大量的互联网用户需要的感兴趣的免费信息服务,因此,网站的访问量非常大,是网上最引人关注的站点。国内有许多这样的 ICP,如新浪、搜狐、网易、Chianbyte 等都提供了大量的新闻、评论、生活、财经等内容的信息。目前这些网站广告发布的主要阵地,但在这些网站上发布的网络广告主要形式是旗帜广告。

**3. 专类销售网**

这是一种专类产品直接在互联网上进行销售的方式。现在有越来越多的这样的网络的出现。利用专类销售网方式的优点在于:为消费者提供了明确的查询方向,而由于具有某一特定类别产品方面的较为专业的知识和信息,能够博得消费者信赖,因此尤其适合那些技术性较强、顾客要求较高的产品。

**4. 免费的互联网服务**

在互联网上有许多免费的服务,如国外的 Hotmail 及国内的新浪、网易等都提供免费的 E-mail 服务,很多用户都喜欢使用。由于互联网上广告内容繁多,即使公司建有自己的 Web 页面,但仍需要用户主动通过大量的搜索查询工作,才能看到广告的内容。而这些免费的互联网服务就不同,它能帮助公司将广告主动送至使用该免费 E-mail 服务,又想查询此方面内容的用户手中。

**5. 黄页形式**

在互联网上有一些专门用以查询检索服务的网站,如 Yahoo、Google、百度等,这些站点就如同电话黄页一样,按类别划分,便于用户进行站点的查询。采用这种方法的好处:一是针对性强,查询过程都以区分关键字,所以广告的针对性较好;二是醒目,处于页面的明显处,较易为正在查询相关问题的用户所注意,容易成为用户浏览的首选。

**6. 企业名录**

一些由互联网服务提供者(ISP)或政府机构将一部分企业信息融入他们的主页中。如香港商业发展委员会的主页中就包括汽车代理商、汽车配件商的名录。只要用户感兴趣,就可以通过链接进入相应的行业代理商(或配件商)的主页上。

**7. 网络报纸或杂志**

在互联网日益发展的今天,新闻界也不落人后,一些世界著名的报纸和杂志,如美国的《华尔街日报》《商业周刊》,国内的如《人民日报》《中国日报》等,都在互联网上建立了自己的 Web 主页。而更有一些新兴的报纸与杂志,干脆脱离了传统的"纸"的媒体,完完全全地成为一种"网络报纸"或"网络杂志",其每天访问的人数不断上升。随着计算机的普及和网络的发展,网络报纸与杂志将如同今天的报纸与杂志一样具有重要的地位。对于注重广告宣传的公司,在这些网络报纸或杂志上做广告,也是一个较好的传播渠道。

**8. 虚拟社区和公告栏**

虚拟社区和公告栏(BBS)是网上比较流行的交流沟通渠道,任何用户只要遵循一定礼仪都可以成为其成员。任何成员都可以在上面发表自己的观点和看法。因此,发表与公司产品相关的评论和建议,可以起到非常好的口碑宣传作用。这种方式的好处是免费宣传,但要注意遵循网络礼仪,否则将适得其反。

**9. 新闻组**

新闻组(Newsgroup)也是一种常见的互联网服务,它与公告牌相似。任何人都可以订阅它,成为新闻组的一员。成员可以在新闻组上阅读大量的公告,也可以发表自己的公告,或者回复他人的公告。新闻组是一种很好的讨论和分享信息的方式。对于一个公司来说,选择在与本公司产品相关的新闻组上发布自己的公告,这将是一种非常有效的传播自己信心的渠道,与BBS一样,新闻组发布信息也是免费的,同样需要遵守相应的网络礼仪。

在以上几种通过互联网做广告的方式中,以第一种即公司主页方式为主,其他皆为次要方式,但这并不意味着公司只应取第一种而放弃其他方式。虽说建立公司主页是一种相对比较完备的互联网广告形式,但是如果将其他几种方式有效地进行组合,将是对公司主页的一个必要补充,并将获得比仅仅采用公司主页形式更好的效果。因此,公司在决定通过互联网做广告之前,必须认真分析自己的整体经营策略、企业文化以及广告需求,将其与公司从整体上进行融合,真正发挥互联网的优势。

### 3.6.3 网络广告效果的评价

网络广告效果的评价对网络广告实施具有重要的意义,恰当地评估有助于确定广告策划的优势,能检测网络广告的投放效果。但是目前还缺乏合适的网络广告的评价标准,因而在一定程度上制约了网络广告的发展。因此,网络广告的效果评估已经成了网络广告发展中亟待解决的问题。网络广告的评价指标主要有以下几种。

**1. 广告曝光次数(Advertising Impression)**

广告曝光次数是指网络广告所在的网页被访问的次数,这一数字通常用Counter(计数器)来进行统计。假如广告刊登在网页的固定位置,那么在刊登期间获得的曝光次数越高,表示该广告被看到的次数越多,获得的注意力就越多。

**2. 点击次数与点击率(Click & Click Through Rate)**

网民点击网络广告的次数称为点击次数。点击次数可以客观、准确地反映广告效果。而点击次数除以广告曝光次数,就可得到点击率(CTR)。点击率是网络广告最基本的评价指标,也是反应网络广告最直接、最有说服力的量化指标,因为一旦浏览者点击了某个网络广告,说明他已经对广告中的产品产生了兴趣,与曝光次数相比这个指标对广告主的意义更大。不过随着人们对网络广告的深入了解,点击率这个数字越来越低。因此,在某种程度上,单纯的点击率已经不能充分反映网络广告的真正效果。

**3. 网页阅读次数(Page View)**

当浏览者点击网络广告之后即进入了介绍产品信息的主页或者广告主的网站,浏览者对该页面的一次浏览阅读称为一次网页阅读。而所有浏览者对这一页面的总的阅读次数就称为网页阅读次数。这个指标也可以用来衡量网络广告效果,它从侧面反映了网络广告的吸引力。

广告主网页阅读次数与网络广告的点击次数事实上是存在差异的,这种差异是由于浏览者点击了网络广告而没有去浏览阅读点击这则广告所打开的网页所造成的。目前由于技术的限制,很难精确地对网页阅读次数进行统计,在很多情况下,就假定浏览者打开广告主的网站后都进行了浏览阅读。这样的话,网页阅读次数就可以用点击次数来估算。

**4. 转化次数与转化率(Conversion & Conversion Rate)**

转化次数就是由于受网络广告影响所产生的购买、注册或者信息需求行为的次数,而转化次数除以广告曝光次数,即得到转化率。但是,转化次数与转化率的检测,在实际操作中仍有一定难度。

网络广告的转化次数包括两部分:一部分是浏览并且点击了网络广告所产生的转化行为的次数,另一部分是仅仅浏览而没有点击网络广告所产生的转化行为的次数。前者一般就是看点击率,而后者就必须透过更精密的数据库分析,追踪那些已经看过广告但是没有点选的网友,是否在一周内曾经回到广告主的网站留下资料或进行交易。举例说明,某个网友在早上看到一个肯德基全家餐的广告,当时没有点击该横幅广告,到了中午用餐时间他忽然想起早上肯德基全家餐的促销广告,而回到肯德基的网站下载折扣券,最后产生实际购买行为。由此可见,广告主不能只看点击率来评估活动的成功与否。因此,点击以外的后转化率 Post Click Conversion 是经常被忽视的而必须要被纳入评估的广告效益。

## 3.7 网络营销管理

网络营销的管理是从基础性管理出发,解决企业网络营销实施过程中出现的问题。它对于提高电子商务企业网络营销效果,增强企业虚拟市场竞争能力具有非常重要的意义。

### 3.7.1 成本管理

对于网络技术投资,企业主要的决策人可能会面临两难选择:竞争上的需要使得企业必须做出更加积极的努力,但未来难以控制的成本及难以预测的收益又会使企业犹豫不前。如何管理网络及其他信息技术的投资计划,成为企业主管的当务之急。因此,要进行有效的投资成本管理,就必须彻底了解其基本构成。从系统的整体生命周期看,其成本包括供应者成本和使用者成本两大部分。

**1. 供应者成本**

企业中的信息部门就像是内部供应商,掌握所有的资料中心及网络设施,并提出系统开发及信息管理等服务。他们的成本通常通过类似于制造过程中的成本转移方法归算到业务部门头上。信息部门必须倾注大量的精力确保对企业业务部门的技术支持,以保证网络系统的可靠性、安全性以及效益。

在转移的供应者成本当中,尤其要注意网络维护费用。因为现有系统若得不到及时的维护,可能会陷入瘫痪。

**2. 使用者成本**

使用者成本是指直接发生在业务部门的关于使用网络系统方面的成本,其成本或者由信息部门支出但可以直接归算到业务部门的费用,包括配置在业务部门的电脑等硬件配置费及使用、维护费等。此外,组织过程中的成本,如管理和学习所花的时间及教育费用等,都是较少或没有列入预算中的,但与系统开发费用相比也是十分可观的费用。

### 3.7.2 绩效评价

评价是控制网络营销活动的基础。企业应把网络营销的评价工作列入营销工作的战略层面上。网络营销企业的收入、利润和网站的访问量被认为是衡量网络营销工作业绩的主要标准。除此之外,还有一些更适合于衡量业绩的标准。不同网络营销企业对于不同指标的关注程度也是不一样的。所以对于不同的企业要给予不同的指标分析。常用的指标有如下几种。

**1. 网站的访问量**

访问量就是网站的访问者数量。它直接反映了网络营销企业网站在公众心目中的地位。它不见得马上会给公司带来明显的收益,但他们是公司的客户基础,也是显示网站规模的重要指标。访问量可以用点击率来衡量。

**2. 销售额和利润额**

销售额是衡量网络营销企业经营情况的直接指标,它可以反映出网站经营的状况以及规模的大小。利润额大小决定了一家网络营销企业的发展基础和发展能力,及其进行再发展的动力所在。

**3. 指标比率**

常用指标比率有客户转化率、长期客户率、长期客户销售额比率。客户转化率是指在一定时期内客户数与浏览数的比率;长期客户率是指一定时期长期客户数与客户总数的比率;长期客户销售额比率是指一定时期内长期客户销售额与总销售额的比率。这些比率都是网站访问数量相互比较或者将其与销售额进行比较的结果,它反映了网站定位的准确度与网站对顾客的促销力度。

**4. 市场渗透水平**

市场渗透水平一般是用市场渗透率来反映,是一种百分比的形式来表达的衡量标准,主要描述赢得了潜在的客户或者市场的数量、进行交易的次数。例如,如果想要扩大一间酒店的影响,必定要知道通过网络营销争取到了多少的客户。这个顾客数目不但包括了有酒店消费需求的顾客数,而且也包括那些表面看起来没有需求的顾客数。

**5. 争取和维护用户的成本**

成本控制的观点在网络营销中也是适用的。在网络营销经营过程中,人们自然会考虑到争取一个客户的成本与该客户将要消费的金额之间的比例,也会调查维持一个客户已经把该新客户转化为老客户所花费的成本。关于这方面的技术现在是容易获得的,这就便于我们将前后成本进行相关比较,发现问题并找出原因。可以说,对成本的关注和控制也是增加利润的一种方式。

### 3.7.3 客户关系管理

客户关系管理(Customer Relationship Management,CRM)源于以客户为中心的管理思想,是一种旨在改善企业与客户之间关系的新型管理模式,是网络营销取得成效的必要条件,是企业重要的战略资源。

客户关系管理的核心是客户价值管理,通过"一对一"的营销,满足不同客户的个性化需求,通过提高客户忠诚度、增加客户满意度,提高企业的竞争力。CRM 的出现,使企业能够全面观察其外部的客户资源,并使企业的管理走向更全面化。

传统企业引入电子商务后,企业关注的重点由内部向外部倾斜,CRM 理念真实基于对客户的尊重,构建与客户沟通的平台。客户关系系统通过电子邮件、移动通信软件等多种方式与客户保持沟通,使企业能更准确、全面地了解客户。同时根据客户的需求进行交易,并保持客户信息,在内部做到客户信息共享,以及对市场计划进行整体规划和评估。此外,对各种销售活动进行跟踪,通过大量的动态资料,对市场和销售以及客户进行全面分析。

网络营销中,通过客户关系管理,将客户资源管理、销售管理、市场管理、服务管理、决策管理集于一体,将原本疏于管理、各自为战的销售、市场、售前和售后服务与业务统筹协调起来。

网络营销和 CRM 是相辅相成的两个环节,协调网络营销 CRM 的关系十分重要。实施 CRM 后,企业能对指定的消费群体进行"一对一"的营销,成本低、效果好。互联网的出现,降低了客户关系管理的成本,这是电子商务的重要优势。网络还给客户与企业的沟通增加了渠道,通过这种渠道,企业可以及时地找到客户。即使无法做到时时通信,也能留言给客户,较之传真更加方便、且安全。而前提是客户拥有同等层面的技术。

随着互联网在中国的普及,许多个人和企业都拥有自己的电子邮箱,包括效率更高的即时通信软件。著名的电子商务平台"买卖通"就是捆绑了即时通信工具"买卖通 TM",该工具脱胎于国内用户数量第一的腾讯 QQ,并可以在腾讯的个人版与"买卖通 TM"之间自由切换,实现了沟通无障碍。"买卖通 TM"相当于一个缩小版的电子商务平台,企业可以在网上时时宣传推广自己。而营销人员在与客户接触时,还能够针对其需要,提供更时效的信息,以改善其沟通效果。

### 3.7.4 风险控制

由于网络市场尚在发育阶段,各种规则和管理制度尚不健全,网上电子商务和网络营销还没有一套规范的、严谨的、公认的交易规则和交易规范,不仅网上参与交易的人群结构复杂,网站的情况也比较复杂。因此,在网络营销中必须警惕风险,预防风险,以便在面对风险的时速对其进行有效的控制。

**1. 网络营销风险的类型**

1) 产品识别风险

网络提供了快捷、便利的信息传递手段。交易双方对目标产品的需求都可以到网上去查询。参与买卖中的任何一方在网页上查找自己需要的目标产品时,往往会忽略一个十分重要的因素,就是由于信息传递中的失真,而造成了潜在的产品识别风险。就一般情况而言,信息传递中的失真大致有以下情况:

(1) 客观性失真。由于把一件立体实物转化为网上照片的过程中,商品本身的一些基本信息会失真。这种信息传递的不完全性,使买家不能从网页上文字说明或者视觉资料中得到该产品的准确信息,这就必然存在一定的购买风险。

(2) 主观隐含失真。主要是利用了网上商品信息传输中的不完全性,有意隐瞒一些与其他同类产品相比较为不利的信息和因素,突出宣传并介绍有利的方面,使顾客不能完全地获取该产品的真实信息。这种情况造成了买家先天的弱势地位。

2) 信息外泄风险

网络营销企业在进行交易或者交流的过程中,由于不同企业对信息传播人员的培训程度不同,造成了企业的信息或机密内容有意或无意的外泄。针对信息外泄的情况,网络营销企业应该对信息传播岗位的工作人员进行相关的工作培训,着重培训相关人员对于信息的敏感程度,同时应严格按照岗位的要求和职责权限的要求进行信息传播工作。

3) 网上支付风险

网络营销中的支付风险,有以下五种情况:

(1) 信用风险。信用风险是指支付过程中的一方因为陷入清偿危险,无法履行债务或者短期内无款支付而带来的风险。

(2) 流动性风险。流动性风险是在支付过程中一方无法如期履行合同的风险。与信用风险的区别在于违约方不一定是发生清偿危机。

(3) 系统风险。系统风险是指在支付过程中,因为一方无法履行债务合同而造成其相关各方也陷入无法履约的困境。

(4) 非法风险。非法风险是指人为的非法活动,如假冒、伪造、网络诈骗等。

(5) 后支付风险。后支付风险主要有四个特点:①先期支付全无风险;②几次交易以后出现风险;③产生风险的时候使你意识不到风险;④当你意识到风险已无法避免风险。

**2. 网络营销风险的控制**

1) 网络营销风险控制的范围

网络营销风险控制的核心和关键问题是交易的安全性,这也是电子商务技术的难点。对交易风险的控制要求全方位、积极地进行风险的预测和控制。为了降低交易的风险,必须从以下四个方面进行风险控制:

（1）信息保密性。交易中的商务信均有保密的要求。如信用卡的账号和用户被人知悉，就可能被盗用，订货和付款的信息被竞争对手获悉，就可能丧失商机。因此在网上交易的信息传播中一般均有加密的要求。

（2）身份的确定性。网上交易的双方很可能素昧平生，相隔千里。要使交易成功，首先要能确认对方的身份，对商家而言要考虑客户端不能是骗子，而客户也会担心网上商店是不是一个玩弄欺诈的黑店。因此，方便而可靠地确认对方身份是交易的前提。

（3）不可否认性。由于商情的千变万化，交易一旦达成是不能被否认的，否则必然会损害一方的利润。如收单方否认收到的订单的实际时间，甚至否认收到订单的事实，则订货方就会蒙受损失。因此，网上交易通信过程的各个环节都必须是不可否认的。

（4）不可修改性。交易的文件是不可被修改的。如黄金的订购，供货单位在收到订单后，发现金价大幅上涨，如果能改动文件内容，被订购数从1吨到1克，供货单位则可大幅受益，而订货单位也可能会因此而蒙受损失。因此，网上交易文件也要能做到不可修改，以保障交易的严肃和公正。

2）网络营销风险控制的措施

一个完整的网络交易安全体系，至少包括以下三类措施，并且三者缺一不可。

（1）技术方面的措施。如防火墙技术、网络防毒、信息加密存储通信、身份认证、授权等，但只有技术措施并不能保证百分之百的安全。

（2）管理措施。管理措施包括交易的安全制度、交易安全的实时监控、提供实时改变安全策略的能力、对现有安全系统漏洞的检查以及安全教育等。在这方面，政府有关部门、企业的主要领导、信息服务商应当扮演重要的角色。

（3）社会的法律政策与法律保障。社会的法律政策与法律保障包括在网上进行交易的统一商法以及各种网上的法律和法规等。

# 参 考 文 献

[1] 姜红波. 电子商务概论(第2版)[M]. 北京：清华大学出版社，2013.
[2] 刘宏. 电子商务概论(第2版)[M]. 北京：清华大学出版社，北京交通大学出版社，2013.
[3] 刘鲁川. 电子商务概论[M]. 北京：清华大学出版社，2016.
[4] 敖山. 电子商务概论[M]. 北京：清华大学出版社，2016.
[5] 杨波. 电子商务概论[M]. 北京：北京电子邮电大学出版社，2014.
[6] 杨坚争. 电子商务基础与应用(第十版)[M]. 西安：西安电子科技大学出版社，2017.
[7] 王玉珍. 电子商务概论[M]. 北京：清华大学出版社，2017.
[8] 王勇. 电子商务[M]. 湖南：湖南人民出版社，2015.
[9] 李沛强. 电子商务[M]. 上海：上海交通大学出版社，2015.
[10] 王艺琳. 2016年直播营销价值报告[J]. 互联网天地，2017 (02)：28-34.
[11] 艾瑞咨询. 2017年中国网络广告市场年度监测报告——简版[EB/OL] (2017-4-27) [2017-7-15]. http://wreport.iresearch.cn/uploadfiles/reports/636301846051296108.pdf.
[12] 中国互联网络信息中心. 第39次《中国互联网络发展状况统计报告》[EB/OL] (2017-1-22) [2017-7-15]. http://www.cnnic.net.cn/hlwfzyj/hlwxzbg/hlwtjbg/201701/P020170123364672657408.pdf.
[13] 中国互联网络信息中心. 第41次《中国互联网络发展状况统计报告》[EB/OL] (2018-1-31) [2018-3-25]. http://www.cnnic.cn/hlwfzyj/hlwxzbg/hlwtjbg/201803/P020180305409870339136.pdf.
[14] 陈晴光. 电子商务基础与应用(第二版)[M]. 北京：清华大学出版社，2015.

# 第 4 章

# 电子支付

支付是指经济行为人之间由于商品交换和劳务关系所引起的债权、债务关系的清偿。电子支付工具的诞生实现了电子货币的货币流通与支付职能,也在一定程度上克服了传统支付方式的弊端,如传统支付安全性、可信赖性、实用性比较低等。电子交易的用户可以通过使用安全的电子支付手段实现货币支付或资金流转。因此,电子支付的出现使传统的支付体系与支付方式都发生了深刻的变革。

本章在介绍电子支付的基本概念、特征以及发展历程的基础上,详细说明了当前电子支付的类型、支付流程和国内外电子支付发展的现状,旨在让读者从宏观上对电子支付有着清晰的理解。读者应详细了解常见的电子支付系统和工具,重点学习和掌握三大电子支付方式:网上银行、第三方支付和移动支付。同时,本章节阐述了电子支付发展存在的风险和问题以及电子支付的发展趋势,为读者全面、系统地展示电子支付这一领域。

## 4.1 电子支付概述

电子支付是电子商务系统中非常重要的部分,同时也是电子商务中准确性、安全性要求最高的过程,承担着传递资金流的重任。

### 4.1.1 电子支付的产生

随着电子商务的发展,人们对支付系统的运行效率和服务质量的要求也越来越高,促使支付系统不断从手工操作走向电子化、网络化。与传统的商贸活动一样,货币与银行在电子商务活动中也是不可或缺的重要组成部分。

但是在电子商务环境中,传统的支付方式已无法适应这种新的商务形态。一方面,传统支付指令的传递完全依赖面对面的手工处理或经过邮政、典型部门的委托传递,存在结算成本高、凭证传递时间长、在途资金占压大和资金周转慢等问题。显然,如果电子商务中的资金清算依赖传统的支付方式,如现金、支票和银行汇款等,付款及清偿的流程就会成为交易的"瓶颈"。另一方面,在电子商务中,产品或服务要在网上实现销售,消费者要在网上直接购物,商品交易过程要完全在基于网络环境的虚拟市场中完成。为了真正实现商务电子化的全过程,货币必须具备适合于在网络空间中流通的特性,即支付过程和支付手段必须完全电子化。相应地,银行也应具有能够经营这种电子货币的功能。

从 20 世纪 70 年代开始,网络技术的发展促进了电子资金转账(EFT)系统的发展,缩短了银行之间支付指令的传递时间,并减少了在途资金的占压。同时,电子商务发展的需求直接导致了电子支付结算的兴起。伴随着电子商务的不断发展与成熟,电子支付将成为资金结算的主要方式。对于电子商务而言,只有建立完善的电子支付系统,才能实现真正线上商务活动。

**1. 政策环境**

政策环境的不断完善,促进了电子支付的规范化发展。关于电子支付的相关政策,如表 4-1-1 所示。

表 4-1-1 电子支付的相关政策

| 时间 | 法律法规 | 核心内容及意义 |
|---|---|---|
| 2006年 | 中国银监会发布《电子银行业务管理办法》《电子银行安全评估指引》 | 有利于规范电子银行业务的健康、有序发展 |
| 2010年 | 人民银行颁发《非金融机构支付服务管理办法》 | 有利于促进非金融机构在平等竞争的规则下有序发展 |
| 2015年 | 《国务院关于实施银行卡清算机构准入管理的决定》 | 进一步深化了我国银行卡清算市场的开放;加快中国支付服务市场的改革开放和创新转型 |
| 2017年 | 《中国人民银行办公厅关于实施支付机构客户备付金集中存管有关事项的通知》 | 明确了第三方支付机构在交易过程中,产生的客户备付金的系列问题 |

**2. 技术环境**

中国电子支付行业的技术标准不断完善,为促进电子支付行业的健康发展提供了技术支持和保障。首先,安全性上,通过数据加密技术、数据签名技术、安全应用协议及安全认证体系等基础安全技术,使得电子支付过程中的用户信息及交易信息得到保护,确保支付安全。其次,在便捷性上,通过支付应用技术、网络技术、设备技术和认证技术等多种支付技术相结合,能够在确保交易安全进行的前提下,提高电子支付的便捷性,使得电子支付的效率大大提高。

## 4.1.2 电子支付的发展历程

支付的演变历史,如图 4-1-1 所示。支付可以划分为实物支付时代、信用支付时代和电子支付时代。在实物支付时代,资金流和物流逐渐分离,但便捷性和普及性不足;在信用支付时代,资金流以纸基工具替代,支付逐渐变成信用的一种表达;在电子支付时代,资金流动和支付行为分离,信息流动使支付效率提升。下面将介绍几种典型的传统支付工具,以及我国电子支付的发展阶段。

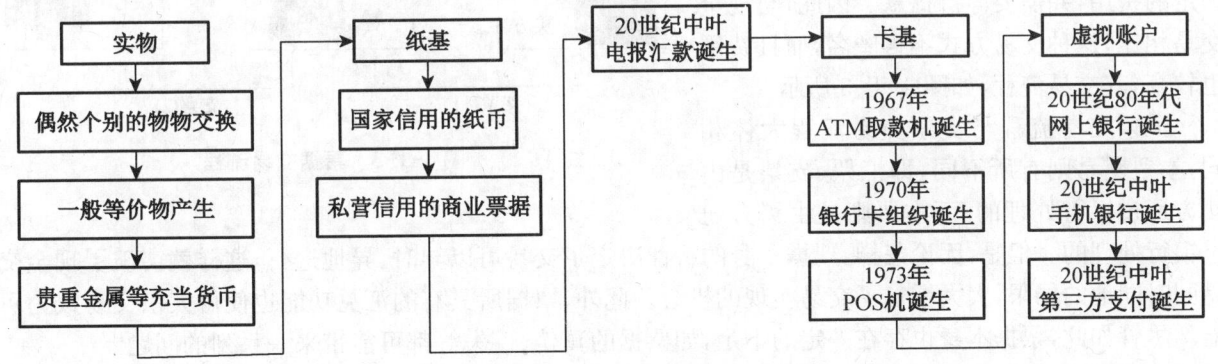

图 4-1-1 支付的演变历史

**1. 传统支付**

1) 现金

现金有两种形式,即纸币和硬币,由国家组织或政府授权的银行发行。纸币本身没有价值,它只是一种由国家发行并强制通用的货币符号;硬币本身含有一定的金属成分,故具有一定的价值。在现金交易中,买卖双方处于同一位置,而且交易是匿名进行的。卖方不需要了解买方的身份,因为现金本身是有效的,其价值由发行机构加以保证。现金具有使用方便和灵活的特点,很多交易都是通过现金来完成的,其交易流程,如图 4-1-2 所示。

从图中可以看出,这种交易方式的程序非常简单,一手交钱,一手交货。交易双方在交易结束后马

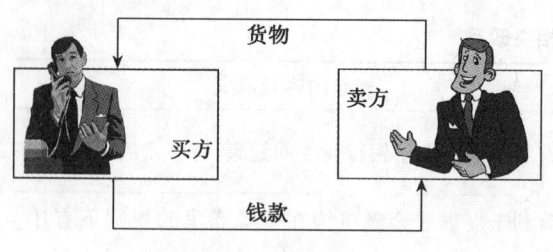

图 4-1-2　现金交易流程

上就可以实现其交易目的：卖方用货物换取现金，买方用现金买到货物。然而，这种交易也存在如下缺陷：

(1) 受时间和空间的限制，对于不在同一时间、同一地点进行的交易，无法采用现金支付的方式。

(2) 现金表面金额的固定性意味着在大宗交易中需携带大量的现金，这种携带的不便性以及由此产生的不安全性在一定程度上限制了现金作为支付手段的功能。

2）票据

"票据"一词，可以从广义和狭义两种意义上来理解。广义的票据包括各种记载一定文字、代表一定权利的文书凭证，如股票、债券、货单、车船票和汇票等，人们笼统地将它们泛称为票据；狭义的票据是一个专用名词，专指票据法所规定的汇票、本票和支票等票据。

在商业交易中，交易双方往往分处两地或远居异国，经常会产生在异地之间兑换或转移金钱的需要。在这种情况下，如果输送大量现金，不仅十分麻烦，而且在途风险很大。通过在甲地将现金转化为票据，再在乙地将票据转化为现金的办法，以票据的转移代替实际的金钱的转移，则可以大大减少上述麻烦或风险。汇票出现以后，便成为异地交易中代替现金支付的最佳工具。在国际贸易中，汇票的这种作用更加突出。

作为支付手段，各种票据都可以使用。例如买主支付价款给卖主，可以直接签发支票，也可以直接签发本票，还可以签发汇票。但不论是何种形式，都需有出票人的签名方能生效。下面以支票为例说明用票据支付的交易流程。

在支票交易中，支票由买方签名后即可生效，故而买卖双方无须处于同一位置。卖方需通过银行来处理支票，还需要为此支付一定的费用，并需要等待提款。因此，与现金交易相比，这种交易方式不再匿名，而且费用也较高，其交易流程，如图 4-1-3 所示。

图 4-1-3　票据交易流程

汇票交易流程与支票交易流程大体相同，本票交易则有所不同，即汇票、支票是由卖方通过银行处理的，而本票则是由买方通过银行处理的。但是，无论怎样，票据本身的特性决定了交易可以异时、异地进行，这样就突破了现金交易同时同地的局限，大大增加了交易实现的机会。此外，票据所具有的汇兑功能也使得大宗交易成为可能。尽管如此，票据本身也存在一定的不足，如票据的真伪、遗失等都可能带来一系列的问题。

**2. 电子支付的发展阶段**

银行利用计算机技术进行电子货币支付主要有五种不同的形式，这五种形式也代表了银行开展电子支付的五个发展阶段，如图 4-1-4 所示。

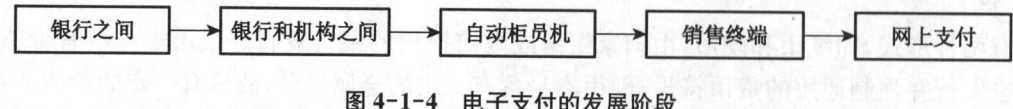

图 4-1-4　电子支付的发展阶段

第一阶段，银行利用计算机处理银行间的货币汇划业务，办理汇划结算。

第二阶段，银行计算机与其他机构的计算机之间进行资金汇划结算，如代发工资、水电费等。

第二阶段，银行利用自动柜员机（ATM）等网络终端向客户提供各项银行服务，如客户在 ATM 机上进行存取款操作。

第四阶段,银行通过销售点终端(POS)向客户提供自动的扣款服务。

第五阶段,电子货币可以随时随地通过互联网进行直接的转账结算,以资金流的畅通来支持电子商务,这是电子支付的最新发展阶段,又称为网上支付或在线支付。

### 4.1.3 电子支付的概念及特征

#### 1. 电子支付的概念

电子货币是比各种金属货币、纸币以及各种票据更为简便快捷的新型支付工具,是具有一般等价物作用,能完成货币的五种基本功能(价值尺度、流通手段、储蓄手段、支付手段和世界货币)的电子信息。电子货币需要用金融电子化设施才能判读,其流通手段、储蓄手段和支付手段等都是以电子信息方式来实现的。电子货币是工具,电子支付是统称。

美国将电子支付定义为:电子支付是支付指令发送方把存放于商业银行的资金,通过一条线路划入收益方开户银行,以支付给收益方的一系列转移过程。

中国人民银行出台的《电子支付指引(第一号)》第二条第一款将电子支付定义为:电子支付是指单位、个人直接或授权他人通过电子终端发出支付指令,实现货币支付与资金转移的行为。一般来讲,电子支付(Electronic Payment)是指电子交易当事人,包括客户、商家和金融机构之间,使用安全电子手段,通过网络安全地将支付信息传送到银行或相应的处理机构,从而实现电子商务支付,包括电子现金(E-Cash)、电子票据(Electronic Bill)、信用卡(Credit Card)、借记卡(Debit Card)、智能卡(Smart Cart)等支付手段的支付信息。

从广义上说,我国电子支付主要包括三层含义:一是电子支付工具,包括银行卡和多用途储值卡等卡类支付工具、电子票据以及在电子商务中应用较为广泛的网络虚拟货币等新型支付工具;二是电子支付基础设施或渠道,包括 ATM、POS、手机、电话等自助终端以及互联网金融专业网络等;三是电子支付业务处理系统,主要包括已经建成的中国人民银行现代化支付系统以及商业银行的行业内业务处理系统等。这三者的有机结合,构成了整个电子支付交易的形态,从而改变了支付信息和支付业务的处理方式,使得支付处理方式更方便、快捷。

#### 2. 电子支付的特征

电子商务在互联网上的商务活动需要方便、快捷、安全的支付方式与之相匹配,这就是电子支付产生的背景。就结算成本而言,同纸质、发票等传统结算方法相比,电子结算方式更加环保、方便。

与传统的支付方式相比,电子支付具有以下特点。

1) 数字化的支付方式

电子支付采用先进的技术,即通过数字流转来完成信息传输,由电子支付演化的各种支付方式都是采用数据化的方式进行款型支付的;而传统的支付方式则通过现金流转、票据的转让及银行的汇兑等物理实体的流转来完成款型的支付。

2) 开放的工作环境

电子支付的工作环境是基于一个开放的系统平台之中;而传统支付则是在较为封闭的系统中运作。

3) 先进的通信手段

电子支付使用的是最先进的通信手段;而传统支付使用的则是传统的通信媒介。电子支付对软、硬件设施的要求很高,一般要求有联网的计算机、相关的软件及其他的配套设施;而传统支付则没有这么高的要求。

4) 明显的支付优势

电子支付具有方便、快捷、高效、经济的优势。用户只要拥有一台能上网的终端设备,便可足不出户,在很短时间内完成整个支付过程,而支付成本仅相当于传统支付的几十分之一,甚至几百分之一。

5）广泛的应用场景

集储蓄、信贷和非现金结算等多功能于一身。可广泛应用于生产、交换、分配和消费领域等电子商务的各个环节。电子货币使用了很多加密手段，使用简便、安全、迅速、可靠。

综上，电子支付与传统支付特点对比，具体对比如表 4-1-2 所示。

表 4-1-2　电子支付与传统支付的对比

| 比较项目 | 支付方式 | |
| --- | --- | --- |
| | 传统支付 | 电子支付 |
| 支付方式 | 现金的流转、票据的转让以及银行的汇兑等以物理实体来完成 | 采用先进的信息技术完成信息传输和款项汇兑 |
| 工作环境 | 在较为封闭的系统中运行 | 在基于开放的网络平台中运作 |
| 设备要求 | 使用传统的通信媒介，对软硬件要求相对较低 | 使用最先进的通信手段，对软硬件要求很高 |
| 支付效率 | 支付时间相对较长、效率低、费用高 | 在很短的时间内完成支付，费用仅仅相当于传统支付的几十分之一甚至几百分之一 |
| 多功能性 | 功能单一，一种单据只能执行一种职责 | 集储蓄、信贷和非现金结算等多功能于一身 |
| 普适性 | 使用范围比较狭窄 | 可广泛应用于生产、交换、分配和消费领域等电子商务的各个环节 |
| 安全易用性 | 保存、运输、交易等过程不方便，安全性低 | 电子货币使用了很多加密手段，安全性较高 |
| 可信赖性 | 容易被冒充和做假，可信赖性低 | 通常要经过银行专用网络，金融企业的专业品质保障了支付工具的可靠性 |

## 4.1.4　电子支付的类型

### 1. 按电子支付指令分类

从基本形态上看，电子支付是电子数据的流动，它以金融专用网络为基础，通过计算机网络系统传输电子信息来实现支付。电子支付的类型按电子支付指令发起方式分为电话支付、网上支付、移动支付、销售点终端交易、自动柜员机交易和其他电子支付。

1）电话支付

电话支付是电子支付的一种线下实现形式，是指消费者使用电话或其他类似电话的终端设备，通过电话银行系统从个人银行账户里直接完成支付的方式。

电话支付是一种基于电话银行语音系统的即时支付服务，客户通过客户网站或者订购热线任意选购众多与银行签约的特约客户所提供的商品或服务后，通过电话语音完成支付交易。电话支付具有如下特点：

（1）网络安全性。终端与电话支付平台通过 PSTN 公关电话网络连接，满足银行卡交易对网络安全的需要。

（2）信息安全性。对磁道信息、密码等数据由 PSAM 卡进行加密操作。

（3）信息完整性。进行报文的 MAC 校检，保证报文的完整与不被篡改。

（4）密钥安全性。电话支付具有完备的密钥管理系统，每次交易使用不同的过程密钥，且钥密钥不可读取。

（5）操作简单。电话支付以菜单和操作提示信息提示用户完成业务交互，操作简单，用户界面友好。

（6）成本低廉。与同类产品相比，终端具有较大的成本优势，运营维护成本较低。

（7）业务扩展性良好。业务加载无须对终端、平台进行改造，承载内容丰富，具有较好的灵活性、可扩展性。

2）网上支付

网上支付是电子支付的主要形式之一。从广义上讲，网上支付以互联网为基础，利用银行所支持的某种数字金融工具，在购买者和金融者之间做金融交换，从而实现从买家到商家、金融机构之间的在线货币支付、资金清算、现金转移及统计查询业务，由此为电子商务服务及相关其他服务提供金融支持。

网上支付具有如下特点：

（1）认证交易双方、防止支付欺诈。网上支付能够使用数字签名和数字证书等实现对网上商务各方的认证，以防止支付欺诈。对参与网上贸易的各方身份的有效性进行认证，并通过认证机构或注册机构向参与各方发放数字证书，以证实其身份的合法性。

（2）加密信息交流。网上支付可以采用单密钥体制或双密钥体制进行信息的加密和解密，也可以采用数字信封、数字签名等技术加强数据传输的保密性和完整性，防止未被授权的第三者获取信息的真实含义。

（3）确认支付电子信息的真伪。网上支付通过采用数据杂凑技术，保护数据不被未授权者建立、嵌入、删除、篡改、重放等，从而使其完整无缺地到达接收者一方。

（4）保证交易行为和业务的不可抵赖性。当网上交易双方出现纠纷，特别是有关支付结算的纠纷时，系统能够保证对相关行为或业务的不可否认性。基于数字签名等技术来实现网上支付系统在交易的过程中生成或提供足够充分的证据来辨别纠纷中的是非。

（5）处理网络贸易业务的多边支付问题。支付结算牵涉客户、商家和银行多方，传送的购货信息与支付指令信息还必须连接在一起，因为商家只有确认了某些支付信息后才会继续交易，银行也只有确认支付信息才会提供支付。为了保证安全，商家不能读取客户的支付指令，银行不能读取商家的购货信息，这种多边支付的关系能够借用网上支付系统来实现。

（6）较高支付效率。网上支付的手续和过程并不复杂，支付效率很高。

3）移动支付

移动支付是使用移动终端设备通过无线方式完成支付行为的一种新型的支付方式。移动支付的规模增长速度明显快于其他电子支付方式，我国电子支付向移动支付方向发展趋势明显，这一点符合国际电子支付发展趋势。移动支付既能进行线上支付也能够在线下支付，这促使了我国电子支付线上与线下的融合，而且随着电子支付使交易成本快速下降，不同电子支付体系间的界限逐渐弱化。

4）销售点终端交易

销售点终端（Point Of Sale，POS）能够接受银行卡信息，具有通讯功能，也是接受柜员的指令而完成金融交易信息和有关信息交换的设备。它通常摆放在商户收银台，用来受理银行卡支付业务。消费者消费时，无须携带现金，即可持银行卡付款。商户接受消费者用银行卡付款，可任意选择一家银行开立账户作为资金清算账户，并且所有银行卡交易的资金即可在结算后一个工作日内轻松划转至该账户上。销售点终端交易也就是平时用的刷卡支付方式。

5）自动柜员机交易

自动柜员机，即ATM，是指银行在不同地点设置一种小型机器，利用一张信用卡大小的胶卡上的磁带记录客户的基本户口资料（通常就是银行卡），让客户可以透过机器享有提款、存款、转账等银行柜台服务，大多数客户都把这种自助机器称为自动提款机。自动柜员机交易也就是到银行设置的自动柜员机，根据提示办理转账支付。

**2. 按照支付指令的传输渠道分类**

按照支付指令的传输渠道分类，电子支付可以分为卡基支付、因特网支付和移动支付，如图4-1-5所示。因特网支付指的是支付指令从因特网传输至支付网关再进入金融专线网络的一种电子支付,而通过银行专有网络传递支付指令的是卡基支付,通过移动通信网络传递支付指令的是移动支付。支付指令发出后在银行后台进行处理,并通过传统银行金融专线网络完成跨行交易的清算和结算。

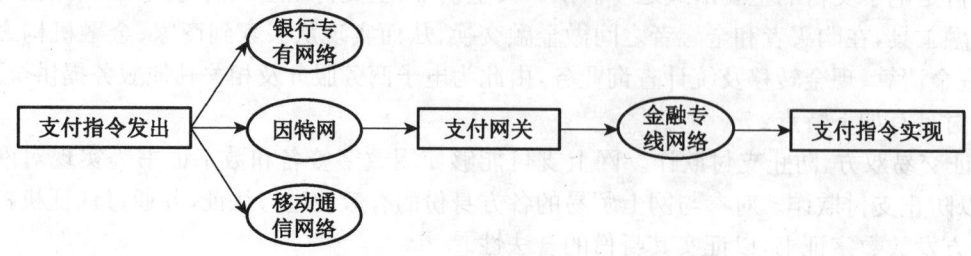

图 4-1-5　电子支付指令传输渠道

### 3. 按照支付场景分类

根据支付场景的不同,可以将个人电子支付方式分为线上电子支付与线下电子支付。

线上电子支付是指用户在互联网平台上进行支付的电子支付行为,线上支付往往需要用户依靠互联网或移动互联网与支付清算服务器进行通讯来完成的电子支付方式。与之对应,线下支付是指付款用户在现实场景中购买商品或服务时通过电子支付进行支付的行为,线下电子支付通常不需要付款用户通过互联网或移动互联网来传输数据,并不代表线下电子支付不需要传输支付数据,线下电子支付的支付数据主要是通过收款方基于网络进行支付数据的传输。按照支付场景分类,我国电子支付体系内电子支付方式,如图 4-1-6 所示。

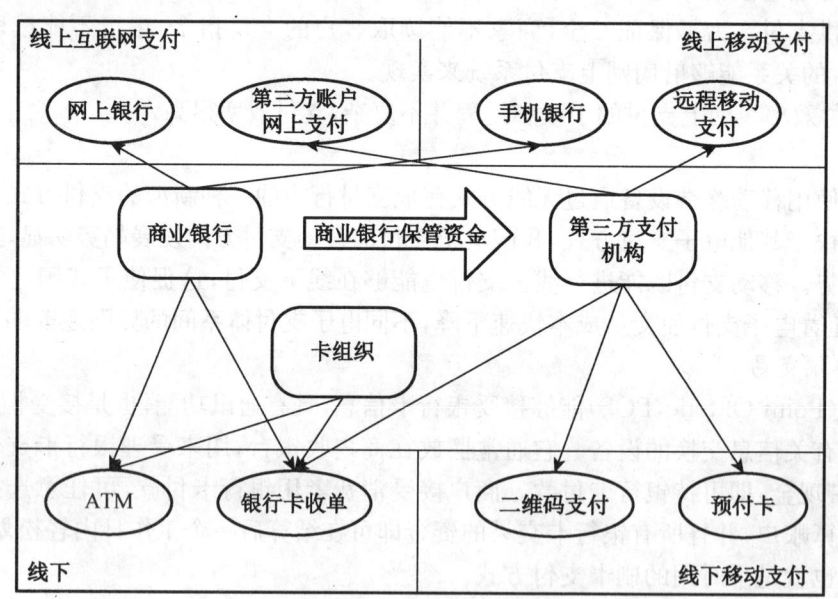

图 4-1-6　电子支付场景

通过图 4-1-6 可以看出,我国商业银行与第三方支付机构都有属于自己的线上与线下支付网络,商业银行的个人电子支付主要是围绕银行卡(账户)来展开的。所以,商业银行的线下电子支付主要是通过物理的银行卡片实现的卡基支付方式,如 ATM 业务、POS 机刷卡业务,由于发展多年,我国商业银行的线下支付网络非常庞大,几乎垄断线下非电子支付市场。而商业银行的线上支付业务是商业银行将物理的银行卡虚拟化,将银行卡账户虚拟化为账号,并通过账号来登录网上银行或手机银行来实现。而第三支付机构由于没有如银联那样强大的线下营业网点,所以第三方支付机构主要业务集中于线上业务,其电子支付都是依托虚拟账户来实现的。近年,我国第三方支付机构支付宝、财付通(微信支付)也推出一些基于二维码技术的线下支付方式。以此方式分类,主要是为了区分不同电子支付方式间的竞争关系,同一场景内的电子支付方式往往存在相互竞争,如网上银行与第三方互联网支付,二维码支付与POS机业务之间都存在业务竞争关系。

### 4.1.5 电子支付流程及产业链框架

#### 1. 电子支付流程

从社会经济发展的角度看,我国人民群众消费方式发生重大转变,以电子商务为代表的互联网经济得到极大发展,一个与之相适应的支付体系也需要随之发展。

在处理电子支付时,开发人员借鉴很多传统支付方式的应用机制与过程,只不过流动的介质不同,一个是传统纸质货币与票据,另一个是电子货币且网上作业。可以说,基于 Internet 平台的电子支付的过程与目前商店中的销售点系统的处理过程非常相似,其主要不同在于电子支付的客户是通过 PC、Internet、Web 服务器作为操作和应用工具。电子支付的一般流程,如图 4-1-7 所示。

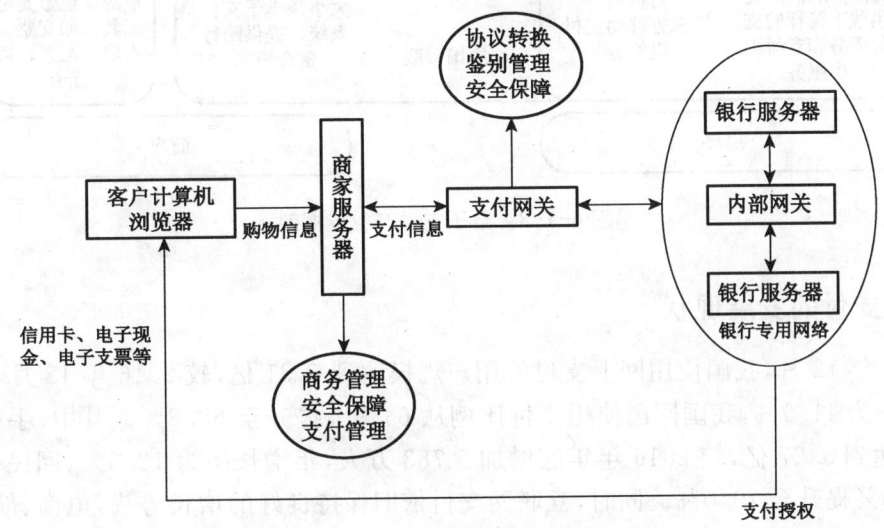

图 4-1-7 电子支付流程

(1) 客户在得到银行的授权使用后,如信用卡、电子现金、电子支票或网络银行账号等,通过互联网络或移动通信网络进行商品的浏览、选择与订购,然后填写网络订单、选择相应的电子支付结算工具。

(2) 客户机对相关订单信息进行加密,如支付信息,并在网上提交订单。

(3) 商家服务器对客户的订购信息进行检查、确认,并把相关的、经过加密的客户支付信息等转发给支付网关,直至银行专用网络的银行后台业务服务器确认,待银行等电子货币发行机构验证后,对支付资金进行授权。

(4) 银行验证确认后,通过建立起来的经由支付网关的加密通信通道,给商家服务器回送确认及支付结算信息,为了进一步保障客户交易的安全,也给客户回送支付授权请求。

(5) 银行得到客户传来的授权结算信息后,把资金从客户账号转拨至开展电户商务的商家银行账号上,借助金融专用网进行结算,并分别给商家、客户发送支付结算成功信息。

(6) 商家服务器收到银行发来的结算成功信息后,给客户发送网络付款成功信息和发货通知。至此,一次典型的电子支付结算流程结束。同时,商家和客户可以分别借助网络查询自己的资金余额信息,以进一步核对。

### 2. 电子支付产业链框架

由银联和央行支付系统所组成的支付清算处于电子支付体系最核心的位置,其为整个电子支付产业的枢纽。商业银行、线上线下的第三方支付机构、通信运营商是电子支付体系主要的参与主体,其参与者数量和交易规模都在电子支付行业中领先。支付软硬件提供商和收单代理商是电子支付产业中起到辅助作用的主体,整个体系由中国人民银行等监管方进行监督管理,为中国的用户和商户提供服务。电子支付产业链框架,如图 4-1-8 所示。

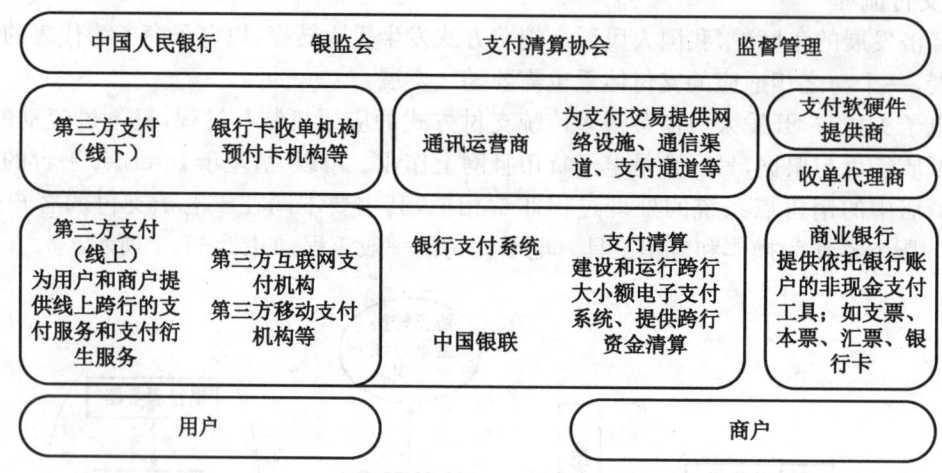

图 4-1-8 电子支付产业链框架

## 4.1.6 电子支付的发展现状

截至 2017 年 12 月,我国使用网上支付的用户规模达到 5.31 亿,较 2016 年 12 月,增加了 5 661 万人,年增长率为 11.9%,我国网民使用支付比例从 64.9% 提升至 68.8%。其中,手机支付用户规模增长迅速,达到 5.27 亿,较 2016 年年底增加 5 783 万人,年增长率为 12.3%,网民手机支付的使用比例由 67.5% 提升至 70.0%。同时,互联网支付依旧保持良好的增长势头,电商、航旅、游戏等行业的支付渠道正在快速向移动端转移。(中国互联网络信息中心,第 41 次《中国互联网络发展状况统计报告》)

### 1. 网上银行交易市场概况

随着各大银行加大对中、小、微企业的扶植力度,企业网银同比增长率有所提高,并在 2014 年取得了较大的突破。一方面,部分中、小、微企业用户依靠个人网银进行交易,进一步促进了个人网银的增长;另一方面,网络经济和互联网金融的快速发展,驱动各商业银行均向零售银行转型,对个人端投入精力也逐渐增大,正向刺激了个人网银交易规模的扩大。

根据艾瑞咨询的统计数据,如图 4-1-9 所示,2017 年,中国个人网银交易规模为 1 293.4 万亿,同比增长 35.9%,企业网银交易规模为 1 634 万亿,同比增长 23.0%。预计到 2018 年个人网银交易规模将达到 1 726.3 亿元,增长率达到 33.5%。因此,个人网银规模在未来将会保持较高增速持续增长,个人网银交易有较大增长潜力。

### 2. 移动支付交易市场概况

手机银行交易规模保持高速增长,未来市场潜力大。目前,手机银行普及率和渗透率均低于网银,在移动支付浪潮的推动,手机银行将借助移动端的兴起,构建手机银行移动端金融生态。如图 4-1-10 所示,2017 年中国手机银行交易规模达到 179 万亿元,同比增长 157.1%,预计到 2018 年将突破 200 万亿元。

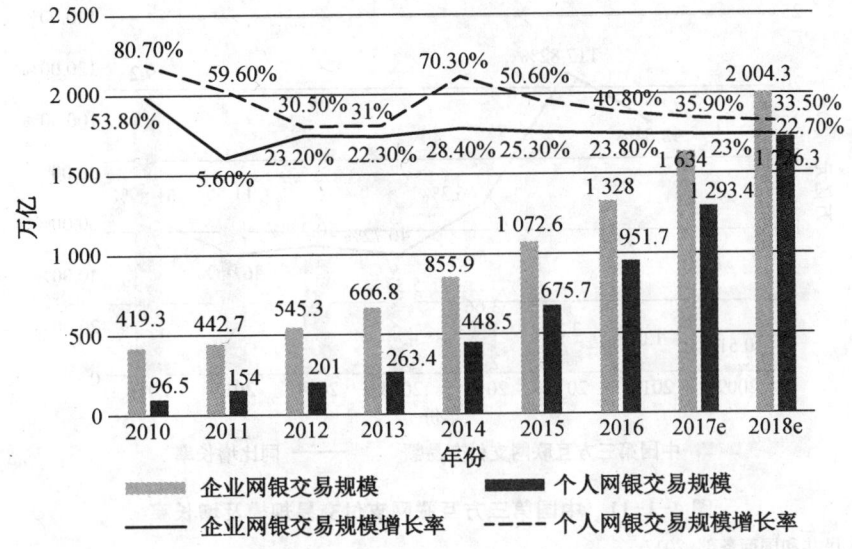

图 4-1-9　2010—2018 年中国企业网银与个人网银交易规模

数据来源：艾瑞咨询，2017

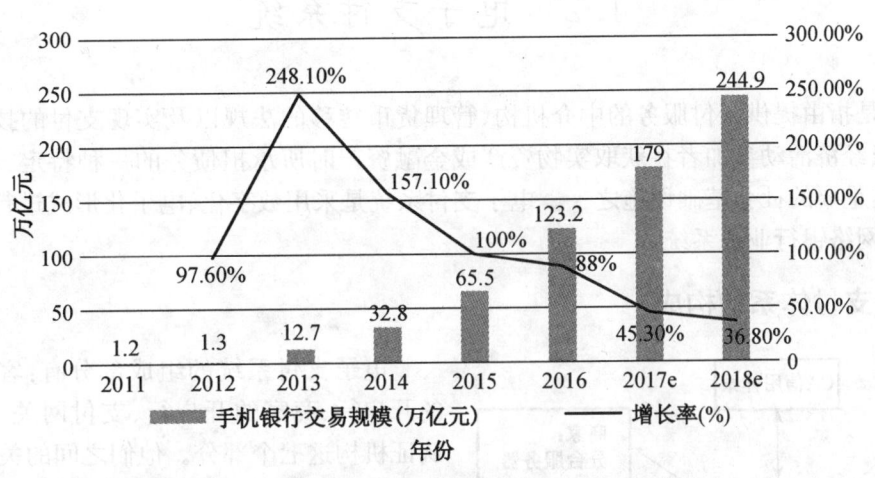

图 4-1-10　2011—2018 年中国手机银行交易规模及增长率

数据来源：艾瑞咨询，2017

**3. 第三方互联网支付市场概况**

1）第三方互联网支付交易规模

随着互联网端向移动端迁移浪潮的兴起，对第三方互联网支付产生了一定的影响，加剧了各支付企业在传统行业及互联网金融领域的竞争。如图 4-1-11 所示，2016 年我国第三方互联网支付交易规模达到 19.2 万亿元，同比增长 62%。

2）第三方互联网支付市场份额

据统计，央行一共分 8 批发放了共计 270 张支付牌照，发放时间集中在 2011 年年初到 2015 年年初，发放的对象包括智付支付、支付宝、快钱、银联和财付通等。根据易观数据，2017 年第一季度第三方互联网支付市场竞争格局略有调整，支付宝以 34.71% 的市场份额继续保持在线支付市场第一名；银联支付位列第二，市场占有率达到为 22.44%；腾讯金融以 15.37% 的市场占有率位列第三，前三家机构共占据第三方支付行业交易份额的 72.52%。其他还有快钱、汇付天下、易宝支付、环迅支付、宝付支付等机构。

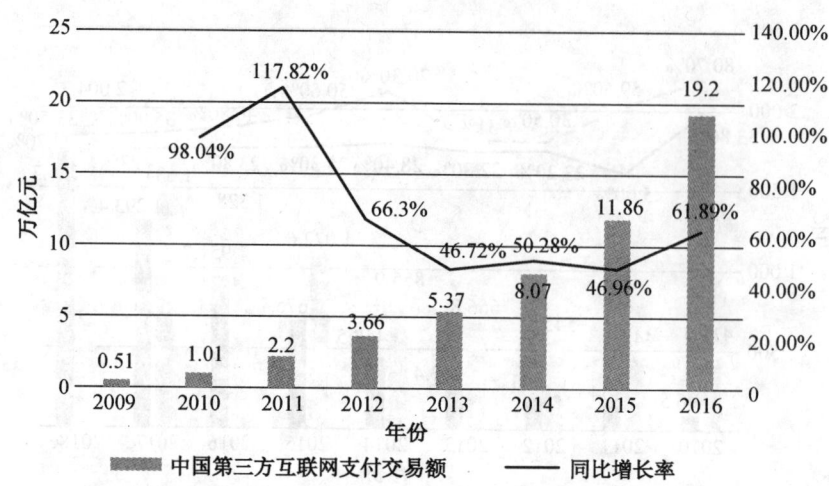

图 4-1-11　中国第三方互联网支付交易规模及增长率

数据来源：中华人民共和国商务部，2017

## 4.2　电子支付系统

支付系统是指由提供支付服务的中介机构、管理货币转移的法规以及实现支付的技术手段共同组成的，用来清偿经济活动参加者在获取实物资产或金融资产时所承担债务的一种特定方式与安排。因此，支付系统是重要的社会基础设施之一。电子支付系统是采用数字化、电子化形式进行电子货币数据交换和结算的网络银行业务系统。

### 4.2.1　电子支付体系的构成

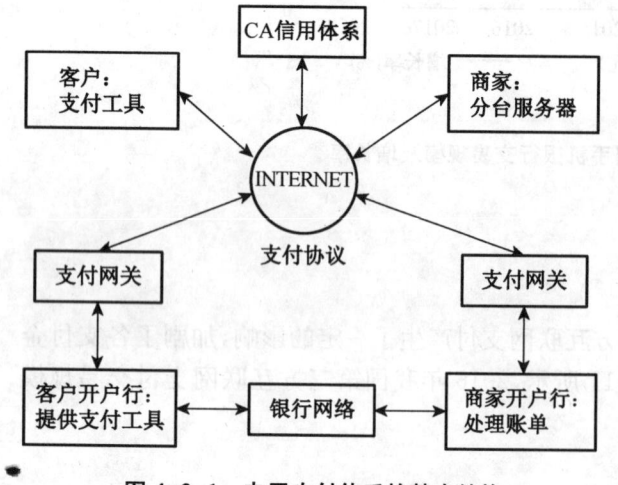

图 4-2-1　电子支付体系的基本结构

电子支付系统的组成部分有：客户、商家、客户的开户行、商家的开户行、支付网关、金融专用网和认证机构这七个部分。他们之间的关系，如图4-2-1所示。

1）客户

客户是与商家有交易关系并存在未清偿的债权、债务的一方，用自己拥有的支付工具来发起支付，是支付体系的原因和起点。

2）商家

商家是拥有债券的商品交易的另一方，它可以根据用户发起的支付指令向金融体系请求获取货币给付。

3）客户开户行

客户开户行是指客户在其中拥有账户的银行，客户开户银行在提供支付工具的时候也同时提供了一种银行信用，即保证支付工具的兑付。在卡基支付系统中，客户开户行又被称为发卡行。

4）商家开户行

商家开户行是商家在其中开设账户的银行，其账户是整个支付过程中资金流向的地方。商家的开户行是根据商家提供的合法账单来工作的，因此又称为收单行。

5）支付网关

支付网关是公用网和金融专网之间的接口，支付信息必须通过支付网关才能进入银行支付系统，进而完成支付的授权和获取。

6）金融专网

金融专网是银行内部及银行间进行通信的网络，具有较高的安全性，如中国国家现代化支付系统、人民银行电子联行系统、工商银行电子汇兑系统和银行卡授权系统等。

7）认证机构

认证机构负责为参与商务活动的各方发放数字证书，以确认各方的身份。

### 4.2.2 电子支付系统的分类

1）根据货币价值的转移方式划分

（1）基于账户（Account-based）的支付系统。资金由客户在银行的账户表示，资金转移时在客户和商家的银行账户之间转移和结算。基于账户的支付系统又可细分为基于信用卡和电子支票两种支付系统。

（2）基于代币（Token-based）的支付系统。资金由电子货币表示，客户先用银行账户的资金兑换电子货币，再用电子货币购买所需的服务或商品，商家收到电子货币后送存到银行，银行兑换电子货币。

2）根据支付金额的大小划分

在不同的国家，大额支付、小额支付和微支付的划分标准有所差异。欧洲银行标准化协会在TR603的定义是支付额度低于2欧元的，一般划归为微支付类型；支付金额介于2~5欧元之间，称为小额支付；支付金额大于25欧元，称为大额支付。

（1）微支付（Micro-payment）。交易金额较小，并且呈现出"小额、多次重复"特点的支付活动。

（2）小额支付（Bulk Payment）。交易金额较小的电子商务交易。

（3）大额支付（High Value Payment）。交易金额较大的电子商务交易，大额的在线购物就是其中的一种。

3）根据支付的时间划分

（1）预支付（Pre-paid），即先付款，后购买。

（2）即时支付（Instant-paid），即即时交易，即时付款。

（3）后支付（Post-paid），即先购买，再支付。

4）根据是否与第三方在线连接划分

（1）离线支付（Off-line Payment），即脱机支付。脱机支付在支付过程中不牵涉第三方，支付活动只涉及付款人和收款人。所有的基于电子硬件的支付系统，包括 Modex 和 CAFÉ（Condition Access for Europe），都是脱机支付系统。

（2）在线支付（Online Payment），即联机支付。联机支付时每次支付中包含一项授权服务。显然，联机支付的通信量更大，但一般来说比脱机支付更安全。大多数已提出的 Internet 支付系统是联机支付系统。

### 4.2.3 常见的支付系统

电子支付系统是实现网上支付的基础。电子支付系统的发展方向是兼容多种支付工具，但目前的各种支付工具之间存在较大差异，分别有自己的特点和运作模式，适用于不同的交易过程。因此，当前的多种电子支付系统通常只是针对某一种支付工具而设计的。电子现金系统、ATM 系统、电子汇兑系统和二维码支付系统是目前常用的几种电子支付系统。

**1. 电子现金系统**

目前，典型的电子现金系统主要有 Ecash，Digicash 和 NetCash。

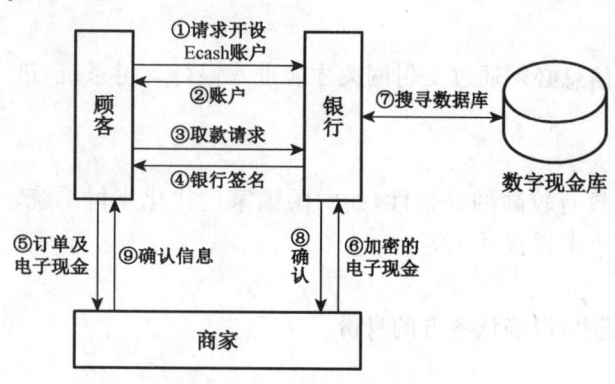

图 4-2-2　Ecash 电子现金系统

1）Ecash 电子现金系统

Ecash 是 DigiCash 公司开发的在互联网上使用完全匿名的安全电子现金系统,它使用公钥加密和数字签名来确保安全。电子现金账号可以续存,并且移动电话、掌上电脑和其他信息工具也都支持 Ecash 支付。使用 Ecash 客户软件,消费者可以从银行提取和在自己的计算机上存贮 Ecash,制造货币的银行验证现有货币的有效性和把真实的货币与 Ecash 交换。商家能够在提供信息或货物时接受支付的 Ecash 货币。客户端软件叫"电子钱包",负责到银行的存/取款,以及支付或接收商家的货币,支付者的身份是不公开的。Ecash 可以实时转账,商家和银行不需要第三方服务中介介入。Ecash 的交易流程,如图 4-2-2 所示。

2）Digicash 电子现金系统

Digicash 是由 DigiCash 公司于 1994 年 5 月开发的一种电子现金系统。该系统允许消费者使用电子现金进行在线交易。Digicash 系统的结构中有两类现金:一类是按账目发行的,另一类是代币券。每一客户在具有 Digicash 系统的中心银行建立一个账户,并得到一个 Digicash 钱包,钱包中填有从其账户中扣除的代币的数字现金,这种数字现金是由基本的数字现金算法产生的比特串。Digicash 协议不满足任意原子性,但保护顾客所希望的匿名性,是一种完全匿名系统。

3）NetCash 电子现金系统

NetCash 是由美国南加利福尼亚大学的信息研究所设计的电子现金系统。该系统具有可靠性、匿名性和可扩展性,并能有效地防止伪造。但当收款者不在时,该系统是不安全的,系统中的电子现金是经过银行签字的具有顺序号的比特串。系统提供的匿名性有不同的等级,它允许某些银行跟踪客户的支付,也可禁止某些银行的跟踪。NetCash 仅是软件解决办法,不是特殊硬件,利用对称和非对称加密算法保证支付安全,防止欺骗。NetCash 的支付模型,如图 4-2-3 所示。

电子现金发行:顾客和商家可以使用不同的货币服务器(CS)。这里每个用户只能使用他注册的 CS 的货币,与其他用户货币兑换由 CS 完成。用户可以用电子支票或信用卡从 CS 买电子货币,商家最终可以获得由本地 CS 发行的货币或电子支票。

电子现金交易过程:用户付款给商家,商家将货币传给货币服务器 2(CS2),但最终货币验证还要到货币服务器 1(CS1),CS1 向 CS2 发出电子支票。CS2 既可以自己发行新货币给商家,也可以用电子支票向 CS1 换取货币。所有支票清算都要经过 NetCash 账户和结算体系。CS2 通知商家货币转账完毕,商家向顾客发出单据和货物。

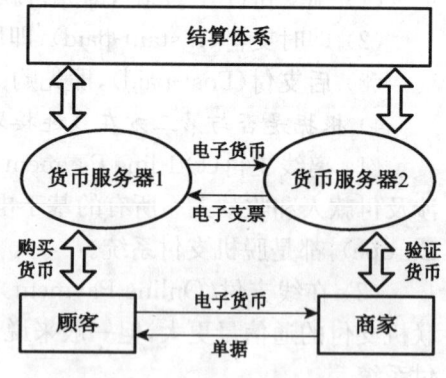

图 4-2-3　NetCash 的支付模型

**2. ATM 系统**

ATM(Automatic Teller Machine)意为自动柜员机,以前多指自动取款机,目前 ATM 的功能得到扩充,不仅能够实现取款,而且能进行存款、转账等大部分在银行柜台上进行的业务,逐步已发展成具有虚拟银行功能的全业务处理机。

一次典型的 ATM 交易过程通常包括三个步骤:

(1) 用户将银行卡插入卡片输入口,然后机器通知用户在数字键盘上输入其密码。

(2) 用户输入正确的密码后,可选择交易类型,机器会进一步提示用户用数字键盘输入交易额。

(3) 用户点击 Enter 键后,系统将检验持卡人的身份和权限,若检验通过,那么用户则可以得到要求的服务,并获得相关凭证。

**3. POS 系统**

POS 系统是一种即时销售点信息系统,通过自动读取设备在销售商品时直接读取商品的销售信息(如商品名、单价、销售量、销售时间、销售店铺、购买顾客等),并通过通讯网络和计算机系统传送至有关部门进行分析加工以提高经营效率的系统。POS 系统最早应用于零售业,以后逐渐扩展至金融、旅馆等服务行业,利用 POS 系统的范围也从企业内部扩展到整个供应链。

POS 机(Point Of Sale)是一种多功能终端,把它安装在信用卡的特约商户和受理网点中与计算机连成网络,就能实现电子资金自动转账,它具有支持消费、预授权、余额查询和转账等功能,使用起来安全、快捷、可靠。POS 机是通过读卡器读取银行卡上的持卡人磁条信息,由 POS 操作人员输入交易金额,持卡人输入个人识别信息,并打印相应的票据。POS 的应用实现了信用卡、借记卡等银行卡的联机消费,保证了交易的安全、快捷和准确,避免了手工查询黑名单和压单等繁杂劳动,提高了工作效率。

POS 机一般分为两大类,即固定 POS 和无线 POS。

1) 固定 POS

固定 POS 其优点是:软件升级和维护比较容易,采用网络拨号方式,拨号速度快,POS 交易清算比较容易。其缺点是:需要连线操作,客人需要到收银台付账。此种 POS 机适用于一体化改造项目的商户。

2) 无线 POS

无线 POS 其优点是:无线操作,付款地点和形式自由,体积小,方便携带。其缺点是:通信信号不稳定,数据易丢失,而且成本高。此种 POS 机适用于到客户住所收款的商户。

**4. 电子汇兑系统**

电子汇兑系统是银行之间的资金转账系统,它的转账资金额度很大,是电子银行系统中最重要的系统。一般将汇兑作业分为两类:一类是联行往来汇兑业务,即汇出行和汇入行隶属同一银行的汇兑业务;另一类是通汇业务,即资金调拨作业需要经过不同银行多重转手处理才能完成。

电子汇兑系统由于功能和作业性质的不同可以分为三类:

(1) 通信系统。通信系统负责为银行、资金调拨系统或清算系统提供信息服务,为其成员金融机构传送同汇兑有关的各种信息。最著名的通信系统就是国际环球同业银行金融电讯协会(SWIFT)的金融电文网络。

(2) 资金调拨系统。资金调拨系统是一种典型的汇兑作业系统。代表性系统有美国的 CHIPS、FEDWIRE、日本的全银、中国商业银行的电子汇兑系统、中国人民银行的全国电子联行系统。

(3) 清算系统。中国的异地跨行转汇,必须经过中国人民银行的全国电子联行系统,才能得以最终清算,清算系统是典型的联行电子汇兑系统。

**5. 二维码支付系统**

二维码支付手段在国内兴起并不是偶然的,其形成的原因主要与我国的 IT 技术的快速发展和电子商务的快速推进有关。IT 技术的日益成熟推动了智能手机、平板电脑等移动设备的功能不断完善,这使得人们的移动生活变得丰富多彩。与此同时,国内的电子商务也迅猛发展,尤其是 O2O 电子商务模式。因此,二维码支付便应运而生。

二维码(2-dimensional bar code)是使用特定的几何图形按一定规律在平面上分布的黑白相间的图形记录数据符号信息的技术。在代码编制上巧妙地利用构成计算机内部逻辑基础的 0、1 比特流的概念,使用若干个与二进制相对应的几何形体来表示文字数值信息,通过图像输入设备或光电扫描设备自动识读以实现信息的自动处理。它具有条码技术的一些共性:每种码制有其特定的字符集,每个字符占有一定的宽度,具有一定的校验功能等,同时还具有相对不同行的信息自动识别及处理图形旋转变化特点。

二维码支付是一种基于账户体系搭起来的新一代无线支付方案。在该支付方案下,商家可把账号、商品价格等交易信息汇编成一个二维码,并印刷在各种报纸、杂志、广告、图书等载体上发布。用户通过手机客户端扫拍二维码,便可实现与商家支付宝账户的连接和支付结算。最后,商家根据支付交易信息中的用户收货、联系资料,就可以进行商品配送、完成交易。

## 4.3　电子支付工具

随着计算机技术的发展,电子支付的工具越来越多。从电子支付的整个过程来看,这些支付工具可以分为三大类:电子货币类,如电子现金、电子钱包等;电子信用卡类,包括银行卡、智能卡、电话卡等;电子支票类,如电子支票、电子汇款(EFT)、电子划款等。这些方式各有自己的特点和运作模式,适用于不同的交易过程。

### 4.3.1　电子货币类

货币形态和支付方式是相辅相成的,支付方式是随着货币形态的演变而演变的,支付方式是货币形态最直观的表现,具体到电子货币,其本质是信用货币。例如,移动支付是电子货币形态的主要表现形式,电子货币则是移动支付的基础。

早在2002年Palley在考虑电子货币对货币理论和政策的可能影响时,将电子货币分为两种不同的类型:电子零售货币(e-tail money)和电子结算货币(e-settlement money),指出电子零售货币主要是对传统交易目的的现金和活期存款的替代,而电子结算货币可以用于取代私人债务清偿的活期存款,或用于取代商业银行存于中央银行用于行间结算的准备金。这种区分对于考察电子货币对央行货币政策的影响具有重要意义。

巴赛尔银行监管委员认为,电子货币是在零售支付机制中,通过销售终端、不同的电子设备以及在公开网络上执行支付的"储值"(Stored Value)和预付机制(Prepaid)。它包括以卡类为基础和以软件或计算机网络为基础两种类型。所谓"储值"产品,是保存在物理介质中可用来支付的价值,这种物理介质可以是Mondex智能卡、多功能信用卡、电子钱包等,所储价值使用后,可以通过电子设备追加。而"预付支付机制"则是指存在于特定软件或网络中的一组可以传输并可用于支付的电子数据,通常被称为"数字现金",也有人称其为"代币",它是由一组二进制数据和数字签名组成,可以在网络上使用。

国际清算银行认为,电子货币(Electronic Money)是指被广泛用于支付的对持有者的财产进行电子记录的价值储存(Stored Value)或预付(Prepaid)工具。

一般来讲,电子货币是以金融电子化网络为基础,以商用电子化机具和各类交易卡为媒介,以电子计算机技术和通信技术为手段,以电子数据形式存储在银行的计算机系统中,并通过计算机网络系统以电子信息传递形式实现流通和支付功能的信用货币。

电子货币是电子支付工具的一种,电子货币类的支付工具主要有电子现金和电子钱包。

**1. 电子现金**

电子现金(E-Cash)又称数字现金(Digital Cash),是纸币现金的数字化。广义的电子现金是指那些以数字或电子的形式储存的货币,它可以直接用于电子购物。狭义的电子现金通常是指一种以数字或电子形式储存并流通的货币,它通过把用户银行账户中的资金转换成一系列的加密序列数,通过这些序列数来表示现实中各种金额,用户以这些加密的序列数就可以在接受电子现金的商店购物。

电子现金最简单的形式包括三个主体(商家、用户、银行)和四个安全协议过程(初始化协议、提款协议、支付协议、存款协议)。电子现金的基本流通模式,如图4-3-1所示。用户与银行执行提取协议,从银行提取电子现金;用户与商家执行支付协议,支付电子现金;商家与银行执行存款协议,将交易所得的电子现金存入银行。

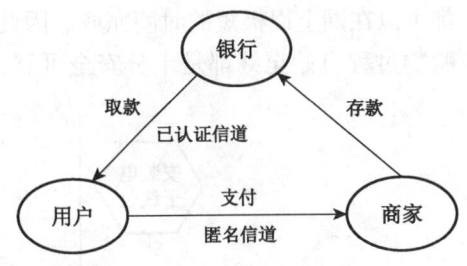

图 4-3-1  电子现金的流通模式

从不同角度对电子现金进行分类。

1) 按照匿名性来分类

从匿名性角度讲,电子现金分为完全匿名的电子现金和可控制匿名的电子现金两大类。

(1) 完全匿名的电子现金是指银行发给某个用户电子现金后,即使有第三者的帮助也无法建立电子现金与用户的对应关系(无条件不可追踪)。

(2) 可控制匿名性的电子现金是指银行发给某个用户电子现金后,如果有可信的第三方(TTP)协助,TTP和银行可建立用户和电子现金的对应关系,否则无法建立电子现金与用户的对应关系(有条件可追踪)。

2) 按照分割特性来分类

按照电子现金是否可以被分割,电子现金分为可分电子现金和不可分电子现金。

(1) 对于不可分电子现金,任意一个电子现金只能代表一种金额,一旦支付就是完全支付,不管此电子现金代表的金额是否超过购买物品的金额,支付后就不再有效。

(2) 对于可分电子现金,用户从银行提取的电子现金,只要支付总额不超过此电子现金,此电子现金就可以支付多次。很显然,可分电子现金实用性更高。

3) 按照交易过程中银行的状态来分类

根据交易过程中银行是否在线,电子现金可分为在线电子现金和离线电子现金。

(1) 在线电子现金在提取、交易与存款的每个过程中,银行都需要参与,当用户向商家支付电子现金时,商家可要求银行验证电子现金的真伪,提高了电子现金支付的安全性。

(2) 离线电子现金在支付过程中不需银行的参与,用户完成一次支付时,接收方(商家)不需要先得到银行的认可即可接收电子现金。等以后存款时,如果支付方是重复消费的话,其身份可以被发现,使接收方和银行的利益得到保护。

**2. 电子钱包**

电子钱包(E-Wallet)是一个客户用来进行安全网络交易,特别是安全网络支付,并储存交易记录的特殊计算机软件或硬件设备,是电子商务活动中常用的一种支付工具,也是在小额购物或购买小商品时常用的"新式钱包"。

1) 电子钱包的功能

电子钱包的具体功能有:

(1) 电子安全证书的管理:包括电子安全证书的申请、存储、删除等。

(2) 安全电子交易:进行 SET 交易时验证用户的身份并发送交易信息。

(3) 交易记录的保存:保存每一笔交易记录,以备查询。

2) 电子钱包的使用

使用电子钱包的用户要先在银行建立账户,利用电子钱包服务系统把自己的各种电子货币或电子金融卡上的数据输入到电子商务服务器上。在电子钱包内可以装入各种电子货币,如电子现金、电子零钱、电子信用卡等。在网上购物时使用的电子钱包,需要在电子钱包服务系统中运行。电子商务活动中的电子钱包软件通常都是免费提供的,用户既可以直接使用与自己银行账户相连接的电子商务服务器上的电子钱包软件,也可以通过各种保密方式利用互联网上的电子钱包软件。虽然用电子钱包购物的过程要经过信用卡和商业银行等机构进行多次确认、银行授权、各种财务数据交换和财务往来等,但这些都可以在网上以极短的时间完成。因此,对于顾客来说,用电子钱包购物相当省事、省时、省力,而且整个购物过程自始至终都是十分安全可靠。电子钱包的一般使用流程,如图 4-3-2 所示。

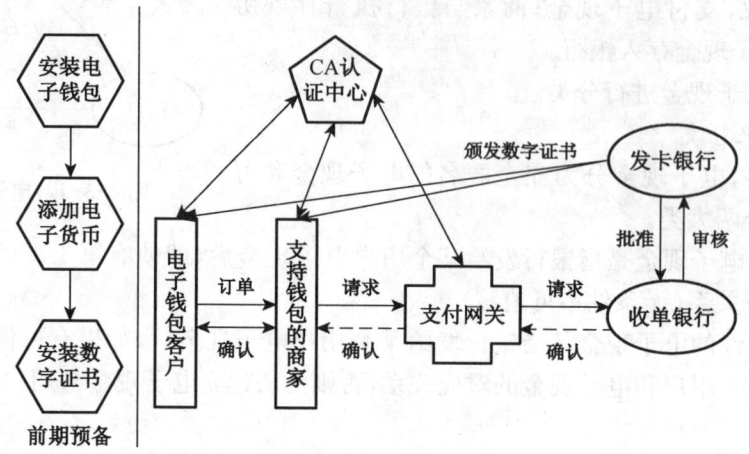

图 4-3-2　电子钱包的使用流程

目前,已经有 VISACash、Mondex、Master Card Cash、Clip 和 Proton 等电子钱包服务系统,还有 E-Wallet 以及 Microsoft Wallet 等应用性强的电子钱包软件。

从电子钱包的功能和使用来看,电子钱包具有安全性高、适用性广、记忆力强等优点。但电子钱包仍属于一种具有特殊使用范围的支付工具,因而限制了其广泛使用和发展。

**3. 电子货币的功能**

尽管电子货币的类型多种多样,但是其功能可以总结如下四点:
(1) 转账结算功能:直接消费结算,代替现金流转。
(2) 储蓄功能:使用电子货币存款和取款。
(3) 兑现功能:异地使用货币时,进行货币汇兑。
(4) 信贷功能:先向银行贷款,提前使用货币,这是传统货币所不具备的特点。

## 4.3.2　电子信用卡类

电子商务活动中使用的信用卡是电子信用卡,电子信用卡通过网络直接支付。电子信用卡具有快捷、方便的特点,买方可以及时通过发卡机构了解持卡人的信用度,避免了欺诈行为的发生。电子信用卡具有制造成本低,信息保存可靠性高、开发方便、应用灵活和小型化等特点。电子信用卡与电子信用卡机——小型专用微机相配套,可广泛应用于各种有价证券、无价证券、信用证明等场合,亦可用于一些分散系统的数据信息采集。

信用卡支付可分为:无安全措施的信用卡支付、第三方代理的电子信用卡支付、简单加密电子信用卡支付和安全电子交易信用卡支付,其中安全电子交易信用卡支付的流程,如图 4-3-3 所示。电子信用卡类,包括银行卡、智能卡、电话卡等。

**1. 银行卡**

一般情况下,银行卡分为信用卡和借记卡两类,信用卡可以在一定额度范围内透支,借记卡不能透支。

1) 信用卡

信用卡是银行或金融公司发行的,授权持卡人在指定的商店或场所进行记账消费的信用凭证。信用卡之所以能在世界范围内被广泛使用,与其本身的特点是分不开的。信用卡具有转账结算、消费借贷、储蓄和汇兑等多种功能。它能够为持卡人和特约商家提供高效的结算服务,减少现金货币流通量。

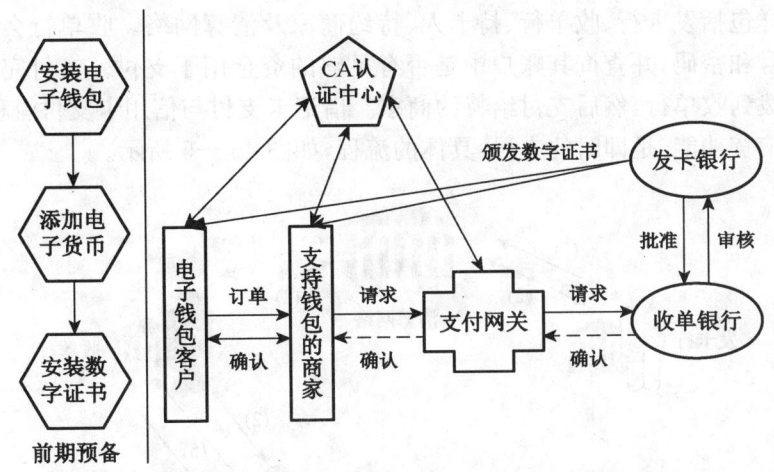

图 4-3-3 安全电子交易信用卡支付的流程

同时,还可以避免随身携带大量现金的不便,为支付提供较好的安全保障。信用卡交易的流程,如图 4-3-4 所示。图 4-3-4 中各数字序号含义如下:

(1) 持卡人到信用卡特约商家处消费。
(2) 特约商家向收单行要求支付授权,收单行通过信用卡组织向发卡行要求支付授权。
(3) 特约商家向持卡人确认支付及金额。
(4) 特约商家向收单行请款。
(5) 收单行付款给特约商家。
(6) 收单行与发卡行通过信用卡组织的清算网络进行清算。
(7) 发卡行给持卡人账单。
(8) 持卡人付款。

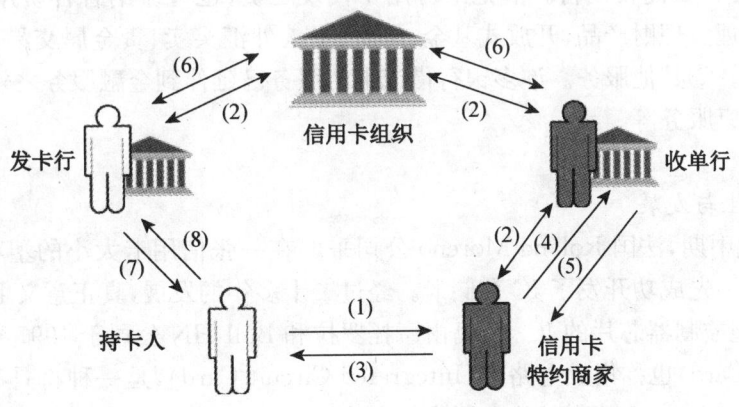

图 4-3-4 信用卡交易流程

2) 借记卡

(1) 借记卡简介。银行借记卡是商业银行向个人和单位发行的,凭此卡向特约单位购物、消费和向银行存取现金的银行卡。现阶段我国各银行发行的银行卡大多是借记卡。持卡人在使用借记卡支付前需要在卡内预存一定的金额,银行不提供信贷服务。按其功能的不同,可分为转账卡(含储蓄卡)、专用卡及储值卡。转账卡具有转账、存取现金和消费功能。专用卡是在特定区域"专用用途"(百货、餐饮、娱乐行业以外的用途)使用的借记卡,具有转账、存取现金的功能。储值卡是银行根据持卡人要求将资金转至卡内储存,交易时直接从卡内扣款的预付钱包式借记卡。

借记卡支付同样包括发卡行、收单行、持卡人、特约商家及清算网络。收单行会先通过清算网络验证持卡人出示的卡号和密码,并查询其账户中是否有足够的资金用于支付。支付完成后资金将直接从持卡人的账户中划拨到收单行,然后支付给特约商家。借记卡支付与信用卡支付流程有类似之处,主要区别在于借记卡无信贷功能,是即时的支付,具体的流程,如图 4-3-5 所示。

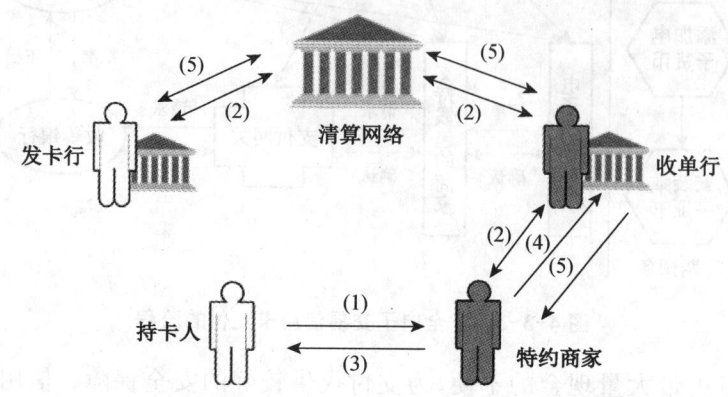

图 4-3-5 借记卡交易流程

图 4-3-5 中各数字序号含义如下:

①持卡人到特约商家处消费。②特约商家向收单行要求支付授权,收单行向发卡行验证卡号、密码及账户金额。③特约商家向持卡人确认支付及金额。④特约商家向收单行请款。⑤收单行从发卡行的持卡人账户划拨资金到特约商家。

(2) 借记卡功能。①存取现金。借记卡大多具备本外币、定期、活期等储蓄功能,借记卡可在发卡银行网点、自助银行存取款,也可在全国乃至全球的 ATM 机(取款机)上取款。②转账汇款。持卡人可通过银行网点、网上银行、自助银行等渠道将款项转账或汇款给其他账户。③刷卡消费。持卡人可在商户用借记卡刷卡消费。④代收代付。借记卡可用于代发工资,也可缴纳各种费用,如通信费、水费、电费、燃气。⑤资产管理。理财产品、开放式基金、保险、个人外汇买卖、贵金属交易等均可通过借记卡进行签约、交易和结算。⑥其他服务。许多银行借记卡的服务已延伸到金融服务之外,如为持卡人提供机场贵宾通道、医疗健康服务等。

**2. 智能卡**

1) 智能卡的产生与发展

20 世纪 70 年代中期,法国 Roland Moreno 公司采取在一张信用卡大小的塑料卡片上安装嵌入式存储器芯片的方法,率先成功开发了 IC 存储卡。经过二十多年的发展,真正意义上的智能卡,即在塑料卡上安装嵌入式微型控制器芯片的 IC 卡,已由摩托罗拉和 Bull HN 公司于 1997 年研制成功。

智能卡(Smart Card)也称集成电路卡(Integrated Circuit Card),是一种将具有微处理器及大容量存储器的集成电路芯片嵌装于塑料基片上制成的卡片。智能卡可以用来进行电子支付和存储信息。在芯片里存储了大量的关于使用者的信息,如财务数据、私有加密密钥、账户信息、结算卡号码及健康保险信息等。

一个智能卡包含一个微电子芯片,智能卡需要通过读写器进行数据交互。智能卡配备有 CPU、RAM 和 I/O,可自行处理数量较多的数据而不会干扰到主机 CPU 的工作。智能卡还可过滤错误的数据,以减轻主机 CPU 的负担。适应于端口数目较多且通信速度需求较快的场合。卡内的集成电路包括中央处理器 CPU、可编程只读存储器 EEPROM、随机存储器 RAM 和固化在只读存储器 ROM 中的卡内操作系统 COS(Chip Operating System)。卡中数据分为外部读取和内部处理部分。

智能卡的发展受到其应用的驱动,目前,欧洲、南美洲和亚洲已经发行了大量智能卡,美国和加拿大的持卡量约占到全球总数的 15%，智能卡应用目前主要集中在以下领域：

(1) 零售市场。零售商使用智能卡识别其忠诚顾客并进行奖励。

(2) 金融领域。金融机构、支付联盟和信用卡公司正在使用智能卡扩展其传统支付卡服务。

(3) 信息领域。所有用户将借助智能卡的安全性来扩展与实体世界和虚拟世界的联系，智能卡能保护用户隐私，并能确保只有合法用户才能得到服务。

(4) 医疗领域。许多建立了全国医疗系统的国家正在考虑使用智能卡降低服务成本。

(5) 交通运输。低成本、单芯片、非接触卡技术的出现，使公共交通机构利用智能卡来收费。

(6) 身份认证。智能卡非常适合用于身份认证，它被广泛用于学生证、驾驶执照和移民卡等领域。

但是，目前智能卡的推广、应用还存在一些障碍，最主要的原因是智能卡的安全问题和成本问题。

2) 智能卡的分类

经过多年的发展，目前智能卡的种类繁多，而且应用领域十分广泛。下面从不同角度对智能卡进行分类：

(1) 按镶嵌芯片类型分类，智能卡可分为：逻辑加密卡、存储卡、CPU 卡、超级智能卡、混合卡、光卡。

(2) 按照交换界面分类：接触式 IC 卡、非接触式 IC 卡、双界面卡。

(3) 按数据传输方式分类：串行 IC 卡、并行 IC 卡。

(4) 按照应用领域分类：金融卡、非金融卡。

(5) 按照智能卡的电源提供方式分类：主动卡和被动卡。

3) 智能卡的结构

智能卡看起来就像普通的塑料支付卡一样，其不同之处在于嵌入了微型芯片。带有微处理器的卡可以添加、删除和修改卡上的信息，而只带有存储器的卡仅能执行预先规定的操作。尽管微处理器能够像计算机那样运行程序，但它不是一台独立的计算机，其程序和数据必须从其他一些设备上下载。智能卡的结构主要包括三个部分：

(1) 程序编辑器。它从智能卡布局的高度描述智能卡的初始化和个人创建所有需要的数据。

(2) 操作系统的代理。包括智能卡操作系统和智能卡应用程序接口的附属部分，该代理具有极高的可移植性，可以集成到芯片阅读设备或个人计算机及客户机或服务器系统上。

(3) 应用程序接口的代理。该代理是应用程序到智能卡的接口，它帮助对使用不同智能卡代理进行管理，并且还向应用程序提供了一个智能卡类型的独立接口。

由于智能卡内安装了嵌入式微型控制器芯片，因而可存储并处理数据，卡上的价值受持卡人的个人识别码(PIN)保护，因此只有持卡人能访问它。

多功能的智能卡嵌入有高性能的 CPU，并配备有独自的基本软件(OS)，能够像个人电脑那样自由地增加和改变功能。智能卡通常存放或帮助访问有价值的资产或敏感信息，因此，它们必须能防盗、防欺诈和防滥用。

4) 智能卡的特点

智能卡具有存储信息量大、数据保密性好、存储量大、存储可靠等特点。

(1) 存储信息量大。相对于磁卡而言，智能卡就如同一台迷你的小型计算机，具有计算与存储数据的能力。过去用户用磁卡来存储少量的数据，如在提款卡中存储账户信息，如今智能卡不但可以同时存储多种数据，并且可以对这些数据做运算。

(2) 数据保密性好。智能卡本身的安全性极佳，利用特殊的技术将中央处理器(CPU)整合在卡中，虽然卡片只有薄薄的一层，却提供了非常隐秘的数据保护措施，并且必须由特殊仪器才能读取卡中的资料。相对于过去的磁卡与纸卡而言，智能卡更不容易被仿冒或伪造，它提供了良好且安全的应用环境。

(3) 存储量大。智能卡采用芯片技术,与磁卡相比,可存储的资料空间相当大,从 8K、16K 到 64K 不等,并可结合 EPROM 与 EEPROM 等内存技术,更新智能卡的数据。

(4) 存储可靠。智能卡中自带一套安全监控方式,以保护存储体的数据。当使用者想读取卡中的信息时,必须输入 PIN 码(Personal Identifier Number,也可以说是密码),只有输入正确的 PIN,才允许使用者读取里面的信息。这样的安全机制十分适合应用在商业上。正因为如此,用户便可以将一些个人的机密资料存放在智能卡中,既安全又方便。

**3. 签账卡**

签账卡(Charge Card)是由非银行机构发行的一种卡,类似信用卡,但没有循环信用,每月消费金额必须及时全额偿还。准确地讲,签账卡并不是一种银行卡,但是它在电子商务中的支付结算功能又类似于银行卡,其消费额度、年费、发卡标准等都高于信用卡。

### 4.3.3 电子支票类

电子支票类的电子支付工具主要包括电子支票、电子汇款、电子划款等。

**1. 电子支票**

电子支票(Electronic Check or E-check)是一种借鉴纸张支票转移支付的方式,利用数字传递将资金从一个账户转移到另一个账户的电子支付形式。这种电子支票的支付是在与商家和银行相连的网络上以密码方式传递的,多数使用公用关键字加密签名或个人身份证号码(PIN)代替手写签名。目前的电子支票系统主要有 Netehex, Neteheque 和 NetBill 等。

电子支票的支付方式主要是:支付方一方面将电子支票发送给收款方;另一方面把电子付款单发送到银行或者其他金融机构,银行在收到商家的电子支票要求付款时,将电子支票上的金额数目转移到商家的银行账号中。为了保证电子支票的真实性及各方身份的合法性等,有时需要通过第三方认证机构进行认证。使用电子支票支付可以大大节省支付处理所需的时间与费用,能够很好地发挥当前银行系统的自动化功能。

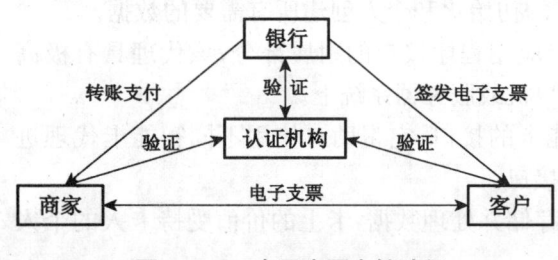

图 4-3-6 电子支票支付过程

电子支票支付过程主要是按以下几个步骤进行的:①交易双方确定交易且同意使用电子支票的方式支付;②买方使用自己的私钥对电子支票进行数字签名;③使用卖方的公钥对电子支票进行加密;④将电子支票发送给卖方;⑤卖方通过认证机构对电子支票真实性认证;⑥向银行确定电子支票;⑦向买家发货。图 4-3-6 为电子支票支付过程的示意图。

与传统支票的支付方式相比,电子支票具有以下特点和优势。

1) 电子支票支付手段的特点

(1) 电子支票和传统支票的工作方式相同,易于理解和接受。

(2) 加密的电子支票使他们比传统的电子支票更易于流通,买卖双方的银行只要用公开密钥确认支票即可,数字签名也可以被自动验证。

(3) 电子支票适用于各种市场,可以很容易地与电子数据交换系统应用相结合,推动电子订货和支付的发展。

(4) 电子支票技术将公共网络连入金融支付和银行清算网络。

2) 电子支票支付手段的优势

(1) 处理速度快。电子支票的支付是在与商户及银行相连的网络上高速传输的,它将支票的整个处理过程自动化了,这一支付过程在数秒内即可完成。因此,电子支票为客户提供了快捷的服务,减少了在途资金。在支票使用数量很大时,这一优势特别明显。

(2) 安全性能好。电子支票是以加密的方式传递的,使用了数字签名或个人身份证号码代替手写签名,还运用了数字证书,这三者成功保证了电子支票的安全、可靠性。

(3) 处理成本低。用电子支票进行支付,减轻了银行处理支票的工作压力、节省了人力,也降低了事务处理的费用。

(4) 给金融机构带来了收益。第三方金融服务者不仅可以从交易双方收取固定的交易费用或按一定比例抽取费用,它还可以以银行身份提供存款账目,且电子支票存款账户很可能是无利率的,从而给第三方金融机构带来了收益。而且银行也能为参与电子商务的商家提供标准化的资金信息。

**2. 电子汇款**

电子汇款通过银行的联网功能,实现便捷快速的汇款。电子汇款(Electronic Remittance)是指银行以电报或电传方式指示代理行将款项支付给指定收款人的汇款方式。

电子汇款是目前使用较多的一种汇款方式,其业务流程如下:

(1) 由汇款人填写汇款申请书,并在申请书中注明采用电子汇款方式。同时,将所汇款项及所需费用交付给汇出行,取得电子汇款回执。汇出行接到汇款申请书后,为防止因申请书中出现的差错而耽误或引起汇出资金的意外损失,汇出行会仔细审核申请书,不清楚的地方会与汇款人及时联系。

(2) 汇出行办理电汇时,根据汇款申请书的内容以电报或电传方式向汇入行发出解付指示。电文内容主要有:汇款金额及币种、收款人名称、地址或账号、汇款人名称、地址、附言、头寸拨付方法、汇出行名称或 SWIFT 地址等。为了使汇入行证实电文内容确实是由汇出行发出的,汇出行在正文前要加入双方银行所约定使用的密钥(Testkey)。

(3) 汇入行收到电文或电传后,核对密钥是不是相符,若不符,应立即拟电文向汇出行查询。若相符,则缮制电汇通知书,通知收款人取款。收款人持通知书一式两联向汇入行取款,在收款人收据上签章后,汇入行即凭此解付汇款。实务中,如果收款人在汇入行开有账户,汇入行往往不缮制汇款通知书,仅凭电文将款项收入收款人账户,然后给收款人——收账通知单,也不需要收款人签具收据。最后,汇入行将付讫借记通知书寄给汇出行。

电子汇款中的电报费用由汇款人承担,银行对电汇业务一般均当天处理,不占用邮递过程的汇款资金。所以,对于金额较大的汇款或通过 SWIFT 或银行间的汇划,多采用电子汇款方式。

## 4.4 网 上 银 行

### 4.4.1 网上银行概述

**1. 网上银行的概念**

一般来讲,所谓的网上银行(Internet Bank or E-bank),又称网络银行或在线银行,尽管国际上对其还没有一个比较统一的定义,但归纳起来主要有两种定义方法,即狭义的网上银行和广义的网上银行。狭义的网上银行是指以互联网为基础,充分利用信息技术,实现银行业务处理自动化、经营管理虚拟化,从而为客户提供更快捷、更方便、更丰富金融服务的银行机构,即网上银行是一种完全依赖于信息技术发展起来的全新银行。与狭义有所不同的是,广义的网上银行除了包括狭义的网上银行外,还包括通过互联网向客户提供金融服务,开展银行业务的传统银行,简单讲就是将业务与服务移植上网的传统银行。

网上银行自诞生以来,不仅开办数量成倍增长,而且其服务发展模式等也是日新月异,并随着网络信息技术的进步而不断演变。可以参照不同组织机构对网上银行的描述,如表 4-4-1 所示。

表 4-4-1 网上银行的概念

| | |
|---|---|
| 通过电子渠道提供零售性的小额银行产品和服务。这些产品和服务包括取款、贷款账户管理、提供资产咨询、电子票据支付、提供电子支付工具和电子货币方面的服务 | 巴塞尔银行监管委员会(BCBS)在1998年公布的《电子银行和电子货币风险管理》中提出 |
| 网上银行是一种通过电子计算机或相关的智能设备使银行的客户登入账户,获取金融服务与相关产品等的信息系统 | 1999年,美国货币监理署(OCC)发表的《网上银行检查手册》中指出 |
| 那些利用网络为通过使用计算机、网络电视机顶盒及其他一些个人数字设备连接上网的消费者和中小企业提供银行产品服务的银行 | 欧洲银行标准委员会在1999年发布的《电子银行公告》中指出 |
| 网上银行是指利用互联网作为其产品、服务和信息的业务渠道,向其零售和为公司客户提供服务的银行 | 美联储((FRS)2000年指出 |
| 网上银行是利用网络等电子途径向客户进行银行信息、金融产品和金融服务的一种银行 | 英国金融服务局(FSA)在2000年公布的《储蓄广告条例》中提出 |
| 银行通过因特网提供的金融服务 | 中国人民银行在2001年发布施行的《网上银行业务管理暂行办法》中提出 |

**2. 网上银行的特征**

网上银行提供了一种全新的金融业务模式,具有其独有的特征。

1) 超越时间和空间

网络可以是一个全天候、全方位、开放的系统,建立在此基础之上的网上银行为客户提供的也是"3A"式的服务,即网上银行是全天候运作的银行(Anytime),不受时间因素的限制;网上银行是开放的银行(Anywhere),其服务不受空间的制约,客户在任何能够上网的地方都可以享受到同样的网上银行服务,大大加快了银行全球化的进程;网上银行是服务方式多样化的银行(Anyhow),客户可以足不出户,通过电脑终端享受网上银行提供的各种服务。网上银行的客户可以在任何时间、任何地点,通过各种数字手段使用银行提供的金融服务,使得办理银行业务变得更加便利、快捷,同时银行也能更好地满足客户的需求。

2) 经营虚拟性

网上银行的虚拟性主要体现在网上银行的经营地点和经营业务,以及经营过程逐步虚拟化。经营地点虚拟性表现为网上银行没有实体的营业厅和网点。而经营业务的虚拟化是指网上银行经营的产品大多属于电子货币、数字货币和网络服务的范畴,其产品并不具有具体的实物形态。经营过程的虚拟化则是指网上银行经营全部通过计算机指令来实现,所有的银行业务的文档都以电子文件的形式保存下来。

3) 低成本性

网上银行的自动处理功能可以承担大量原传统银行的柜台业务,从而节约传统银行的人员和营业面积,使银行经营成本大幅降低。同时自动服务也大量减少了人工服务的错误,减少了银行的损失,这从另一方面降低了银行的经营成本,也提高了效率。

4) 服务互动性

网上银行支持服务的互动性。客户可以就一系列有先后顺序的交易逐个在网上银行进行,同时在短时间内能根据交易结果随时调整自身的决策,决定下一交易,而这在传统银行基本上是不可能的。

5) 运营创新性

创新性即技术创新与制度创新、产品创新的紧密结合。网上银行本身依托计算机和计算机网络与通信技术产生,而计算机技术正代表着当前科技发展的方向,因此其自身就要求不断进行技术创新和吸收新技术。同时,网络技术的应用直接改变了银行的经营和服务方式,这就要求必须对银行旧的管理方式和理念进行调整和改革,从组织机构和管理制度上进行创新。随着网络技术的不断创新,以及客户对银行的服务手段和产品需求不断地变化,也产生了对新产品开发的动力和压力。

6) 广域覆盖性

通过网络技术,网上银行能够将银行、证券、保险等不同种类的金融服务集中在一起,使分行业经营的金融机构可以表现为一个整体,从而增加客户对需求的满意度,有利于营销新客户和留住老客户。利用网上银行这个渠道,整合银行的资金、信息、客户群等方面的优势,提供配套证券、保险等其他金融服务,将使银行由原来单一的存贷款中心和结算中心演变为无所不能的"金融超市"。

7) 便捷性和高效性

由于网上银行大量采用自动处理交易,因此,其服务具有高速和高效的特性。所有的银行业务操作几乎是瞬时完成的。对于银行发展一项新的业务来说,一旦通过审核确立,发布也是瞬时的,可以使银行的各项产品信息迅速正确地传递给客户。这有利于缩短银行产品的创新周期,大大提高了效率。

8) 资源共享性

由于网上银行要求其业务通达的各实体银行(分支行)必须具有统一的、电脑可识别的编码和基本信息,因此,客观上就要求这些行必须实现信息的同步和共享。同时网上银行的远程性和跨地域性,又使其系统的软硬件资源的共享成为可能。因此,在实际中,各家银行均对网上银行实现全部或部分的资源共享。

9) 服务个性化

相对于传统银行,网上银行的客户散布于不同的终端之前,传统的大众营销方式已经不适合新的客户结构。网上银行可以突破时空局限,能根据每个客户不同的需求"量身定做"个人的金融产品并提供银行业务服务,最大限度地满足客户多样化的金融需要。

10) 信息透明度高

在网上提供银行业务的种类、处理流程、最新信息、年报等财务信息和价格信息是网上银行最基本、最简单的服务功能,而银行也可以通过网络全面、及时地了解客户的各种资料,如信誉度、支付能力等。因此,金融信息的透明度得到了空前的提高。这不仅大大降低了信息搜寻成本,而且在一定程度上避免了由于信息不对称引起的金融风险。

总之,网上银行已经成为银行业拓宽服务领域、提升管理水平、调整经营策略进而提高盈利能力的重要手段。网上银行的产生与发展是国际银行业发展的重要特点,也是我国银行业发展的必然趋势。

**3. 网上银行的功能**

网上银行的功能一般包括:银行业务项目、信息发布和商务服务等业务。

1) 银行业务项目

银行业务项目主要包括:家庭银行、企业银行、信用卡业务、国际业务、各种支付、信贷及特色服务等传统的银行业务功能。

(1) 家庭银行。为用户提供方便的个人理财渠道,包括网上开户、清户、账户余额、利息查询、交易历史查询、个人账户挂失、电子转账和票据汇兑等。

(2) 企业银行。为企业或集团提供综合账户业务,如查询本企业或下属企业账户余额和历史业务情况;划转企业内部各单位之间的资金;核对调节账户,进账账户管理等服务;电子支付离职工资;了解支票利益情况,支票挂失;将账户信息输出到空白表格软件或打印诸如每日资产负债表报告、详细业务记录表、银行明细表之类的各种金融报告或报表;通过互联网实现支付和转账等。目前中国银行推出的"企业在线理财"就属于这类业务。

(3) 信用卡业务。包括网上信用卡的申办、信用卡账户查询、收付清算等功能。与传统的信用卡系统相比,网上信用卡更便捷。如用户通过 Internet 在线办理信用卡申请手续;持卡人可以通过网络查询用卡明细;银行可定期通过电子邮件向用户发送账单,进行信用卡业务授权、清算、传送黑名单、紧急止付名单等。

(4) 各种支付。提供数字现金、电子支票、智能卡、代付或代收费等网上支付方式,以及各种企业之间转账或个人转账,如同一客户不同账号间转账,包括活期转定期、活期转信用卡、银行账户与证券资金账户之间资金互转等。

(5) 国际业务。包括国际收支的网上申报服务、资金汇入、汇出等。目前国内企业可向中国银行总行申请办理此项国际收支申报业务。

(6) 信贷。包括信贷利率的查询、企业贷款、个人小额抵押贷款的申请等。银行可根据用户的信用记录来决定是否借贷。

(7) 特色服务。主要是指通过 Internet 向客户提供各种金融业务,如网上证券、期货、外汇交易、电子现金、电子钱包以及各种金融管理软件的下载等。目前,国外银行从借贷差中获取的利润已不足50%,其余的都来自各种在线服务的回报。从整个银行业的发展趋势来看,提供在线服务将成为未来银行利润的主要来源。

2) 信息发布

目前网上银行所发布的信息主要有:国际市场外汇行情、对公利率、储蓄利率、汇率、证券行情等金融信息,以及行史、业务范围、服务项目、经营理念等银行信息,用户能随时通过互联网了解这些信息。

3) 商务服务

商务服务主要提供资本市场、投资理财和网上购物等子功能。对资本市场来说,除人员直接参与的现金交易之外的任何交易均可通过网上银行进行。投资理财服务可以通过客户主动进入银行的网站进行金融、账户等的信息查询以及处理自己的财务账目,也可由网上银行系统对用户实施全程跟踪服务,即根据用户的储蓄、信贷情况进行理财分析,适时地向用户提供符合其经济状况的理财建议或计划。在网上购物方面,网上银行可以以网上商店的形式向供求双方提供交易平台,商户在此可建立自己的订购系统,向网上客户展示商品并接受订单,商户在收到来自银行的客户已付费的通知后即可向客户发货;客户可进入银行的网上商店,选购自己所需要的商品,并通过银行直接进行网上支付,这种供求双方均通过网上银行这一中介机构建立联系和实现收支,降低了交易的风险度。

## 4.4.2 网上银行的分类

### 1. 按照经营者的不同分类

按照经营者不同,网上银行可分为纯粹的网上银行、依附传统银行的网上银行和依附其他金融机构的网上银行。

1) 纯粹的网上银行

纯粹的网上银行又称独立型网上银行或虚拟银行,是指一些网络技术公司借助其在网络技术上的优势,通过互联网提供某些银行业务服务的网上银行。这类网上银行没有任何实体的经营网点,完全通过互联网为其客户提供服务,因此,其客户也主要是在互联网上经营电子商务的商家及其客户。在电子商务没有完全为社会接受的情况下,纯粹的网上银行虽然有低成本的优势,但业务量仍难满足维持其持续发展的需求,而且还遇到信誉等问题。所以,这类网上银行仅在欧美短暂出现,最后或者倒闭,或者被传统银行收购,变成依附传统银行的网上银行。尽管纯粹的网上银行只是短暂地出现,但它毕竟是一条新的思路,让人们看到了金融创新的方向。纯粹的网上经营是难以维持的,只有依附到传统业务上,充分发挥网络的优势,克服传统经营上的不足,扬长避短,才能达到互补的双赢局面。

2) 依附传统银行的网上银行

面对网上银行可能带来的竞争,传统银行为了在竞争中保持优势,必然会将业务扩展到网上。传统银行一直是计算机和网络技术的最大用户,也是最大得益者,银行不断采用新技术进行金融创新,在提高服务效率、服务质量的同时,推出了丰富的金融产品,满足客户不同的需求。传统银行经历了从微机单点应用到城市综合网络、从单一业务应用到综合业务系统、从单纯营业系统到业务处理系统和管理信息系统配套运用的发展过程。现在几乎所有的传统银行事实上已经拥有完善的网络,只不过是需要由其职员操作才能提供服务。只要在现有的网络上开放一个接口,让客户通过互联网访问银行现有的网络,通过身份认证后,就可以自行操作来处理自己的银行业务,使银行服务更具个性化,随时随地随手可得。网上银行延伸了传统银行的服务空间,延长了传统银行的服务时间。更关键的是,网上银行为客户提供了优质的个性化服务,适合不同客户的需要,而银行却无须为此付出很大的成本,从而帮助银行留住了老客户,吸引了新客户。目前,比较健康发展的就是这类依附于传统银行的网上银行。

3) 依附其他金融机构的网上银行

依附于其他金融机构的网上银行,主要是由保险公司或证券公司等非银行的金融机构经营的网上银行,其从事的业务主要是吸收存款和发放个人贷款。网上银行依托于母体(保险公司、证券公司),可以起到互补的作用。例如,证券公司开办网上银行,方便客户买卖证券,让客户自行通过互联网调动资金,甚至进行资金融通。而网上银行和网上证券结合,可以有效地突破地域及时间的界限,使资金在国际证券市场快速顺畅地流动。不过,这类网上银行跟纯粹的网上银行一样,未能在所有国家出现。不少国家,包括中国,对金融机构的经营范围都有很严格的划分,保险、证券等作为非银行的金融机构,是不允许经营银行业务的。但随着金融的全球化、自由化、网络化,金融业混业经营的呼声日趋强烈,如果监管机构做出明确指引的话,放宽混业经营的监管尺度,由保险公司、证券公司等非银行金融机构经营的网上银行将得益于其母体(保险公司、证券公司)现有客户关系,成为传统银行不可忽视的竞争对手。

**2. 按网上银行服务系统分类**

按目前各家银行开通的网上银行服务系统,一般又分为个人网上银行和企业网上银行。

1) 个人网上银行

个人网上银行是指银行通过互联网,为个人客户提供账户查询、转账汇款、投资理财、在线支付等金融服务的网上银行。客户可以足不出户就能够安全、便捷地管理活期和定期存款、支票、信用卡及个人投资等。个人网上银行客户分为注册客户和非注册客户两大类。注册客户按照注册方式分为柜面注册客户和自助注册客户,按是否申领证书分为证书客户和无证书客户。可以说,个人网上银行是在Internet上的虚拟银行柜台。

个人网上银行业务有如下特点:

(1) 方便快捷超越时空的服务。全天候不间断地提供服务,使个人客户可以在任何一个可上网的地方随时登录提供个人网上银行服务的网站进行各项业务。

(2) 随心所欲的全功能服务。个人网上银行业务包括查询服务、理财服务、对外转账、约定转账、网上缴费、网上支付、自助贷款、国债投资、基金投资、个人外汇买卖、个人委托贷款、互动服务、提醒服务、挂失服务、维护设置、公共信息等,基本覆盖目前个人客户的所有银行业务需求。

(3) 各具特色的个性化服务。例如,针对个人客户群体差异较大的特点,有的网上银行提供了分层次、个性化服务,为其理财资金账户客户及其他优质客户提供了智能芯片"个人客户证书"、大额转账、业务优惠及专业理财等多项专属特色服务,打造出"网上银行贵宾服务"新概念。

(4) 依托网络的新颖服务。由于网上银行不受时空限制,许多网上银行在中间业务、资产业务和信息业务等方面进行创新,提供形式多样的自助式服务,大大方便了个人用户。

2）企业网上银行

企业网上银行适用于需要实时掌握财务信息、不涉及资金的转入和转出的广大中小企业客户。企业网上银行一般有两种版本：一种是网上银行查询版，提供网上银行的系统管理功能和基本查询功能，如账户余额、交易流水等的查询和对账单的下载，无须申请和使用证书及身份卡。另一种是网上银行专业版，提供网上银行的系统管理功能、基本业务功能以及其他增强功能，包括查询、转账、代发工资、集团服务、财务管理、理财服务、对账单下载等，能较好地满足大中型企业对财务资金管理的基本需求，但必须要申请和使用普通卡、证书卡和身份卡。

企业网上银行的特点如下：

（1）方便性。网上银行系统全天候地为企业客户服务，让企业在任何时间、任何地点都能轻松理财。

（2）安全性。采用中国人民银行CFCA作为第三方认证机构，系统安全方案规范、先进。同时，系统采用多重加密技术，所有数据均经过加密后在网上传输，保证数据的安全。

（3）高效性。建立在数据大集中的业务处理系统平台上，业务处理更加快捷。同时，网上银行系统内转账能实时到账。

### 4.4.3 企业网上银行的申请流程

如图4-4-1所示，企业网上银行的一般申请流程如下：

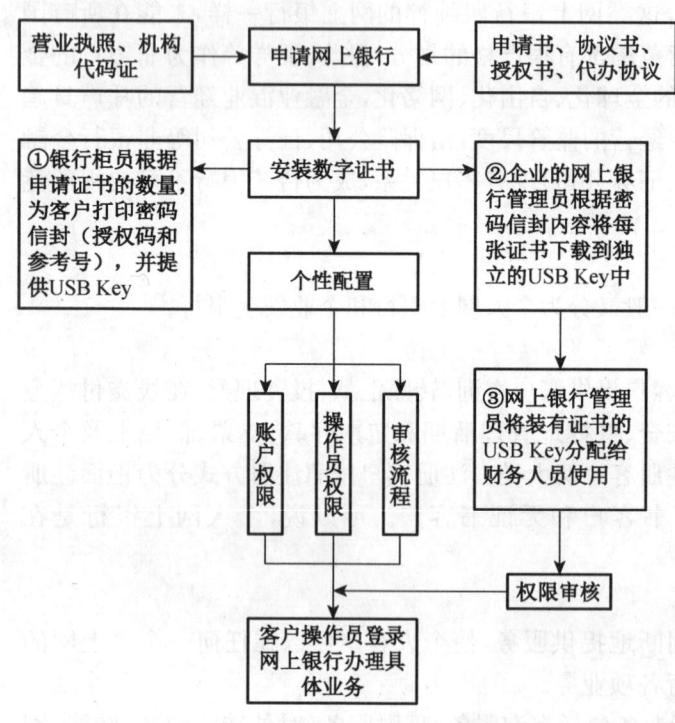

图4-4-1 企业网上银行申请流程

（1）开账户：携带企业的"营业执照"和"机构代码证"正本以及复印件（加盖公章），并带齐企业公章、银行预留印鉴章（财务章、私章），到就近的银行网点办理开户手续（如是银行对公客户可免此步骤）。

（2）申请网上银行：向银行索取相关文件，包括申请书、协议书、授权书及代办协议等，填妥后交给开户行的柜台人员（申请时客户要根据自身需求选择适用的网上银行版本）。

（3）客户确定适用的版本及拟开通的业务，签署相关协议后，银行为客户开立网上银行客户服务并生成网银系统管理员，生成证书下载需要的两码（授权码和参考号）。

（4）安装数字证书和驱动程序：证书的下载与安装，USBKey驱动程序安装（客户自行安装或由银行工作人员协助安装）。

（5）个性配置：由企业网银的系统管理员（或由银行人员代理）对各种已开办的业务进行管理权限的设定，主要包括以下内容：①账户权限设置。设置网银账户的交易权限，如是否允许转账、单笔支付限额等。②操作员管理。管理网银的系统管理员、业务录入员和审核员，并完成对上述人员的增加、删除和人员权限的查询、修改及密码重置等功能。③审核流程管理。设置包括转账、集团服务、代发工资等业务的审核流程。

（6）另一系统管理员对上述设置进行审核。

（7）客户操作员登录网上银行办理具体业务。

## 4.5 第三方支付

我国商业银行等传统金融机构已经不再处于非现金支付业务的垄断地位了。目前来看,我国第三方支付机构在信息技术运用与支付模式创新方面的能力明显强于传统金融机构,传统金融机构在个人电子支付业务上遭遇来自非金融支付机构的强力挑战,我国第三方支付机构的主力来自互联网行业。互联网行业巨头利用个人电子支付业务渗透到金融领域,并与金融行业在个人电子支付领域展开竞争。因此,除银行类金融机构与银行卡组织外,第三方支付机构也是我国个人电子支付服务的主要提供者。

### 4.5.1 第三方支付概论

**1. 第三方支付的概念**

第三方支付(Third-Party)是指那些具备一定经济实力和信誉保障的独立法人机构,通过与各大银行签约的方式,为用户与银行支付结算系统接口交易提供支持平台的网络支付模式。

在第三方支付模式中,买方在网上选购完商品后,将货款打入第三方支付平台的账户上进行支付,由第三方支付机构通知卖家货款到账并要求发货;买方在收到货物,并检验商品符合合同约定后,再通知第三方支付平台付款给卖家,此时第三方支付平台在将款项转至卖家的账户上。其中,第三方支付平台是指平台提供商通过先进的计算机技术和相关的信息安全技术,在银行和商家之间建立支付网关的连接,以便实现从消费者到金融机构以及商家之间的货币支付、现金流转、资金清算、查询统计等功能。

**2. 第三方支付的特点**

1) 独立性

第三方支付既独立于交易各方,又独立于银行,以此区别网上银行的支付服务。它更不是虚拟银行,通常在网络交易中提供担保服务。

2) 安全性

第三方支付作为交易双方的中间人,其主要目的是要保障交易资金的安全性,相比于直接支付的信用基础缺失,第三方支付则通过技术手段和交易规则为买卖双方提供了一定的信用担保和资金保障平台,极大地化解了网络交易中的不确定性和风险性。同时,第三方支付平台还可以详细记录整个交易过程的资金流向情况,为后续交易中可能出现的纠纷提供了相应的电子证据。

3) 公正性

采用第三方支付平台可以最大限度避免欺诈和拒付等不良行为的发生,降低了运营风险,从而创造出和谐、彼此信任的交易氛围。第三方支付由于采用了网站与银行间的二次结算方式,因而,让支付平台不再单纯地作为连接各商业银行支付网关通道的形式存在,而是以中立的第三方机构身份,能够有效保留买卖双方的交易信息,监督买卖双方的交易行为,有力地保障了双方的合法权益。

4) 开放性

第三方支付目前采取多银行、多卡种、多终端的支付方式,因而是一个开放程度很高的体系。据不完全统计,几乎所有的第三方支付平台都能够支持全国范围内的绝大多数银行的银行卡以及全球范围内的国际信用卡的在线支付,而且现在的支付终端形式也发生了巨大的变化,不仅支持各种商业银行卡通过PC机进行支付,同时还支持电话、手机等多种终端支付。

5) 便利性

第三方支付机构一般都提供各大银行的银行卡网关接口,给买方和卖方都带来了极大的便利。对买方而言,只需要办理任意一家银行的银行卡即可,而卖方也不需要沿用邮购时代在多个银行开户的习惯,只需要在一家银行开户即可。买卖双方之间即便所持银行卡不是同一银行的也不要紧,第三方支付机构会与各大银行进行跨行结算。

6) 应用广泛性

第三方支付提供的资金支付平台,不仅可以应用于网络购物,还可以应用于考试交费、水电煤气费账单支付、购买机票、爱心捐款等。而对于网络购物的电子商务领域而言,第三方支付可以帮助商家降低企业运营和银行网关开发成本,并促成它们之间的合作,实现多赢的局面。

### 4.5.2 第三支付平台的运营模式

目前,第三方支付平台的运营模式主要可以分为两类:一类是支付网关模式;一类是信用中介模式。

**1. 支付网关模式**

支付网关模式发展较早,此种模式也被称为独立第三方支付模式,是指其有独立的运营平台,为前端的网上商户和签约用户提供以订单支付为目的的增值服务运营平台,系统后端连接着不同银行的电子接口。因为这种第三方支付位于互联网和银行专网之间,可以保护和隔离银行的专用网络,所以被称为"支付网关"。从整个过程来看,支付网关模式是一个把银行和签约用户连起来的虚拟通道,消费者通过第三方支付平台付款给商家,第三方支付为签约用户提供了一个可以兼容多家银行支付的接口平台。我国支付网关模式的典型代表是首信易和快钱。

支付网关模式的一般流程是:消费者选择商品并下订单,选择第三方支付服务商,点击后进入银行支付页面进行支付操作,第三方支付服务提供商把消费者的支付请求传递给相关银行,相关银行根据消费者的支付能力进行转账等,并把支付结果传递给第三方支付机构和消费者,商家收到支付信息后提供商品或服务。根据首信易和快钱的支付过程整理而得的支付流程,如图4-5-1所示。

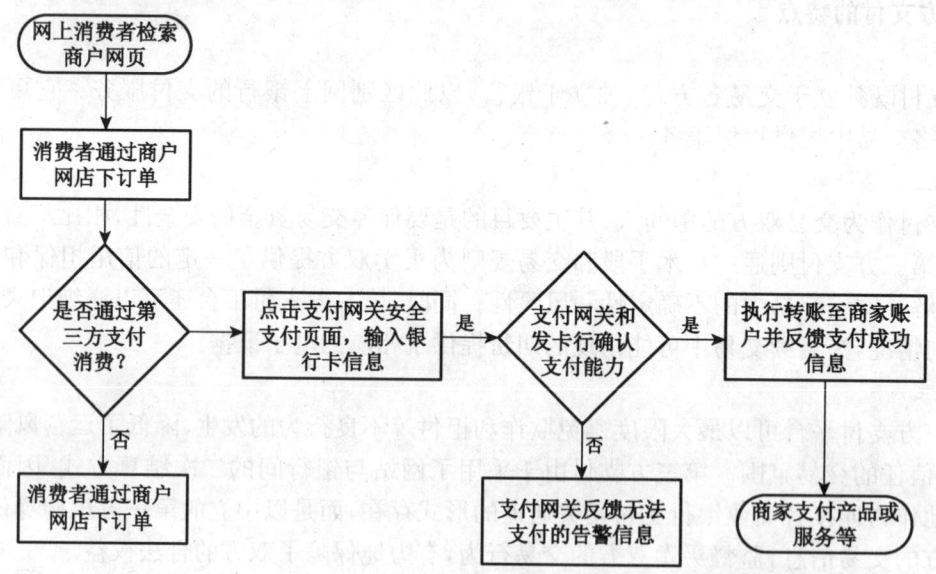

图 4-5-1 支付网关模式流程图

使用这种模式的大部分第三方支付机构的特点:在盈利方式上,他们将根据客户的不同规模和特点来提供不同的产品,并以此来收取不同组合的年服务费和交易手续费。他们的客户群体,主要是面向B2B、B2C 和 C2C 市场,客户以中小型商户或者有结算需求的政企单位为主。其优势特点是:具有独立的网关,灵活性比较大,一般都具有行业背景或者政府背景。其面临的问题主要是没有完善的信用评价体系,抵御信用风险的能力有待加强;需要自主经营、自负盈亏,支付机构因为服务收费问题、交易安全问题、对银行的依附性问题等导致发展受限制。

## 2. 信用中介模式

信用中介模式又称非独立第三方支付。这种模式解决了支付中信用缺失问题,有交易双方都信任的第三方支付机构作担保,保证交易中的诚信。信用中介模式中的第三方支付机构一般依托于有实力和信誉的大型母公司,它的产生主要是为母公司或关联机构提供服务和支持。在具体的运营过程中,需要用户现在第三方支付机构注册账户,成为会员。消费者在与商家达成交易订单后,把货款付给第三方支付中介,消费者确认收到商品后,第三方支付机构再把货款付给商家;否则,消费者不确认,货物返还给商家,第三方支付机构将货款重新返还消费者。信用中介模式流程图,如图 4-5-2 所示。

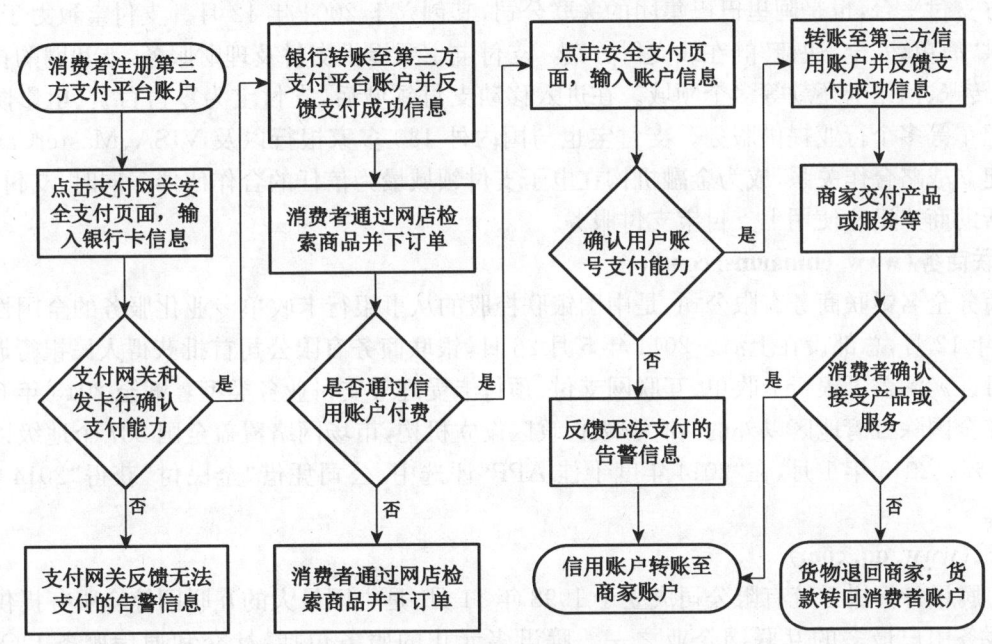

图 4-5-2　信用中介模式流程图

## 4.5.3　第三方支付平台的交易流程

在拍卖网站的交易过程中,由于买方不认识卖方,也不了解其信用水平,所以买方在拍得卖方的商品后,不是直接付款给卖家,而是将货款付给第三方支付平台。第三方支付平台收到货款后通知卖方货款收到、进行发货。在卖方发货后、卖方确认收到货物前,由第三方支付平台替买卖双方暂时保管货款。直到买方在收到货物并验证货物无误之后,给第三方支付平台发出验货通知。然后第三方支付平台将货款转入卖方账户。如果买方发现货物存在问题,要求退货,第三方支付平台则将货款退回给买方。第三方电子支付交易的流程,如图 4-5-3 所示。

(1) 付款人将实体资金转移到第三方支付平台的支付账户中。

(2) 付款人购买商品或服务。

(3) 付款人发出支付授权,第三方支付平台将付款人账户中的相应资金转移到自己的账户中保管。

(4) 第三方支付平台告诉收款人已经收到货款,可以发货。

(5) 收款人完成发货许诺或完成服务。

(6) 付款人确认可以付款。

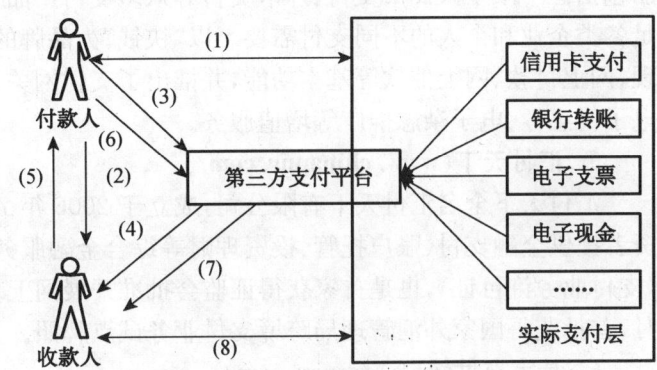

图 4-5-3　第三方电子支付交易流程

(7) 第三方支付平台将临时保管的资金划拨到收款人账户中。

(8) 收款人可以将账户中的款项通过第三方支付平台和实际支付层的支付平台兑换成实体货币，也可以用于购买商品。

### 4.5.4 常用的第三方支付平台

**1. 支付宝(www.alipay.com)**

浙江支付宝网络技术有限公司[原名支付宝(中国)网络技术有限公司,简称支付宝]是国内领先的独立第三方支付平台,也是阿里巴巴集团的关联公司,其创立于2004年12月。支付宝致力于为中国电子商务提供"简单、安全、快捷"的在线支付方案。支付宝主要提供支付及理财服务,涉及网购担保交易、网络支付、转账、信用卡还款等多个领域。在进入移动支付领域后,支付宝为零售百货、电影院线、连锁商超和出租车等多个行业提供服务。支付宝也与国内外180多家银行以及VISA、MasterCard国际组织等机构建立战略合作关系,成为金融机构在电子支付领域最为信任的合作伙伴。同时,支付宝基于移动端可以帮助商户迅速使用上支付宝支付服务。

**2. 银联商务(www.chinaums.com)**

银联商务全名银联商务有限公司,是中国银联控股的从事银行卡收单专业化服务的全国性公司,成立于2002年12月,总部设在上海。2011年5月26日,银联商务有限公司首批获得人民银行颁发的《支付业务许可证》,涵盖了银行卡收单、互联网支付、预付卡受理等支付业务类型。截至2013年6月底,银联商务已在全国除台湾地区以外的所有省级行政区设立机构,市场网络覆盖全国337个地级以上城市,覆盖率100%。2015年1月,在"2014年度十佳APP"评选中,公司凭借"全民付"获得"2014年度十佳APP"称号。

**3. 腾讯(www.qq.com)**

深圳市腾讯计算机系统有限公司成立于1998年11月,是中国最大的互联网综合服务提供商之一,也是中国服务用户最多的互联网企业之一。腾讯多元化的服务包括:社交和通信服务QQ及微信/WeChat、网络视频服务腾讯视频和腾讯金融等。腾讯支付业务包括:财付通、微信支付和QQ钱包。其中,财付通是腾讯公司于2005年9月正式推出专业在线支付平台,其核心业务是帮助在互联网上进行交易的双方完成支付和收款。同时,致力于为互联网用户和企业提供安全、便捷、专业的在线支付服务。财付通构建全新的综合支付平台,业务覆盖B2B、B2C和C2C各领域,提供网上支付及清算服务,是国内第二大线上支付平台。

**4. 快钱(www.99bill)**

快钱是国内领先的独立第三方支付企业之一,旨在为各类企业及个人提供安全、便捷和保密的综合电子商务支付服务。目前,快钱是支付产品最丰富、覆盖人群最广泛的电子支付企业,其推出的支付产品包括但不限于人民币支付、外卡支付等众多支付产品,支持互联网、手机、电话和POS等多种终端,满足各类企业和个人的不同支付需要。以"快钱"为品牌的产品和服务内容广泛,涵盖了账户管理、网上提现、网上付款、网上催款等基本功能,并推出了支付网关、快钱钮、捐赠钮等收付费工具,还为商家提供了电子优惠券、电子杂志推广等增值服务。

**5. 汇付天下(www.chinapnr.com/)**

汇付天下全名汇付天下有限公司,成立于2006年7月,为中国小微企业、金融机构、行业客户和投资者提供金融支付、账户托管、投资理财等综合金融服务。2011年5月,汇付天下首批获得央行颁发的《支付业务许可证》,也是首家获得证监会批准开展网上基金销售支付结算业务的金融机构。2013年10月,首批获得国家外汇管理局跨境支付业务试点牌照。

**6. 易宝支付(www.yeepay.com/)**

易宝(YeePay,北京通融通信技术有限公司)是专业从事多元化电子支付一站式服务的领跑者。易宝致力于成为世界一流的电子支付应用和服务提供商,专注于金融增值服务领域,创新并推广多元化、低成本、安全有效的支付服务。易宝的网上在线支付是直接通过银行卡进行的在线付款的支付方式,使用该支付方式,系统将直接跳转到该用户所使用的银行卡的银行网关,完成从银行卡到商家点对点的在线支付操作。易宝首家推出电话支付,即由用户拨打电话银行,通过自助语音系统使用银行卡付款。易宝的其他支付产品还有及时充,即利用"手机+银行卡"的自动语音充值缴费服务;会员支付是指通过易宝储值账户进行的在线付款的支付方式,会员无须每次都输入银行卡的账号和密码进行支付,只要能够保证付款时易宝账户有足够的充值,就可以直接从账户划款给商家;短信支付则是在工行手机银行的注册用户在网上购物时,如果选择"工行手机银行支付",会收到银行发送的支付确认短信,回复短信即可完成支付。目前易宝的支付产品已广泛地应用于电子票务、教育、电视购物、游戏等领域。

**7. 环迅支付(www.ips.com)**

环讯支付是由迅付信息科技有限公司创建的第三方支付平台。环讯支付提供的支付服务有:网银支付、无卡支付、国际卡支付、POS 收单、委托收款、委托付款、语音支付、手机支付、账户支付集团账户和多账户收款。在云计算的支持下,环迅支付推出了可行业共享的安全保护数据库平台。平台服务范围覆盖国内、国际银行卡、信用卡的支付安全。使用在线安全支付反欺诈系统,可完成对电子支付信息安全的风险评估。在该系统运行过程中,能对支付行为进行实时监控和预警,并采用先进的安全认证、安全签名,为企业提供抗抵赖机制、强审计保证,以及传输过程的防泄露和加密服务,从而充分保障企业资金安全。

**8. 宝付支付(www.baofoo.com)**

宝付网络科技(上海)有限公司是一家第三方支付公司,旨在为个人及企业提供灵活、自助、安全的互联网支付产品与服务。宝付产品种类丰富,提供 365 天不间断结算服务,帮助商户资金快速回笼,让电子商务与资金流安全无缝衔接。同时将"实时清算整体解决方案"作为核心商业模式落实贯彻,使宝付的市场规模在近两年来保持了高速的增长势头。宝付为用户提供的服务包括收单类产品、结算类产品、跨境类产品和行业化产品。

**9. 其他第三方支付**

1) 中金支付(www.cpcn.com.cn)

中金支付有限公司成立于 2010 年 2 月 4 日,是中金金融认证中心有限公司(即中国金融认证中心,CFCA)的全资子公司。公司产品体系主要面向公共服务类机构、行业交易市场、供应链和物流等领域提供网上支付解决方案。公司业务主要包括对公及对私两大业务类别,涵盖了网银支付、认证快捷支付、担保支付等。公司的服务涵盖有:对账查询、分账结算、账户验证、退款服务、信用中介等。

2) 易付宝(paypassport.suning.com)

南京苏宁易付宝网络科技有限公司,是苏宁云商集团股份有限公司旗下的独立第三方支付公司。在苏宁易购的注册会员,同步拥有易付宝账户,可以在苏宁易购上直接给易付宝账户充值,付款时可用易付宝直接支付。用户对易付宝账户激活后,即可享受信用卡还款、水电煤缴费等各种应用服务。目前,易付宝注册会员数超过 3 000 万,年交易量近 200 亿元,已和全国 20 多家主流银行建立了深入的战略合作关系,线上支付覆盖全国 100 多张银行卡,成为金融机构在电子支付领域最为信任的合作伙伴之一。

3) 拉卡拉(www.lakala.com)

拉卡拉集团于 2005 年成立,2011 年首批获得央行颁发《支付业务许可证》的第三方支付企业,也是中国最大的便民金融服务平台,致力于为个人、社区、企业提供各种便利金融服务。拉卡拉致力打造了底层统一,用户导向的金融服务共生系统。其在国内第三方移动支付领域和线下银行卡收单行业长期保持交易规模前列。拉卡拉成立后开发出中国第一个电子账单服务平台,随后与中国银联签署战略合作协议,推出电子账单支付服务及银联标准卡便民服务网点,并率先在北京、上海地区展开拉卡拉便利支付点建设。99%的品牌便利店已与拉卡拉达成战略合作,拉卡拉便利支付点已融入城市居民日常生活中。

4) 网银在线(www.chinabank.com.cn/)

网银在线[网银在线(北京)科技有限公司]是国内领先的电子支付解决方案提供商,专注于为各行业提供安全、便捷的综合电子支付服务,成立于2003年。公司业务包含:互联网支付、银行卡收单、线上开放预付卡、固定电话支付,以及移动电话支付等。核心业务包含支付处理(在线支付网关、网银钱包、快捷支付)及预付费卡等服务。

5) PayPal(www.paypal-biz.com)

PayPal(在中国大陆的品牌为贝宝)于1998年12月由Peter Thiel及Max Levchin建立,是一个总部在美国加利福尼亚州圣荷西市的因特网服务商。贝宝允许在使用电子邮件来标识身份的用户之间转移资金,避免了传统的邮寄支票或者汇款的缺陷。PayPal贝宝账户,是PayPal专为中国用户推出的本土化产品。产品面向拥有人民币单币种业务需求的企业与个人,帮助人们在贝宝账户和银行账户之间进行人民币转账。PayPal账户,就是我们通常说的"PayPal贝宝国际"账户,是面向具有国际收支需要的户类型。它可以让用户在互联网上即时支付和收取交易款项,而卖家只需要把PayPal邮箱发给买家,买家就可以付款了。

6) 首信易(www.beijing.com.cn)

首信易支付自1993年3月起开始运行,是中国首家实现跨银行提供多种银行卡在线交易的网上支付服务平台,现支持全国范围内多家银行及全球范围内几种国际信用卡在线支付,拥有千余家大中型企事业单位、政府机关、社会团体组成的庞大客户群。首信易支付业务包含B2C、B2B、G2C等多种在线支付服务,支持银行卡及电子充值计费系统在社区、互联网、手机、电话等多种终端进行支付,并可广泛应用于电子商务、电子政务领域的交易、支付、计费、清算、会员管理等应用系统。首信易支付作为具有国家资质认证、政府投资背景的中立第三方网上支付平台拥有雄厚的实力和良好的信誉。同时,其凭借自身具有的便捷开放、安全的优势在激烈竞争的支付业务领域始终处于行业领导者的地位。

7) 快付通(www.lycheepay.com)

深圳市快付通金融网络科技服务有限公司成立于2009年9月,原投资方为深圳市金融电子结算中心下属的金融联网络。经营范围为从事银行卡收单业务到发卡业务的配套服务,包括销售点终端(POS)机设备及相关应用软件、相关设备的技术开发及销售、银行卡自动授权应用系统及相关的技术开发及销售、磁卡、智能卡产品及网络系统的技术开发,并提供电子商务技术、服务平台及相关配套服务。快付通提供的支付服务有:预卡服务、代收服务、手机支付服务、网络支付服务和快付通卡查询。它涉及基金、机票商旅、信贷和保险等各个行业。

8) 易票联(www.epaylinks.cn)

易票联支付技术有限公司,简称易票联支付,旨在系统打造零风险平台。公司已与国内30多家主要的银行开展了全面的第三方支付业务合作,并成为中国银联(UnionPay)和万事达卡(MasterCard)国际银行卡清算组织的成员机构。易联票提供的互联网支付有:网银支付、快捷支付、一键支付和易刷网付。易票联支付开发了多元化的零售支付和新型的互联网支付等系统,致力为国内外的合作伙伴提供优质的支付服务,主要包括五大业务体系:零售支付服务——零售商户结算收付系统,实现终端管理优化;便民支付服务——全国电讯充值、信用卡还款和近100款游戏充值;金融支付产品——企业快速收付款,不限额度轻松全球付;网付产品——为电商和手机客户端提供互联网支付服务;人民币跨境结算——跨境贸易网上结算服务,实现资金的跨境收付。

9) 通联支付(www.allinpay.com/)

通联支付网络服务股份有限公司(简称"通联支付")是在国家有关金融主管部门的支持下,由上海国际集团、上海国际信托有限公司、中国万向集团等机构共同出资设立的一家金融外包与综合支付服务企业。目前,通联支付公司的业务主要包括两大方面:行业综合支付服务和金融外包服务。客户范围除银行和传统的百货超市餐饮商户企业外,还包括基金、保险、航空等行业合作伙伴和若干大型集团企业客户。同时,通联支付为商户提供的服务有:银行卡受理、账户支付、网络支付、基金支付和电话支付。

## 4.6 移动支付

### 4.6.1 移动支付概述

**1. 移动支付的概念**

虽然说移动支付已经有一段比较长的发展时期,但是对于移动支付的定义目前还没有统一的定论。移动支付的定义可归纳为以下几类:

(1) 移动支付就是在购买货物或服务的交换过程中使用任何移动设备进行发起、认证和确认的交易。移动设备包括移动电话、PDA 等任何可以连接到移动通信网络使得移动支付成为可能的设备。移动支付可以成为现金、信用卡和支票的补充,还可以被用于支付账单,也是以现金为基础的支付工具,如电子资金转账、互联网银行业务付款、电子票据等。

(2) 移动支付可以定义为一系列通过使用 SMS、WAP、IVR 等进行的相关交易活动,如购物、付款和银行转账工款等。在相关因素的影响下,它是一种通过使用手机和 PDA 的商业付款行为,具有便利和安全的特点,并且支付效率高。

(3) 移动支付作为移动网络与金融系统结合的产物,它把移动通信网络作为实现交易和支付的工具,为消费者提供商品交易、缴费、银行账号管理等金融服务的业务。随着移动网络和移动通信设备的发展,移动支付已经成为现代社会一种具有发展潜力的付款方式。

(4) 根据移动支付论坛的定义,移动支付是指交易双方为了某种货物或业务,通过移动设备进行的商业交易。移动支付所使用的移动终端可以是手机、PDA、移动 PC 等。

(5) 所谓移动支付就是使用移动设备来管理支付交易,通过中介直接或者间接地完成由付款人向特定收款人转移一定资金的行为。

(6) 移动支付是指交易双方通过移动设备进行某种商品或服务的交易,所使用的移动终端既可以是手机,也可以是 PDA、移动 PC 等。

通过上面对移动支付的介绍,对移动支付做出如下描述:移动支付(Mobile Payment)是指用户使用移动手持设备,通过无线网络(包括移动通信网络和广域网)购买实体或虚拟物品以及各种服务的一种新型支付方式。

**2. 移动支付的特点**

移动支付有如下特点:

(1) 及时、便捷、操作简单。移动支付既能远程支付也能现场支付。而信用卡、储值卡、支票和传统电子支付等不能随时随地支付;现金、支票、储值卡等不能实现实时的远程支付;网上支付、电话支付等工具不能实现现场支付。

(2) 移动支付风险小。随时提供交易信息,可有效防范支付风险。而信用卡、网上银行等工具账户存在被盗风险;支票、现金等支付工具存在被伪造的风险。

(3) 移动支付成本低。移动支付能方便地解决交易中存在的大量重复发生的小额支付,降低交易双方的交易成本,可替代现有小额支付模式。

**3. 移动支付的分类**

根据不同的分类标准,移动支付可以分为不同的种类。不同的分类,在安全性、支付成本等方面都有不同的要求。同时不同种类的移动支付在应用领域具有一定差异,支付的实现模式也各有不同。

1)根据交易金额分类

移动支付按交易金额的大小,可分为小额支付和大额支付两种。小额支付主要针对交易金额低于10美元或欧元的业务。大额交易主要针对交易金额大于10美元或欧元的业务,适用于在线交易或近端交易。

小额支付和大额支付之间最大的区别是对安全要求级别的不同。大额支付较为注重安全,因此需要通过可靠的金融机构进行交易认证;小额支付则比较注重运作成本,讲究结算快捷、操作简单方便。目前,我国的移动支付大多数应用在小金额支付上。

2)根据账号的设立分类

移动支付根据账号设立的不同,可以分为手机与银行卡绑定收费和手机话费账单代收费两种。

(1)手机与银行卡绑定收费。手机与银行卡绑定收费是将消费者的银行账号或信用卡号与其手机号连接起来,费用从消费者的银行账户或信用卡账户中扣除。移动运营商只为银行和消费者提供信息通道,不参与支付过程,只由银行为消费者提供交易平台和付款途径。

这种收费方式符合金融法规,但需要移动运营商和金融机构配合,操作相对比较复杂。这种模式的优点是消费者的身份经过银行的认证,且银行本身具有金融风险管控的能力,因此对商家而言相对有保障。其缺点是不适合小额支付的交易方式,因为小额支付的交易金额本身不高,而账户管理或是转账的费用可能高于交易金额,对消费者而言,其交易成本太高。

(2)手机话费账单代收费。手机话费账单支付模式,就是消费者消费后的交易金额会加入话费账单中,而商家的款项也是由移动运营商来进行清算。

这种模式的优点是可以将金融机构排除在支付系统之外,减少交易时的手续费用或交易成本;缺点是这种方式只适合小额付款,因为移动运营商的风险管控能力比不上金融机构,所以如果使用大额付款,对移动运营商及消费者来讲,都将产生非常大的风险。

3)根据发生时间分类

移动支付按结账或清算时间的不同可分为预支付、在线即时支付和离线信用支付三类。

(1)预支付。消费者事先支付一定数量的现金来购买储值卡或电子钱包,交易时直接从此储值卡或电子钱包中扣除交易金额,当余额不足时则无法交易,必须在储值卡或电子钱包中补足金额后方可消费。其优点是使用便利,只需检查是否有重复使用的诈骗情况即可。但由于必须事先付费,对于临时想要获取此服务的消费者来讲较为不便,而且对消费者来说这样的方式无法将手中的现金发挥最大的经济效益。

(2)在线即时支付。一般来说,在线即时支付需要结合消费者的银行账户。在消费前,消费者必须先指定特定的银行扣款账户。在消费时,通过金融服务提供者确认消费者指定账户内有足够的余额可供扣款,当交易完成时马上将交易金额从消费者账户转至商家账户。

(3)离线信用支付。消费者消费之后,消费金额可以纳入当月的手机账单、信用卡账单或银行账单中,不需交易完毕后马上支付。其优点是消费者先消费后付款,可以灵活运用手上的现金,但金融服务提供者必须承担呆滞账的风险,因此不适合于大金额支付。

4)根据金融距离分类

按照交易距离的不同,可以将移动支付分为远程支付和近场支付。

(1)远程支付。账户信息存储于支付服务商后台系统,消费者在支付时,需要通过网络访问支付后台系统进行鉴权和支付。

(2)近场支付。账户信息、一般存储在IC卡中,在支付时,通过近场无线通信技术在特定刷卡终端现场校验账户信息、并进行扣款支付。

## 4.6.2 移动支付模式

根据支付结算账户和实现业务的方式与流程的不同,移动支付的业务模式分为五种类型,分别为手机话费模式、虚拟卡模式、手机银行模式、虚拟账户模式和物理卡的关联支付模式。

**1. 手机话费模式**

手机话费模式是指移动运营商使用手机话费账户进行小额支付的业务模式。这类模式的业务流程简单,无须经过金融机构环节,主要适用于图铃、游戏下载等移动增值业务的缴纳。

**2. 虚拟卡模式**

虚拟卡模式是指移动用户通过手机号码和银行卡业务密码进行缴费和消费的业务模式。这种模式要求移动用户将银行卡与手机号码事先绑定,在移动支付交易过程中,手机号码代替了定制关系对应的银行卡,即手机号码成为虚拟银行卡。在目前国内的移动支付市场上,中国银联和大多数的第三方移动支付服务提供商采用的都是这类业务模式。这类模式的业务应用主要有:公共事业缴费、数字产品购买和移动票务。

**3. 手机银行模式**

手机银行模式是指移动用户通过手机菜单完成关联账户的查询、转账、基金买卖等交易的业务模式。这种模式要求用户在银行网点开通手机银行业务或换 STK 卡,申请手机银行关联账户的支付密码。这种模式目前还不能用于消费类交易。这种模式的主要业务有:账户查询、转账和基金买卖等。

**4. 虚拟账户模式**

虚拟账户模式是指移动用户使用网上虚拟账户进行支付的业务模式。这种模式要求用户预先将资金转账或充值到后台服务器的虚拟账户内,或者将该虚拟账户与银行卡账户关联,在支付时使用该账户进行消费。支付宝、贝宝等虚拟账户运营商正在从互联网支付向移动支付领域扩展。这种模式主要应用于 C2C 平台的商品购买。

**5. 物理卡的关联支付模式**

物理卡的关联支付模式是指移动用户通过关联银行卡账户或电子钱包账户进行现场支付和远程支付,或者远程二次发卡与账户充值的业务模式。这种模式是将银行卡、储值卡和电子钱包,经过特殊工艺加工或异型,贴在手机后盖上,或者改造手机后形成双卡手机或双模手机,以及带接触功能的双界面 SIM 卡等模式。

## 4.6.3 移动支付过程与类型

**1. 移动支付过程**

从消费者购买行为来看,使用移动支付是符合市场发展规律和现代人生活方式的一种趋势。从移动支付原理来看,移动支付系统主要涉及三个方面:消费者、商家以及无线运营商。移动支付流程如下:

(1) 消费者通过互联网进入消费者前台系统选择商品。

(2) 将购买指令发送到商家管理系统。

(3) 商家管理系统将购买指令发送到无线运营商综合管理系统。

(4) 无线运营商综合管理系统将确认购买信息指令发送到消费者前台消费系统或消费者手机上请求确认,如果没有得到确认信息,则拒绝交易。

(5) 消费者通过消费者前台消费系统或手机将确认购买指令发送到商家管理系统。

(6) 商家管理系统将消费者确认购买指令转交给无线运营商综合管理系统,请求缴费操作。

(7) 无线运营商综合管理系统缴费后告知商家管理系统可以交付产品或服务,并保留交易记录。

(8) 商家管理系统支付产品或服务,并保留交易记录。

(9) 将交易明细写入消费者前台消费系统,以便消费者查询。

## 2. 移动支付类型

### 1）当面付款方式

（1）条码支付。条码支付是支付宝给到线下传统行业的一种收款方式。商家使用扫码枪等条码识别设备扫描用户支付宝钱包上的条码/二维码，完成收款。用户仅需出示付款码，所有收款操作由商家端完成。条码支付流程，如图4-6-1所示。

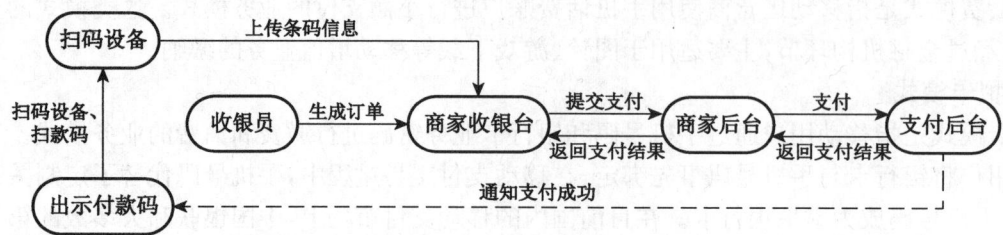

图 4-6-1　条码支付流程

条码支付的特点如下：①收银系统需要有红外扫描枪设备；②用户仅出示手机即可完成付款，方便快捷；③手机无网络要求，可离线支付；④资金实时到账，无现金流压力；⑤支付宝会根据交易金额、登录状态等信息判断是否需要用户输入密码。

（2）扫码支付（接入指引）。扫码支付是指用户扫描商家展示在某收银场景下的二维码并进行支付的模式。该模式适用于线下实体店支付、面对面支付等场景。扫码支付流程，如图4-6-2所示。

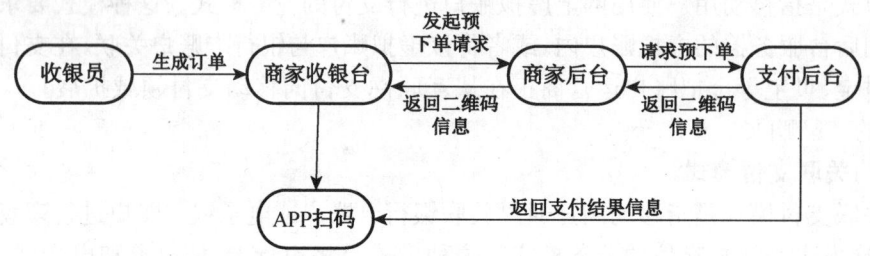

图 4-6-2　扫码支付流程

扫码支付的特点如下：①用户仅出示手机扫码即可完成付款，方便快捷；②资金实时到账，无现金流压力。

（3）声波支付。声波支付是指用户打开相关APP的"当面付-声波付"，对准商家所提供的声波接收终端（如：麦克风或带声波支付功能的自助售货机），并完成支付的模式。该模式适用于线下实体店支付、自助售货机等场景。声波支付流程，如图4-6-3所示。

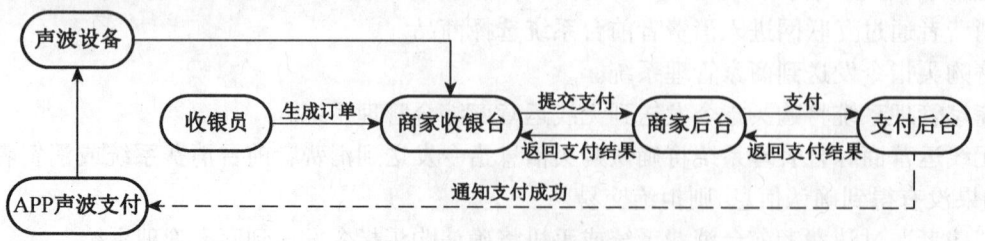

图 4-6-3　声波支付流程

声波支付的特点如下：①收银系统需要有声波接收终端；②用户仅出示手机即可完成付款，方便快捷；③手机无网络要求，可离线支付；④资金实时到账，无现金流压力；⑤平台会根据交易金额、登录状态等信息判断是否需要用户输入密码。

2) 手机网站支付

手机网站支付适用于用户在移动端网页应用中集成支付。用户在网页中调用相关 APP 提供的网页支付接口调起客户端内的支付模块,用户网页会跳转到相关 APP 中完成支付,支付完后跳回到商家网页内,最后展示支付结果。若无法唤起相关客户端,则在一定的时间后会自动进入网页。手机网站支付流程如下:

(1) 用户在浏览器中访问商家网页应用,选择商品下单、确认购买,进入支付环节,选相应的付款方式,用户点击去支付。

(2) 进入到相关支付路由页面,相关 APP 处理支付请求,并尝试唤起支付客户端。

(3) 进入到相应页面,调起 APP 支付,出现确认支付界面。

(4) 用户确认收款方和金额,点击立即支付后出现输入密码界面。

(5) 输入正确密码后,平台端显示支付结果。

(6) 自动回跳到浏览器中,商家根据付款结果个性化展示订单处理结果。

### 4.6.4 常见的移动支付平台

**1. 支付宝 APP**

支付宝 APP 由蚂蚁金融服务集团(简称蚂蚁金服)推出,集团成立于 2014 年 10 月 16 日,蚂蚁金服旗下拥有支付宝、蚂蚁花呗、余额宝、蚂蚁小贷、招财宝及网商银行等金融品牌。

目前,支付宝已发展成为融合了支付、生活服务、政务服务、社交、理财、保险、公益等多个场景与行业的开放性平台。支付宝 APP 不仅具有支付、转账、收款等基础金融功能,还提供了信用卡还款、充话费、缴水电煤等服务。

1) 蚂蚁花呗

蚂蚁花呗是蚂蚁金服推出的一款消费信贷产品。用户申请开通后,将获得 500~50 000 元不等的消费额度。用户在消费时,可以预支蚂蚁花呗的额度,享受"先消费,后付款"的购物体验。同时,蚂蚁花呗支持多场景购物使用。此前的主要应用场景是淘宝和天猫。目前,蚂蚁花呗已经走出阿里系电商平台,共接入了 40 多家外部消费平台,包括大部分电商购物平台,比如亚马逊、苏宁等;本地生活服务类网站,如口碑、美团、大众点评等;主流 3C 类官方商城,如乐视、海尔、小米、OPPO 等官方商城;以及海外购物的部分网站。

2) 余额宝

余额宝是蚂蚁金服旗下的余额增值和活期资金管理服务产品,于 2013 年 6 月推出。余额宝的特点是操作简便、低门槛、零手续费、可随取随用。除理财功能外,余额宝还可直接用于购物、转账、缴费还款等消费支付,是移动互联网时代重要的现金管理工具。同时,余额宝也是中国规模最大的货币基金。

3) 蚂蚁小贷

蚂蚁小贷承担阿里巴巴集团为小微企业和网商个人创业者提供互联网化、批量化、数据化金融服务的使命。蚂蚁小贷通过互联网数据化运营模式,为阿里巴巴、淘宝网、天猫网等电子商务平台上的小微企业、个人创业者提供可持续性的、普惠制的电子商务金融服务,向这些无法在传统金融渠道获得贷款的弱势群体提供"金额小、期限短、随借随还"的纯信用小额贷款服务。

4) 招财宝

基于大数据、云计算的优势能力,招财宝连接了个人投资者和中小企业,为投融资双方提供居间金融信息服务。同时也与银行、保险等金融机构和担保公司合作,由金融机构和担保公司来为借款项目提供专业的风险管控和增信措施服务。

## 2. 微信支付与QQ支付

微信支付与QQ支付同属腾讯公司基于社交APP推出的移动支付方式。

### 1）微信支付

微信支付是集成在微信客户端的支付功能，用户可以通过手机完成快速的支付流程。微信支付以绑定银行卡为基础的快捷支付，向用户提供安全、快捷、高效的支付服务。目前微信支付已实现刷卡支付、扫码支付、公众号支付、APP支付，并提供企业红包、代金券、立减优惠等营销新工具，满足用户及商户的不同支付场景。微信支付不仅支持深圳发展银行、宁波银行的贷记卡，还支持招商银行、建设银行、光大银行等银行的借记卡及信用卡。

### 2）QQ支付

腾讯QQ（简称"QQ"）是腾讯公司开发的一款基于Internet的即时通信（IM）软件。腾讯QQ支持在线聊天、视频通话、点对点断点续传文件、共享文件、网络硬盘、自定义面板、QQ邮箱及快捷支付等多种功能。QQ支付主要是通过个人账号或公众账号进行转账或红包支付，其支付流程与微信支付类似。

## 3. 京东金融

京东金融是京东集团旗下子集团，京东金融集团于2013年10月开始独立运营，现已建立起八大业务板块——供应链金融、消费金融、众筹、财富管理、支付、保险、证券及金融科技，布局公司金融和消费者金融。

### 1）理财

京东金融理财功能模块包括京东小金库、稳健理财、定期理财、进阶理财和基金理财。其中，"小金库"是基于京东账户体系的承载体——网银钱包推出的，目的在于整合京东用户的购物付款、资金管理、消费信贷和投资理财需求。"小金库"将首先服务于京东1亿多的用户，并紧紧围绕京东自身的业务展开。该项业务将首先向京东商城POP商户开放，解决短期闲置资金高效利用的问题。

### 2）众筹和保险

京东金融的众筹模块包括：产品众筹、轻众筹和0元评测等。京东众筹是一种审核简单、即发即筹的众筹模式，专门针对用户在移动端发起的众筹。京东保险的模块分为保险、车险、意外、旅行健康、财产和人寿。

### 3）京东支付

京东支付是一款由京东金融旗下网银在线开发，针对移动互联网市场推出的兼容PC、无线端主流环境的跨平台安全便捷的支付产品，具有支付快捷、体验好、维度广、安全和简化标准接入五大特点。用户只需一张有预留手机号的银行卡及验证短信即可完成支付，无须开通网银，也无须注册第三方账户或记忆密码。通过京东支付，商户除了实时查询所有订单交易流水、随时提现等财务操作外，还可实现代发工资、代发报销、企业采购等日常经营功能。

### 4）京东钱包

京东钱包主要围绕京东支付体系，为用户提供全方位金融解决方案。京东钱包提供的服务有：小金库、基金理财、彩票、手机充值、信用卡还款、智能记账和水煤电缴费。

### 5）京东白条

"京东白条"是京东推出的一种"先消费，后付款"的全新支付方式，在京东网站使用白条进行付款，可以享有最长30天的延后付款期或最长24期的分期付款方式，是业内第一款互联网消费金融产品。此外，"白条"还打通了京东体系内的O2O（京东到家）、全球购、产品众筹，又逐步覆盖了租房、旅游、装修等领域，从赊购服务延伸到提供信用消费贷款，覆盖更多消费场景，从而为更多消费者提供信用消费服务。

## 4. Apple Pay

Apple Pay是苹果公司在2014苹果秋季新品发布会上发布的一种基于NFC的手机支付功能，并于 2014 年 10 月 20 日在美国正式上线。苹果和中国银联 2015 年 12 月 18 日联合宣布,Apple Pay 正式登陆中国,中国银联卡持卡人可以将自己的银联卡添加到 iPhone、Apple Watch 以及 iPad 上。用户使用 Apple Pay 需要在苹果系统自带的 Wallet 程序里添加银行卡。

**5. 百度钱包**

百度钱包是由全球最大的中文搜索引擎公司百度所创办,是中国领先的在线支付应用和服务平台,致力于打造成为用户资产管理平台、会员权益的消费运营平台。百度钱包将百度旗下的产品及海量商户与广大用户直接"连接",提供超级转账、付款、缴费、充值等支付服务,并全面打通 O2O 生活消费领域,同时提供"百度金融中心"业务,包括提供行业领先的个人理财、消费金融等多样化创新金融服务,让用户在移动时代轻松享受一站式的支付生活。百度钱包可以满足用户在线充值、在线支付、交易管理、生活服务等支付需求。

**6. 其他移动支付应用**

1) 钱袋宝

钱袋宝由北京钱袋宝支付技术有限公司开发,致力于为广大用户提供安全快速的手机支付和网站支付体验,并提供转账汇款、手机充值、游戏充值等生活服务应用。同时,钱袋宝 mpos 移动收款设备符合银联规定,它既可以实现收款、余额查询、转账汇款、信用卡还款、话费充值等常规移动金融业务,也可以在手机上完成、水电煤缴费等业务。

2) 随行付

随行付由滕州比邻信息技术有限公司开发,致力于为用户提供更方便的支付方式。用户只需下载随心付客户端就可以随时随地享有话费充值、宽带缴费、游戏充值等金融服务。与其他支付平台相比,随行付增加了话费充值、游戏点卡购买与直充和实体充值接口。

## 4.7 电子支付发展存在的风险及对策

支付电子化的同时,既给消费者带来了便利,也为银行业务带来了新的机遇,同时还对相关主体提出了挑战。电子支付系统作为电子货币与交易信息传输的系统,既涉及国家金融和个人经济利益,又涉及交易秘密的安全。电子支付面临着多种风险,包括传统金融和网络通信两方面的风险。因此,能否有效防范电子支付过程中的风险是电子支付健康发展的关键所在。

### 4.7.1 电子支付风险

**1. 电子支付风险的特征**

电子支付的风险是指在电子商务支付过程中,发生某种损失的可能性。由于电子支付是现代技术的产物,所以电子支付的风险在传统的金融风险的基础上又赋予其新的特征。

1) 复杂性

传统的支付方式只涉及交易双方和银行,而电子支付的支付方式不仅涉及上述三个方面,还包括了认证中心、第三方支付等主体。这无疑使电子支付的风险变得十分复杂,而风险的防范也要考虑得十分全面。

2) 国际性

电子商务打破了时间和空间的限制,不同地域的人都可以在网上进行交易,而且使用的支付工具也很丰富。我国很多 B2C、C2C 网站都支持 VISA、Marstercard 等国际信用卡。因此,国际金融市场的风险会随互联网传播,而当支付风险发生时,也会给国际金融秩序带来负面影响。

3) 风险放大性

传统支付通常采用货到付款、汇款等方式,这样做降低了风险,甚至把风险降低到了零。但是电子支付是在网上进行的,所以增加了风险发生的可能性。这主要可以从两个方面来认识:一是支付系统本身安全技术的脆弱性;二是网络犯罪的盛行,如黑客、网上欺诈等。这些因素无疑加大了电子支付的风险。

**2. 电子支付风险的类型**

电子支付是现代金融服务业的创新服务,它在延续了金融服务特点的基础上进行了创新,所以传统金融业所具有的风险在电子支付中都会发生,如经济波动的风险,而且由于电子支付具有网络化、无形化、信息化和国际化等特点,使得电子支付存在着各种风险,主要有电子支付系统的风险、交易风险、操作风险法律风险、市场风险、信用风险、流动风险和声誉风险等。

1) 电子支付系统的风险

电子支付系统的风险主要包括电子支付系统的内部风险和电子支付系统的外部风险。

(1) 电子支付系统的内部风险。电子支付系统的内部风险主要是指电子支付系统软硬件系统的风险。它主要包括两个方面:一是,电子支付系统与终端软件的兼容性。在客户的信息传输中,如果该系统与客户终端的软件互不兼容或出现故障,就存在传输中断或速度降低的可能;二是,系统故障或者磁盘列阵破坏等因素,也会形成风险。由于现代网络的普遍性,金融业对信息技术有很强的依赖性,所以电子支付系统若出现问题,将会对电子支付产生致命的打击。信息系统的平衡、可靠和安全运行成为电子支付各系统安全的重要保证。

(2) 电子支付系统的外部风险。电子支付系统的外部风险主要是针对金融业信息技术外部提供者而言。银行业由于自身行业的关系,对系统的开发能力有限,所以将这些技术外包是非常明智的选择。但是,现在网上业务解决方案的提供者层出不穷,不同的信息技术公司推荐各自的方案,如果方案选择错误,将会导致银行系统与网络的不兼容性。同时,有的技术提供者的专业技术不强,无法引导银行的真正需求,或者因为自身的财政原因停止对银行的服务,这些都会使电子支付面临着巨大的威胁。

2) 交易风险

电子支付主要是为电子商务服务的,在电子商务的交易活动中,由于交易制度设计、技术线路设计、技术安全等缺陷,可能导致交易中的风险。这种风险是电子商务活动及其相关电子支付独有的风险。交易风险不仅局限交易和支付各方的发展,而且危及整个支付系统的安全性。

3) 操作风险

巴塞尔委员会认为,操作风险来源于"系统在可靠性和完整性方面重大缺陷带来的潜在损失"。电子支付机构操作风险包括由电子货币犯罪带来的安全风险;由内部雇员欺诈带来的风险;由系统设计、实施和维护带来的风险,以及由客户操作不当带来的风险。因此,操作风险也分为内部和外部风险。

(1) 来自内部的操作风险。相对于传统支付操作风险,电子支付操作增加了风险的范围。这是因为在传统的风险中没有信息化的技术因素,而电子支付集各种信息技术于一体。很多电子支付内部人员对技术不熟练,导致操作失误,也有一些人员利用职务便利,使用系统的或者管理的漏洞,进行非法交易。

(2) 来自外部的操作风险。网络病毒的发展可以说是非常迅速,而且其更新换代也非常快。很多网络罪犯利用病毒来窃取网上用户的账号和密码,盗取客户的账户。如果有罪犯将木马植入用户的计算机,当用户登录账户时,木马将自动记下账户的密码和账号。然后罪犯就可以通过账号和密码窃取用户的信息了。有的病毒进入计算机后,就不断扩散,轻则使计算机运行十分缓慢,重则导致计算机死机甚至系统崩溃。

计算机的非法入侵者叫作黑客。黑客攻击会对国家金融安全造成非常大的风险。目前,黑客行动几乎涉及所有的操作系统,而且黑客的行为也逐年递增。因为许多网络系统都有着各种各样的安全漏洞,所以黑客可以利用网上的这些漏洞和缺陷修改网页,非法进入主机,并做出银行盗取和转移资金、窃取信息、发送假冒的电子邮件等违法行为。此外,信息污染是指网上充斥着很多与问题无关或者失真的信息,这些信息是互联网的灾难,他们占据了很多宝贵的网络资源,加重了互联网的负担,影响了电子支付发送和接受网络信息的效率,更严重的是造成了信息堵塞及增加了其他附加风险。

4) 法律风险

电子支付虽然起步较早,但是在立法方面却相当滞后。特别是在现代金融环境下,技术的发展和网络的普及使电子支付产生了很多新问题,如发行电子货币的主体资格、电子货币发行量的控制、电子支付业务资格的确定、电子支付活动的监管、客户应负的义务和银行应承担的责任等。但是对这些问题进行规范的法律却非常少。由于网络的特殊性,传统法律不再适用于这些新问题,法律法规的欠缺是电子支付面临的法律风险。

5) 市场风险

电子支付机构的各个资产项目存在着因市场价格波动而蒙受损失的可能性,外汇汇率变动带来的汇率风险也是市场风险的一种。此外,国际市场主要商品价格的变动及主要国际结算货币银行国家的经济状况等因素也会间接引发市场波动,构成电子支付的市场风险。

6) 信用风险

信用风险是指交易双方在约定的时间内没有履行或者不完全履行自己义务。电子支付拓展金融服务业务的方式与传统金融不同,其虚拟化服务业务具有无边界金融服务的特征,对金融交易的信用结构要求更高、更趋合理,由此使得金融机构可能会面临更大的信用风险。如买方在收到货物之后不向卖方支付货款、卖方在收到货款后未能及时发货或者所发货物质量未能达到要求等。这样都会给交易各方带来损失,破坏电子支付的正常进行。因此,电子支付的顺利进行,必须依靠信用体系的建设,否则人们还是需要面对面的交易,这样电子支付就失去了存在的意义。

7) 流动性风险和声誉风险

流动性风险主要是针对电子支付机构而言的。它是指电子支付机构没有足够的资金满足客户兑换电子货币或者结算要求时所面临的风险。声誉风险是指电子支付机构由于某种原因发生重大事故,客户对其失去信心的一种风险。这两种风险是相互关联的。只要电子支付机构某一时刻无法以合理的成本迅速增加负债或变现资产,以获得足够的资金来偿还债务,就存在着流动风险。电子货币的发行人出售电子货币的资金进行投资,当客户要求赎回电子货币时,投资的资产可能无法迅速地变现,或者会造成重大损失,从而使发行人遭受流动性风险,同时引发声誉风险。流动性风险和声誉风险往往联系在一起,成为相互关联的风险共同体。由于电子货币的流动性强,电子支付机构面临着比传统金融机构更大的流动性风险。电子货币的流动性风险与电子货币的发行规模和余额有关,发行规模越大,用于结算的余额越大,发行者不能等值赎回其发行的电子货币或缺乏足够的清算资金等流动性问题就越严重。但发生流动性风险时,原本对电子支付持不放心态度的客户会更加怀疑,加上媒体的介入,从而又将使电子支付机构出现声誉风险。

## 4.7.2 风险防范对策

支付体系是一国经济的重要基础设施,支付体系的安全直接关系到国家安全。由于目前的个人电子支付是基于ICT技术来进行实现的,互联网与移动互联网的开放性较大,电子支付较传统支付相比,对于通信网络的依赖性增加了电子支付方式源自互联网的安全风险因素。互联网安全风险对于目前的电子支付方式属于系统性风险,因此应当针对这一系统性风险进行全面的风险评估,并在支付体系层面上建立应急解决方案。

要保持电子支付行业健康发展,主要通过三个方面来实现:一是建立行业标准指导行业的发展;二是从监管的角度使行业处于良性有序的竞争;三是采用各种技术提高电子支付网络的安全水平。

**1. 制定相关行业标准**

我国电子商务得以顺利发展很大程度上有赖于一个健康、有序的电子支付市场环境。它能有效确保电子支付的资金交易安全,所以是备受电子商务领域关注的重点问题。

近些年来,人们逐渐将支付清算作为关键要素突出加强以促进网络金融交易的顺利发展。一方面除了银行要加强安全维护工作外,另一方面第三方支付平台也应把加强安全维护工作作为重点来抓。同时,政府应强化电子商务市场环境的规范化管理,并尽快贯彻和落实《支付清算组织管理办法》和《电子支付指引》的相关政策,逐步促进电子支付市场的规范化发展,不断规范支付清算行为,以增强清算效率和防范金融风险,确保为电子商务的健康发展奠定基础。

**2. 建立和完善电子支付监管体系**

目前,由于我国对于电子支付提供商缺失一定的监管,而导致第三方电子支付企业在进行庞大资金流的处理时,出现了吸收存款等违法现象。因此,应建立和健全高效、安全的电子支付监管体系,主要应做到三个方面:一是加强电子支付庞大资金流的实时监测;二是完善账户管理;三是建立反洗钱系统。

电子支付监管体系主要对电子支付行为进行实时的监督与管理,针对电子支付行为发生的数据资料信息和监测系统运行情况加以严格监管。逐步完善电子支付监管体系,要对电子支付过程中的资金流转和账户等进行管理,实施信息的系统化采集和融通。使中小企业和各商家实现人民币结算账户开立、查询、变更以及销户等多种功能,同时加强账户信息与公民身份信息、诚信评价系统以及同城清算等相互之间的核对清算管理,也要加强账户管理系统和支付信息管理系统之间信息核对与管理。

**3. 提高电子支付的网络安全水平**

利用因特网实现电子支付的交易过程,并且要完全保证网上客户信息和账户信息的安全管理,可以利用网络信息安全维护技术得以实现,实施先进的网络安全维护技术,从而多方面解决安全支付的问题:

(1) 安装防火墙和反病毒软件。这是近年来用于防范病毒入侵、保护电脑的最重要的安全维护技术,主要是通过严格控制网络系统之间彼此的互相访问,以避免外部网络用户通过各种非法手段进入内部网络。

(2) 加强数据加密技术。加强数据加密管理是一种非常安全、可靠的安全保障形式,它能极大满足对数据信息完整性的基本要求,也是确保电子商务顺利开展的安全防范对策。数据加密技术原理即是采取科学的加密计算,将所有明文转变为密文的形式,为非法用户制造掌握原始数据的障碍,以确保数据信息的安全保密性。

(3) 数字签名技术。数字签名技术即是发送者利用私钥将摘要加密,和原文一起同时发送给接收者,接收者只有利用公钥才能将已加密摘要加以解密。数字签名技术在电子商务安全保密系统中占有非常重要的地位,对于电子商务安全进行源鉴别以及完整服务等方面,数字签名技术一直起着至关重要的作用。

## 4.8 电子支付的发展趋势

电子支付是买、卖双方的在线资金交换。交换的内容通常是银行(或中介机构)发行的并由法定货币支撑的数字金融工具,如电子货币和电子支票等,具有独特的支付优势。与此同时,电子商务的广阔发展前景,吸引了更多资源投入,促使电子支付技术日益成熟和完善。在介绍电子支付发展中存在的风险和对策后,根据我国电子支付发展现状,总结出电子支付的发展趋势如下所述。

**1. 账户简单化与同一化趋势**

多种多样的账户给人的支付活动造成困扰,还引起社会运行效率低下。账户本质上是服务与权益的存储和支取,账户的权益人是账户的主体。账户就是人的体现,账户属性对应着人的特定属性,如身份证和公共缴费账户对应着人的身份和社会属性,通讯账户和SNS账户对应着人的真实和虚拟社交属性,银行等金融机构账户对应着人的金融属性等。而人的生物属性就是能贯通和验证这些属性的标示。随着电子支付的发展和账户虚拟化的趋势,账户越来越呈现简单化、统一化的趋势。这种趋势会先从机构内部发生(如中国平安一账通),之后会向行业横向发展,并统一化(如证券一码通账户),最后行业和行业之间可以逐步达成共识,向着账户全息化和唯一化迈进。但要实现账户简单化同一化的变革,就需要有新的存储媒介作为依托。

**2. 电子支付场景和入口多样化**

未来电子支付场景和进入支付场景的方式将越来越复杂,更多的支付将通过电子支付的方式进行,线上、线下、O2O 的支付方式的界限越来越不清晰。各种场景的支付方式将不再单一,选择会更加多样化。同时,进入某一支付场景的方式也会有更多种方式,由从网页或者 APP 进入更简单快捷的扫码、NFC、地理、光子等。这些看似复杂新兴的支付进入方式,都将配合更简单的流程和操作,以及更加安全的认证方式。如图 4-8-1 所示,潜在的支付场景有:教育类支付、跨境支付、固定资产购买等。

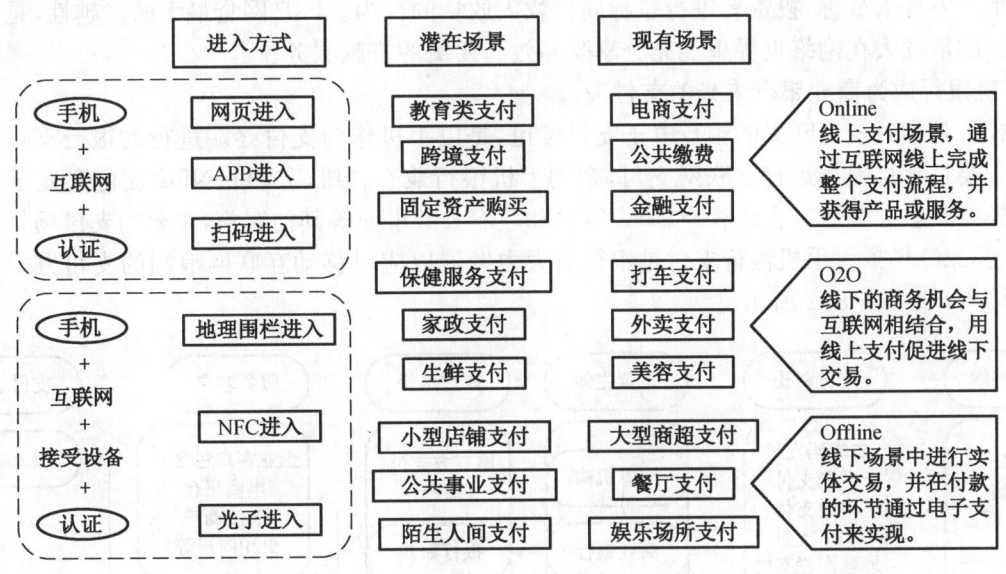

图 4-8-1 电子支付的进入方式及支付场景

**3. 电子支付产业与新兴技术相结合**

(1) 电子商务快速发展为电子支付提供了新一轮的发展机遇。电子支付行业作为电子商务服务业的先导和核心,加速促进着我国从以前端零售为主的电子商务走向以全面商务协同为核心的电子商业。随着新一轮五年计划的实施,我国电子支付市场将迎来新机遇。

(2) "云计算"、移动互联网等现代科技正推动电子支付业务以前所未有的速度快速发展。电子支付未来的发展将围绕"移动支付""云计算""统一视图"三大重点展开。移动支付是在 3G、4G 移动互联网持续发展、智能终端快速普及的背景下,电子支付发展的必然趋势,其将彻底打破线上线下交易支付的壁垒;"云计算"是电子支付摆脱终端存储、计算能力限制的最佳方法,丰富的数据及强大的运算能力将极大拓展银行金融服务的边界和深度;而电子支付统一视图则是银行内部渠道整合能力、业务成熟程度的重要体现,将使得电子支付渠道融合、产品融合、功能融合三者相辅相成,共同推进电子支付业务发展迈上新台阶。

**4. 电子支付全球化与多元化趋势**

2016 年,我国实现货物贸易进出口总值 24.33 万亿元,同比下降 0.9%。面临严峻复杂的国际贸易形势,我国跨境电子商务逆势增长,仍然保持了强劲的发展势头,开始成为贸易新的增长点,并由此带动了跨境第三方物流、跨境支付等相关行业的迅速发展。然而,中国跨境电子商务的支付环节长期以来一直被未取得国内支付业务许可证的外资支付机构垄断。面对境内细分市场的激烈竞争和海外支付企业的进入,跨境支付市场无疑是第三方支付的下一个争夺点。随着第三方支付牌照的尘埃落定,中国第三方支付企业正在加速布局跨境支付领域。目前,国内已有包括支付宝、财付通和快钱在内的多家第三方支付企业以及银联涉足跨境支付业务。预计未来跨境支付竞争将愈加激烈。

随着政策环境的逐步规范,第三方支付步入多元化发展快车道。一方面,体现为运营主体企业的多元化。目前,已有100多家支付企业获取电子支付牌照,这些企业涉及互联网支付、移动支付、预付卡发行与受理、银行卡收单等众多业务领域。另一方面,体现为支付业务的多元化。随着政策地位的确立,第三方支付企业得以在横向层面拓展更多的服务行业和领域,同时实现在不同业务领域产业链上的纵深拓展,为企业创造出新的盈利增长点。例如,P2P借贷(peer to peer lending的缩写,peer是个人的意思,正式的中文翻译为"人人贷")是一种将非常小额度的资金聚集起来借贷给有资金需求人群的一种商业模型。P2P网贷是指个人通过网络平台相互借贷,即由具有资质的网站(第三方公司)作为中介平台,借款人在平台发放借款标,投资者进行竞标向借款人放贷的行为。P2P网贷最大的优越性,是使传统银行难以覆盖的借款人在网络世界里能充分享受高效与便捷的贷款服务。

**5. 手机银行成为商业银行未来的支付渠道**

手机银行是相对较为新兴的银行电子支付渠道,是以手机作为支付终端进行的银行支付服务。其支付路径主要是手机银行远程互联网支付,个别手机银行兼有二维码支付、NFC支付和光子支付这三个支付路径。其服务客户有企业客户、个人客户和政府公共事业等其他客户,主要的支付场景是线上场景和较少的O2O场景。手机银行支付是银行应大力发展以应对移动互联网浪潮的支付方式。手机银行的框架结构,如图4-8-2所示。

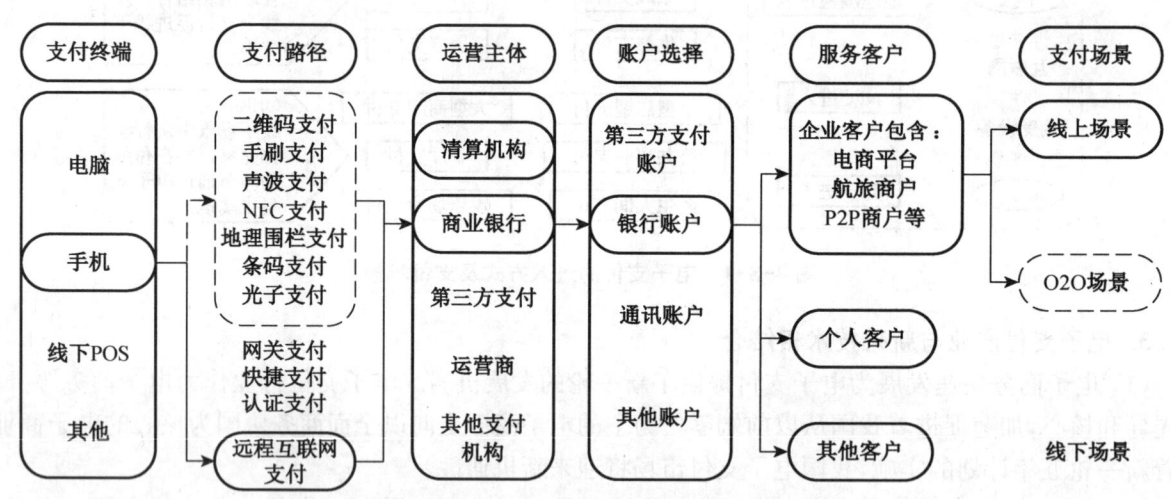

图4-8-2 手机银行的框架结构

**6. 电子支付与大数据技术结合趋势**

大数据挖掘的维度及挖掘的方式,如表4-8-1所示。

表4-8-1 电子支付与数据挖掘相结合的方式

| 挖掘维度 | 应用领域 | 挖 掘 方 式 |
|---|---|---|
| 使用时间 | 安全验证 身份确认 | 特定用户不同周期内每日使用的时间段,以及这些时间周期下,所有用户每日使用的平均时间段,并按照不同属性的用户进行对比 |
| 功能选择 | 产品研发 个性化定制 | 过去1年、1个月、1周内用户最常使用的功能,以及使用相关功能的点击路径。根据不同功能所有用户最常用的路径,进行流程优化,并给同类的新功能做参考 |

(续表)

| 挖掘维度 | 应用领域 | 挖掘方式 |
| --- | --- | --- |
| 支付金额 | 个人征信<br>信贷支持 | 用户自注册之日起,不同时间周期内的笔均交易规模和频次,按照年度计算发生大额支付的日期分布,并给予优质用户开通信贷接口 |
| 支付频次 | 安全验证 | 生成同属性用户支付金额曲线模型,进而可以输出风控模型,是传统金融机构在面对未知客户时,可参照模型验证用户诚信度 |
| 消费标的 | 个人征信 | 用户消费场景选择、消费品类和同类消费品品牌。根据消费场景和品类品牌推算用户消费能力和社会地位 |
| 交易对象 | 安全验证 | 用户自注册之日起每笔转账或交易的目标,同类商品交易对象是否具备某一属性的一致性,包括交易场景、发生渠道、交易金额等 |
| 地理位置 | 安全验证<br>营销支持 | 用户每次支付行为发生的地理位置。根据手机定位或电脑 IP 地址筛选,必要时进行 LBS 商家推送 |
| 软件系统 | 安全验证 | 从用户注册到找回密码的当日,检查用户行为所用的系统,从而确定用户账号是否安全 |
| 资金来源 | 产品研发 | 不同支付行为用户所选择的资金来源不相同,如不同储蓄卡之间的资金流转。掌握用户习惯,并进行相关产品开发,如提供信用卡还款产品、消费分期、发薪日资金归集等 |
| 支付方式 | 产品研发 | 当用户消费或支付时,所使用的支付方式,如二维码、条形码、当面付和 NFC 等 |

# 参 考 文 献

[1] 姜红波. 电子商务概论(第 2 版)[M]. 北京:清华大学出版社,2013.
[2] 刘鲁川. 电子商务概论[M]. 北京:清华大学出版社,2016.
[3] 敖山. 电子商务概论[M]. 北京:清华大学出版社,2016.
[4] 杨波,徐丽娟. 电子商务概论[M]. 北京:北京电子邮电大学出版社,2014.
[5] 刘宏. 电子商务概论(第 2 版)[M]. 北京:清华大学出版社,北京交通大学出版社,2013.
[6] 周曙东. 电子商务概论(第 4 版)[M]. 南京:东南大学出版社,2015.
[7] 陈晴光,陈德人. 电子商务基础与应用(第 2 版)[M]. 北京:清华大学出版社,2015.
[8] 李洪心,马刚. 电子支付与结算[M]. 北京:电子工业出版社,2010.
[9] 任玉龙. 我国个人电子支付发展现状与策略研究[D]. 首都经济贸易大学,2016.
[10] 乔乔. 我国第三方支付的发展历程、现状与趋势研究[D]. 辽宁师范大学,2015.
[11] 李佳. 第三方电子支付监管法律制度研究[D]. 华东政法,2016.
[12] 毕玉超. 第三方电子支付法律问题研究[D]. 兰州大学,2015.
[13] 杨松,郭金良. 第三方支付机构跨境电子支付服务监管的法律问题[J]. 法学,2015,(03):95-105.
[14] 谢平,刘海二. ICT、移动支付与电子货币[J]. 金融研究,2013,(10):1-14.
[15] 李莉莎. 第三方电子支付风险的法律分析[J]. 暨南学报(哲学社会科学版),2012,(06):51-57+162.
[16] 中华人民共和国商务部电子商务和信息化司. 2018 年中国电子商务报告[EB/OL](2017-06-14)[2017-07-27]. http://dzsws.mofcom.gov.cn/article/ztxx/ndbg/201706/20170602591881.shtml.
[17] 中国互联网络信息中心. 第 41 次中国互联网络发展状况统计报告[EB/OL](2018-01-31)[2017-07-27]. http://www.cnnic.cn/hlwfzyj/hlwxzbg/hlwtjbg/201803/P020180305409870339136.pdf.
[18] 艾瑞咨询. 2017 年中国网络经济年度监测报告简版[EB/OL](2017-05-25)[2017-07-27]. http://www.iresearch.com.cn/report/3000.html.
[19] 易观. 2017 年第 1 季度中国第三方支付互联网支付市场[EB/OL](2015-05-23)[2017-07-30]. https://www.analysys.cn/analysis/22/detail/1000766/.

# 第 5 章

# 电子商务物流与供应链管理

随着互联网技术的飞速发展,电子商务成了互联网经济的重要组成部分。与其紧密相连的物流也因电子商务的发展而孕育着无限的发展空间,成了连接生产者与消费者不可或缺的重要纽带。物流作为重要的基础保障产业,"一带一路"倡议的推进,更是将物流从后台保障走向前台引导,为物流业大发展、大突破带来了良好的契机,助推了物流国际化的新高度。国家相关物流发展规划及政策的出台,进一步优化了物流业发展环境,保障了物流业健康、可持续地发展。物流发展环境不断优化,物流业俨然已成为国民经济的支柱产业。读者通过本章的学习,了解现代物流和电子商务物流的概念,认识电子商务与物流之间的联系;学习了解电子商务的六大物流模式,理解供应链管理的概念,认识电子商务模式下的供应链管理的优势;了解我国电子商务物流的发展现状。

## 5.1 现代物流概述

### 5.1.1 物流的概念

由于物流理论与实践的不断发展,物流的相关概念与内涵也在不断变化,世界上许多国家的研究机构、管理机构以及物流研究专家对物流概念做出了各种定义,到目前为止,人们对物流的理解仍然存在差异,尚未形成统一的认识。

**1. 物流的定义**

对于物流的定义,比较有代表性的说法,如表 5-1-1 所示。

表 5-1-1 物流定义描述

|  |  | 年份 | 给出定义的组织 | 定 义 |
|---|---|---|---|---|
| 美国 | 工程派 | 1974 | 美国物流工程学会(Society of Logistics Engineers) | 物流是与需求、设计、资源供给与维护有关,以支持目标、计划及运作的科学、管理及技术活动的艺术 |
|  | 军事派 | 1981 | 美国空军(U. S. Air Force) | 物流是计划和执行军队的调动与维护的科学,它涉及与军事物资、人员、装备和服务相关的活动 |
|  | 管理派 | 1985 | 美国物流管理协会(Council of Logistics Management) | 物流是对货物、服务及相关信息从起源地到消费地的有效率的、有效益的流动和储存进行计划、执行和控制,以满足顾客要求的过程。该过程包括进向、去向、内部和外部的移动以及以环境保护为目的的物料回收 |
|  | 企业派 | 1997 | 美国 EXEL 物流公司 | 物流是与计划和执行供应链中商品及物料的搬运、储存及运输相关的所有活动,包括废弃物及旧品的回收复用 |
| 欧洲 |  | 1994 | 欧洲物流协会(European Logistics Association,ELA) | 物流是一个在系统内对货物的运输、安排及与此相关的支持活动的计划、执行与控制,以达到特定的目的 |

| | 年份 | 给出定义的组织 | 定　　义 |
|---|---|---|---|
| 日本 | 1981 | 日本日通综合研究所 | 物流是物质资料从供给者向需求者的物理移动,是创造时间性、场所性价值的经济活动。从物流的范畴来看,包括包装、装卸、保管、库存管理、流通加工、运输、配送等诸多活动 |
| 中国 内地 | 2006 | 中国国家科委、国家技术监督局、中国物资流通协会,国家标准《物流术语》(GB/T 18354—2006) | 物流是物品从供应地向接收地的实体流动过程。根据实际需要,将运输、储存、装卸、搬运、包装、流通加工、配送、信息处理等基本功能实施有机结合 |
| 中国 台湾地区 | 1996 | 台湾物流管理协会 | 物流是一种物的实体流通活动的行为,在流通过程中,通过管理程序有效结合运输、仓储、装卸、包装、流通加工、资讯等相关机能性活动,以创造价值,满足顾客及社会性需求 |

综上所述,所谓现代物流(logistics)是指为了实现客户满意和挖掘"第三利润源",利用现代信息技术将运输、仓储、装卸、搬运、包装、流通加工、配送、信息处理、需求预测、为用户服务等活动有机结合起来,经济有效地将原材料、半成品及产成品由生产地送到消费地的所有流通活动。本书定义为:物流+第三方+第四方+生鲜冷链+跨境海外仓。

**2. "物流""商流"和"流通"**

商品的流通是社会经济活动的一部分,而商品的生产和消费是经济活动的主要构成。由于在商品的生产和消费之间存在各种间隔,如图 5-1-1 所示,因此需要通过"流通"将商品的生产及所创造的价值和商品的消费加以连接。

商品的生产和消费之间存在的间隔与连接这些间隔的解决方法如下:

(1) 社会间隔:商品的生产者和商品的消费者有所不同,需通过商品的交易实现所有权的转移。

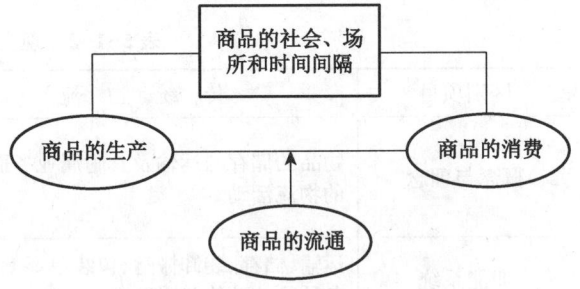

图 5-1-1　商品的生产、流通和消费

(2) 场所间隔:商品的生产场所和商品的消费场所不在同一地点,需要商品的运输进行连接。

(3) 时间间隔:商品的生产日期与商品的消费日期不尽相同,需要通过商品的保管加以衔接。

人们通过商业或贸易活动来沟通商品的生产和消费之间的社会间隔,这种沟通被称为"商流"。商品从生产者向消费者的转移(如商品的运输和保管),即商品的生产与消费的场所间隔和时间间隔则需要通过"物流"来进行沟通。

随着社会的发展和社会分工的细化,商品的生产和消费之间的这种间隔越来越大,而商品通过流通将商品的社会、场所和时间的间隔加以连接所起的作用也就越来越明显。

综上所述,人们通过"商流"消除了商品的社会间隔,通过"物流"消除了商品的场所和时间间隔,两者共同实施的结果完成了商品的所有权和商品实体的转移,即商品的流通。"物流"并不先于"商流"存在,而是在"商流"确定以后的具体行为,但如果没有"物流","商流"也就无法实现。因此,"商流"与"物流"的关系是相辅相成、互相补充,是商品流通领域的两大基本要素。

**3. 传统物流与现代物流**

物流的发展已经有了几十年的历史,人们对物流的研究和应用已经从早期以商品销售为主的传统物流阶段,进入了将原材料的采购,商品的生产、储运和商品销售的全过程予以综合考虑的阶段。随着生产和社会的发展以及科学技术的进步,新的管理思想、技术和工具在物流的各个环节得到应用,逐步进入现代物流的发展阶段。

1) 传统物流

传统物流以商品的销售作为主要对象,具体完成将生产的商品送交消费者的过程中所发生的各种活动,包括公司内部原材料的接收和保管、产成品的接收和保管及工厂或物流中心的运输等。

2) 现代物流

社会生产和科学技术的发展使物流进入了现代物流的发展阶段,其标志是物流活动领域中各环节的技术水平得到不断提高。

现代物流的高技术表现为将各个环节的物流技术进行综合、复合化而形成的最优系统技术,以运输设备高速化、大型化、专用化为中心的集装箱系统机械的开发、保管和装卸结合为一体的高层自动货架系统的开发,以计算机和通信网络为中心的情报处理和物流信息技术,与运输、保管、配送中心的物流技术在软技术方面的结合,运输与保管技术相结合的生鲜食品保鲜输送技术,以及商品条形码(BAR CODE)、电子数据交换(EDI)、射频技术(RF)、地理信息系统(GIS)、全球定位系统(GPS)、RFID、大型数据处理的云计算、自动化仓库和自动化搬运系统和 IMS 信息管理技术等。这些高新技术在物流中的发展和应用,使得物流的应用领域更广泛,功能和作用更强大。

在未来,还会有更多的智慧物流技术,如无人驾驶、智能配送、仓库无人化、智能驿站、智能快递柜以及智能车联网等实现。由此可见,发展物流业和加强企业的物流管理,必然会给社会和企业带来更大的社会效益和经济利益,因此,物流的重要性不言而喻。在物流的发展中,为了深刻地理解现代物流,需要将现代物流与传统物流进行区别,如表 5-1-2 所示。

表 5-1-2 现代物流与传统物流的区别

| 区别项目 | 传 统 物 流 | 现 代 物 流 |
| --- | --- | --- |
| 概念与理念 | 物品的储存与运输及其附属业务而形成的物流活动 | 以现代信息技术为基础,整合运输、包装、装卸、发货、仓储、流通加工、配送及物流信息处理等多种功能而形成的综合性的物流活动 |
| 职能系统 | 运输、储存、装卸搬运、包装单要素操作;各种物流功能相对孤立 | 运输、储存、装卸搬运、包装、流通加工、配送、信息处理综合物流活动;强调物流功能的整合和系统优化 |
| 物流组织 | 企业内部的分散组织,无物流中心,不能控制整个物流链 | 企业外部的专业组织,采用物流中心,实施供应链的全面管理 |
| 物流服务模式 | 一次性被动服务;限地区内物流服务;短期合约;自营物流为主 | 多功能主动服务和增值服务;跨区域、跨国物流;合同为导向,形成长期战略伙伴关系;第三方物流普遍 |
| 物流技术 | 自动化、机械化程度低,手工操作为主;无外部整合系统,无 GPS、GIS、EDI 等技术应用 | 硬件革命和软件革命,自动化立体仓库、搬运机器人、自动导引车、条形码、GPS、GIS、EDI、大型数据处理的云计算、自动化仓库和自动化搬运系统和 IMS 信息管理技术等技术的应用 |
| 追求的目标 | 价格竞争策略,追求成本最低 | 以客户为中心,追求成本与服务的均衡 |

## 5.1.2 物流的分类

由于在不同领域中物流的对象、目的、范围和范畴存在差异,所以就形成了不同的物流类型,但目前还没有统一的对物流进行分类的方法和标准,常见的物流分类有以下几种。

**1. 按照物流涉及的领域分类**

按照物流涉及的领域不同,可以将物流分为宏观物流和微观物流。

1) 宏观物流

宏观物流又称社会物流,是指社会再生产总体的物流活动,是从社会再生产总体的角度来认识和研究物流活动,其主要特点是综观性和全局性。宏观物流主要研究社会再生产过程物流活动的运行规律以及物流活动的总体行为。

2) 微观物流

微观物流又称企业物流,是指消费者、生产企业所从事的物流活动,其主要特点是具体性和局部性。

**2. 按照物流在供应链中的作用分类**

按照物流在供应链中的作用不同,可以将物流分为供应物流、生产物流、销售物流、回收物流和废弃物流,如图 5-1-2 所示。

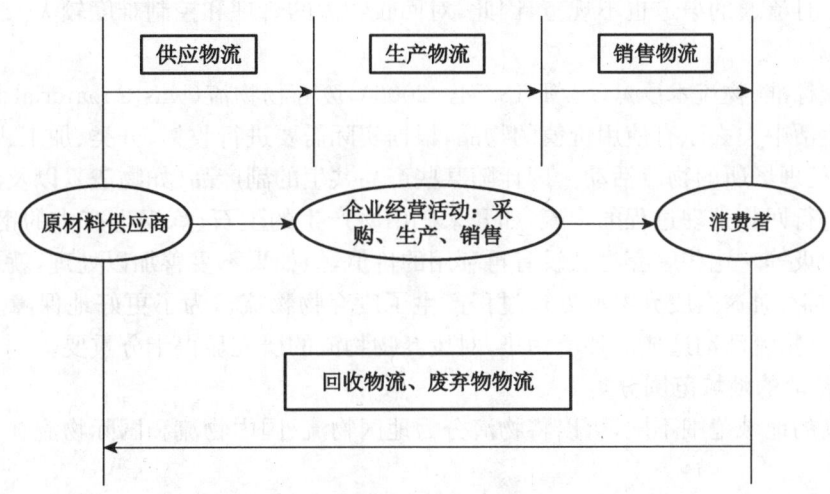

图 5-1-2 物流的分类

1) 供应物流

根据中国国家标准《物流术语》(GB/T 18354—2006),供应物流(supply logistics)是指提供原材料、零部件或其他物料时所发生的物流活动。生产企业、流通企业或消费者购入原材料、零部件或商品的物流过程称为供应物流,也就是物资生产者、持有者与使用者之间的物流。生产企业的供应物流是指生产活动所需要的原材料、备品备件等物资的采购、供应活动所产生的物流;流通领域的供应物流是指交易活动中从买方角度出发在交易中所发生的物流。对于一个企业而言,企业的流动资金十分重要,但大部分流动资金被购入的物资和原材料及半成品等所占用,因此供应物流的合理化管理对于企业的成本有重要影响。

2) 生产物流

根据中国国家标准《物流术语》(GB/T 18354—2006),生产物流(production logistics)是指企业生产过程发生的涉及原材料、在制品、半成品、产成品等的物流活动。生产物流包括从生产企业的原材料购进入库起,直到生产企业成品库的成品发送出去为止的物流活动的全过程。企业在生产过程中,原材料、半成品等按照工艺流程在各个加工点之间不停地移动、流转形成了生产物流,如果生产物流中断,生产过程也将随之停顿。生产物流的重要性体现在如果生产物流均衡稳定,可以保证在制品的顺畅流转,缩短生产周期;如果生产物流的管理和控制合理,也可以使在制品的库存得到压缩,使设备负荷均衡化。因此,生产物流的合理化对生产企业的生产秩序和生产成本有很大影响。

3) 销售物流

根据中国国家标准《物流术语》(GB/T 18354—2006),销售物流(distribution logistics)是指企业在出售商品过程中所发生的物流活动。生产企业或流通企业售出产品或商品的物流过程即为销售物流,是指物资的生产者或持有者与用户或消费者之间的物流。生产企业的销售物流是指售出产品;流通领域的销售物流是指在交易活动中从卖方角度出发的交易行为中的物流。企业通过销售物流，可以进行资金的回收并组织再生产的活动。销售物流的效果关系到企业的存在价值是否被社会承认，销售物流的成本在产品及商品的最终价格中占有一定的比例。因此，销售物流的合理化在市场经济中可以起到提高企业竞争力的作用。

4）回收物流

商品在生产及流通活动中有许多要回收并加以利用的物资，如作为包装容器的纸箱和塑料筐、建筑行业的脚手架、对旧报纸和书籍进行回收、分类再制成生产的原材料纸浆、利用金属废弃物的再生性在回收后重新熔炼成有用的原材料等。上述对物资的回收和再加工过程形成了回收物流，但回收物资品种繁多、变化较大，且流通的渠道也不规范，因此，对回收物流的管理和控制难度较大。

5）废弃物物流

根据中国国家标准《物流术语》(GB/T 18354—2006)，废弃物物流(waste material logistics)是指将经济活动或人们生活中失去原有使用价值的物品，根据实际需要进行收集、分类、加工、包装、搬运、储存等，并分送到专门处理场所的物流活动。即伴随某些产品共生的副产品（如矿渣），以及消费中产生的废弃物（如垃圾）等进行回收处理过程的物流，如开采矿山时产生的土石、炼钢生产中的钢渣、工业废水以及其他各种无机垃圾等。这些废弃物已没有再利用的价值，但如果不妥善加以处理，就地堆放会妨碍生产甚至造成环境污染，对这类废弃物的处理过程产生了废弃物物流。为了更好地保障生产和生活的正常秩序，有效地遏制物流活动造成的环境污染，对废弃物物流的研究显得十分重要。

### 3. 按照物流活动的地域范围分类

按照物流活动的地域范围不同，可以将物流分为地区物流、国内物流和国际物流。

1）地区物流

地区物流是指某一行政区域或经济区域的内部物流。研究地区物流对于提高所在地区的企业物流活动的效率，以及保障当地居民的生活和环境，具有不可缺少的作用。对地区物流的研究应根据所在地区的特点，从本地区的利益出发组织好相应的物流活动，并充分考虑到利弊两方面的问题，要与地区和城市的建设规划相统一，进行妥善安排。

研究地区物流时对地区的划分，可以按不同的目的进行：按涉及的行政区域划分，如北京地区；按一定的经济圈划分，如苏、锡、常经济区和黑龙江边境贸易区等；按地理位置划分，如长江三角洲地区和珠江三角洲地区等。

2）国内物流

国内物流是指为国家的整体利益服务，在国家自己的领地范围内开展的物流活动。国内物流作为国民经济的一个重要方面，应该纳入国家总体规划的内容中。我国的物流事业是国家现代化建设的重要组成部分。因此，国内物流的建设投资和发展必须从全局着眼，清除部门和地区分割所造成的物流障碍，尽早建成一些大型物流项目为国民经济服务。

国内物流作为国家的整体物流系统，它的规划和发展应该充分发挥政府的行政作用，具体包括如下内容：物流基础设施，如公路、港口、机场、铁路的建设以及大型物流基地的配置等；各种交通政策法规的制定，包括铁路、公路、海运、空运的价格规定以及税收标准等；为提高国内物流系统运行效率，进行与物流活动有关的各种设施、装置、机械的标准化；对各种物流新技术的开发和引进以及对物流技术专门人才的培养。

3）国际物流

根据中国国家标准《物流术语》(GB/T 18354—2006)，国际物流(international logistics)是指跨越不同国家或地区之间的物流活动。国际物流是国际间贸易的一个必然组成部分，各国之间的相互贸易最终通过国际物流来实现。

随着经济全球化的发展，国家与国家之间的经济交流越来越频繁，各国的经济发展已经融入全球的经济潮流之中;另外,企业的发展也走向社会化和国际化,出现了许多跨国公司,使一个企业的经济活动范畴遍布世界各大洲。因此,国际物流已成为物流研究的一个重要分支,而且越来越重要。

**4. 按照物流系统性质分类**

按照物流系统的性质不同,可以将物流分为社会物流、行业物流和企业物流。

1) 社会物流

社会物流是指以整个社会为范畴、面向广大用户的物流。这种物流的社会性很强,涉及商品流通领域所发生的所有物流活动,因此,社会物流带有宏观性和广泛性,所以也称为大物流或宏观物流。伴随着商业活动的发生,物流过程通过商品实体转移实现商品所有权转移,这是社会物流的标志。

社会物流研究的内容包括:对再生产过程中随之发生的物流活动的研究;对国民经济中的物流活动的研究;对如何形成服务于社会、面向社会又在社会环境中运行的物流的研究;对社会物流体系结构和运行的研究。社会的物资流通网络是国民经济的命脉,因此,流通网络分布是否合理、流通的渠道是否畅通、如何进行科学管理和有效控制、采用先进的技术来保证物流的高效率低成本运行等,都是社会物流研究的重点。

2) 行业物流

顾名思义,在一个行业内部发生的物流活动称为行业物流。一般情况下,同一个行业的各个企业往往在经营上是竞争对手,但为了共同的利益,在物流领域中却又常常互相协作,共同促进行业物流系统的合理化。

在国内外有许多行业均有自己的行业协会或学会,并对本行业的行业物流进行研究。在行业的物流活动中,有共同的运输系统和零部件仓库以实行统一的集配送;有共同的新旧设备及零部件的流通中心;有共同的技术服务中心进行对本行业操作和维修人员的培训;采用统一的设备机械规格、统一的商品规格、统一的法规政策和统一的报表等。行业物流系统化的结果使行业内的各个企业都得到相应的利益。

3) 企业物流

根据中国国家标准《物流术语》(GB/T 18354—2006),企业物流(enterprise logistics)是指生产和流通企业在经营活动中所发生的物流活动。企业物流是具体的、微观的物流活动的典型领域,它由企业生产物流、企业供应物流、企业销售物流、企业回收物流和企业废弃物物流几部分组成。企业作为一个经济实体,是为社会提供产品或某些服务的。一个生产企业的产品生产过程,从采购原材料开始,按照工艺流程经过若干工序的加工变成产品,然后再销售出去,有一个较为复杂的物流过程;一个商业企业,其物流的运作过程包括商品的进、销、调、存、退等各个环节;一个运输企业的物流活动包括按照客户的要求提货、将货物运送到客户指定的地点并完成交付。

**5. 按照从事物流主体分类**

按照从事物流主体不同,可以将物流分类为第一方物流、第二方物流、第三方物流和第四方物流。

第一方物流是指供应方(生产厂家或原材料供应商)提供运输、仓储等单一或某种物流服务的物流业务;第二方物流是指需求方(生产企业或流通企业)为满足自己企业在物流方面的需求,由自己完成或运作的物流业务;第三方物流是指由物流的供应方与需求方以外的物流企业提供的物流服务,即由第三方专业物流企业以签订合同的方式为其委托人提供所有的或一部分物流服务,又称合同制物流;第四方物流是一个供应链的集成商,是供需双方及第三方的领导力量。它不是物流的利益方,而是通过拥有的信息技术、整合能力以及其他资源提供一套完整的供应链解决方案,以此获取一定的利润。它帮助企业实现降低成本和有效整合资源,并且依靠优秀的第三方物流供应商、技术供应商、管理咨询以及其他增值服务商,为客户提供独特的和广泛的供应链解决方案。

**6. 其他物流种类**

除以上物流种类外,还有精益物流和定制物流,绿色物流和逆向物流,虚拟物流,军事物流、军地物流一体化和配送式保障,应急物流等。

1) 精益物流和定制物流

根据中国国家标准《物流术语》(GB/T 18354—2006),精益物流(lean logistics)是指消除物流过程中的无效和不增值作业,用尽量少的投入满足客户需求,实现客户的最大价值,并获得高效率、高效益的物流。

定制物流(customized logistics)是指根据用户的特定要求而专门设计的物流服务模式。它是快速响应客户的物流需求,在不影响成本和效率的基础上,为客户提供物流服务并进行物流服务的设计。

2) 绿色物流和逆向物流

绿色物流(environmental logistics)是指在物流过程中防止物流对环境造成危害的同时,实现对物流环境的净化,使物流资源得到最充分合理的利用。

根据中国国家标准《物流术语》(GB/T 18354—2006),逆向物流(reverse logistics)又称反向物流,是指从供应链下游向上游的运动所引发的物流活动。

现阶段,由于环境污染问题的日益突出,在处理社会物流与企业物流时必须考虑环境问题。尤其是在原材料的取得和产品的分销中,运输作为主要的物流活动,对环境可能会产生一系列的影响,而且废弃物品如何合理回收,减少对环境的污染或最大可能地再利用也是物流管理所需考虑的内容。

3) 虚拟物流

随着全球卫星定位系统(GPS)的应用,社会大物流系统的动态调度、动态储存和动态运输将逐渐代替企业的静态固定仓库。由于物流系统优化的目的是减少库存直到零库存,这种动态仓储运输体系借助于全球卫星定位系统,充分体现了未来宏观物流系统的发展趋势;随着虚拟企业、虚拟制造技术的不断深入,虚拟物流系统已经成为企业内部虚拟制造系统的一个重要组成部分。

### 5.1.3 物流的功能

物流的功能具体包括以下几点。

**1. 运输功能**

运输是物流各环节中最主要的部分,有人把运输作为物流的代名词。运输方式有公路运输、铁路运输、船舶运输、航空运输、管道运输等。没有运输,物品只有存在价值,没有使用价值,即生产出来的产品,如果不通过运输送至消费者那里进行消费,等于该产品没有被利用,因而也就没有产生使用价值。假如产品长期不被使用,不仅资金不能回笼,而且还是空间、能源、资源的浪费。没有运输连接生产和消费,生产就失去了意义。

运输也可以划分成两段:一段是生产企业到物流基地之间的运输,批量比较大、品种比较单一、运距比较长;另一段是从物流基地到用户之间的运输,人们称其为"配送"。就是根据用户的要求,将各种商品按不同类别、不同方向和不同用户进行分类、拣选、组配、装箱送给用户。其实质在于"配齐"和"送达"。

**2. 保管功能**

保管同样是物流各大环节中十分重要的组成部分。产品离开生产线后到达最终消费之前,一般都要有一个存放、保养、维护和管理的过程,该过程也是克服季节性、时间性间隔,创造时间效益的活动。虽然人们希望产品生产出来后能马上使用,使物流的时间距离,即存放、保管的时间尽量缩短,最好接近"零",但这几乎是不可能的。即便从生产企业到用户的直达运输,在用户那里也要有一段时间的暂存过程,因此说,保管的功能不仅不可缺少,而且很有必要。为了防止自然灾害、战争等人类不可抗拒事件的发生,还需要进行战略性储备。

**3. 包装功能**

包装可大体划分为两类:一类是工业包装,或叫运输包装、大包装;另一类是商业包装,或叫销售包装、小包装。

工业包装的对象有水泥、煤炭、钢材、矿石、棉花、粮食等大宗生产资料。用火车运煤和矿石时,只要在车皮上盖上苫布,用绳索固定即可。从国外进口大麦、小麦,只以散装的形式倒入船舱,不必进行装袋。水泥运输也强调散装化,以便节约费用,便于装卸和运输。不管是无包装,还是简单包装,都要防水、防湿、防潮、防挤压、防冲撞、防破损、防丢失、防污染,同时还要保证运输途中不变质、不变形、不腐蚀、保鲜、保新等。此外,产品包装后要便于运输、便于装卸、便于保管,保质保量,有利于销售。工业发达的国家,在产品设计阶段就考虑包装的合理性、搬运装卸和运输的便利性、效率性等。商业包装的目的主要是促进销售,包装精细、考究,以利于宣传,吸引消费者购买。

### 4. 装卸搬运功能

装卸搬运是物流各个作业环节连接成一体的接口,是运输、保管、包装等物流作业得以顺利实现的根本保证。通常,产品在制品、半成品在生产线上的移动本身就是一个装卸搬运的过程,包装后有装卸车、出入库等搬运作业,物品的整个运输、保管和包装各个环节中,都伴随着装卸搬运活动。

尽管装卸和搬运本身不创造价值,但会影响商品的使用价值的实现。装卸搬运工具、设施、设备如何,影响搬运装卸效率和商品流转时间,影响物流成本和整个物流过程的质量。装卸经常是与搬运伴随发生的,装卸、搬运的功能是运输、保管和包装各子系统的连接点,该连接点的作业直接关系到整个物流系统的质量和效率,是缩短物品移动时间、节约物流费用的关键。

### 5. 流通加工功能

流通加工是产品从生产到消费之间的一种增值活动,属于产品的初加工,是社会化分工、专业化生产的一种形式,是使物品发生物理性变化(如大小、形状、数量等变化)的物流方式。通过流通加工,可以节约材料、提高成品率、保证供货质量和更好地为用户服务,所以,对流通加工的功能同样不可低估。流通加工是物流过程中"质"的升华,它使流通向更深层次发展,国外早从20世纪60年代开始就予以高度重视。

### 6. 配送功能

配送是指在经济合理区域范围内,根据客户要求对物品进行拣送、加工、包装、分割、组配等作业,并按时送达指定地点的物流活动。

从物流角度来说,配送几乎包括了所有物流功能要素,是物流的一个缩影,或是在较小范围内物流全部活动的体现。一般的配送集装卸、包装、保管、运输为一体,通过一系列活动完成将物品送达客户的目的。特殊的配送则还要以加工活动为支撑,所以,配送包括的内容十分广泛。

### 7. 信息功能

物品从生产到消费过程中的运输数量和品种、库存数量和品种、装卸质量和速度、包装形态和破损率等信息都是影响物流活动的质量和效率的信息。物流信息是连接运输、保管、装卸、搬运和包装各环节的纽带,没有各物流环节信息的通畅和及时供给,就没有物流活动的时间效率和管理效率,也就失去了物流的整体效率。

物流信息功能是物流活动顺畅进行的保障,是物流活动取得高效率的前提,是企业管理和经营决策的依据。充分掌握物流信息,能使企业减少浪费、节约费用、降低成本和提高服务质量。当然,在搞好企业经营管理的同时,只掌握物流信息是不够的,商流信息,如销售状况、合同签订、批发与零售等信息,同行业企业商流、物流信息,乃至一个国家的政治、经济、文化信息,包括政治事件、经济政策、重大项目计划,证券、金融、保险等国民经济重要指标等,都是企业经营正确决策所不可缺少的重要依据。

## 5.1.4 物流的作用

物流在国民经济中占有重要的地位,支撑着国民经济活动特别是物质资料运动的经济活动的运行。从社会再生产过程来看,它不仅支撑着人类社会的生产,而且也支撑着人类社会的消费,并与商品交易特别是有形商品的交易活动息息相关。物流效率的高低和成本的大小，也直接影响着其他经济活动如生产、消费、流通的效率、成本和实现程度。归纳起来，物流的作用主要表现在以下几个方面。

**1. 国民经济的动脉**

物流连接着社会生产的各个部分，使之成为一个有机整体。任何一个社会（或国家）的经济，都是由众多的产业、部门、企业组成的，这些企业又分布在不同的城市和地区，属于不同的所有者，它们之间相互供应产品用于对方的生产性消费和生活性消费，它们互相依赖又互相竞争，形成极其错综复杂的关系，物流就是维系这种复杂关系的纽带和血管。特别是现代科学技术和互联网电子商务的发展，正在引起经济结构、产业结构、消费结构的一系列变化。这使得众多的企业和复杂多变的产业结构，以及成千上万种产品必须依靠物流把它们连接起来，就像血管把人身体的各个部分连接起来成为一个有机整体一样。

**2. 保障生产的前提**

无论在传统的贸易方式下，还是在电子商务环境下，生产都是商品流通之本，而生产的顺利进行需要各类物流活动的支持。生产的全过程从原材料的采购开始，要求有相应的供应物流活动将所采购的材料输送到位；在生产的各工艺流程之间，也需要原材料、半成品的物流过程，即所谓的生产物流，以实现生产的流动性；部分余料、可重复利用的物资的回收，需要所谓的回收物流；废弃物的处理则需要废弃物物流。可见，整个生产过程实际上就是系列化的物流活动，物流是保障生产过程不断进行的前提条件。在商品生产的过程中，物流活动可以通过降低生产成本、优化库存结构、减少资金占压和缩短生产周期来实现合理化、现代化，最终保障生产的高效进行。

**3. 保证商流顺畅进行的物质基础**

商流活动的最终结果是将商品所有权由供方转移到需方，但是实际上在交易合同签订后，商品实体并没有因此而移动。在传统交易环境下，除了非实物交割的期货交易，一般的商流都必须伴随相应的物流活动，即按照需方（购方）的需求将商品实体由供方（卖方）以适当的方式、途径向需方（购方）转移。而在电子商务的环境下，网络消费者虽然通过上网订购完成了商品所有权的交割过程，但必须通过物流的过程将商品和服务真正转移到消费者手中，电子商务的交易活动才告以终结。因此，物流在电子商务交易的商流中起到了后续者和服务者的作用，没有现代化物流，无论电子商务是多么便捷的贸易形式，电子商务的商流活动将是一纸空文。

**4. 推动产业结构调整和优化的重要成分**

产业结构调整、优化和升级是我国经济面临的重要任务。物流发展水平对产业结构调整具有很强的制约作用，发展和完善物流产业不仅关系到产业结构调整的快慢甚至成败，也影响产业结构调整的成本大小。社会化大生产的发展要求生产社会化、专业化和规模化，物流技术的发展和广泛应用，有利于社会生产分工和专业化发展，从根本上改变产品的生产和消费条件，推动产业结构的调整和优化。

**5. 实现消费者便利的根本保证**

电子商务的出现方便了最终消费者，他们不需要再跑到拥挤的商业街逐家挑选自己所需的商品，而只需坐在家里，在互联网上搜索、查看、挑选，就可以完成他们的购物过程。但网上购物的安全问题，一直是电子商务中存在的棘手问题之一。物流是电子商务中实现"以顾客为中心"理念的最终保证，缺少了现代化的物流技术，电子商务就无法给消费者带来购物便利，消费者必然会转向他们认为更为安全的传统购物方式。

综上所述，电子商务作为网络时代的一种全新的交易模式，相对于传统交易方式是一场革命。但是，电子商务必须有现代化的物流技术作支持，才能体现出其所具有的无可比拟的先进性和优越性，在最大程度上使交易双方得到便利，获得效益。因此，只有大力发展作为电子商务重要组成部分的现代化物流，电子商务才能拥有更广阔的发展空间。

## 5.2 电子商务物流概述

### 5.2.1 电子商务与物流的关系

近些年来,随着电子商务环境的改善以及电子商务所具备的巨大优势,电子商务受到了政府、企业界的高度重视,其纷纷以不同的形式介入电子商务活动中,使电子商务在短短的十几年中以惊人的速度发展。在当今的电子商务时代,人们越来越愿意支付运费来完成足不出户的网上购物活动;同时,随电子商务发展而产生的大小卖家也更愿意将实体店搬到网上,因为这样既可以打开市场,又不用考虑店铺的租金和税金问题。物流环节联系着买家和卖家,物流的水平,如运费的高低、送货的时间、商品的安全等因素都是双方非常关心的。电子商务在改变传统商业模式的同时,对物流也产生了深刻的影响。可以说,电子商务的发展把物流业提升到了前所未有的高度,为物流企业提供了一个空前发展的机遇。同时,现代物流的发展又促进了电子商务的进一步发展。

**1. 电子商务对物流的影响**

1) 对物流理念的影响

电子商务对物流理念的影响,可以从以下几方面来理解:

(1) 物流系统中的信息变成了整个供应链运营的环境基础。网络是平台,供应链是主体,电子商务是手段。信息环境对供应链的一体化起着控制和主导的作用。

(2) 企业的市场竞争将更多地表现为以外联网所代表的企业联盟的竞争。换句话说,网上竞争的直接参与者将逐步减少,更多的企业将以其商品或服务的专业化比较优势,参加到以核心企业(或有品牌优势,或有知识管理优势)龙头的分工协作的物流体系中去,在更大的范围内建成一体化的供应链,并成为核心企业组织机构虚拟化的实体支持系统。供应链体系纵向和横向的无限扩张,将对企业提出要么是更广泛的联盟化,要么是更深度的专业化的要求。

(3) 市场竞争的优势将不再是企业拥有物质资源的多少,而在于它能调动、协调、整合多少社会资源来增强自己的市场竞争力。因此,企业的竞争将是以物流系统为依托的信息联盟或知识联盟的竞争。物流系统的管理也从对有形资产存货的管理转为对无形资产信息或知识的管理。

(4) 物流系统面临的基本技术经济问题,是如何在供应链成员企业之间有效地分配信息资源,使得全系统的客户服务水平达到最高,即追求物流总成本最低的同时为客户提供个性化的服务。

(5) 物流系统由供给推动变为需求拉动,当物流系统内的所有方面都得到网络技术的支持时,客户对产品的可得性将极大地提高。同时,将在物流系统的各个功能环节上极大地降低成本,如降低采购成本,减少库存成本,缩短产品开发周期,为客户提供有效的服务,以及增加销售的机会等。

2) 对物流系统结构的影响

电子商务对物流系统结构的影响,主要表现在以下几方面:

(1) 由于网上客户可以直接接触制造商并可获得个性化的服务,因此,传统物流渠道中的批发商和零售商等中介将逐步淡出,但是区域销售代理将作为制造商产品营销和服务功能的直接延伸,其地位将加强。

(2) 由于网上时空的"零距离"特点与现实世界的反差增大,客户对产品的可得性的心理预期加大,以致企业准时交货的压力变大。因此,物流系统中的港、站、库、配送中心、运输线路等设施的布局、结构和任务将面临较大的调整,如尤尼西斯公司在采用了 EDI 的 MRP 系统后,将其欧洲区的 5 个配送中心和 14 个辅助仓库缩减为 1 个配送中心。在企业保留若干地区性仓库以后,更多的仓库将被改造为配送中心。由于存货的控制能力变强,物流系统中仓库的总数将减少。随着运管政策的逐步放宽,更多的独立承运人将为企业提供更加专业化的配送服务,配送的服务半径也将加大。

(3) 由于信息共享的即时性,制造商在全球范围内进行资源配置成为可能,故其组织结构将趋于分散并逐步虚拟化。当然,这主要是指那些拥有品牌产品、在技术上已经实现功能模块化和质量标准化的企业。

(4) 大规模的电信基础设施建设,将使那些能够在网上直接传输的有形产品的物流系统隐形化。这类产品主要包括书报、音乐、软件等,即已经数字化的产品的物流系统将逐步与网络系统重合,并最终被网络系统取代。

3) 对客户服务的影响

(1) 要求在客户咨询服务的界面上,能保证企业与客户间的即时互动。网站的主页不仅要宣传企业和介绍产品,而且要能够与客户一起就产品的设计、质量、包装、改装、交付条件、售后服务等进行一对一的交流,帮助客户拟定产品的可行性解决方案,并帮助客户下订单。这就要求网站主页得到物流系统中每一个功能环节即时的信息支持。

(2) 要求客户服务的个性化。只有当企业对客户需求的响应实现了某种程度的个性化对称时,企业才能获得更多的商机。第一,要求企业网站的主页设计个性化。除了视觉感官的个性化特点外,最主要的是网站主页的结构设计应当是针对特定客户群。第二,要求企业经营的产品或服务的个性化。按照供应链增值服务的一般性原则,把物流服务分成基本物流服务和增值性的物流服务两类,并根据客户需求的变化进行不同的服务营销组合。第三,要求企业对客户追踪服务的个性化。网络时代客户需求的个性化增大了市场预测的离散度,掌握客户个性化服务需求的统计特征将主要依赖于对客户资料的收集、统计、分析和追踪,虽然在技术层面并没有什么困难,但却要涉及文化的、心理的、法律的等诸多方面的因素,因此建立客户档案并追踪服务本身就是一项极富挑战性的工作。

(3) 要求物流服务的多功能化和社会化。传统的物流被分割成包装、运输、仓储、装卸等若干个独立的环节。电子商务下的物流要求为企业提供全方位服务,既包括仓储、运输服务,又包括配货、分发和各种客户需要的配套服务,使物流成为连接生产企业与用户的重要环节。电子商务下的物流要求把物流的各个环节作为一个完整的系统进行统筹协调、合理规划,使物流服务的功能多样化,更好地满足客户的需求。随着电子商务的发展,物流服务的社会化趋势也越来越明显。在传统的经营方式下,无论是实力雄厚的大企业,还是小企业,一般都由企业自身承担物流职能,这导致物流的高成本、低效率。而在电子商务条件下,特别是对小企业来说,在网上订购、网上支付实现后,最关键的环节就是物流配送,如果企业完全依靠自己的力量来完成肯定是力不从心的,特别是面对跨地区、跨国界的用户时,更加束手无策。因此,物流的社会化也将是电子商务发展的一个十分重要的趋势。

4) 对物料采购的影响

企业在网上寻找合适的供应商,从理论上讲具有无限的选择。这种无限选择的可能性将导致市场竞争的加剧和供货价格的降低。但是,频繁地更换供应商将增加资质认证的成本支出,并面临较大的采购风险。因此,从供应商的立场来看,应对竞争的必然对策,是积极地寻求与制造商建成稳定的渠道关系,并在技术、管理及服务等方面与制造商结成更深度的战略联盟。同样,制造商也会从物流的理念出发来寻求与合格的供应商建立一体化供应链。作为利益交换条件,制造商和供应商之间将在更大的范围内和更深的层次上实现信息资源共享。电子商务对物料采购成本的降低,主要体现在缩短订货周期、减少文案和单证、减少差错和降低价格等方面。

5) 对物流环节的影响

(1) 电子商务可使物流实现网络的实时控制。传统的物流活动在其运作过程中,不管是以生产为中心,还是以成本或利润为中心,其实质都是以商流为中心,从属于商流活动。而在电子商务下,物流的运作是以信息为中心的,信息不仅决定了物流的运动方向,而且也决定着物流的运作方式。在实际运作过程中,通过网络上的信息传递,可以有效地实现对物流的控制,实现物流的合理化。比如,在电子商务方案中,可以利用电子商务的信息网络,将实物库存暂时用信息代替,即将信息作为虚拟库存(Virtual Inventory),办法是建立需求端数据收集系统(Automated Data Collection,ADC),在供应链的不同环节采用 EDI 交换数据,建立基于 Internet 的 Intranet,为用户提供 Web 服务器,便于数据实时更新和浏览查询,一些生产厂商和下游的经销商、物流服务商共用数据库,共享库存信息等,尽量减少实物库存水平,但并不降低供货服务水平。

(2) 网络对物流的实时控制是以整体物流来进行的。在传统的物流活动中,虽然也依靠计算机来对物流进行实时控制,但这种控制都是以单个企业的运作方式来进行的。比如,在实施计算机管理的物流中心或仓储企业中,所实施的计算机管理信息系统大都是以企业自身为中心来管理物流的。而在电子商务时代,网络的全球化可使物流在全球范围内实施整体的实时控制。

在新的电子商务在线购物系统中,顾客可从供应链的每个成员中"拉出"他们所需的东西,结果是顾客可获得更加快速而可靠的服务,而供应商也可减少成本。为了有效地实施拉动战略,企业必须与供应链中的所有成员建立电子联系。

6) 物流服务空间的拓展

如果将电子商务下的物流需求仅仅理解为门到门运输、免费送货或保证所订的货物都即时送到,那么这种理解是片面的,因为电子商务(也包括其他新型流通方式)需要的是增值性的物流服务(Value-Added Logistics Service),而不仅仅是传统的物流服务。增值性的物流服务是指在完成物流基础任务上,根据客户需要提供的各种延伸业务活动:

增值性的物流服务包括以下内容。

(1) 增加便利性的服务。一切能够简化手续、简化操作的服务都是增值性服务。简化是相对于消费者而言的,并不是说服务的内容简化了,而是指以前需要消费者自己做的一些事情,现在可以由商品或服务提供商以各种方式代替消费者做了。在提供电子商务的物流服务时,提供完备的操作或作业提示、省力化设计或安装、代办业务、24 小时营业、自动订货、传递信息和转账(利用 EOS、EDI、EFT)、物流全过程追踪等都是对电子商务销售有用的增值性服务。

(2) 加快反应速度的服务,即使流通过程变快的服务。快速反应已经成为物流发展的动力之一。现代物流的观点认为,可以通过两条途径使流通过程变快:一是提高运输基础设施和设备的效率,如修建高速公路、铁路提速、制定新的交通管理办法、将汽车本身的行驶速度提高等。这是一种速度的保障,但在需求方对速度的要求越来越高的情况下它也变成了一种约束,因此,必须想其他的办法来提高速度。第二种办法也是具有重大推广价值的增值性物流服务方案,即优化电子商务的流通渠道,并以此来简化物流过程,提高物流系统的快速反应性能。

(3) 降低成本的服务,即发掘第三利润源泉的服务。电子商务发展的前期,物流成本居高不下,有些企业可能会因为承受不了这种高额成本而退出电子商务领域,或者是选择性地将电子商务的物流服务外包出去。因此,如果要发展电子商务,一开始就应该寻找能够降低物流成本的物流方案。企业可以考虑的方案包括:采用第三方物流、电子商务经营者之间或电子商务经营者与普通商务经营者联合、采取物流共同化计划等。

(4) 延伸服务,即将供应链集成在一起的服务。向上可以延伸到市场调查与预测、采购及订单处理,向下可以延伸到配送、物流咨询、物流方案的选择与规划、库存控制决策建议、货款回收与结算、教育与培训、物流系统设计与规范方案的制作等。

以上这些服务最具增值性,同时也是最难提供的服务。能否提供这类增值服务已成为衡量一个企业的物流是否真正具有竞争力的标准。

7) 促进了物流技术水平的提高

所谓物流技术,是指与物流要素活动有关的、实现物流系统目标的所有专业技术的总称。传统的物流技术主要是指物资运输技术或物资流通技术。也就是说,物流技术是各种流通物资从生产者转移到消费者时，实现各种流通形态的停顿与流动功能所需要的材料、机械、设施等硬件技术以及计划、运用、评价等软件技术。

现代物流技术包括各种操作方法、管理技能等，如流通加工技术、物品包装技术、物品标识技术、物品实时跟踪技术等，也包括物流规划、物流评价、物流设计、物流策略等。在计算机网络技术的应用普及后，尤其是电子商务的飞速发展，使物流技术中又综合了许多现代技术，如 GIS（地理信息系统）、GPS（全球卫星定位）、EDI（电子数据交换）、Bar Code（条码）、道路交通信息通信系统（VICS）、不停车自动交费系统（ETC）、智能交通系统（ITS）、便携式数据终端（PDT）、自动化仓库和自动化搬运系统和物流机器人技术等运输领域新技术。

**2. 物流对电子商务的影响**

1）物流是电子商务的重要组成部分

电子商务中的任何一笔交易，都包含着四种基本的"流"，即信息流、商流、资金流和物流。其中，信息流既包括商品信息的提供、促销行销、技术支持、售后服务等内容，也包括诸如询价单、报价单、付款通知单、转账通知单等商业贸易单证，还包括交易方的支付能力、支付信誉等。商流是指商品在购、销之间进行交易和商品所有权转移的运动过程，具体是指商品交易的一系列活动。资金流主要是指资金的转移过程，包括付款、转账等过程。在电子商务环境下，以上三种"流"的处理都可以通过计算机和网络通信设备实现。物流作为四流中最为特殊的一种，是指物质实体（商品或服务）的流动过程，具体是指运输、储存、配送、装卸、保管、物流信息管理等各种活动。对于少数商品和服务来说，可以直接通过网络传输的方式进行配送，如各种电子出版物、信息咨询服务、有价信息软件等。而对于大多数商品和服务来说，物流仍要经由物理方式传输。因此，物流在交易中占有十分重要的地位。

2）物流现代化是电子商务的基础

电子商务通过快捷、高效的信息处理手段可以比较容易地解决信息流、商流和资金流的问题，而将商品及时地配送到用户手中，即完成商品的空间转移（物流）才标志着电子商务过程的结束，因此物流系统的效率高低是电子商务成功与否的关键，而物流效率的高低很大一部分又取决于物流现代化的水平。

物流现代化包括物流技术和物流管理两个方面的现代化。物流技术现代化包括软技术和硬技术两个方面的现代化。在物流软技术方面，现代化内容包括：无损检测和抽样检验技术、商品科学养护技术、条码技术、信息处理技术、安全装载技术等。在物流硬技术方面，现代化内容包括：发展自动化程度高的仓库，运输设备的专用化、大型化，保管设备的多样化、组合化，装卸搬运设备的快速化，信息处理设备的计算机化等。

物流管理的现代化是指应用现代经营管理思想、理论和方法，有效地管理物流，在管理人才、管理思想、管理组织、管理方法、管理手段等方面实现现代化，并把这几方面的现代化内容同各项管理职能有机地结合起来，形成现代化物流管理体系。物流管理现代化的目标是实现物流系统的整体优化。

物流现代化中最重要的部分是物流信息化。物流的信息化是电子商务物流的基本要求，是企业信息化的重要组成部分，表现为物流信息的商品化、物流信息收集的数据化和代码化、物流信息处理的电子化和计算机化、物流信息传递的标准化和实时化、物流信息储存的数字化等。物流信息化能更好地协调生产与销售、运输、储存等环节的联系，对优化供货程序、缩短物流时间及降低库存成本都具有十分重要的意义。

3）物流是实施电子商务的重要保证

目前的电子商务是靠网络订货，靠物流体系送货，因而物流是实现电子商务的重要环节和基本保证。

（1）物流保障生产。无论是在传统的贸易方式下，还是在电子商务下，生产都是商品流通之本，而生产的顺利进行又需要各类物流活动的支持。生产的全过程从原材料的采购开始，便要求有相应的供应物流活动，即将所采购的材料送到位，否则，生产就难以进行；在生产的各工艺流程之间，也需要原材料、半成品的物流过程,即所谓的生产物流,以实现生产的流动性;部分余料、可重复利用的物资的回收,就需要所谓的回收物流;废弃物的处理则需要废弃物物流。可见,整个生产过程实际上就是系列化的物流活动。合理化、现代化的物流,通过降低费用从而降低成本、优化库存结构、减少资金占压、缩短生产周期,保障了现代化生产的高效进行。

(2) 物流服务于商流。在商流活动中,商品所有权从购销合同签订并支付货款的那一刻起,便由供方转移到需方,而商品实体并没有因此而移动。在传统的交易过程中,除了非实物交割的期货交易,一般的商流都必须伴随相应的物流活动,即按照需方(买方)的需求将商品实体由供方(卖方)以适当的方式、途径向需方(买方)转移。而在电子商务下,消费者通过上网单击购物来完成商品所有权的交割过程,即商流过程。但电子商务的活动并未结束,只有商品和服务真正转移到消费者手中,商务活动才告以终结。在整个电子商务的交易过程中,物流实际上是以商流的后续者和服务者的姿态出现的。

4) 物流是实现"以顾客为中心"理念的根本保证

电子商务的出现,在最大限度上方便了最终消费者。物流是电子商务中实现以顾客为中心理念的最终保证,缺少了现代化的物流技术,电子商务给消费者带来的购物便捷就等于零,消费者必然会转向他们认为更为安全的传统购物方式。

不管是B2B,还是B2C、C2C,消费者最关心的问题是:他们所购买的商品能否安全、快速地送到自己手中,这就需要解决物流及配送的问题。由此可见,电子商务的发展需要物流做基础,物流是实现"以顾客为中心"理念的根本保证。

随着电子商务发展的日趋成熟,跨国、跨区域的物流已经彰显出其重要性。没有物流网络、物流设施和物流技术的支持,电子商务将受到极大的抑制;没有完善的物流系统,电子商务即使能够降低交易费用,但也无法降低物流成本,电子商务所产生的效益终将大打折扣。

## 5.2.2 电子商务物流概念与特点

**1. 电子商务物流的概念**

同传统的电子商务活动一样,电子商务中的每笔交易,都包含着信息流、商流、资金流和物流。物流作为"四流"中最为特殊的一种,涵盖了商品或服务的流动过程,包括运输、储存、配送、装卸、保管等各种活动。对于少数商品和服务来说,可以直接通过计算机网络传输的方式进行商品配送。而对于大多数实体商品和服务来说,其配送仍要经过物理方式传输,但由于一系列机械化、自动化工具的应用,准确、及时的物流信息对物流过程的监控,将使物流的流动速度加快,准确率提高,能有效地减少库存,缩短生产周期。

因此,可以说电子商务物流就是在电子商务的条件下,依靠计算机技术、互联网技术、电子商务技术以及信息技术等所进行的物流(活动)。

**2. 电子商务物流的特点**

电子商务时代的来临,给全球物流带来了新的发展,而物流也因此具有了一系列的新特点。

1) 物流信息化

在电子商务时代,物流信息化是电子商务的必然要求。物流信息化表现为物流信息的商品化、物流信息收集的数据库化和代码化、物流信息处理的电子化和计算机化、物流信息传递的标准化和实时化、物流信息存储的数字化等。信息化是基础,没有物流的信息化,任何先进的技术设备都不可能应用于物流领域,信息技术及计算机技术在物流中的应用将彻底改变世界物流的面貌。

2) 物流自动化

自动化的基础是信息化,核心是机电一体化,外在表现是无人化,效果是省力化。自动化可以扩大物流作业能力,提高劳动生产率,减少物流作业的差错。物流自动化的设施非常多,如条码、语音、射频自动识别系统、自动分拣系统、自动存取系统、自动导向车、货物自动跟踪系统等。这些设施在发达国家已普遍用于物流作业流程中,而在我国,由于物流业起步晚,发展水平低,自动化技术的普及还需要较长的时间。

3) 物流网络化

物流领域网络化的基础也是信息化,这里指的网络化有两层含义:一是物流配送系统的计算机通信网络,包括物流配送中心与供应商或制造商的联系要通过计算机网络通信,与下游顾客之间的联系也要通过计算机网络通信。比如,物流配送中心向供应商提出订单这个过程,就可以使用计算机通信方式,借助于增值网(Value Added Network,VAN)上的电子订货系统(EOS)和电子数据交换技术(EDI)来自动实现,物流配送中心通过计算机网络收集下游客户的订货过程也可以自动完成。二是组织的网络化,即所谓的企业内部网(Intranet)。比如,台湾地区的电脑业在20世纪90代创造出了"全球运筹式产销模式",这种模式的基本点是按照客户订单组织生产,生产采取分散形式,即将全世界的电脑资源都利用起来,采取外包的形式将一台电脑的所有零部件、元器件、芯片外包给世界各地的制造商去生产,然后通过全球的物流网络将这些零部件、元器件和芯片发往同一个物流配送中心进行组装,由该物流配送中心将组装的电脑迅速发给客户。这一过程需要有高效的物流网络支持,当然物流网络的基础是信息、计算机网络。

物流网络化是物流信息化的必然,是电子商务下物流活动的主要特征之一。当今世界Internet等全球网络资源的可用性及网络技术的普及为物流的网络化提供了良好的外部环境,物流网络化的趋势不可阻挡。

4) 物流智能化

智能化是物流自动化、信息化的一种高层次应用。物流作业过程中大量的运筹和决策,如库存水平的确定、运输(搬运)路径的选择、自动导向车的运行轨迹和作业控制、自动分拣机的运行、物流配送中心经营管理的决策支持等问题都需要借助于大量的知识才能解决。在物流自动化的进程中,物流智能化是不可回避的技术难题。由于专家系统、机器人等相关技术在国际上已经有比较成熟的研究成果,因而物流的智能化已成为电子商务时代物流发展的一个新趋势。

5) 物流柔性化

柔性化本来是为实现"以顾客为中心"理念而在生产领域提出的,但要真正做到柔性化,即真正地根据消费者需求的变化来灵活调节生产工艺,就需要有配套的柔性化的物流系统。20世纪90年代,国际生产领域纷纷推出弹性制造系统(Flexible Manufacturing System,FMS)、计算机集成制造系统(Computer Integrated Manufacturing System,CIMS)、制造资源系统(Manufacturing Requirement Planning,MRPII)、企业资源计划(ERP)以及供应链管理的概念和技术,这些概念和技术的实质是要将生产、流通进行集成,根据需求端的需求组织生产,安排物流活动。

因此,柔性化的物流正是适应生产、流通与消费的需求而发展起来的一种新型物流模式。这就要求物流配送中心根据消费需求"多品种、小批量、多批次、短周期"的特色,灵活组织和实施物流作业。另外,物流设施、商品包装的标准化,物流的社会化、共同化也都是电子商务下物流模式的新特点。

## 5.3 电子商务的物流模式

### 5.3.1 企业自营物流模式

企业自营物流最早产生于生产制造企业。生产企业的自营物流有两个层次。

传统的自营物流主要源于生产经营的纵向一体化。生产企业自备仓库、车队等物流设施,内部设立综合管理部门统一企业物流运作或者各部门各司其职,自行安排物流活动。

现代自营物流概念是基于生产企业供应链管理思想而提出的。它把企业的物流管理职能提升到战略地位，即通过科学、有效的物流管理实现产品增值，获取竞争优势。一般是在企业内部设立物流运作的综合管理部门，通过资源和功能的整合，专门设立企业物流部或物流公司来统一管理企业的物流运作。

企业自营物流模式的主要优势是企业对供应链拥有很强的控制力，利于降低交易成本，并能避免企业商业秘密的泄露。而劣势是物流自营势必导致巨大的资源投入，给企业带来较大的压力。

由于目前国内物流水平还不能完全满足电子商务的需求，有部分企业选择自建物流体系，以保证物流的时效性和准确性。在电子商务环境下，企业自建物流系统主要有两种情况：一是传统的大型制造企业或销售企业经营的 B2B 或 B2C 电子商务网站，由于其自身在传统商务中已经建立起具有一定规模的营销网络和物流配送体系，在开展电子商务时，只需将其加以完善，就可满足电子商务下对物流配送的要求，如海尔和苏宁易购；二是具有雄厚资金实力和较大业务规模的电子商务公司，如京东商城，在第三方物流不能满足其成本控制和客户服务要求的情况下，自行建立适应业务需要的物流系统，并可向其他物流服务需求方（如其他电子商务企业）提供第三方物流服务，以充分利用其物流资源，实现规模效益。

自营物流模式比较有代表性的企业，如京东商城，在自营物流方面京东商场自建库房和物流中心，自建配送队伍，成立自己的快递公司，目前京东商城在全国已经建立华东（上海）、华北（北京）、华南（广州）、华中（武汉）、西南（成都）、东北（沈阳）、西北（西安）七大物流中心，同时覆盖了 2 658 个区县，有 6 906 个派送站和自提点，2017 年 7 月，仓储面积达 560 万平方米。对于京东商城来说，建立自营物流可以提高其供应链效率，缩短货物在途时间，进而降低资金的时间消耗，减少隐性成本的流失。

## 5.3.2 第三方物流模式

**1. 第三方物流的概念**

第三方物流是指生产经营企业为集中精力搞好主业，把原来属于自己处理的物流活动，以合同方式委托给专业物流服务企业，同时通过信息系统与物流服务企业保持密切联系，以达到对物流全程的管理和控制的一种物流运作与管理方式。

在我国 2006 年公布的国标《物流术语》中，将第三方物流定义为"独立于供需双方为客户提供专项或全面的物流系统设计或系统运营的物流服务模式"。即通过物流管理的代理企业（物流企业）为供应方和需求方提供物料运输、仓库存储、产品配送等各项物流服务的一种业务模式。这是由物流劳务的供方、需方之外的第三方去完成物流服务的物流运作方式。第三方就是指提供物流交易双方的部分或全部物流功能的外部服务提供者。在某种意义上，可以说它是物流专业化的一种形式。

从广义的角度看，第三方物流包括一切物流活动，以及发货人可以从专业物流代理商处得到的其他一些价值增值服务。狭义的第三方物流专指本身没有固定资产但仍承接物流业务，借助外界力量，负责代替发货人完成整个物流过程的一种物流管理方式。

第三方物流给企业带来了众多益处，主要表现在：集中主业，企业能够实现资源优化配置，将有限的人力、财力集中于核心业务，进行重点研究，发展基本技术，努力开发出新产品参与世界竞争；节省费用，减少资本积压；减少库存；提升企业形象。

第三方物流随着物流业发展而发展。第三方物流是物流专业化的重要形式。物流业发展到一定阶段必然会出现第三方物流的发展，而且第三方物流的占有率与物流产业的水平之间有着非常规律的相关关系。所以，第三方物流的发展程度反映和体现着一个国家物流业发展的整体水平。

**2. 第三方物流的类型**

根据不同的标准，物流企业可以划分为不同的类型。

1）按照物流企业完成的物流业务范围的大小和所承担的物流功能分类

按照物流企业完成的物流业务范围的大小和所承担的物流功能，可将物流企业分为功能性物流企业和综合性物流企业。

（1）功能性物流企业也称单一物流企业，是指那些仅承担和完成某一项或少数几项物流功能的企业。按照其主要从事的物流功能可将其进一步分为运输企业、仓储企业、流通加工企业等。

（2）综合性物流企业是指那些能完成和承担多项或全部物流功能的企业，企业一般规模较大、资金雄厚，并且有着良好的物流服务信誉，包括从配送中心的规划设计到物流的战略策划、具体业务功能等。

2）按照物流企业是自行完成和承担物流业务，还是委托他人进行操作分类

按照物流企业是自行完成和承担物流业务，还是委托他人进行操作，还可将物流企业分为物流运营企业与物流代理企业。

（1）物流运营企业是指实际承担大部分物流业务的企业，它们可能有大量的物流环境和设备支持物流运作，如配送中心、自动化仓库、交通工具等。

（2）物流代理企业是指接受物流需求方的委托，运用自己的物流专业知识、管理经验，为客户制定最优化的物流路线，选择最合适的运输工具等，最终由物流运营企业承担具体的物流业务。物流代理企业还可以按照物流业务代理的范围，分成综合性物流代理企业和功能性物流代理企业。功能性物流代理企业包括运输代理企业（货代公司）、仓储代理公司和流通加工代理企业等。

3）按照第三方物流业务角度分类

按照第三方物流业务角度不同，还可将当代第三方物流的主要模式分为以下几种类型。

（1）第三方物流运输服务：所包含的主要内容有汽车运输、专一承运、多式联运、水运、铁路运输、包裹、设备、司机、车队等。

（2）第三方物流仓储服务：包括入库、上门收货服务、包装/次级组装、完善分货管理、存货及管理、位置服务等。

（3）第三方物流特别服务：包括逆向物流、直接配送到商店、进/出口海关、ISO 认证、直接送货到家等。

（4）第三方物流国际互联网服务：包括搜寻/跟踪、电子商务、电子执行、通信管理、电子供应链等。

（5）第三方物流的技术服务：包括 GIS 技术、GPS 技术、EDI 技术、条码技术、RFID 技术、便携式数据终端（PDT）、自动化仓库和自动化搬运系统和物流机器人技术等。

**3. 我国第三方物流企业的主要运作模式**

1）整合现有物流资源，建立"非资产型"的第三方物流企业模式

一方面，从我国目前的第三方物流企业的状况来看，由于部分投资者缺乏足够的资金用于全新的基于资产的第三方物流企业的构建，迫使它们必须采用"非资产型"的第三方物流形式；另一方面，我国传统的运输部门、企业和仓储公司作为物流行业的主力占据着我国物流的主要社会资源，它们有优越的仓库、站场设施，有自己的运输搬运设施、铁路专用线和自己的客户网。但从全国范围来看，这些物流资源利用率不高，浪费严重。因此，从实际情况入手，整合现有物流资源，建立"非资产型"的第三方物流企业：一方面，可以充分利用社会既有物流资源优势实现资源共享；另一方面，避免了组织机构的臃肿庞大。

2）以提高物流环节的服务附加值为目标的基础物流服务模式

我国的物流企业在推进第三方物流服务时，要充分考虑到企业的现实需求，从基本的服务功能入手，从简单的服务开始，在不断巩固自身提供常规服务的能力的前提下扩展延伸服务。一开始就定位在高级形态的第三方物流运作上并不现实。不应一味追求时髦的理念与模式，舍本逐末，放弃对常规服务质量的重视。

第三方物流供应商应该从区域客户的需求出发，根据企业的实际情况，从提供基础物流服务开始，展示他们有能力把这些服务做到最好，然后再开始提供高附加值的服务，从而逐步实现物流环节的系统

化和标准化,为客户提供全方位的物流服务。

3) 电子商务与第三方物流的有机整合模式

从实际运作状况来看,第三方物流与电子商务的结合主要有以下两种方式:其一,第三方物流作为电子商务组成要素,承担物流作业,完成 B2B 或 B2C 中的物流环节;其二,第三方物流通过建设自己的电子商务,为商家与客户之间提供交换信息、进行交易、全程追踪的信息平台,从而实现电子商务与物流的紧密配合。

我国表现较为突出的有宝供物流企业集团。宝供在 1997 年就开始于国内率先建立了基于 Internet/Intranet 的全国物流信息管理系统,后来又陆续完成了基于电子数据交换 EDI 的与客户对接系统,运输业务报表自动生成系统,客户定制信息服务系统,运作成本、经营核算、结算信息系统,实现了"客户电子订单一体化运作"的电子商务初步目标,极大地简化了商务流程,提高了业务运作效率。

4) 综合物流代理模式

国际著名的专门从事第三方物流的企业,如美国的联邦速递、日本的佐川急便,国内专业化的第三方物流企业,如中国储运公司、中外运公司、EMS 等,这些公司都已经不同程度地进行了综合物流代理运作模式的探索实践。

发展综合物流代理业务具体是指不进行大的固定资产投资,低成本经营,将部分或全部物流作业委托他人处理,注重自己的销售队伍与管理网络,实行特许代理,将协作单位纳入自己的经营轨道,公司经营的核心能力就是综合物流代理业务的销售、采购、协调管理和组织的设计与经营,并且注重业务流程的创新和组织机构的创新,使公司经营不断产生新的增长点。

简单地说,综合物流代理企业实际上就是有效的物流管理者。采用这种模式的第三方物流企业应该具有很强的实力,同时拥有发达的网络体系,这样的企业在向物流转型时能做到综合物流代理,从而为客户提供全方位的服务。

5) 集中物流模式

集中物流模式的特点是第三方物流企业拥有一定的资产和范围较广的物流网络,在某个领域提供集成度较低的物流服务。

由于不同领域客户的物流需求千差万别,当一个物流企业能力有限时,它们就可以采取这种集中战略,力求在一个细分市场上做精做强。互联网技术和电子商务的发展给第三方物流产业的发展提供了新的契机。物流企业服务要做到快速响应与全球化这两点,实现信息化运作是关键。这要求物流企业,一方面要加快自身的信息化建设步伐,另一方面要能够为客户开发出科学、高效的物流管理系统,以实现系统的无缝连接,达到物流运作的高效率。

## 5.3.3 第四方物流模式

**1. 第四方物流模式的概念**

第四方物流的概念是 1998 年美国埃森哲咨询公司率先提出的。它将第四方物流定义为:"所谓第四方物流是指一个供应链的整合者及协调者,调配与管理组织本身与其他互补性服务所有的资源、能力和技术来提供综合的供应链解决方案。"资源整合、优势集成是这一模式的特点。在实际运作过程中,第四方物流采用虚拟企业管理模式,根据特定的需要构建特定的组合。

**2. 第四方物流模式的特征**

第四方物流在第三方物流的基础上,通过对物流资源、物流设施、物流技术的整合和管理,提出物流全过程的方案设计、实施办法和解决途径,为客户提供全面的供应链解决方案。第四方物流模式具有以下特征。

1) 第四方物流是供应链的集成者、整合者和管理者

第四方物流集成了管理咨询和第三方物流的能力,不仅能够降低实时操作成本和改变传统外包中

的资产转换,而且还通过优秀的第三方物流、技术专家和管理顾问之间的联盟,为客户提供最佳的供应链解决方案,而这种方案仅仅通过上述联盟中的一方是难以提供的。

第四方物流的供应链解决方案共有四个层次:执行、实施、变革和再造。

(1) 执行:主要是指由第四方物流负责具体供应链职能和流程的正常运转。这一范畴超过了传统第三方物流的运输管理和仓储管理,具体包括制造、采购、库存管理、供应链信息技术、需求预测、网络管理、客户服务管理和行政管理等职能。

(2) 实施:第四方物流的实施包括了流程的一体化、系统的集成和运作的衔接。

(3) 变革:通过新技术实现各个供应链职能的加强,改善供应链中某一具体环节的职能,包括销售和运作计划、分销管理、采购策略等。

(4) 再造:是指供应链过程的协作和供应链过程的再设计。

2) 第四方物流通过影响整个供应链来实现增值

第四方物流充分利用包括第三方物流、信息技术供应商、合同物流供应商、呼叫中心、电信增值服务商、客户以及自身等多面的能力,对公司内部和具有互补性的服务供应商所拥有的不同资源、能力和技术进行整合和管理,提供一整套供应链解决方案。

3) 第四方物流企业拥有一整套的技能

真正的第四方物流不仅能够管理特定的物流服务,还可以为整个物流过程提供完整的解决方案,并通过技术手段将这个过程集成起来;另外,第四方物流作为企业的战略伙伴,和第三方物流一样,能够与客户的制造、市场及分销等方面的数据进行全面、实时共享。

目前,国内较为出名的第四方物流企业,如成都亿博物流咨询有限公司,企业全力打造专业的物流服务,在全国各地享受盛名,企业主要为物流公司在物流设施、战略、供应链、管理、电子商务等方面进行咨询和服务。第四方物流对于物流企业的发展壮大起到了至关重要的作用,是物流企业不可或缺的一部分。物流企业是第四方物流发展的基础,同时第四方物流也可以促进物流企业的发展,帮助物流企业提供很多先进的管理办法,具有很广阔的发展前景。

### 5.3.4 物流联盟

物流联盟是制造业、销售企业、物流企业基于正式的相互协议而建立的一种物流合作关系,参加联盟的企业汇集、交换或统一物流资源以谋取共同利益;同时,合作企业仍保持各自的独立性。联盟为了达到比单独从事物流活动取得更好的效果,在企业间形成了相互信任、共担风险、共享收益的物流伙伴关系。企业间不完全采取导致自身利益最大的行为,也不完全采取导致共同利益最大化的行为,只是在物流方面通过契约形成优势互补、要素双向或多向流动的中间组织。

一般来说,组成物流联盟的企业之间具有很强的依赖性,物流联盟的各个组成企业明确自身在整个物流联盟中的优势及担当的角色,内部的对抗和冲突减少、分工明确,使供应商把注意力集中在提供客户指定的服务上,最终提高了企业的竞争能力和竞争效率,满足企业跨地区、全方位物流服务的要求。

**1. 物流联盟的类型**

联盟是动态的,只要合同结束,双方又变成追求自身利益最大化的单独个体。选择物流联盟伙伴时,要注意物流服务提供商的种类及其经营策略。一般可以根据物流企业服务范围大小和物流功能的整合程度这两个标准,确定物流企业的类型。企业间物流联盟主要有以下几种组建方式。

1) 纵向一体化物流联盟

该方式是指上游企业和下游企业发挥各自的核心能力,发展良好的合作关系,从原材料采购到产品销售的全过程实施一体化合作,形成物流战略联盟。

2) 横向一体化物流联盟

该方式是由处于平行位置的几个物流企业结成联盟。目前,国内真正能提供物流全方位服务的大型物流企业尚不存在,因此,横向一体化物流联盟能够弥补现有物流市场条块分割的现状。

3) 混合模式

该方式是以一家物流企业为核心,联合一家或几家处于平行位置的物流企业和处于上下游位置的中小物流企业加盟组成。这些物流企业通过签订联盟契约,共同采购,共同配送,构筑物流市场,形成相互信任、共担风险、共享收益的集约化物流伙伴关系。

物流联盟在国外的发展不过六七年而已,在国内出现时间更短,目前尽管国内外的物流联盟在组织构成上存在着明显的不同,但却都显示出了强大的生命力。从国内外物流联盟形成特点及其运作方式来看,它是物流企业间为实现运作效率的提高而在职能分工的基础上进行优势互补的一种融合,是一种基于各自不同的核心竞争力的物流资源整合。

目前通过物流联盟模式使企业成功渡过难关的代表性企业,如英国的 Laura Ashley 公司,它是一家时装和家具零售商和批发商,从 1953 年的一个以家庭为基础的商业企业发展到在全球 28 个国家有 540 个专卖店的企业。20 世纪 80 年代,Laura Ashley 公司开始使用联邦快递的服务来经营北美地区业务,在 90 年代初,Laura Ashley 面临着一个物流问题,即陈旧和集中的存货系统使公司在正常的基础上很难提供充足数量的产品,Laura Ashley 公司的仓储和供应网络会延迟送货时间,尤其在英国以外的国家。为了提升竞争地位,增加核心竞争力,Laura Ashley 公司决定与联邦快递(Fedex)结盟,外包其关键性的物流功能。例如,存货控制和全球物流配送。于是在 1992 年 3 月,公司外包其未来 10 年内的总计 2.25 亿美元的全球物流服务项目给联邦快递公司。Laura Ashley 公司减少了其一半的库存货物,减少了 10%～12%物流费用。补货控制在 48 小时内,提高了产品的供货质量。尤其重要的是那些"易损"的产品现在能够更可靠、频繁和准时地配送。

**2. 物流联盟的优势**

1) 费用少

从建立物流联盟安排的角度看,物流联盟的建立最明显的效果就是在物流合作伙伴之间减少了相关交易费用。由于物流合作伙伴之间经常沟通与合作,可使得搜寻交易对象信息方面的费用大为降低;提供个性化的物流服务建立起来的相互信任与承诺,可减少各种履约的风险;物流契约一般签约时间较长,可通过协商来减少在服务过程中产生的冲突。

2) 稳定性好

从构建物流联盟的过程来看,联盟企业可以寻找合适的合作伙伴,能够有效地维持物流联盟的稳定性。双方出于自身的利益选择有效的长期合作是最优策略,进而双方可以充分依靠建立联盟机制协调形成的内部环境,减少交易的不确定性和交易频率,降低交易费用,实现共同利益最大化。

3) 利润稳定

从建立物流联盟的绩效看,稳定、长期的合作会激励双方把共同的利润做大,获得稳定的利润率。从物流发展的角度看,物流联盟是企业与专业物流服务商建立的一种现代化物流合作形式。在物流联盟中,随着物流组织的发展,供应链中的联系会进一步加深,同时,也会通过协作加深用户的物流需求,双方开展持续、诚信的合作,可以相互学到对方的优点如技术优势、丰富的经验等。

### 5.3.5 绿色物流

步入 21 世纪之后,物流的发展必然要求从环境保护的角度对物流体系进行改造,形成一种与环境共生型的物流管理系统,改变原来经济发展与物流、消费生活与物流之间的单向作用关系,在抑制物流对环境造成危害的同时,形成一种能促进经济和消费生活健康发展的现代物流系统,即向绿色物流转变。

在电子商务模式下,绿色物流的运作以信息为中心,信息不仅决定了绿色物流的运作方向,而且也决定着绿色物流的运作方式。在实际运作过程中,绿色物流可充分利用互联网的巨大优势建立网站和平台,开展商品物流跟踪、客户响应模式、信息处理和传递系统,通过网络上的信息传递,有效地实现对绿色物流的实时控制,完成网上购物及连锁经营等活动,提供更加完善的配送和售后服务。

目前国内较为著名的绿色物流企业,如远成物流。远成物流作为国内绿色物流的代表企业,一直坚持低碳环保的服务理念,在绿色物流方面积极探索,利用自身先进物流技术,整合集团资源,优化资源配置,通过高效规划和实施运输、仓储、装卸、配送和包装等物流活动,将节约资源、减少废物、避免污染等作为企业发展的长远目标。同时,远成物流不仅完成了对所有旧车辆排放改装,新购置货车符合欧Ⅲ排放标准,以减少能耗;同时,运用机械化、托盘联营、单元化堆码,自动分拣机械、条码识别、电子扫描、自动化包装作业等物流技术以提高效能;运用GPS(全球定位系统),对物流的方案整体布局,全面设计,避免或减少重复建设和人为浪费等。

## 5.3.6 逆向物流

美国物流管理协会将逆向物流明确定义为:"计划、实施和控制原料、半成品库存、制成品和相关信息,使它们高效和经济地从消费点到起点的过程,从而达到回收价值和适当处置的目的。"其成因主要有四点:退货、产品召回、环境保护要求和产品生命周期缩短。

逆向物流中所面临的最重要问题是产品数据信息的缺乏,因此建立逆向物流的IT信息系统,提供准确、充足的附加信息是逆向物流顺利完成的必要条件。

面对日渐强大的消费者群体,在以服务营销为主导思想的全球化企业的经营战略中,许多公司将逆向物流看成是提升竞争力的重要法宝。

1) 增进与客户的沟通,提高客户满意度

逆向物流在增强企业与客户之间的沟通、提高客户满意度方面起着重要作用。1982年9月,当公司销量最高的产品——泰勒诺被指证与美国芝加哥地区的一起死亡报道有关时,泰勒诺的市场份额在1个月内下跌了80%。J&J公司广泛运用逆向物流系统,从零售商和消费者手中买回有问题的产品,并运回处理中心;同时,全力提升产品品质,慢慢地赢回了顾客的信赖。如今,泰勒诺仍是销量最高的止痛剂品牌,拥有30%的市场份额。可见,逆向物流系统是帮助其重振雄风的主要功臣。

2) 增强供应链合作伙伴关系

有效的逆向物流管理也是增强供应链合作伙伴关系的重要黏合剂。在通用汽车公司简化了其回收汽车零部件的流程后,销售商对新的回收体系表现出了极大的欢迎,因为新的体系更为简便,成本也更加低廉。他们现在都将回收部件送到通用汽车统一的处理地点,而采用通用统一的产品标志,部件回收的不确定性也大大降低。

3) 降低成本

逆向物流在降低成本方面也表现出卓越的一面。全球知名的化妆品品牌雅诗兰黛每年因为退货、过量生产、报废和损坏的商品达1.9亿美元,约占销售额的4.75%。为了降低退货处理成本,它投资130万美元购买用于逆向物流的扫描系统、商业智能工具和数据库。经过几年的运转,系统对超过保质期产品的识别精度大大提高,产品销毁率降到15%以下。它将可以重返分销渠道的产品在销售季节结束前重新投放市场,每年节约了数百万美元。

4) 提高利润

不仅如此,逆向物流甚至可以成为利润中心。当沃尔沃预测到瑞典将会立法,规定汽车生产商对汽车零部件的法律责任时,公司引入了先进的汽车拆卸和处理设备,并通过对汽车零部件回收和处理获得了巨大的收益:金属、塑料可以当作废品出售,而一些部件可以重新进入装配线,组装成汽车后在二级市场上出售,这些都成为沃尔沃重要的利润来源。同样尝到逆向物流收益的公司还包括西尔斯、佳能、施乐和柯达等。

## 5.4 供应链管理

### 5.4.1 供应链概念

供应链(Supply Chain)是围绕核心企业,通过对信息流、物流、资金流的控制,从采购原材料开始,制成中间产品以及最终产品,最后由销售网络把产品送到消费者手中的供应商、制造商、分销商、零售商、直到最终用户连成一个整体功能网链结构模式。我国的《物流术语》国家标准(GB/T 18354——2006)给出了关于供应链的定义:生产及流通过程中,涉及将产品更新换代或服务提供给最终客户的上游或下游企业所形成的网络机构。根据以上定义,其结构可以简单归纳为如图 5-4-1 所示的模型。

从图 5-4-1 可以看出,供应链是一个范围广阔的企业结构模式,它由所有加盟的节点企业组成,其中一般有一个核心企业(可以是产品制造企业,也可以是大型零售企业,如美国的沃尔玛),节点企业在需求信息的驱动下,通过供应链的职能分工与合作(生产、分销、零售等),以资金流、物流或服务流为媒介实现整个供应链的不断增值,给相关企业带来收益。

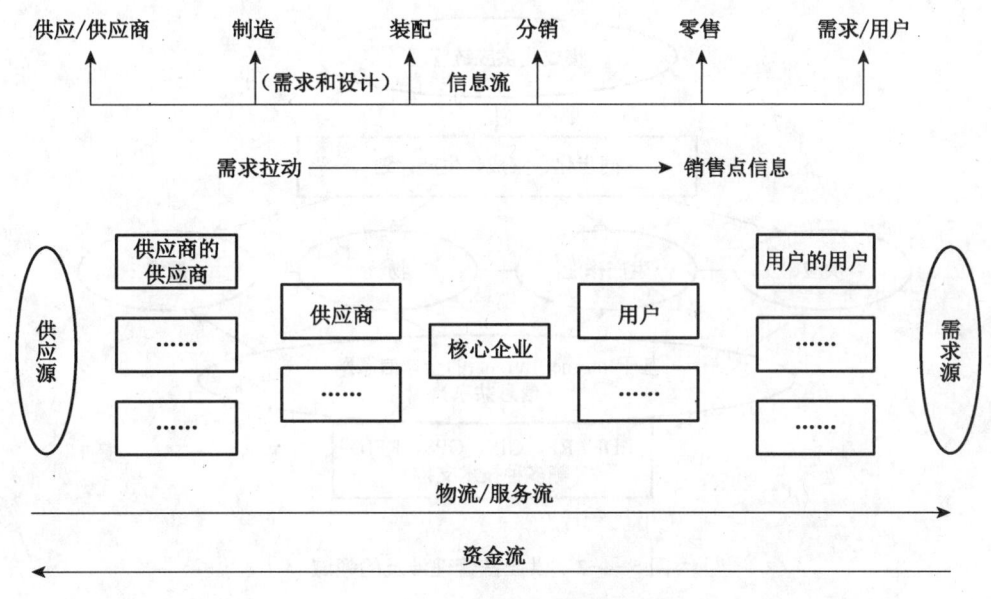

图 5-4-1 供应链结构模型

### 5.4.2 供应链管理概述

20 世纪 80 年代,随着物流一体化由企业内部物流的活动逐渐转向跨越企业边界的不同企业间的协作,供应链管理(Supply Chain Management, SCM)的概念应运而生。能够真正认识并率先提出供应链管理概念的也是一些具有丰富物流管理经验和先进物流管理水平的世界级顶尖企业。这些企业在研究企业发展战略的过程中发现,面临日益激烈的市场竞争,仅靠一个企业和一种产品的力量已不足以占据优势,企业必须与原料供应商、产品分销商和第三方物流服务者等结成持久、紧密的联盟,建设高效率、低成本的供应链,才可以从容面对市场竞争并取得最终胜利。

**1. 供应链管理的概念**

供应链管理有不同的界定,但总体上可以认为,供应链管理是借助先进的管理理念、方法和现代技术,将供应链上与合作伙伴相关的业务流程集成起来,并进行有效管理,使供应链各环节协同运作,提高客户满意度,并提升供应链的整体效率和效益。

我国的《物流术语》对供应链管理的定义是:利用计算机网络技术全面规划供应链中的商流、物流、信息流、资金流等,并进行计划、组织、协调与控制。

供应链管理是一种集成的管理思想和方法,它执行供应链中从供应商到最终用户的物流的计划、组织、协调和控制一体化等职能,把供应链上的各个企业作为一个不可分割的整体,进行一体化管理,使供应链上各企业分担的采购、生产、分销和销售的职能成为一个协调发展的有机体,以提高客户的满意度,提升企业的核心竞争力,扩大企业的竞争优势。供应链管理可以显著提高物流的效率,降低物流成本,从而大幅度提高企业的劳动生产率。实行供应链管理可以使供应链中的各成员企业之间的业务关系得到加强,将过去企业与外部组织之间的相互独立关系变为紧密合作关系,以形成新的命运共同体。

**2. 供应链管理涉及的内容**

供应链管理主要涉及四个领域:供应(Supply)、生产计划(Schedule Plan)、物流(Logistics)、需求(Demand)。由图 5-4-2 可见,供应链管理是以同步化、集成化生产计划为指导,以各种技术为支持,尤其以 Internet/Intranet 为依托,围绕供应、生产作业、物流(主要指制造过程),满足需求来实施的。供应链管理主要包括计划、合作、控制从供应商到用户的物料(零部件和成品等)和信息。供应链管理的目标在于提高用户服务水平和降低总的交易成本,并且寻求两个目标之间的平衡(这两个目标往往有冲突)。

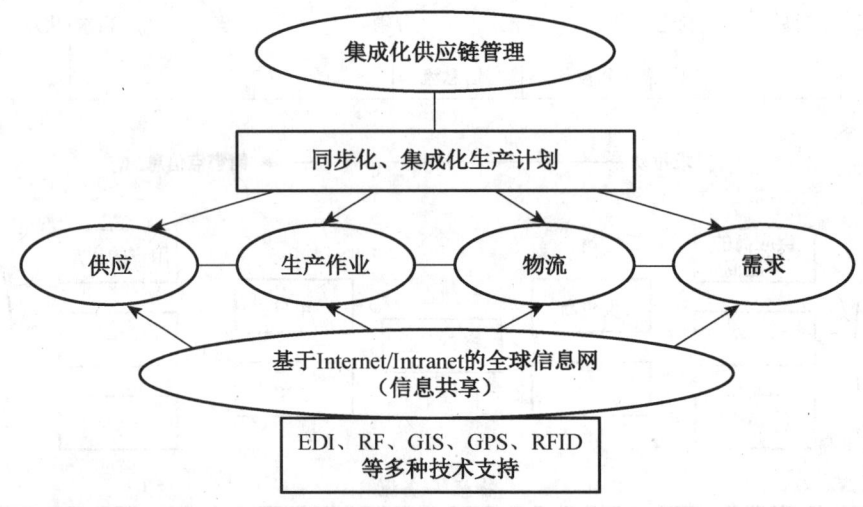

图 5-4-2 供应链管理涉及的领域

在以上四个领域的基础上,我们可以将供应链管理细分为职能领域和辅助领域。职能领域主要包括产品工程、产品技术保证、采购、生产控制、库存控制、仓储管理、分销管理。而辅助领域主要包括客户服务、制造、设计工程、会计核算、人力资源、市场营销。

由此可见,供应链管理关心的并不仅仅是物料实体在供应链中的流动,除了企业内部与企业之间的运输问题和实物分销以外,供应链管理还包括以下主要内容:战略性供应商和用户合作伙伴关系管理;供应链产品需求预测和计划;供应链的设计(全球节点企业、资源、设备等的评价、选择和定位);企业内部与企业之间的物料供应与需求管理;基于供应链管理的产品设计与制造管理、生产集成化计划、跟踪和控制;基于供应链的用户服务和物流(运输、库存、包装等)管理;企业间资金流管理(汇率、成本等问题);基于 Internet/Intranet 的供应链交互信息管理等。

供应链管理注重总的物流成本(从原材料到最终产成品的费用)与用户服务水平之间的关系,为此应把供应链各个职能部门有机地结合在一起,从而最大限度地发挥供应链整体的力量,以达到供应链企业群体获益的目的。

### 5.4.3 电子商务在供应链管理中的应用

供应链管理的主要任务就是要协调从订单的形成到完成订单以及运送产品过程中的各项服务和信息交流。随着电子商务的不断发展,在电子商务环境下,供应链中各个企业之间可以从事的商务活动也日益增加,电子商务在供应链管理中的应用体现得越来越重要。电子商务在供应链管理中的应用,充分说明电子商务与供应链管理是相辅相成的,电子商务成功实施的基础是出色的供应链管理的支持。通过供应链管理,把与电子商务的商业活动有关的信息流、资金流、物流进行有效集成和控制,把正确的产品交付给正确的客户,以最低的成本实现最大的经济效益。

随着电子商务的不断发展,现代电子商务对供应链管理产生了越来越重大的影响。供应链管理作为对供应链中发生的物流、信息流、资金流以及贸易伙伴关系等要素进行统一组织、规划、协调和控制的一种现代企业管理战略,需要充分掌握相关企业和市场信息。但是,要获得供应链较为完全的信息,依靠人工环境,其成本是非常昂贵的。电子商务模式的出现可以为企业实施供应链管理提供有力的信息技术支持和广阔的活动舞台。特别是B2B电子商务不仅使得供应链上各结点企业之间的信息容易共享、联系更加紧密,而且供应链的整体运作也更为高效。

电子商务化的供应链管理(e-SCM)的根本优势就在于通过网络技术可以方便、迅捷地收集和处理大量的供应链信息。有了这些信息资源,供应商、制造商和销售商就可以制定切实可行的需求、生产和供货计划,使信息沿着整个供应链顺畅流动,有助于整个产业运行的组织和协调。通过电子商务的应用,可以对供应链大量的信息资源进行有效的管理,提高整个供应链的运作效率。电子商务化的供应链管理可以提供诸如信息自动处理、客户订单执行、采购管理、存货控制以及物流配送等服务系统,以及提高货物和服务在供应链中的流动效率。电子商务的发展改变了企业应用供应链管理获得竞争优势的方式,成功的企业应用多层电子商务来支持它的经营战略并选择它的经营业务。这些企业利用信息技术(如EDI、互联网/内联网、EOS、POS等)提高供应链活动的效率,增强整个供应链的经营决策能力。

现代电子商务对供应链管理的影响可以归纳为以下几个方面:

(1) 为供应链管理者建立了新型的客户关系。电子商务使供应链管理者通过与它的客户和供应商之间构筑信息流和知识流来建立新型的客户关系。

(2) 向供应链管理者提供了解消费者和市场需要的新途径。应用电子商务交换有关消费者的信息成为企业获得消费者和市场需求信息的有效途径,如供应链的参与各方通过信息网络交换订货、销售、预测等消息。对于全球经营的跨国企业来说,电子商务的发展可以使得它们的业务延伸到世界的各个角落。

(3) 开发高效率的营销渠道。企业利用电子商务与它的经销商协作建立零售商的订货和库存系统。通过它的信息系统可以获知有关零售商商品销售的信息,在这些信息的基础上,进行连续库存补充和销售指导,从而与零售商一起改进营销渠道的效率,提高顾客满意度。

(4) 改变产品和服务的存在形式和流通方式。产品和服务的实用化趋势正在改变它们的流通和作用方式。

(5) 构筑企业间或跨行业的价值链。通过利用每个企业的核心能力和行业共有的做法,电子商务开始构筑企业间的价值链。当生产厂家和零售商开始利用第三方服务,把物流和信息管理等业务外包的时候,它们会发现管理和控制并不属于它们所有的供应链。然而,生产厂家、零售商以及物流信息服务业者组成的第三方服务供应链形成了一条价值链。另外,在航空运输行业,航空公司采用全行业范围的订票系统而不是各个企业独立的订票系统。

### 5.4.4 电子商务供应链与传统供应链

**1. 商品物流和承运的类型不同**

在传统的供应链形式下,物流是对不同地理位置的顾客进行基于传统形式的大批量运作或批量式的空间移动,将货物用卡车运抵码头或车站,然后依靠供应链的最后一环将货物交付给最终消费者。而电子供应链则不同,借助于各种信息技术和互联网,物流运作或管理的单元不是大件货物,而是每个顾客所需的单件商品,虽然其运输也是以集运的形式进行,但是客户在任一给定时间都可以沿着供应链追踪货物的下落。

**2. 顾客的类型不同**

在传统的供应链形式下,企业服务的对象是既定的,供应链服务提供商能够明确掌握顾客的类型以及其所要求的服务和产品。但是,随着电子商务的到来,供应链运作正发生着根本性的变化。典型的电子商务中,顾客是一个未知的实体,他们根据自己的愿望、季节需求、价格以及便利性,以个人形式进行产品订购。

**3. 供应链运作的模式不同**

传统的供应链是一种典型的推式经营,制造商将产品生产出来之后,为了克服商品转移空间和时间上的障碍,而利用物流将商品送达到市场或顾客。而电子供应链则不同,由于商品生产、分销以及仓储、配送等活动都是根据顾客的订单进行的,物流不仅为商流提供了有力的保障,而且因为其活动本身就构成了客户服务的组成部分,因而它同时也创造了价值。

**4. 库存、订单流不同**

在传统的供应链运作下,库存和订单流是单向的。但是在电子供应链条件下,由于客户可以定制订单和库存,因此,其流程是双向互动的。制造商、分销商可以随时根据顾客的需要及时调整库存和订单,以使供应链运作实现绩效最大化。

**5. 物流的目的地不一样**

传统的供应链不能及时掌握商品流动过程中的信息,尤其是分散化顾客的信息,个性化服务能力也不足。但是电子供应链完全是根据个性化顾客的要求来组织商品的流动,这种物流不仅要通过集运来实现运输成本的最低化,同时也需要借助差异化的配送来实现高品质服务。

### 5.4.5 电子商务模式下的供应链管理的优势

前面讲到电子商务对供应链管理的影响日趋重要,同时随着信息技术的不断发展,现代电子商务也在不断发展。基于现代电子商务平台的供应链管理是电子商务与供应链管理的有机结合,以顾客为中心,集成整个供应链过程,充分利用外部资源,实现快速敏捷反应,极大地降低库存水平。其优势主要表现在以下几个方面:

(1) 有利于开拓新客户和新业务。企业实施基于电子商务平台的供应链管理,不仅可以提高整个供应链的效率,实现企业的业务重组,而且保留了现有客户。由于可以提供更多的功能和业务,这必然也会吸引新的客户加入供应链,同时也带来一些新业务。

(2) 有利于分享信息。现代电子商务除了利用互联网和Web实现对消费者或客户的销售,更是综合所有商业网络中企业的信息来共同实现差异化的服务。如今我们正处在一个信息极度丰富的时代,企业可以通过信息系统将一些极为重要的数据,诸如现金流和订单管理信息传递给网络中需要这些数据的企业和个体,而且市场竞争的压力也促进企业不断改进这种信息共享的水平。随着信息强力衔接的实现,企业运作就实现了高度的弹性化,能够更及时地满足消费者的偏好以及供应商的供货情况,同时也便于让顾客网上订货并跟踪订货情况。

(3) 有利于企业组织结构的精细化和营运绩效的提高。电子商务最大的特点是实现了经营的网络化,这里的网络化有两层含义:一是交易物流系统的计算机通信网络实现连接,同样上下游企业之间的业务往来也要通过计算机网络来实现,如订单的传输、交易的形成确认等,都可以借助增值网上的电子订货系统(EOS)和电子数据交换(EDT)进行;二是指组织的网络化。由于现代电子商务是通过业务外包来组合整个供应链的,单个企业的组织结构呈现出精细化、高效的特点。原来的组织由于全部业务在内部运作,造成组织庞大、从业人员增加、管理层次增多,使经营效率偏低。而现代电子商务由于借助电子信息网络将各种不同的技术、技能有机地进行集成,不断降低运营和采购成本,大大提高了运营绩效。

随着电子商务的推广,集成化供应链管理(Integrated Supply Chain Management)系统研究已经成为国内外管理学研究的一个新领域。集成化供应链管理是企业在21世纪适应全球竞争的一种有效途径,这一点已为人们所公认。而供应链的集成化管理在很大程度上要依赖于信息技术,很自然地,对信息技术也提出了更高的要求。通过信息技术的运用,可以有效地实现供应商、制造商、分销商和用户之间的信息集成。在企业内部,信息技术的应用也可以增进部门之间的相互联系。

互联网加强了用户的"pull"机制,使用户可以直接从供应商那里获得产品的同时获得有用信息,而且通过互联网可使企业能以更低的成本加入供应链联盟中。互联网/内联网的应用可以节省时间和提高企业信息交换的准确性,它的应用减少了在复杂、重复的工作中人为的错误,同时它可以通过减少失误而节约经费,从而降低整个物流成本及物流费用水平,使物、货在整个供应链中的库存下降,并且通过供应链中的各项资源(人力、市场、仓储、生产设备等)运作效率的提升,赋予经营者更大的能力来适应市场的变化并做出及时反应,从而做到物尽其用、货畅其流。基于电子商务平台的集成化供应链管理是供应链管理未来的发展方向。供应链中的成员利用计算机网络,可以获得准确和及时的信息。通过共享信息,合作伙伴之间就可以制定切实可行的需求、采购、生产和销售计划,从而降低成本,减少库存,提高供应链的市场响应速度,提升顾客满意度,提高整个供应链的绩效。

## 5.5 电子商务物流的发展

### 5.5.1 我国电子商务物流发展现状

随着"互联网+"形态的不断深入推进,将互联网融入传统的生产要素中,以提升实体经济的创造力与生产力,已经成为当前经济发展的新形态。"互联网+"技术的不断发展,也带来了电子商务及快递运输的飞速增长。近几年,我国电商交易规模以30%左右的速度增长。根据《国务院促进快递业发展的若干意见》中的预测,2020年中国的电商交易规模将达到10万亿元,快递作为支撑和服务电商商务的主渠道,近几年快递业务量也呈现年均50%左右的速度快速增长,2014年中国已经成为全球最大的快递市场,随后几年发展迅速,到2016年中国物流总额达到229.7万亿元。随着电子商务的飞速发展,快速响应消费者的需求、提升消费者的消费体验,强化电商物流的响应能力与物流效率,已经成为电商物流的竞争所在。

1) 物流业和快递业规模快速增长

2016年,全国社会物流总额达到229.7万亿元,比5年前增长45%左右,从结构上看,受传统产业转型升级步伐加快,电子商务、信息平台等新产业、新业态加速发展等因素影响,物流需求结构继续优化、物流运行环境改善、物流运行质量提升。一方面钢铁、煤炭、水泥等大宗商品物流需求增速进一步放缓;另一方面与民生相关的消费类物流需求保持较快增长。物流已经成为国民经济一个新的增长点,如图5-5-1所示。

2016年,全国快递服务企业业务量累计完成312.8亿件,同比增长51.4%,其中,12月份快递业务量完成34亿件,同比增长40.4%(见图5-5-2)。业务收入累计完成3974.4亿元,同比增长43.5%。其中,同城业务收入累计完成563.1亿元,同比增长40.5%;异地业务收入累计完成2099.3亿元,同比增长38.8%;国际/港澳台业务收入累计完成429亿元,同比增长16.1%。12月份,快递业务收入完成430.3亿元,同比增长37.3%(见图5-5-3)。

图 5-5-1 2007—2016 年我国社会物流总额及增长变化情况（单位：亿元）

数据来源：中国物流信息中心，2016.

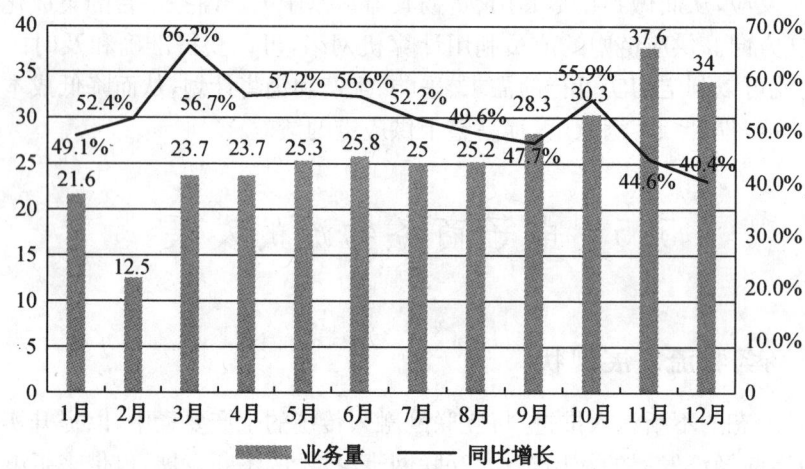

图 5-5-2 2016 年 1～12 月全国快递业务量统计情况（单位：亿件）

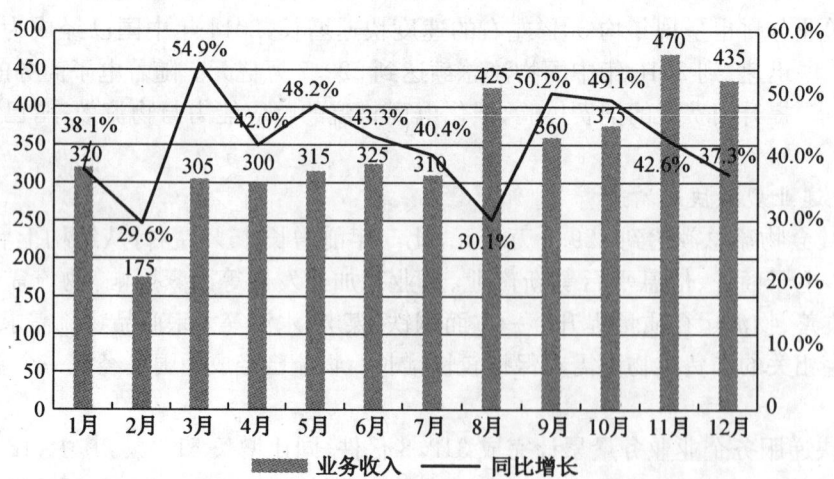

图 5-5-3 2016 年 1～12 月全国快递业务收入统计情况（单位：亿元）

数据来源：中国物流信息中心，2016.

2) 物流业服务能力显著提升

物流企业资产重组和资源整合步伐进一步加快,形成了一批所有制多元化、服务网络化和管理现代化的物流企业。传统运输业、仓储业加速向现代物流业转型,制造业物流、商贸物流、电子商务物流和国际物流等领域专业化、社会化服务能力显著增强,服务水平不断提升,现代物流服务体系初步建立。

3) 技术装备条件明显改善

信息技术广泛应用,大多数物流企业建立了管理信息系统,物流信息平台建设快速推进。物联网、云计算等现代信息技术开始应用,装卸搬运、分拣包装、加工配送等专用物流装备和智能标签、跟踪追溯、路径优化等技术迅速推广。

4) 物流基础设施网络日趋完善

截至 2016 年年底,全国铁路营业里程 12.4 万公里,其中高铁营业里程超过 2.2 万公里(见图 5-5-4);全国公路总里程达到 469.63 万公里,其中高速公路 13.1 万公里;内河航道通航里程 12.71 万公里,其中,三级及以上高等级航道 1.21 万公里;全国港口拥有生产用码头泊位 30 388 个,其中,沿海港口生产用码头泊位 5 887 个,内河港口生产用码头泊位 24 501 个;全国港口拥有万吨级及以上泊位 2 317 个,其中沿海港口 1 894 个、内河港口 423 个;全国民用航空机场 218 个,其中定期航班通航机场 216 个,定期航班通航城市 214 个,年旅客吞吐量达到 100 万人次以上的通航机场有 77 个,年旅客吞吐量达到 1 000 万人次以上的有 28 个。

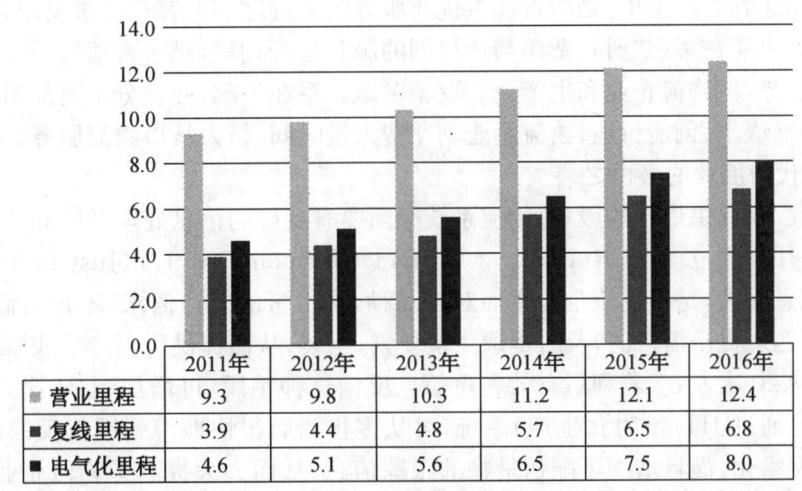

图 5-5-4　2011—2016 年全国铁路营业里程(单位:万公里)

数据来源:中国物流信息中心,2016.

5) 物流业发展环境不断优化

"十三五"规划纲要十八次提及"物流",三次提及"快递"。主要提出要加强快递(物流)基础设施建设,推广智能技术装备应用;再次明确快递"三向"工程;大力发展冷链物流,建立便利跨境电子商务等。

2014 年,国务院印发了《物流业发展中长期规划(2014—2020 年)》(简称《规划》)。《规划》指出,物流业是融合运输、仓储、货代、信息等产业的复合型服务业,是支撑国民经济发展的基础性、战略性产业。加快发展现代物流业,对于促进产业结构调整、转变发展方式、提高国民经济竞争力和建设生态文明具有重要意义。2016 年,物流运行平稳,物流需求结构优化,物流运行环境改善,物流企业经营有所好转。社会物流总费用与 GDP 的比率明显下降,物流运行质量提升,物流领域"降成本"取得了积极成效。

## 5.5.2　我国电子商务物流发展趋势

电商需求的碎片化、多样化的需求特征,将对传统物流业产生较大的冲击,很多电商物流企业都在该领域加大投入,希望打通物流运输的瓶颈,提升物流快速响应能力。"最后一公里"、物流渠道下沉以及跨境电商的迅速发展,也是电商物流发展的新趋势。

在电子商务时代,由于企业销售渠道的扩大以及企业和商业销售方式及最终消费者购买方式的转变,使得送货上门等业务成为一项极为重要的服务业务,促进了物流行业的发展。物流行业是指能完整提供物流机能服务,以及运输配送、仓储保管、分装包装、流通加工等以收取报偿的行业,主要包括仓储企业、运输企业、装卸搬运企业、流通加工业等。全球化、信息化、多功能化和一流的服务水平,已成为电子商务下物流企业追求的目标。

### 1. 全球化是物流企业竞争的趋势

20 世纪 90 年代早期,由于电子商务的出现,加速了全球经济的一体化,致使物流企业的发展达到了国际化。它从许多不同的国家收集所需要的资源,再加工后向各国出口。

全球化的物流模式,使企业面临着新的问题。如北美自由贸易区协议达成后,其物流配送系统已不是仅仅从东部到西部的问题,还有从北部到南部的问题。这里面有仓库建设问题也有运输问题。又如,从加拿大到墨西哥,如何运送货物,如何设计合适的配送中心,如何提供良好的服务。另外,还较难找到素质较好、水平较高的管理人员,因为存在大量牵涉到合作伙伴的贸易问题。

另外一个是信息共享问题。很多企业都有自己的内部秘密,物流企业很难与之实现信息共享,因此如何建立信息处理系统,以及获得必要的信息,对物流企业来说是个难题。同时,在未来的物流系统中,能否做到尽快将货物送到客户手里,是能否提供优质服务的关键之一。客户要求发出订单后,第二天就能得到货物,同时,客户还在考虑"所花费用与所得到的服务是否相称,是否合适"。

全球化战略的趋势,使物流企业和生产企业更紧密地联系在一起,社会分工更加明确。生产企业集中精力制造产品、降低成本、创造价值;物流企业则花费大量时间、精力从事物流服务。

### 2. 信息化是现代物流业的必由之路

在电子商务时代,要提供最佳的服务,物流系统必须要有良好的信息处理系统和信息传输系统。在大型的配送公司里,往往建立了 ECR(Efficient Customer Response)和 JIT(Just In Time)系统。所谓 ECR,即有效客户信息反馈,是指物流企业在面对多品种,小批量的客户需求,不再是储存产品,而是储存各种生产要素,当客户提出需求时,及时提取生产要素,组装,从而提供所需产品或服务。一般仓库商品的周转次数每年达 20 次左右,若利用有效客户信息反馈这种手段,可增加到 24 次。这样,可使仓库的吞吐量大大增加。通过 JIT(准时化生产)系统,可从零售商店很快地得到销售反馈信息。配送不仅实现了内部的信息网络化,而且增加了配送货物的跟踪信息,从而大大提高了物流企业的服务水平,降低了成本,增强了企业的竞争力。

### 3. 多功能化是物流业发展的方向

在电子商务时代,物流发展到集约化阶段,一体化的配送中心不单单提供仓储和运输服务,还必须开展配货、配送和各种提高附加值的流通加工服务项目,也可按用户的需要提供其他服务。现代供应链管理即通过从供应者到消费者供应链的运作,使物流达到最优化。

作为一种战略概念,供应链也是一种产品,而且是可增值的产品。其目的不仅是降低成本,更重要的是提供用户期望以外的增值服务,以产生和保持竞争优势。从某种意义上讲,供应链是物流系统的充分延伸,是产品与信息从原料到最终消费者之间的增值服务。

在经营形式上,采取合同型物流。这种配送中心与公用配送中心不同,它是签订合同,为一家或数家企业(客户)提供长期服务,而不是为所有客户服务。配送中心有由公用配送中心来进行管理的,也有自行管理的,但主要是提供服务;也有可能所有权属于生产厂家,交专门的物流公司进行管理。

供应链系统物流完全适应了流通业经营理念的全面更新。这是因为,以往商品要经由制造、批发、仓储、零售各环节间的多层复杂途径,才能最终到达消费者手中。而现代流通渠道已简化为由制造经配送中心而送到各零售点。它使未来的产业分工更加精细化,产销分工日趋专业化,大大提高了社会的整

**4. 一流的服务是物流企业的追求目标**

在电子商务下,物流企业是介于供货方和购货方之间的第三方,是以服务作为第一宗旨。从当前社会发展来看,物流企业不仅要为本地区服务,而且还要进行长距离的服务。因为客户不但希望得到很好的服务,而且希望服务点不只一处,而是多处。因此,如何提供高质量的服务便成了物流企业管理的中心课题。

首先,在理念上,由"推"变为"拉"。配送中心应更多地考虑"客户需要我提供哪些服务",从这层意义上讲,它是"拉",而不是仅仅考虑"我能为客户提供哪些服务",即"推"。有的配送中心起初提供的是区域性的物流,后来发展到提供长距离服务,而且能提供越来越多的服务项目。

其次,如何按照客户的需要把货物送到客户手中,取决于配送中心的作业水平。配送中心不仅与生产厂家保持紧密的伙伴关系,而且直接与客户联系,能及时了解客户的需求信息,并沟通厂商和客户双方,起着桥梁作用。物流企业不仅为货主提供优质的服务,而且要具备运输、仓储、进出口贸易等一系列知识,还需深入研究货主企业的生产经营发展流程设计和全方位系统服务。优质和系统的服务使物流企业与货主企业结成战略伙伴关系(或称战略联盟),一方面,有助于货主企业的产品迅速进入市场,提高竞争力;另一方面,则使物流企业有稳定的资源。对物流企业而言,服务质量和服务水平正逐渐成为比价格更为重要的竞争因素。

在电子商务环境下,由于全球经济的一体化趋势,当前的物流业正向全球化、信息化和一体化发展。

## 5.5.3 我国电子商务物流发展的对策建议

为了促进物流业平稳较快发展,培育新的经济增长点,国务院制定出台了一系列政策法规,如《国务院关于促进快递业发展的若干意见》(国发〔2015〕61号)、《国务院办公厅关于促进农村电子商务加快发展的指导意见》(国办发〔2015〕78号)、《国务院办公厅关于促进跨境电子商务健康快速发展的指导意见》(国办发〔2015〕46号)、《国务院关于推进国内贸易流通现代化建设法治化营商环境的意见》(2015年09月01日国务院)。特别是《国务院办公厅关于深入实施"互联网+流通"行动计划的意见》(国办发〔2016〕24号)和《国务院关于印发物流业发展中长期规划(2014—2020年)的通知》(国发〔2014〕42号),加大了对物流行业的大力支持以及规定了2014—2020年我国物流行业发展的主要任务。下面就简单地列举一些。

1) 加强智慧流通基础设施建设

加大对物流基地建设、冷链系统建设等的政策性扶持力度,科学规划和布局物流基地、分拨中心、公共配送中心、末端配送网点,加大流通基础设施投入,支持建设农产品流通全程冷链系统,重点加强全国重点农业产区冷库建设。加大农村宽带建设投入,加快提速降费进程,努力消除城乡"数字鸿沟"。加大流通基础设施信息化改造力度,充分利用物联网等新技术,推动智慧物流配送体系建设,提高冷链设施的利用率。科学发展多层次物流公共信息服务平台,整合各类物流资源,提高物流效率,降低物流成本。(国家发展改革委、商务部、工业和信息化部、财政部、国土资源部、住房城乡建设部、交通运输部、农业部、国务院国资委、质检总局、新闻出版广电总局、国家邮政局,地方各级人民政府)推进电子商务与物流快递协同发展,及时总结协同发展试点成果,形成可复制、可推广的制度、做法和经验,着力解决快递运营车辆规范通行、末端配送、电子商务快递从业人员基本技能培训等难题,补齐电子商务物流发展短板。

2) 大力提升物流社会化、专业化水平

鼓励制造企业分离外包物流业务,促进企业内部物流需求社会化。优化制造业、商贸业集聚区物流资源配置,构建中小微企业公共物流服务平台,提供社会化物流服务。着力发展第三方物流,引导传统仓储、运输、国际货代、快递等企业采用现代物流管理理念和技术装备,提高服务能力;支持从制造企业内部剥离出来的物流企业发挥专业化、精益化服务优势,积极为社会提供公共物流服务。鼓励物流企业功能整合和业务创新,不断提升专业化服务水平,积极发展定制化物流服务,满足日益增长的个性化物流需求。进一步优化物流组织模式,积极发展共同配送、统一配送,提高多式联运比重。

3) 进一步加强物流信息化建设

加强北斗导航、物联网、云计算、大数据、移动互联等先进信息技术在物流领域的应用。加快企业物流信息系统建设,发挥核心物流企业整合能力,打通物流信息链,实现物流信息全程可追踪。加快物流公共信息平台建设,积极推进全社会物流信息资源的开发利用,支持运输配载、跟踪追溯、库存监控等有实际需求、具备可持续发展前景的物流信息平台发展,鼓励各类平台创新运营服务模式。进一步推进交通运输物流公共信息平台发展,整合铁路、公路、水路、民航、邮政、海关、检验检疫等信息资源,促进物流信息与公共服务信息有效对接,鼓励区域间和行业内的物流平台信息共享,实现互联互通。

4) 推进物流技术装备现代化

加强物流核心技术和装备研发,推动关键技术装备产业化,鼓励物流企业采用先进适用技术和装备。加快食品冷链、医药、烟草、机械、汽车、干散货、危险化学品等专业物流装备的研发,提升物流装备的专业化水平。积极发展标准化、厢式化、专业化的公路货运车辆,逐步淘汰栏板式货车。推广铁路重载运输技术装备,积极发展铁路特种、专用货车以及高铁快件等运输技术装备,加强物流安全检测技术与装备的研发和推广应用。吸收引进国际先进物流技术,提高物流技术自主创新能力。

5) 加强物流标准化建设

加紧编制并组织实施物流标准中长期规划,完善物流标准体系。按照重点突出、结构合理、层次分明、科学适用、基本满足发展需要的要求,完善国家物流标准体系框架,加强通用基础类、公共类、服务类及专业类物流标准的制定工作,形成一批对全国物流业发展和服务水平提升有重大促进作用的物流标准。注重物流标准与其他产业标准以及国际物流标准的衔接,科学划分推荐性和强制性物流标准,加大物流标准的实施力度,努力提升物流服务、物流枢纽、物流设施设备的标准化运作水平。调动企业在标准制定修订工作中的积极性,推进重点物流企业参与专业领域物流技术标准和管理标准的制定和标准化试点工作,加强物流标准的培训宣传和推广应用。

6) 推进区域物流协调发展

落实国家区域发展整体战略和产业布局调整优化的要求,继续发挥全国性物流节点城市和区域性物流节点城市的辐射带动作用,推动区域物流协调发展。按照建设丝绸之路经济带、海上丝绸之路、长江经济带等重大战略规划要求,加快推进重点物流区域和联通国际国内的物流通道建设,重点打造面向中亚、南亚、西亚的战略物流枢纽及面向东盟的陆海联运、江海联运节点和重要航空港,建立省际和跨国合作机制,促进物流基础设施互联互通和信息资源共享。东部地区要适应居民消费加快升级、制造业转型、内外贸一体化的趋势,进一步提升商贸物流、制造业物流和国际物流的服务能力,探索国际国内物流一体化运作模式。

按照推动京津冀协同发展、环渤海区域合作和发展等要求,加快商贸物流业一体化进程。中部地区要发挥承东启西、贯通南北的区位优势,加强与沿海、沿边地区合作,加快陆港、航空口岸建设,构建服务于产业转移、资源输送和南北区域合作的物流通道和枢纽。西部地区要结合推进丝绸之路经济带建设,打造物流通道,改善区域物流条件,积极发展具有特色优势的农产品、矿产品等大宗商品物流产业。东北地区要加快构建东北亚沿边物流带,形成面向俄罗斯、连接东北亚及欧洲的物流大通道,重点推进制造业物流和粮食等大宗资源型商品物流发展。物流节点城市是区域物流发展的重要枢纽,要根据产业特点、发展水平、设施状况、市场需求、功能定位等,加强物流基础设施的规划布局,改善产业发展环境。

7) 积极推动国际物流发展

加强枢纽港口、机场、铁路、公路等各类口岸物流基础设施建设。以重点开发开放试验区为先导,结合发展边境贸易,加强与周边国家和地区的跨境物流体系和走廊建设,加快物流基础设施互联互通,形成一批国际货运枢纽,增强进出口货物集散能力。加强境内外口岸、内陆与沿海、沿边口岸的战略合作,推动海关特殊监管区域、国际陆港、口岸等协调发展,提高国际物流便利化水平。建立口岸物流联检联动机制,进一步提高通关效率。积极构建服务于全球贸易和营销网络、跨境电子商务的物流支撑体系,为国内企业"走出去"和开展全球业务提供物流服务保障。支持优势物流企业加强联合,构建国际物流服务网络,打造具有国际竞争力的跨国物流企业。

8) 大力发展绿色物流

优化运输结构,合理配置各类运输方式,提高铁路和水路运输比重,促进节能减排。大力发展甩挂运输、共同配送、统一配送等先进的物流组织模式,提高储运工具的信息化水平,减少返空、迂回运输。鼓励采用低能耗、低排放运输工具和节能型绿色仓储设施,推广集装单元化技术。借鉴国际先进经验,完善能耗和排放监测、检测认证制度,加快建立绿色物流评估标准和认证体系。加强危险品水运管理,最大限度减少环境事故。鼓励包装重复使用和回收再利用,提高托盘等标准化器具和包装物的循环利用水平,构建低环境负荷的循环物流系统。大力发展回收物流,鼓励生产者、再生资源回收利用企业联合开展废旧产品回收。推广应用铁路散堆装货物运输抑尘技术。

规划还确定了未来几年物流业发展的重点工程,具体如下:

(1) 多式联运工程。
(2) 物流园区工程。
(3) 农产品物流工程。
(4) 制造业物流与供应链管理工程。
(5) 资源型产品物流工程。
(6) 城乡物流配送工程。
(7) 电子商务物流工程。
(8) 物流标准化工程。
(9) 物流信息平台工程。
(10) 物流新技术开发应用工程。
(11) 再生资源回收物流工程。
(12) 应急物流工程。

# 参 考 文 献

[1] 姜红波. 电子商务概论[M]. 北京:清华大学出版社,2013.
[2] 敖山. 电子商务概论[M]. 北京:清华大学出版社,2016.
[3] 刘鲁川. 电子商务概论[M]. 北京:清华大学出版社,2016.
[4] 刘宏. 电子商务概论[M]. 北京:清华大学出版社,2013.
[5] 胡燕灵. 电子商务物流管理[M]. 北京:清华大学出版社,2016.
[6] 刘杰,吕杰,黎浩东,等. 新形势下物流园区及物流中心选址之影响因素分析[J]. 综合运输,2017,03:77-81.
[7] 杨坚争. 电子商务基础与应用[M]. 西安:西安电子科技大学出版社,2017.
[8] 国务院关于促进快递业发展的若干意见(国发〔2015〕61号). http://www.gov.cn/zhengce/content/2015-10/26/content_10256.htm.
[9] 何明珂,等. 中华人民共和国国标·物流术语[S]. 北京:中国标准出版社,国家技术监督局发布,2006.
[10] 胡锌. 基于第四方角度的物流管理问题及对策——以成都亿博物流资讯公司为例[J]. 经营管理者,2016,33:108-109.
[11] 任芳. 从全球智慧物流峰会看行业未来发展[J]. 物流技术与应用,2017,06:81-83.
[12] 国务院办公厅关于促进农村电子商务加快发展的指导意见(国办发〔2015〕78号). http://www.gov.cn/zhengce/content/2015-11/09/content_10279.htm.

[13] 国务院办公厅关于促进跨境电子商务健康快速发展的指导意见(国办发〔2015〕46号). http://www.gov.cn/zhengce/content/2015-06/20/content_9955.htm.

[14] 国务院关于推进国内贸易流通现代化建设法治化营商环境的意见(2015年09月01日国务院). http://www.gov.cn/zhengce/content/2015-08/28/content_10124.htm.

[15] 国务院办公厅关于深入实施"互联网＋流通"行动计划的意见(国办发〔2016〕24号). http://www.gov.cn/zhengce/content/2016-04/21/content_5066570.htm.

[16] 国务院关于印发物流业发展中长期规划(2014-2020年)的通知(国发〔2014〕42号). http://www.gov.cn/zhengce/content/2014-10/04/content_9120.htm.

# 第 6 章

# 移动电子商务

随着智能终端技术的大众化,以及移动通信技术、互联网技术的快速发展,移动端独有的特点与优势促使移动用户的规模越来越大。同时,各个行业为了开拓移动市场,纷纷推出各自的移动战略。传统的电子商务也逐渐从PC端向移动端转移,移动电子商务的出现对企业的供应链管理、销售管理、市场渠道、物流配送、支付方式,乃至企业人员的办公环境和信息的传递等都产生了深刻影响。

本章从移动电子商务的兴起出发,回顾移动电子商务的发展历程。在此基础上,介绍了移动电子商务的相关概念及框架,并从宏观上阐述了国内外移动电子的发展现状,旨在帮助读者对移动电子商务有一个宏观把握。在本章的2、3节分别说明了支撑移动电子商务发展的基础技术和移动电子商务的应用领域。本章重点在第4节移动电子商务的商业模式,其中包括企业的运营模式。最后两节分别介绍了移动电子商务发展目前存在的问题和未来的发展趋势。

## 6.1 移动电子商务概述

### 6.1.1 移动电子商务的兴起

移动电子商务即 MC(Mobile e-commerce)或 MB(Mobile Business)和 WB(Wireless e-commerce),已经成为现代电子商务的重要内容,也是未来电子商务的主要发展方向之一。移动电子商务的兴起和发展并非偶然,它是随着移动通信技术的成熟、基于互联网电子商务的发展、物流系统的完善以及大众个性化需求的趋势而逐渐发展起来。移动通信技术、Internet技术、短距通信技术、RFID技术的出现以及移动终端的普及为移动电子商务提供了通信技术基础;物流系统的日益完善、市场竞争和经济全球化使得人员的流动性不断增加,必然产生移动通信的需求。顾客对商品的个性化追求,也是移动电子商务兴起和发展的原因。因此,移动电子商务兴起的主要驱动因素可以概括为技术和需求。

**1. 移动通信技术的驱动**

移动通信技术经历了短讯时代、低速移动网络时代,走向现今的高速移动网络时代。高速移动网络时代在传统的移动通信技术的基础上,又发展了一些全新的技术,例如4G/5G移动技术、智能移动终端、身份认证、移动信息处理、无线Internet接入等技术。同时,互联网带宽和数据传输的提高,IP协议、端口协议的完善也是移动电子商务出现的基础。科学技术是第一生产力,这些移动通信技术的发展,使得移动电子商务呼之欲出。

与此同时,云计算、物联网、大数据、人工智能等新概念不断涌现,从人与人之间的信息沟通,到人与物之间的信息传递、物与物之间的信息联系,越来越多地进入经济发展和技术创新的视野。信息技术正在进入融合发展期,信息通信技术与其他高新技术之间的融合不断深化,各类信息服务和业务的融合也走向深入。在信息化新一轮的浪潮下,国家大力支持、鼓励新一代无线移动通信网和短距离无线接入技术的建设与发展。相关技术和产业化进程不断加快。伴随着 WLAN、RFID、蓝牙、UWB、ZigBee、

M2M等技术走向成熟,各种无线通信技术在信息化领域正在扮演着越来越重要的角色,发挥着越来越重要的作用,为移动电子商务的发展提供了更多技术支持。

**2. 社会需求的驱动**

各种智能产品在大众间普及,智能手机更是成为个人生活越来越不可缺少的部分,它逐渐集娱乐、办公、交流和业务处理等功能于一体。在技术的基础上,人们渴望更多的服务和功能,尤其是对随时随地进行商务活动的渴望。有需求的地方就有市场,移动电子商务应大众需求而生。在电子商务快速发展的大经济背景下,移动电子商务凭其即时性、个性化和定位服务等优势,广泛渗透到各行业,成为实现"互联网+"战略的重要领域。

综上可知,移动电子商务的兴起受到移动通信技术和社会需求的双重驱动,也可谓是应运而生。

**3. 移动电子商务系统的发展阶段**

随着Internet、移动通信和移动终端等技术的发展,移动电子商务系统经历了三代更新。

1) 短讯时代

以短讯为基础的第一代移动电子商务技术存在着许多严重的缺陷,其中最严重的问题是实时性较差,查询请求不会立即得到回答。同时,由于短讯信息长度的限制也使得一些查询无法得到一个完整的答案。这些令用户无法忍受的严重问题,也导致了一些早期使用基于短讯的移动电子商务系统的部门纷纷要求升级和改造现有的系统。

2) 低速移动网络时代

第二代移动电子商务系统采用基于WAP技术的入网方式,手机主要通过浏览器的方式来访问WAP网页,以实现信息的查询,部分地解决了第一代移动访问技术的问题。第二代移动访问技术的缺陷主要表现在:WAP网页访问的交互能力极差,因此极大地限制了移动电子商务系统的灵活性和方便性。同时,由于WAP使用的加密认证(WTLS协议)建立的安全通道必须在WAP网关上终止,对电子商务的进行形成安全隐患,所以WAP网页访问的安全问题对于安全性要求极为严格的商务系统来说也是一个严重的问题。这些问题也使得第二代技术难以满足用户的要求。

3) 高速移动网络时代

新一代的移动电子商务系统,也就是第三代移动电子商务系统融合了3G/4G移动技术、智能移动终端、VPN、数据库同步、身份认证及Web service等多种移动通信技术和Internet的最新前沿技术,并且以专网和无线通信技术为依托,使得移动电子商务系统的安全性和交互能力有了极大的提高,为电子商务人员提供了一种安全、快速的现代化移动商务活动机制。在未来,移动电子商务基于5G通信技术将向着个性化、定制化和智能化方向发展。

## 6.1.2 移动电子商务的概念与系统框架

**1. 移动电子商务的概念**

移动电子商务是指通过移动通信网络进行数据传输,利用手机、PDA及掌上电脑等无线终端开展各种商业经营活动的一种新型电子商务模式。移动电子商务将因特网、移动通信技术、短距离通信技术及其他信息处理技术完美的结合,使人们可以在任何时间、任何地点进行各种商贸活动,实现随时随地地进行线上线下的购物与交易、在线电子支付以及各种交易活动、商务活动、金融活动和相关的综合服务活动。

**2. 移动电子商务系统框架**

由移动电子商务的概念可知,移动电子商务的运行需要构建在由计算机产品、网络产品、软件、IT服务、电信服务共同支撑的应用系统之上。随着移动互联网的不断发展,虽然移动电子商务具体的设计和开发过程不尽相同,但他们在基本结构上是一致的,即从下到上包括移动电子商务应用、无线用户基础设施、移动中间件和无线网络基础设施四层,如图6-1-1所示。

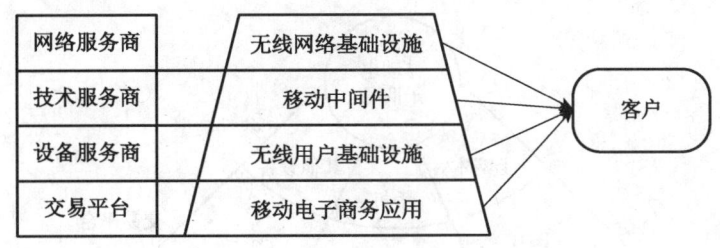

图 6-1-1 移动电子商务系统框架

1) 移动电子商务应用

移动电子商务由于具有许多传统商务模式不具备的特点,可以支持许多新的应用,拓展新的商业模式,现有的电子商务应用也可以被改造用于移动电子商务领域。因此,移动电子商务的应用范围非常广泛。从信息传播的角度,移动电子商务提供的业务可分为以下三个方面:

(1) 公共信息发布业务,主要应用领域包括股票行情、交通路况信息、列车时刻表等。

(2) 信息的个人定制接受业务,如消费账单与提醒、私人信息定制与服务等。

(3) 交互式业务,包括移动游戏、移动证券交易、移动购物、在线竞拍等。

2) 无线用户基础设施

新的移动电子商务应用的设计应考虑移动用户基础设施的接口规制、能力及易用性。无线用户基础设施包括用户软件和硬件两部分内容。软件是指操作系统及界面,而硬件是连接移动电子商务应用的设备,如 PDA、手机等。有关无线用户基础设施涉及两个方面的问题:

(1) 关于移动终端设备的问题,包括移动终端设备的处理能力、平台的统一性和设备的兼容性,这在移动电子商务应用中尤为重要。

(2) 易用性问题或友好度问题,在移动终端设备上,空间的限制使得设计精美且实用的界面比较难以实现,同时对操作合理、简单易用的软件设计要求很高。

3) 移动中间件

移动电子商务的中间件能将移动电子商务应用到不同的移动网络和操作系统中,移动中间件对发展移动电子商务应用极其重要,它提供给上层应用较好的响应时间和可靠性,并且能够使用一些优化技术来降低无线网络的流量,常用的中间产品有 Web Express、WAP 等。随着多样化的平台和设备进入移动电子商务领域,移动中间件对于设计新的移动电子商务应用已变得越来越重要。

4) 无线网络基础设施

无线网络基础设施是支撑移动电子商务应用发展的技术支柱之一,它包括无线需求、Wi-Fi 和移动通信网络。无线网络基础设施在移动电子商务中扮演着重要的角色,起着重要的作用,是移动电子商务技术的核心。它提供无线网络和网络标准,如全球移动通信系统、蓝牙无线局域网、第三代和第四代移动通信系统等。在移动电子商务中,服务质量主要依赖于无线网络资源和数据处理能力。

## 6.1.3 移动电子商务的分类与特点

**1. 移动电子商务的分类**

移动电子商务的可以从不同的角度进行分类,如图 6-1-2 所示。

(1) 终端类型:按照交易连接网络所使用的终端,可以分为通过手机、上网本和其他移动设备连接。

(2) 交易平台:按照交易所依赖的电子商务交易平台,可分为 B2B、B2C、C2C 等类型。

(3) 应用网络:依据交易所借助的通信网络类型,可以分为 2G(2.5G)、3G 和 4G 网络,WIFI 和 WAPI 网络等。

(4) 购买商品或服务:依据交易客体的类别,可分为购物类、服务类、娱乐类、金融类等多种业务类型。

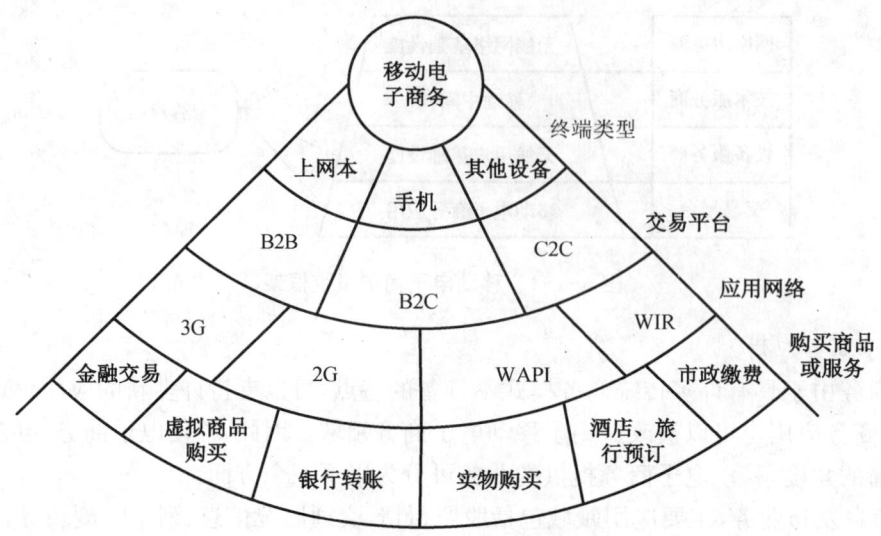

图 6-1-2 移动电子商务类别细分

**2. 移动电子商务的特点**

传统电子商务以 PC 机为主要操作界面,即有线电子商务。移动电子商务则是利用手机、PDA 及掌上电脑等无线终端进行的电子商务。PC 和移动设备特点的对比,如表 6-1-1 所示。

表 6-1-1 PC 和移动设备特点的对比

| | PC | 移 动 设 备 |
| --- | --- | --- |
| 外观 | 大屏,可呈现多种信息 | 小屏,可呈现信息有限,所以对精确推荐要求更高 |
| 新元素 | PC 元素较为传统,多为文字、图片、视频、音频等 | 移动端特性得到充分开发,例如 LBS、摄像头识别等技术 |
| 其他 | 受体积等因素限制,新型探索较少 | 通过可穿戴设备,同时感知虚拟与真实,提升购物体验 |

电子商务的发展,提供了在"静"态环境下,进行快速查找、快速浏览、快速对接、快速支付、快速成交的现实可能性;而移动电子商务的发展,则进一步提供了在动态中进行和实现商务活动的可能性。正是由于能在"动态"中进行和动态中完成,才从根本上满足了现代商务活动及时、有效的要求。移动电子商务本质上属于电子商务和信息服务,是随着技术发展和市场变化而出现的新型商务模式。它是与商务活动的参与主体最贴近的一类电子商务模式。与传统的电子商务活动相比,移动电子商务具有如下特点。

1) 开放性与包容性

移动电子商务因为接入方式无线化,使得任何人都更容易进入网络世界,从而使网络范围延伸更广阔、更开放;同时,也使网络虚拟功能更带有现实性,因而更具有包容性。

2) 无处不在、随时随地

传统电子商务已经使人们感受到了网络所带来的便利和快乐,但它的局限在于它必须有线接入。移动电子商务由于用户是通过移动终端设备浏览和选购商品,这样就打破传统电子商务用户只能坐在固定电脑前的时空限制,而移动用户能够在旅游、乘车等任意时间任意地点通过移动商务设备实现需求。这样就打破移动电子商务客户交易的时空限制,从而极大地拓展了电子商务的销售渠道,推动了传统电子商务的交易规模。

3) 便捷性

移动终端设备具有按键少、屏幕小、操作简单、响应时间短等特点。移动电子商务的运作形式和获取的服务形式也比较简单,便于广泛的人群进入和掌握。这种便捷性特征是移动电子商务成为大众化的商务工具的基础。例如,移动电子商务用户只要通过扫描在传统超市中正在关注的商品条形码,就可以通过移动设备搜索该产品商场超市和超市商品报价,只要通过简单对比就可以发现网络超市中各商家的报价更为便宜,用户就可以通过移动终端设备下订单购买。

4) 潜在用户规模大

截至 2017 年 12 月,我国手机网民规模达 7.53 亿,是全球之最。显然,从电脑和移动终端的普及速度和程度来看,移动终端远远超过了电脑。而从消费用户群体来看,手机用户中基本包含了消费能力强的中高端用户,而传统的上网用户中以缺乏支付能力的年轻人为主。由此不难看出,以移动终端为载体的移动电子商务不论在用户规模上,还是在用户消费能力上,都优于传统的电子商务。

5) 安全性较高

对传统的电子商务而言,用户的消费信用问题一直是影响其发展的一大问题,而移动电子商务在这方面显然拥有一定的优势。这是因为手机号码具有唯一性,手机 SIM 卡片上存贮的用户信息可以确定一个用户的身份,而随着未来手机实名制的推行,这种身份确认将越来越容易。对于移动商务而言,这就有了信用认证的基础。

6) 提供定制化服务

由于移动终端具有比 PC 机更高的可连通性与可定位性,因此,移动电子商务的提供者可以更好地发挥主动性,为不同顾客提供定制化的服务。例如,开展依赖于包含大量活跃客户和潜在客户信息的数据库的个性化短信息服务活动,以及利用无线服务提供商提供的人口统计信息和基于移动用户当前位置的信息,商家可以通过开展具有个性化的短信息服务活动进行更有针对性的广告宣传,从而增强营销效果。

7) 易于推广使用

移动通信所具有的灵活、便捷的特点,决定了移动电子商务更适合大众化的个人消费领域。比如,自动支付系统,包括自动售货机、停车场计时器等;半自动支付系统,包括商店的收银柜机、出租车计费器等;日常费用收缴系统,包括水、电、煤气等费用的收缴等;移动互联网接入支付系统,包括登录商家的 WAP 站点购物等。

8) 易于技术创新

移动电子商务领域因涉及 IT、无线通信、无线接入、软件等技术,并且商务方式更具多元化、复杂化,因而在此领域内很容易产生新的技术。随着我国 5G 网络的兴起与应用,这些新兴技术将转化成更好的产品或服务。所以移动电子商务领域将是下一个技术创新的高产地。

9) 定位服务

位置定位和跟踪是移动电子商务无线技术最具特色的功能之一。移动通信网络能获取和提供移动终端的位置信息,与位置相关的商务应用成为移动电子商务领域中的一个重要组成部分。例如,移动运营商可以利用自己的移动网络,结合短信息服务系统、全球定位系统(GPS)和地理信息服务系统,与内容提供商和业务提供商合作,可以为个人和集团客户提供丰富多彩的移动定位应用服务。

10) 提升企业竞争力

移动电子商务的这种特点不仅对企业的动态营销能力有重要作用,更重要的在于对提升企业和商务主体的市场反应能力、总体竞争力具有重要的作用。这主要体现在以下四个方面:

(1) 由于能在动态中获得把握商机的先期机遇,这就避免了信息的阻滞和延迟的现象,为商家及时、有效地布局决策、调动价值链、组合供应链等多方资源整合赢得了商机。

(2) 由于商务决策是在动态中完成的,这就赢得了第一市场反应速度,为获取有用信息和赢得竞争先机奠定了基础,提供了可能。

(3) 由于支付能在动态中转达其明确的支付意思,使支付能在支付主体动态办公的情况中进行和完成,这就加快了资金的流转速度,对提高资金使用效率具有重要作用。

（4）由于营销主体在动态中既可以整合存量资源，又可以最有效地使用和调度增加资源，不仅可以最大程度地节约商务运营成本，而且可以形成营销中的集中优势，所以才能产生明显的经济效益和社会效益。

### 6.1.4 移动电子商务的发展现状

**1. 国内移动电子商务的发展阶段**

与美国和日本等发达国家相比，中国移动电子商务发展较晚。根据2007—2017年中国PC与移动互联网用户（利用移动端进行入网的用户）的数量走势，中国移动电子商务的发展大概经历了三个阶段。

第一阶段（2009年以前）是移动电子商务的发展早期。这一时期，消费者真正通过手机进行购物和开展金融活动的比例很小，手机对于大多数人来说只是通话、发送短信和娱乐的工具。相比PC端展开的金融业务，用户对手机的体验非常差。这一时期，虽然手机当当网、手机淘宝网和独立的移动电子商务网站买卖已经开通，但他们的交易规模非常小，几乎可以忽略不计。

第二阶段（2009—2012年）是移动电子商务的加速发展期。2009年1月，中国移动、中国电信和中国联通获得了3G牌照，中国正式进入了3G时代。3G时代的来临，加上智能终端的迅速普及，手机上网的用户体验日益提高，手机开始成为消费者不可或缺的一部分，以手机网购为代表的移动电子商务开始得到了消费者的认可。这一阶段，移动电子商务的发展非常快，各大电商网站纷纷开始布局移动电子商务，各大企业也在筹划移动电子业务的开展。2012年PC互联网用户量和移动互联网用户量一样，他们在互联网用户中所占的比重相等，说明这一时期的移动互联网用户已有相当大的规模，移动电子商务发展迅速。尽管如此，阻碍移动电子商务发展的因素依然很强大：一是3G上网资费依然很高，网速依然很慢，3G业务一般消费者难以接受；二是智能手机的普及率依然很低；三是受安全性和支付便捷性的影响，消费者的移动电子商务消费习惯和信任度尚未建立。

第三阶段（2012年以后）是移动电子商务的爆发期。这一时期，智能手机和移动终端的价格下降明显，中低价位的手机开始普及。同时，3G网络资费下调，网速提升。加上各大传统电商积极推动移动端的建设，培育用户移动端的消费习惯，消费者开始更加主动地尝试移动电子商务。

2017年中国网络经济营收规模中，PC网络经济营收规模为7 946.1亿元，营收贡献率为43.1%，移动网络经济营收规模为10 487.8亿元，营收贡献率也达到56.9%。从整体上看，移动互联网产生的营收已全面超过PC端，未来，伴随着流量向移动端的不断倾斜，移动网络经济将引领网络经济整体发展。2011—2017年中国PC和移动网络经济营收规模及增长率，如图6-1-3所示。

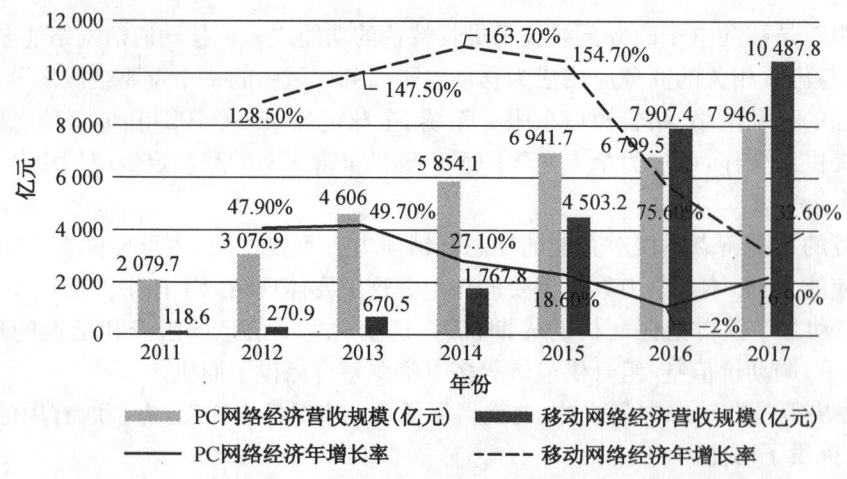

图6-1-3　2011—2017年中国PC和移动网络经济营收规模及增长率

数据来源：艾瑞咨询，2017

## 2. 我国网络经济整体进入移动化时代

2016年中国移动网络经济规模为7 907.4亿元，在网络经济营收中占比过半。从PC和移动细分市场规模来看，2016年PC网购和移动购物分别是PC网络经济和移动网络经济贡献最大的细分领域，其中移动购物的营收贡献率达到51.8%。第二大细分市场为PC广告和移动广告，从各细分市场移动端发展情况看，网络广告的移动端占比最高，达到60.3%。在网络游戏中，移动端占比同样过半，达到57.2%；而第三方支付中，移动端占比从2015年的34.8%上升到46.5%，上升超过10个百分点。网络经济已整体进入移动化时代。2016年中国网络经济各细分领域PC及移动端发展情况对比，如图6-1-4所示。

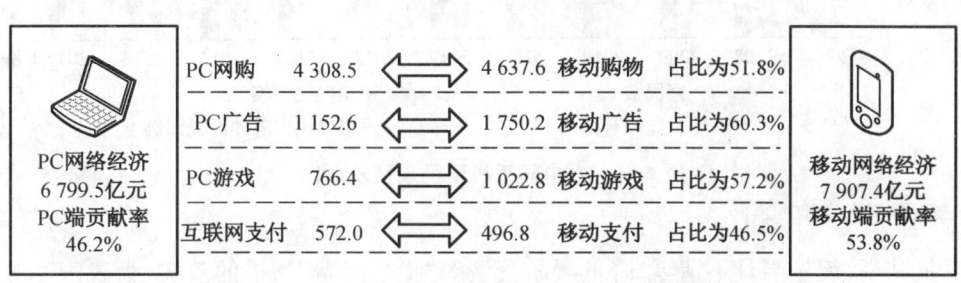

图6-1-4　2016年中国网络经济各细分领域PC及移动端发展情况对比

数据来源：艾瑞咨询，2017

## 3. 中国移动电子商务发展现状

移动电子商务在中国方兴未艾，逐步进入中国传统市场的各个角落，拥有庞大的消费者群体。移动电子商务因为接入方式无线化，使得网络范围延伸更广阔、更开放，进而消费者可以随时随地购物。同时，消费者购物习惯已发生转变，移动网购以便捷和价格低廉的购物体验吸引了越来越多的消费者。电商在移动电子商务上发力，采用打折促销等活动，进一步促使用户逐渐养成移动端购物的习惯。

1) 手机网民规模持续增长

移动互联网发展仍然是带动网民增长的首要因素。根据中国互联网络信息中心第41次《互联网络发展状况统计报告》数据显示，2017年，我国新增网民中使用手机上网的群体占比达到97.5%，较2016年增长2.4个百分点，使用台式电脑的网民占比下降2.5个百分点。同时，新增网民年龄呈现两极分化趋势，19岁以下、40岁以上人群占比分别为45.8%和40.5%，互联网向低龄、高龄人群渗透明显。

截至2017年12月，我国网民规模达7.72亿，全年共计新增网民4 074万人。互联网普及率为55.8%，较2016年年底提升5.6个百分点。我国手机网民规模达7.53亿，较2016年年底增加5 769万人。网民中使用手机上网人群的占比由2016年的95.1%提升至97.5%，手机上网比例在高基数基础上进一步攀升。中国手机网民规模及占比，如图6-1-5所示。

从图6-1-5中的数据变化可知：新网民的稳健增长和原PC网民的转化加快共同带动了手机网民规模的持续扩大。一方面，移动设备上网的便捷性，降低了互联网的使用门槛，依然成为带动新网民增长的重要力量。另一方面，移动互联网应用服务不断丰富，与用户的工作、生活、消费、娱乐需求紧密贴合，推动了PC网民持续快速向移动端渗透。

2) 3G/4G网络覆盖比例增加

我国3G网络已经基本完成覆盖，从广度上已经覆盖大部分区域。根据中国互联网络信息中心第41次《互联网络发展状况统计报告》数据显示，中国联通建设的3G网络已经覆盖341个城市和1 917个县城，以及东部发达乡镇；中国移动建设的TD网络已经覆盖全国4个直辖市、283个地级市、370个县级市及1 607个县的热点区域，以及部分发达乡镇；中国电信建设的3G网络覆盖全国全部城市和县城以及2.9万个乡镇。

截至2016年6月，我国手机网民中通过3G/4G上网的比例为91.7%，较2015年年底增长了2.9

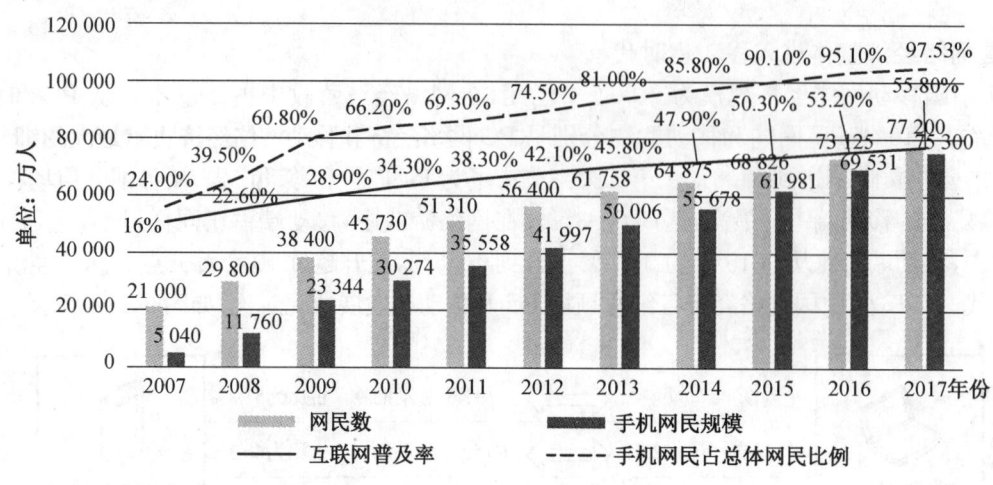

图 6-1-5 中国手机网民规模及占比

数据来源：中国互联网络信息中心，2018

个百分点。流量共享、流量当月不清零、降低漫游资费等"提速降费"举措的落实，为我国 3G/4G 用户的进一步增长提供保障。

3）Wi-Fi 入网是移动网民入网的主要方式

根据中国互联网络信息中心数据显示，截至 2016 年 6 月，92.7% 的网民最近半年曾通过 Wi-Fi 无线网络接入互联网，较 2015 年年底增长了 0.9 个百分点。家庭、工作场所、城市公共无线网络部署进程加快，以及手机、平板电脑、智能电视等无线终端使用率的不断增长，推动 Wi-Fi 无线网络的发展。

4）移动网购整体交易规模呈上升趋势

由艾瑞的关于移动电子商务分析报告可知，2017 中国移动购物市场交易规模达 10 170.7 亿元，同比增长 45.2%，相较 2016 年各季度增速有所放缓，但仍维持了 40% 以上的高增长态势。随着移动网购发展日益成熟，众多企业在积极加强移动端商品销售的同时开始探寻新的增长点，通过大众化和分布式渠道与消费者进行互动，用户的消费习惯发生变革，内容化、粉丝化和场景化成为吸引流量的新方式。

5）移动端交易渗透率持续提升

2016 年中国移动购物在整体网络购物交易规模中占比 70.3%，同比增长 14.9%。艾瑞分析认为，智能手机和无线网络的普及、移动端碎片化的特点及更加符合消费场景化的特性使用户不断向移动端转移。此外，各家企业持续加强移动端商品运营、丰富内容运营，不断提高用户转化、留存和复购是移动端持续渗透的重要原因。

**4. 中国移动电商全产业链**

移动电子商务产业链包括移动电子商务供应商、移动电子商务平台、物流、支付、客户以及技术提供商。移动电子商务供应商可以分为传统业态和其他业态两大类，传统业态又由成熟的电子商务企业和新兴的移动电子商务企业两部分组成。成熟的电子商务企业有天猫、淘宝、京东、唯品会、苏宁以及当当等。移动电子商务企业产业链的详细分类，如图 6-1-6 所示。

**5. 我国移动电子商务发展特点**

1）我国网民碎片化网购比例上升

场景化和碎片化为移动网购主要特征。在网购的众多场景中，家庭和工作地点代表着完整的时间和固定 PC 网端，上下班路上和公共娱乐场所代表着碎片化的时间和移动网端；2014—2015 年在家购物和在工作地点购物比例分别下降 4.9% 和 10.0%，而上下班路上和公共休闲娱乐场所占比分别上升 5.1% 和 2.7%，这意味着用户消费行为场景的转移，场景越来越丰富，时间越来越碎片化。移动网购时

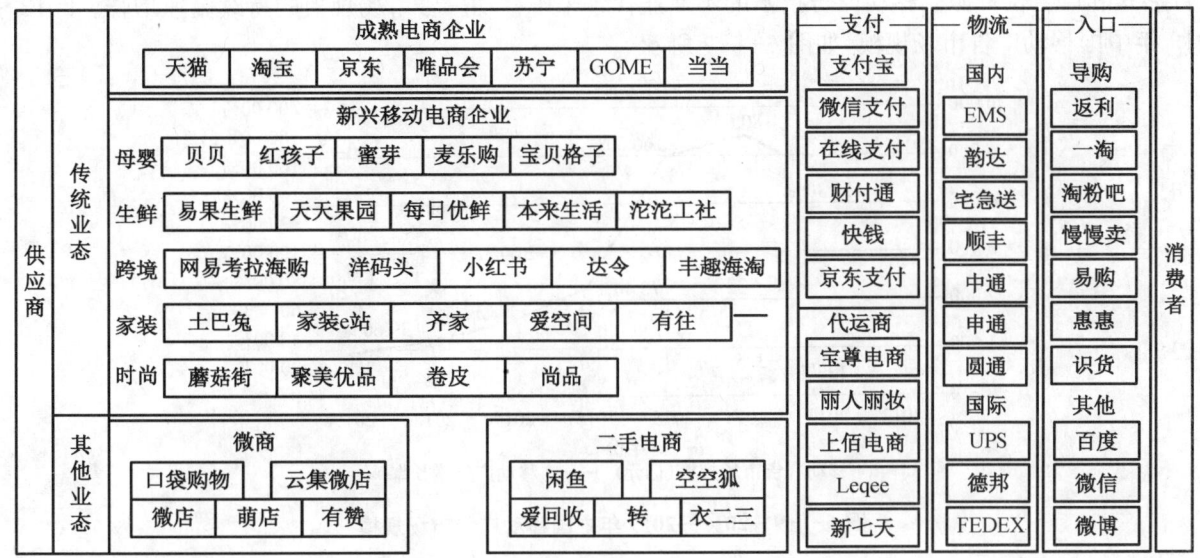

图 6-1-6 中国移动电商全产业链

数据来源:艾瑞咨询,2017

代新的特点为新兴电商势力的发展带来了机会。2014—2015 年移动购物场景变化,如图 6-1-7 所示。

2) 各大电商企业持续发力移动端

数字营销预算小于 20% 的电商企业用户占比最大,为 31.0%,而预算在 80% 以上的电商企业用户,占比 27.6%,整体呈"两级分化"。此外,86.2% 的电商企业用户 2015 年数字营销预算较 2014 年有所提高。这说明电子商务企业逐渐注重移动端业务的拓展,积极参与到移动电子商务新商业模式中来。2015 年中国电商企业用户移动营销预算在数字营销预算中的比例,如图 6-1-8 所示。

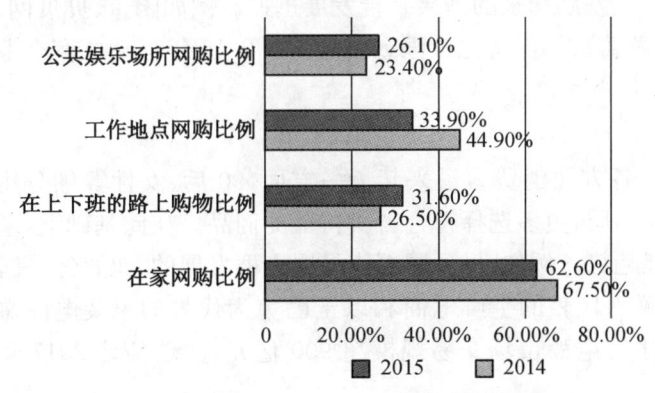

图 6-1-7 2014—2015 年移动购物场景变化

数据来源:艾瑞咨询,2017

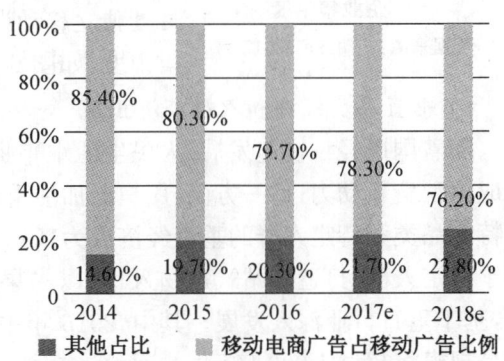

图 6-1-8 2015 年中国电商企业用户移动营销预算在数字营销预算中的比例

数据来源:艾瑞咨询,2017

3) 移动广告市场保持高速增长

2016 年移动广告市场规模达到 1 750 亿元,同比增长率达 75.3%,依然保持高速增长。移动广告的整体市场增速远远高于网络广告市场增速。预计到 2019 年,中国移动广告市场规模将接近 5 000 亿元,在网络广告市场的渗透率近 80%。艾瑞分析认为,用户注意力的转移为移动广告市场发展创造了巨大的发展空间,用户使用时长不断增长,移动媒体的多样化使得移动广告市场进入了新的发展阶段。基于大数据积累,结合用户属性、地理位置等指标而升级的精准化投放技术,不断提高移动广告的投放效率;同时基于用户观看内容而生的原生广告形式兴起,降低了广告对于用户体验的影响,进一步拓展广告形式和广告位资源。移动广告技术的不断迭代带来了移动广告市场规模的持续高速增长。2012—2019年中国移动广告市场规模,如图6-1-9所示。

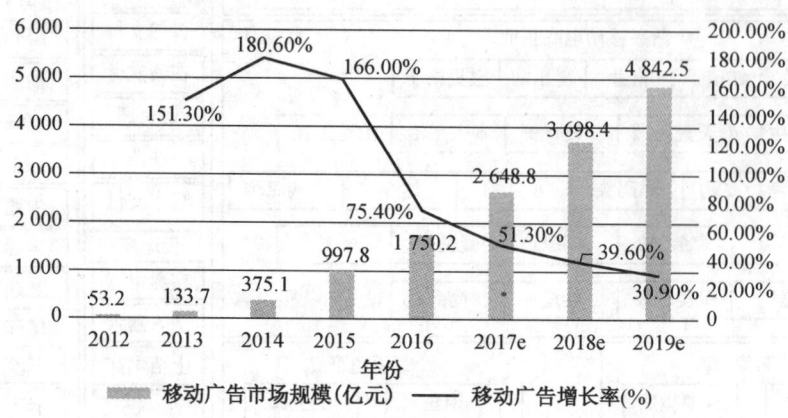

图6-1-9　2012—2019年中国移动广告市场规模

数据来源:艾瑞咨询,2017

4）移动网购市场集中度较高

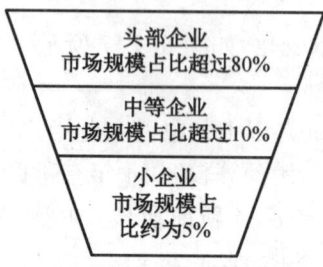

图6-1-10　2016年移动电商企业集中度

数据来源:艾瑞咨询,2017

从移动网络购物企业市场集中度来看,头部企业在移动端整体网购交易规模中占比超过80%;第二梯队企业相较淘宝和天猫的市场规模仍存在较大差距。长尾企业数量众多,随着跨境、生鲜等垂直领域的火热,仍有大量初创企业涌现。总体而言,移动电商头部企业占有绝对竞争优势,中等企业内部变化相对较大,初创企业在新兴领域和新模式探索方面仍有一定发展机会。2016年手机淘宝月度独立移动设备覆盖数最广,遥遥领先于其他电商网站;京东次之,唯品会紧随其后,传统电商巨头优势依旧。此外,依靠移动电商红利发展起来的新兴平台发展迅速。例如闲鱼、贝贝网,月度独立移动设备覆盖数均保持比较强劲的增势。2016年移动电商企业集中度,如图6-1-10所示。

5）垂直品类经济和人群经济出现

随着国民经济快速发展,人民生活水平提高,各方面消费力量兴起。一方面,90后、女性等细分用户成为消费新动力;另一方面,用户更加注重商品品质,更多选择符合自身特征的商品。在此基础上,基于特定品类和特定人群的垂直经济成为新的发展趋势。例如,贝贝网围绕母婴人群发展的"妈妈经济",基于特定人群,打造一站式购物入口;以易果生鲜为代表的生鲜电商和以土巴兔为代表的家装电商崛起,基于垂直行业深入发展。其中,2016年中国生鲜电商市场交易规模超900亿元,艾瑞预计2017年交易规模将超过1 000亿元。

## 6.2　移动电子商务的技术基础

移动电子商务利用各种移动设备和移动通信技术,充分运用其移动性消除时间和地域的限制,使各种商业信息能随时随地地传输、存储和交流,也使随时随地地进行各种商业交易成为可能。从技术角度看,移动电子商务是技术的创新。移动电子商务体系中最主要的技术基础包括WAP、GPRS、移动IP、Bluetooth、3G/4G、Wi-Fi、移动定位和移动支付等技术,其中移动支付技术显得尤为重要,因为支付是交易的核心环节。

## 6.2.1 移动电子商务技术组成模块

移动电子商务技术的基本组成可以分为无线网络、移动互联网、移动终端三大技术块,如图6-2-1所示。

### 1. 无线网络

无线网络(wireless network)是采用无线通信技术实现的网络。无线网络既包括允许用户建立远距离无线连接的全球语音和数据网络,也包括为近距离无线连接进行优化的红外线技术及射频技术,与有线网络的用途十分相似,两者

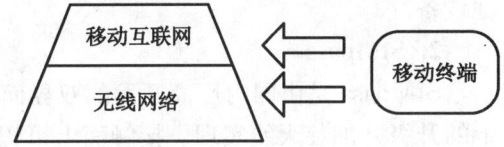

图6-2-1 移动电子商务技术基本组成模块

最大的不同在于传输媒介的不同,无线网络利用无线电技术取代网线,可以和有线网络互为备份。主流应用的无线网络分为通过公众移动通信网实现无线网络(如4G、3G和GPRS)和无线局域网(如Wi-Fi)两者形式。

### 2. 移动互联网

移动互联网是建立在无线网络基础上的互联网。将通信的移动性与互联网的多媒体内容相结合是移动互联网具有的重要属性。在移动互联网上可传送话音和进行数据通信,明显降低了运营成本。移动互联网支持CDMA、TDMA和GSM等技术。作为移动互联网基础使用的现有产品主要有高级路由器、LAN交换机、电子移动业务、多业务交换机和蜂窝数字分组数据技术等。移动互联网业务可以通过各种技术和平台透明地向终端用户提供服务,使移动互联网的前景更加美好。

### 3. 移动终端

移动终端是指可以在移动中使用的信息处理设备包括手机、笔记本电脑、平板电脑、POS机、车载电脑等。随着信息管理技术和集成电路技术的飞速发展,移动终端已经有了强大的处理功能、强大的CUP主频、内存、固化存储介质以及像电脑一样的操作系统,是一个完整的超小型计算机系统,可以完成复杂的处理任务。同时,移动终端也有非常丰富的通信方式,既可以通过GSM、WCDMA等移动通信网络,也可以通过无线局域网、蓝牙和红外进行通信。

## 6.2.2 移动电子支付技术

移动电子商务支付技术主要包括NFC(近场通信)、SIMpass和RF-SIM。这三种技术能与移动通信技术及移动业务有机集成,为客户提供更多的方便。

### 1. NFC

NFC是由飞利浦公司发起,诺基亚、索尼等著名厂商联合推广的一项无线技术。NFC由RFID及互联网互通技术整合演变而来,在单一芯片上结合感应式读卡器、感应式卡片和点对点的功能,能在短距离内与兼容设备进行识别和数据交换。NFC有三种工作模式。

1) 卡模式

用于非接触移动支付,用户只需将手机靠近读卡器,输入密码确认交易或者直接接受交易即可,如门禁管制、车票、门票等。

2) 点对点通信模式

实现无线数据交换,将两个具备NFC功能的设备连接,能实现数据点对点的传输,如下载音乐、交换图片、同步设备地址簿等。

3) 读卡器模式

作为读卡器使用,如从海报或者展览信息电子标签上读取相关信息。NFC的主要特性如下:

(1) 通信安全、建立方便。NFC协议是一种距离非常短的通信协议,这种短距离通信非常安全,只需使用通信双方"接触"就可以建立通信。

(2) 支持被动通信模式。这一点对于依靠电池供电的设备(手机、平板、笔记本电脑等)来说非常重要。

(3) 关联性。能与其他协议关联,从而选择设备并自动建立连接。

(4) 兼容性。兼容其他广泛使用的无接触智能卡协议,NFC 既可作为卡识读器,也可以作为卡被其他设备读写。

### 2. SIMpass

SIMpass 是由国内厂商开发的双界面多功能的应用智能卡,具有非接触和接触两个界面,通过 SIM 卡的升级并加装天线实现。接触面上可以实现 SIM 卡应用,完成手机卡的通信功能,非接触界面可以支持各种非接触应用。手机开机时,SIMpass 可以很好地支持非接触应用和电信应用同时工作,即在拨打接听电话的同时可以进行非接触交易。而在手机关机及手机没有电的情况下,SIMpass 就像一张普通的非接触卡一样,也可以正常的工作。

SIMpass 支持一卡多用,拥有独立的安全策略及文件系统。SIMpass 使用灵活,可使用 SIM 卡提供的空中下载功能进行卡端应用的更新。SIMpass 卡具有以下特点:

(1) 支持接触与非接触两个工作接口,兼容多个智能卡应用规范。

(2) 符合 GSM、CDMA 等规范,可支持 OTA、WIB、超级网银系统等规范。

(3) 符合《中国人民银行金融集成电路卡规范非接触式集成电路卡片规范》和《中国建设事业 IC 卡应用技术》规范。

(4) 支持 PKI(公匙基础设施)体系。

SIMpass 主要有两个缺点:

(1) 硬件需要更换或改造,用户必须使用具有能支持 SIMpass 运行功能的移动终端,更换移动终端或对移动终端进行改造,如增加天线。

(2) SIMpass 方案占用了 C4 和 C8 接口。这两个接口是用于高速数据下载的,会对未来的高速空中下载应用造成影响。

### 3. RF-SIM

RF-SIM 是直通电讯公司开发的一项技术,其原理是通过在 SIM 卡中内置近距离识别芯片,并能利用 SIM 卡上的 CPU 进行运算,扩展了传统手机 SIM 卡的功能。RF-SIM 最大的特点是不需要更换手机,现有手机换一张智能卡后就成了类 NFC 手机。RF-SIM 的主要特点如下:

(1) 使用 2.4 GHz 频段,自动选频。

(2) 支持自动感应和主动发出连接两种通信方法。

(3) 双向通信距离 10~500 cm,可以根据应用调整。

(4) 数据空中传输自动加密,防窃听数据,刷卡时双向认证。RF-SIM 是单 SIM 的解决方案,即只要读卡,无须更换或改造移动终端设备。

### 4. 指纹识别技术

指纹识别技术是指采用信息交换并结合人体指纹作为认证方式的一种新型认证机制。而指纹识别则是对人体指纹特征进行获取,并进行相应转换,从而实现数据的有效存储,然后进行验证时,通过相应的解析和匹配算法来完成对使用者的身份认证。指纹识别技术已经发展成为现有最安全且方便的技术,很多大型商务企业都采用了此技术,使用者不需要进行密码或者身份证号的输入,也不需要携带各种智能卡、密保卡就能完成验证。因此,把指纹识别技术和移动电子商务结合起不仅能提高移动支付的安全系数和效率,而且能增强用户的个性化体验。指纹识别技术相对于其他生物特征识别技术具有稳定性、易采集、易保存(存储量小)、识别系统易开发、安全系数高、实用性强,并且每个手指指纹都不相同,可以构建多重口令等特点。

### 5. 人脸识别

基于人的脸部特征进行识别,通过摄像头采集含有人脸的图像或者视频,自动检测和跟踪人脸,对脸部特征进行提取。目前,苹果、华为等移动终端均支持用户通过人脸进行身份认证。随着人工智能技术的成熟,将人脸识别嵌入移动支付系统中已成为必然趋势。

当然还有其他的生物识别技术,如虹膜识别、掌纹识别、声纹识别等技术,在未来可能会被应用于移动电子商务领域。

### 6.2.3 主流移动支付系统

MPS(Mobile Payment System)是主流的移动支付系统,有前端和后端之分,就像客户机服务器一样。在一个简单的 MPS 中一般有三个部分与 MPS 交互,即终端用户、商家和运营商。

其中主要模块功能如下:

(1) 终端用户消费系统:保证消费者顺利的购买到所需的产品和服务,并可随时观察消费者明细账、余额等信息。客户的前端是运行在手持移动设备上的软件和应用程序,负责处理支付请求和账户处理。

(2) 商家管理系统:可以随时查看销售数据以及利润分成情况。

(3) 运营商综合管理系统:是本系统中最复杂的部分,包括金融机构、基础电信运营商、移动支付平台运营商。它既要对消费者的权限、账户进行审核,又要对商家提供的服务和产品进行监督,看是否符合所在国家的法律规定;此外最重要的是,它为利润分成的最终实现提供了计算保证。

(4) 移动支付过程和基于 Internet 的电子支付过程是类似的,但是,MPS 与 IPS(Internet Payment System)标准的不同在于用户接口的不同,即手持设备和后台之间交换数据方式的不同,终端用户要向金融服务商出示与信用卡信息相关的用户信息,如手持设备 ID 等。

## 6.3 移动电子商务的应用

移动电子商务的应用十分广泛,涉及社会经济和人民生活的各个层面。短信、彩信、手机游戏、无线音乐等大众化的移动数据业务逐步走向普及,公众移动通信网络技术和业务在公安、交通、教育、金融、石油等各行各业也得到广泛的应用,移动行业的发展步伐正在全面加快。经过移动运营企业和产业各个方面的努力,从"警务通"到"家校通"、"农信通"、"城管通"、"校讯通",从"移动政务"到"移动工商"、"移动税务",从手机二维码到手机银行、移动支付等,移动行业应用的种类日益丰富,应用的范围不断扩大,不仅有效提升了行业客户的管理效率和企业效益,而且给大众生活带来了越来越多的便利。

### 6.3.1 移动电子商务的应用分类

**1. 从功能角度分类**

从功能角度来看,移动电子商务的应用可分为移动营销、移动搜索、移动支付、移动购物、移动理财等形式,每一个应用都有相应的服务提供商。

**2. 从服务提供者的角度分类**

从服务提供者的角度,移动电子商务应用模式可分为传统电子商务主导模式、电信运营商主导模式、平台集成商主导模式、金融机构主导模式、电信运营商与金融机构合作模式。

1) 传统电子商务企业主导模式

这种方式是传统电子商务的接入移动化,如用户使用手机上网的形式登录淘宝等网站进行订单处理等,这种方式的优势在于传统电子商务企业已经具有电子商务的运营和管理经验以及成熟的品牌形象,手机仅作为一个全新的用户接入渠道,可以迅速将互联网业务向移动端移植。

2) 电信运营商主导模式

电信运营商与用户和企业客户直接建立联系,在用户移动终端中采用特制的 SIM 卡,在企业客户端安装支持非接触交易的 POS 机,并搭建统一的移动支付运营平台。此模式不需要银行参与,如目前开展的手机钱包业务。电信运营商凭借在移动产业链中的核心地位,以及庞大的用户群,在开展移动电子商务方面具有先天优势。

3) 平台集成商主导模式

由平台集成商自助发展商业客户,建设与维护业务平台,同时向多个运营商提供业务接入服务,如拓维公司的一卡通平台、用友公司的移动商街等。平台集成商开展移动电子商务主要集中于他们熟悉的某个行业。

4) 金融机构主导模式

金融机构布放 POS 机、开发平台、发展用户,用户与金融机构直接发生联系。例如,各大银行开展的手机银行业务、银联开展的"手付通"业务。金融机构在大额移动支付中占主导地位,具有得天独厚的政策优势。

5) 电信运营商与金融机构合作模式

这种模式在日韩取得了成功,银行和电信运营商发挥各自的优势,电信运营商具有用户优势和增值业务运营经验,银行提供移动支付安全和信用管理服务。金融机构的参与将极大增强金融风险的承受能力,大大减小支付额度的限制,提高信用安全等级。

**3. 从信息流向的角度分类**

从信息流向的角度,移动电子商务可分为"推"(push)业务、"拉"(pull)业务、"交互式"(interactive)业务三类。

1) "推"(push)业务

该业务主要用于公共信息发布。应用领域包括时事新闻、天气发布、股票行情、彩票中奖公布、交通路况信息、招聘信息和广告等。

2) "拉"(pull)业务

该业务主要用于信息的个人定制接受。应用领域包括服务账单、电话号码、旅游信息、航班信息、影院节目安排、列车时刻表、行业产品信息等。

3) "交互式"(interactive)业务

该业务包括电子购物、博彩、游戏、证券交易、在线竞拍等。

**4. 从使用群体的角度分类**

1) 企业使用者

企业运用移动互联网开展营销、理财、办公以及客户挖掘等活动,如当下很多企业开发了企业微信号和各种 APP 应用,从而拓展了移动端的业务,适应移动互联时代。

2) 个人使用者

基于移动互联网,个人的应用主要有:手机即时通信、手机网络新闻、手机搜索、手机网络音乐、手机网络视频以及手机支付等。各类个人移动应用规模、使用率及增长率,如表 6-3-1 所示。

表 6-3-1 2016—2017 年中国网民各类手机互联网应用的使用率

| 项目 | 2017 年 | | 2016 年 | | 全年增长率 |
| --- | --- | --- | --- | --- | --- |
| 应用 | 用户规模(万) | 网民使用率 | 用户规模(万) | 网民使用率 | 全年增长率 |
| 手机即时通信 | 69 359 | 92.2% | 63 797 | 91.8% | 8.7% |
| 手机网络新闻 | 61 959 | 82.3% | 57 126 | 82.2% | 8.5% |
| 手机搜索 | 62 398 | 82.9% | 57 511 | 82.7% | 8.5% |
| 手机网络音乐 | 51 173 | 68.0% | 46 791 | 67.3% | 9.4% |

(续表)

| 项　目 应用 | 2017年 用户规模(万) | 网民使用率 | 2016年 用户规模(万) | 网民使用率 | 全年增长率 全年增长率 |
|---|---|---|---|---|---|
| 手机网络视频 | 54 857 | 72.9% | 49 987 | 71.9% | 9.7% |
| 手机网上支付 | 52 703 | 70.0% | 46 920 | 67.5% | 12.3% |
| 手机网络购物 | 50 563 | 67.2% | 44 093 | 63.4% | 14.7% |
| 手机网络游戏 | 40 710 | 54.1% | 35 166 | 50.6% | 15.8% |
| 手机网上银行 | 37 024 | 49.2% | 33 357 | 48.0% | 11.0% |
| 手机网络文学 | 34 352 | 45.6% | 30 377 | 43.7% | 13.1% |
| 手机旅行预定 | 33 961 | 45.1% | 26 179 | 37.7% | 29.7% |
| 手机邮件 | 23 276 | 30.9% | 19 713 | 28.4% | 18.1% |
| 手机在线教育课程 | 11 890 | 15.8% | 9 798 | 14.1% | 21.3% |
| 手机微博 | 28 634 | 38.0% | 24 086 | 34.6% | 18.9% |
| 手机地图、手机导航 | 46 504 | 61.8% | 43 123 | 62.0% | 7.8% |
| 手机网上外卖 | 32 229 | 42.8% | 19 387 | 27.9% | 66.2% |

数据来源：中国互联网络信息中心，2018

从表6-3-1中可以看出，手机外卖、手机旅行的用户规模增长明显，分别达到66.2%和29.7%。

3）政府使用者

运用好新技术、新平台成为各级党政机关政务信息传播工作的重点。目前，包括政务APP、政务微博、政务微信公众号、政务头条等在内的互联网政务平台，都成了党政机构发布权威信息、回应公众关切信息的重要平台。截至2016年12月，我国在线政务服务用户规模达到2.39亿，占总体网民的32.7%。全国共有政务微博164 522个，政务头条号34 083个。

### 6.3.2 移动营销

**1. 移动营销的含义**

移动营销是指利用手机为主要的传播平台，直指向受众目标定向和精确地传递个性化即时信息，通过与消费者互动达到市场沟通的目的。移动营销又称手机互动营销或无线营销，是在强大的数据库支持下，利用手机通过无线广告把个性化即时信息精确、有效地传递给消费者个人，达到"一对一"的互动营销目的。

移动营销是基于定量的市场调研，深入地研究目标消费者，全面地制定消费战略，运用和整合多种营销手段，实现企业产品在市场上的营销目标。移动营销是整体解决方案，它包括多种形式，如短信回执、短信网址、彩铃、彩信、声讯、流媒体等，来实现企业产品在市场上的营销目标。

移动营销的目的非常简单，即增大品牌知名度；收集客户资料；增加客户参加活动或者拜访店面的机会；改进客户信任度和增加企业收入等。

**2. 移动营销的特点**

目前，移动营销主要是建立在手机等移动终端新媒体上的。手机本身就带有消费者的个人信息，而通过消费者的点击、浏览等互动行为，企业可以了解消费者的特征和偏好。移动营销平台结合消费者的外部信息和内部特征进行市场的细分分析，可帮助企业找到目标客户群，并可以根据不同消费者的特征提供定制化的广告，提高消费者对广告的接收程度，提高广告的效率。与传统媒体，如电视、报纸、杂志，甚至互联网等传统营销渠道相比,移动营销更具精确性和交互性。

首先,移动营销具有较高的精确性。一方面,由于手机一个号码仅对应一个单一的手机用户,在此基础上,移动营销信息提供商在进行广告投放时,会根据数据库信息,对目标受众进行细分,分别向各个受众群体发送符合需求或兴趣的广告信息;另一方面,信息供应商可以根据数据库选择和锁定目标信息接收者,定向通过短信群发等方式进行信息传播,更精确地接近目标用户,使销售更有效。

其次,移动销售的过程是一个让用户参与的互动过程。电视、广播等媒体是强制性的单向沟通体系,用户只是被动地接收。通过手机等移动媒介,个体有了选择的自由,可以主动选择自己喜欢或感兴趣的信息,平等地与媒体进行交流沟通。

最后,移动营销的黏性较高,传统媒体的广告信息由于受环境限制,可移动性差;而手机等移动终端则不受此限制,它总是被使用者随时随地带在身边,因此用户可以随时随地接收和阅读广告信息,信息与用户黏性之间大大加强,渗入了传统媒体无法达到的时空。

事实上,一切营销的关键都是沟通。因此,移动营销和传统营销最本质的区别是它根植于一个前所未有的个人沟通平台,移动营销为移动电子商务打开了广泛的应用前景。

**3. 移动营销的业务形式**

目前移动营销的业务内容丰富,形式多样,已呈现出广阔的发展空间。

1)移动广告

移动广告是通过移动设备访问移动应用或移动网页时显示的广告,广告形式包括图片、文字、插播广告、html5、链接、视频、重力感应广告等。移动广告具有以下特点:

(1)精准性。相对于传统广告媒体,手机广告在精确性方面有着先天的优势。它突破了传统的报纸广告、电视广告、网络广告等单纯依靠庞大的覆盖范围来达到营销效果的局限性,而且在受众人数上传播更广。手机广告可以根据用户的实际情况和实际的情境将广告直接送到用户的手机上,真正实现"精准传播"。

(2)即时性。手机广告的即时性来自手机的可移动性。手机是个人随身物品,它的随身携带性比其他任何一个传播媒体都强,绝大多数用户会把手机带在身边,甚至24小时不关机,所以手机媒介对用户的影响力是全天候的,广告信息到达也是最及时最有效的。

(3)互动性。手机广告互动性为广告商与消费者之间搭建了一个互动交流平台,让广告主能及时了解客户的需求,更使消费者的主动性增强,提高了自主地位。

(4)扩展性。手机广告扩展性,即可再传播性,指用户可以将自认为有用的关高转给亲朋好友,向身边的人扩散信息或传播广告。

(5)整合性。手机广告的整合性优势得益于3G技术的发展速度,手机广告可以通过文字、声音、图像、动画等不同的形式展现出来。手机将不仅仅是一个实际语音或者文本通信设备,也是一款功能丰富的娱乐工具,如影音功能、游戏终端、移动电视等,也是一种即时的金融终端,如手机电子钱包、证券接受工具等。

(6)可测性。对于广告业主来说,手机广告相对于其他媒体广告的突出特点还在于它的可测性或者可追踪性,使受众数量可准确统计。

2)手机优惠券促销

手机优惠券是一种以手机短信、彩信或者微扑免费发送,以优惠券照片、图片、文字等多媒体形式存储在手机上的无纸化电子文件,可通过微扑、手机上网、短信服务定制或单点下载的方式获取,携带方便、快捷。手机优惠券与传统纸质优惠券功能一样,可以享受商家的促销优惠,只是用一种全新的形式代替了纸质优惠券。

全球范围内零售商每年发出的手机优惠券超过30亿条以上,手机优惠券目前在欧洲和亚洲已取得了极大的成功。随着智能系统的普及,越来越多的手机优惠券客户端面世,手机出示券、手机会员卡等电子优惠券也被越来越多的商家及消费者使用。商家可以通过短信、彩信、微信等形式发放优惠券,消费者只需下载一个优惠券客户端,就可以查看、收藏和使用优惠券。

3) 位基服务营销

位基服务(location-based service,LBS)又称适地性服务、移动定位服务、位置服务、置于位置的服务,它是通过移动运营商的无线电信通信网络(如 GSM 网、CDMA)或外部定位方式(如 GPS)获取移动端用户的位置信息,在 GIS 平台的支持下为用户提供相应服务的一种增值业务。

位基服务可以用来辨认人或物所处的位置,也能通过客户目前所在的位置提供直接的手机广告,或其他个性化服务信息,甚至提供本地化的游戏等。

**4. 移动营销现状**

中国互联网络信息中心数据显示在开展过互联网营销的企业中,2016 年通过互联网进行营销推广的比例为 83.3%,相比 2015 年的 46.0% 增长近 1 倍,其中高达 67.8% 的企业使用了付费推广。企业移动营销开展情况,如图 6-3-1 所示。随着消费者向移动互联网全面转移,移动流量报纸高速增长,在经历过一段时间的探索后,专注于移动互联网营销推广产品逐渐成熟,并得到企业客户的认可和接受。在未来较短时间内,移动互联网营销推广的使用比例将逐渐接近整体互联网营销推广比例,市场规模也将保持较快增长。

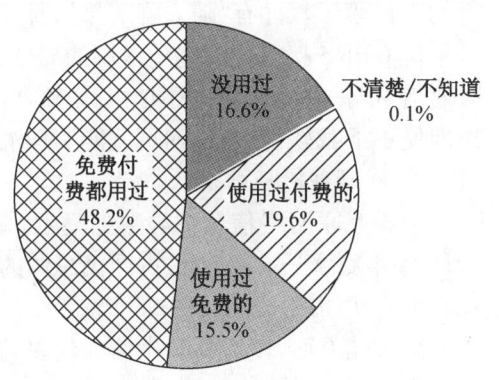

图 6-3-1　企业移动互联网营销开展情况

数据来源:中国互联网络信息中心,2017

在各类移动营销推广方式中,微信营销推广使用率最高,为 75.5%。尽管企业移动推广渠道的使用情况比 2015 年变动不大。但从大型互联网企业纷纷发布其移动营收占比突破转折点可见,企业客户正在转向移动营销市场。企业各移动互联网营销渠道的使用比例,如图 6-3-2 所示。

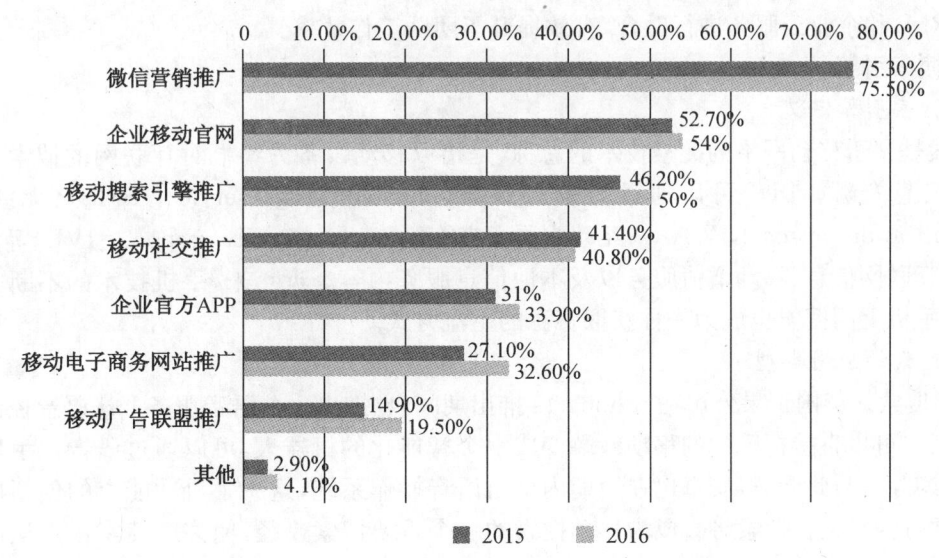

图 6-3-2　企业各移动互联网营销渠道使用比例

数据来源:中国互联网络信息中心,2017

### 6.3.3　移动基础类应用

**1. 移动即时通信**

1) 即时通信移动化

即时通信(IM)是指能够即时发送和接收互联网消息等的业务。自 1998 年面世以来,特别是随着近几年的迅速发展,即时通信的功能日益丰富,逐渐集成了电子邮件、博客、音乐、电视、游戏和搜索等多种功能。即时通信不再是一个单纯的聊天工具,它已经发展成集交流、资讯、娱乐、搜索、电子商务、办公协作和企业客户服务等为一体的综合化信息平台。

微软、腾讯、AOL、Yahoo 等重要即时通信提供商都提供通过手机接入互联网即时通信的业务,用户可以通过手机与其他已经安装了相应客户端软件的手机或电脑收发消息。相比传统的手机短信,手机上网聊天的资费更为低廉,而与 PC 上网用户的互动性也是短信所无法比拟的。目前市面上较为流行的手机聊天软件有"随 e 聊"、邦邦通、PICA 以及蜜友等四款。这些手机聊天软件的共同点是能够通过手机 GPRS 接入代理登陆常用的 QQ 以及 MSN 等服务,其中不少软件还有自己独立的 IM 系统。即时通信可与一些电子商务网站完美整合,买卖双方的在线状态在网站的页面同步显示,网页版功能使用户即使不下载软件,通过网页就能实现消息互通。

2) 移动即时通信现状

中国互联网络信息中心数据显示,截至 2017 年 12 月,网民中即时通信用户规模达到 7.20 亿,较 2016 年年底增长 5 395 万,占网民总体的 93.3%。其中手机即时通信用户为 6.94 亿,较 2015 年年底增长 5 562 万,占手机网民的 92.2%。

个人端方面,以 QQ 和微信为代表的主流即时通信产品功能差异已经十分明显。微信在 2016 年第一季度关闭了导入 QQ 联系人的功能,将连接用户购物、出行等生活服务需求作为主要发展方向,而 QQ 由于用户群体平均年龄较低,功能偏向于连接年轻用户的阅读、音乐等娱乐需求。此外,以陌生社交作为核心功能的陌陌通过引入直播服务实现了快速发展,其直播服务营收占比已超七成。

企业端方面,基于工作场景定制的移动即时通信产品成为厂商竞争的重要领域。以 Slack 为代表的企业即时通信产品在海外市场获得成功,促使阿里巴巴、腾讯、网易等大型互联网厂商先后在该领域进行布局。资本与技术资源的涌入推动产品功能迅速完善,并逐渐与办公自动化系统(OA)、客户关系管理系统(CRM)和企业云服务进行融合,有效提升了团队工作效率。

**2. 移动搜索引擎**

1) 移动搜索引擎定义

移动搜索是基于移动网络的搜索技术的总称,是指以移动设备为终端对互联网的搜索,从而高速、准确地获取信息资源。用户可以通过短信息服务(short message service,SMS)、无线应用协议(wireless application protocol,WAP)、互动式语音应答(interactive voice respone,IVR)等多种方式接入搜索,获取互联网信息、移动增值服务以及本地信息服务内容。近年来,手机技术的不断完善和功能的增加,利用手机上网搜索也成为一种获取资源的主流方式。

2) 移动搜索的应用类型

(1) 语音搜索。美国苹果公司在 iPhone 4s 推出期间,也推出一个语音服务 siri 语音控制功能。使用这个功能用户可以直接把手中的移动终端变成一个智能化的机器人,可以通过语音让手机进行天气查询、搜索查询等。与此同时,安卓也在短期内推出语音操作系统,这一手机功能上的创新也将会改变搜索者的搜索行为。语音搜索将会成为移动搜索的一个重要搜索途径,使许多搜索用户从烦琐的键盘输入中解放出来。

(2) 谷歌搜索。随着谷歌推出一系列产品,如加密搜索、Google+、SPYW 等,进一步加强了搜索的个性化。移动搜索的结果将基于搜索位置、搜索偏好以及个人的社交网络信息等变得更加个性化。例如基于移动设备的特质,搜索结果将会以搜索者所在地附近的相关结果为主。

(3) 百度搜索。百度搜索客户端界面主界面包括四个部分:搜索区(包括垂直搜索切换、搜索框和语音输入搜索)、内容导航区(包括新闻、贴吧、小说等)、Ding Widget 切换区、功能导航区。2012 年百度在移动搜索领域展开了多端布局,包括网页版移动搜索、百度移动搜索 APP 以及内嵌于手机浏览器、WAP 站等各处的移动搜索框,这让用户可从多个渠道快速、全面、精准地获取移动搜索服务。

3) 移动搜索与桌面搜索的区别

移动搜索与桌面搜索的区别主要表现在以下几个方面：

(1) 移动搜索更容易搜出本地的搜索结果，但还不能按照品牌和商店进行过滤搜索，因为大多数用户搜索的兴趣点在本地信息上。

(2) 移动搜索的结果很少使用过滤，搜索引擎会记录用户的习惯，给出定制的搜索结果。点击率和跳出率是决定移动所搜结果排名的一个关键因素。

(3) 移动搜索很少使用关键词，用户所处的地点是关键；而桌面搜索就宽泛很多，内容是通用的，地点也不那么重要。

4) 移动搜索应用现状

中国互联网络信息中心数据显示，截至 2017 年 12 月，我国搜索引擎用户规模达 6.40 亿，使用率为 82.8%，用户规模较 2016 年年底增加 3 718 万，增长率为 6.2%。手机搜索用户数达 6.24 亿，使用率为 82.9%，用户规模较 2016 年年底增加 4 887 万，增长率为 8.5%。作为互联网基础应用，搜索引擎用户规模增速继续与网民整体规模增速基本保持同步。

**3. 移动网络新闻**

1) 移动网络新闻定义

移动网络新闻是以移动互联网络为载体的新闻，具有快速、多面化、多渠道、多媒体、互动等特点。突破了传统的新闻传播概念，在视、听、感方面给受众全新的体验。它将无序化的新闻进行有序的整合，并且大大压缩了信息的厚度，让人们在最短的时间内获得最有效的新闻信息。不仅如此，移动网络新闻将不再受传统新闻发布者的限制，受众可以发布自己的新闻，并在短时间内获得更快的传播，而且新闻将成为人们互动交流的平台。

2) 移动网络新闻现状

中国互联网络信息中心数据显示，截至 2017 年 12 月，我国网络新闻用户规模为 6.47 亿，年增长率为 5.4%，网民使用比例达到 83.8%。其中，手机网络新闻用户规模达到 6.20 亿，占手机网民的 82.3%，年增长率为 8.5%。

**4. 移动社交应用**

1) 移动社交应用定义

移动社交是指用户以手机、平板等移动终端为载体，以在线识别用户及交换信息技术为基础，按照流量计费，通过移动网络来实现的社交应用功能，移动社交不包括打电话、发短信等通讯业务。与传统的 PC 端社交相比，移动社交具有人机交互、实时场景等特点，能够让用户随时随地地创造并分享内容，让网络最大程度地服务于个人的现实生活。

2) 移动社交应用现状

中国互联网络信息中心数据显示，截至 2017 年 12 月，微信朋友圈、QQ 空间用户使用率分别为 87.3%和 64.4%。微博作为社交媒体，2017 年继续在短视频和移动直播上深入布局，推动用户使用率持续增长，达到 40.9%，较 2016 年 12 月上升 3.8 个百分点。知乎、豆瓣天涯社区使用率均有所提升，用户使用率分别为 14.6%、12.8%和 8.8%。典型社交平台使用率，如图 6-3-3 所示。

## 6.3.4 移动商务类应用

**1. 移动购物**

1) 移动购物定义

移动购物是移动电子商务发展到一定程度所衍生出来的一个重要业务模式，是通过移动网络和终端实现的一种新型电子商务模式，也是移动商务的一个更高的发展层次。人们利用智能手机等移动终端安装上各种应用软件，可以随时随地在线选购商品、付款、管理交易等。

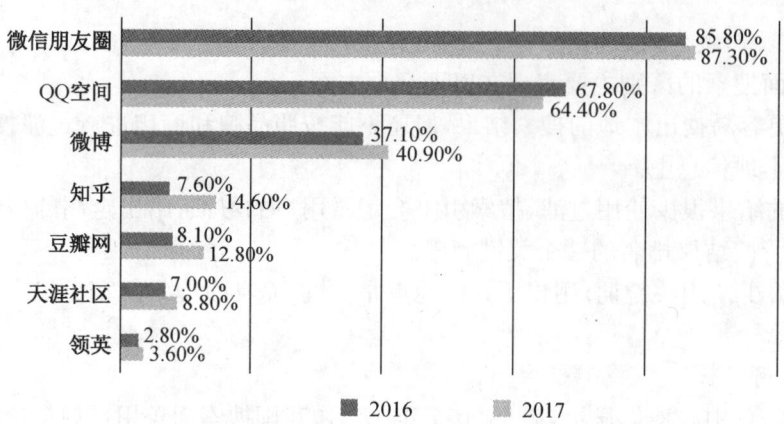

图 6-3-3 2016—2017 典型社交应用使用率

数据来源：中国互联网络信息中心，2018

2）移动购物的主要形式

目前移动购物实现途径主要有两种：一种是自行开发移动终端系统，如 APP 应用的开发；另一种是借助第三方接口，直接对接现有的移动系统。

（1）手机 APP 等移动客户端购物。随着智能手机的普及、电信运营商和第三方支付业务的日趋成熟，越来越多的消费者开始尝试在移动客户端上购物，APP(application program，应用程序)已成为手机购物的主流应用，许多电商都推出了手机购物类 APP，如淘宝、京东等购物 APP。

（2）微信系统购物。微信是一个社交信息平台，也是移动端的一大入口，随着其用户规模的爆炸式增长正在演变成为一大商业交易平台。目前，基于微信系统的购物平台有腾讯微信商城和 Micronet 微信商城系统。

微信商城是在腾讯微信公众平台推出的一款基于移动互联网的商城应用服务产品；微信商城系统是微信第三方开发者 Micronet(微网)基于微信而研发的一款社会化电子商务系统，同时又是一款传统互联网、移动互联网、微信、易信四网一体化的企业购物系统。消费者只要通过微信平台，就可以实现商品查询、选购、体验、互动、订购与支付的线上线下一体化服务模式。

3）移动购物的特征

移动购物是电子商务的一种重要应用形式，除了具备电子商务的一般特点外，还具有其独有的特征：

（1）移动性。移动网购并不受到互联网光缆的限制，也不受接入点的限制，用户可以随身携带手机、PDA 等移动通信设备随时随地进行购物。

（2）泛在性。移动技术可以让用户在任何时候具有移动通信信号覆盖的地方获取信息，使得移动购物可以无处不在。

（3）个性化。移动硬件有存储容量上的限制，内存软件可以更好地帮助用户进行信息存储和分类，以满足用户的需求。

（4）灵活与便捷。移动通信设备的便捷性表现在用户可以不受时间地点的限制进行购物。

（5）传播性和本地化。零售商或其他信息编写者都可以通过无线网络向部分或者全部进入这个地区的移动服务用户发送特定信息。

4）移动购物现状

中国互联网络信息中心数据显示，截至 2017 年 12 月，我国网络购物用户规模达到 5.33 亿，较 2016 年增长 14.3%，占网民总体的 69.1%。手机网络购物用户规模达到 5.06 亿，同比增长 14.7%，使用比例由 63.4% 增至 67.2%。与此同时，网络零售继续保持高速增长，全年交易额达到

71 751亿元,同比增长32.2%,增速较2016年提高6个百分点。

**2. 网上外卖**

1) 网上外卖移动化

随着智能手机的普及和移动通信技术的发展,尤其是移动支付体系的形成,对于网上订餐和移动订餐应用的出现有很大的推动作用。从发展潜力来看,外卖行业处于市场培育前期,拥有市场潜力和发展空间。随着城市人群互联网应用水平的不断提升,个体消费能力的显著增强,个性化配送服务消费习惯的逐步养成,以及中国城镇化进程的加快,网上外卖服务需求将急速扩张;而由餐饮服务切入构建起来的物流配送体系可以围绕"短距离"服务拓展至多种与生活紧密相关的外送业务,具有更广阔的发展前景。

移动电子商务可为餐饮业打造一个更加广阔的展示平台,根据不同地方的饮食习惯和喜好,向用户推荐有特色的餐厅及该餐厅主打美食,并详细介绍用餐环境,相关优惠活动等。并且开发相关APP(如美团外卖、饿了么等外卖)使顾客能够在线订餐、在线付款,然后餐厅根据订单配送美食,让客户足不出户就能品尝美食。这不仅为人们提供了方便,也形成了餐饮市场的良性竞争,促进餐饮业的健康发展。

2) 网上外卖现状

中国互联网络信息中心数据显示,截至2017年12月,我国网上外卖用户规模达到3.43亿,较2016年年底增加1.35亿,同比增长64.6%,继续保持高速增长。其中,手机网上外卖用户规模已达到3.22亿,增长率为66.2%,使用比例达到42.8%,提升14.9个百分点。

**3. 移动办公**

移动办公又称无线办公,即无论何时何地,用户都可以利用移动终端设备通过多种方式与企业的办公系统进行连接,从而将公司内部局域网扩大成为一个安全的广域网,实现移动办公。例如,通过无线网络,利用手持终端进行生产管理、仓库物流管理等。简单来说,移动办公主要有以下优点:

(1) 拓展了办公空间,处理公务不再受时间和地点的限制,可以充分利用碎片时间。

(2) 提高了办公效率,业务的处理速率大大提高。

(3) 减少了办公成本,不用花费长途奔波的成本,工作照常进行。

**4. 手机在线旅行预订**

1) 旅游预订的移动化

在旅游服务领域,旅游者的移动性决定了旅游服务供应商选择移动电子商务比其他模式的运行更为有利可图,通过应用移动电子商务,旅游服务供应商一方面能为客户提供及时、方便的旅游信息,提高客户的满意度;另一方面他们可以找到更多的方法来增进客户忠诚度、降低运营成本、获取附加利润。

同一般意义的电子商务相比,移动电子商务在旅游业中的应用能使旅游者在旅游行程的每一个阶段都及时受益。随着旅游业的发展,旅游者的成熟度不断增强,对个性化的旅游服务的要求愈来愈多,大多数旅游者不再选择参团旅游,而是以散客方式自主旅游,而旅游市场上地位举足轻重的商务游客几乎都是以散客的方式旅行的。移动电子商务的优势更多地体现在对散客旅游者的服务上,其应用已经超越了仅仅为旅游者提供行前帮助,而是扩展到旅游链的每一个环节。

(1) 移动交易。旅游者无论在何时何地,通过电话、短信及相关的App等途径,就能完成对企业或个人的安全的交易。

(2) 短信息服务。以低成本、高效率的信息交流方式,随时随地地把旅游者、旅游中间商和旅游服务企业联系在一起,预定的结果、航班的延迟等信息皆可随时通知旅游者。

(3) 基于位置的移动服务。这是专门针对流动旅游者的服务。旅游者可以随时随地查询最佳路径、天气、道路情况、住宿场所、当地指南等信息。

2) 手机在线旅游预订现状

中国互联网络信息中心数据显示,截至2017年12月,在线旅游预订用户规模达到3.76亿,较2016

年年底增长7 657万人,增长率为25.6%。在线旅游预订使用比例达到48.7%,较上一年提升7.8个百分点。网上预订火车票、机票、酒店和旅游度假产品的网民比例分别为39.3%、23.0%、25.1%和11.5%。手机成为在线旅行预订的主要渠道。通过手机进行旅游预订的用户规模达到3.40亿,较2016年年底增长7 782万人,增长率为29.7%。我国网民使用手机在线旅行预订的比例由37.7%提升至45.1%。

### 6.3.5 移动金融类应用

**1. 移动理财**

1) 移动理财定义

移动网理财是指通过移动互联网管理理财产品,获取一定利益。目前各大银行的手机银行除了简单的手机充值、转账汇款等功能外,还加载了更多的金融服务。例如,理财计算器、银行网点查询、黄金、理财产品、基金资讯等。此外,为了推广手机银行业务,农行、建行、光大银行、浦发银行、民生银行、招商银行等多家银行均发力移动端,推出了手机银行的专属理财产品,而此渠道的理财产品收益率相比同期银行柜面或网银渠道发行的同类产品,往往要高出0.1%~0.5%。

2) 移动理财功能

随着智能手机的快速普及,无论是安卓系统还是iPhone,不少移动端开始提供记账功能。目前国内市场占有率较高的移动理财应用主要有支付宝、余额宝、京东钱包等。

(1) 记账软件自动生成数据和报表。记账软件支持语音输入,月底可形成数据报表。以目前应用较多的支付宝为例,每隔一段时间,如1个月记录的数据可以自动生成数据和报表,包括逐月支出、月收支差、项目支出、余额查询等都可以一目了然,用户可以根据记录了解自己的消费习惯。部分手机记账理财软件还能提供手机和网站互联的整套解决方案,手机端的数据可以与服务器端的数据进行上传和下载。

(2) 手机查询存款、汇率。目前在各智能手机平台上还能下载手机存款计算软件,如个人存款计算器,通过简单的数据输入,软件便会完成复杂的存款计算过程。此外,还有手机外汇兑换软件。例如,省钱换汇,进入省钱换汇软件后,先进入"汇率"功能内,通过点击界面内"国旗图标"便可更改手中持有的货币种类,从而查询到最新的外币汇率价格。与此同时,各大券商和银行也根据目前用户的需求推出各种平台的手机客户端。

**2. 移动支付**

1) 移动支付的含义

移动支付(mobile payment)是指用户使用具有移动通信能力的终端设备对所消费的商品或服务进行账务支付的一种服务模式,是网络经济与电子商务、金融创新与技术发展融合的产物,具有便捷、快速、安全的特点。

移动支付可以通过短信、WAP、3G/4G、Wi-Fi等多种环境进行银行转账、自助缴费和购物等交易的支付,是通信运营商与金融机构共同推出的增值服务。整个移动支付价值链包括移动运营商、支付服务商、应用提供商、设备提供商、系统集成商、商家和终端用户。

移动支付业务是将移动网络与金融系统结合,为用户提供更为便利的方式进行商品交易、缴费等金融业务。移动支付手段的出现,很大程度上缓解了传统支付方式中金融机构网点压力,而移动支付区别于传统支付方式的最大特点,在于移动支付为消费者提供了便捷、快速的支付渠道,同时具有随身、实时的特性,可以依靠较少的基础设施投入完成较多的支付业务,突破银行机构提供金融服务的传统模式,成本低廉。移动支付既有利于满足社会公众多样化的支付需求,也有利于缓解银行机构服务资源相对不足的矛盾。

移动支付是电子支付的衍生形态,是互联网技术和金融技术、通信技术的结合产物。移动支付作为电子支付的一种新型业务形式,将随着智能手机、平板电脑的普及,以及移动电商在移动支付领域的拓展,呈现爆发式增长态势。移动支付业务想要顺利完成,需要开展该业务的机构共同遵循一定的标准。

2) 移动支付的方式

移动支付的方式从不同角度,可以划分为不同的类型,其分类体系,如图6-3-4所示。

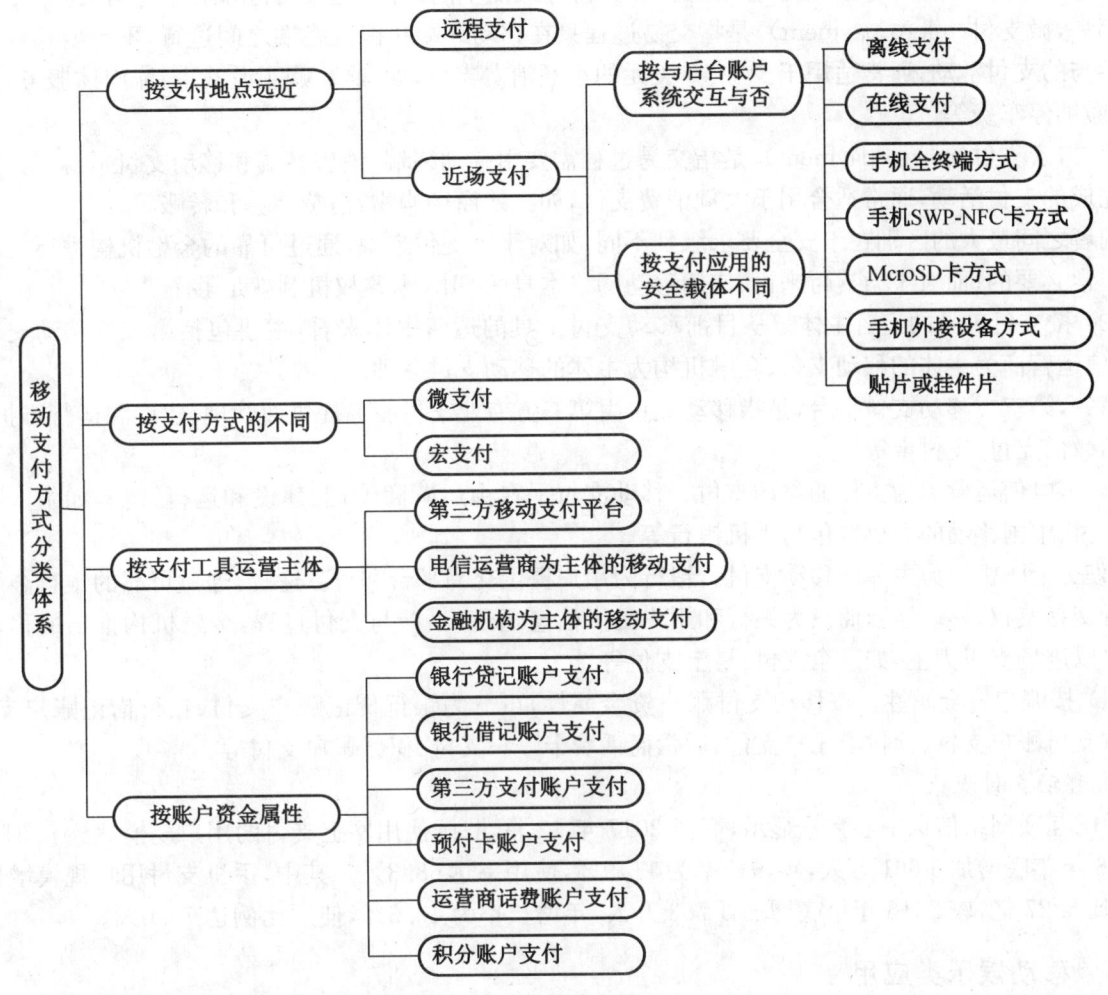

图6-3-4 移动支付方式分类体系

(1) 按支付地点的远近分类。移动支付按照支付地点的远近或交易结算的即时性特点,可以分为远程支付和近场支付两种类型。

第一,远程支付(remote payment),是指用户利用移动通信终端,依托移动通信网络,通过WEB、WAP、SMS、BIP、IVR等远程计入系统发送支付指令或借助支付工具完成的支付行为。

第二,近场支付(near field pay),是指用户利用移动通信终端、非接触SIM卡等。通过红外、蓝牙、RFID、NFC等近距离通信方式完成支付的方式。根据支付时POS机遇后台系统实时交互与否,近场支付又分为离线支付和在线支付。

离线支付是指支付交易过程中,POS机不与后台系统实时交互,仅由用户的移动通信终端或非接触式SIM卡与POS终端交互认证鉴权及扣款操作即可完成支付。在线支付是指支付过程中,POS机都需要通过网络连接到后台账户系统,由后台账户管理系统完成用户鉴权验证和扣款操作,其资金账户由后台账户系统管理。

早期的移动支付以远程支付为主,即通过STK、短信、WAP、USSD等方式完成远程交易,或者通过时下流行的手机客户端、应用支付插件等内嵌支付平台模式完成远程支付交易;后期伴随着RFID技术的成熟商用,移动支付的另一个分支——近场支付也逐渐发展起来。远程支付从1.0时代(短信、手机网络支付)向2.0时代(客户端、插件支付)的过度,也见证了近场支付从SIM-PASS、RFSIM到NFC(Near Field Communication,近距离无线通信)的转换过程。

(2) 按支付方式的不同类型。移动支付按支付方式的不同,可分为微支付和宏支付两大类。

第一,微支付(micro payment),是指交易过程只在移动终端和销售终端之间进行,不需要移动支付平台参与的支付活动,通常适用于少于10美元的小额消费支付,如购票、购买游戏卡、流媒体服务、网络游戏、缴纳停车费等。

第二,宏支付(macro payment),是指交易过程需要由移动终端、销售终端和移动支付平台三方共同参与完成的支付活动,通常适合用于大额消费支付,如在线商场购物、消费结算和转账等。

两者之间最大的区别在于安全要求级别不同,如对于宏支付来说,通过可靠的金融机构进行交易鉴权是非常必要的;而对于微支付来说,使用移动网络本身的SIM卡鉴权机制就足够了。

(3) 按支付工具的运营主体。从目前移动支付工具的运营主体来看,主要包括第三方移动支付平台、电信运营商为主体的移动支付、金融机构为主体的移动支付三种。

第一,第三方移动支付平台,是指移动支付由第三方专业支付服务提供商管理、建设和运行维护,主要包括微信支付、支付宝等。

第二,电信运营商为主体的移动支付。移动支付平台由运营商管理、建设和运行维护,如中国电信的翼支付、中国移动的手机钱包与手机银行等。

第三,金融机构为主体的移动支付。银行为用户提供交易平台和付款途径,通过可靠的银行金融机构进行交易鉴权,移动运营商只为银行和用户提供信息通道,不参与支付过程,金融机构推出的移动支付主要以进场支付为主,如京东支付、易宝支付等。

(4) 按账户资金属性。按移动支付账户资金属性,可分为银行贷记账户支付、银行借记账户支付、第三方支付账户支付、预付卡账户支付、运营商话费卡账户支付、积分账户支付等。

3) 移动支付现状

中国互联网络信息中心数据显示,截至2017年12月,我国使用网上支付的用户规模达到5.31亿,较2016年年底增加5 661万人,年增长率为11.9%,使用率达68.8%。其中,手机支付用户规模增长迅速,达到5.27亿,较2016年年底增加5 783万人,年增长率为12.3%,使用比例达70.0%。

## 6.3.6 移动娱乐类应用

**1. 移动游戏**

1) 移动游戏定义

移动游戏是指以移动互联网为传输媒介,以游戏运营商服务器和用户计算机为处理终端,以游戏客户端软件为信息交互窗口的旨在实现娱乐、休闲、交流和取得虚拟成就的具有可持续性的个体性多人在线游戏。

2) 移动游戏现状

中国互联网络信息中心数据显示,截至2017年12月,我国网络游戏用户规模达到4.42亿,占整体网民的57.2%,较2016年增长2 457万人。手机网络游戏用户规模较2016年年底明显提升,达到4.07亿,较2016年年底增长了5 543万人,占手机网民的54.1%。

**2. 移动网络文学**

1) 移动网络文学定义

移动网络文学,是指新近产生的,以移动互联网为展示平台和传播媒介的,借助超文本链接和多媒体演绎等手段来表现的文学作品、类文学文本及含有一部分文学成分的网络艺术品。其中,以网络原创作品为主。由于借助强大的网络媒介,网络文学具有多样性、互动性和知识产权保护困难的特点。其形式可以类似传统文学,也可以是博文、帖子等非传统文体。实时回复、实时评论和投票是网络文学的重要特征。由于网络文学传播的便捷,导致知识产权不易受到保护。

2) 移动网络文学现状

中国互联网络信息中心数据显示,截至 2017 年 12 月,网络文学用户规模达到 3.78 亿,较 2016 年年底增加 4 455 万,占网民总体的 48.9%,其中手机网络文学用户规模为 3.44 亿,较 2016 年年底增加 3 975 万,占手机网民的 45.6%。

### 3. 移动网络视频

1) 移动网络视频定义

移动网络视频是指以移动设备为终端,利用 QQ、MSN 等 IM 工具,进行可视化聊天的一项技术或应用。网络视频一般需要独立的播放器,文件格式主要是基于 P2P 技术占用客户端资源较少的 FLV 流媒体格式。

随着移动终端的普及,越来越多的人通过移动终端体验企业或组织提供的视频服务,如在线学习、购买视频资源等。手机用户经过门户网站的导航,连接媒体服务器,支付相应的费用,选择并点播视频内容。同时手机播放器负责解码,完成视频的播放。

2) 移动网络视频现状

中国互联网络信息中心数据显示,截至 2017 年 12 月,网络视频用户规模达 5.79 亿,较 2016 年年底增加 3 437 万,占网民总体的 75.0%。手机网络视频用户规模达到 5.49 亿,较 2016 年年底增加 4 870 万,占手机网民的 72.9%。随着 4G 网络的进一步完善以及手机资费的下调,网民在微信、微博等主流 APP 上观看短视频的行为变得更加普遍。

### 4. 移动网络音乐

1) 移动网络音乐定义

网络音乐是指音乐作品通过互联网、移动通信网等各种有线和无线方式传播的,其主要特点是形成了数字化的音乐产品制作、传播和消费模式。通过电信互联网提供在电脑终端下载或者播放的互联网在线音乐,无线网络运营商通过无线增值服务提供在手机终端播放的无线音乐,又称移动音乐。经过自 2015 年开始的连续并购,腾讯、阿里巴巴、百度和网易云音乐四家网络音乐集团割据市场的竞争格局已经形成。

2) 移动网络音乐现状

中国互联网络信息中心数据显示,截至 2017 年 12 月,网络音乐用户规模达 5.48 亿,较 2016 年年底增加 4 496 万,占网民总体的 71.0%。其中手机网络音乐用户规模达到 5.12 亿,较 2016 年年底增加 4 381 万,占手机网民的 68.0%。

### 5. 移动网络直播

1) 移动网络直播定义

移动网络直播主要由直播客户端、直播网页端以及管理后台构成。众多用户将其用于在线研讨会、营销会议等网络活动场景,扩大市场活动,有效提高管理和运营效率,直接促进企业销售业绩提升,使企业竞争力得到极大提升。移动网络直播其有别于电视直播/视频直播,更注重互动性。目前国内提供基于 SaaS 服务模式运营的网络互动直播平台众多。

例如,陌陌和 YY 的网络直播业务上线不久就成为其首要营收来源,且均在 2016 年前三季度保持了高速增长。手机 QQ、微博、乐视、盛大、PPTV 等平台积极跟进,相继开通或投资了网络直播业务。此外,斗鱼、花椒等已经具有一定规模的网络直播平台也在 2016 年获得大量融资。随着资本持续涌入,预期未来移动网络直播领域的竞争将更加激烈。

网络直播吸取和延续了移动互联网的优势,利用视讯方式进行网上现场直播,可以将产品展示、相关会议、背景介绍、方案测评、网上调查、对话访谈、在线培训等内容现场发布到互联网上,利用移动互联网的直观、快速,表现形式好、内容丰富、交互性强、地域不受限制、受众可划分等特点,加强活动现场的推广效果。现场直播完成后,还可以随时为读者继续提供重播、点播,有效延长了直播的时间和空间,发挥了直播内容的最大价值。

2) 移动网络直播现状

中国互联网络信息中心数据显示,截至 2017 年 12 月,网络直播用户规模达到 4.22 亿。其中游戏直播用户规模达到 2.24 亿,较 2016 年年底增加 7 756 万,占网民总体的 29.0%。真人秀直播用户规模达到 2.2 亿,较 2016 年年底增加 7 522 万,占网民总体的 28.5%。

### 6.3.7 移动公共服务类应用

**1. 移动在线教育**

1) 移动在线教育定义

移动在线教育(E-Learning)是通过应用信息科技和移动互联网技术进行内容传播和快速学习的方法。E-Learning 的"E"代表电子化的学习、有效率的学习、探索的学习、经验的学习、拓展的学习、延伸的学习、易使用的学习、增强的学习。美国是 E-Learning 的发源地,有 60% 的企业通过网络的形式进行员工培训。1998 年以后,E-Learning 在世界范围内兴起,从北美、欧洲迅速扩展到亚洲地区。

通过移动网络,学员与教师即使相隔万里也可以开展教学活动;此外,借助网络课件,学员还可以随时随地进行学习,真正打破了时间和空间的限制,对于工作繁忙、学习时间不固定的职场人而言,网络远程教育是最方便不过的学习方式。在线教育的形式较多,如环球职业网校、游学网、101 网校、北京四中网校、黄冈网校、新华网校、华图网校、润德教育网校、新东方网校、中华会计网校、东奥会计在线等是针对在校学生、上网人员进行技术学习,而一些会计网则是代替课堂教育。

2) 移动在线教育趋势

随着互联网的发展,国家对教育行业的高度重视、云计算等相关技术的应用和推广,以及人们对知识和技能的需求,推动在线教育市场快速发展。从细分市场、接入终端、技术支持层面分析,在线教育行业表现出以下趋势:在线职业教育用户需求旺盛,发展空间广阔。随着经济的发展、知识更新换代速度加快,一方面社会对技能型人才的需求越来越强烈,职业教育是大势所趋;另一方面"人才"为提升自身竞争力,主动接受职业技能培训的意愿强烈,且有相应的付费能力。在线职业教育用户群体清晰、盈利模式成熟,如能进一步与企业结合,做到"互联网+教育+就业"一站式资源整合,市场前景将十分乐观。

3) 移动在线教育现状

中国互联网络信息中心数据显示,截至 2016 年 12 月,中国在线教育用户规模达 1.38 亿,较 2015 年年底增加 2 750 万人,年增长率为 25.0%。在线教育用户使用率为 18.8%,在 2015 年基础上增加 2.7 个百分点。其中,手机在线教育用户规模为 9 798 万人,与 2015 年年底相比增长 4 495 万人,增长率为 84.8%。手机在线教育用户使用率为 14.1%,相比 2015 年年底增长 5.5 个百分点。

**2. 移动互联网医疗**

1) 移动互联网医疗定义

移动互联网医疗,是移动互联网在医疗行业的新应用,包括以移动互联网为载体和技术手段的健康教育、医疗信息查询、电子健康档案、疾病风险评估、在线疾病咨询、电子处方、远程会诊,及远程治疗和康复等多种形式的健康医疗服务。移动互联网医疗,代表了医疗行业新的发展方向,有利于解决中国医疗资源不平衡和人们日益增加的健康医疗需求之间的矛盾,是卫计委积极引导和支持的医疗发展模式。

2) 移动互联网医疗特点

医疗产业的显著特点是每一秒钟对病人都非常关键,这一行业十分适合于移动电子商务的开展。在紧急情况下,救护车可以作为进行治疗的场所,而借助无线技术,救护车可以在移动的情况下同医疗中心和病人家属建立快速、动态、实时的数据交换,这对每一秒钟都很宝贵的紧急情况来说至关重要。在无线医疗的商业模式中,病人、医生、保险公司都可以获益,也会愿意为这项服务付费。这种服务是在时间紧迫的情形下,向专业医疗人员提供关键的医疗信息。由于医疗市场的空间非常巨大,并且提供这种服务的公司为社会创造了价值,同时,这项服务又非常容易扩展到全国乃至世界,我们相信在这整个流程中,存在着巨大的商机。新的移动与无线技术将缓解医疗专业人士的行政管理重担,利用移动电子商务,可以提高数据的准确性,减少管理患者信息所需要的时间与精力,使他们有更多的时间照料病人。

**3. 移动网约租车**

1) 移动网约车定义

移动网约车是指用户通过移动终端进入移动通信网络,进而对所需求的车辆(包括出租车和专用车)预约。移动网约车作为共享经济的代表性行业,在盘活车辆存量资源、满足用户个性化出行需求方面发挥着重要作用,并随着相关政策的出台进入规范发展期。各大网约车平台积极探索新的利益增长方向,为公司转型做铺垫。2016年网络预约专车用户总规模达到1.68亿,比上半年增加4616万,增长率为37.9%。2016年,滴滴出行一方面致力于推行海外租车业务,另一方面在共享自行车领域进行战略投资,此外还推出小巴业务,主推短途拼车,目前已涉及出租车、专车、快车、顺风车、代驾、试驾、公交等九大业务体系。

2) 移动网约车功能

移动网约车具有两个方面的功能:

一方面,网络预约出租车服务推动传统出租车市场转型升级。网络预约出租车提升了叫车效率,弥补了传统出租车模式无法覆盖的服务区域。与此同时,网络预约出租车APP软件实时分享行车路线的功能,提供了更多的安全保障。出租车行业在共享互联网技术的同时,也在用市场化的方式谋求创新突破,使服务更加贴合用户需求。

另一方面,网络预约专车类服务的出现丰富了用车行业细分市场,成为分享经济发展的典型业态。网络预约专车类服务包括专车、快车和顺风车等服务,是传统用车市场的良好补充,用户使用习惯已经逐步养成。网络预约专车系列在满足用户个性化出行需求的同时,也有效节约社会资源。但是专车市场发展的政策环境依然不够明朗,其准入门槛、合法身份、监管机制等方面的问题仍有待明确,而专车服务本身也需要提升服务品质,依托平台经济的大数据体系强化其安全和信任机制。

**4. 移动网络慈善**

随着移动互联网的飞速发展,现实世界对公益的需求与日俱增,越来越多的人参与公益活动,除了现实世界的多种公益组织,各种各样的网络公益形式发展很快。移动网络慈善依托移动互联网的互动性、无地域限制特点,以及网络在团结和凝聚个体参与公益活动方面具备的天然优势,正逐步搭建起一个低门槛、透明化、方便快捷且高效互动的网络公益大平台,更重要的是把原来由少数企业、团体或个人参与的慈善活动,变成了人人便于参与的社会公益全民运动。

## 6.3.8 政府移动相关应用

截至2017年12月,我国在线政务服务用户规模达到4.85亿,占总体网民的62.9%。其中,通过支付宝或微信城市服务平台获得政务服务的使用率为44.0%,为网民使用最多的在线政务服务形式,较2016年年底增长26.8个百分点;其次为政务微信公众号,使用率为23.1%,政府网站、政府微博及政府手机端应用的使用率分别为18.6%、11.4%及9.0%。

我国网民越来越青睐在移动端获取政务服务。一方面,互联网政府服务平台化、移动化速度加快,支付宝、微信开通政务服务入口并逐步完善服务内容,微博、今日头条分别开通政务认证微博号及头条号服务,加快线上政务服务布局。另一方面,服务内容不断细化,从车主服务、政务办事到医疗、交通出行、充值缴费等方面覆盖用户生活。与此同时,资讯类平台内容不断丰富,包括天气、工商、司法、公安等领域在内的微博、公众号、头条号等发展迅速。

1）政务微博

截至 2017 年 12 月，经过新浪微博平台认证的政务微博达到 134 827 个，较 2016 年年底增长 7.78%。所开设的微博主要包括政府、社会团体、党委、检察院等机构的政务微博。其中，政府开设的政务微博数量最多，共开通 88 215 个，其次为社会团体，共开通 33 792 个。政府开设的机构类政务微博中，包括公安、外宣、基层组织、卫计、司法行政、交通运输及旅游机构等服务类型，其中公安机关开设的政务微博最多，为 20 863 个。

2）政务头条号

中国互联网络信息中心数据显示，截至 2016 年 12 月，共有各级党政机关开通政务头条号 34 083 个，较 2016 年年底增加 30 062 个。检查、食药监、公安、信访等系统实现了全国覆盖。

## 6.4 移动电子商务相关模式

### 6.4.1 移动电子商务的商业模式

中国移动电子商务市场出现了五类主要的移动电子商务模式，分别是"设备＋服务""通道＋平台""平台＋服务""品牌＋运营"和"内容＋服务"。

**1. "设备＋服务"的商业模式**

终端设备制造商的主要职能是开发和推广移动终端设备。设备制造商作为市场上的移动设备制造者，主要采用"设备＋服务"的商业模式，目前市场上以苹果公司的 AppStore 为代表。

**2. "通道＋平台"的商业模式**

移动通信运营商提供一个高速的网络支撑平台。作为移动电子商务中的主要网络提供者和支撑者，移动通信运营商主要采用"通道＋平台"的商业模式。移动通信运营商开展的移动电子商务中，可利用终端厂商和软件提供商在上游为其提供定制手机及内嵌的接入软件，增强了移动电子商务平台的入口建设。规模庞大的网络用户及潜在移动电子商务用户，可以吸引企业和商家以入驻的方式丰富移动电子商务平台的产品线及内容，物流商提供相关的货物运输、商品仓储和配送服务。移动电子商务平台的建设方面，电信运营商负责平台内容、用户服务和交易服务，对入驻商户进行管理，并为消费者提供信誉保障。

中国移动广东移动商城是基于广东移动网络平台开发的移动电子商务平台，由中国移动广东分公司负责运营，面向移动手机用户、广大互联网用户，以及商家提供电子商务服务，商城可以通过 PC 和手机两种方式进行访问。在手机端，通过以手机积分、手机话费、专用账户以及手机银行为主的支付手段，通过邮政系统、快递公司向用户配送货品为主的货物流通方式，移动商城实现了商流、物流、信息流、资金流一体化的移动电子商务平台。

**3. "平台＋服务"的商业模式**

移动电子商务交易平台提供商为商户与用户提供一个商品交易技术平台，主要采用"平台＋服务"的商业模式。平台提供商为移动电子商务商户运营提供多样化的整体解决方案，为用户提供功能完备、内容丰富、灵活方便的应用平台，满足日益快速发展的交易需求。所建平台支持不同的技术标准、行业协议和终端需求，方便不同的用户使用。平台提供商通过分析商家和用户信息，为他们提供个性化的服务。平台提供商通过广告等不同手段，扩大客户基础，吸引更多内容提供商加盟。平台提供商通过吸引内容提供商在平台投放广告来增加利润。

**4. "品牌＋运营"的商业模式**

"品牌＋运营"的移动电子商务服务模式是传统电子商务提供商主导的移动电子商务。传统电子商务提供商通过在PC端的多年发展,已经具备开展移动电子商务所需的基础服务能力和运营经验,这是其主导移动电子商务服务的重要优势。另外,手机不仅仅只是传统电子商务新开辟的用户入口,传统电子商务发展模式并不能简单复制于移动电子商务的发展之中,移动电子商务需要针对用户的个性化需求及电子商务发展的新趋势,开辟全新的发展理念和服务模式。

传统电子商务提供商主导的移动电子商务主要采取了"品牌+运营"的服务模式,在这一服务模式下,传统电子商务提供商原有的货物渠道、商品仓储物流以及配送等后台服务体系均未发生本质变化,移动互联网可以看作是其PC端传统电子商务服务的手机端入口。在这一移动电子商务服务模式下,传统电子商务提供商通常会在用户接口处通过与终端厂商和软件提供商的合作,定制相关匹配的终端机,或者为手机终端设计用于进行移动电子商务的特定应用程序。网络接入方面,电信运营商提供了基础网络服务,为移动电子商务提供顺畅信息流的保障。

手机版淘宝于2008年2月开始上线,消费者通过手机即可登录手机版淘宝,同时可以用手机支付宝付款购物,手机淘宝网可以实现注册、登录、收藏、浏览、搜索商品和支付等功能。目前,手机淘宝网是中国最大的移动购物服务提供商和个人移动交易平台,业务跨越C2C(个人对个人)、B2C(商家对个人)两大类,其在线物品超过2亿件,并利用支付宝实现了手机在线支付。图6-4-1是e-Pay移动电子商务的网络结构。

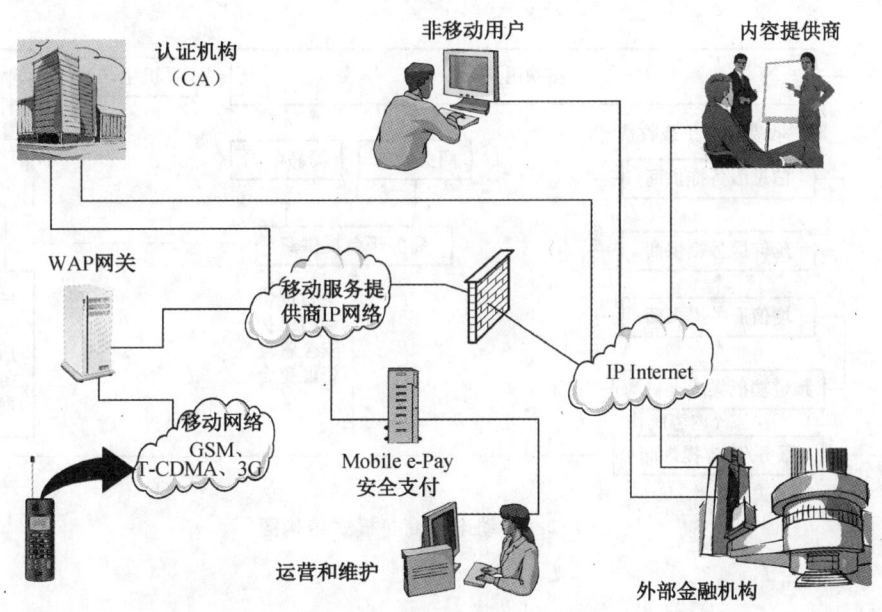

图6-4-1　e-Pay移动电子商务的网络结构

**5. "内容+服务"的商业模式**

内容与服务提供商主要通过"内容+服务"的商业模式来经营。内容提供商是移动电子商务中有关交易的创造者和传播者,是为移动电子商务提供内容和服务的具体执行者,是实现移动电子商务商业价值的根本推动者。它通过提供产品信息、商业图片、版权动画等丰富的移动电子商务资源,直接或通过移动网站向客户提供多种形式的信息内容和服务,从而实现移动电子商务的增值价值。服务提供商是对内容提供商已经开发出来的内容进行二次处理,形成满足客户需求的适合在网络上传送的数据应用,或者将内容开发成为终端客户的应用,从而为客户提供增值服务。

## 6.4.2　移动电子商务的运营模式

从商业角度看,移动电子商务是与商务活动参与主体最贴近的一类电子商务模式,其商务活动中以应用移动通信技术使用移动终端为特性。由于用户与移动终端的对应关系,通过与移动终端的通信可以在第一时间准确地与对象进行沟通,使用户更多脱离设备网络环境的约束最大限度地驰骋于自由的商务空间。对于那些销售人员和高级经理们,都可以无线终端,与企业系统相连接。例如,他们可以查看客户的付款和信用情况等。

**1. 运营模式**

移动电子商务是商务活动中以应用移动通信技术、使用移动终端为特性的一种创新商务模式,是与商务活动参与主体最贴近的,最具有动态化特征的一种商务模式。商务主体使用移动终端,在移动状态下运营和完成商务活动,或通过无线终端再去整合有线网络资源,获得一种或多种崭新的商务体验。

这种崭新的商务模式无论是在理论上还是在实践中,都对过去传统的商业模式提出了挑战,对已有的或正在运行的多种电子商务模式提供了扩展的空间以及延伸的可能,更提供了信息主体在移动状态中,进行更广泛的信息资源和商务资源整合的实现可能性。一个完整的移动电子商务模式结构图,如图6-4-2所示。目前,移动电子商务模式主要有两种:一种是基于WAP的移动电子商务系统,这种模式利用智能卡实现WIM的功能,并将加密库集成于智能卡中,形成一张WIM卡。另一种是基于SMS的移动电子商务模式,该模式的组成分为五个部分:移动终端、移动网络、安全移动电子商务平台、应用服务提供商和认证中心。

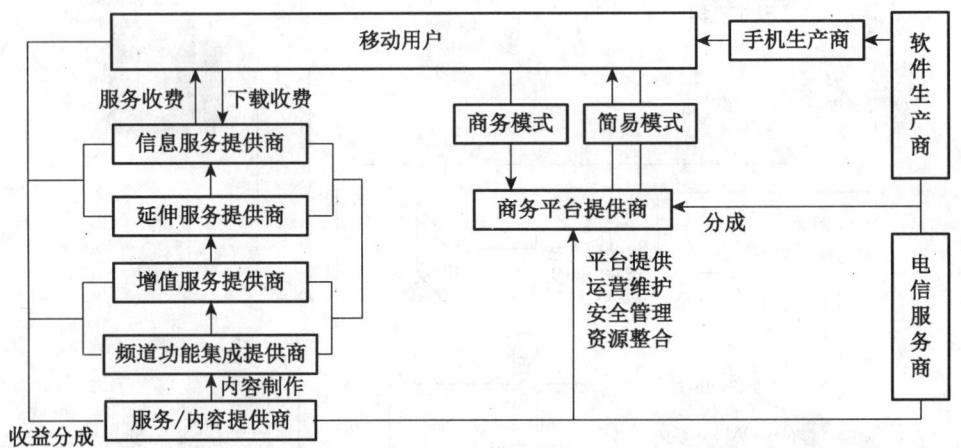

图 6-4-2　移动电子商务模式结构图

**2. 产业链**

移动电子商务体系是一个包含企业和商家、电信运营商、电子商务提供商等主体在内的商务系统,该体系还包括起支撑、支持作用的终端厂商、金融及支付服务商、物流商和其他类型服务提供商,体系内各主体通过信息流、资金流和物流进行交互与联系,承担提供接口、应用和服务的角色。

根据移动电子商务体系中,各个主体在产业上下游所处的位置,各个主体通过信息流、物流和资金流链接组成移动电子商务的产业链,如图6-4-3所示。

在图6-4-3中,移动电子商务产业链基本上可以分为三大组成部分。

1) 基础设施

基础设施包括移动电子商务的软硬件及相关平台。其中,智能手机是移动电子商务和移动因特网最重要的基础设施。移动广告、移动支付、移动客户端也是移动电子商务的基础设施。

2) 产业主体

移动电子商务的产业主体是应用服务提供商。这些服务商主要提供三类服务:购物服务、购买服务产品的服务、购买数字产品的服务。

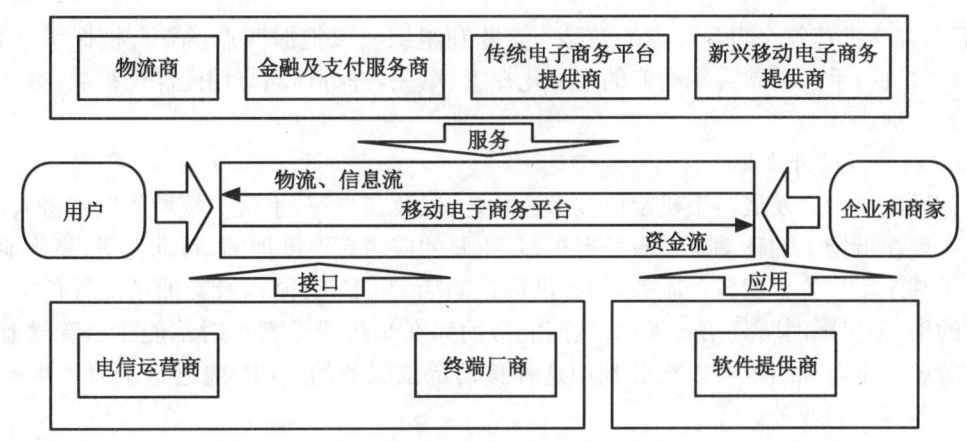

图 6-4-3 移动电子商务的产业链

3) 移动消费者

移动消费者是移动用户中利用移动终端从事电子商务交易的人群。我国手机网民已经有 1/3 以上的人群习惯了利用手机从事商务活动。例如，手机网上支付和手机网络购物的网民使用率都达到 38.9%，手机网上银行达到 34.8%，手机团购达到 19.4%，手机旅行预订达到 14.3%。随着 4G 业务的开展，手机上网将成为刺激我国因特网用户的新增长点，其潜在的移动电子商务市场规模不容忽视。

**3. 价值开发模式**

移动电子商务的资源主要是指信息资源，由于信息的爆炸性和海量性，用户在查找信息时往往觉得无从下手，不能及时找到有用的信息。这就需要对信息资源进行再开发、再寻找。经过深入开发的信息，才会得到高效、充分的利用。信息的价值才会充分地显现出来。也就是说，移动信息只有经过传输、获取、开发和利用，才能实现卖家和买家的对接，才能在引用中，实现和创造出商务价值。主要的信息资源开发模式如下所述。

1) 短信网址资源的开发

短信网址是指利用 SMS 短信方式为手机及其他移动终端设备快捷访问无线网络而建立的全新寻址方式。手机用户可以使用现有的企业名称、产品商标和标识作为自己的短信网址，只需发送一条短信，就可以直接获得由相应服务商提供的各种上网服务，或者登录相关的 WAP 网站，进行各种网络资源的查询和利用。

短信网址具有随时、随地、随身使用的特点。无论用户身在哪里，只要是有手机信号覆盖的地方，就可保证用户充分获得各种最新动态信息；还可以登录移动电子商务网站，进行商务信息的发布和查询；也可以进行短信群发，发布和扩展移动商机。同时，短信网址降低了企业或个人使用移动互联网的门槛，操作和使用都非常方便。短信网址还具有防伪功能。所以短信网址是一种可增值的无形资产。

2) 短信新闻资源的开发模式

短信新闻短小精悍，传播速度快、更新快，信息的有效到达率高，人们的关注度也高。因此，短信新闻的推出，即时显现出独有的竞争力，适应了人们快捷化的生活需求。

企业或组织可以自己开发应用 APP，也可以利用移动服务平台，如腾讯 QQ、微信公众号等来推送免费的、实时的新闻信息、手机报纸和商业动态信息，通过服务的方式逐渐培养消费者的习惯，拉动潜在消费者，同时提高品牌知名度。

3) 移动娱乐资源的开发模式

手机游戏、视频和音乐等已经成为当前移动增值业务的一个重要的创收服务，为相当数量的移动电子商务提供商和企业所采用。随着消费者个性化需求水平的提高，消费者不单单看中产品的质量，更关注产品的附加服务。企业和组织可以利用移动娱乐服务了解客户的兴趣、爱好、消费倾向以及性格特点等信息,从而向客户推荐符合自身特点的商品。企业和组织应该把握四点:第一,把握手机娱乐的产业创新趋势;第二,进行手机消费终端功能的多元化探索;第三,进行移动应用的深度扩展;第四,利用专业技术进行业务扩展。

4) 移动定位资源的开发模式

电子地图导航技术的发展与手机定位技术的结合,以及在汽车、手机等领域的应用将人们带入了个人导航时代。现在市场上的移动定位服务有很多,主要的应用有百度地图、谷歌地图、高德地图等,这些应用可以提供基于用户位置的各种服务,如提供周边酒店、超市、公园以及交通情况等信息。在应用客户端输入目的地,便可随时听到语音提示,从而能帮助你在步行或是驾车时都能在语音导航的指引下,顺利到达目的地。企业和组织可以充分利用这种移动定位服务的 APP,通过这个服务平台,以合理的形式向用户推荐产品和业务。

5) 移动管理资源的开发模式

在人们的日常生活管理中,移动电子商务能为人们的生活提供方便,提高生活质量。例如,在移动电子商务平台上进行家政服务管理、开发看病挂号管理系统、开创景区游客疏导管理平台和大学校园管理平台、利用移动技术进行社区物业管理等应用。通过移动互联网能有效地简化办事流程,提高办事效率。

6) 移动公益资源的开发模式

公益资源是媒体和民众关注度极高的社会资源。移动通信技术的发展,给现代公益的开展提供了崭新的、便捷的方式和强大的技术支撑,有力地促进了社会公益活动的开展。企业和组织应积极参与到公益活动中,提高民众对企业的信赖度和认同感,促进企业文化的形成,提高品牌的知名度。例如,参与爱心公益捐款、开发普及交通安全知识平台等。

## 6.4.3 移动电子商务的应用模式

移动电子商务应用是以移动通信技术及相关技术为支撑,利用移动数字终端,建立起相应的商务应用模型,直接进行的或利用移动信息转移功能,依托网络化的商务平台,进行或完成的多维的、跨行业的或跨国的商务活动。

移动电子商务应用是移动电子商务主体,通过手机等移动终端,在"动态"中进行应用和实现应用的行为,又是一种在"动态"中调动他人共同应用,或整合相关商务资源参与应用或共同应用的行为。也正是在大量的、探索性的、群体性的应用实践中,才展示了移动电子商务的巨大能量,显示了移动电子商务的整合能力,扩展了移动电子商务的发展空间,开拓和提升了移动电子商务的价值,推动了移动电子商务的深入发展。

**1. 不同角度的应用模式**

从个人角度来看,移动电子商务使其可以随时随地实现各种商业需求。例如,可以利用数字手机在网络上搜索餐馆或电影院,或发送电子邮件,在无线装置上下载和聆听数字音乐,用手机购物等。

从企业角度来看,企业可以利用移动电子商务实现更为精准的营销、更实时的信息处理及业务处理,如营销人员可以利用具有定位、测距、摇动效果、拍照等诸多感应功能的手机,让营销做得更加精准化。企业管理人员可以在移动环境下通过移动终端联网实时查看重要销售和市场日报汇总,实时处理销售和市场工作。总之,人们可以使用手机等移动通信设备,随时随地地上网查询信息、购买产品、预订服务,既方便快捷又节省时间。

从管理角度来看,移动电子商务也是一种企业管理模式创新。手机、个人数字助理和笔记本电脑等移动通信设备与企业后台连接,通过无线通信技术进行网上商务活动,使移动通信网络和互联网有效结合,突破了互联网的局限,更加高效、直接地进行信息互动,使企业管理人员能更及时地把握市场动态。

**2. 移动电子商务的盈利模式**

移动运营的动态性特征决定了移动电子商务模式的灵活性。从现实基础来讲,移动通信终端设备具有随时、随地、随身的特征,赋予了移动电子商务特有的优势。使得移动电子商务能够方便快捷地实现信息的快速传递,和移动主体之间的互动和多位沟通。手机的个性化、移动性、普及性不仅使移动电子商务具有了广泛的群众性应用基础,而手机的身份确认特性,又使这种群体应用模式相比电子商务模式,在身份确认和计费等方面具有相对高的确定性和可追溯性。

这种移动通信运营中,信息消费主体的身份明确性和移动消费模式的可控性,就带来了价值链的闭合性特征。这就决定了移动电子商务一定会有相对清晰的盈利模式。正因如此,移动电子商务的增值价值和增值能力才具有巨大的市场吸引力。

**3. 移动电子商务的高增值模式**

在移动电子商务中,通过扩展商业模式来提升移动增值业务的创新空间很大。特别是移动炒股、在线理财、移动广告、定位服务等简易移动电子商务模式十分容易构建。而且依托这种简单的移动电子商务模式,就可以在短周期内很容易地找到获利空间。因此,利用移动电子商务的动态特性衍生应用和商务扩展的比重越来越高。从而,处在低端的移动电子商务商家也能迅速占领市场、获取客观的利润。所以说,移动电子商务模式是一个具有高增值型特征的商务模式。

近年来,移动增值业务逐渐成为带动运营商业务收入增长的关键业务,其业务的种类和组合模式也日益繁多。可以说,在移动电子商务领域,移动增值业务的发展潜力非常吸引人。

**4. 移动电子商务具有管理的便捷性**

移动电子商务的动态特征,为商务运营和管理带来了革命性的改变。这种特性不仅会在商业模式的构建中体现和反映出来,而且会为商务运营和管理带来革命性的变化,能有效地缩短商务流程、加快资金周转、提高物流速度和进程,从而极大地降低管理费用和管理成本。

**5. 移动电子商务模式具有准确营销的特征**

移动电子商务模式的特征决定了移动电子商务模式的核心特征是提供深度营销和准确营销。现代市场营销的最新发展,就是朝着精确营销的方向发展。精确营销的基础就是能够在商家与用户之间进行准确的、一对一的联系和沟通,而移动电子商务的发展提供了这样的基础和可能。

在精确的营销模式中,商家为用户提供的将是最终满足每一个用户个性化需求的产品和服务,这种新商务模式的诞生,将彻底改变现在的生产模式和营销模式。出现和形成以移动电子商务为特征的"以人为本"的崭新服务方式,用户的多种个性化需求,将真正得到满足。

## 6.4.4 移动电子商务支付运营模式

据 Gartner(高德纳)咨询公司报告指出,全球移动支付在 2013 年年底达到 2 350 亿美元,在 2014 年年底达到 3 250 亿美元,并在 2017 年年底上升至 7 210 亿美元。世界各地的移动支付用户规模呈逐年增加的趋势。移动支付作为新兴的支付方式,还没有统一的标准,目前世界上还没有任何一家公司或者组织,提供一个可以为多方所用的移动支付解决方案,因此,移动运营商、移动终端厂商和银行等移动支付各个环节的参与者,纷纷制定自己的技术或者业务标准,期望自己可以占到主导地位。世界各地采用的移动支付技术和方案不同,导致不同国家和地区的移动支付的发展也存在较大差异,其中亚洲、非洲和北美用户规模较大。

**1. 国外移动支付运营模式**

由于产业发展状况的不同和各方合作力度的不等,世界各国采用的移动支付运营模式会有所不同。无论如何,成功的运营模式是移动支付最终被市场所接受并逐步走向成熟的关键。

1) 欧洲移动支付运营模式

如其他的产业一样,移动支付同时进军欧洲多国,所以欧洲品牌多数采用多国运营商联合运作方式,即银行只作为合作者但不参与运营。业务模式往往是通过 WAP、SMS、IVR(交互语言应答)等方式接入来验证身份,操作较为烦琐,不适合时间要求很高的支付行为,所以多用于 WAP 业务、电子票务、预购物等。

2) 日本移动支付运营模式

日本虽然也是网络运营商利用其在产业链中的优势地位来开展移动支付业务,但更注重于整合终端设备提供商的资源,发展智能终端设备,不断寻求移动支付的新亮点。例如,日本移动运营商 NTT DoCoMo 是移动支付服务的主要提供者和利益享有者;作为手机制造商的智能芯片开发商,SONY 增加了芯片的销售和手机的销售;参与移动支付的各种卡类组织,也增加了支付的渠道和支付的利润回扣;另外,各种支付段的商户,通过接受和参与移动支付,拓宽了为客户提供支付的渠道;当然,最大的受益者还是消费者,方便安全的支付手段为用户带来了购物消费的便捷,省去了携带现金和银行卡的麻烦。

3) 韩国移动支付的运营模式

银行独家运营模式在韩国已形成规模。韩国银行业对移动支付高度重视,这也是韩国移动支付飞速发展的关键。而在我国,电信业走在技术的最前端,银行业相对保守、谨慎,对移动电子商务的开展比较谨慎。另外,银行独立运营,往往希望提供类似信用卡的形式,不需要 SMS、WAP 等方式的反复身份验证,这样对于终端就有了新的要求,消费者需要购买支持红外线的终端、上百万家的餐馆和商店购置通过红外线读取手机信息卡的终端。所以该模式的顺利发展与其先进的技术、电子货币的普及、人们观念、产业链的和谐发展是分不开的。但是,这仍然要归功于这种成功的商务模式,因为它实现了各环节的利益共享,才会为产业链中的各个环节所接受,使得韩国成为世界上移动支付推出以来最为成功的国家之一。

**2. 我国移动支付运营模式**

我国移动支付的产业链构成相当复杂,参与方比较多,产业链由电信运营商、以银行为代表的金融机构、第三方支付厂商、设备制提供商(包括智能手机厂商、硬件设施厂商、芯片制造商、卡供应商等)、提供各应用场景的商户以及用户组成,如图 6-4-4 所示。

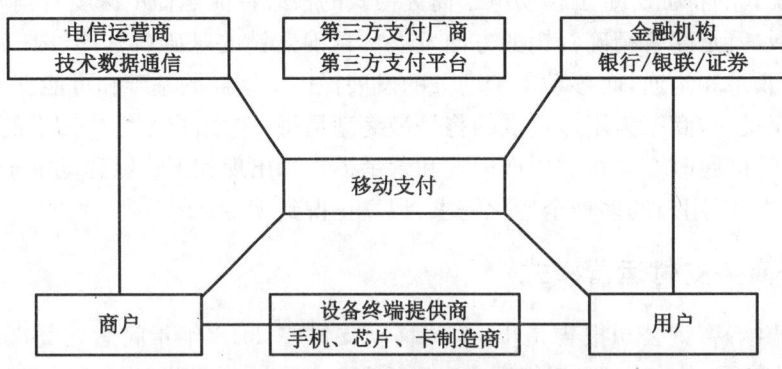

图 6-4-4　我国移动支付运营模式

其中,电信运营商的首要任务是为移动支付业务的开展提供安全可靠的通信网络,换言之,电信运营商是连接个人用户、商户、金融机构和支付厂商的重要纽带,在产业链中扮演了关键角色。然而,银行作为金融机构中的代表,是用户账户的管理方,其必须为移动支付系统终端施行一套完备机动的计划,以保证用户支付过程的安全流畅。而承接电信运营商和银行的第三方移动支付厂商在整个产业链中发挥着十分重要的促进作用。一方面,能为手机用户提供丰富的内容和服务,刺激用户消费欲,拉动移动支付交易量;另一方面,第三方支付厂商具有高效整合资源的能力及协调电信运营商和金融机构等产业各方关系的效用。设备终端提供商主要为移动支付业务提供硬件设施,为整个产业奠定了物理基础。这些核心主体直接参与到移动支付的市场运作,是整个产业的主导力量,产业发展的诸多问题需要他们协同处理。

而以手机厂商、芯片制造商、卡供应商以及一些应用提供商为主的设备终端提供商则属于支持性参与者,他们为移动支付业务的开展提供了基础的软、硬件设施,更为丰富的应用受理环境。用户作为移动支付最终服务消费端,是整个产业最主要的利益关联方,也是产业风险的承担者,亦是业务服务的核心。

1) 我国移动支付发展的现状

1999年,由中国移动、工商银行等金融机构合作推出的移动增值业务是我国最早的移动支付业务,通过该业务用户可以进行理财和支付,该业务为我国移动支付的发展奠定了基础。

2002年以来,中国银联通过和中国移动、中国联通等合作,开展移动支付业务,取得了不错的成绩,2004年之后,银联开始在全国范围内大力推广移动支付业务。

2013年至今,移动支付市场成为互联网巨头战略布局的重点,移动电商的生态系统需要移动支付作为支撑从而形成一个完整的闭环。百度、新浪纷纷推出移动支付业务,尤其在2013年年底,支付宝与微信竞争激烈,展开了持久的拉锯战,纷纷在日常生活的多个领域与线上线下各商家建立了合作关系,借以完善各家支付场景,而支付宝更是在2014年"双十二"补贴1亿元猛攻线下支付。与此同时,苹果在发布iPhone 6之际也推出了自己的移动支付工具Apple Pay,银联也紧接打造Android Pay,都意图改变我国现有的移动支付格局。

目前,支付宝、财付通等第三方支付模式也迅速发展,这些第三方支付平台承担着连接客户、银行和SP(Service Provider,服务提供商)的角色,这些独立的移动支付企业在发展过程中也取得了一些傲人的成绩。移动支付市场中,支付宝、理财通等互联网理财产品获得了爆发式增长,随着华为Mate7的上市,三星Galaxy S5的上市,苹果Touch ID的开放和魅族MX4 Pro的上市,支付宝更是通过和手机厂商的合作,推出相应的支持指纹支付的手机客户端。

我国移动支付市场的快速增长主要得益于各企业针对线上到线下(Online to Offline, O2O)的移动布局,如快的打车和滴滴打车对用户的争夺,由于其补贴力度大,促使越来越多的用户通过移动软件使用打车、移动支付服务。具体而言,我国移动支付市场现出三方面特征,具体如下:

(1) 移动支付相关技术日益丰富。移动支付的前景利好,越来越多的参与者都角逐其中以图分一杯羹,参与主体由早期的运营商、服务/内容提供商以及银行等金融机构,逐渐扩展到第三方支付厂商、手机制造商等。整个移动支付产业中竞争与合作并存,大家都围绕利益在进行博弈。运营商和手机制造商的竞争优势在于技术支持,通信网络和移动终端的性能只有不断提高,才能攫取更大的利益;而银行等金融机构的核心竞争力则体现在自身支付系统的完善和电信运营商的技术兼容承接,通过简易、便捷的结算体系来优化用户体验;第三方支付厂商,如领军者支付宝钱包、微信支付等,借助平台自身的海量用户以实施移动支付的布局,在保障平台的多功能和高性能的前提下,更是不吝重金培养用户的消费习惯。此外,二维码、NFC、声波支付等创新技术则催生了更多全新的支付场景,使得线上以及线下支付形成了一个完整的体系。

(2) 移动电子商务的蓬勃发展及支付场景的不断完善。随着智能终端的迅速普及,以及移动互联网对人们衣食住行的影响日益增加,人们将愈来愈崇尚指尖之下的充值缴费、购物比价、打车出行、娱乐聚餐等活动。目前,移动互联网市场主要分为移动购物、移动营销、移动游戏以及移动增值四大类。其中,移动购物占比居首,截至2016年第二季度移动购物的交易额为7 834.4亿元,预计在未来5年内会继续扩大行业份额。这促使了传统互联网电商向移动电商的转轨,带动了移动电商的蓬勃发展,进而又丰富了用户支付场景。随着移动电子商务的发展,移动支付的场景已逐渐明晰,移动支付厂家在场景构建方面投入了巨大的财力,从抢红包、打车补贴大战、线下零售补贴让利及金融理财等方式入手,为移动支付的普及进行了一场全民启蒙教育。

(3) 广大用户群体蕴藏着巨大价值。智能手持设备是移动支付的载体,而广大的用户群体则是移动支付发展的市场基础。用户的消费行为信息提供了更多的价值。移动支付平台作为用户流、资金流和信息流的入口,使相关厂商掌握了海量数据,这些数据涉及用户使用行为及消费行为的方方面面,如用户的页面浏览、网页搜索、移动支付记录和消费金额等。若移动支付厂商根据自身需求,在保护用户隐私与合法的情况下充分挖掘这些数据,可获得有效信息以即时提升平台性能,并更好地满足用户各方需求,从而攫取更大的经济效益。

2) 移动支付运营模式

我国移动支付运营模式呈现多元化的特征,可以根据产业链主导角色的不同将移动支付运营模式分为三类:

(1) 以移动运营商为主体的运营模式。在以移动运营商为主体的运营模式下,运营商以代收费业务为主,安全级别要求相对较低且支付数额较少,如购买福彩、游戏点卡、在线试听广播、付费下载等。业务初期,由于操作简单,这种模式成为移动支付业务推广的利器。

(2) 以金融机构为主体的运营模式。金融机构进行业务创新,将接入通道拓宽至客户移动端。移动运营商只为用户提供通信通道,不参与实际支付过程。我国各大商业银行相继推出了手机银行业务,银行客户可以利用手机方便地享受账务查询、话费缴纳、银行转账、外汇买卖、证券交易等金融服务项目。

(3) 以第三方支付平台提供商为主体的运营模式。第三方支付平台能够与银行相连完成支付,充当信用中介,为客户提供账号,进行交易资金代管,由其完成客户与商家的支付后,定期与银行统一结算,或者与银行密切合作,实现多家银行卡的直通服务,充当第三方支付网关。

## 6.5 移动电子商务发展中存在的问题与对策

移动电子商务是电子商务发展的一个趋势,对于完善公司的经营方式具有很大的潜力。由于移动电子商务的特殊性、无线互联网在空间上的相对开放性和移动通信体系安全结构的不完善性,使得移动电子商务比电子商务存在更多的不安全因素。而随着移动电子商务的爆发式增长,各种新服务和应用的出现,其安全问题尤其显得重要,已经成为移动电子商务推广的"瓶颈"。

### 6.5.1 移动电子商务的安全问题

**1. 移动电子商务安全结构**

移动电子商务有两个主要技术特征,分别是商业信息的传输和商务信息的处理,利用 IT 技术来实现。所以,移动电子商务安全主要由移动通信系统安全和交易安全两部分构成。移动电子商务交易安全则是传统的交易应用在互联网上所产生的安全性问题,确保计算机网络安全的前提下,确保商务交易和支付过程的安全性,做到数据的保密性、信息完整性以及交易的有效性。移动通信系统安全主要是指通信系统软硬件安全(设备安全和系统安全)以及数据存储仓库安全等,通过对通信系统本身存在的安全问题来实施相应的解决方案,从而确保移动通信系统的安全性。结合移动电子商务结构图,可以大致分析出移动电子商务的安全结构和所存在的威胁,如表 6-5-1 所示。

表 6-5-1 移动电子商务安全结构图

| | 相关法律、法规制度建设 | |
|---|---|---|
| | 移动应用服务安全 | |
| | 服务商、用户安全 | |
| | 移动服务体系安全 | |
| | 移动终端设备安全 | |
| 移动通信系统安全 | 防火墙、加密协议、安全认证协议 | 移动电子商务交易安全 |
| | 移动设备物理安全 | |
| | 移动通信网络安全 | |
| | 安全认证层(WPRI) | |
| | 加密技术层(数字签名身份认证) | |
| | 无线网络服务层(防火墙) | |

由移动电子商务的安全结构图可知,移动电子商务的安全问题主要有:移动交易安全问题、移动支付安全问题、移动通信系统安全问题,及其他安全问题。

**2. 移动交易的安全问题**

移动交易的安全问题充斥在交易的各个环节。从用户的终端设备到移动通信网络再到移动应用服务端,都存在着潜在的威胁,其中移动通信网络的威胁主要由移动通信系统自身去解决。

1) 移动终端使用威胁

保密、认证、授权和完整性,这些基本的安全性目标在移动电子商务中的重要性与电子商务一样,但是更加难以保证。尤其是对于移动电子商务,其交易几乎总是要通过几个无线和有线网络。每个网络都必须保持一定的安全性,这种操作的安全性很难保证。同样,交易后审计与认可这些安全问题就更加困难了。根据移动电子商务环境的性质,可知用户使用移动终端存在如下问题:

(1) 无线通信。信号在空中传播对安全性产生了新的威胁。在无线网络中,中途拦截信息可以通过一种精心设计的原始天线来实现。

(2) 移动设备的物理安全性。由于尺寸小,移动终端设备很容易丢失或被盗。同样,手机、个人数字助理以及其他设备由于他们的可移动性而造成被压坏、被损坏。设备的遗失或损坏都是一种安全威胁,因为丢失了存储数据或设备的配置。

(3) 易于使用。无线技术降低了侵入门槛。移动终端设备的用户在易于使用方面对工作的评价压倒了履行安全性的目标。与其伴随的是个人移动终端设备的隐私和匿名问题,及非常明显地出现了滥用的机会。

2) 移动通信网络威胁

无线信道是一个开放性的信道,它给移动用户带来通信自由和灵活性的同时,也带来了诸多不安全因素。无线网络本身开放性的特点以及短消息等数据一般都是明文传输,这使得通过无线空中接口进行窃听成为可能。无线网络中的攻击者不需要在空间上实际接触到通信网络,只要在合适的公共空间范围内,在移动用户不知情的情况下,就可能窃取和篡改移动用户的信息。其攻击威胁包括中间人攻击、拒绝服务攻击、阻断干扰等。

3) 移动应用服务威胁

应用服务威胁是指在移动电子商务使用的过程中,相关用户的不完善、用户使用不当给交易过程带来的风险。

不法应用服务商在相关应用中设置隐藏付费或者明显不公平条款,有些用户在使用移动终端设备进行移动电子交易和支付时,由于缺乏使用网络的安全意识和操作常识,可能在下载所需要的软件时,下载了含有不安全插件的程序,或者执行了自己不了解的操作,使得自己的正常应用活动受到干扰或遭受损失。

在移动电子商务活动中,消费者只能从图片和文字描述去了解和判断商品,而对于产品的原材料、成分的真实性等情况无从深入了解,售后服务也不及时。交易双方信息不对称造成部分商家对消费者的欺诈行为屡见不鲜,消费者权益得不到有力保障,与此同时也造成移动电子商务市场混乱和不信任,如虚假信息描述与消费者购买的商品不符、商家提供虚假经营者信息资料等不法行为。

**3. 移动支付的安全问题**

当前,移动支付所面临的安全问题主要体现在两方面:一是用户的安全信任问题,二是安全风险问题,这两个问题也存在一定关联。安全风险问题在一定程度上导致了用户对支付安全的信任危机。移动支付所处环境复杂,既有手机、软件应用及支付平台存在较多漏洞的内部隐患,也有木马病毒、手机遗失被盗等外部风险,可说安全形势不容乐观。

1) 安全风险问题

(1) 公共 Wi-Fi 风险。黑客很可能在一些公共场所建立一个不加密的免费 Wi-Fi 热点,即无线访问接入点，并往往注以诱惑性的名称来误导用户。一旦用户用手机连接上该热点，其所有操作信息都将被监控记录，容易导致手机中重要的资料被盗。

（2）恶意软件。恶意软件是指源代码被恶意代码复制后更名为应用程序，并伪装成貌似正常的应用程序。比如不少木马病毒就伪装成微信红包，让用户一不留神就会下载到手机，并且短时间还难以发现。这些恶意的客户端软件分为两类：一类是内置吸费木马，另一类是使用户跳转到"钓鱼"页面进行移动支付。

（3）诈骗短信。黑客通过伪基站发布冒充移动运营商或银行的官方诈骗短信，诱导用户进入伪装成官网的钓鱼页面下载，使用带病毒的客户端软件，获取用户的个人网银信息，然后截取网银发送给用户的验证码短信并通过网银验证，造成用户财产损失。此类诈骗短信蒙蔽性极高，短信发送方的号码、伪装的官网域名及网站界面迷惑性非常高，让用户难以甄别真假，用户一不留神就会落入陷阱。

（4）平台风险。移动支付平台自身也是会有漏洞的，而且其作为一个对公众开放的网络信息系统，不仅对接了银行系统、服务及内容提供商，同时向用户开放公众服务，包含了用户许多关键的个人信息，面临各种网络攻击的风险。不少黑客利用这些漏洞将间谍软件伪装成系统升级组件，获取到手机的ROOT权限，重新安装到系统应用目录下。间谍程序将在手机后台自动开启静默运行，悄无声息地窃取用户隐私，并将这些信息上传至服务器。如此一来，黑客就能对用户隐私实时监控，并从中捕获关键账户信息。

（5）手机操作系统风险。手机操作系统安全漏洞的种类繁多，其中，签名漏洞和短信欺诈漏洞给移动支付造成了尤为严重的安全隐患。黑客可利用签名漏洞在不更改应用数字签名的情况下，来篡改正常的第三方支付软件或手机银行客户端，而不被用户发现。木马、病毒等恶意程序能借助短信欺诈漏洞向手机端发送诈骗短信（内容通常为支付应用升级），诱导用户安装其他恶意程序或转向钓鱼页面，从而盗取用户的账号密码及资金。

2）移动支付机制问题

随着智能终端的普及、物联网技术的应用以及其他基础设施不断完善，移动支付已经渐渐成为电子支付方式的主流，变成了市场竞争的焦点，但是也存在着一些问题。

（1）对于支付公司而言，虽然移动支付可以大致避免传统支付的安全问题和支付费用问题等，但是近些年来由于支付公司的竞争也愈加激烈，众家服务水平也参差不齐。

（2）对于银行而言，银行所使用的电子渠道的安全保障、产品易用性、承载能力、资费定价方法等方面需要进行大幅优化，这样才可以满足客户的需求。

（3）接入标准的调低和恶性竞争的加剧，使得一些未能达到标准的电商与第三方支付公司发生较大的交易规模，进而透支这些电子渠道的生命力，并损坏了其安全性。

**4. 移动通信系统的安全问题**

移动通信系统安全和移动交易安全在移动电子商务安全方面是密不可分的，两者相辅相成，缺少任何一方都不能确保移动电子商务安全。缺少移动通信系统的安全保障，交易过程无法确保安全进行，很容易导致交易过程中数据泄露。但是如果只有移动通信系统安全保障，只能够确保移动通信系统本身安全，无法确保整个移动电子商务过程的安全性。移动电子商务安全与移动通信系统安全是不同的，它们有着各自特点。移动通信系统安全只能尽可能地提高，但是无法做到100%的安全，需要移动电子商务安全做保证，即使移动通信系统安全能够做到100%，也无法确保移动电子商务安全。也就是说，移动电子商务安全不仅需要移动通信系统的安全作为基础，还以多方面的安全为前提。

1）恶意编码

恶意编码威胁给移动设备造成的灾难可能和对桌面电脑造成的灾难一样。目前使用的大多数具备互联网功能的手机将它们的操作系统和其他功能软件压印在同一硬件中。这使得他们不能存储应用程序，随着移动终端设备性能的增加，恶意编码攻击所造成的威胁也会增加。

2) 无线窃听

通常使用的有线网络是依赖通信电缆传播的,因此被传播的这些介质也处于相对安全的状态,而且发布区域也是受限制的。但在无线网络中,传输的所有内容是在无线信道上进行的,无线信道又是一个开放的信道,因此在传输过程中很容易被拦截解码,而且很容易被监听。

3) 假冒和抵赖

攻击者利用之前截获的合法用户身份,利用这个身份进行商业诈骗,发送伪造通知、欺骗短信,伪造用户来获取商业信息,并修改用户相关信息。在发生交易后又抵赖其参与了此次交易,这种抵赖在网购上也经常发生,如客户不承认已选购商品而拒绝付费,商家不承认已收款而拒绝发货等。

4) 延时攻击

攻击者将收到的有用信息延时传给信息接收端,目的是将截获到的用户口令在更改了的情况下达到相同的目的,获得网络授权。

5) 病毒与黑客

病毒不仅仅存在于有线网络中,在无线网络和移动终端同样会被感染,而且传播速度更快,有些病毒写入者和黑客已将攻击对象转为无线网络和移动终端。

6) 篡改数据

当攻击者获得了通信信道后,可以在原数据上进行恶意的修改和插入,伪造信息等,从而对信息造成了破坏。甚至利用虚假连接,让服务商和客户端以为已连接上,而拒绝客户端的正常访问,破坏正常通信。

## 6.5.2 移动电子商务的其他问题

**1. 移动电子商务技术问题**

移动电子商务中常见的技术障碍如下:

(1) 带宽不足:足够的带宽是移动电子商务广泛应用的基础,而且又必须是廉价的。4G 和无线网络的覆盖还需要一段时间。与有线电子商务相比,移动电子商务的时延较大、连接可靠性降低,超出覆盖区域时,服务则被拒绝提供。

(2) 安全标准:移动电子商务的一些标准有待完善。

(3) 功率消耗量:移动终端设备需要寿命期长的电池。智能手机和平板电脑需要更多的电力供应。

(4) 传输干扰:天气、地形和建筑物都会限制移动设备终端信号的发送和接收。

(5) GPS 的精确性:GPS 在偏远地区的精确性比较低,从而限制了基于定位的移动电子商务的应用。

(6) WAP 局限性:许多手机用户认为 WAP 的费用很贵而且难以访问。

(7) 人机界面:屏幕和键盘小,影响用户的体验。

(8) 业务应用有待改善,业务种类有待丰富:就目前的应用状况来看,移动电子商务的应用更多的集中于获取信息、购物、订票、炒股、理财等个人应用,缺乏更具吸引力的应用,这无疑是移动电子商务发展中的一大问题。

市场需求促进技术的发展,使人们克服一个又一个的技术难题,同时技术的进步也改变了人们的需求和生活方式。目前,移动电子商务中的这些技术问题会逐步被解决,使移动电子商务功能更完善、发展更符合人们的要求。

**2. 互联网普及率问题**

移动互联网是移动电子商务实现的基础,也是移动电子商务最根本的技术支撑。因此,移动互联网普及率的大小直接影响移动电子商务的发展程度。截至 2016 年 6 月,我国城镇互联网普及率为 67.2%,而农村互联网普及率只有 31.7%,这里的互联网包括有线和移动网络。与欧美国家相比,我国的移动互联网普及率很低,尤其是偏远的农村。这就是移动互联网发展中的一个困难,也是我国全面建设小康社会的一个困难。因此,政府和相关组织要促进农村的经济发展,加快农村信息化进程,缩短城乡之间的"数字鸿沟",切实有效地将互联网的资源优势引入农民的生产、生活中。

**3. 移动电子商务法律问题**

随着移动终端设备在企业和社会中使用量的增加,出现了一些新的伦理、法律和健康问题,这些问题都需要个人、组织以及社会进行解决。

有关工作场所的一个问题就是移动设备可能会造成员工的隔离。被派遣到远方的现场服务员工以及需要从地方获取替换零部件的员工,一般是在一天的开始和结束的时候访问"办公室"。其结果会造成组织的透明度降低、员工很难了解其他雇员在做什么、组织目前的进展,以及他们的适应状态。这些变化对于个人及其组织造成很大的影响。移动设备的真正个性化特征对工作场所来说也产生了伦理和法律方面的问题。许多员工在家里和单位都有台式电脑,因此可以把公务和个人工作分开。但是对于移动终端设备来说,将工作和个人生活分开就不是那么容易了,除非员工愿意携带两部手机或 PDA。

在任何时间、任何地点都可以工作的情况下,如何保持工作与生活的协调,以及为了管理和控制在工作场所内外使用个人移动终端设备而制定的策略中的一些偏好内容。移动电子商务的法律法规还不太完善,而传统的电子商务的法律法规还不能完全适应于移动电子商务。因此,尽快完善相关的法律法规是移动电子商务发展的重要工作。

## 6.5.3 移动电子商务问题的相关对策

安全问题是移动电子商务成功与否的关键所在,是保证可用性和推广性的核心技术问题。考虑到上述存在的各类安全问题及威胁,为了建立有效、安全、可信赖的移动电子商务环境,众多有针对性的解决方案被提出并应用到实践中。

**1. WAP2.0 协议是安全基础**

WAP(无线通信协议)是迄今移动通信上唯一的国际标准通信协议,但是使用 WAP1.X 标准开展移动电子商务并不能给移动用户增添信心,因为 WAP1.X 有安全漏洞,它只能提供点到点的加密服务,这意味着数据信息在进入 WAP 网关解密后以明文形式存在,重要敏感信息完全暴露。因此,国际上许多无线网络运营商纷纷将 WAP1.X 升级为能实现端到端安全机制的 WAP2.0 版本,填补了 WAP1.X 网关安全隐患。目前市场上的移动终端都可支持 WAP2.0,我国无线运营商也可考虑采用 WAP2.0,为移动电商用户提供基本的信息安全保证。

**2. WPKI 体系是安全保障**

WPKI(无线公开密钥体系)是以 WAP 安全机制为基础,为满足移动电子商务的安全需求,对有线网络中 PKI 安全机制进行优化扩展,利用公钥安全机制和数字证书建立起安全有效的无线网络环境。采用公钥加密机制能够有效确保数据的保密性和完整性,数字证书的公钥管理由可信第三方 CA 认证,可以准确进行用户身份鉴别,防止重放攻击而且能使得交易双方参与的业务无法抵赖,从技术上加强移动电子商务实体认证机制。

**3. 充分运用防火墙技术及杀毒软件**

防火墙是网络安全的第一道防线,正确引导移动终端用户安装防火墙和必要杀毒软件有着至关重要的作用,目前常见的杀毒软件有 360 安全卫士、瑞星手机杀毒软件等。尤其是无线网络运营商及移动电子商务平台提供商更需要强制安装安全保护系统。只有每一个移动电子商务参与者都以优化无线电子商务环境为己任,才能有效降低猖獗的软件病毒的威胁。

**4. 加大移动互联网覆盖力度**

加大无线网络的建设和覆盖力度,通力改进移动电子商务的服务内容和搜索服务功能。针对我国依托无线网络的移动电子商务,经常会出现网络不稳定和连接不畅的问题,应该加大无线网络的建设和覆盖力度;同时,移动运营商和商家应通力协作,增加移动商务服务内容;真正把移动电子商务设计成界面友好,操作简单,搜索快捷的电子商务平台。

**5. 统一移动电子商务相关标准**

尽快制定移动电子商务终端设备屏幕格式和操作系统的规范标准,使移动电子商务终端设备的屏幕格式和操作系统尽可能标准化。随着移动电子商务终端设备生产的多样化,在丰富了商务用户选择的同时,却给移动商务服务商家设计移动电子商务终端软件出了难题。因此,应尽快制定移动电子商务终端设备屏幕格式和操作系统的统一规范标准,才能为商家和移动运营商设计出适合所有终端设备操作系统的商务平台软件扫清障碍。

**6. 加大各环节的安全保护力度**

移动电子商务由于采用无线通信技术,因此可能会面临更多诸如终端假冒、无线数据、交易拥堵等安全风险,为确保移动电子商务数据安全传输,就需要采用无线加密技术和无线公开密匙体系,以确保移动电子商务整个交易过程的安全可靠。

**7. 完善立法并加强人员培训**

我国移动电子商务还处在不成熟阶段,由于交易形式是在虚拟的网络环境下进行的,建立有效的规范和制度监管势在必行,相关部门应尽快制定专门的移动电子商务法律法规,加快移动电子商务安全立法进程,利用法律约束力构建安全的移动电子商务交易环境,增加交易参与者的信任感,促使我国移动电子商务稳健运作、正常发展。除此之外,还应加强专业人员业务培训计划及安全管理知识培训,提高参与者的业务水平和法律意识。

## 6.6 移动电子商务的发展趋势

一方面,随着整体网购市场交易规模的增长和移动端占比的提升;另一方面,各大电商平台、多家传统品牌企业和加速布局移动端,不断丰富移动端的业务,完善移动端服务,在加强移动端商品运营的同时大力丰富内容运营,未来几年,中国移动电子商务仍将保持比较强劲的增长。易观根据中国移动互联网市场规模的历史数据对 2017—2018 年的移动互联网市场规模做出预测,2017 和 2018 年移动互联网市场规模分别为 605 425 亿元和 765 470 亿元,说明未来移动互联网市场规模仍会不断增长,在互联网市场规模中仍占有相当大的比重,而移动电子商务作为移动互联网的主要应用,其在未来发展的趋势也势不可挡;但是移动互联网市场规模的增长率有所降低并趋于平稳,这反映移动互联网在我国逐渐普及,未来的移动电子商务将拥有广阔的市场和更为庞大的客户。

**1. 基于 LBS 的移动应用将会大放异彩**

LBS 定位技术的引入,给商家和用户提供了商业合作的平台,向在目标范围内的特定用户推荐商家信息和产品,通过手机短信、二维码等多种方式向用户推送优惠信息。这项技术的优点是使用户的搜索成本大为降低,不仅给用户提供了超低的优惠折扣,还让用户真实感受到了移动电子商务带来的方便,提升了用户体验,并且能够让商家快速锁定人群,进行针对性营销,而移动电子商务运营商获得了广告收入,还有商家收费的客流量分析工具,LBS 技术将为移动电子商务带来更多商机。

**2. 移动电子商务继续促进产业链整合**

市场竞争越来越激烈,移动电子商务也将渗透到社会的各个领域中,打破原有的产业格局和形式,相关产业链的整合还将继续深入,合作形式更加多样化,初期产业链上下游链状形态将会逐渐转化为多产业链主体和层次协作的网状产业链结构,如在产品交易方面不仅能够实现手机支付,而且金融服务商、电信运营商和第三方机构之间的合作将会更加密切,寻求合作、共同发展是不可避免的趋势,为移动电子商务的发展注入了新的活力。随着竞争力的加强,移动电子商务业务的主导模式已向着相互渗透与组合的方向发展,能够进一步促进移动电子商务的发展。

**3. 快捷安全的移动支付是重点**

移动电子商务活动中,支付环节无疑成为最为重要的环节,在移动电子商务中,二维码、RFID以及空中圈存技术的引入,简化了手机支付流程。一些支付公司纷纷推出全新、个性化的支付方式,如支付宝的声波支付和指纹支付,苹果推出的手表支付等。因此,能够为用户和商家提供安全、快捷、方便的移动支付成为电子商务的新特性之一。

**4. 社交化分享是移动电商时代新营销方式**

移动社交和自媒体爆发,电商走向去中心化新模式。与传统电子商务企业通过一个平台聚集所有商家和流量的中心化模式不同,去中心化的电子商务模式是以微博、微信等移动社交平台为依托,通过自媒体的粉丝经济模式的分享传播来获取用户,消费者的购买需求会在人们碎片化的社交场景中被随时激发。例如,贝贝网开设红人街频道,融合了社交、内容及直播等新型营销方式,达人分享服饰搭配并通过与粉丝的互动引导用户消费。通过对比2016年和2015年的社交网购情况,在社交网购用户占网络购物比例、人均社交网购金额和人均社交网购次数这些方面,2016年均比2015年高。这说明社交分享是移动电商时代新营销方式。

**5. 内容化、粉丝化和场景化为发展新方向**

移动电商时代,用户的消费路径和习惯发生了很大的变革,消费需求场景化,移动购物模式多样。从搜索到推荐,用户对精准内容要求越来越高。内容化、粉丝化和场景化成为吸引流量的新方式。各大移动电商网站纷纷布局内容营销。

移动电子商务的内容化:消费路径和习惯发生较大变革,优质内容成为最强大的流量生产器。移动电子商务的粉丝化:意见领袖的作用越来越大,社交媒体发展产生双方互动,名人身份背书产生品牌效应。移动电子商务的场景化:根据消费者当下的场景需求提供对应的产品或服务。从流量运营转变为人群运营,提升买卖相关度。

**6. 大数据将成为移动电商核心驱动引擎**

美国互联网数据中心指出,互联网上的数据每年增长50%,且增速仍处于逐渐升高状态。随着互联网计算处理技术的逐渐成熟,大数据开始应用到各行各业。移动电商流量红利渐失,大数据将成为新的利益推动点,精准匹配供求信息、个性化推荐、用户偏好预测、优化页面,提升运营效率。将大数据应用到移动电子商务中,能有效提升营销和运营效率。大数据在移动电商领域的应用,如表6-6-1所示。

表6-6-1 大数据在移动电商领域的应用

| 个性化营销 | 科学预测 | 网站优化 |
| --- | --- | --- |
| 掌握用户消费全过程,可以对用户进行精准画像,并根据画像提供个性化推荐 | 提供及时、动态的行业上下游数据以及其他相关数据,企业可以据此调整供应链和营销策略,提高决策的科学性和准确性 | 根据竞争对手及消费者偏好数据,进行网站优化:①优化商品布局;②优化页面布局;③优化价格安排 |
| 提升营销效率 | 核心:① 要有充足的数据量;② 不同领域数据实现打通 | 提升运营效率和用户体验 |

**7. 安全性问题仍是移动电子商务中的重点**

移动电子商务是基于无线通信网络而运行的,所以,围绕安全性的研究就变成了移动电子商务中的重中之重。在这样的背景下,围绕安全性标准的制定以及相关法律的颁布也将会成为一种趋势。与此同时,伴随着人们逐渐接受并使用移动设备进入互联网,人们的目光也会看向其安全性问题。并且,移动设备的功能越是丰富,安全性的顾虑也就越加突出。

## 参 考 文 献

[1] 鳌山.电子商务概论[M].北京:清华大学出版社.2016.
[2] 姜红波.电子商务概论[M].北京:清华大学出版社.2009.
[3] 刘宏.电子商务概论[M].北京:清华大学出版社,北京交通大学出版社.2013.
[4] 杨波,许丽娟.电子商务概论[M].北京:北京邮电大学出版社.2014.
[5] 舒彤,陈有余,谢人强,等.电子商务概论[M].北京:人民邮电出版社.2014.
[6] 刘鹤.电子商务概论[M].北京:机械工业出版社.2013.
[7] 陈晴光,陈德人.电子商务基础与应用[M].北京:清华大学出版社.2015.
[8] 周曙东.电子商务概论[M].南京:东南大学出版社.
[9] 秦成德,王汝林.移动电子商务[M].北京:人民大学出版社.2009.
[10] 张润彤.移动商务基础[M].北京:首都经济贸易大学出版社.2008.
[11] 齐士垚.基于指纹识别和WPKI的移动支付系统设计与实现[D].西安电子科技大学.2015.
[12] 田希颖.我国移动支付安全模式研究[D].华中科技大学.2015.
[13] 徐晓娟.指纹识别技术在移动电子商务安全中的应用研究[D].南昌大学.2014.
[14] 李君昌,樊重俊,杨云鹏,等.基于系统动力学的移动电子商务产业演化研究[J].科技管理研究,2018(03):168-178.
[15] 艾瑞咨询.2017年Q1季度数据发布集合报告[EB/OL].(2017-06-06)[2017-07-28].http://www.iresearch.com.cn/report/3005.html.
[16] 艾瑞咨询.2017年中国网络经济年度监测报告简版[EB/OL].(2017-05-25)[2017-07-28].http://www.iresearch.com.cn/report/3000.html.
[17] 艾瑞咨询.2017年中国移动电商行业研究报告[EB/OL].(2017-05-25)[2017-07-28].http://www.iresearch.com.cn/report/2953.html.
[18] 中国互联网络信息中心.第38次《中国互联网络发展状况统计报告》[EB/OL](2017-08-03)[2017-07-27].http://www.cnnic.net.cn/hlwfzyj/hlwxzbg/.
[19] 中国互联网络信息中心.第41次《中国互联网络发展状况统计报告》[EB/OL](2018-01-31)[2018-03-25].http://www.cnnic.cn/hlwfzyj/hlwxzbg/hlwtjbg/201701/t20170122_66437.htm.
[20] 易观.中国移动互联网用户分析专题报告[EB/OL].(2016-09-12)[2017-07-27].https://www.analysys.cn/analysis/8/detail/1000266/.

# 第 7 章

# 跨境电子商务

跨境电子商务,作为当前发展潜力巨大的一种新贸易方式,其从根本上改变了传统的进出口模式。它的迅速崛起不仅冲破了国家与国家之间的障碍,使国际贸易走向全球,同时也在引起世界贸易经济变革中发挥着日益举足轻重的作用。本章围绕跨境电子商务,对跨境电子商务进行宏观概述,并依次介绍跨境电子商务的运营模式、交易流程、支付方式、物流方式、典型案例以及跨境电子商务发展趋势。

## 7.1 跨境电子商务概述

### 7.1.1 跨境电子商务的概念与分类

**1. 跨境电子商务的概念**

跨境电子商务,是生产、贸易企业或者个人通过电子商务的手段,整合产业链上下游及相关资源,将传统进出口贸易中的展示、洽谈和成交环节数字化、电子化,实现产品进出口的新型贸易方式。根据跨境贸易组成,可分为出口跨境电商和进口跨境电商。

跨境电子商务的概念有广义和狭义之分。广义的跨境电子商务,是指分属不同关境的交易主体通过电子商务手段达成交易的跨境进出口贸易活动。狭义的跨境电子商务概念特指跨境网络零售,是指分属不同关境的交易主体通过电子商务平台达成交易,进行跨境支付结算、通过跨境物流送达商品,完成交易的一种国际贸易新业态。跨境网络零售是互联网发展到一定阶段所产生的新型贸易形态。

本书中跨境电商是指广义的跨境电商,主要指跨境电子商务中商品交易部分(不含跨境电商服务部分),不仅包含跨境电商交易中的跨境零售,还包括跨境电商 B2B 部分、跨境电商 B2B 中通过跨境交易平台实现线上成交的部分、跨境电商 B2B 中通过互联网渠道线上进行交易撮合线下实现成交的部分。

**2. 跨境电子商务的分类**

跨境电子商务的实施从某种意义上是围绕着企业销售领域的应用展开的。这种应用涉及国际贸易链上的多个领域,如成交、货物交付、支付、行政审批、货物通关等环节。其应用模式可以作以下分类:

(1) 从交易内容看,应用模式可以被划分为以货物买卖为主的应用模式和以服务贸易为主的应用模式。前者侧重货物所有权转让的交易情况,其无纸贸易的应用涉及传统的贸易链上的各个环节。后者则侧重以服务为主要内容的应用。与传统的货物买卖不同,服务主导的应用模式更多偏重服务的提供。

(2) 从技术实现角度看,应用模式可以被划分为专网应用模式、开放因特网应用模式及移动商务模式。专网应用模式是无纸贸易最早的应用模式,其商业数据传输的实现主要依靠封闭型的 EDI 技术。后来发展起来的开放因特网应用模式则摆脱了原来的封闭孤岛型的信息交换体系。而移动商务模式则是在开放模式的基础上向微型化、方便化发展的新方向。

(3) 从应用领域看,应用模式可以被划分为行政应用模式、海关通关模式及跨境交易模式等。有些经济体的无纸贸易偏向于行政应用模式,如新加坡和韩国;有些经济体的无纸贸易应用偏向于海关通关模式,如中国香港地区等。另外,许多经济体(包括中国等)都在探讨跨境交易模式。

## 7.1.2 跨境电子商务的发展历程

1999年,阿里巴巴实现用互联网连接中国供应商与海外买家后,中国对外出口贸易就实现了互联网化。在此之后,共经历了三个阶段,实现从信息服务到在线交易、全产业链服务的跨境电商产业转型。

### 1. 跨境电商1.0阶段(1999—2003年)

跨境电商1.0阶段的主要商业模式是网上展示、线下交易的外贸信息服务模式。跨境电商1.0阶段第三方平台主要的功能是为企业信息以及产品提供网络展示平台,并不在网络上涉及任何交易环节。此时的盈利模式主要是通过向进行信息展示的企业收取会员费(如年服务费)。跨境电商1.0阶段发展过程中,也逐渐衍生出竞价推广、咨询服务等为供应商提供一条龙的信息流增值服务。

在跨境电商1.0阶段中,最早出现的是帮助中小企业出口的B2B平台,代表企业有阿里巴巴(国际站)、环球资源网、中国制造网等。1997—1999年,中国的外贸B2B电子商务网站中国化工网、中国制造网、阿里巴巴(国际站)等相继成立,这些跨境电商平台为中小企业提供商品信息展示、交易撮合等基础服务。其中,阿里巴巴成立于1999年,以网络信息服务为主,线下会议交易为辅,是中国最大的外贸信息黄页平台之一。而环球资源网于1971年成立,前身为Asian Source,是亚洲较早地提供贸易市场资讯者,并于2000年4月28日在纳斯达克证券交易所上市。

跨境电商1.0阶段虽然通过互联网解决了中国贸易信息面向世界买家的难题,但是依然无法完成在线交易,对于外贸电商产业链的整合仅完成信息流整合环节。

### 2. 跨境电商2.0阶段(2004—2012年)

2004年,随着敦煌网的上线,跨境电商2.0阶段来临。这个阶段,跨境电商平台开始摆脱纯信息黄页的展示行为,将线下交易、支付、物流等流程实现电子化,逐步实现在线交易平台。相比较第一阶段,跨境电商2.0更能体现电子商务的本质,借助于电子商务平台,通过服务、资源整合有效打通上下游供应链,包括B2B(平台对企业小额交易)平台模式,以及B2C(平台对用户)平台模式。

跨境电商2.0阶段,B2B平台模式仍为跨境电商主流模式,通过直接对接中小企业商户实现产业链的进一步缩短,提升商品销售利润空间。同时,随着全球网民渗透率的提高,以及跨境支付、物流等服务水平的提高,2008年前后,面向海外个人消费者的中国跨境电商零售出口业务(B2C/C2C)蓬勃发展起来,DX(2006年)、兰亭集势(2007年)、阿里速卖通(2009年)皆是顺应这一趋势成长起来的跨境电商B2C网站。跨境电商零售的发展导致国际贸易主体、贸易方式等发生巨大变化,大量中国中小企业、网商开始直接深入参与国际贸易。

在跨境电商2.0阶段,第三方平台实现了营收的多元化,同时实现后的收费模式将"会员收费"改为以收取交易佣金为主,即按成交效果来收取百分点佣金。此外,还通过平台上营销推广、支付服务、物流服务等获得增值收益。

### 3. 跨境电商3.0阶段(2013年至今)

2013年成为跨境电商重要转型年,跨境电商全产业链都出现了商业模式的变化。随着跨境电商的转型,跨境电商3.0"大时代"随之到来。

跨境电商3.0具有大型工厂上线、B类买家成规模、中大额订单比例提升、大型服务商加入和移动用户量爆发五方面特征。与此同时,跨境电商3.0服务全面升级,平台承载能力更强,全产业链服务在线化也是3.0时代的重要特征。

在跨境电商3.0阶段,用户群体由草根创业向工厂、外贸公司转变,具有极强的生产设计管理能力。平台销售产品由网商、二手货源向一手货源好产品转变。由于2014年中国对跨境电商零售进口做出监管制度创新,促进了中国跨境电商零售进口的迅猛发展,诞生了一大批跨境电商零售进口平台和企业,包括天猫国际、网易考拉、聚美优品、洋码头、小红书等,整个行业在2015年迎来了爆发式增长。

同时,生产模式由大生产线向柔性制造转变,对现代运营和产业链配套服务需求较高。处于3.0阶段的主要卖家群体正处于从传统外贸业务向跨境电商业务艰难转型期,主要平台模式也由C2C、B2C向B2B、M2B模式转变,批发商买家的中大额交易成为平台主要订单。

如果说20世纪末开始的跨境电商只是改变了传统国际贸易的营销方式,那么,随着全球互联网基础设施的迅速发展和普及,当前跨境电商已经对国际贸易运作方式、贸易链环节产生了革命性、实质性的影响。中小企业、个人深入参与到国际贸易的各个环节,中小企业直接与全球消费者进行互动和交易,全球化红利的受益者更加广泛,各方受益也更加均衡和普惠。

### 7.1.3 跨境电子商务的特征

跨境电子商务是基于网络发展起来的,网络空间相对于物理空间来说是一个新空间,是一个由网址和密码组成的虚拟但客观存在的世界。网络空间独特的价值标准和行为模式深刻地影响着跨境电子商务,使其不同于传统的交易方式而呈现现出自己的特点。跨境电子商务有如下特征(基于网络空间的分析)。

**1. 全球性**

网络是一个没有边界的媒介体,具有全球性和非中心化的特征。依附于网络发送的跨境电子商务也因此具有了全球性和非中心化的特征。电子商务与传统的交易方式相比,一个重要的特点在于电子商务是一种无边界交易,打破了传统交易的地理限制。互联网用户不需要考虑地理限制,就可以把产品尤其是高附加值产品和服务提交到市场。

这种远程交易的发展,给税收当局带来了许多困难。税收权力只能严格地在一国范围内实施,网络的这种特性使税务机关对超越一国的在线交易行使税收管辖权受到限制。在传统交易模式下往往需要一个有形的销售网点的存在,但互联网有时扮演了代理中介的角色。例如,通过书店将书卖给读者,而在线书店可以代替书店在这个销售网点直接完成整个交易。但是,税务当局往往要依靠这些销售网点获取税收所需要的基本信息,代扣代缴所得税等。没有这些销售网点的存在,税收权力的行使也会发生困难。

**2. 无形性**

网络的发展使数字化产品和服务的传输盛行,而数字化传输是通过不同类型的媒介,如数据、声音和图像,在全球化网络环境中集中进行传输。这些媒介在网络中是以计算机数据代码的形式出现的,因而是无形的。以e-mail信息的传输为例,这一信息首先要被服务器分解为数以百万计的数据包,然后按照TCP/IP协议通过不同的网络路径传输到一个目的地服务器并重新组织转发给接收人,整个过程都是在网络中瞬间完成的。跨境电子商务是数据化传输活动的一种特殊形式,其无形性的特性使得税务机关很难控制和检查销售商的交易活动,税务机关面对的交易记录都是体现为数据代码的形式,使得税务核查员无法准确地计算销售所得和利润所得,从而给税收带来困难。

**3. 匿名性**

由于跨境电子商务的非中心化和全球性的特性,因此很难识别电子商务用户的身份和其所在的地理位置。在线交易的消费者往往不显示自己的真实身份和地理位置,重要的是这些丝毫不影响交易的进行,网络的匿名性也允许消费者这样做。这显然给税务机关制造了麻烦,税务机关无法查明应当纳税的在线交易人的身份和地理位置,也无法获知纳税人的交易情况和应纳税额,更不用说去审计核实。该部分交易和纳税人在税务机关的视野中隐身了,这对税务机关是致命的。

电子商务交易的匿名性导致了逃税现象的恶化,网络的发展,降低了逃税成本,使电子商务逃税更轻松易行。电子商务的交易匿名性使得应纳税人利用逃税地联机金融机构规避税收监管成为可能。电子货币的广泛使用,以及国际互联网所提供的某些避税地联机银行对客户的"完全税收保护",使纳税人可将其源于世界各国的投资所得直接汇入避税地联机银行,规避了应纳所得税。

**4. 即时性**

对于网络而言,传输的速度和地理位置距离无关。传统交易模式中,信息交流方式如信函、电报、传真等,在信息的发送与接收间,存在长短不同的时间差。而电子商务中的信息交流,无论实际时空距离的远近,一方发送信息与另一方接收信息是同时的,就如同生活中面对面交谈。某些数字化产品(如音像制品、软件等)的交易,即时清结、订货、付款、交货都可以在瞬间完成。

电子商务交易的即时性提高了人们交往和交易的效率,免去了传统交易中的中介环节,但也隐藏了法律危机。在税收领域表现为:电子商务交易的即时性往往会导致交易活动的随意性,电子商务主体的交易活动可能随时开始、随时终止、随时变动,这就使得税务机关难以掌握交易双方的具体交易情况,不仅使得税收的源泉和扣缴的管控手段失灵,而且客观上促成了纳税人不遵从税法的随意性,加之税收领域现代化征管技术的严重滞后作用,都使依法纳税变得苍白无力。

**5. 无纸化**

电子商务主要采取无纸化操作的方式,这是以电子商务形式进行交易的主要特征。在电子商务中,电子计算机通讯录取代一系列纸面交易文件。由于电子信息形式的存在和传送,整个信息发送和接收过程实现了无纸化。无纸化带来的积极影响使信息传递摆脱了纸张的限制,但由于传统法律的许多规范是以"有纸交易"为出发点的,因此,无纸化带来了一定程度上法律的混乱。

电子商务以数字合同、数字时间替代了传统贸易的书面合同、结算票据,削弱了税务当局获取跨国纳税人经营状况和财务信息的能力,且电子商务所采用的其他保密措施也将增加税务机关掌握纳税人财务信息的难度。在某些交易无据可查的情形下,跨国纳税人的申报额将会大大降低,应纳税所得额和所征税款都将少于实际所达到的数量,从而引起征税国国际税收的流失。例如,世界各国普遍开征的传统税种之一的印花税,其课税对象是交易各方提供的书面凭证,课税环节为各种法律合同、凭证的书立或做成。而在网络交易无纸化的情况下,物质形态的合同、凭证形式已不复存在,因而印花税的合同、凭证贴花(即完成印花税的缴纳行为)便无从下手。

**6. 快速演进**

互联网是一个新生事物,现阶段它尚处在发展时期,网络设施和相应的软件协议的未来发展具有很大的不确定性。基于互联网的电子商务活动也处在瞬息万变的过程中,在短短的几十年中,跨境电子交易经历了从 EDI 到电子商务零售业兴起的过程,而数字化产品和服务更是花样出新,不断地改变着人类的生活。

而一般情况下,各国为维护社会的稳定,都会注意保持法律的持续性与稳定性,税收法律也不例外。这就会引起网络的超速发展与税收法律规范相对滞后的矛盾。如何将分秒都处在发展与变化中的网络交易纳入税法的规范,是税收领域的一个难题。网络的发展不断给税务机关带来新的挑战,税务政策的制定者和税法立法机关应当密切注意网络的发展,在制定税务政策和税法规范时充分考虑这一因素。

## 7.1.4 跨境电子商务的发展现状

**1. 跨境电商交易规模**

据中国电子商务研究中心监测数据(100EC.CN)显示,2016 年中国跨境电商交易规模 6.7 万亿元,同比增长 24%。其中,出口跨境电商交易规模 5.5 万亿元,进口跨境电商交易规模 1.2 万亿元。

(1) 2016 年政策期许下,"电商渗透率提升+传统外贸转型加速"驱动跨境电商爆发性增长。外贸景气度下滑,越来越多的商家寻找新型渠道,外贸渠道持续转型为跨境电商发展提供了持续增长动力。

(2) 从政策、资本进入以及市场增速视角判断,当前正处于出口跨境电商发展的黄金期,出口跨境电商异于国内电商。由于供应链较长的特征,使中后端服务存在较多的痛点,同时物流、支付等环节有待进一步改善。

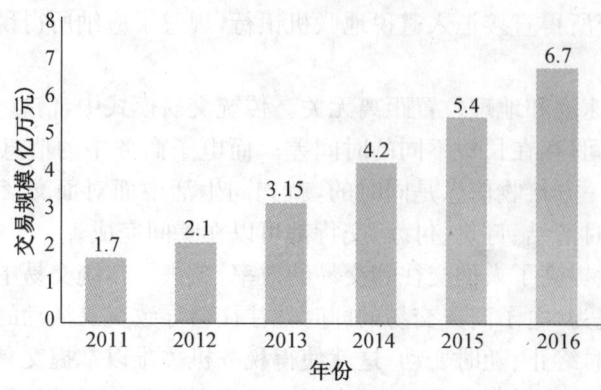

图 7-1-1　2011—2016 年中国跨境电商交易规模

数据来源：中国电子商务商务研究中心，2017

（3）进口跨境电商方面，国内企业、电商纷纷试水，鏖战方酣。行业的高速发展带来资本的竞相追捧，同时政策有收紧趋势，但短期利好规范化经营企业。

**2. 跨境电商进出口结构**

据中国电子商务研究中心（100EC.CN）监测数据显示，2016 年中国跨境电商的进出口结构中出口占比达到 82.08%，进口比例 17.92%。

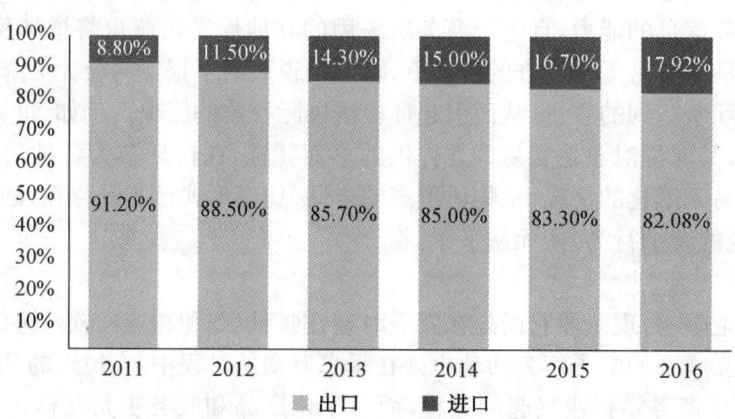

图 7-1-2　2011—2016 年中国跨境电商交易规模进出口结构

数据来源：中国电子商务商务研究中心，2017

（1）从结构上看，出口跨境电商依然占据超 8 成的比例，行业进入黄金时代，受国际经济下滑影响，传统贸易持续萎靡。出口跨境电商改革供应链效率持续保持高增长，符合政府"互联网＋"以及"中国质造"的战略方向。

（2）进口跨境电商领域的竞争愈发激烈，行业高速发展带来资本的竞相追捧，具备国内电子商务运营经验的传统电商巨头和具有资本、渠道和供应链优势的上市公司亦纷纷布局跨境进业务。目前平台型进口电商日趋成熟，自主型 B2C 进口电商也已初具雏形。

**3. 跨境电商模式结构**

据中国电子商务研究中心监测数据（100EC.CN）显示，2016 年中国跨境电商的交易模式跨境电商 B2B 交易占比达 88.7%，B2B 交易占据绝对优势；跨境电商 B2C 交易占比 11.3%。

（1）从模式结构上看，跨境电商发展还是 B2B 占主体，但当前供给端的转变倒逼跨境电商模式变革，国内上游制造商正由传统代工逐步过渡到品牌化创造。行业也正逐步由粗放型 B2B 信息服务型，切换至精耕细作的 B2C 供应链较为完备的平台以及自营型，体现了由"中国制造"到"中国创造"趋势。

（2）随着订单的碎片化以及中后端供应链的建立，国内跨境电商企业将产品直接卖给消费者成为

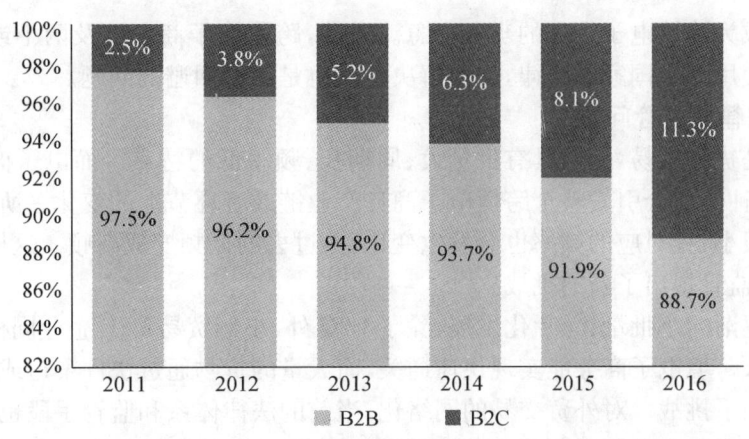

图 7-1-3　2011—2016 年中国跨境电商交易规模 B2B 与 B2C 结构

数据来源：中国电子商务商务研究中心，2017

趋势。目前 B2C 市场交易额较小，但增速较快，该阶段呈现 B2C 占比提升，B2B 和 B2C 协同发展的新业态。

## 7.1.5　跨境电子商务发展面临的问题

跨境电商中不同的贸易方式，存在的问题有一定的差异。一般贸易方式进出口的大额交易，目前尚未完全实现贸易的无纸化，这在一定程度上影响了贸易的便利化及电子商务在贸易中的应用。从小额碎片化的贸易来看，除了受到未实现的贸易无纸化影响外，在产品、物流、通关等方面也存在一些行业性的难题，这些成为制约跨境电商发展的重要因素。

**1. 物流问题**

目前，中国跨境电子商务中采用的物流形式主要有：中国邮政的国际小包、国际快递、海外仓储等。然而，刚刚起步的跨境物流却存在很多的困难与问题：

跨境电子商务的交易具有小批量、多批次、订单分散、采购周期短、货运路程长等特点，对物流提出了更高的要求。跨境物流很多依靠空运，这无疑增加了物流成本。

跨境物流尚未跟上跨境电子商务高速发展的步伐，存在一定的滞后性，而且体系建设不合理，基础设施不完善，满足不了爆发式增长的跨境电子商务的交易要求，严重制约了跨境贸易电子商务的发展。比如，香港邮政小包就出现过因不堪过多业务量而造成大批货物堆积、迟到的情况，因此遭受到各种投诉。

对跨境电子商务而言，选择物流服务必须在成本、速度、货物安全、消费者对在途商品的追踪体验等方面权衡考虑，尤其是如何获得廉价、快速、安全的国际物流是目前跨境电子商务企业最关心的问题。

**2. 支付问题**

传统外贸的支付过程成熟规范，具备健全的争端处理机制。而跨境电子商务支付处于起步阶段，还存在许多亟待解决的问题，面临着较高的支付风险，如支付系统的稳定性、网络安全、电子货币的发行和使用、法律监管以及争端解决等问题。

跨境电子支付设计交易双方资金安全转账，是跨境电子商务的核心环节。但是，目前电子支付也还存在一定的风险。一方面，在信息传输过程中，可能因系统故障或信息障碍而造成支付信息的丢失；另一方面，存在一些外部人员非法利用计算机技术盗取支付信息，对交易一方造成损失的情况。

**3. 信用体系和争端解决机制问题**

在跨境电子商务中，由于语言和文化的差异，使得信息不对称的程度严重，加上对国外电子商务企业的信任程度低，交易面临着巨大障碍。因此，建立一个能够对买卖双方进行身份认证、资质审查、信用评价的信用体系就成为跨境电子商务的当务之急。另外，跨境电子商务涉及两个或多个国家的交易主体，一旦发生争端，使用哪个国家的法律，如何解决争端也是不容回避的问题。

**4. 通关手续、法律和监管问题**

传统贸易一般是货物贸易，通常具有批量大、周期长、频率低的特点。而电子商务的供应商和客户是不直接见面的，这种变化会引发整个跨境电子商务产业链或者环节上的变化。所以，单个供应商的单个客户之间批量就很小，相对应的频率也会发生变化，由过去的低频变成高频。这样的频率变换降低了通关效率，对海关的监管提出了新的挑战。

随着跨境贸易逐渐向小批量、碎片化发展，除了B2C外，小额贸易B2B企业同样面临通关问题。电子商务的高效性要求跨境电子商务能实现快速通关，而大量的货物通过快件渠道或邮递渠道入境，对海关的监管和征税带来了挑战。对外贸交易的网络化、当前的法律体系和监管手段也提出了挑战。虽然，目前国家针对跨境电子商务零售出口提出可"清单核放、汇总申报"的通关模式，但该政策仅针对B2C企业，大量从事小额B2B的外贸中小企业仍存在通关困难的问题。在进口过程中，存在以非法进口渠道逃避海关监管，以及进口商品品质难以鉴别，消费者权益得不到保障等问题。

跨境电子商务在交易过程中，不可避免地会涉及海关通关监管与征税。面对跨境货物的邮递与退换问题，现行的海关监管模式仍不能很好地解决。一些电子商务企业在跨境贸易方面已经出现了一些问题，特别是难以快速通关与规范结汇。因此，相关企业和社会强烈要求海关进一步提高通关效率。

**5. 跨境电子商务人才缺失问题**

跨境电子商务是国际贸易、国际市场营销、国际商务中的一个新领域，要求从业人员具备商务方面和计算机网络等方面的技能，以及借助现代信息技术来开展各种商务活动的能力，对于电子商务要有较高的认知水平和先进的电子商务意识。在信息时代和网络时代下，跨境电子商务贸易快速发展的同时，社会对跨境电子商务人才需求强烈，已逐渐暴露出综合型外贸人才缺口严重等问题。

目前，社会对跨境电子商务技能型人才需求量很大，近些年来一直供不应求。根据电子商务发达国家的经验，一个高级的跨境电子商务人才应掌握以下几种基础知识：网上商务策划、网络营销、客户关系管理、售后服务、安全、隐私权、合法的文件签署以及相关的网络技术和程序设计。

从电子商务的技术性来看，无论是侧重电子技术的技术型人才培养，还是侧重商务技巧的商务型人才培养，都是强调必须重视知识、技能的培养和应用，即强调从业者应该拥有足够的电子技术和商务技巧两方面知识。懂得电子商务技术手段，能够将商务需求转化为电子商务应用，熟知电子商务环境下的商务运作方式和模式，如企业资源计划管理、供应链管理、客户关系管理等管理方式以及虚拟企业、网上商场、网上采购、电子支付等商务模式，理解电子商务环境下的网络营销、商务谈判等业务的特点及其组织和管理。

# 7.2 跨境电子商务运营模式

## 7.2.1 跨境电子商务运营模式类型

跨境电子商务主要有四种类型的模式。

1) 第三方服务平台(代运营)模式

该模式是为不同规模和行业的小额跨境电商公司提供解决方案，而第三方服务平台本身不直接或间接参与任何电子商务的买卖过程，帮助企业推动其电子商务跨境销售的发展，其主要盈利模式为服务费。

2) 小宗B2B或C2C模式

该模式类似于eBay的独立第三方销售平台，给境内外贸易及海外买家提供服务，双方通过平台进行下单,平台本身不参与资金流、物流等交易环节。盈利模式主要是收取一定的佣金,另外,还包括会员费、广告费等增值服务费。企业代表为阿里巴巴、敦煌网等。

3) 大宗 B2B 模式

该模式是为境内外会员提供网络营销平台,传达供应商及采购商的商品或服务讯息,最终谋和买卖双方完成交易。此类平台通常包括网站、线下展会、出版品等多种推广渠道。会员费和营销推广费用为主要盈利模式。

4) 独立 B2C 模式

该模式通过联系境内外企业作为供货商,买断货源,同时自建 B2C 平台直接服务海外终端消费者,并负责物流、支付、客服等环节,将产品销往海外。通过销售收入,赚取进货、销货差价。

## 7.2.2 进口跨境电商运营模式

以业务形态为标准,可将进口跨境电商的运营模式划分为五种不同的类型。其中有些电商平台可能同时采取几种不同的方式,但通常情况下会有一种主流运营模式。所以,根据零售类进口电商平台目前的主要形态,可以将其进行划分。

**1. 海外代购模式**

代购,就是找人帮忙购买商品,通过快递发货或者直接携带回来。海外代购指的是位于国外的商家或个人根据国内消费者的需求,在当地购买特定产品,然后以跨境物流的方式将产品寄送给消费者。

根据业务形态的不同,海外代购模式主要有海外代购平台和朋友圈海外代购。

1) 海外代购平台

随着网络的发展,各种代购网店在网络上兴起。海外代购模式就是身在境外的个人或商户为有需要的国内消费者在当地采购所需要的商品,通过跨国物流将商品送到消费者手中。海外代购模式能够为消费者提供较为丰富的海外产品,可选择的品类多,用户流量也比较大。海外代购提供具有价格优势和品牌优势的国际商品,满足消费者个性化需求。

采用这种模式的平台,将大部分精力集中在与第三方卖家合作关系的达成上,对其他环节,如商品选取、营销与运输的关注比较少。进驻海外代购平台的商家,可能是个人,也可能是拥有实体店的商家,其共同性在于擅长国际贸易或海外采购。这些经营者会按照国内消费者的需求,或者按期从海外市场购买产品,对应订单需求,将商品发送到国内。海外代购平台采用的是 C2C 模式,通过该平台销售产品的商家,需要向平台缴纳一定的费用,这也是平台的主要营收来源。

海外代购平台的优点:使国内消费者群体在购买海外商品时,拥有更加多元化的选择,能够积累很多用户。海外代购平台存在的问题:很多进驻代购平台的商家在资质方面得不到消费者的认可,交易过程中经常出现信用方面的违规现象。同时,平台在跨境供应链方面没有深入拓展,这使其在竞争中处于劣势地位。海外代购平台的典型代表有易趣全球集市、淘宝全球购、美国购物网和京东海外购等。

无论是淘宝全球购还是京东海外购,都积累了大量的用户基础,但这两个平台在后续服务及交易信用问题上都没有进行妥善处理。很多用户在接到商品后,发现有质量问题,但却找不到合适的维权途径,从而对平台运营产生不满。虽然代购平台还有很大的发展空间,但这些问题如果一直得不到解决,就会给其后续扩张带来不利影响。

2) 朋友圈海外代购

微信朋友圈代购是依靠熟人/半熟人社交关系从移动社交平台自然生长出来的原始商业形态,通过微信好友等途径进行海外商品代购。尽管在社交关系的基础上,产品的质量有一定的信誉保障,交易的风险性也有所降低,但仍然频发很多信用问题。

如今,进出口政策的门槛不断提高,相关部门的监管力度也逐渐加强,进一步限制了朋友圈代购模式的发展。随着海外代购市场向系统化、规范化方向的发展,这种模式可能逐渐退出大众视野。

### 2. 直发平台模式

直发平台模式又称"Dropshipping 模式",采用该运营模式的电商平台,把消费者的需求信息传达给生产厂家或批发经营者,再由后者负责将对应的商品运送到消费者手中。

因为商品供应由生产厂家、批发商或品牌商来完成,所以直发平台实施的是 B2C 模式。从某种程度上来说,这是一种第三方 B2C 模式。商品销售价格高出批发价格的部分,由平台获得。

直发平台的优点:在产品的供应方面有着深入的拓展,该领域拥有广阔的发展空间。采用这种运营模式的平台,与海外供应商达成稳定的合作关系,为产品供应提供保障。另外,电商平台通过独立建立并运营跨境物流体系,或联手海外国际的第三方国际物流公司,来保障产品的运输。前者以洋码头为代表,后者以天猫国际为代表。直发平台的不足:发展早期入驻商家比较少,缺乏足够的用户基础;探索阶段的资金消耗规模大;同时,有些国内企业冒充海外品牌,利用对平台模式的掌握,通过不正当方式进驻平台。直发平台的典型代表有上海自贸区跨境通、一帆海购网、天猫国际平台、海豚村和洋码头等。

### 3. 自营模式

采用这种运营模式的电商平台,在运营过程中要提前存储复杂商品,所以其突出的特点是重模式。具体而言,该模式下既有综合型平台,也有垂直型平台。

1) 综合型自营跨境 B2C 平台

综合型自营跨境 B2C 平台,是指多品类、多元化经营的电子商务模式,其经营的商品一般是百货类。迄今为止,在跨境电商领域内,采用 B2C 模式的综合型自营平台并不多,如亚马孙和 1 号店。2014 年 8 月,亚马孙宣布在上海自贸区设立国际贸易总部,全面开展跨境电子商务。同月,1 号店也宣布要在该地区运营跨境电商。

综合型自营跨境 B2C 平台的优点:能够控制海外供应商,加强对跨境供应链的监管力度;在跨境物流环节保证货物运输;一般不会出现资金短缺的情况。综合型自营跨境 B2C 平台的不足:相关政策将给平台运营带来巨大挑战,固定资产投资可能面临严重危机。综合型自营跨境平台的典型代表有亚马孙和 1 号店上线的"1 号海购"等。

2) 垂直型自营跨境 B2C 平台

垂直型自营跨境 B2C 模式,是指在某一个行业或细分市场深化运营的电子商务模式,其网站商品都是同一类型产品。

垂直型自营跨境电商的优势在于专注和专业,能够提供更加符合特定人群的消费产品,满足某一领域用户的特定习惯,因此能够更容易取得用户信任,从而加深产品的印象、加快口碑传播,形成独特的品牌价值。垂直型自营平台的优点:能够加强对供应商的管理与控制。垂直型自营平台的不足:发展早期需要大规模的资本投入。垂直型自营平台的典型代表有以母婴产品经营为主的蜜芽宝贝、以化妆品经营为主导的草莓网与莎莎网、以食品经营为主导的中粮我买网等。

自营 B2C 平台除了要保证产品供应、加强对供应商的管理外,还要注重物流环节的建设,对经营主体的门槛要求较高。所以,真正属于垂直型自营跨境 B2C 平台的商家只是少数。一些跨境电子商务商家在经营线上业务的同时,也有其他盈利渠道,不是单纯的自营 B2C 平台,如草莓网和莎莎网等。近年来,很多海外零售商也面向中国市场,开展针对国内消费者的 B2C 电商运营,但与我国消费者的习惯还有很大出入。

### 4. 导购/返利模式

导购/返利模式最突出的特点是轻运营。具体而言,采用该模式的平台会关注两个方面:平台引流与商品交易。

引流部分是指平台会以咨询推广、价格对照、用户返利、海外购物交流论坛等方式获取关注,以积累更多用户。商品交易部分是指消费者通过平台界面的链接,就可向海外 B2C 电商或者专业代购人员传达自己的需求,购买海外商品。很多平台会结合海外 C2C 代购,为消费者提供更多商品选择,保证商品供应。

所以，立足于交易层面分析，导购/返利平台模式类似于将海购B2C模式与代购C2C模式结合在一起。在运营过程中，采用该模式的平台将海外B2C电商的产品营销信息链接到平台界面中，交易达成后，平台从B2C电商那里获得一定比例的报酬（一般在5~10个百分点）。此外，有些平台将所得利润中的一部分返给消费者。

导购返利模式的优点：模式轻，以汇集信息资源为主导，运营难度较小。平台引流能够迅速积累用户基础，据此分析与把握市场需求。导购返利模式的不足：立足于长远发展角度来分析，该模式对供应链的管理能力较低，在拓展业务的过程中会面临很多复杂情况，同时要注重其他方面的资源整合；对供应链的管理能力较低；对经营主体的要求比较宽松，竞争激烈，如果短时内实现不了用户基础的积累，很可能被市场淘汰。导购返利模式的典型代表有55海淘网、海淘居、隶属于阿里的一淘网、美国便宜货、Extrabux和极客海淘网等。

2011年，55海淘建立，该平台融合了导购、海淘论坛以及消费者返利，为国内消费者提供有关海外购物的咨询服务。一淘网也于2014年第三季度推出海淘代购服务专项，用户选择好商品后，既可以自己海淘，也可使用代购服务，将这个任务交给一淘网，随后海外B2C经营者会将产品寄送至消费者手中。

**5. 闪购模式**

海外商品闪购模式就是电商平台定期定时推出海外产品。与以上几大模式相比，闪购模式具有其独特性。例如，销售商品主要为国际知名的商品；销售方式是限时特卖；商品售价一般为原价的1~5折；销售时间一般为5~10天，产品售完即结束；用户付款具有时间限制，一般为20分钟，超时则无法完成交易。这种模式起源于法国，在国内也被称为限时抢购模式。

与其他跨境电商运营模式相比，海外商品闪购模式在很多地方存在区别。因为，跨境闪购在产品供应方面比国内的变动性因素更多，所以长时间以来，大多数采用闪购模式的经营者都未开展大范围的应用。

聚美优品在2014年9月上线"聚美海外购"，唯品会推出的"全球特卖"频道（后改名为"唯品国际"）也正式投入运营。这两大平台均比较擅长海外供应商的管理，产品质量可靠、世界各地包邮、服务到位等也成为他们推广的优点。此外，部分第三方B2C平台采用了海外商品闪购模式。

闪购模式的优点：当采用该模式的平台发展到一定程度、在业内拥有一定的知名度后，容易在流量及产品供应方面获得更大的优势。闪购模式的不足：采用该模式的平台，要在产品供应、运输环节具备较高的能力；要在短时间内积累用户，并引导用户进行消费；要同时把握各个环节的运营。闪购模式的典型代表有蜜淘网、聚美优品推出的海外购、唯品会全球特卖和天猫国际的环球闪购等。

**6. 其他模式**

1）M2C模式

M2C模式是从厂商到消费者，平台负责招商，将第三方商家引入平台，提供商品服务的模式。该模式的优势是轻资产，用户信任度高，商家需有海外零售资质和授权，商品从海外直邮，并且可以提供本地退换货服务。劣势在于：收入仅靠佣金，第三方商家品质难以保障。

M2C模式的典型代表是天猫国际。

2）自营直采模式

自营直采模式一部分采取自营，一部分允许商家入驻。

该模式的优势是供应链管理能力强，对爆款标品采取自营，非标品可引进商家，通常B2C玩家还会附以"直邮+闪购特卖"等模式补充SKU丰度和缓解供应链压力；正品真货、与品牌建立稳固关系、打通了产品的流通环节、规模效应强。其劣势在于品类受限，目前此模式还是以爆品、标品为主。有些地区商检海关是独立的，能进入的商品根据各地政策不同都有限制，如广州就不能有保健品和化妆品入境。该模式的典型代表有京东和网易考拉海购等。

3）跨境O2O模式

跨境O2O模式依托线下门店和资源优势，同时布局线上平台，形成O2O闭环。该模式的优势是能和实体店,富有经验的采购团队与线上平台形成协同效应,劣势在于线上引流能力不足,客户黏性需要长时间培养。

跨境O2O模式的典型代表有苏宁易购、国美在线等。

4) 综合性的跨境小语种模式

综合性的跨境小语种模式,提供更多种丰富的海外特色商品,是一种"小而美"的模式。但对于电商企业的人才素质要求比较高,而社会上又缺乏这类人才。

综合性的跨境小语种模式的典型代表是一带一路商城。

### 7.2.3 出口跨境电商运营模式

出口电商的运营模式有两种:B2B模式与B2C模式,其中B2B模式需要第三方平台在出口企业与进口企业之间搭建桥梁,进行供求信息的对接;B2C模式则是在出口企业与消费者直接搭建桥梁。

**1. B2B模式(信息服务平台、交易服务平台)**

1) 信息服务平台模式

信息服务平台模式指通过第三方跨境电商平台进行信息发布或信息搜索完成交易撮合的服务,其主要盈利模式包括会员服务和增值服务。

其中,会员服务即卖方每年缴纳一定的会员费用后享受平台提供的各种服务,会员费是平台的主要收入来源,目前该种盈利模式市场趋向饱和;增值服务即买卖双方免费成为平台会员后,平台为买卖双方提供增值服务,主要包括竞价排名、点击付费及展位推广服务,其中竞价排名是信息服务平台进行增值服务最为成熟的盈利模式。

信息服务平台模式代表企业有阿里巴巴国际站、生意宝国际站、环球资源和焦点科技。

2) 交易服务平台模式

交易服务平台模式是指能够实现买卖供需双方之间的网上交易和在线电子支付的一种商业模式,其主要盈利模式包括收取佣金费以及展示费用。

佣金制是在成交以后按比例收取一定的佣金,根据不同行业、不同量度,通过真实交易数据可以帮助买家准确地了解卖家状况;展示费是上传产品时收取的费用,在不区分展位大小的同时,只要展示产品信息便收取费用,直接线上支付展示费用。

交易服务平台模式代表企业有敦煌网、大龙网和易唐网。

**2. B2C模式(开放平台、自营平台)**

1) 开放平台

开放平台开放的内容涉及出口电商的各个环节,除了开放买家和卖家数据外,还包括开放商品、店铺、交易、物流、评价、仓储、营销推广等各环节和流程的业务,实现应用和平台系统化对接,并围绕平台建立自身开发者生态系统。

开放平台更多地作为管理运营平台商存在,通过整合平台服务资源同时共享数据,为买卖双方服务。代表企业有亚马孙、全球速卖通、eBay和Wish。

2) 自营平台

自营平台对其经营的产品进行统一生产或采购、产品展示、在线交易,并通过物流配送将产品投放到最终消费者群体的行为。

自营平台通过量身定做符合自身品牌诉求和消费者需要的采购标准,来引入、管理和销售各类品牌的商品,以可靠品牌为支撑点突显出自身品牌的可靠性。自营平台在商品的引入、分类、展示、交易、物流配送、售后保障等整个交易流程各个重点环节管理均发力布局,通过互联网IT系统管理、建设大型仓储物流体系实现对全交易流程的实时管理。代表企业有兰亭集势、环球易购、米兰网和DX。

## 7.3 跨境电子商务交易流程

进入 21 世纪以来,全球经济各个领域已经进入互联网时代。利用互联网进行国际贸易已经成为国际贸易交易形式发展的方向。本节就跨境电商交易业务实施过程及各个环节的基本操作进行说明。

### 7.3.1 跨境电商的交易流程简介

首先要做的是交易前的准备工作,包括:判定目标市场,选择目标客户(通过发出询问与信息反馈,对潜在的客户进行筛选);选定客户后,建立客户关系进而进行实质性的业务洽谈,即进入交易磋商和订立合同阶段。交易磋商的环节包括:询问、报盘、还盘和接受。交易双方对所洽谈的各项贸易条件达成一致意见,即为交易成立,并订立合同。以上各项工作均主要通过互联网手段完成。接下来就是第三阶段的工作,即履行合同。该阶段工作包括很多业务环节,按照工作落实的顺序要求包括:备货、落实信用证(在信用证支付方式下)、订舱、制单和结汇。这个阶段中一些环节的工作是通过互联网途径制订完成的。

以成本、保险费加运输费(Cost Insurance and Freight,CIF)价格成交,以信用证支付的出口业务为例,其整个交易的全部环节按照各项工作的流程,如图 7-3-1 所示。

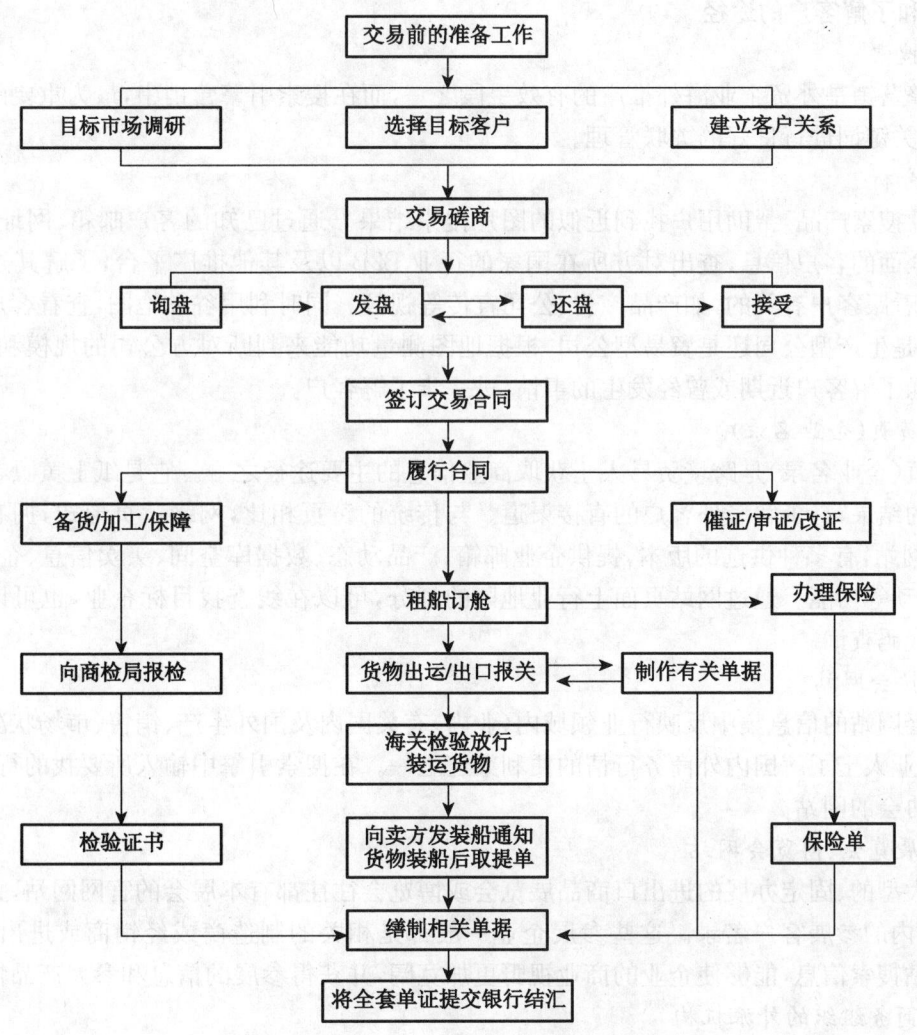

图 7-3-1 跨境电商出口交易流程图

进口贸易在交易准备阶段和交易磋商阶段中,各个业务环节与出口交易的程序是相同的。买卖双方通过谈判达成买卖协议后,一般多以出口合同的形式规定买方和卖方的责任和义务。此后,进入履行合同阶段。一方履行出口合同则意味着另一方履行进口合同。履行进口合同与履行出口合同的程序相反,工作侧重点也不一样。例如,按 OFB 条件和信用证付款方式成交,买方履行合同的一般程序是:开立信用证、派船接运货物、办理保险、审单付款、接货报关、拨交和违约处理。这些环节的工作,是由进口公司、运输部门、商检部门、银行、保险公司以及用货部门等各有关方面分工负责、紧密配合而共同完成的。

### 7.3.2 国际市场调研与客户开发

**1. 国际市场调研**

跨境商务企业通常使用互联网进行国际市场调研。调研层次可以分为宏观和微观两个领域,即对目标市场和对市场中潜在客户的了解。对国际市场调研主要包括三方面的情况:经济环境,政治、法律环境和社会文化环境。

对国外客户调研,尤其是对新客户的经营进行详细调查健全客户档案,是避免草率签约、提高经济效益的关键。通过多种渠道了解国外客户的政治文化背景、资信情况、经营范围、经营能力等方面的情况,其中了解客户的支付能力非常重要。此外,还要了解客户的信用和经营作风,即能够严格按照合同履约,无不良经营信用记录。

**2. 寻找和了解客户的途径**

1) 引擎搜索

搜索引擎营销是外贸企业海外推广的有效手段之一,而在搜索引擎营销中,最为重要的莫过于选好关键词,并对关键词进行良好的关联管理。

2) 谷歌分析

利用谷歌搜索产品,帮助用户找到近似的图片搜索结果。通过已知的客户邮箱、网址、公司名称等信息搜索出全面的客户信息,查出对方所在国家的行业 B2B 以及其他推广平台,了解其过往询盘以及求购信息,查看跟客户有关的,如产品广告、公司宣传等视频。同时利用谷歌地图,查看客户的公司所在地,判断客户是生产型公司还是贸易型公司,根据地图测量功能来判断对方公司的规模和实力。另外,利用谷歌新闻了解客户近期或曾经发生的事情,进一步了解客户。

3) 网络黄页(企业名录)

网络黄页(企业名录)是跨境贸易人士获取商业信息的主要途径之一。它是纸上黄页在互联网上的延伸和发展的结果,是了解境外客户的直接渠道。与传统的黄页相比,网络黄页形式,拥有企业独立的 LOGO 企业网站,有多种供选的版本,提供企业邮箱、产品动态、数据库空间、买卖信息、企业简介、即时留言、短信互动等功能。通过网站页面上行业地区的划分,可以在线查找目标企业,也可以输入目标的企业关键字代码查询。

4) 行业协会网站

行业协会网站的信息集中反映行业领域内(业内)有关国内及国外生产、销售、市场状况的行业性网站,是外贸行业人士了解国内外商务行情的便利渠道之一。在搜索引擎中输入所要找的行业协会名称,即可找到该协会的网站。

5) 国际展览会、博览会网站

国内外大型的、固定办展的进出口商品展览会或博览会往往都有本展会的官网网站,并且拥有大量的、世界范围内的参展客户名录。这些参展企业一般都是相关的制造商或经销商或进出口贸易企业。通过这些网站搜索信息,能够使企业的商业视野更加宽阔,并获得参展的信息和参展产品情况的信息。

6) 各级商务组织的外派机构

我国对外经贸交往十分广泛。国内从中央到地方的一些官方,或半官方的对外贸易组织往往向在与我国或地区有主要经贸交往的国家或地区设立常驻机构,配备驻外商务代表。

我国有些驻外大使馆经济商务参赞处建立了网页,可以向其他咨询机构展示其所驻国家的宏观领域的情况。而对于贸易业务层面的事项,更适合向本地和向外派驻商务代表处求助。

**3. 网上商务信息发布的途径**

网上发布信息的渠道和形式众多,企业发布信息时,应根据自身情况及信息发布的目标选择合适的渠道与方式。常用的方式有以下几种。

1) 网站形式

企业网站,不但包括企业信息,还能更好地树立企业在市场和行业内的形象,是自家的广告宣传媒体。

2) 网络内容服务商

企业可向国内外专业的网络服务商购买相关服务产品,如产品发布、客户寻求等网络服务产品。国内一些成熟的网站访问量巨大、信息涵盖范围广、网站知名度高,如搜狐、网易、新浪、百度和腾讯等,企业可以关注和选择这些目标网站。

3) 供求信息平台

供求信息平台是目前作为普遍和有效的信息发布途径之一,对于跨境商务企业而言,主要是各种 B2B 及 C2C 平台,其服务一般分为免费会员和收费会员两种。对免费会员一般能够发布各种供求、合作、代理信息,能够上传图片、联系方式等简单操作;对收费会员则能享受到更周到的服务,如发布数量、上传图片的数量等都有明显增加。

4) 黄页网站/企业名录

黄页和企业名录由于有大量的浏览客户,所以也是发布信息的重要渠道。大部分的黄页网站都可以免费发布信息。另外,这些网站一旦发布信息后,可以较长时间地保持发布记录,而且能够分门别类进行归档,便于顾客查询。

5) 网站报纸或网络杂志

互联网的发展改变了大众主要依靠"纸面"形式的阅读方式。国内外的一些著名的报纸、杂志纷纷在 Internet 上建立自己的主页,并且发行网络报纸、杂志。这种阅读方式的人群也在不断地扩大。对于注重广告宣传的跨境商务企业来说,在这些网络报刊上做广告,也是一个很好的传播渠道。

## 7.3.3 网上交易磋商

**1. 网上交易磋商的方式**

跨境电子商务中,交易磋商的基本方式有两种:口头磋商和书面磋商。口头磋商是交易双方利用互联网洽商交易,其主要方法有:因特网在线服务(如 Skype)、跨境电话和微信语音等。书面磋商是交易双方通过电子邮件、传真、电传、信函、电报等往来磋商交易。有时,口头和书面两种形式也可以结合使用。现阶段,跨境电商常用的通信途径有电子邮件、即时通信软件、传真与网络传真等。

网上交易磋商并不意味着摈弃了交易双方面对面的交流中各种行之有效的贸易接洽形式,如参加各种交易会、洽谈会,以及贸易小组出访、邀请客户来访等,这些仍然是国际贸易磋商交易中重要方式。在不同的条件下,可以采用不同的洽商方式,或者多种方式结合使用。

**2. 网上交易磋商的主要内容**

国际贸易中要对各个交易环节进行磋商。通常要磋商 11 个交易条件,每个交易条件构成交易合同中的一个贸易条款,而这 11 个贸易条款构成交易合同的主要内容。为使磋商有序、有效率地进行,按照洽商内容的重要程度,将交易条款(件)分为两类:一般贸易条件和基本贸易条件。一般贸易条件包括:货名、规格、数量、包装、价格、装运期和支付条件;基本贸易条件有检验检疫、争议与索赔、不可抗力和仲裁。

一般而言,一笔交易首先要对一般贸易条件进行磋商,达成一致后,再对基本贸易条件一一商定。一旦谈判双方对各项条件达成一致,交易合同即告成立。

**3. 网上交易的基本过程**

网上交易的一般程序包括:询盘、发盘、还盘和接受四个环节。电子合同与传统的纸质合同最明显的不同主要是,合同必须数字签名及第三方权威机构认证,才能实现在合同上签字功能。

1) 询盘

询盘(Inquiry)又称询价,是指交易的一方为购买或销售某种商品,向对方询问买卖该商品的有关交易条件,以邀请对方发盘的表示。其内容可以涉及价格、规格、品质、数量、包装、交货期限、索取样品、商品目录等。在实际业务中,询盘大多是询问价格,因此,通常把询盘称为询价。询盘可由希望交易的任何一方提出,其形式可以是口头形式,也可以是书面形式。询盘的目的是为了试探对方对交易的诚意,并了解其对交易条件的意见,有时可以成为一笔交易的起点。但是它对买卖双方都没有法律约束力,不是交易磋商的必要环节,也没有固定的格式。

2) 发盘

发盘(Offer)也称报盘或发价,是指交易一方向另一方提出购买或出售商品的各项交易条件,并表示愿意按照这些条件与对方达成协议、订立合同的行为。在业务中,发盘通常是一方接到另一方的询盘后发出的,但也可不经对方询盘直接发出。

3) 还盘

还盘(Counter Offer)又称还价,是指受盘人对发盘的内容不完全同意而提出修改或变更的表示。还盘的形式可有不同,有的明确使用"还盘"字样,有的则不使用,在内容中表示出对发盘内容的修改构成还盘。需要注意的是,还盘是对发盘的拒绝,还盘一经作出,原发盘即失去效力,发盘人便不再受原发盘的约束。

一项还盘等于受盘人向原发盘人提出的一项新的发盘,还盘作出后,还盘的一方成为发盘人。对还盘作再发盘,就是对新发盘的还盘。在实际业务中,一项交易的洽谈中可以有多次的还盘,即反复地讨价还价,直至最终对交易条件取得一致意见,交易达成。如果在讨论还价中未能对交易条件达成一致,而且任何一方无意继续洽商,则洽商终止。

4) 接受

接受(Acceptance)是指发盘人接到对方的发盘或还盘后,在有效期内无条件完全同意发盘内容,愿意与对方达成交易,并及时以声明或行为表示出来,这在法律上称为承诺。

一方的发盘经另一方接受,即表示交易达成,交易合同成立。双方应分别履行交易合同所承担的责任与义务。

根据《联合国国际货物销售合同公约》的规定,只要撤回的通知能在该项接受到达发盘人之前或与该项接受同时到达发盘人,则对该接受的撤回有效。接受送达发盘人后,接受生效,合同即告成立。若此时宣布撤销接受,就等同于撤销合同,是要负法律责任的,因而此时的接受不能撤销。

### 7.3.4 合同的签订与履行

**1. 合同的签订**

在交易磋商中,一方发盘经另一方接受以后,签订买卖合同,交易即告成立,买卖双方就形成合同关系。合同不仅是双方履约的依据,也是处理贸易争议的主要依据。电子商务合同中,须经当事人的数字签名及第三方权威认证机构的认证,才能实现合同人的签字功能。

国际上越来越多的跨境厂商采用 E-mail 邮件方式来签订商务合同。目前缮制此类合同主要有三种方法:一是直接使用邮件正文文本作为合同;二是采用通过附件发送的 Word、Excel 等电子文档作为合同;三是先由一方发送 Word、Excel 等电子文档,另一方接收后用打印机打出,然后再签字盖章,再使用扫描仪扫描成 PDF 或图片格式,最后通过 E-mail 回传第一方(或通过传真方式回传)。从格式化、安全化的角度行事,更多的跨境商务企业使用第三种做法。

除了上述 E-mail 电邮合同的方式外,在现阶段,传统的贸易合同形式依然广泛存在于国际贸易中,甚至还占有主要地位。在国际上,对书面合同的形式没有具体的限制。买卖双方可以采用正式的合同、确认书、协议,也可以采取订单等形式,而它们则以书面形式存在。

**2. 出口合同的履行**

以 CIF 为例,说明出口合同履行流程。CIF 贸易术语下,信用证支付方式成交时,出口合同履行流程可分解为获、证、船、款四个板块。其中,"货"是指落实货物,包括备货和报检环节;"证"是指落实信用证,包括催证、审证和改证环节;"船"是指货物出运,包括租船订舱、报关、投保、发装运通知等环节;"款"是指制单结汇,包括制单、审单、交单、结汇、核销和退税环节。四个板块相辅相成,相互影响,只有准确完成每一环节,才能顺利履行出口合同。

### 7.3.5 制单与结汇

**1. 主要的单证**

制单是指依据买卖合同、信用证、有关商品的原始材料、相关国际条例、相关国内管理规定、相关国外客户要求等缮制单证。

1) 信用证

信用证(Letter of Credit,L/C)是指由银行(开证行)依照(申请人的)要求,在符合信用证条款的条件下,凭规定单据向第三者(受益人)或其指定方进行付款的书面文件。即信用证是一种由银行开立的有条件的承诺付款的书面文件。

在国际贸易中,买卖方可能互不信任,买方担心预付款后,卖方不按合同要求发货;卖方也担心在发货或提交货运单据后,买方不付款。因此需要两家银行作为买卖双方的保证人,代为收款交单,以银行信用代替商业信用,而银行在这一活动中所使用的工具就是信用证。

信用证开证申请人是买方。买方向开证银行(买方所在地)申请开出信用证,并由开证银行用电子方式将信用证通过通知行(卖方所在地)交至卖方。

2) 商业发票

商业发票(Commercial Invoice)是出口方向进口方开列的发货价目清单,是买卖双方记账的依据,也是进出口报关、纳税的说明。商业发票是一笔业务的全面反映,内容包括商品的名称、规格、价格、数量、金额、包装等,同时也是进口商办理进口报关不可缺少的文件,因此,商业发票是全套出口单据的核心。在单据制作过程中,其余单据均需参照商业发票缮制。此外,发票的内容必须符合交易合同与信用证的规定。

除了商业发票以外,根据不同的目的,还有海关发票(Customs Invoice)、领事发票(Consular Invoice)和厂商发票(Manufacture Invoice)等。

3) 海运提单

海运提单(Ocean Bill of Lading)是承运人收到货物后出具的货物收据,也是承运人所签署的运输契约的证明,提单还代表所载货物的所有权,是一种具有物权特性的凭证。

4) 保险单

保险单(Insurance Policy)简称保单,是保险人与被保险人订立保险合同的正式书面证明。保险单必须完整地记载保险合同双方当事人的权利、义务及责任。保险单记载的内容是合同双方履行的依据,也是保险合同成立的证明。在 CIF 条件下,保险单是卖方必须提交的结汇单据。

5) 原产地证明书

原产地证明书(Certificate of Origin)是出口商应进口商要求,由公证机构或政府或出口商的证明货物原产地或制造地而提供的一种证明文件。产地证书是贸易关系人交接货物、结算货款、索赔理赔、进口国通关验收、征收关税最有效的凭证,它还是出口国享受配额待遇、进口国对不同出口国实行不同贸易政策的凭证。

6) 商品检验证书

商品检验证书(Commodity Inspection Certificate)是用来证明出口商品的品质、数量、重量、卫生等条件的证书。它是检验机构对进出口商品进行检验、鉴定后出具的证明文件,是卖方向银行办理议付的单据之一,是卖方所交货是否与合同规定相符的证据,也是索赔和理赔必备的单据之一。检验证书一般由国家规定的检验机构出具,如中国商品检验检疫局。

7) 汇票

汇票(Bill of Exchange)是由出票人签发的,要求付款人在见票时或在一定期限内,向收款人或持票人无条件支付一定款项的单据。汇票是国际结算中使用最广泛的一种信用工具,是托收方式下付款必备的重要单据。

集齐信用证要求的、其他出单人出具的各种单据,如海运单、保险单、检验检疫证书、原产地证明书等。根据信用证中 42C、42A 的要求,最后制作汇票。

以上是常用的部分贸易单证。其他一些单证有的是出口商家自己缮制的,有的是其他单位应出口商的要求而出具的。但无论如何,其内容、签发的人均需符合信用证的有关规定。

**2. 交单**

交单是指在合同、信用证规定的时间、地点,以正确的方式,将符合要求的单证交给正确的当事人。通常在托收和信用证支付方式下,应到银行交单,在汇付方式下应直接向进口人交单。

**3. 结汇和退税**

结汇是指出口商在货物装运后,按信用证的规定,把备妥的所有单据,在信用证规定的交期内送交银行。银行审核无误后,向出口商交付货款。

出口退税是指国际贸易中,货物输出国对出口货物免征其在本国境内消费时应缴纳的税金或退还其按本国税法规定已缴纳的税金(包括增值税、消费税)。通过退还商品在国内已缴纳的税金,使本国商品以不含税成本进入国际市场,可以避免双重征税,并保证国际竞争的公平性。

# 7.4 跨境电子商务支付方式

## 7.4.1 跨境电子商务支付的定义

跨境电子商务支付(Cross-border Payment)是指两个或两个以上国家或地区之间因国际贸易、国际投资及其他方面所发生的国际间债权债务,借助一定的结算工具和支付系统实现的资金跨国和跨地区转移的行为。

跨境电子商务中非常重要的环节就是支付。伴随着海淘的兴起以及跨境 B2B 出口的提速,出现了多样化的结算方式。国际结算方式有很多,如汇款、托收、信用证、银行保函、备用信用证等。值得关注的是国际货款的结算方式在向小额化、电子化方向发展,这也反映了当前跨境电子商务发展的趋势:众多小型批发商在线通过跨境 B2B 平台进行订购和支付,销售渠道向扁平化方向发展。

## 7.4.2 汇付

**1. 汇付的概念**

汇付(Remittance)又称汇款,即付款人主动通过银行或其他途径将货款汇给收款人的一种结算方式。汇付属于商业信用,是否付款取决于进口商(买方)或服务接受方,付款没有保证。采用此方式对国际经济活动中的当事人来讲都有风险。因此,除非买卖双方有某种关系或小数额的支付,一般很少使用汇付。

汇款结算方式共有四个当事人:汇款人、收款人、汇出行和汇入行。

汇款人(Remitter)或称债务人,即付款人,通常是国际贸易中的进口商;收款人(Payee/Beneficiary)或称债权人,在国际贸易中通常为出口商;汇出行(Remitting Bank)是受汇款人委托汇款的银行,在国际贸易中通常是进口方所在地银行;汇入行(Receiving Bank)又称解付行(Paying Bank),是受汇出行委托,解付汇款的银行,在国际贸易中,汇入行通常为出口地银行。

**2. 汇付的类型**

根据汇款过程中所使用的支付工具不同,汇款结算方式可以分为电汇、信汇、票汇。

1) 电汇

电汇(Telegraphic Transfer,T/T)是汇款人委托银行以加押电报(Tested Cable)、电传(Telex)等电信工具指示出口地某银行作为汇入行,解付一定金额给收款人的汇款方式。电汇业务流程图,如图7-4-1所示。

电汇结算方式交款迅速,安全性大,有利于资金的充分利用,但费用较信汇、票汇高。在实际的跨境电商进出口中,T/T分为预付、即期和远期。现在用得最多的是30%预付和70%即期。T/T付款有以下三种方式:

(1) 前T/T:先收款,后发货。在发货前付款,也就是预付货款,对买方来说风险较大。

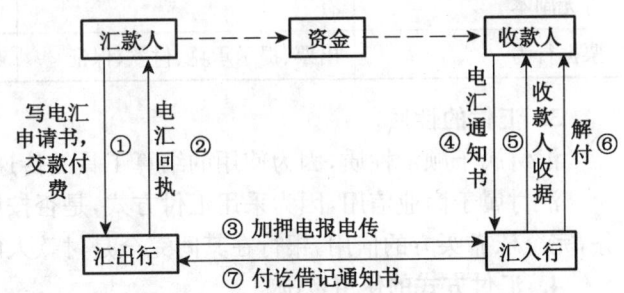

图7-4-1 电汇业务流程图

(2) 后T/T:先发货,后收款。全部发货后付款,对卖方来说风险较大。

(3) 先定金,再余款。

外贸业务中,一般熟悉的客户会采用T/T付款,经常是发货前预付部分货款,余款在发货后付清。通常情况下,电汇常用的是预付30%贷款作为定金,另外70%的余额见提单付款复印件支付。订金的比例越大,出口商的风险越小。

环球同业银行金融电讯协会(Society for Worldwide Interbank Financial Telecommunications,SWIFT)是国际银行同业间的国家合作组织。其成立于1973年,目前全球大多数国家的大多数银行都使用SWIFT系统。SWIFT系统的使用,为银行的结算提供了安全、可靠、快捷、标准化、自动化的通信业务,从而大大提高了银行的结算速度。

2) 信汇

信汇(M/T)是指汇出行应汇款人的申请,将信汇委托书寄给国外汇入行,授权解付一定金额给收款人的一种汇款方式。

信汇的处理与电汇大致相同,所不同的是汇出行应汇款人的申请,不用电报而以信汇委托书或支付委托书加其签章作为结算工具,邮寄给汇入行,委托后者凭以解付汇款。后者核验签章相符后,即行解付,亦以借记通知给汇出行划账。

3) 票汇

票汇(D/D)是指汇款人使用汇票、本票或支票等支付工具,将货款主动支付给收款人。

我国《票据法》中对汇票、本票和支票的定义分别如下:汇票是出票人签发的,委托付款人在见票时或者在票据指定日期,无条件支付确定的金额给收款人或者持票人的票据;本票是出票人签发的,承诺自己在见票时,无条件支付确定的金额给收款人或者持票人的票据;支票是出票人签发的,委托办理支票存款业务的银行或者其他金融机构在见票时,无条件支付确定的金额给收款人或者持票人的票据。

它们三者之间的异同,如表7-4-1所示。

表 7-4-1 汇票、本票、支票间的异同

| 项　目 | 汇　票 | 本　票 | 支　票 |
| --- | --- | --- | --- |
| 当事人数 | 三人:出票人、付款人、收款人 | 两人:出票人、收款人 | 三人:出票人、付款人、收款人 |
| 出票人和付款人关系 | 不必先有资金关系 | 无所谓资金关系 | 先有资金关系 |
| 主债务人 | 承诺前:出票人<br>承诺后:承兑人 | 出票人 | 出票人 |
| 出票人担保责任 | 付款、承兑 | 自付款 | 付款 |
| 有无到期日记载 | 有 | 有 | 无(即期) |
| 付款人 | 承兑人(单位或银行) | 出票人(单位或银行) | 银行 |
| 有无副本 | 有 | 无 | 无 |
| 票据行为 | 出票、提示承兑、付款、保证 | 出票、付款、保证 | 出票、提示 |

**3. 汇付的性质**

汇付属于顺汇性质,因为使用的结算工具的传递方向从买方流向卖方,与资金流的流向一致。

汇付属于商业信用,因为采用汇付方式,是否按照合同的规定履行付款义务,以及何时履行付款义务,完全依靠买方的信用,银行在其间完全是付款人的代理,只提供服务,不承担付款的责任。

**4. 汇付方式的使用范围**

汇付方式通常用于预付货款、货到付款。此外,汇付方式常用于订金、货款尾数、佣金等小额的支付。

### 7.4.3 托收

**1. 托收的概念**

托收(Collection)是指由托付指示的银行根据所受到的指示处理金融单据或商业单据,以便取得付款或承兑,或凭付款或承兑交出商业单据,或凭借其他条款或条件交出单据。

托收是出口人委托银行向进口人收款的一种方式。它属于逆汇,因为在托收中,作为结算工具的单据和单据的传送与资金的流动呈相反的方向变动。

**2. 托收的类型**

最常用的托收类型是光票托收和跟单托收。

1) 光票托收

光票托收是指金融票据不附带商业票据的托收。光票托收主要用于小额交易、预付货款、分期付款以及收取贸易的从属费用。

2) 跟单托收

跟单托收是指金融单据有商业单据或不同金融单据的商业单据的托收。

根据交付货运条件的不同,跟单托收可分为以下几种类型:

(1) 付款交单。付款交单(Documents against Payment,D/P)是指卖方(出口人)的交单是以进口人的付款为条件。

其基本做法是:卖方根据买卖合同先行发货,取得货运单据,然后将汇票连同整套货运单据交给银行办理托收,并指示银行只有在买方付清货款时才能交出货运单据。付款交单按照付款的时间不同,又可以分为即期付款交单和运期付款交单。

即期付款交单(D/P at Sight),即出口人通过银行向进口人提示汇票和汇票和货运交单,进口人见票时即须付款,在付清货款后录取货运单据(使用即期汇票,见票即付,付款交单)。

远期付款交单(D/P, after Sight),即出口人通过银行向进口人提示汇票和货运单据,出口人即在汇票上承兑,并于汇票到期日付清货款后再从银行领取货运单据(使用远期汇票,见票承兑,到期付款,付款赎单)。

(2) 承兑交单。承兑交单(Documents against Acceptance,D/A)是指代收行的交单以进口方在汇票上承兑为条件。即出口人在装运货物后开具远期汇票,连同货运单据,通过银行向进口人提示,进口人承兑汇票后,代收行将商业单据交给进口人,在汇票到期时才履行付款义务。

### 3. 托收的性质

托收属于商业信用,银行完全根据卖方的提示,而银行是否能收到货款,依赖买方的信用。因此,托收方式对买方比较有利,费用低,风险小,资金负担小,甚至可以取得卖方的资金融通。

## 7.4.4 信用证

### 1. 信用证的概念

信用证(Letter of Credit,L/C)是开证银行(简称开证行)应开证申请人的申请签发的、在满足信用证要求的条件下,凭信用证规定的单据向受益人付款的一项书面凭证。以信用证支付方式付款,是由开证银行自身的信誉为卖方提供付款保证的一种书面凭证。

通常,只要出口商按信用证书面规定的条件提交订单单据,银行就必须无条件地付款,所以卖方的货款就会得到可靠的保障。而进口商则可以在付款后保证获得符合信用证条件的所有货运单据。

目前,信用证在国际贸易结算中广泛使用,是最为重要的一种结算方式。信用证的当事人有三个,即开证申请人、开证行和受益人。此外,还涉及其他联系人,包括通知行、议付行、付款行、偿付行、保兑行、承兑行、转让行的第二受益人。

### 2. 信用证的类型

1) 根据信用证项下的汇票是否附有货运单据划分

(1) 跟单信用证。跟单信用证(Documentary L/C)是指凭跟单汇票或仅凭单据付款、承兑或议付的信用证。这里的"单据"是指货物所有权或证明货物业已装运的货运单据,即运输单据以及商业发票、保险单据、商检证书、产地证书、包装单据等。

(2) 光票信用证。光票信用证(Clean L/C)是指开证行仅凭受益人开具的汇票或简单收据而无须附带货运单据付款的信用证。

在国际贸易货款结算中,主要使用跟单信用证,而光票信用证通常仅被用于总分公司间货款清偿和非贸易的费用结算等。

2) 根据有无另一银行加以保证兑付划分

(1) 保兑信用证。保兑信用证(Confirmed L/C)是指由另一家银行,即保兑行应开证行的请求,对其所开信用证加以保证兑付的信用证。

经保兑行保兑的信用证,保兑行保证凭符合信用证条款规定的单据,履行向受益人或其指定人付款的责任,而且付款或议付后对受益人或其指定人无追索权。这种信用证由开证行与保兑行两家银行对受益人负责。所以,一般说来,它对出口人的安全收汇是有利的。

(2) 非保兑信用证。非保兑信用证(Unconfired L/C)是指未经除开证行以外的其他银行保兑的信用证。

3) 根据兑付的方式划分

(1) 即期付款信用证。即期付款信用证(Sight payment L/C)是指规定受益人开立即期汇票随付单据,或不需要汇票,仅凭单据向指定银行提示,请求付款的信用证。对这种信用证,开证行、保兑行(如有的话)或指定付款行承担即期付款的责任。即期付款信用证的付款有时由指定通知行兼任,如规定需要汇票,以指定银行为汇票汇款人。

(2) 延期付款信用证。延期付款信用证(Deferred payment L/C)又称无承兑信用证,是指仅凭受益人提交的单据,经审核单证相符,从确定银行承担延期付款责任起,延长一段时间至付款到期日付款的信用证。

(3) 承兑信用证。承兑信用证(Acceptance L/C)是指被信用证指定的付款行在收到符合信用证规定的远期汇票和单据时,先在汇票上履行承兑手续,等候汇票到期日再行付款的信用证。承兑信用证通常使用于远期付款的交易。

(4) 议付信用证。议付信用证(Negotiation L/C)是指开证行在信用证中,邀请其他银行买入汇票及/或单据的信用证,即允许受益人向某一指定银行或任何银行交单议付的信用证。通常,在单据符合信用证条款的条件下,议付行扣去利息后将票款付给受益人。

议付与付款的主要区别之一是:议付行在议付后,如因单据与信用证条款不符等原因而不能向开证行收回款项时,还可以向受益人追索;而指定的付款行(以及开证行、保兑行)一经付款,即再无权向受款人追索。

4) 根据付款时间不同划分

(1) 即期信用证。即期信用证(Sight L/C)是指开证银行或其指定的付款行在收到符合信用证条款的汇票及/或单据后即予付款的信用证。使用即期信用证方式付款时,进口人在开证行或其指定付款行对受益人付款或议付行付款后,也须立即偿付由开证行垫付的资金,赎出单据,而不能像远期信用证那样,可获得进一步的资金融通。

(2) 远期信用证。远期信用证(Time L/C;Usance L/C)是指开证行或其指定的付款行在收到符合信用证条款的汇票及/或单据后,在规定的期限内保证付款的信用证,其作用主要是为进口人资金融通提供便利。使用远期信用证时,其远期利息或远期汇票贴现利息和费用一般均由受益人承担。承兑信用证、延期付款信用证和远期议付信用证都属于远期信用证。

5) 根据受益人对信用证的权利可否转让划分

(1) 可转让信用证。可转让信用证(Transferable L/C)是指特别规定信用证是可转让的。可转让信用证只能转让一次,即只能由第一受益人转让给第二受益人,而第二受益人不能要求将信用证转让给其后的第三受益人。如果信用证允许分批装运,在总和不超过信用证金额的前提下,可分别按若干部分办理转让,即同时转让给几个受益人,该项转让的总和,将被认为只构成信用证的一次转让。

(2) 不可转让信用证。不可转让信用证(Untransferable L/C)是指受益人无权转让给其他人使用的信用证。凡是在信用证上没有注明"可转让"字样的信用证,均为不可转让信用证。

6) 根据信用证作用划分

(1) 循环信用证。循环信用证(Revolving L/C)是指受益人在一定时间内利用规定的金额后,能够重新恢复信用证原金额并再度使用,直到达到该证规定次数或累计总金额用完为止的信用证。

循环信用证一般适用于货物比较大宗单一,可定期分批均衡供应、分批支款的长期合同。对进口人来说,可节省逐笔开证的手续和费用,减少押金,有利于资金周转;对出口人来说,可减少逐批催证和审证的手续,又可获得收回全部货款的保障。

(2) 对背信用证。对背信用证(Back to Back L/C)是指原信用证的收益人以原证为担保品,要求以第三人为受益人另行开立的一张与原证内容相似的新信用证。对背信用证常用于中间商转售他人货物。

(3) 对开信用证。对开信用证(Reciprocal L/C)是指两张信用证相互对开,即第一张信用证的受益人和开证申请人分别是第二张信用证的开证申请人和受益人,该种信用证适用于易货贸易和加工贸易。

(4) 预支信用证。预支信用证(Anticipatory L/C)是指允许受益人在货物装运交单前预支货款的信用证。

预支信用证包括全部预支信用证和部分预支信用证两种。部分预支信用证可预支的部分,多为在信用证总额之内的买方付给卖方的定金。为引人注目,这种预支信用证的条款在以往常用红字打出,因此俗称"红条款信用证"。目前,我国在补偿贸易中有时采用这种信用证。

(5) 备用信用证。备用信用证(Standby L/C)又称商业票据信用证、担保信用证,是指开证行根据开证申请人的请求,对受益人开立的承诺承担某项义务的凭证。

开证行保证在开证申请人未能履行其义务时,受益人只要凭备用信用证的规定并提交开证人违约证明,即可取得开证行的偿付。它是银行信用,对受益人来说,是开证人违约时,取得补偿的一种备用方式。

**3. 信用证的特点**

(1) 开证行负首要付款责任。在信用证业务中,开证行对受益人的付款责任不仅是第一性的,而且是独立的和终局的。

(2) 信用证是一种自足文件。信用证是根据买卖合同开立的,但信用证一经开出,就成为独立于合同之外的开证行和受益人之间的约定。信用证的各当事人的权利和责任完全是以信用证所列条款为依据,不受买卖合同的约定。

(3) 信用证是一种纯单据业务。银行处理信用证时,只看单据,不管货物。只要受益人提交符合信用证条款的单据,开证行就应承担付款责任,进口人也应该接受单据并向开证行付款赎单。

**4. 信用证的收付程序**

信用证的收付程序要经过申请、开证、通知、议付、索偿、偿付、赎单等环节。现以最为常见的即期跟单议付信用证为例,简要说明其收付程序,以及各环节的具体内容。

即期跟单议付信用证收付程序,如图7-4-2所示。

1) 订立买卖合同

进口人双方先就国际货物买卖的交易条件进行磋商,达成交易后订立国际货物买卖合同。

2) 申请开证

开证申请人即进口人,在买卖合同规定的时限内向所在地的银行申请开立信用证。申请开证时,应向开证行交付一定比率的保证金,通常称为押金或其他担保品。押金的多少视开证人的资力和信誉、市场动向、商品销售的滞畅而定。

3) 开证

开证行接受开证申请人的开证申请书后,必须按申请书规定的内容向指定的受益人开立信用证,并将信用证直接邮寄或用电讯通知出口地的代理行(通知行)转递或者通知受益人。

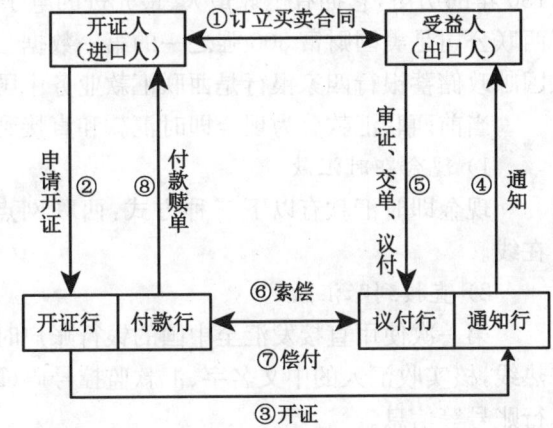

图7-4-2 即期跟单议付信用证收付程序示意图

信用证的开证方式有信开(open by airmail)和电开(open by teletransmission)两种。前者是指开证时开立正本一份和副本若干份,航寄通知行。随着国际电讯事业的发展,为了争取时间、加快传递速度,上述的信用证"信开"方式已越来越多地被"电开"及SWITF的方式替代。

4) 通知

通知行在收到信用证后,应立即核对开证行的签字与密押,经核对证实无误,除留存副本或复印件备查外,必须尽快将信用证转交受益人。如果收到的信用证是以通知行本身为收件人的,则通知应以自己的通知书格式照录信用证全文通知受益人。

5）审证、交单、议付

受益人在收到经通知行转来的信用证后，应根据买卖合同和《跟单信用证统一惯例》对其进行认真审核，主要审核信用证中所列的条款与买卖合同中所列的条款是否相符。

受益人在货物发运完毕后，缮制并取得信用证所规定的全部单据，开立汇票连同信用证正本（如经修改还需连同通知书）在信用证规定的交单期和信用证的有效期内，递交有权议付的通知行或与自己有往来的其他有权议付的银行或信用证限定的议付行办理议付。

所谓"议付"，就是由议付行向受益人购进由他出立的汇票及所附单据。在我国，习惯上把议付称作"买单"。议付行办理议付后成为汇票的善意持票人，如遇开证行拒付，有向其他前手出票人即受益人进行追索的权利。议付行在议付后，通常在信用证正本背面做必要的有关议付事项的记录，俗称"背批"，其目的主要是防止超额和重复议付。

此外，还有银行保函（Banker's Letter of Guarantee，简称 L/G）和国际保理（Internation Factoring）两种国际支付方式。

其中，银行保函又称银行保证书、银行保证函，或简称保函，是指银行应委托人的申请向受益人开立的一种书面凭证，保证申请人按规定履行合同，否则由银行负责偿付款；国际保理又称承购应收账款，是指在以商业信用出口货物时（如以 D/A 作为付款方式），出口商交货后，把应收账款的发票和装运单据装让给保理商，即可取得应收取的大部分货款，日后一旦发现进口商不付或逾期付款，则由保理商承担付款责任。并且，在保理业务中，保理商承担第一付款责任。

### 7.4.5 专业国际汇款公司

**1. 西联汇款（www.westernunion.com）**

西联汇款是西联国际汇款公司（Western Union）的简称，是世界上领先的特快汇款公司，迄今已有150年的历史，它拥有全球最大、最先进的电子汇兑金融网络，代理网点遍布全球近200个国家和地区。西联公司是美国财富500强之一的第一数据公司（FDC）的子公司。中国邮政、光大银行、农业银行、中国邮政储蓄银行四家银行是西联汇款业务中国代理行。

当前西联汇款分为现金即时汇款和直接到账汇款两类。

1）现金即时汇款

现金即时汇款有以下三种方式：西联网点、网上银行（目前只支持光大银行和农业银行）和银联在线。

2）直接到账汇款

第一次使用直接发汇至中国的银行账户时，收汇人应在中国时间 8：00—20：00 之间拨打中国服务热线，核实收汇人的中文名字、汇款监控号码（MTCN）、收汇人的有效身份证号码、收汇银行的名称和银行账号等信息。

同一汇款人此后通过同一银行使用直接到账汇款服务，则不需要拨打中国服务热线核实上述必要信息。但如果收汇人的必要信息有所改变，则仍需要拨打中国服务热线进行核实。

**2. 信用卡支付通道**

在欧美发达国家，信用卡的使用频率非常高，发行量也很大。常见的信用卡组织有 Visa、Mastercard、American Express、Discover、Jcb、中国银联等。因此，在跨境支付中，信用卡支付通道也成为当前一种较为常见的支付方式。

信用卡支付网关（信用卡通道）的基本知识介绍如下所述。

1）信用卡支付网关

国际信用卡支付网关是指专业提供国际信用卡收款的银行支付接口。通常也称为信用卡支付通道，包括3D通道、非3D通道和VIP通道（延时通道）。

信用卡支付网关涉及的对象：发卡行、持卡人（买家）、卡组织（Visa、Master、Jcb 等）、收单行（主要指国内银行）和第三方支付平台。

2）第三方支付公司

第三方支付公司，即同具有信用卡支付网关的银行合作，为商家提供信用卡支付服务，是具备一定实力和信誉保障的第三方独立机构提供的交易支持平台。目前国内有只接公司的环迅（IPS）、网银在线，以及能同时接公司和个人的 YourSpay（优仕支付）、Ecpss（E 汇通）、95epay（双乾）、首信易等。

3）3D 通道

3D 通道，即持卡人（买家）付款时，需要到发卡行进行认证（3D 数字认证或身份认证）的信用卡支付通道付款。因为涉及发卡行、收单行以及卡组织三个地区（Domain），所以叫作 3D 通道。3D 通道是需涉及发卡行、收单行、卡组织、持卡人、第三方支付平台以及身份认证的一种安全认证通道。

3D 通道主要适用地区为亚洲，但 3D 通道具有以下缺点：3D 通道以人民币为交易符号，持卡人（买家）在商店网站上付款时可能会因为不了解汇率而终止付款，付款时还需要去银行页面再填写一次信息，比较烦琐。如果卖家客户群体小、不符合国外消费习惯，则成功率比较低。

4）非 3D 通道

非 3D 通道是指无须 3D 认证，持卡人只需要输入简单的信息，即可进行支付。该种方式符合国外买家的消费习惯，如优仕支付通过数据交易系统和风控系统，实时接收数据进行结算。

非 3D 通道的优点在于实时到账，商家能在后台实时查询交易情况；符合国外消费者购物习惯；支持 Visa、Master 卡等交易卡种；交易直接显示国外货币符号，成功率高。

5）实时通道和延时通道

实时通道是指商户在后台实时查询支付是否成功，是否到账等的收款通道。实时通道的优点在于便于商户备货、发货；便于商家更好地服务买家；避免不必要的重复支付；增强买家的购物体验。实时通道的缺点在于未授权的交易不易察觉，容易被系统屏蔽，从而影响交易成功率。

延时通道是订单由银行系统与人工审核相结合进行审单，一般在 24 小时内反馈在线支付结果的收款通道，支付状态显示为"待处理"。延时确认在白天和晚上反馈买家在线支付的支付结果所需时间不同，白天一般会在 3 小时左右，而晚上一般会在 8 小时左右。延时通道的优点在于银行系统同人工审单相结合，提高交易成功率；确认交易后，安心发货，无须担心交易风险；提高信誉，增加订单。延时通道的缺点在于确认时间较长，无法实时查询支付信息；交易呈待处理状态，发货速度会受到影响。

**3. PayPal**

PayPal，就是人们通常说的"PayPal 贝宝国际"，它是针对具有国际收付款需求的用户设计的账户类型，是目前全球使用最为广泛的网上交易工具。它能帮助我们进行便捷的外贸收款，提现与交易跟踪；从事安全的国际采购与消费；快捷支付并接收包括美元、加元、欧元、英镑、澳元和日元等 25 种国际主要流通货币。

PayPal 是 eBay 旗下的一家公司，致力于让个人或企业通过电子邮件，安全、简单、便捷地实现在线付款和收款，是目前全球最大的网上支付公司。PayPal 账户是 PayPal 公司推出的最安全的网络电子账户，可有效降低网络欺诈的发生。PayPal 账户所集成的高级管理功能，能够轻松地掌控每笔交易详情。也就是说，PayPal 从买家角度考虑问题，买家有任何不满意都可以提出争议，卖家无法拿到钱。

1）PayPal 的优势

其优势如表 7-4-2 所示。

表 7-4-2　PayPal 的优势

| 买　　家 | 卖　　家 |
| --- | --- |
| 安全 | 高效 |
| 付款时无需向商家提供任何敏感金融信息 | 实现网上自动化支付清算,有效提高运营效率 |
| 享有 PayPal 买家保护政策 | 多种功能强大的商家工具 |
| 简单 | 保障 |
| 集多种支付途径为一体 | PayPal 成熟的风险控制体系 |
| 无须任何服务费 | 商家因欺诈所遭受的平均损失不到其收入的 0.27% |
| 两分钟即可完成账户注册,具备多国语言操作界面 | 内置的防欺诈模式,个人财务资料不会被披露 |
| 便捷 | 节省 |
| 支持包括国际信用卡在内的多种付款方式 | 只有产生交易才需付费,没有任何开户费及年费 |
| 数万网站支持 PayPal,一个账户买遍全球 | 集成 PayPal,即集成所有常见国际支付网关 |

2) PayPal 的支付流程

通过 PayPal,付款人欲支付一笔金额给商家或者收款人时,可以分为以下几个步骤:

(1) 要有一个电子邮件地址,付款人就可以登录开设 PayPal 账户,通过验证成为其用户,并提供信用卡或者相关银行资料,增加账户金额,将一定数额的款项从其开户时登记的账户(如信用卡)转移至 PayPal 账户下。

(2) 当付款人启动向第三方付款程序时,先登陆 PayPal 账户,指定特定的汇出金额,并提供受款人的电子邮件账号给 PayPal。

(3) PayPal 向商家或者收款人发出电子邮件,通知其有等待领取或转账的款项。

(4) 如果商家或收款人也是 PayPal 用户,当其决定接受后,付款人所指定的款项即移转至收款人账户;若商家或者收款人没有 PayPal 账户,收款人需要依据 PayPal 电子邮件内容指示,进入网页注册取得一个 PayPal 账户,收款人可以选择将取得的款项转换成支票寄到指定的处所、转入其个人的信用卡账户或者转入另一个银行账户。

3) 外贸一站通

外贸一站通是 PayPal 牵头联手其他几家涉足外贸电子商务领域的服务提供商,为广大跨国卖家或准卖家提供一整套的电子商务服务。外贸一站式解决方案让用户轻松在全球范围内开展跨国电子商务,该解决方案能为商户提供从网店搭建、网店推广到在线支付、物流仓储、市场动态和客户服务的系列外贸配套服务。

**4. Escrow(国际支付宝)**

Escrow 又称国际支付宝,英文全称为 Alibaba.com's Escrow Service,是阿里巴巴专门针对国际贸易推出的一种第三方支付担保交易服务。该服务现已全面支持航空快递、海运、空运常见物流方式的订单。航空快递订单和海运订单已经实现了平台化,买卖双方均可在线下单。通过使用阿里巴巴 Escrow 的交易,能有效避免传统贸易中买家付款后收不到货、卖家发货后收不到钱的风险。

Escrow 的服务模式与国内支付宝类似:交易过程中先由买家将货款打到第三方担保平台的 Escrow 账户,然后第三方担保平台通知卖家发货,买家收到商品后确认,货款放于卖家,至此完成一笔网络交易。

Escrow 对 Alibaba.com 外贸平台的价值主要表现如下所述。

1) 卖家优势

(1) 凸显诚信,提升成交量。海外买家更倾向于和开通 Escrow 的卖家交易;丰富真实的交易记录可以提升买家的信任；快速达成交易，减少与买家沟通成本。

（2）免费服务，增加曝光率。Escrow 向卖家免费开放，通过开通 Escrow 服务，点亮 Escrow 标志，可提高国际站搜索概率，赢得更多曝光。

（3）保证货物和资金安全。Escrow 收到买家全部货款后才会通知卖家发货，帮助卖家规避收款不全或钱货两空的风险。

2) 买家优势

（1）安全交易。买家打的货款将在 Escrow 账户上被暂时冻结，等待买家确认之后直接放给卖家，很受海外买家的欢迎。

（2）支付方便。只要海外买家有信用卡账户，并开通网银功能，就可以方便地在网上进行付款操作。即使没有信用卡账户，买家也可以通过传统的 T/T、西联等方式进行付款，不会增加海外买家的任何额外操作成本。

（3）提供星级积分体系。Alibaba.com 已经推出一套供应商星级积分体系、帮助那些有意在平台服务好买家的诚信供应商脱颖而出。

## 7.4.6 其他支付方式

**1. Money Gram**

速汇金汇款是 Money Gram 公司推出的一种快捷、简单、可靠及方便的国际汇款方式。目前，该公司在全球 150 个国家和地区拥有总数超过 50 000 个的代理网点。收款人凭汇款人提供的编号即可收款，单笔速汇金最高汇款金额不得超过 10 000 美元(不含)，每天每位汇款人的速汇金累计汇出最高限额为 20 000 美元(不含)。

**2. Cashpay**

Cashpay 是一种多渠道集成的支付网关。其具有安全、快速、费率合理和 PCIDSS 规范的特点，盈利方式为无开户费及使用费和无提现手续费及附加费，收款方费率为 2.5%。在安全性方面，Cashpay 有专门的风险控制防欺诈系统 Cashshield，并且一旦出现欺诈，则 100% 赔付。Cashpay 专注客户盈利，其资料数据更安全，能有效降低退款率。

**3. Monerbookers**

Moneybookers 是一家极具有竞争力的网络电子银行，它诞生于 2002 年 4 月，是英国伦敦 Gatcombe Park 风险投资公司的子公司之一，其允许客户通过互联网来进行支付。对于个人用户来说，Moneybookers 支付系统提供了一个在线的存款账户以及一个低成本的，基于互联网、替代传统的汇款方式，如支票、汇票和电汇。对商业用户而言，Moneybookers 允许商家接收客户通过主流信用卡或 Skrill 自己的网上账户支付的钱款。在安全性方面，登录时以变形的数字作为登陆手续，以防止自动化登陆程序对用户账户的攻击。

**4. Payoneer**

Payoneer 是一家总部位于纽约的在线支付公司，主要业务是帮助其合作伙伴将资金下发到全球，其同时也为全球客户提供美国银行/欧洲银行收款账户，用于接收欧美电商平台和企业的贸易款项。

**5. ClickandBuy**

ClickandBuy 是独立的第三方支付公司，收到 ClickandBuy 的汇款确认后，在 3~4 个工作日内汇入客户的账户中。入金每次最低 $100，每天最多 $10 000。如果客户选择通过 ClickandBuy 汇款，则可以通过 ClickandBuy 提款。

**6. Paysafecard**

Paysafecard 是一家网上领先的预付支付卡金融机构，于 2000 年在奥地利维也纳成立。使用 Paysafecard 时不用填写任何个人信息，或银行卡详细情况。在支付时，用户只需要输入一个 16 位的代金券代码便可完成交易。支付的款项从 Paysafecard 的账户里扣除,终端用户可随时查询账户的余额。Paysafecard 作为全球预付卡主要的支付方式之一,目前已覆盖全球包括欧洲、北美、拉美、中东、太平洋地区等在内的 42 个国家。

#### 7. WebMoney

WebMoney 是俄罗斯最主流的电子支付方式,在俄罗斯各大银行均可自主充值取款。它是由成立于 1998 年的 WebMoney Transfer Techology 公司开发的一种在线电子商务支付系统,其 WebMoney Transfer 技术是基于提供所有用户独特的接口,它允许经营和控制个人资产,储存在专门的实体——保人。

#### 8. CashU

自 2002 年起,CashU 隶属于阿拉伯门户网站 Maktoob(yahoo 于 2009 年完成对 Maktoob 的收购),主要用于支付在线游戏、VoIP 技术、电信、IT 服务和外汇交易。CashU 允许使用任何货币进行支付,但该账户始终以美元显示用户的资金。CashU 现已为中东和独联体地区的广大网民所使用,是中东和北非地区运用最广泛的电子支付方式之一。

#### 9. LiqPAY

LiqPAY 是一个小额支付系统,对最低金额和支付交易的次数没有限制。要进行付款,LiqPAY 使用客户的移动电话号码作为其标识。用户可以在一天内尽可能多地交易,但一次性付款不超过 2 500 美元。其账户存款是美元,如果存另一种货币,将根据 LiqPAY 内部汇率折算。

#### 10. Qiwi wallet

Qiwi wallet 是俄罗斯最大的第三方支付工具,其服务类似于支付宝。QIWI Wallet 电子支付系统 2007 年年底在俄罗斯推出。该系统使客户能够快速、方便地在线支付水电费、手机话费,并支持网上购物、采购和银行贷款。

#### 11. NETeller

NETeller(在线支付或电子钱包)是在线支付解决方案的领头羊,可以把它理解成一种电子钱包,或者一种支付工具。NETeller 为用户提供免费开通服务,目前全世界数以百万计的会员选择 NETeller 的网上转账服务。

NETeller 的跨境支付主要有两大类:一是网上支付,包括电子账户支付和国际信用卡支付,适用零售小金额;二是银行汇款模式,适用大金额。

对于跨境电子商务,信用卡和 paypal 目前使用比较广泛,其他支付方式可当作收款的辅助手段,尤其是 WebMoney、Qiwi wallet、CashU 对于俄罗斯、中东、北非等地区的贸易有不可或缺的作用。

## 7.5 跨境电子商务物流方式

### 7.5.1 跨境电子商务物流概述

#### 1. 跨境物流的定义

跨境物流是指货物从一个国家通过海运、空运或陆运到另外一个国家或者地区,其实质是按国际分工协作的原则,依照国际惯例和标准,利用国际化的物流网络、物流设施和物流技术,实现货物在国际间的流动与交换,以促进区域经济的协调发展和世界资源的优化配置。跨境物流是为跨国和对外贸易服务,使各国物流系统相互"接轨",因而与国内物流系统相比,具有国际性、复杂性和风险性等特点。

跨境物流中的小件通常选择快递、空运等方式,一般不需要海关部门的报关和清关,且能够提供门到门服务。而大宗货物通常选择国际物流企业服务,以海运或者铁路运输方式进行,需要单证、清关等手续,时间相对较慢,但费用相对低廉。

**2. 运输方式的选择**

跨境物流有多种运输方式可以选择,一般来说,即使货物可以通过铁路和汽车运输到国外,国际运输还是会采用海运或空运的方式,而这两种方式却很少在国内运输中使用。此外,国际运输可结合多种运输方式,如陆运和海运,即混合的运输方式。

国际市场营销者必须选择合适的运输方式。决策者应考虑每种方式在以下四个方面的绩效:运输时间、可预测性、成本和非经济因素。

1) 运输时间

海洋运输从出发地到目的地的时间远远长于航空运输。例如,将海运转换成空运,45天的海运时间可以直接减少到12小时。运输时间的长短对企业的整个物流运作有很大影响,而快速的运输延长了产品在国外市场的销售时间。如果由于生产原因产品无法在规定时间内送达目标市场,那么为了按时交货,企业将选择空运取代一直以来的海运。

2) 可预测性

无论是海运还是空运都会受到自然因素的影响从而导致延误,准确地预测有助于海外分销商为顾客提供准确的产品到货时间。

3) 成本

在选择国际运输方式时,成本是企业需要考虑的一个重要因素。国际运输价格通常取决于运输服务的成本和货物的价值。为了降低成本,货运企业可以结成联盟,协商合作运输。同时,为了减少总成本和时间,也可以选择性地使用混合运输的方式。

4) 非经济因素

非经济因素通常也会影响运输方式的选择。政府参与协作运输业发展的同时也对企业造成了干扰。一些物流企业或被政府收购,或依赖政府补助,因此,企业应该适应政府的政策即优先选择国内运输公司。在有政府货物需要运输时,通常会采取这种政策。例如在美国,无论是政府物质还是政府官员都必须搭乘国家航空公司的航班。

## 7.5.2 跨境电商国际物流的运输方式

按照跨境物流所选择的运输方式,可分为海洋运输、铁路运输和航空运输。

**1. 海洋运输**

海洋运输是国际物流中最主要的运输方式,是指使用船舶通过海上航道在不同国家和地区的港口之间运输货物的一种方式,在国际物流中使用最广泛。

1) 海洋运输的特点

海洋运输是最常用、最普遍的一种国际货物运送方式。其货物运输量占全国国际贸易货物运输量的比例大约在80%。海洋运输之所以被广泛应用,是因为它与其他运输方式相比,具有以下三个突出的优点:

(1) 运载量大。海运船舶的运载量远远超过火车、汽车、飞机等的运载量。现在,油轮的载重量已经达到60万吨,散装船也达到30多万吨,有的轮船可装4 000多个标准集装箱。因此,一艘万吨轮的载重量一般相当于火车250~300个车皮的载重量。

(2) 运费低。由于运载量大,具有较好的规模经济效应及燃料因素,因此,海运的单位商品运费就比其他运输方式低很多。海运每单位商品运输成本只相当于铁路运输的1/20左右,相当于航空运输的1/30左右。

(3) 通关能力强。与火车和汽车不同,海洋运输可以利用四通八达的天然航道,不易受轨道和道路的限制。

海洋运输虽然有上述优点,但也有不足之处。例如,海洋运输受气候和自然条件的影响,因而航期不易准确,航运中的风险大,如自然灾害、意外事故、海盗掠夺、军事冲突或经济制裁;航运速度也相对比较慢,运期长,现在的远洋货轮的时速一般在 10~20 涅(18.52~37.04 千米),从中国到欧美的运输需要 20~30 天时间。同时具有当事人多、法律关系复杂等特点。

2) 海洋运输的方式

海洋运输按船舶经营的方式主要分为班轮运输和租船运输。

(1) 班轮运输。班轮运输也称定期运输,是指承运人接收众多托运人的托运,将属于不同托运人的多批货物载于同一船舶,按预先规定的航期,在一定的航线上,以既定的港口顺序,经常地航行于各港口之间的运输。这种运输方式一般承运的是价值较高的成品、半成品货物,又称为杂货运输,其运量约占国际货物贸易的 20%。

(2) 租船运输。租船运输是指出租人和承运人签订租船(舱)协议,租船人向船东租赁船舶,出租人收取租金,用于货物运输的海洋运输方式。租船运输与班轮运输的不同在于:在租船运输中,船舶航行的时间、航线、停靠的港口及运费(包括运费中是否包含装卸费)均在装运前由租船人和船东通过协商确定。

**2. 铁路运输**

在国际货物运输中,铁路运输是仅次于海洋运输的主要运输方式。海洋运输的进出口货物,大多是靠铁路运输进行货物的集中和分散的,一般都要经过铁路运输这一重要环节。铁路运输不易受气候条件的影响,运输过程中遭受风险的可能性较小,一般可以保障常年的正常运输。铁路运输具有运量较大、成本低、速度较快、安全可靠、连续性和可达性好的特点,与其他运输方式配合可以实现各种"门到门"的连续运输。铁路运输手续简便,发货人和收货人都可以就近在始发站(装运站)和终点站办理托运和提货手续。而且,不论经过几个国家,只须办理一次托运手续,全程使用一份通用的国际联运运单。

1) 国际铁路货物联运

国际铁路货物运输联运是指在货物需要经过两个或两个以上国家铁路的运输中,使用一份运输票据,发货人发货后,承运人负责货物的全程运输任务的方式。利用这种运输方式,在由一国铁路向另一国铁路移交货物时,无须发货人和收货人参加。它的开办不仅免除了货物在国境站重新办理托运手续,而且通过直接过轨运输,可以减少因换装货物所需的人力、物力和时间,从而使货物运送更加方便和高效,减少了货损货差,降低了运输成本,为发展国际贸易创造了有利条件。

2) 大陆桥运输

大陆桥运输是指使用横贯大陆的铁路或公路运输系统作为中间桥梁,把大陆两岸的海洋运输链接起来的连贯运输方式。大陆桥运输一般都是以集装箱为媒介,采取海/陆/海的运输线路。大陆桥运输具有集装箱运输和国际多式运输的优点,并且大陆桥运输更能体现利用成熟的海、陆运输条件,形成合理的运输路线,大大缩短营运时间,降低营运成本。

目前,全世界的大陆桥主要有西伯利亚大陆桥、北美大陆桥、新亚欧大陆桥等。

此外,还有一种 OCP 运输方式。美国对大陆桥运输规定有运费优惠条款,即 OCP 运输条款。OCP 即内陆转运区(Over Land Common Point),简称"内陆地区"。美国的幅员辽阔,内陆城市众多,西岸线的航商为了争取送往内陆城市的货物途径西岸港口转运,故制定出一个运费与直达西岸港口更为低廉的优惠费率,称为 OCP 费率。从美国的北达科他州、南达科他州、内布拉斯加州、科罗拉多州、新墨西哥州起以东地区均属于 OCP 地区。

**3. 航空运输**

航空运输是利用飞机运送进出口货物的一种现代化运输方式。它具有许多优点:运送迅速;节省包装、保险和储存费用;可以运往世界各地,而不受河海和道路限制;安全准时。因此,对易腐、鲜活、季节性强、紧急需要的商品运送尤为适宜,因而被称为"桌到桌快递服务(Desk to Desk Express Service)"。

航空运输的方式有很多,如班机、包机、集中托运和航空紧急件传送等运输形式。

1) 班机运输

班机运输是指在固定的航线上定期航行的航班。这种飞机有固定始发站、达到站和途经站。一般航空公司都使用客货混合型飞机，较大的航空公司在某些航线上开辟有全货机航班运输。

2) 包机运输

包机运输可以分为整架包机和部分包机两种形式。整架包机是指航空公司按照事先约定的条件和费率，将整架飞机租给租机人，从一个或几个航空站转运货物至指定目的站的运输方式；部分包机是指由几家航空货运代理公司或发货人联合包租整架飞机，或者由包机公司把整架飞机的舱位分租给几家航运货运代理公司。其中，整架包机适合于运输大宗货物，部分包机适用1吨以上不足整机的货物运输，其运费率较班机低，但运送时间较班机要长。

3) 航空集中托运方式

航空集中托运方式是指航空货运代理公司把若干批单独发运的货物组成一批向航空公司办理托运且填写一份总运单，将货物发运到同一目的站，由航空货运代理公司在目的站代理人负责收货、报关，并经货物分拨交予各收货人的一种运输方式。这种方式，可争取较低的运价，在航空运输中使用较为普遍。

4) 航空急件传送

航空急件传送是目前国际航空运输中最快捷的运输方式。它不同于航空货运和航空邮寄，而是有一个专门经营此项业务的机构与航空公司密切合作，设专人以最快的速度在货主、机场、收件人之间传送急件，特别适用于急需的传送。

## 7.5.3 跨境电商国际物流的主要方式

近年来，国内的跨境电商产业迎来了快速发展期，而作为电子商务重要支撑的物流配送服务在提升用户体验方面展现出的强大力量，受到了越来越多的相关从业者的重视。

通常情况下，普通的中小跨境电商可以选择国际小包或者由运营平台来发货。但是，对于那些拥有大批量订单的大型商家及平台运营方而言，不仅要提升物流体验，更要优化物流成本。因此，必须对物流资源进行有效整合，并制定出更低成本、更高效便捷的物流服务解决方案。

**1. 邮政快递**

1) 邮政快递概述

邮政快递是各国邮政开办的一项特殊邮政业务。该业务在各国邮政、海关、航空等部门均享有优先处理权。以高速度、高质量为用户传递国际紧急信函、文件资料、金融票据、商品货样等各类文件资料和物品，同时提供多种形式的邮政跟踪查询服务。

邮政物流网络辐射范围十分广泛，基本可以满足绝大多数商家的配送要求。万国邮政联盟及卡哈拉邮政组织的成立，极大地提升了各国邮政组织间的合作关系。其中，前者从属于联合国专门的处理邮政事务机构，致力于加强各国邮政合作并制定了一些公约法来对成员国的行为进行规范。但是，由于万国邮政联盟的成员国数量过多，而且各个国家的邮政系统水平存在一定差异，导致在推进成员国之间的合作方面并未取得理想效果。

为了解决这一问题，2002年中国、美国、日本、韩国、澳大利亚等发起"邮政CEO峰会"，并宣布成立卡哈拉邮政组织。目前，英国、法国、新加坡及西班牙也加入了卡哈拉邮政组织。该组织不仅以高质量和高赔付率保证了客户的权益，同时增强了国内口岸的稳定性和时效性，深化了国际物流合作形式。卡哈拉组织成员国的邮政机构合作十分密切，其物流水平相对较高，通常情况下，由中国发往美国的邮政快递，15天内就能送达。

2) 我国邮政快递的类型

（1）国际邮政小包。国际邮政小包又叫邮政航空小包，是中国邮政开展的一项国际邮政小包业务服务,属于邮政航空小包的范畴,是一项经济实惠的国际快件服务项目,可寄达全球230多个国家和地区各个邮政网点。

(2) 国际邮政大包。国际邮政大包服务是中国邮政区别于国际邮政小包的新业务,是中国邮政国际普通邮包裹三种服务方式中的航空运输方式服务。其可寄达全球200多个国家,对时效性要求不高而重量稍重的货物,可选择使用此方式发货。重量在2千克以上,通过邮政空邮服务寄往国外的大邮包,可以称为国际大包。国际大包分为普通空邮(Normal Air Mail,非挂号)和挂号(Registered Air Mail)两种。前者费率较低,邮政不提供跟踪查询服务,后者费率稍高,可提供网上跟踪查询服务。

(3) 国际E邮宝。国际E邮宝是中国邮政为适应国际电子商务寄递市场的需要,为中国电商卖家量身定制的一款全新经济型国际邮递产品。国际E邮宝和香港国际小包服务一样是针对轻小件物品的空邮产品。目前,该业务限于为中国电商卖家寄件人提供发向美国、加拿大、英国、法国和澳大利亚的包裹寄送服务。

国际E邮宝在正常情况下7~10个工作日即可完成妥投,在国内使用EMS网络进行发运;出口至美国后,美国邮政将通过其国内一类函件网(First Class)投递邮件。通关采用网际领先的EMI电子报关系统,保障投递的包裹迅速准确地运抵目的地。

国际E邮宝的邮件信息在中国邮政和美国邮政(USPS)都可以查询,而且在eBay买家的"my eBay"也可以查询到。考虑到中美邮政交换信息有时间延迟,中国邮政EMS网站上显示收寄和离开口岸信息比美国邮政网早,而美国邮政网站显示到达美国处理中心信息比中国早。

**2. 国际快递**

国际快递主要是指DHL、FedEx、UPS及TNT四大国际快递巨头公司。其中TNT于2016年5月27日被FedEx收购,国际快递格局变为"三足鼎立"。国际快递对信息的提供、收集与管理有很高的要求,以全球自建网络以及国际化信息系统为支撑。

国际快递在跨境电子商务业务中,对于处理发往欧美国家的邮件非常方便、速度快,丢包率低、服务好。例如,TNT快递从我国发往欧洲的邮件一般3个工作日即可到达。但是相比邮政小包,国际快递的费用高昂,中小跨境电子商务卖家通常不会选择这种快递形式,只在客户对送达速度有特殊要求的情况下使用,快递费用一般由买家承担。

表7-5-1 四大国际快递对比情况

| 国际快递 | DHL | FedEx | UPS | TNT |
| --- | --- | --- | --- | --- |
| 总部 | 德国 | 美国 | 美国 | 荷兰 |
| 特点 | 5.5千克以下物品发往美洲、英国有优势;21千克以上物品有单独的大货价格 | 整体而言,价格偏高;21千克以上物品发送到东南亚国家速度快,价格也有优势 | 到美国速度极快;6~21千克物品发往美洲、英国有价格优势 | 西欧国家通关速度快,发往欧洲一般3个工作日可到 |

**3. 国内快递**

国内快递主要指中国邮政速递(EMS)、顺丰和"四通一达"。在"四通一达"中,中通和圆通在海外业务探索方面起步较早,在国外建立了较为完善的物流体系。2014年3月,美国申通正式落地,1个月后,圆通与韩国最大的物流公司CJ大韩通运达成战略合作,中通、汇通及韵达基本在2015年才开始布局海外市场。

顺丰快递的国际化业务起步较早,目前在全球多个发达国家和地区构建了物流服务体系,在配送效率上高于其他快递企业。依托国际邮政物流渠道,EMS的国际化业务发展最快,其所覆盖的物流范围最广甚至可以达到60多个国家及地区,而且价格相对较低、时效也比较快,发往欧洲一般需要2~3天,送至欧美地区则需5～7天。

**4. 专线物流**

专线物流是指以航空包航方式送往境外,然后再委托第三方物流公司完成配送。其优势主要体现在能够将大规模的包裹集中送往目的地,从而发挥规模效应来实现对物流成本的有效控制。国际专线物流操作灵活,时效快,服务稳定,全程物流跟踪信息,适合运送高价值、时效要求高的物品,且大部分地区无须收取偏远地区附加费,一般是3～5个工作日即可送达。

在物流时效方面,专线物流虽然不如商业快递,但比邮政快递明显更快。目前,国内的物流专线集中在美国、欧洲、俄罗斯及澳大利亚等。此外,还有部分公司推出了南非、中东等地的物流专线服务。

**5. 海外仓储**

1) 海外仓储的定义

海外仓储模式是指跨境电商卖家通过自建或者租用的方式在海外目标市场地区建立货物仓储仓库,并将货物先期运送和存储到海外仓库中,卖家在接收到海外订单后,将从离客户最近的仓库中直接进行货物的分拣、包装、派送等工作,从而大大缩短买家的等货时间,优化跨境物流环节的服务体验。

2) 海外仓储的组成部分

一般来说,海外仓储主要分为头程运输、仓储管理、本地配送三个部分。头程运输是指商家通过海运、空运、陆运或者联运的方式将商品运送至海外仓储中心;仓储管理是指商家通过物流信息系统对海外仓储中心中的货物进行统一管理;本地配送是指在接到订单信息后,海外仓储中心管理人员根据配送要求选择当地的快递公司进行送货。

但是,并非所有的目标市场地区都适合海外建仓。卖家根据数据平台信息和采购趋势,预判商品在目标地区的销售情况,综合比较目标地区的市场规模和海外仓储物流服务模式的运营成本,以此决定是否需要建设海外仓。而且,也并不是任何产品都适合海外仓储,最好是库存周期快的热销单品,否则容易压货。同时,对卖家在供应链管理、库存管控、营销管理等方面提出了更高的要求。

3) 海外仓储的优劣势

(1) 海外仓储的优势。

第一,大幅度提升了客户的物流服务体验。

海外仓储模式提前将货物送至目标地区存储,商家收到订单后直接从离客户最近的仓库中发货,大大缩短了客户的物流等待时间,让客户享受到极速的跨境物流服务。从另一个角度来看,海外仓储模式其实是通过提前配货,将跨境物流转化成了本地物流,因而能够大幅度减少货物配送的时间。

海外仓储物流模式在运输货物的体积、重量等方面比邮政小包等国际快递服务的限制更少,能够为跨境买家提供更为多元的产品品类选择。在费用支出方面,海外仓储模式需要客户承担的物流费用也比国际快递模式更低。因此,海外仓储模式能够让客户以更低的成本获得更便捷和更多的产品品类选择的物流服务,从而大幅度提升客户的跨境物流服务体验。

第二,提高了跨境电子商务的服务水平。

海外仓储物流模式首先通过传统国际贸易清关流程将大批货品集中运送到目标市场国。这种集中批量式的跨国运输,既简化了出口方的清关程序,又为目标市场国的海关监督提供了便利。而将货物提前送至目标市场,有利于提升跨境电商企业对订单的实时物流反应能力。

从整体流程来看,海外仓储模式让卖家从被动等待物流公司配送变为自主远程控制货物配送全过程,从而增强了卖家对跨境物流服务的掌控力,有利于跨境电商企业提升整体服务水平。同时,本地化运送能够在线上平台实时查看货品的物流状态,因此大大增强了企业对运送风险的控制能力。

(2) 海外仓储模式的劣势。

第一,难以准确估算预存商品数量。

海外仓储物流模式是通过提前备货来缩短配送时间、优化客户物流体验。因此,根据目标市场的销售状况和市场趋势精准估算预存商品的数量,是海外仓储服务模式发挥价值的基础。若由于海外仓储中提前备货过多导致商品积压,则不仅会影响企业资金周转,还会产生仓储费用,甚至商品滞销时额外的退运费用;而如果跨境电商企业对目标市场的估算过于保守以致备货不足,则又容易影响海外市场业务的发展,也不足以发挥出海外仓储的应有价值。然而,互联网时代商业环境的快速变化和高度的不确定性,又使企业常常难以对目标市场规模做出精确判断。

第二,不适合定制个性化商品。

海外仓储物流模式是将一定量的货物预存到目标市场地区,因此只适合标准化的商品,对于个性化、定制化的商品显然是无法提前备货的。

## 7.6 跨境电子商务通关方式

### 7.6.1 跨境电子商务通关类型

从目前跨境电子商务成交的商品看,主要是通过以下三种方式来实现:一般贸易通关、快件方式通关和邮件方式通关。

1) 一般贸易通关

进出口企业与外国批发商和零售商通过互联网线上进行产品展示和交易,线下按一般贸易完成的货物进出口,即跨境电子商务的企业对企业进出口,本质上仍属传统贸易。该种贸易通关以货物贸易方式进出境的商品,已经全部纳入海关贸易统计。此外,还有深圳的一达通,所实现的中小企业商品进出口,在实际过境过程中都向海关进行申报。以货物方式通关的商品,由于是按传统的一般贸易方式完成的货物进出口,因此,在通关商检、结汇及退税等方面运作相对成熟和规范。

2) 快件方式通关

跨境电子商务成交的商品通过快件的方式运输进境或者出境。海关总署通过对国内 5 家最大的快件公司进行调查显示,其中 95% 以上的快件商品是按照进出口货物向海关进行报关,海关纳入货物统计范畴内,仅有不到 5% 的比例是按照个人只用物品向海关申报。根据现行海关统计相关制度,这部分暂时还没有纳入海关贸易统计。

3) 邮件方式通关

通过邮政渠道,邮寄进出口跨境电子商务成交的商品,这部分主要是消费者所购买的日常消费用品,供自己使用。按照我国的海关法和国务院颁布的《中华人民共和国海关统计条例》规定,个人自用的商品在自用合理数量范围内的实行建议报关的制度,不纳入海关的统计。

随着跨境电子商务的发展,贸易碎片化的现象越来越明显,过去传统贸易中有一部分通过碎片化方式转移到跨境电子商务,通过邮件、快件的方式进出境。海关总署正在研究积极完善统计制度,将来在制度完善的基础上纳入贸易统计。

### 7.6.2 跨境电子商务通关特点

从跨境电子商务贸易方式看,各种贸易方式下的通关方式存在一定的差异,具体情况如下所述。

1) 跨境 B2B 电子商务进出口业务

从跨境 B2B 电子商务方面看,跨境电子商务 B2B 进口与跨境电子商务 B2B 出口整体情况基本一致。在规范化方式进出口的情况下,按货物方式进行的一般贸易进出口本质上仍属于传统贸易,其流程规范,运作相对成熟。在碎片化方式进出口的情况下,按快件及邮件方式出境、入境,很难拿到海关正式报关单,并在通关安检、结汇及退税方面存在问题。

2) 跨境 B2C 电子商务进出口业务

跨境 B2C 电子商务进出口业务方面,由于主要面对海外消费者,订单额较小,频率高,一般采用快件和邮寄的方式出境,暂时未纳入海关货物监管中,其在通关安检、结汇及退税方面存在问题。

跨境 B2C 电子商务进口业务方面,以快件及邮件方式入境,主要是国内消费者购买的日常消费用品,用作个人自用,不纳入海关统计。由于国内消费者对海外商品需求旺盛,出现了"水客"、非法代购等问题,且目前按现行货物或物品方式监管可操作性较差,海关等部门正逐渐在规范和健全这部分商品的监管。

### 7.6.3 电子通关流程

传统进出口货物的通关采用旧的通关流程,通常进出口通关一般需要经过 8 个基本步骤(见图 8-6-1)。随着新技术的发展和跨境电子商务的兴起,传统的通关方式不能满足日益增长的通关时间需求和效率需求,因此产生了电子通关方式。

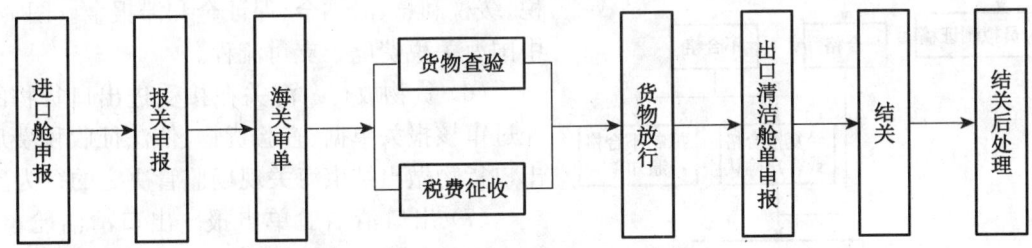

图 7-6-1　传统进出口通关的基本步骤

在电子通关环境下,通关步骤发生了很大变化:

(1) 进口舱单申报。进口舱单由船公司录入申报。舱单(Manifest)是船公司或其船代按照货港逐票罗列全船载运货物的汇总清单。其主要内容包括装卸港、提单号、船名、托运人和收货人姓名、标记号码等货物详细情况,此单作为船舶运载所列货物的证明。船方发送舱单电子数据给海关,说明进境货物配载情况。舱单数据的正确与否将影响企业的正常通关。

(2) 报关申报。报关申报是指进口货物的收货人、出口货物的发货人或他们的代理人以书面或电子数据交换(电子口岸)方式向海关报告其进出口货物情况,申请海关审查、放行,并对所报内容的真实准确性承担法律责任的行为。报关申报流程,如图 7-6-2 所示。

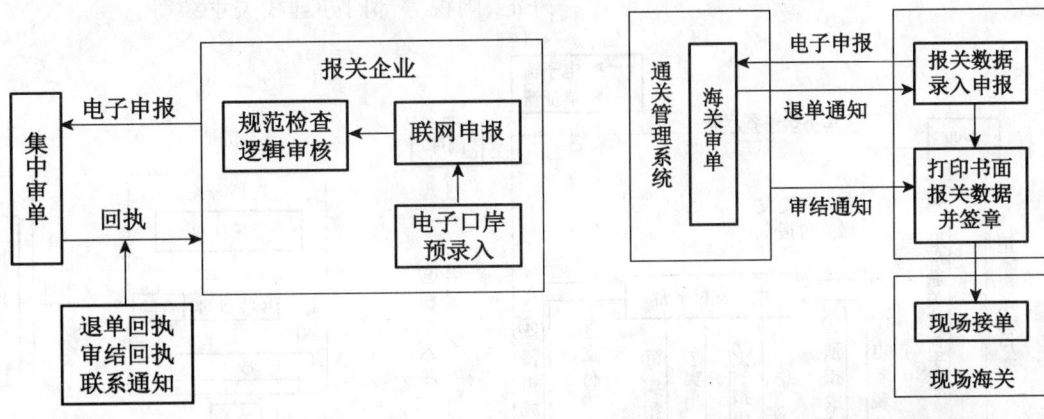

图 7-6-2　报关申报流程　　　　　图 7-6-3　海关审单的基本流程

(3) 海关审单。海关审单是指当企业将报送数据传送至海关后,海关进行规范检查、逻辑审核,并做出不受理审报、现场海关验放指令的过程。海关审单的基本流程,如图 7-6-3 所示。

(4) 货物查验。为方便企业,提高检验检疫报检工作效率,我国近年来大力推行电子报检制度。电

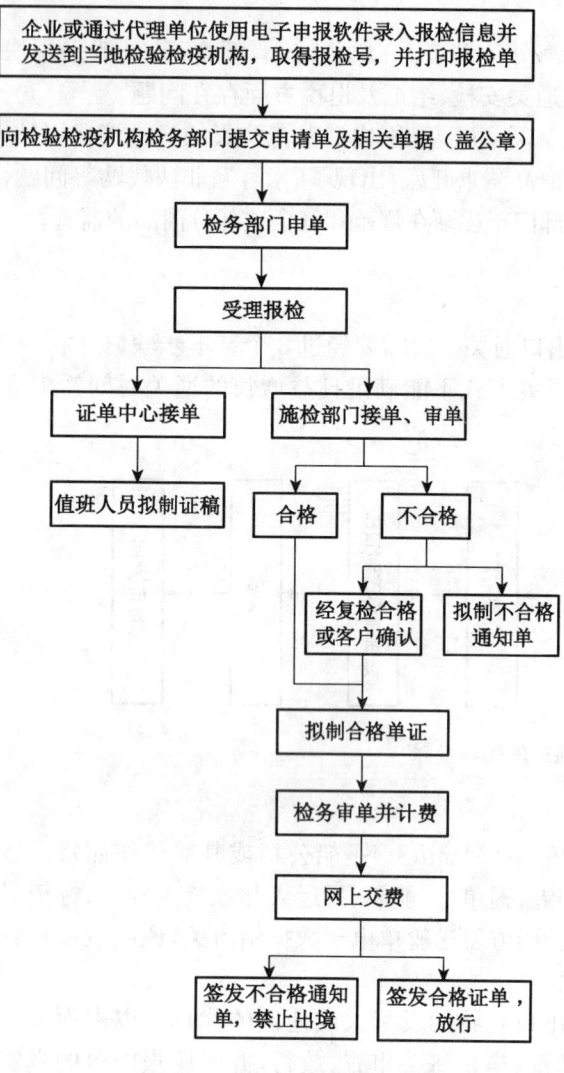

子报检是指报检人使用电子报检软件通过检验检疫电子业务服务平台将报检数据以电子方式传输给检验检疫机构,经 CIQ 2000 业务管理系统和检务人员处理后,将受理报检信息反馈报检人,实现远程办理出入境检验。电子报检流程,如图 7-6-4 所示。

(5) 税费征收。海关税费的电子支付是从网上支付税费业务开始的。2012 年 2 月 29 日起在全国推广税费电子支付系统,该系统是由海关业务系统、中国电子口岸系统、商业银行业务系统和第三方支付系统四部分组成。进出口企业通过电子支付系统可以缴纳进出口关税、反倾销税、反补贴税、进口环节代征税、缓税利息、滞纳金、保证金和滞报金。图 7-6-5 是中国海关税费电子支付流程。

(6) 货物放行。海关在接受进出口货物的申报,经过审核报关单据、查验货物、依法征收税费后,对进出口货物做出结束海关现场监管决定的行为。

(7) 出口清洁舱单申报。出口清洁舱单由船公司向海关申报。舱单数据申报的准确与否,直接影响着企业报关单的正常结关。

(8) 结关。经口岸放行后仍需实施后续管理的货物,海关在规定的期限内进行核查,对需补证、补税货物做出处理直至完全结束海关监管的行为。报关单数据与清洁舱单数据需完成对拼。结关操作流程,如图 7-6-6 所示。

(9) 结关后处理。结关后的处理工作包括打印证明联(核销单、退税单、付汇单),使用电子口岸传送有关数据(核销单、报关单交单),结关数据上报,前往外汇、国税等部门办理相关手续等。

图 7-6-4　电子报检流程

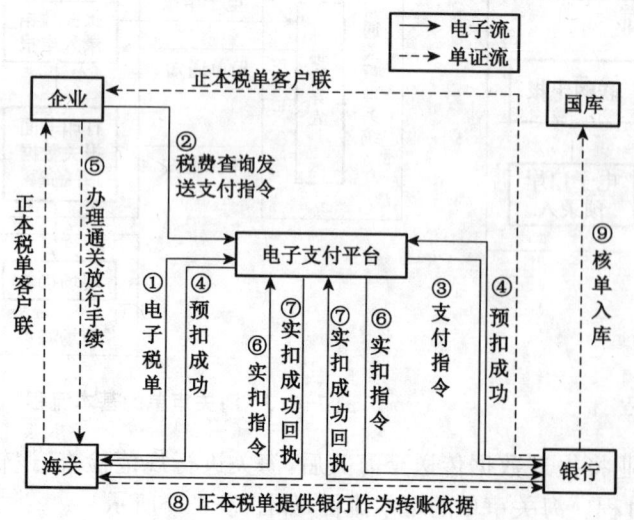

图 7-6-5　中国海关税费电子支付流程

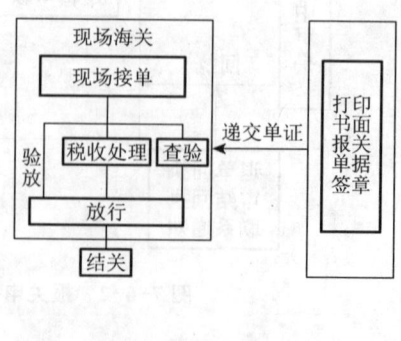

图 7-6-6　结关操作流程

### 7.6.4 电子通关模式

**1. 中国电子口岸**

中国电子口岸是利用现代信息技术,将各部门分别管理的进出口业务信息流、资金流、货物流电子底账数据,集中存放在公共数据库中,为政府管理机关提供跨部门、跨行业的联网数据底账核查或数据交换服务,并为企业提供门户网站,联网办理各种进出口业务的信息系统。

中国电子口岸建设的基本构想是按照"电子底账＋联网核查＋网上服务"的新型管理模式,建立集中式的公共数据中心,即:

(1) 一个数据库——集中存放电子底账,信息共享。
(2) 一个交换中心——优化数据采集、汇总、分发途径。
(3) 一个服务窗口——提供企业电子商务门户网站。

中国电子口岸的主要应用项目包括:

(1) 电子底账联网,包括外汇核销单联网、外汇底账联网、退税底账联网、监管证件联网。
(2) 办理有关手续,包括运输工具舱单申报、报关申报、网上支付、担保、加工贸易备案核销。
(3) 资料法规查询,包括制度规定、分析统计资料、代码、参数、手续办理状态。

中国电子口岸的管理方式,如图 7-6-7 所示。

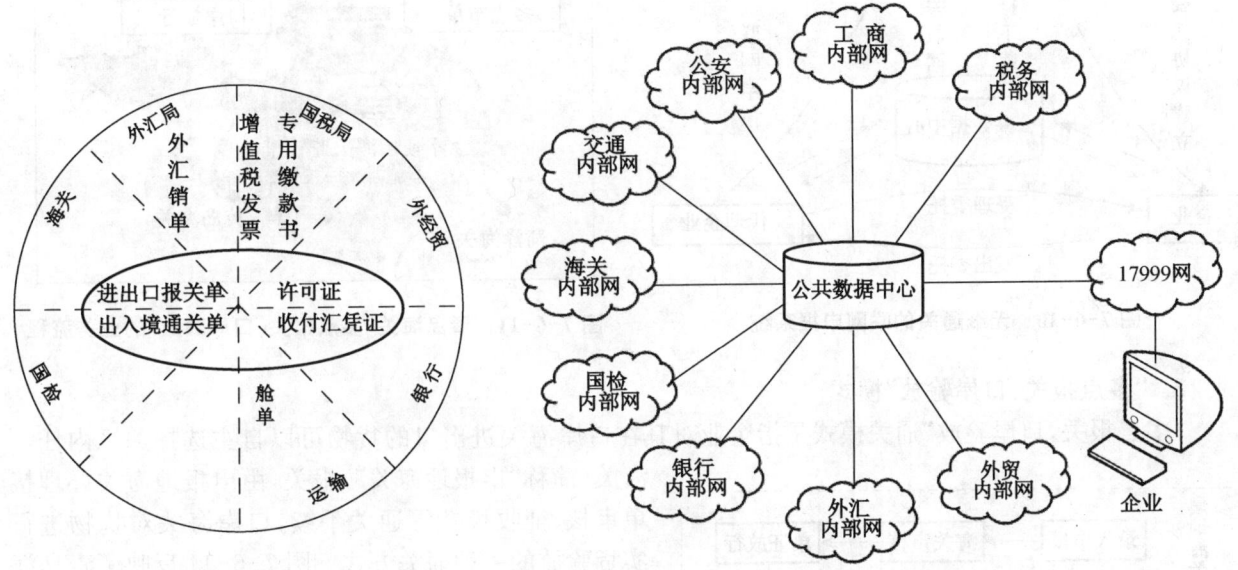

图 7-6-7 中国电子口岸的管理方式　　　　图 7-6-8 中国电子口岸的联网模式

中国电子口岸的联网模式,如图 7-6-8 所示。

**2. 无纸通关**

无纸通关是利用中国电子口岸及现代海关业务信息化管理系统功能,改变海关凭进出口企业递交书面报关单及随附单证办理通关手续的做法,直接对企业联网申报的进出口货物报关电子数据进行无纸审核、验放处理的通关方式。无纸通关简化了通关作业手续,优化了进出口通关流程,降低了通关成本,提高了通关效率。无纸通关的实现包括五个步骤:

(1) 与海关签订无纸通关协议书。
(2) 借助"中国电子口岸"的联网报关实现企业无纸申报。
(3) 利用现行海关系统实现无纸审单。

(4) 海关与港区、场站联网,关员驻站监管,实现凭海关电子放行信息查验放行货物。

(5) 实行事后交验报关单证并签证,保留纸面单证以备核查。

无纸通关的作业流程,如图7-6-9所示。无纸通关的联网申报系统,如图7-6-10所示。

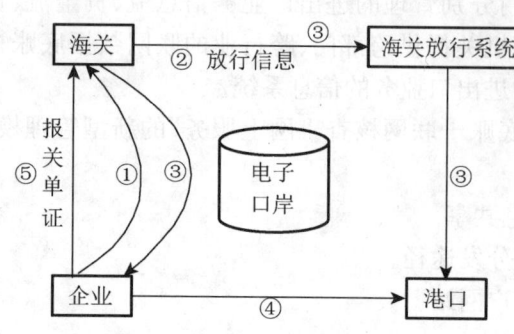

①企业联网向海关申报;
②海关无纸审单,放行货物;
③电子放行信息传送至企业、港口;
④企业前往口岸办理货物装船运输手续;
⑤放行后7日内到海关交单。

图7-6-9 无纸通关的作业流程图

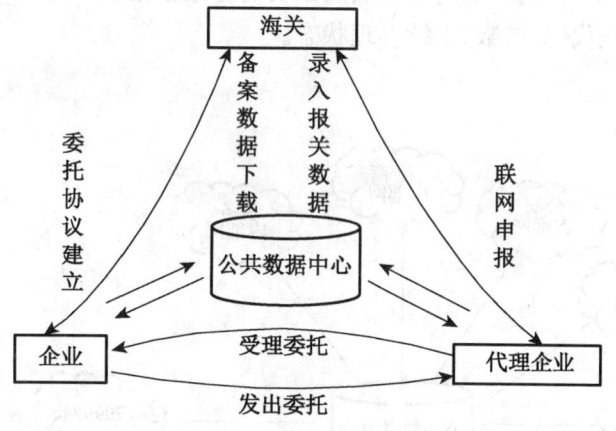

图7-6-10 无纸通关的联网申报系统

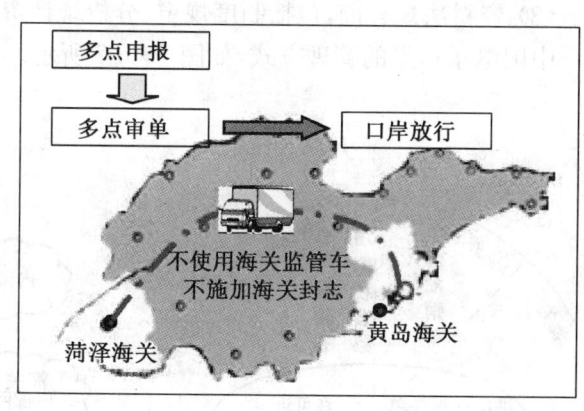

图7-6-11 青岛海关"多点报关,口岸验放"的业务流程

### 3. "多点报关,口岸验放"模式

"多点报关,口岸验放"通关模式是指企业对其在口岸海关进出口的货物可以自主选择关区内任一海关(简称"申报地海关")报关,由申报地海关办理接单审核、征收税费等通关手续,口岸海关对货物进行实货验放的一种通关方式。图7-6-11反映了青岛海关"多点报关,口岸验放"的业务流程。

### 4. "属地报关,口岸验放"模式

"属地报关,口岸验放"是针对守法水平较高的企业实行跨关区的一种通关模式。守法程度高的企业在办理进出口货物通关手续时,可选择向属地海关申报,在口岸海关办理货物验放手续。属地海关负责确定守法企业名单,维护适用企业参数数据库,并承担对这些企业的完全管理责任。对有特殊规定的商品,仍应按国家的有关规定必须在口岸办理进出口手续。

"属地报关,口岸验放"的业务流程,如图7-6-12所示。

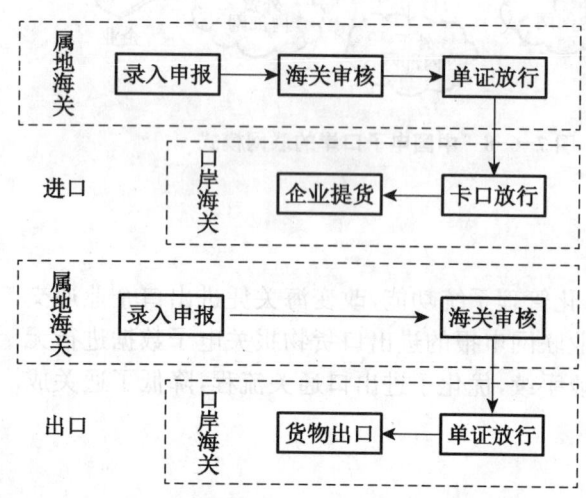

图7-6-12 "属地报关,口岸验放"的业务流程

## 7.7 跨境电子商务平台案例

### 7.7.1 跨境电子商务平台类型

跨境电子商务平台即一个为企业或个人提供网上跨境交易洽谈的平台。企业电子商务平台是建立在 Internet 网上进行商务活动的虚拟网络空间和保障商务顺利运营的管理环境，是协调、整合信息流、物质流、资金流有序、关联、高效流动的重要场所。企业、商家可充分利用跨境电子商务平台提供的网络基础设施、支付平台、安全平台、管理平台等共享资源有效、低成本地开展自己的国际商业活动。

跨境电子商务平台通过互联网展示、宣传或者销售自身产品的网络平台载体越来越趋于平常化。电子商务平台扩展了另外一种途径——互联网营销，让用户多一种途径来了解或购买商品。电子商务平台可以帮助中小企业甚至个人，只需要很低的成本就能自主创业，独立运营一个互联网商城，达到快速盈利的目的。此外，跨境电子商务平台可以帮助同行业中已经拥有电子商务平台的用户，提供更专业的电子商务解决方案，发展跨境电子商务，实现共同发展。

在跨境电商市场按照商业模式分，跨境电商平台分为 B2B、B2C 及 C2C 三种类型。另外，跨境电商平台也可以按产业终端类型、服务类型、平台运营方式进行分类。

1) 按产业终端用户类型分类

（1）B2B 平台。B2B 跨境电商平台所面对的最终客户为企业或集团客户，提供企业、产品、服务等相关信息。2016 年，中国跨境电商市场交易规模中 B2B 跨境电商市场交易规模在总交易规模中占比达 88.7%。在跨境电商市场中，企业级市场始终处于主导地位。其代表性企业有敦煌网、中国制造、阿里巴巴国际站和环球资源网等。

（2）B2C 平台。B2C 类跨境电商企业所面对的最终客户为个人消费者，以网上零售的方式，将产品售卖给个人消费者。B2C 类跨境电商市场正在逐渐发展，且在中国整体跨境电商市场交易规模中的占比不断升高。在未来，B2C 类跨境电商市场将会迎来大规模增长。B2C 类跨境电商平台同时在不同垂直类目商品销售上也有所不同，如 FocalPrice 主营 3C 数码电子产品，兰亭集势则在婚纱销售上占有绝对优势。其代表性企业有速卖通、DX、兰亭集势、米兰网和大龙网。

2) 按服务类型分类

（1）信息服务平台。信息服务平台主要是为境内外会员商户提供网络营销平台，传递供应商或采购商等商家的商品或服务信息，促成双方完成交易。其代表性企业是阿里巴巴国际站、环球资源网和中国制造网等。

（2）在线交易平台。在线交易平台不仅提供企业、产品、服务等多方面信息展示，并且可以通过平台线上完成搜索、咨询、对比、下单、支付、物流、评价等全购物链环节。在线交易平台模式正在逐渐成为跨境电商中的主流模式。其代表性企业有敦煌网、速卖通、DX、炽昂科技（FocalPrice）、米兰网和大龙网等。

3) 按平台运营方分类

（1）第三方开放平台。平台型电商通过线上搭建商城，并整合物流、支付、运营等服务资源，吸引商家入驻，为其提供跨境电商交易服务。同时，平台以收取商家佣金以及增值服务佣金作为主要盈利模式。其代表性企业有速卖通、敦煌网、环球资源和阿里巴巴国际站等。

（2）自营型平台。自营型电商通过在线上搭建平台，平台方整合供应商资源。通过较低的进价采购商品，然后以较高的售价出售商品，自营型平台主要以商品差价作为盈利模式。其代表性企业有兰亭集势、米兰网、大龙网、炽昂科技等。

### 7.7.2 国际性巨头类跨境电商平台

国际性的跨境电商巨头公司往往从事跨境电商已经多年,模式十分成熟,在全球范围内拥有物流与产品供应链的优势,在货源保障、物流供应、跨境链条方面强于其他对手。

**1. 全球速卖通**

1) 全球速卖通简介

全球速卖通(AliExpress)于2010年4月正式上线,是阿里巴巴花1亿美元打造的国家化交易平台,它借鉴国内"天猫"的成功模式,将国内的B2C模式复制到国外,形成了新型的B2C外贸平台。它帮助我国中小企业接触终端批发零售商,进行小批量多批次快速销售,拓展利润空间而全力打造的融合订单、支付、物流于一体的外贸在线交易平台。其业务有B2B模式和B2C模式,其中B2C模式达到业务总量的65%。此平台适合体积较小、附加值较高的产品,覆盖了包括3C、服装、家居、饰品等30个一级行业类目,主要有服装服饰、手机通信、鞋包、美容健康、珠宝手表、消费电子、电脑网络、家居、汽车摩托配件、灯具等优势行业。

全球速卖通经过多年的迅猛发展,目前已经覆盖220多个国家和地区的海外买家,每天海外买家的流量已经超过5 000万,最高峰值达到1亿,已经成为全球最大的跨境交易平台。速卖通的买家对商品的性价比更为敏感,其中俄罗斯、巴西、美国和澳大利亚占了速卖通大部分的成交量。

2) 全球速卖通的盈利模式

全球速卖通平台的主要收入来源有四类:一是速卖通直通车,靠点击付费,类似于淘宝直通车;二是联盟推广,卖家设置佣金比例,吸引国外网站推广,按成交付费,类似于阿里妈妈淘宝联盟;三是提现手续费,即卖家每操作提现一次收取15美元的手续费,15美元收入为速卖通和新加坡花旗银行分摊;四是来源于交易佣金,阿里巴巴会根据支付方式的不同,向该平台上每笔成功交易收取交易总额3%~9.15%不等的交易佣金。此平台目前支持电汇、支付宝及其他跨国在线支付方式。另外,若卖家采用支付宝(Escrow)进行交易,阿里巴巴只收取5%的佣金,即收取产品总价加上运费的总额的5%,是目前全球同类支付服务中最低的费用。

**2. 亚马孙**

1) 亚马孙简介

亚马孙公司是美国最大的一家网络电子商务公司,位于华盛顿州的西雅图,是网络上最早经营电子商务的公司之一。亚马孙成立于1995年,一开始只经营网络的书籍销售业务,现在则扩充了范围相当广的其他产品,已经成为全球商品品种最多的网上零售商和全球第二大互联网公司。在公司名下,包括AlexInternet、a9、lab126和互联网电影书籍库(Internet Movie Database,IMDB)公司。

亚马孙中国为消费者提供图书、音乐、影视、手机数码、家电、玩具、健康、美容化妆、钟表首饰、服饰装包、鞋靴、运动、食品、母婴、户外和休闲等28大类。由于亚马孙不断向中国扩充海外商品,目前"海外购"商品的选择品已达到近300万种,与亚马孙美国直邮中国的品类实现完美对接。

目前,亚马孙通过"全球开店"这一项目已向中国卖家开放了美国、加拿大、美国、英国等九大站点,几乎覆盖了当今全球所有热门的经济领域,其法律法规比较完善,市场和消费习惯相对成熟,非常适合品牌商拓展。

2) 亚马逊的盈利模式

亚马逊中国的盈利模式主要包括直接销售收入、店中店租金、物流费、仓储费、广告收入,以及对在其网上出租的店收取租金、物流费和仓储费。

**3. eBay**

1) eBay简介

eBay是在线交易平台的全球领先者,利用其强大的平台优势和旗下全球市场占有第一的支付工具

Paypal 为全球商家提供网上零售服务。通过 eBay 的全球平台,中国卖家的支付、语言、政策、品牌、物流等问题得到很好的解决。同时在出口电商网络零售领域,eBay 发挥自身优势,将产品销售到世界各国,直接面对亿万消费者。中国卖家可通过 eBay 推广自身品牌,提升世界地位认可度。eBay 也帮助买卖双方削减中间环节,创造价格优势,降低运营成本。

此外,eBay 在线交易平台在全球范围内拥有 1.2 亿活跃用户,以及 4 亿多件由个人或商家刊登的商品,其中以全新的"一口价"商品为主。eBay 提供个性化购物体验,并通过移动应用程序实现消费者与全球商品的无缝对接。

作为交易的第三方,eBay 自己并不直接参与交易,而是专门为客户提供商务信息与增值服务。通过这个电子商务中介服务平台,信息流可以在买方和卖方之间相互流动。

2) eBay 的盈利模式

eBay 的收入来源可以分为两个部分:一是来源于自身提供的交易平台;二是来自其提供的配套服务。在交易平台中,又可以分为入驻其平台进行跨境电子商务交易的商家必须缴纳的登录费、交易费、店铺费等基本服务费用和可以选择的特色功能费。至于配套服务,其盈利主要包括网上支付服务和通信服务所收取的费用。

**4. 兰亭集势**

1) 兰亭集势简介

兰亭集势成立于 2007 年,是中国整合了供应链服务的在线 B2C 企业,拥有一系列的供应商,并拥有自己的数据仓库和长期的物流合作伙伴。兰亭集势主要是集合国内的供应商向国际市场提供"长尾式采购"模式。自成立以来,该网站已经成为外贸电子商务网站的领导者,在世界范围内改变了人们的购物方式,为世界上 208 个国家的客户提供商品,并且还在增长中。其目标用户主要定位于全世界中小零售商,包括线上零售商、线下零售商等。同时,由于大部分产品对订单没有最低数量限制,兰亭集势也可以批发的价格向普通消费者提供商品零售。

兰亭集势的企业宣言是"One World One Market",公司目标是通过其创新的商业模式、领先的精准网络营销技术、世界一流的供应链体系,为全世界中小零售商提供一个基于互联网的全球整合性的供应链。兰亭集势希望能把多年来精心打造的配送体系、本地体系、客户支持体系以及数据分析系统开放出来为卖家所用。随着国家对跨境电商的重视和支持,兰亭集势已经与多地合作,走通了跨境电商出口退税流程。此外,基于现有顾客群和中国产品的特点,兰亭集势的开放平台经开始专注于服饰品类,以 15% 分成的方式与商家结算,不收取年费。

2) 兰亭集势的产品与服务

(1) 在线直销。目前,兰亭集势在线销售的商品包括服装、电子产品、玩具、饰品、家居用品、体育用品等 14 大类,共 6 万多种商品,产品销往 170 个国家。

(2) 网站联盟(Affiliate Program)。Affiliate Program 是国外流行的互联网营销模式,也称为分销联盟计划、联署营销计划、网站联盟等。兰亭集势通过向其合作的伙伴提供吸引访问内容的工具,凡通过联盟网站进入兰亭集势电子商务网站购买商品的,兰亭集势将给予联盟网站消费者所购得商品销售额的最低 8% 提成比例。通过销售提成吸引合作者加入,这也是兰亭集势的一种重要的网络推广手段,可以为其带来大量的流量及产品购买。

(3) 销售代理加盟(Dropship)。兰亭集势也面向社会诚招加盟代理商,如果想成为兰亭集势代理零售商,可以在兰亭集势网站免费注册并选购适合自己的销售产品,加入购物车,通过电子邮件方式联系客服索要代理产品的图片等信息放在自己的网站上销售。达成订单之后,代理零售商可以通过自己的注册账号直接在购物车找到相应的产品购买,兰亭集势负责安全、及时地发货。同时,代理零售商业可以加入 VIP 服务,但需要缴纳一定的费用。

3) 兰亭集势的盈利模式

兰亭集势的收入和利润来源主要是网站直接销售收入。兰亭集势以国内的婚纱、家装、3C 产品为主。这些产品毛利相对来说比较低，但业务量多，其盈利主要来源于制造成本的低廉与价格差。

### 7.7.3 B2B 跨境电商平台

这一类的跨境电商的主要特点是以 B2B 业务为主，将中国制造的标签推向全世界。

**1. 中国制造网**

1) 中国制造网简介

中国制造网诞生于 1998 年，由国内前沿的运营综合型第三方 B2B 电子商务平台的企业——焦点科技股份有限公司创建。它是国内最早专业从事电子商务开发及应用高新技术的企业之一，主要为中国供应商和全球采购商提供信息发布与搜索服务，已成为全球采购商采购中国制造产品的重要网络渠道之一。

中国制造网专注于全球贸易领域，帮助我国中小企业应用互联网络开展国际营销、产品推广。中国制造网以互联网为依托，以信息技术为工具，专注于对外经济贸易领域，提高中小企业在国际市场上的竞争力。同时，专注于对外经济贸易领域的竞争策略更有针对性，集中优势力量提高自身的产品与服务质量，获得满意的经营业绩。

2) 商业模式

中国制造网作为 B2B 电子商务平台，采用的是线上洽谈、线上交易的商业交易模式。当中国的供应商明确了本身的需要，在中国制造网上注册后，就可以在中国制造网的平台上发布制造商的产品信息和需求信息。同样，海外采购商业可以利用中国制造网的平台资源发布需求信息，以及查询所需产品的信息并且可以寻求合适的合作伙伴。中国制造网的作用就是提供一个让采购商和供应商相互交流、相互了解的网上平台。倘若合同条款内容符合双方的利益要求，供应商和采购商就可以在线下签订商务合同，然后通过供应商发货、采购商付款、收货、验货等商务活动完成交易。

3) 盈利模式

中国制造网为用户提供了一系列的服务，包括注册免费会员服务、注册收费会员服务、增值服务及认证供应商等服务。

注册免费会员服务并不能直接给其带来营业收入，公司的利润主要来自会员基数足够大时，企业在网络推广方面的需求增加，从而为网站带来利润。这其中的原因是注册免费会员会为网站提供信息，众多的注册免费会员的积极参与并提供内容，可以形成网络规模效应，最终的结果就是提升了中国制造网的内在价值。相对于注册免费会员，用户缴纳一定的年费并经审核通过后，均可称为注册收费会员，可以为公司创造收入和利润。增值服务及认证供应商服务给注册收费会员更多网络推广选择，并增强用户对中国制造网电子商务平台的信心。

**2. 敦煌网**

1) 敦煌网简介

敦煌网于 2004 年正式上线，是一个聚集中国众多中小供应商产品，为国外众多的中小采购商有效提供采购服务的全天候国际网上批发交易平台。作为国内首个实现在线交易的跨境电商 B2B 平台，敦煌网以中小额外贸批发业务为主，其开创了"成功付费"的在线交易佣金模式，并免卖家注册费，只有在买卖双方交易成功后才收取相应的手续费。

敦煌网提供第三方网络交易平台，中国卖家通过商铺建设、商品展示等方式吸引海外买家，并在平台上达成交易意向，生成订单。用户可以选择直接批量采购，也可以选择先小量购买样品，再大量采购。敦煌网也提供货源、海外营销、在线支付和国际物流、保险、金融、培训为一体的供应链整合服务体系，实现一站式外贸购物体验。

此外,敦煌网于2013年上半年推出"在线发货"物流服务,通过线上申请、线下发货的方式,简化了发货流程,为外贸商家提供更为便捷的快递服务。妥投时间为5～7天,覆盖了全球107个国家及地区。而敦煌网的综合物流平台DHLink已与全球四大物流公司签约,目前可覆盖超过190个国家和地区,DHLink在物流渠道、价格等方面均具有明显优势。

2) 商业模式

敦煌网是以在线交易为主的平台,也是帮助中国广大中小企业供应商向海外庞大的中小采购商直接供货的第二代B2B交易平台。海外大量的中小型采购商都可以直接通过这个平台,选择和采购到中国丰富而价廉物美的商品。敦煌网以交易服务为核心,在免费为买卖双方提供信息发布的基础上,主要提供物流、支付、翻译等服务,通过整合产业链,为买卖双方顺利完成在线交易奠定基础。

3) 盈利模式

敦煌网为"成功付费"打破了以往的传统电子商务"会员收费"的经营模式,既减小了企业风险,又节省了企业不必要的开支。与阿里巴巴的路线完全不同,敦煌网的盈利模式是:打造交易服务平台,推动动态佣金模式,并整合各交易环节,减低物流、交易、信用、信息、资金等环节的成本。

**3. 环球资源网**

1) 环球资源网简介

环境资源成立于1970年,并于2000年在美国纳斯达克股票市场公开上市。环球资源是一家多渠道整合推广的B2B媒体公司,致力于促进中国的对外贸易。公司的核心业务是通过一系列英文媒体,包括环球资源网站、印刷及电子杂志、采购资讯报告、买家专场采购会、贸易展会等形式促进亚洲各国的出口贸易。同时,通过一系列的中文媒体,协助海外企业在大中华地区行销。

环球资源一方面为全球买家提供采购信息,另一方面为供应商提供整合营销服务。通过环球资源,超过967 000名活跃买家在复杂的海外市场上进行有效的采购。同时,供应商借助环球资源提供的各种有效媒体,向遍布超过240个国家和地区的买家推广和销售产品。

2) 盈利模式

环球资源主要通过国内和国外供应商的网站、杂志及展会的推广费用盈利,另外还有在海外面向海外买家付费发行杂志的一部分盈利。公司通过网站、光盘和专业杂志三种媒介方式相结合,为买卖双方提供网上市场服务。同时,环球资源网向其会员收取相应的服务费用。

## 7.7.4　自营为主的跨境电商平台

**1. 网易考拉海购**

1) 网易考拉海购简介

网易考拉海购是网易旗下以跨境业务为主的综合型电商,于2014年1月份正式上线,主打自营直采的理念。作为"杭州跨境电商综试区首批试点企业",网易考拉海购在经营模式、营销方式、诚信自律等方面取得了不少建树,是国内首家获得由中国质量认证中心认证的"B2C商品类电子商务交易服务认证证书"的跨境电商,也是目前国内首家获得最高级别认证的跨境电商平台之一。

作为一家媒体驱动型电商,网易考拉海购是网易集团投入大量优质资源打造的战略级产品,很好地解决了商家和消费者之间信息不对等的现状,并凭借自营模式、定价优势、全球布点、仓储、海外物流、资金和保姆式服务七大优势,仅一年就跻身跨境电商第一梯队,并成为增长速度最快的电商企业之一。

2) 商业模式

目前,网易考拉海购主要采用自营模式兼海外直邮,所售商品均由采购团队从海外原产地批量直采,并以此杜绝中间环节,保证正品。考拉海购在杭州等国内城市拥有保税仓,在美国等国家建立了海外仓,且与中国外运公司形成战略合作,打通了物流、仓储环节。目前已经上线的品类包括母婴用品、美妆个护、海外美食、营养保健、家居日用,以及部分"海外直邮"商品。

在营销方式上,网易考拉海购官网采取特卖形式,符合海淘特征,加上高频度的大型促销活动,考拉海购通过直采形成的"海外批发价"及有力的现金补贴,实现了全网的最低价。

**2. 小红书**

小红书创办于 2013 年 6 月,主要包括 UGC(用户原创内容)模式的海外购物分享社区,以及跨境电商"福利社"两个板块。对即将出国的人来说,可以借助这个平台制定自己的购物清单,而暂时没有出国打算的人,可以通过逛社区来增长经验,或者去福利社完成一次"海淘"。

与其他电商平台不同,小红书是从社区起家。海外购物分享社区已经成为小红书的壁垒,也是其他平台无法复制的地方。此外,小红书跨境电商选品以海量社区 UGC 内容为基础,根据用户购物笔记及其受欢迎程度考虑合作品牌、进口商品及进口数量。

健康稳定的社群运营是小红书长期发展的优势,购物经验分享用户成为电商功能种子用户。去中心化的经验分享和以此为基础的商品选择有利于加快销售节奏、提升用户黏度。进一步主动挖掘潜在爆品,为用户提供更为精准的笔记和商品推荐或是小红书进一步发展的方向。

2) 商业模式

早期小红书提供的是购买攻略,类似于工具书,可以满足购物欲望并不强烈的轻度用户的需求。而工具性质的攻略书上的信息是静态的,不利于分析和实时信息的更新。

2013 年 12 月初,鉴于工具型攻略在反应境外潮流、打折等信息上具有滞后性,"小红书贩物笔记"应用上线,定位境外购物体验分享社区,面向具有境外购物习惯的女性用户,以文字+图片 UGC 内容为主。作为小红书最重要的核心功能——社区功能,购物笔记鼓励用户分享购物经验。为此,社区里有购物达人榜,每个达人有类似皇冠、勋章等代表达人级别的虚拟头衔,在内容上有贡献的用户会得到积分奖励。

随着"福利社"板块的上线,小红书从社区级升级为社区电商,新的购物功能被开发出来。将社区与电商相结合,实行品牌商授权、海外直采、保税仓保货的进口跨境电商自营平台模式,实现信息和商品流通闭环。小红书福利社采用 B2C 自营模式,直接与 Kose、松下、博西欧、虎牌、城野医生、奥尔滨等海外品牌商,以及大昌行、日本乐天、松本清、药妆店、老佛爷百货、大丸百货等大型贸易商合作,通过保税仓和海外直邮的方式发货给用户。

**3. 蜜芽宝贝**

1) 蜜芽宝贝简介

蜜芽宝贝由全职妈妈刘楠于 2011 年创立,希望创造简单、放心、有趣的母婴用品购物体验。作为中国首家进口母婴品牌限时特卖商城,蜜芽宝贝是垂直跨境自营跨境 B2C 平台的代表。蜜芽宝贝总部位于北京,团队核心成员来自百度、京东商城、苏宁红孩子、当当网等成熟互联网公司,销售渠道包括官方网站、WAP 页和手机客户端。蜜芽宝贝主仓库位于北京大兴,面积超过 6 000 平方米,并拥有德国、荷兰、澳洲三大海外仓,以及宁波、广州两个保税仓,在母婴电商中率先步入"跨境购"领域。

2014 年 2 月,蜜芽宝贝官网上线,正式转型为进口母婴品牌限时特卖商城。蜜芽宝贝以"正品+精品+限时特卖"的模式切入中高端母婴人群。2014 年 8 月,蜜芽宝贝手机客户端正式上线,提供一站式移动购物服务。

2) 主营业务

蜜芽宝贝定位于垂直母婴电商,主打进口中高端的母婴产品,主营提供的产品有孕婴童食品、穿戴用品、养护用品、寝居用品、出行用品、玩教用品等。其目标客户是中国拥有 1~6 岁婴儿的家庭。

### 7.7.5 平台为主的跨境电商平台

**1. 天猫国际**

1) 天猫国际简介

2011 年 11 月 1 日,天猫商城从淘宝网中分拆并独立。天猫商城是亚洲最大购物网站,也是淘宝网全新打造的B2C。天猫商城整合数千家品牌商、生产商,为商家和消费者之间提供一站式解决方案,并提供100%品质保证的商品、7天无理由退货的售后服务,以及购物积分返现等优质服务。

2014年2月19日,阿里宣布天猫国际正式上线,为国内消费者直供海外原装进口商品。2015年6月24日,继5月宣布启动首个国家馆韩国馆之后,阿里巴巴集团旗下聚划算平台和天猫国际联合开启"地球村"模式。美国、英国、法国、西班牙、瑞士、澳大利亚、新西兰、新加坡、泰国、马来西亚、土耳其等十一国国家馆在天猫国际亮相。同日,阿里巴巴聚划算平台宣布全面启动与20国国家大使馆合作进程,更多海外特色商品有望在聚划算实现首发。这标志着阿里巴巴跨境进口版图初成,随着更多天猫国家馆的陆续搭建上线,国内消费者从此更便捷享受"一日逛遍全球"的最新鲜体验。

天猫商城主要分成三个模块:全球旗舰店、闪购全球和国家地区馆。全球旗舰店和天猫里的品牌旗舰店模式一样,商家全是国外卖家。闪购全球类似海外产品团购,一般是每日9点推出10款低价海购产品,主要以化妆品、母婴产品和零食为主。国家地区馆,自韩国馆开启之后,国家馆开始作为阿里巴巴集团和各国政府推进各国在商品合作的最佳载体,各国纷纷鼓励推荐本国品牌到天猫国际开店,通过阿里巴巴零售平台体系为中国消费者提供该国最好原产地直供产品。

2) 商业模式

(1) "保税进口+海外直邮"模式。天猫在跨境方面通过和自贸区的合作,在各地保税物流中心建立了各自的跨境物流仓。它在宁波、上海、重庆、杭州、郑州、广州六个城市试点跨境电商贸易保税区、产业园签约跨境合作,全面铺设跨境网点。在国际物流方面,阿里采用的是第三方物流服务,大大降低了物流成本,提高物流效率,给中国消费者带来更具有价格优势的海外商品。

(2) 入驻商家。入驻天猫国际的商家均为中国大陆以外的公司实体,具有海外零售资质。销售的商品均原产于或销售于海外,通过国际物流经中国海关正规入关。所有天猫国际入驻商家将为其店铺配备旺旺中文咨询,并提供国内的售后服务,消费者可以像在淘宝购物一样使用支付宝买到海外进口商品。天猫国际网站的商家,对在天猫国际网站购物的卖家提供海外直供的商品。

3) 盈利模式

天猫国际像天猫商城一样,依托自己的技术团队,借助消费行为数据库,根据商家的需求开发大量的软件和附加服务,如图片空间、会员关系管理、装修模块、数据魔方、量子统计等技术服务和实时划扣技术服务,收取相应的技术服务费。

除此之外,广告收入也是主要来源之一。广告主要有商品展示类广告、品牌展示广告、旺旺植入广告等。另外,天猫国际为商家提供关键字竞价排名,这也是天猫国际非常重要的收益来源。

**2. 京东全球购**

1) 京东全球购简介

2015年4月15日,京东正式宣布上线全球购业务,平台首批上线商品超过15万种,品牌数量超过1 200个,商铺超过450家,涵盖来自美、法、英、日、韩、德、新西兰等国家和地区的母婴用品、服装鞋靴、礼品箱包等众多品类。

除了直接从海外采购之外,海外品牌商家也可以直接签约入驻。京东全球购为入驻的商家提供定制化的配套服务,商家可以自主选择京东已经接通的杭州、宁波、广州等口岸及供应链服务企业。

2) 商业模式

(1) 自营与平台模式并行。不同于其他跨境电商,京东全球购与海外商家的合作更为自由,包括自营模式和平台模式,其中,自营模式是京东自主采购,由保税区内专业服务商提供支持;平台模式则是通过跨境电商模式引入海外品牌商品,销售的主题直接就是海外的公司。

京东全球购业务的上线,意味着京东的跨境进口业务取得重要进展,是京东国际化战略的里程碑。利用全球购,京东将对全球重点上游资源进行布局,并通过合作或自营等方式建设京东全球化的仓储、物流体系。

(2) 入驻商家。入驻京东全球购的商家均为中国大陆以外的公司实体,具有海关零售资质或知名的B2C/B2B网站。销售的商品均原产于或销售于海外,通过国际物流或流经中国海关正规入关。目前,京东全球购拥有母婴用品、食品保健、美容护肤、服饰鞋包、名表和数码电器等多个品类。所有京东全球购入驻商家将为其店铺配备客服中文咨询,并提供国内的售后服务,消费者可以使用网银或京东钱包直接买到海外进口商品。而在物流方面,京东全球购要求商家72小时内完成发货,并保证物流信息全程可跟踪。

3) 盈利模式

京东采用的自营与平台模式并行使得京东盈利来自两方面。京东自主采购,由保税区内专业服务商提供支持,通过商品差价来获得利润。

平台模式如同天猫国际一样,商家入驻需要支付质保金和平台使用费,同时还需要支付商品佣金,但京东全球购并没有像天猫国际一样需要技术服务费。

## 7.8 跨境电子商务发展趋势

我国跨境电子商务出口还处于发展初期,B2B占主导地位,但B2C发展迅速,C2C仍然保持较快增长。出口产品以低价值、轻小件产品为主,没有形成自己的品牌,产品利润较低,侵权现象仍然存在。同时,越来越多的企业重视产品转型、品牌建设和阳光运作,部分企业甚至在境外设立办事处和仓库。

跨境电子商务涵盖实物流、信息流、资金流、单证流,目前中国跨境电子商务的发展"瓶颈"是实物流和单证流。新型的跨境电子商务服务模式将从单纯的信息服务平台(如阿里巴巴国际等B2B平台)转向跨境电子商务服务平台(如eBay、亚马孙、敦煌网等),集合网络营销、在线交易、在线支付、保税退税、国际物流、售后服务和信用体系等服务。

### 7.8.1 跨境电子商务行业新特点

跨境电子商务经过10多年的发展,整个行业经历了早期信息发布平台的探索阶段、交易平台运营阶段及近期B2C兴起及快速发展阶段,每个阶段的跨境电子商务行业呈现出不同的特点。近年来,随着社会对跨境电子商务的关注度不断提高,跨境电子商务各参与主体对行业发展的共同推动,整个跨境电子商务行业也开始出现一些新的特点,具体主要包括以下几个方面:

(1) 参与主体。2012年以前,跨境电子商务的参与者主要以小微的草根企业、个体户及网商为主,2013年以来,传统贸易中的主流参与者(如外贸企业、工厂和品牌商家)开始进入这个领域,并逐渐走向规模化运作。

(2) 产业链。针对影响跨境电子商务发展的营销、通关商检、物流、支付等环节的问题,跨境电子商务企业及服务企业不断向产业链其他环节延伸,整合多方资源提供一体化服务。新的服务商也在不断涌现,整个产业链和生态系统的服务链条也越来越清晰和完善。

(3) 运营方式。早期跨境电子商务借助中国制造大国的优势,以销售物美价廉的产品及OEM代工为主。近两年来,大量企业开始考虑走品牌化运营之路,特别是一些较大的企业开始考虑规模化,建立自己的平台,把品牌引向海外市场,通过品牌来提升自身在跨境电子商务中的价值。

### 7.8.2 跨境电子商务发展趋势

**1. 融入"一带一路"倡议,推动跨境电商跨越式发展**

"一带一路"倡议将带动沿线国家的采购需求,为我国出口带来新的商机。目前"一带一路"沿线65个国家都在考虑怎样更好地利用互联网来打造与全世界的互联互通。从进口方向上看,进口电商将会有更丰富的资源。从商品贸易到服务贸易，从消费品到矿产资源，进口电商将有广阔的发展空间。从出口方向上看，中国出口跨境电商将结合海上丝绸之路和陆上运输之路，把更多价廉物美的商品和服务输出到沿线国家。无论引进来，还是走出去，中国出口跨境电商贸易面临更多发展新机遇。同时，跨境电子商务正以其先进性不断影响着传统行业的发展。顺应"一带一路"国家战略，跨境电子商务将帮助传统企业充分对接国际需求，扩大国际市场份额，最终实现产能输出，从而让化解过剩产能变得水到渠成。

**2. 跨境电商B2B带动外贸新增长**

随着"中国制造2025"和"供给侧改革"等战略的提出，B2B行业迎来新机遇，通过价值链的上下游整合有效解决商业效率等问题，促进了产业的优化和重组。跨境电商B2B企业通过整合资源，推动制造型企业上线，通过缩短购买流程减少中间商的参与，从而将参与贸易的双方利益最大化。B2B的大宗商品订单让贸易双方都能获得更好的效益，成为在新时期带动外贸发展的新动力。

同时，在2016年1月国务院发布《关于同意在天津等12个城市设立跨境电子商务综合试验区的批复》中，提出跨境电商综试区建设应着力在跨境电子商务企业的相关环节的技术标准、业务流程、监管模式和信息化建设等方面先行先试，发展跨境电商B2B是综试区建设的核心与重点。未来随着跨境电商综试区建设工作不断推进，跨境电商B2B将大力带动外贸新增长。

此外，2016年，国内跨境电商B2B平台敦煌网持续强化自身B2B优势，推出B2B绿色通道、调低大单佣金、商品商户瘦身等一系列重大项目，立足于帮助国内更多的中小企业通过跨境电商进行出口。

**3. 跨境电商发展不断深化创新**

从监管层面看，政府将持续推动跨境电商发展，推进监管模式创新，探索符合全球贸易发展趋势的监管创新制度。从政策层面看，随着跨境电商综合试验区建设工作的推进，跨境电商政策法规创新、管理服务创新将不断深化，以支持和引导跨境电商持续健康发展。从技术层面看，云计算、大数据、物联网、移动互联、人工智能、虚拟现实等技术创新将为跨境电子商务服务模式创新和商业模式创新提供新的发展动力和拓展空间。

**4. 跨境电商将通过线上线下去渠道融合发展**

线上线下融合的跨境O2O将是未来跨境电子商务的趋势。跨境电商企业会更看重运营，包括体验店运营、线上线下融合性服务、物流就近配送强化等。线上线下融合发展将推动跨境出口电商的发展，既能让国内消费者不出国门就能享受到同等的产品和服务，又能带动国内制造业、服务业转型升级。

**5. 跨境电子商务出口国际市场的覆盖率将不断扩大**

在销售目标市场方面，以美国、英国、德国、澳大利亚、加拿大为代表的成熟市场，由于人均购买力强、跨境网购观念普及、线上消费习惯成熟、物流配套设施完善等优势，在未来仍是我国跨境电子商务零售出口产业的主要目标市场，且将持续保持快速增长。新兴市场正成为跨境电子商务零售出口产业的新目标。俄罗斯、巴西、印度等国家的本土电子商务企业并不发达，但消费需求旺盛，中国制造的产品物美价廉，在这些国家的市场上拥有巨大的优势。东南亚市场人口数量较多，且消费偏好与中国较为接近，也具有巨大的消费潜力。

**6. 跨境电商服务水平将进一步提高**

跨境电商综合公共服务平台将进一步与海关协调，简化通关流程。同时，将通过调查国外市场，筛选适销对路的商品品种，确定需求量和质量需求，为企业提供市场调研分析服务，帮助外贸企业发现市场、开发市场。标准化的检验检疫监管平台的搭建将确保出口产品到出口目标市场的检验标准，减少因不达标带来的成本。综合物流平台将协助跨境电商建立海外仓，提高配送效率。

**7. 跨境电商发展环境将不断深化**

商务部、财政部、海关总署、国家税务总局将从四个方面优化跨境电商环境：加快实行"单一窗口"建设等贸易便利化措施；调整由于行邮税造成的跨境电商零售进口商品与国内销售的一般贸易出口货物、国产货物之间的不公平竞争；消除跨境电商B2B发展的制度约束；鼓励跨境电商企业与传统企业加快融合。

# 参考文献

[1] 柯丽敏,王怀周. 跨境电商基础、策略与实战[M]. 北京:电子工业出版社,2016.
[2] 鲁丹萍. 跨境电子商务[M]. 北京:中国商务出版社,2015.
[3] 杨坚争,杨立钒. 电子商务基础与应用(第十版)[M]. 西安:西安电子科技大学出版社,2017.
[4] 王玉珍. 电子商务概论[M]. 北京:清华大学出版社,2017.
[5] 关继超. 跨境电商[M]. 广州:广东人民出版社,2016.
[6] 冯潮前. 跨境电子商务支付与结算实验教程[M]. 杭州:浙江大学出版社,2016.
[7] 井哲然. 跨境电商运营与案例[M]. 北京:电子工业出版社,2016.
[8] 马朝阳. 国际贸易实务[M]. 北京:中国商务出版社,2014.
[9] 杨坚争,杨立钒. 国际电子商务教程[M]. 北京:电子工业出版社,2013.
[10] 雨果网. 2013—2014年中国跨境电商产业研究报告[EB/OL](2014-11-12)[2017-7-25]. http://www.cifnews.com/article/11604.
[11] 艾媒咨询. 2016—2017年中国跨境电商市场研究报告[EB/OL](2017-1-19)[2017-7-25]. http://www.iimedia.cn/148462403974098690.pdf.
[12] 阿里研究院. 2016年中国跨境电商发展报告[EB/OL](2016-9-2)[2017-7-25]. http://www.199it.com/archives/513239.html.
[13] 中国电子商务商务研究中心. 2016年度中国电子商务市场数据监测报告[EB/OL](2017-5-24)[2017-8-3]. http://www.100ec.cn/zt/upload_data/16jcbg/16jcbg.pdf.
[14] 中国电子商务商务研究中心. 2015中国跨境进口电商发展报告[EB/OL](2015-10-24)[2017-8-3]. http://www.100ec.cn/zt/kjbg/.
[15] 中国电子商务商务研究中心. 2015—2016年中国出口跨境电子商务发展报告[EB/OL](2016-8-10)[2017-8-3]. http://www.100ec.cn/zt/upload_data/B2B/1516ckbg.pdf.
[16] 中国电子商务商务研究中心. 2016年中国电子商务报告[EB/OL](2017-5-29)[2017-8-3]. http://www.199it.com/archives/606896.html.

# 第 8 章 电子商务与信息安全

随着电子商务的日益普及,信息安全问题也尤为突出。网络信息很容易被干扰、滥用、遗漏和丢失,甚至被泄露、窃取、篡改、冒充和破坏,此外还可能受到计算机病毒感染。如2016年12月爆出京东12G用户数据泄露等个人隐私的泄露事件;2017年5月12日晚,英国、意大利、俄罗斯等全球多个国家遭受Wannacry蠕虫勒索病毒袭击,中国大批高校也出现感染情况。因而,解决好信息安全问题,已经成为电子商务发展的当务之急。

本章就电子商务信息安全问题进行探讨,并对电子商务中涉及的信息安全技术、常用的电子商务安全协议、计算机病毒与防范进行介绍,最后将探讨电子商务安全管理的若干方面。

## 8.1 电子商务信息安全概述

### 8.1.1 电子商务信息安全要素

电子商务系统活动是一个涉及信息、资金和物质交易的综合交易系统,其安全对象不是一般的系统,而是一个开放的、人在其中频繁活动交易的、与社会系统紧密耦合的复杂巨系统。因此,使用电子商务的过程中会涉及以下几个方面的要素。

**1. 可靠性**

可靠性是指电子商务系统的可靠程度,是指系统为防止由于计算机失效、程序错误、传输错误、硬件故障、系统软件错误、计算机病毒和自然灾害等所产生的潜在威胁,防止数据信息资源受到破坏而采取的一系列控制和预防措施的可靠程度。

**2. 真实性**

真实性是指商务活动中交易身份真实,确保交易双方不是假冒的,是真实存在的。网上交易的双方互不了解,要使交易成功,必须互相信任,并且确认对方的真实性。能否方便而又可靠地确认交易双方身份的真实性是顺利进行电子商务交易的前提。

**3. 机密性**

机密性是指交易过程中必须保证信息不会泄露给非授权的人或实体。电子商务的交易信息直接代表着个人、企业或国家的商业机密。传统的纸面交易都是通过邮寄封装的信件或通过可靠的通信渠道发送商业报文来保守机密的。而电子商务则建立在一个较为开放的网络环境中,商业保密就成为电子商务全面推广的重要保障。因此,要预防非法的信息存储和信息在传输过程中被非法窃取,确保只有合法用户才能看到数据,防止泄露事件。

**4. 完整性**

完整性是指数据在输入、输出和传输过程中能保证一致性,防止数据非授权建立、修改和破坏。电子商务简化了贸易过程,减少了人为的干预,但同时也带来了维护商业信息的完整性、统一性的问题。

由于数据输入时的意外差错或欺诈行为,可能导致贸易各方面信息的差异。此外,数据传输过程中信息的丢失、信息重复或信息传送的次序差异也会导致贸易各方面的信息不一致。信息的完整性将影响贸易各方面的交易和经营策略,保持这种完整性是电子商务应用的基础。

**5. 有效性**

电子商务以电子形式取代了纸张,这种贸易信息的电子形式为交易各方共同认可,是保证电子商务开展的前提。电子商务作为一种新的贸易形式,其信息的有效性将直接关系到个人、企业或国家的经济利益和声誉。一旦签订交易后,这项交易就应受到保护,从而防止被篡改或伪造。交易的有效性在其价格、期限及数量作为协议一部分时显得尤为重要。

**6. 不可抵赖性**

电子商务可能直接关系到贸易双方的商业交易,如何确定将要进行的交易方正是所期望的贸易方,则是保证电子商务顺利进行的关键。在电子商务方式下,通过手写签名或印章是不现实的,因此要求在交易信息中为参与交易的个人、企业或国家提供可靠的标识,使原发送方在发送数据后不能抵赖,接收方在接收数据后也不能抵赖。

**7. 内部网的严密性**

企业内部网一方面有着大量需要保密的信息,另一方面传递企业内部的大量指令,控制着企业的业务流程。企业内部网一旦被恶意侵入,可能给企业带来极大的混乱与损失。保证内部网不被非法侵入,也是开展电子商务的企业应重点考虑的问题。

## 8.1.2 电子商务信息安全问题

电子商务是建立在 Internet 基础之上的,所以 Internet 的安全问题同样是电子商务的安全问题。电子商务的安全问题主要包括交易双方以及信息传递过程中产生的威胁。作为一个安全的电子商务系统,首先,要解决网络安全问题,保证交易信息的安全;其次,要保证数据库服务器的绝对安全,防止信息被篡改和盗取。目前电子商务存在的安全问题主要有以下几方面。

**1. 系统的中断**

系统的中断是对系统可能性的攻击。使系统不能正常工作从而中断或者延迟正在进行的交易,系统的中断会对交易双方的数据产生很大的破坏,造成严重后果。

**2. 信息的截获和盗取**

信息的截获和盗取是对信息的机密性进行的攻击。它使得不该享用交易信息的实体通过非法手段盗取交易信息,使得信息机密泄露。攻击者可能通过电话线监听、在互联网内截收数据包、搭线等非法手段获取个人、企业或者国家的商业机密,如消费者的银行账号、密码及企业的交易信息机密等。

**3. 黑客攻击**

黑客攻击一般分为两种:一种是主动攻击,它以各种方式有选择地破坏信息的有效性和完整性,如拒绝服务攻击、内部攻击等;另一种是被动攻击,它是在不影响网络正常工作的情况下,进行截获、盗取破译,从而获得重要的机密信息。

**4. 信息篡改**

信息篡改是对信息完整性的攻击。如果非法授权实体不但存取信息资源,而且对它进行了修改,则这种攻击变为篡改。如某人修改数据库中的数值,修改程序使之完成额外的功能或者修改正在传输的数据,或做其他更为严重的改动。

**5. 信息的伪造**

信息的伪造是针对身份认证机制进行的攻击。在此类攻击中,非法实体伪造计算机系统中的实体或信息。当攻击者掌握了网络信息数据规律或者破解交易信息后,可以假冒合法的用户或者发送虚假的信息给交易方用来欺骗用户。电子商务是直接关系到交易双方或者多方的商业交易,如何确定交易的各方是自己期待的交易方,即有效的身份认证,是保证电子商务顺利进行的关键。

**6. 交易抵赖**

当交易一方发现交易行为对自己不利时,就有可能否认电子交易行为。交易抵赖包括很多方面,如发信者事后否认曾经发送过信息或内容;收信者事后否认曾经收到过某条信息或内容;购买者下了订单而不予承认;商家卖出商品因价格变动而不承认原有的交易等。

## 8.2 电子商务信息安全技术

### 8.2.1 数据加密技术

在电子商务中,信息加密技术是其他安全技术的基石。加密技术是指通过使用代码或密码将某些重要信息和数据从可以理解的明文形式变换成错综复杂的、不可理解的密文形式(即加密),在线路上传送或者在数据库汇总存储,最终由接受方的用户再将密文还原成明文(即解密),从而保障信息数据的安全性。数据加密的方法很多,常用的有两大类:一种是对称密钥加密,另一种是非对称密钥加密。

**1. 对称密钥加密**

对称加密又称私钥加密,是指加密密钥能够从解密密钥中推算出来,同时解密密钥也可以从加密密钥中推算出来。即发送方用密钥加密明文,传送给接收方,接收方用同一密钥解密。其特点是加密和解密使用的是同一个密钥。典型的代表是美国国家安全局的 DES。它是 IBM 于 1971 年开始研制,于 1977 年美国标准局正式颁布其为加密标准,这种方法使用简单,加密解密速度快,适用于大量信息的加密。对称密钥的特点是加密速度快,效率高。

1) 对称密钥加密过程

对称加密体制加密过程,如图 8-2-1 所示。

(1) 发送方 A 用对称密钥 K 加密原文。

(2) 发送方 A 通过 Internet 将加密的原文传送给接收方 B。

(3) 接受方 B 将接受的密文通过对称密钥解密得到原文。

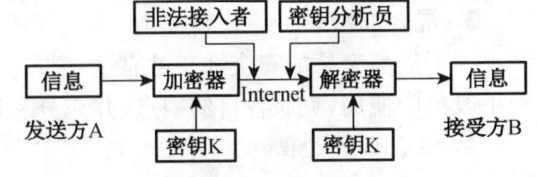

图 8-2-1 对称密钥加密过程

在此过程中,有可能发生非法接入者截取明文的情况,但是由于其不知道解密密钥而无法获取原文信息,密文对其来说就是没有意义的乱码。另外,密钥分析员需要不断对密钥的安全性进行分析,以确保安全性以及信息的安全传输。

2) 对称密钥加密存在的问题

(1) 不能保证也无法知道密钥在传输中的安全。若密钥泄露,黑客用它解密信息,也可能假冒一方做坏事。

(2) 假设每对交易方用不同的密钥,$N$ 对交易方需要 $N\times(N-1)/2$ 个密钥,难于管理。

(3) 不能鉴别数据的完整性。

**2. 非对称密钥加密**

非对称密钥加密又称公开密钥加密。公开密钥加密法是在对数据加解密时,使用不同的密钥,通信双方各具有两把钥匙,一把公钥和一把私钥。公钥外界公开,私钥自己保管,用公钥加密的信息,只能用对应的私钥解密。

1) 非对称密钥加密过程

非对称密钥加密具体加密传输过程,如图 8-2-2 所示。

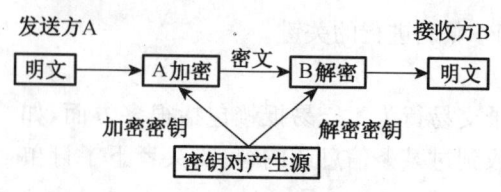

图 8-2-2 非对称密钥加密过程

(1) 发送方 A 用接收方 B 的公钥加密自己的私钥。
(2) 发送方 A 用自己的私钥加密文件,然后将加密后的私钥和文件传输给接收方。
(3) 接收方 B 用自己的公钥解密,得到发送方 A 的私钥。
(4) 接收方 B 用发送方 A 的私钥解密,得到明文。

这个过程包含了两个加解密的过程:密钥的加解密和文件本身的加解密。在密钥的加密过程中,由于发送方甲用接收方乙的公钥加密了自己的私钥,如果文件被窃取,由于只有乙保管自己的私钥,所以黑客无法解密。这就保证了信息的机密性。另外,发送方甲用自己的私钥加密的信息,因为信息是用甲的私钥加密,只有甲保管它,可以认定信息是甲发出的,而且没有甲的私钥就不能修改数据,也可以保证信息的不可抵赖性。

2) 非对称密钥的特点

非对称密钥与对称密钥体制相比,具有以下几个特点:

(1) 密钥分发和管理简单。加密密钥可以做到密钥本公开,解密密钥由各用户自行掌握。
(2) 每个用户密钥保存的数量减少。网络中每个用户只需要秘密保存自己的解密密钥,与其他用户通信所使用的加密密钥可以由密钥本得到。
(3) 适用于计算机网络的发展,能够满足互不相识的用户之间进行保密通信的要求。
(4) 能够很容易地完成数字签名和认证。
(5) 加密和解密的效率比对称密钥体制要快,因此,大多数用公约密钥体制来保护和区别会话密钥,并将其用于对称密码算法中实现快速通信。

公开密钥加密典型的代表是 RSA 算法,它是由 Rivest、Shamir、Adleman 三人于 1977 年提出一个公钥加密算法。但是 RSA 的加密解密要两次,处理和计算量都比较大,速度慢,所以只适合少量的数据加密。

### 3. 混合加密

为了提高交易的安全性和可靠性,现在大多采取混合加密手段,即将对称密钥加密手段和非对称加密手段集中使用,克服各自的缺点,并充分利用各自的优点。

1) 混合加密过程

混合加密过程,如图 8-2-3 所示。

(1) 发送方用对称密钥将要发送的信息加密形成密文。
(2) 发送方将加密使用的对称性密钥采用接收方的公钥进行加密。
(3) 发送方将加密的密文和对称密钥通过网络传递给接收方。

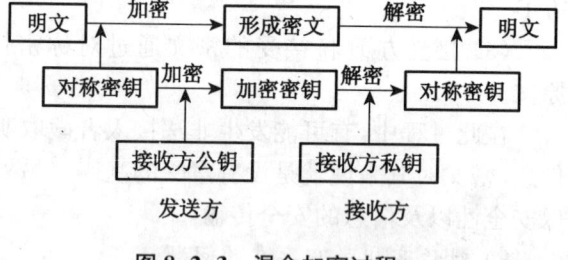

图 8-2-3 混合加密过程

(4) 接收方将解密得到的对称密钥进行解密的同时,接受经过加密网络传过来的密文,从而得到原文。

2) 混合加密密钥的特点

(1) 继承了对称密钥加密速度快、效率高的特点。
(2) 集合了非对称密钥的良好的安全性,即使加密的信息和密钥被截获也无法解密对称密钥对,因为经过接收方公钥加密的对称密钥只有接收方的私有密钥才能解密,得到对称密钥,进而解密密文得到原文。

### 8.2.2 认证技术

认证技术是保证电子商务安全的一项重要技术,它可以直接满足身份认证、信息完整性、不可否认性和不可修改性等多种网上交易的安全要求,较好地避免了网上交易面临的假冒、篡改、抵赖、伪造等各种威胁。认证技术主要涉及身份认证和信息认证两个方面的内容。

**1. 身份认证**

身份认证是用户身份的确认技术,是网络安全的第一道防线,各种网络应用和计算机系统都需要通过身份认证来确认一个用户的合法性,然后确定这个用户的具体权限。

1) 身份认证的内容

身份认证用于鉴别用户的身份,包括识别和验证两个环节,即明确并区分访问者的身份以及对访问者声称的身份进行确认。所谓识别,是指对每个合法的用户都要有识别能力,为了保证识别的有效性,就需要保证任意两个不同的用户都具有不同的识别符。所谓验证,是指在用户声称自己的身份后,认证方对它所声称的身份进行验证,以防身份假冒。身份认证的主要目标包括:

(1) 确保交易者是交易者本人,而不是其他人。通过身份认证解决交易者是否真实存在的问题,避免与虚假的交易者进行交易。

(2) 避免与超过权限的交易者进行交易。有的交易者真实存在,但违反商业道德,恶意透支,或提供假冒伪劣商品。利用身份认证,结合银行、工商管理部门和税务部门的有关信息,可以有效保证交易的安全性。

(3) 访问控制。拒绝非法用户访问系统资源,限定合法用户只能访问系统授权和指定的资源。

2) 电子商务对身份认证技术的基本要求

在真实的物理世界中,每个人都拥有独一无二的身份标志,但在虚拟的网络世界中用户的身份往往采用一组特定的数据来表示,如何保证操作者的物理身份和数字的对应是电子商务安全所要解决的问题。电子商务领域对身份认证技术的基本要求如下:

(1) 身份识别方法要求安全、健康,对人的身体不会造成伤害。检测最好采用非接触的方式,不会传染疾病,也不能伤害人的身体器官。

(2) 身份认证技术要满足实时检测的速度要求,操作简单、容易掌握和使用。

(3) 身份认证技术要求性价比高,检测和识别设备在满足性能要求的前提下价格不能昂贵,适合普及、推广和应用。

3) 身份认证的基本方法

用户身份认证可通过基于秘密信息、物理信息(智能卡)、生物学特征等方式来实现。

(1) 基于秘密信息的身份认证。基于秘密信息的身份认证方法有口令核对、单项认证、双向认证、身份的零知识证明。口令核对的基本做法是每一个合法用户都有系统给的一个用户名和口令,用户进入时系统就要求输入用户名和口令,如输入正确,该用户的身份便得到认证。这种方法简单地根据输入的用户名以及预先约定的秘密信息口令(一维数据)来判别用户的身份。基于秘密信息的身份认证方法又称身份标识码和密码或称用户和口令的身份认证方法,是第一代的身份认证技术,也称一维识别技术,是当前使用最普及也是最不安全的个人身份识别技术。

(2) 基于物理方法的身份认证方法。物理安全的身份认证方法是指依赖于用户持有的合法物理介质硬件,如证件、钥匙、卡等有形载体或用户所具有的某些生物学特征信息,进行身份认证的方法。基于智能卡的身份认证机制在认证时需要一个硬件——智能卡和安全技术基础平台PKI,每一个用户配置记录由个人身份信息和PKI个人数字证书的智能卡。进行身份认证时,用户插入自己的智能卡并输入密码,认证中心(CA)帮助其完成身份识别,也称二维识别技术。这种方案基于智能卡的物理安全性,不易伪造和不能直接读取其中的信息;没有CA中心发放的智能卡则不能访问系统资源,即使智能卡丢失,入侵者仍需要输入用户口令;但由于智能卡信息的读取需要专用的读卡器,这种身份认证技术的应用具有一定的局限性。

(3) 基于生物学特征的身份认证。基于生物学特征的身份认证是指使用指纹、语音、DNA、视网膜扫描等生物特征来识别身份的认证技术。这种方法具有难以伪造、安全性高、不易丢失、可以通过网络传输等优点,广泛地应用于电子商务的身份识别领域。

**2. 信息认证**

信息认证用于保证信息双方的不可抵赖性以及信息的完整性和信息的保密性,即确认信息是不是假冒的、是否被第三方修改或伪造。信息认证是指通信双方建立连接之后,对敏感的文件进行加密,即使攻击者截获文件也无法得到其准确内容,保证数据的完整性,防止截获人在文件中加入其他信息;对数据和信息的来源进行验证,以确保发送人的身份以及所收到的信息是真实的。

某些情况下,信息认证比身份认证更为重要。例如,买卖双方发生一般商品交易业务时,可能交易的具体内容并不需要保密,但是交易双方应当能够确认是对方发送了或接收了这些信息,同时接收方还能确认接收的信息是完整的,即在通信过程中信息没有被修改或替换。另一个例子是网络中的广告信息,此时接收方主要关心的是信息的真实性和信息来源的可靠性。因此,在这些情况下,信息认证将处于安全的首要地位。

信息认证的主要目标包括:

(1) 可信性。信息的来源是可信的,即信息接收者能够确认所获得的信息不是由冒充者所发出的。

(2) 完整性。要求保证信息在传输过程中的完整性,即信息接收者能够确认所获得的信息在传输过程中没有被修改、遗失和替换。

(3) 不可抵赖性。要求信息的发送方不能否认自己所发出的信息。同样,信息的接收方也不能否认已收到的信息。

(4) 保密性。对敏感的文件进行加密,即使别人截获文件也无法得到其内容。

目前,在电子商务中广泛使用的信息认证方法主要有数据加密、数据签名、数字摘要、数字信封、数字时间戳、数字证书、CA认证体系等技术。下面重点介绍数字摘要、数字签名、数字信封、数字时间戳四种信息认证技术。

1) 数字摘要

数字摘要又称Hash函数,通过使用单向散列Hash函数将需要加密的明文压缩成一个固定长度的密文。该密文同明文是一一对应的,不同的明文加密成不同的密文,相近的明文其摘要必然一样。因此,利用数字摘要就可以验证通过网络传输收到的明文是否被篡改过,从而保证数据的完整性和有效性。

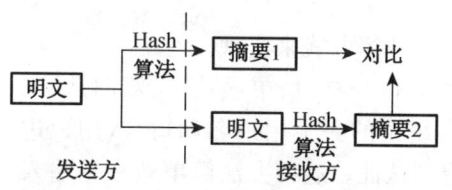

图 8-2-4 数据摘要加密过程

(1) 数字摘要的加密过程。数字摘要的加密过程,如图8-2-4所示。

第一,发送方将要发送的明文利用双方约定的Hash函数加密,生成报文的数字摘要1。

第二,发送方将生成的摘要1和明文一同发送给接收方。

第三,接收方经接收到的明文利用双方约定的Hash函数加密,生成报文的数字摘要2。

第四,接收方将接收到的摘要1和自己生成的摘要2进行比较,若一致,则能证明该报文在传输的过程中没有被篡改。

(2) 数字摘要的特点。数字摘要主要是利用Hash函数,所以对于Hash函数,它必须具备以下几点:

第一,Hash函数能用于任意长的消息或文件。

第二,Hash函数的输出是固定长的,但要足够长。

第三,计算Hash函数的值是容易的。

第四,给定算法$h$,要找到两个相同的消息$x_1$和$x_2$,使其杂凑值$h(x_1)=h(x_2)$是很困难的。

数字摘要在数字签名和消息的完整性检测方面有着重要的作用。对于一个数字签名来说,其签名长度与消息长度成正比。为了使签名长度更短,通常在对消息签名之前,先用一个 Hash 函数将消息压缩成为一个很短的摘要,再对消息进行签名。为了保证一个文件的完整性,即文件不会被非法改动,文件的所有者通常先用一个 Hash 函数计算出该文件的摘要,并将其保存起来,当其使用该文件时,要先计算该文件的 Hash 值,并与自己秘密保存起来的 Hash 函数值进行比较,如果两者相等,则证明该文件是完整的,没有被改动,否则就说明文件已经被篡改。

2)数字签名

数字签名是一种以电子形式给一个消息签名的方法,是只有信息发送方才能进行的签名,是任何其他人都无法伪造的一段数字串,这段特殊的数字串同时也是对签名真实性的一种证明。在电子商务的信息传输过程中,通过数字签名来达到与传统手写签名相同的效果。

(1)数字签名的特点。数字签名具有不可伪造性,它是可靠的、不可重用的、不可改变的、不可抵赖的。

使用公开密钥算法是实现数字签名的主要技术。它有两个密钥:一个是签名密钥,其必须保持秘密,因此称为私有密钥,简称私钥;另一个是验证密钥,它是公开的,因此称为公开密钥,简称公钥。公开密钥算法的运算速度比较慢,因此可使用安全的单向散列函数对要签名的信息进行摘要处理,以减少使用公开密钥算法的运算量。

(2)数字签名的类型。数字签名是相对于手书签名而言的,称电子签名,是实现电子交易和支付的安全核心技术之一,涉及的类型主要有双重签名、代理签名和盲签名等。

第一,双重签名技术。双重签名技术是为了解决电子交易中三方之间信息传输的安全性问题而产生的,它具体指在电子交易过程中消费者对支付信息和订单信息分别进行签名,但是商家只能对用户的订单信息解密,而看不到支付信息;同时,金融机构则只能对支付和账户信息解密,看不到订单信息,这样就充分保证了消费者的账户和订货信息的安全性。目前支持银行卡网上支付的 SET 安全协议采用的就是这种双重数字签名技术。

第二,代理签名技术。代理签名技术指在原始签名者和代理签名者之间的相关法律协议下,被指定的代理签名者可以代表原始签名者生成有效的数字签名。代理签名的目的是当签名授权人因公务或身体健康原因不能行使签名权利时,可以将签名权委派给其他人代替自己行使签名权。根据代理权限的大小,可以将代理签名分为完全代理签名、部分代理签名和有授权书的代理签名;根据代理签名密钥是否由原始签名人产生,可以将代理签名分为未对代理人提供保护的代理签名和对代理人提供保护的代理签名。

第三,盲签名技术。盲签名技术是一种特殊类型的数字签名。一般数字签名的情况是签名者知道所签署的信息报文内容,而在盲签名中,先由信息报文拥有者对原始信息进行盲化,然后发送给签名者,签名者对盲化后的信息进行签名并返回给信息报文拥有者,最后由报文信息拥有者去除盲化因子,得到签名者对原始信息报文的签名。盲签名可以使签名的信息报文对签名者保密,而且在认证的同时不泄露信息报文的内容,这是它的显著特性,适应了许多商务活动的保密需求。因此,它在合同公正、电子货币、电子支付、电子投票系统中得到了广泛的应用。

(3)数字签名的实现过程。数字签名的具体实现过程,如图 8-2-5 所示。

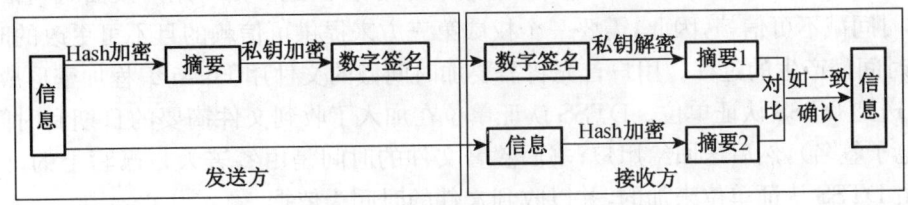

图 8-2-5　数据签名的实现过程

第一,发送方首先用 Hash 函数将需要传送的内容加密,产生报文的数字摘要。

第二,发送方采用自己的私有密钥对摘要进行加密,形成数字签名。

第三,发送方把原文和加密的摘要同时传递给接收方。

第四,接收方使用发送方的公开密钥对数字签名进行解密,得到发送方形成的报文摘要。

第五,接收方用 Hash 函数将接收到的报文转换成报文摘要,与发送方形成的摘要相比较,若相同,则说明文件在传输过程中没有被破坏。

3) 数字信封

数字信封是为了解决传送更换密钥问题而产生的技术,它结合了对称加密和非对称加密技术。数字信封的功能类似于普通信封,普通信封在法律的约束下保证只有收信人才能阅读信的内容,而数字信封在采用密码技术保证只有规定的接收人才能阅读信息的内容。

数字信封技术结合了对称密钥加密技术和非对称密钥加密技术的优点,既克服了对称加密中对称密钥数量的繁多、管理困难等问题,也克服了非对称密钥加密中加密算法复杂、加密时间长的问题。信息发送方用接收方公开的密钥对自己的密钥进行加密,从而保证只有规定的收信人才能阅读信的内容。采用数字信封技术后,即使加密文件被他人非法截获,截获者因为无法得到发送方的对称密钥,也不可能对文件进行解密,保证了通信的安全。

(1) 数字信封的实现过程。数字信封的具体实现过程,如图 8-2-6 所示。

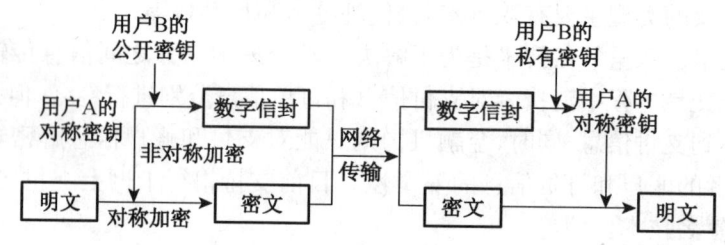

图 8-2-6 数字信封的实现过程

第一,当发信方发送信息时,首先生成一个对称密钥,用该对称密钥加密要发送的明文。

第二,发信方用收信方的公开密钥加密上述对称密钥,生成数字信封。

第三,发送方将密文和数字信封传给收信方。

第四,收信方使用自己的私有密钥解密数字信封,得到被加密的对称密钥。

第五,收信方用得到的对称密钥解密收到的密文,得到真正的密文。

4) 数字时间戳

在电子商务交易中,除了要考虑数据的保密性、完整性、不可否认性及不可伪造性,还需要对交易数据、交易文件的日期和时间信息采取安全措施。数字时间戳是数字签名的一种发展,数字时间戳服务能提供电子文件发表时间的安全保护。时间戳是一个经加密后形成的凭证文档,包括时间戳的文件摘要、DTS 收到文件的日期和时间、DTS 的签名三个部分。

对于成功的电子商务应用,要求参与交易各方不能否认其行为。这其中需要在经过数字签名的交易上打上一个可信赖的时间戳,从而解决一系列的实际和法律问题。由于用户桌面时间很容易改变,由该时间产生的时间戳不可信赖,因此,需要一个权威第三方来提供可信赖的且不可更改的时间戳服务。

(1) 数字时间戳产生的过程。用户首先将需要加时间戳的文件用 Hash 编程加密形成数字摘要,然后再将摘要发送到 DTSS 认证单位。DTSS 认证单位在加入了收到文件摘要的日期和时间信息后再对该文件加密(电子签名),然后送回给用户;书面签署文件的时间是由签署人自己写上的,而数字时间戳则不然,它是由 DTSS 认证单位来加的,并以收到文件的时间为依据。

(2) 数字时间戳的作用如下:①数据文件加盖的时间戳与存储数据的物理媒体有关。②对已加盖时间戳的文件不能做丝毫改动。③要想对某个文件加盖与当前日期和时间不同的时间戳是不可能的。

### 8.2.3 数字证书技术

在电子商务交易过程中,任何一方都要表明自己是一个合法的用户或商家,并鉴别(确定)交易双方的身份。但是,如何才能保证交易对方的真伪,即如何保证所得到的公开密钥的正确性,为了解决这个问题,就引出了认证机制。认证机制包含两个部分,数字证书(Digital Certificates)和认证中心(Certificate Authority, CA)。

现在业界常用的是符合 SET 标准的 SET CA 认证体系和基于 X.509 的 PKI CA 体系。SET CA 认证体系适用于信用卡支付,可以保证 B2C 类型的电子商务安全顺利地进行,但对其他支付方式是有所限制的。PKI 是一个提供公钥加密和数字签名服务的平台,采用 PKI 框架管理密钥和证书。基于 PKI 框架结构及其开发的 PKI 应用为建立 CA 提供了强大的证书和密钥管理能力,它能支持 B2B 和 B2C 两种贸易模式。

**1. 数字证书**

数字证书是一种权威性的电子文档,提供了一种在 Internet 上验证身份的方式,其作用类似于司机的驾驶执照或日常生活中的身份证。它由一个权威机构——CA 证书授权中心发行,人们可以在互联网交易中用它来识别对方的身份。当然在数字证书认证的过程中,选择权威的、公正的、可信赖的第三方认证中心(CA)是至关重要的。完整的数字证书一般包括所有者的公钥、所有者的名字、公钥的失效期、发放机构的名称(发放数字证书的 CA)、数字证书的序列号、发放机构的数字签名等内容。

1) 数字证书颁发过程

只有通过国家认证的电子认证服务机构(CA 机构)才有制作和发放合法数字证书的资格,正式版数字证书可以使用在多种公共网络服务之中,但是需要额外的申请和处理方法及时间。一般流程是用户向电子认证服务机构递交数字证书申请资料,电子认证服务机构在接收到申请请求后,将对申请人的身份进行审核,当用户的申请请求满足审核和发证要求并完成缴费手续后,电子认证服务机构将为其制作证书,然后发给证书申请人。数字证书由独立的证书发行机构发放,每种证书可提供不同级别的可信度。

2) 数字证书的内容

数字证书从功能上来说很像密码,就是用来证实身份或对网络资源访问的权限等的一个凭证。尤其是在电子商务中,如果交易双方出示了各自的数字证书,并用它们进行交易操作,那么双方就不必担心对方身份的真实性。

数字证书可以广泛应用于电子商务(如网上银行、网上证券、网上采购、网上招标、企业供应链管理、企业间电子交易、安全电子邮件等)和电子政务(如网上报税、网上年检、网上工商管理、组织机构代码管理、社区服务管理等领域)。数字证书还可以用于电子邮件、电子资金转移等各个方面。

数字证书主要由两部分组成:申请证书主体的信息和发行证书的 CA 签字,如图 8-2-7 所示。

数字证书包含版本信息、证书序列号、CA 所使用的签字算法、发行证书 CA 的名称、证书的有效期限、证书主体名称、被证明的公钥信

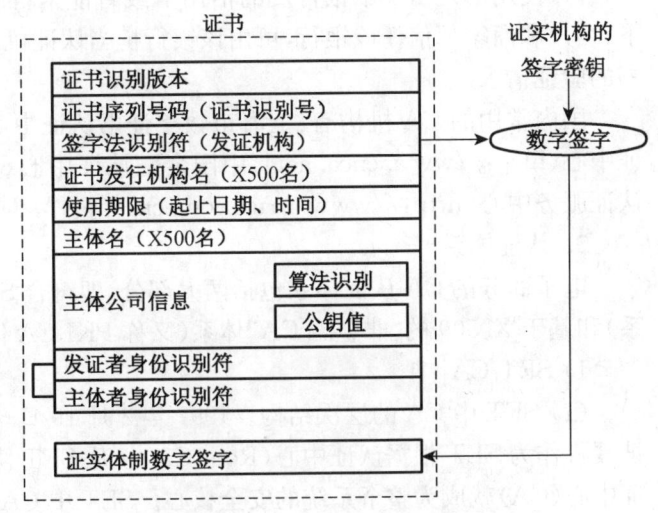

图 8-2-7 数字证书的组成

息。发行证书的CA签字包括CA签字和用来生成数字签字的签字算法。顾客向CA申请证书时,可提交自己的身份证、护照或驾驶执照,经验证后,颁发证书,以此作为网上证明自己身份的依据。

3) 数字证书的类型

(1) 个人数字证书。个人数字证书主要是为某一个用户提供的证书,以帮助个人用户和其他用户交换信息或使用在线服务时,验证用户的身份,保证信息的安全,主要用于个人的电子邮件安全。

个人数字证书一般分为两个级别:第一级提供个人电子邮件认证,仅与电子邮件地址有关,并不对个人信息进行认证,是最初级的认证;第二级提供个人姓名、个人身份等信息的认证。

(2) 服务器数字证书。服务器数字证书又称企业证书,主要为网上的某个Web服务器提供证书,拥有Web服务器的企业就可以用具有凭证的互联网站点(Web Site)进行安全的电子交易。拥有数字证书的Web服务器会自动将其与客户端的Web浏览器通信的信息加密。服务器拥有了证书,就可以进行安全的电子交易。

服务器证书的发放比较复杂。因为服务器证书是一个企业在网上的形象,是企业在网络空间信任度的体现,所以一个权威的认证中心对每一个申请者都要进行信用调查,包括企业的基本情况、营业执照和纳税证明等。

(3) 代码签名数字证书。代码签名数字证书又称开发者数字证书,通常为互联网中被下载的软件提供证书。借助这种数字证书,软件开发者可以为软件做数字标识,在互联网上进行安全的传送。当客户从开发者网站上下载经过数字标识的ActiveX控件、Java小程序、动态链接库、HTML内容时,就能够确信该代码的开发者信息,而且确定没有被改变或破坏。

### 2. 认证机构

在电子商务交易的过程中,认证服务机构(CA)是指为了电子签名人和电子签名依赖方提供电子认证服务的第三方机构,主要为电子签名相关各方提供真实、可靠验证的公共服务,解决电子商务活动中交易参与各方身份、资信的认定,维护交易活动的安全。

电子认证服务机构在电子商务中具有特殊的地位。它是为了从根本上保障电子服务交易活动顺利进行而设立的。它不仅要对进行电子商务交易的买卖双方负责,还要对整个电子商务的交易秩序负责。

电子认证服务机构主要提供的服务包括:制作、签发、管理电子签名认证证书;确认签发的电子签名认证证书的真实性;提供电子签名认证证书目录信息查询服务;提供电子签名认证证书状态信息查询服务。

在实际运作中,认证机构也可由交易双方信任的第三方担当。例如,在客户、商家、银行三角关系中,客户使用的是由某个银行发的信用卡或智能卡,而商家与该银行有业务关系(有账号)。在此情况下,客户和商家都信任该银行,可由该银行担当认证机构角色,接收、处理其所提供的客户证书和商家证书的验证请求。

国内常用的CA机构有:上海市数字证书认证中心(http://www.sheca.com)、广东省电子商务认证中心(http://www.cnca.net)、中国金融认证中心(http://www.cfca.com.cn)、天威诚信安全身份认证服务中心(http://www.itrus.com.cn/)等。

### 3. 认证体系

电子商务的CA认证体系包括两大部分,即符合SET标准的"金融CA"体系(又称SET CA认证体系)和基于X.509的"非金融CA"体系(又称PKI CA体系)。

1) SET CA

(1) SET中CA的层次结构。1997年2月19日,由MasterCard和VISA发起成立SETCO公司,被授权作为SET根据认证中心(Root CA)。从SET协议中可以看出,由于采用公开密钥加密算法,认证中心(CA)就成为整个系统的安全核心。SET中CA的层次结构,如图8-2-8所示。

第一,CA(Root CA)是离线的并且是被严格保护的,仅在发布新的品牌CA(brand CA)时被访问。

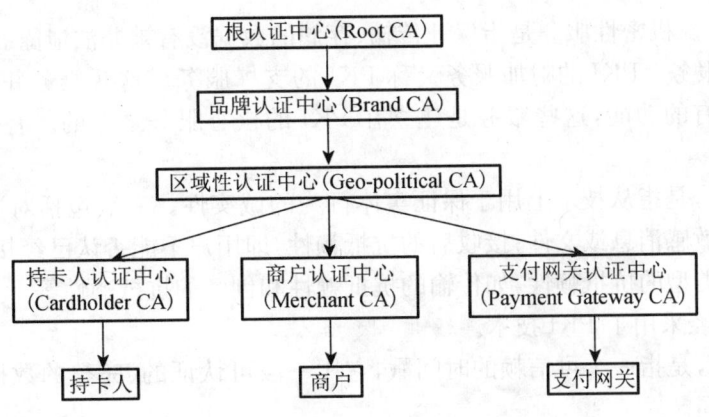

图 8-2-8 SET 中 CA 的层次结构

第二,品牌 CA 发布地域政策 CA(geopolitical CA)、持卡人 CA(cardholder CA)、商务 CA(merchant CA)和支付网关 CA(payment Gateway CA)的证书,并负责维护及分发其签字的证书和电子商务文字建议书。

第三,地域政策 CA 是考虑到地域或政策的因素而设置的,是可选的。

第四,持卡人 CA 是负责生成并向持卡人分发证书。

第五,商户 CA 负责发放商务证书。

第六,支付网关 CA 为支付网关(银行)发放证书。

(2) CA 认证体系的职责。CA 认证体系的职责包括:验证并标识公开密钥信息提交认证的实体身份;确保用于产生数字证书的非对称密钥对的质量;保证认证过程和用于签名公开密钥信息的私有密钥安全;确保两个不同的实体未被赋予相同的身份,以便把他们区分开来;管理包含于公开密钥信息中的证书材料信息,如数字证书序列号、认证机构标识等;维护并发布撤销证书列表;指定并检查证书的有效期;通知在公开密钥信息中标识的实体,数字证书已经发布;记录数字证书产生过程的所有步骤。

2) PKI CA

公钥基础设施(Public Key Infrastructure,PKI)是提供公钥加密和数字签名服务的安全基础平台,目的是管理密钥和证书。PKI 是创建、颁发、管理、撤销公钥证书所涉及的所有软件、硬件的集合体,它将公开密钥技术、数字证书、证书发放机构(CA)和安全策略等安全措施整合起来,成为目前公认的解决信息安全问题最可行、最有效的方法。

PKI 是信息安全基础设施中的一个重要组成部分,是普遍使用的网络安全基础设施。PKI 是 20 世纪 80 年代由美国学者提出来的概念,实际上授权管理基础设施、可信时间戳服务系统、安全保密管理系统、统一的安全电子政务平台等的构建都离不开它的支持。数字证书认证中心 CA、审计注册中心 RA、密钥管理中心 KM 都是组成 PKI 的关键组件。作为提供信息安全服务的公共基础设施,PKI 是目前公认的保证网络社会安全的最佳体系。

(1) PKI 的核心服务。PKI 可以提供身份标识和认证、保密或隐私、数据完整性和不可否认性等四个方面的保证,它所提供的核心服务主要包括以下三个方面:

第一,认证服务。在现实生活中,认证采用的方式通常是两个人事前进行协商,确保一个密码,然后依据这个密码进行相互认证。随着网络的扩大和用户的增加,事前协商密码变得非常复杂,在大规模的网络中,两两进行协商几乎是不可能的。PKI 通过证书进行认证,证实用户的真实身份与其所声称的身份是否相符。证书是一个可信的第三方证明,通过证书通信双方可以安全地进行相互认证,而不用担心对方是假冒的。

第二,完整性服务。数据完整性服务是指确认数据没有被修改,即数字无论是传播还是存储过程中都没有被修改。在电子商务活动和网上交易中,这种确认是非常重要的。

第三，机密性服务。机密性服务是指保证传输、存储的数据没有被非法泄露。

（2）PKI的附加服务。PKI的附加服务又称PKI的支撑服务。这些服务并不是每个PKI具备的基本功能或者本身固有的功能，这些服务是建立在PKI的核心服务之上的。有一些PKI支持这些服务，有些则不支持。

第一，抗抵赖服务，是指从技术上用于保证实体行为的诚实性。一般包括对数据源的抗抵赖性，即用户不能否认发送该敏感消息或文件；接收后的抗抵赖性，即用户不能否认已经接收到了敏感信息或文件。此外还包括其他类型的抗抵赖性，如传输的抗抵赖性和创建的抗抵赖性等。目前，许多电子商务网站、Email系统等都已经采用了PKI技术。

第二，安全时间戳，是指一个可信赖的时间戳，它用一段可认证的、完整的数据表示时间戳，来证明数据处理所发生的时间。

第三，公认。PKI中公证服务与一般社会公证人的服务有所不同，PKI中支持的公证服务是"数据公认"的含义，即CA机构中的公认人证明数据的有效性或正确性，而"正确"取决于数据被验证的方式。

（3）PKI的体系结构。一个典型的PKI应用系统包括五个部分：密钥管理子系统（密钥管理中心）、证书受理子系统（注册系统）、证书签发子系统（签发系统）、证书发布子系统（证书发布系统）、目录服务子系统（证书查询验证系统）。图8-2-9显示了PKI体系的构成。

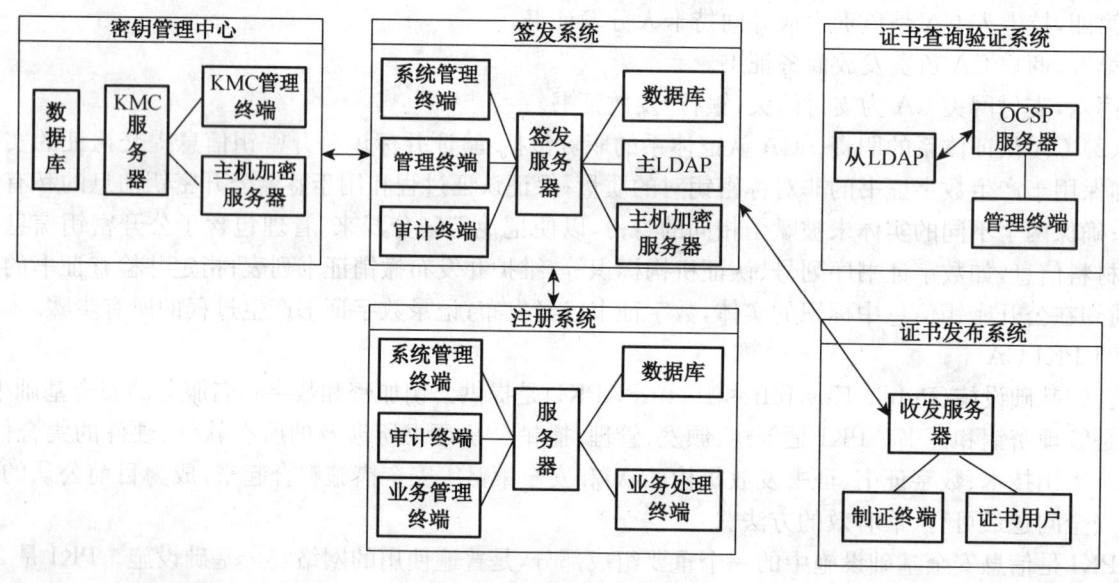

图8-2-9 PKI体系的构成

一个标准的PKI域必须具备以下主要内容：

第一，认证机构CA。CA是PKI的核心执行机构，是PKI的主要组成部分，业界人士通常称它为认证中心。从广义上讲，认证中心还应该包括证书申请注册机构RA，它是数字证书的申请注册、证书签发和管理机构。CA保证了电子商务、电子政务、网上银行、网上证券等交易的权威性、可信任性和公正性。

第二，证书库。证书库内存放了经认证机构签发的证书和已撤销的证书的列表，网上交易的用户可以使用应用程序，从证书库中得到交易对象的证书和公钥，验证其证书的真伪，查询其证书的状态。证书库通过目录技术实现网络服务，轻型目录访问协议（Lightweight Directory Access Protocol，LDAP）定义了标准的协议存取目录系统。支持LDAP协议的目录系统能够支持大量用户的同时访问，并对检索请求有较好的响应能力，能够分布在整个网络上以满足大规模和分布式组织的要求。

第三，应用程序接口（API）。PKI的价值在于使用户能够方便地使用加密、数字签名、身份认证等安全服务，因此一个完整的PKI必须提供良好的应用接口系统，使得各种各样的应用能够以安全、一致、可信的方式与PKI交互以确保网络环境的可行性、完整性和经济性。

第四，密钥备份及恢复。密钥备份及恢复是密钥管理的主要内容，用户由于某些原因将解密数据的密钥丢失，从而导致已被加密的密文无法解开。为避免这种情况的发生，PKI提供了密钥备份与密钥恢复机制。当用户证书生成时，加密密钥即被CA备份存储；当需要恢复时，用户只需向CA提出申请，CA就会为用户自动进行恢复。

第五，证书作废处理系统。证书作废处理系统是PKI的一个重要的组件。与日常生活中的各种身份证件一样，证书在有效期以内也可能需要作废，其原因可能是密钥介质丢失或用户身份变更等。为实现这一点，PKI必须提供作废证书的一系列机制。其中，作废证书的策略有作废一个或者多个主体的证书、作废由某一对密钥签发的所有证书和作废由某CA签发的所有证书三种。

作废证书一般通过将证书列入作废证书表(CRL)来完成。通常，系统中由CA负责创建并维护一张及时更新的CRL，而由用户在验证证书时负责检查该证书是否在CRL之列。CRL一般存放在目录系统中。证书的作废必须在安全及可验证的情况下进行，系统还必须保证CRL的完整性。

第六，密钥和证书的更新。一个证书的有效期是有限的，这种规定在理论上是基于当前非对称算法和密钥长度的可破译性分析，在实际应用中是由于长期使用同一个密钥有被破译的危险，因此为了保证安全，证书和密钥必须有一定的更换频度。为此，PKI对已发的证书必须有一个更换措施，这个过程称为"密钥更新或证书更新"。

第七，证书历史档案。这一系列旧证书和相应的私钥组成了用户密钥和证书的历史档案，记录整个密钥历史是非常重要的。如某用户几年前用自己的公钥加密的数据或者其他人用自己的公钥加密的数据无法用现在的私钥解密，那么该用户就必须从他的密钥历史档案中，查找几年前的私钥来解密数据。

第八，客户端软件。为方便客户操作，解决PKI的应用问题，在客户外装有客户端软件以实现数字签名、加密传输数据等功能。此外，客户端软件还负责在认证过程中，查询证书和相关证书的撤销信息，进行证书路径处理，以及对特定文档提供时间戳请求等。

第九，交叉认证。交叉认证就是多个PKI域之间实现互操作。交叉认证实现的方法有多种：一种方法是桥接CA，即用一个第三方CA作为桥，将多个CA连接起来，成为一个可信任的统一体；另一种方法是多个CA的根CA互相签发根证书，当不同PKI域中的终端用户沿着不同的认证链检验认证到根时，就能达到互相信任的目的。

3) 信息完整性

信息的完整性要靠信息认证来实现，信息认证是信息的合法接收者对消息的真伪进行判定的技术。信息认证的内容包括：信息的来源、信息的完整性，以及信息的序号和时间。

使用数字签名技术和身份识别技术可以鉴别信息发送者的身份，也就是明确了信息的来源。正像前面分析的那样，数字签名技术可以证实文件的真伪，而身份识别技术可以证实发送人身份的真伪。

信息序号和时间的认证主要是为了阻止信息的重放攻击。常用的方法有消息的流水作业号、链接认证符、随机数认证法和时间戳等。

信息内容的认证即完整性检验常用的方法，是信息发送者在信息中加入一个鉴别码并经加密后发送给接受者检验(有时只加密鉴别码)。接受者利用约定的算法对解密后的信息进行运算，将得到的鉴别码与收到的鉴别码进行比较，若两者相等则接收，否则拒绝接收。目前实现这一功能的方法有两种：一种采用消息认证码(MAC)，二是采用篡改检验码(MDC)。

## 8.2.4 防火墙技术

**1. 防火墙的基本概念**

防火墙(Firewall)原本是汽车上的一个装置，它用来隔离引擎和乘客，在引擎爆炸时可以保护乘客的安全。在计算机界，防火墙是指一种逻辑装置，用来保护内部的网络不受来自外界的侵害。

防火墙主要用于保护实现网络路由的安全。网络路由的安全性包括两个方面：
（1）限制外部网对内部网的访问，从而保护内部网特定资源免受非法侵犯。
（2）限制内部网对外部网的访问，主要是针对一些不健康信息及敏感信息的访问。

防火墙是在内部网与外部网之间的界面上构造一个保护层，并强制所有的连接都必须经过此保护层，在此进行检查和连接。只有被授权的通信才能通过此保护层，从而保护内部网资源免遭非法入侵。防火墙技术已成为实现网络安全策略的最有效的工具之一，并被广泛地应用到 Internet 上。

防火墙就是在网络边界上建立相应的网络通信监控系统，用来保障计算机网络的安全，它是一种控制技术，既可以是一种软件产品，也可以制作或嵌入某种硬件产品中。从逻辑上讲，防火墙起分隔、限制、分析的作用。实际上，防火墙是加强 Internet（内部网）之间安全防御的一个或一组系统，它由一组硬件设备（包括路由器、服务器）及相应的软件构成。防火墙是网络安全策略的有机组成部分，它是放在两个网络之间的一组组件，具有如下性质：
（1）允许本地安全策略授权的通信信息通过。
（2）双向通信必须通过防火墙。
（3）防火墙本身不会影响正常信息的流通。

**2．防火墙的功能**

防火墙之间的访问控制和安全策略，增强内部网络的安全性，它能够保证如 E-mail、文件传输、Telnet 以及特定系统间信息的安全交换。

防火墙的主要功能有以下几个方面。

1）过滤不安全的数据

防火墙能对进出的数据包进行检测与筛选，阻止带有病毒或者木马程序的数据通过，保护网络编码基于路由的攻击。

2）控制不安全的服务和访问

防火墙可以限制他人进入内部网络，过滤掉不安全的服务和非法用户，使得内部网络免遭外界的攻击。同时，防火墙也提供了对特殊站点的访问控制，允许某些外部网络能访问内部网络的某些主机，或者禁止访问某些主机。

3）统计网络连接的日志记录

防火墙能记录下所有经过它的访问并进行日志记录，同时可以提供网络使用情况的统计数据。通过对统计结果进行分析，就可以更好地使用网络资源。

4）防止内部信息外泄

防火墙在网络周围创建了一个保护的边界，并且对于外网隐藏了内部系统的一些信息，从而增加了保密性。此外，防火墙还能对内部网络进行划分，隔离重点网段，从而保护局部敏感网络，避免对整个网络的安全问题造成的影响。

5）强化网络安全性

防火墙能够简化网络安全管理，网络的安全性主要是指在防火墙系统上进行安全加固，而不是把安全防护的责任分布到内部网络的所有主机上。通过以防火墙为中心的安全管理方案，将密码口令系统或其他的身份认证等安全软件加载到防火墙上，对内部网络实行集中安全管理，以阻止黑客的攻击。

**3．防火墙的类型**

防火墙产品系列中已经出现了各种不同类型的防火墙。这些技术之间的区分并不是非常明显，但就其处理的对象来说，可分为数据包过滤型防火墙、应用网关型防火墙和代理服务器型防火墙三大类。

1）包过滤型防火墙

包过滤（Packet Filtering）技术是在网络层对数据包进行选择，选择的依据是系统内设置的访问控制表。通过检查数据流中每个数据包的源地址、目的地址、所用端口号、协议状态等，或它们的组合来确定是否允许该数据包通过。数据包过滤型防火墙逻辑简单，价格便宜，易于安装和使用，网络性能和透明性好。

包过滤型防火墙有两个主要缺点：一是非法访问一旦突破防火墙，即可对主机上的软件和配置漏洞进行攻击；二是数据包的源地址、目的地址以及端口号都在数据包的头部，很有可能被窃听或假冒。

包过滤型防火墙是最简单的防火墙，通常只包括对源和目的 IP 地址及端口的检查。其工作原理，如图 8-2-10 所示。

对用户来说，这些检查是透明的。包过滤防火墙比其他模式的防火墙有着更高的网络性能和更好的应用程序透明性。但包过滤防火墙的简单性带来了一个严重的问题：过滤器不能在用户层次上进行安全过滤，即在同一台机器上，过滤器分辨不出是哪个用户的报文。包过滤器通常放在路由器上，大多数路由器都默认提供了包过滤功能。现在已出现了智能包过滤器，它与简单包过滤器相比，具有解释数据流的能力。然而，智能包过滤器同样不能对用户进行区分。

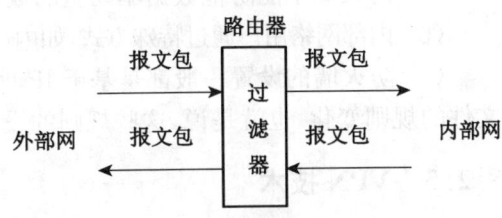

图 8-2-10　包过滤防火墙的工作原理

2）应用网关型防火墙

应用网关型防火墙是在网络应用层上建立过滤和转发功能。它针对特定的网络应用服务协议使用特定的数据过滤逻辑，并在过滤的同时，对数据包进行必要的分析、登记和统计，形成报告。实际中的应用网关通常安装在专用工作站系统上。

包过滤型和应用网关型防火墙有一个共同的特点，就是它们仅仅依靠特定的逻辑来判定是否允许数据包通过。一旦满足逻辑，则防火墙内外的计算机系统就建立起直接的联系，防火墙外部的用户便有可能直接了解防火墙内部的网络结构和运行状态，这就很有可能导致非法访问和攻击。

3）代理服务型防火墙

代理服务器防火墙使用一个用户程序与特定的中间点（防火墙）连接，然后中间节点与服务器进行实际连接，如图 8-2-11 所示。

使用代理服务型防火墙，内部网络与外部网络之间不存在直接连接，因此即使防火墙出现了问题，外部网络也无法与内部网络连接，通常称内、外网络之间的中间节点为"双端主机"。代理服务器提供了详细的日志和审计功能，极大地提高了网络的安全性，也为改进现有软件的安全性

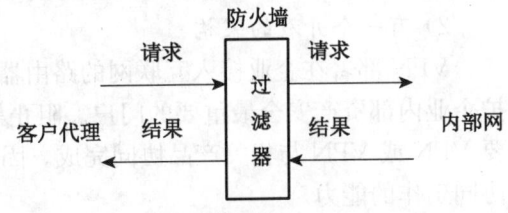

图 8-2-11　代理服务型防火墙的工作原理

能提供了可能。代理服务运行在双端主机上，但它是基于特定应用的。这样就必须配置每个应用（如 Telnet、FTP），而且只要应用程序一升级，原来的代理服务就不再适用了。因此，从这个意义上说，代理服务型防火墙比包过滤型防火墙有更多的局限性。另外，这种防火墙常常会使网络性能明显下降。

**4. 防火墙的局限性**

防火墙在物理上表现为一个或者一组带特殊功能的网络设备，如主机系统或者路由器等，它在内部网和外部网之间的界面上构成一个保护层，强制所有的访问和连接都必须经过这一层进行检查。但是，防火墙通常由多个设备组合而成，它本身及其中设备协同工作的方式也存在着一些缺陷和安全隐患，威胁着被保护的网络安全。因此，对防火墙本身的局限性进行分析研究，有助于分析黑客所能采取的攻击和入侵方法，并提出相应的对策，从而进一步提高防火墙的安全性能。

防火墙自身的特点决定了几乎所有的防火墙都存在各种缺陷，其局限性主要表现在以下几个方面：

（1）防火墙不能阻止来自内部网络用户的攻击。传统防火墙设置安全策略的基本假设是：网络的外部所有人是不可信赖的，而网络内部的所有人都是可以信赖的。

(2) 防火墙不能阻止被病毒感染的程序或文件的传递。

(3) 为提高保护网络的安全性,防火墙限制或者关闭了许多有用但存在安全漏洞的网络服务。

(4) 防火墙是一种被动式的防护手段,它只能对已知的网络威胁起到作用,不能防范新出现的网络威胁。

(5) 防火墙不能防范数据驱动型的攻击,如特洛伊木马。

(6) 内部网络用户通过特殊方式,如内部网络提供拨号服务时等可以绕开防火墙与Internet直接连接。

(7) 防火墙的设置一般都是基于IP地址,因此,内部网络主机和服务器IP地址的变化将导致设置文件的规则变化,也就是说,这些规则的设定受到网络拓扑结构的制约。

### 8.2.5 VPN技术

**1. VPN简介**

VPN的英文全称是"Virtual Private Network",就是"虚拟专用网络"。顾名思义,可以把虚拟专用网络理解成是虚拟出来的企业内部专线。它可以通过特殊的加密通信协议为连接在Internet上的位于不同地方的两个或多个企业内部网之间建立一条专有的通信线路,就好比是架设了一条专线一样,但是它并不需要真正地去铺设光缆之类的物理线路。VPN的核心就是利用公共网络建立虚拟私有网。

**2. VPN的功能**

典型的VPN应具有以下功能。

1) 集成包过滤防火墙和应用代理防火墙的功能

企业级VPN产品是从防火墙产品发展而来,防火墙的功能特性已经成为它的基本功能集中的一部分。如果是一个独立的产品,VPN与防火墙的协同工作就会遇到很多难以解决的问题,有可能不同厂家的防火墙和VPN不能协同工作,防火墙的安全策略无法制定(这是VPN把IP数据包加密封装的缘故)或者带来性能上的损失,如防火墙无法使用NAT(Network Address Translation)功能等,而如果采用功能整合的产品,则上述问题就不存在或很容易解决。

2) 有一个开放的架构

VPN部署在企业接入互联网的路由器之后,由于它本身就具有路由器的功能,因此,它已经成为保护企业内部资产安全最重要的门户。阻止黑客入侵、检查病毒、身份认证与权限检查等很多安全功能需要VPN或VPN与相关产品协同完成。因此,VPN必须按照一个开放的标准,提供与第三方安全产品协同工作的能力。

3) 有完善的认证管理

一个VPN系统应支持标准的认证方式,如远程认证拨号用户服务(Remote Authentication Dial In User Service,RADIUS)认证、基于公钥基础设施(Public Key Infrastructure,PKI)的证书认证以及逐渐兴起的生物识别技术等。对于一个大规模的VPN系统,PKI/KMI的密钥管理中心,提供实体(如人员、设备、应用)信息的LDAP目录服务及采用标准的强认证技术(如令牌、IC卡)就是一个VPN系统成功实施和正常运行所必不可少的条件。

4) 提供第三方产品接口

VPN应提供应用程序编程接口,可以从公司数据库中直接输入用户信息。对于一个有成千上万的SOHO员工和移动办公人员的企业来说,单独地创造并管理用户的权限是不可想象的。VPN网关应拥有IP过滤语言,并可以提供数据包的性质进行包过滤。数据包的性质有目标和源IP地址、协议类型、源和目的TCP/UDP端口、TCP包的ACK位、出栈和入栈网络接口等。

**3. VPN的核心技术**

VPN的目标是建立一个独立于网络物理拓扑结构的逻辑网络。它允许地理位置上分布的一组主机互相交互并且可以作为一个单独的网络进行管理,不用关心主机在网络中所处的位置。VPN具体实现形式多种多样,但都基于一种称作安全或加密的隧道(Tunnel)技术,这种技术可以用来提供网络到网络(Network to Network)、主机到网络(Host to Network)或者主机到主机(Host to Host)的安全连接。简单地说,隧道就是封装一种数据包的协议,隧道封装是为某一个网络协议而写的数据包,并供另一个使用。

隧道是一个虚拟的点到点的连接,这个连接为隧道的两个端点提供了认证、加密和访问控制。目前,普遍采用的隧道技术主要有三种,即基于第二层的 PPTP 协议(Point to Point Tunneling Protocol)、L2TP 协议(Layer 2 Tunneling protocol)和基于第三层的 1PSec 安全体系结构(IP Security)。

1) PPTP 协议

PPTP 协议是最早被用来设计 VPN 的协议之一,PPTP 被广泛用于拨号连接的 VPN。PPTP 是搭建在 PPP 协议之上,它利用 PPP 的功能通过互联网建立一条指向目的站点的隧道来实现远程访问。

PPTP 提供 PPTP 客户机和 PPTP 服务器之间的加密通信,客户可采用拨号方式通过 PPTP 接入公共 IP 网络 Internet。拨号客户首先按常规方式拨号到 ISP 的接入服务器,建立 PPP 连接。在此基础上,客户进行二次拨号建立到 PPTP 服务器的连接,该连接被称为 PPTP 隧道,实质是基于 IP 协议上的另一个 PPP 连接,其中 IP 包可以封装多种协议数据,包括 TCP/IP、IPX 和 NetBUI。

PPTP 采用了基于 RSA 公司的 RC4 的数据加密方法,保证了虚拟连接通道的安全性。PPTP 把建立隧道的主动权交给了用户,但用户需要在其 IP 机上配置 PPTP,这样做既增加了用户的工作量又会造成网络安全隐患。另外,PPIP 本身不具备数据源身份认证功能,它依赖于 PPP 的身份认证机制来建立信任关系。

2) L2TP 协议

L2TP 协议是由 Cisco、原 Asend、Microsoft、RedBack、3Com 等厂商共同制定的。因此,这些厂家 VPN 设备的 L2TP 互操作性较好,L2TP 结合了 L2F 和 PPTP 的优点,可以让用户从客户端访问服务器端发起 VPN 连接。L2TP 定义了利用公共网络设施(如 IP 网络、ATM 和帧中继网络)封装传输链路层 PPI 帧的方法。

现在 Internet 中的拨号网络只支持 IP 协议,而 L2TP 可以让拨号用户支持多种协议(如 IP、IPX、AppleTalk),且可以使用保留网络地址,包括保留 IP 地址。由于 L2TP 支持多种网络协议,因此使企业在原有非 IP 网络上的投资不至于浪费。L2TP 带来的另一个好处是它能够支持多个链路的捆绑使用。

L2TP 主要由访问集中器(L2TP Access Concentrator, LAC)和网络服务器(L2TP Network Server, LNS)构成。LAC 支持客户端的 L2TP,它用于发起呼叫、节后送呼叫和建立隧道。LNS 是所有隧道的终点。在传统的 PPP 连接中,用户拨号连接的终点是 LAC,L2TP 使得 PPP 协议的终点延伸到 LNS。

3) IPSec 安全体系结构

虽然 PPTP 和 L2TP 都有它们各自的优点,但都能很好地解决隧道加密和数据加密的问题。而 IPSec 安全体系结构把多种安全技术集合到一起,可以建立一个安全、可靠的隧道。IPSec 由 IETF 的 IPSec 工作组制定,是一个开放性的标准框架,该工作组已经定义了 12 个 RFCR(Request For Comment),这些标准文档对 IPSec 的方方面面都进行了定义,它不仅为互联网提供了基本的安全功能,而且为创建健壮安全的 VPN 提供了灵活的手段。

对于 IP 协议或上层协议的保护,IPSec 提供以下几种安全服务。

(1) 数据源鉴别,确保接收到的数据分组的发送者为实际的发送者。

(2) 数据完整性,确保数据分组在传输过程中未被非法篡改。

(3) 防重传保护,防止数据分组被假冒者复制存储并重复发送。

(4) 信息保密,确保数据分组在传输过程中不被偷看。

(5) 不可否认服务,确保发送方和接收方事后不能否认自己的行为。

IPSec 的工作原理类似于包过滤防火墙，IPSec 是通过查询 SPD(Security Policy Database，安全策略数据库)来决定接收到的 IP 包处理。但不同于包过滤防火墙的是，IPSec 对 IP 数据包的处理方法除了丢弃/直接发送(绕过 IPSec)外，还有对 IPSec 的处理。进行 IPSec 处理意味着对 IP 数据包进行加密和认证，保证了在外部网络传输的数据包的机密性、真实性、完整性，使安全通过 Internet 成为可能。

## 8.3 电子商务信息安全协议

### 8.3.1 安全套接层协议

**1. 安全套接层协议简介**

安全套接层(Secure Sockets Layer，SSL)协议是为网络通信提供安全及数据完整性的一种安全协议。由美国网景(Netscape)公司于 1994 年年底推出，用以保障互联网上数据传输的安全，利用数据加密技术确保数据在网络上的传输过程中不会被截取和窃听。

SSL 安全协议为 TCP/IP 连接提供了数据加密、服务器端身份验证、信息完整性和可选择的客户端身份验证的功能。SSL 利用以 RSA 公钥算法为基础的 X.509 数字证书加密数据，借以识别通信双方的身份，保障网络通信安全。认证机构(CA)统一管理证书的好处在于，既解决了接收方验证发送方身份的问题，又保证了发送方密钥使用的安全性，防止被他人盗用。

**2. SSL 协议体系结构**

SSL 协议实际上是由 SSL 握手协议、SSL 修改密文协议、SSL 报警协议和 SSL 记录协议组成的一个协议族，如图 8-3-1 所示。

| SSL 握手协议 | SSL 修改密文协议 | SSL 报警协议 |
|---|---|---|
| SSL 记录协议 | | |
| TCP | | |
| IP | | |

图 8-3-1 SSL 协议体系结构图

1) SSL 握手协议

SSL 握手协议(SSL Handshake Protocol)建立在 SSL 记录协议之上，用于实际的数据传输开始前，通信双方进行身份认证、协商加密算法、交换加密密钥等。

SSL 握手协议被封装在记录协议之中，该协议允许服务器与客户机在应用程序传输和接收数据之前互相认证、协商加密算法和密钥。

2) SSL 记录协议

SSL 记录协议(SSL Record Protocol)建立在可靠的传输协议(如 TCP)之上，为高层协议提供数据封装、压缩、加密等基本功能的支持。主要是为了保证信息传输的机密性和报文完整性。

在 SSL 协议中，所有的传输数据都被封装在记录中。记录由记录头和记录数据(长度不为 0)组成。所有的 SSL 通信都使用 SSL 记录层，SSL 记录协议封装上层的 SSL 握手协议、SSL 修改密文协议和 SSL 报警协议。

3) SSL 修改密文协议

为了保障 SSL 传输过程的安全性，客户端和服务器双方应该每隔一段时间改变加密规范，为此有了SSL修改密文协议。SSL修改密文协议是三个高层的特定协议之一,也是其中最简单的一个。在客户端和服务器完成握手协议之后,它需要向对方发送相关消息(该消息只包含一个值为1的单字节),通知对方随后的数据将使用刚刚协商的密码规范算法和关联的密钥处理,并负责协调本文模块按照协商的算法和密钥工作。

4) SSL报警协议

SSL报警协议用来为对等实体传递SSL的相关警告。如果在通信过程中某一方发现任何异常,就需要给对方发送一条警示消息通告。警示消息有两种:

(1) Fatal错误。如传递数据过程中发现错误的MAC,双方就需要立即中断会话,同时清除自己缓冲区相应的会话记录。

(2) Warning消息。这种情况下,通信双方通常都只是记录日志,而对通信过程不造成任何影响。SSL握手协议可以使得服务器和客户能够相互鉴别对方,协商具体的加密算法、MAC算法以及保密密钥用来保护在SSL记录中发送的数据。

### 3. SSL协议的功能

1) 信息加密

SSL协议采用的加密技术既有对称的加密技术,也有非对称机密技术。具体来说,客户端和服务器在进行数据交换之前,先交换SSL握手信息,在SSL握手信息中采取了各种加密技术对握手信息进行加密,以保证数据的机密性和完整性,并且使用数字证书进行认证。

2) 维护信息完整

SSL协议提供了信息完整性服务,以建立客户端与服务器之间的安全通道,使所有经过SSL协议处理的业务能准确无误地到达目的地。

3) 身份认证

客户端和服务器都有各自的识别号,这些识别号由公开密钥进行编号。为了验证用户是否合法,SSL协议要求在握手交换数据前进行认证,以此来确保用户的合法性。SSL协议可以对服务器进行身份认证,还可以有选择性地对客户端进行认证。

### 4. SSL协议的工作流程

SSL的工作流程,如图8-3-2所示:

(1) 浏览器请示服务器建立安全通话。

(2) 浏览器与Web服务器交换密钥证书以便双方相互确认。

(3) Web服务器与浏览器协商密钥位数(40位或128位);客户机提供资金支持的所有算法清单,服务器选择它认为最有效的密码。

(4) 浏览器将产生的会话密钥用Web服务器的公钥加密传给Web服务器。

(5) Web服务器用自己的私钥解密。

(6) Web服务器用会话密钥加密,实现加密传输。

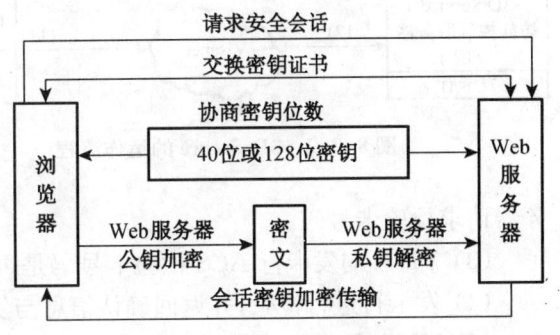

图8-3-2　SSL工作过程

### 5. SSL协议的优点

1) 机密性

在初始握手阶段,双方建立对称密钥后,信息即用该密钥进行加密。

2) 完整性

在信息中嵌入MAC来保护信息的完整性,常使用安全Hash函数(如SHA和MD5)来计算MAC。

3) 身份认证

在握手阶段，客户端使用公开密钥对服务器进行身份认证。

**6. SSL 协议的局限性**

从 SSL 协议的执行过程及其功能可以看出，SSL 协议运行的基础是电子商务企业对消费者信息保密的承诺，这就有利于电子商务企业而不利于消费者。在电子商务初级阶段，由于运作电子商务的企业大多是信誉较高的大公司，因此，这些问题还没有充分暴露出来。但随着电子商务的发展，各中小型公司也参与电子商务活动，这样在电子支付过程中进行单一认证的问题越来越突出。

由于 SSL 协议只是简单地在双方之间建立了一条安全通道，在涉及多方的电子交易中，只能提供交易中客户端与服务器之间的双方认证。而电子商务往往是用户、商家、银行，甚至还有其他第四方存在的一个交易过程。SSL 协议并不能协调各方之间的安全传输和信任关系。另外，SSL 协议不能防止心术不正的商家进行欺诈活动，因为该商家掌握了客户的信用卡号。SSL 协议的最大不足之处在于，其不对应用层的信息进行数字签名，不能提供交易的不可否认性。

**7. SSL 安全协议的应用**

SSL 安全协议是国际上最早应用于电子商务的一种网络安全协议，至今仍然有许多网上商店在使用。当然，在使用时，SSL 协议根据邮购的原理进行了部分改进。在传统的邮购活动中，客户首先寻找商品信息，然后汇款给商家，商家再把商品寄给客户。这里，商家是可以信赖的，所以客户必须先付款给商家。在电子商务的开始阶段，商家也担心客户购买后不付款，或使用过期作废的信用卡，因而希望银行给予认证。SSL 安全协议正是在这种背景下应用于电子商务的。

1999 年，VISA 组织在电子商务领域引入了一种叫 3D(3 Domain)的安全协议模型。该模型采用 SSL 安全机制，其目标是给发卡行提供一个持卡人身份许可的环节，减少使用信用卡进行欺诈的可能性，使所有参与者从中受益，从而提升交易的安全性，最初也称之为 3D-SSL，进入 21 世纪后形成了 3D-Secure 体系。图 8-3-3 是 3D-Secure 的运作流程。

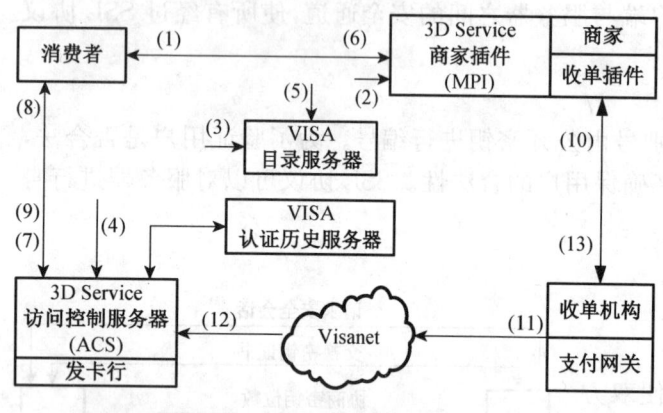

图 8-3-3 3D-Secure 的运作流程

图 8-3-3 中各数字的含义如下：

（1）消费者在商家页面完成订单并提交卡号码。

（2）商家 MPI 被激活，并向 VISA 目录服务器请求检验卡号码。

（3）VISA 向发卡行 ACS 检验卡号码是否加入 VbV 验证。

（4）发卡行进行检验，并返回确认信息与发卡行服务器 URL。

（5）VISA 目录服务器向商家 MPI 传递确认信息与 URL。

（6）商家 MPI 通过消费者浏览器向发卡行服务器提出认证请求。

（7）发卡行 ACS 利用自身提供的认证机制（如用户 ID/密码）验证消费者。

（8）消费者应答验证要求。

（9）认证结果通过消费者浏览器发送至商家 MPI，同时发送至 VISA 认证历史服务器。

（10）商家服务器依照原有流程向收单机构支付网关发送授权请求。

（11）收单机构支付网关通过 Visanet 向发卡行发送授权请求。

（12）发卡行通过 Visanet 向收单机构发送授权信息。

（13）收单机构支付网关向商家发送授权信息，商家执行后续购物流程。

## 8.3.2 安全电子交易协议

**1. 安全电子交易协议简介**

安全电子交易(Secure Electronic Transaction,SET)是目前已经标注化且被业界广泛接受的一种网际网络信用卡付款机制。它由 Visa 和 MarsterCard 两大信用卡组织共同推出,并且由众多信息产业公司(如 Microsoft、Netscape、RSA 等)共同协作发展而成。其实质是一种应用在因特网以信用卡为基础的电子付款系统规范,目的是保证网络交易的安全。

SET 妥善地解决了信用卡在电子商务交易中的交易协议、信息保密、资料完善以及身份认证等问题。SET 已经获得互联网工程任务组(The Internet Engineering Task Force,IETF)标准的认可,是电子商务的发展方向之一。

**2. SET 安全协议运行的目标**

SET 协议要达到的目标主要有以下五方面:

(1) 保证信息在因特网上安全传输,防止数据被黑客或被内部人员窃取。

(2) 保证电子商务参与者信息的相互隔离。客户的资料加密或打包后通过商家到达银行,但是商家不能看到客户的账户和密码信息。

(3) 解决多方认证问题,不仅要对消费者的信用卡认证,而且要对在线商店的信誉程度认证,同时还有消费者、在线商店与银行间的认证。

(4) 保证了网上交易的实时性,使所有的支付过程都是在线的。

(5) 仿效 EDI 贸易的形式,规范协议和消息格式,促使不同厂家开发的软件具有兼容性和互操作功能,并且可以运行在不同的硬件和操作系统平台上。

**3. SET 安全协议涉及的范围**

SET 安全协议所涉及的对象有:

(1) 消费者:包括个人消费者和团体消费者,按照在线商店的要求填写订货单,通过由发卡银行发行的信用卡进行付款。

(2) 在线商店:提供商品或服务,具备相应电子货币使用的条件。

(3) 收单银行:通过支付网关处理消费者和在线商店之间的交易付款问题。

(4) 电子货币(如智能卡、电子现金、电子钱包)发行公司,以及某些兼有电子货币发行的银行:负责处理智能卡的审核和支付工作。

(5) 认证中心(CA):负责交易双方的身份确认,对厂商的信誉度和消费者的支付手段进行认证。

SET 协议规范的技术范围包括加密算法的应用(如 RSA 和 DES)、证书信息和对象格式、购买信息和对象格式、认可信息和对象格式、划账信息和对象格式、对话实体之间消息的传输协议。

SET 协议通过制订标准和采用各种技术手段,解决了一直困扰电子商务发展的安全问题,包括购物与支付信息的保密性、交易支付完整性、身份认证和不可抵赖性,在电子交易环节上提供了更大的信任度、更完整的交易信息、更高的安全性和更少受欺诈的可能性。SET 协议采用了对称密钥和非对称密钥体制,把对称密钥的快速、低成本和非对称密钥的有效性结合在一起,以保护在开放网络上传输的个人信息,保证交易信息的隐蔽性。其重点是如何确保商家和消费者的身份和行为的认证和不可抵赖性,其理论基础是著名的非否认协议(Non-repudiation),其采用的核心技术包括X.509电子证书标准与数字签名技术、报文摘要、数字信封、双重签名等技术。如使用数字证书对交易各方的合法性进行验证;使用数字签名技术确保数据完整性和不可否认;使用双重签名技术对 SET 交易过程中消费者的支付信息和订单信息分别签名,使得商家看不到支付信息,只能对用户的订单信息解密,而金融机构只能对支付和账户信息解密,充分保证消费者的账户和订货信息的安全性。

#### 4. SET 协议的工作过程

SET 支付的交易系统有客户(持卡人)、商家、支付网关、收单银行、发卡银行和认证中心(CA)六部分组成,这六部分之间的数据交换过程,如图 8-3-4 所示。客户、商家、网关通过互联网进行交易,网关通过专用网络与收单银行之间传递交易信息,收单银行与发卡银行通过银行专用网络传递交易信息,CA 通过互联网向交易的各方发放证书,并通过专用网络与收单银行、发卡银行进行联系,进行证书的认定工作。

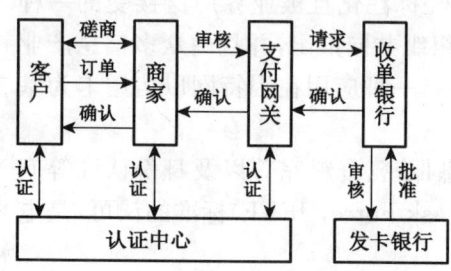

图 8-3-4　SET 协议的工作过程

SET 协议交易过程中要对商家、客户、支付网关等交易各方进行身份认证,因此,它的过程是相对复杂的,具体过程如下:

(1) 客户在网上商店看中商品后,和商家进行磋商,然后发出请求购买信息。

(2) 商家要求客户用电子钱包付款。

(3) 电子钱包提示客户输入口令后,与商家交换握手信息,确认商家和客户两端均合法。

(4) 客户的电子钱包形成一个包含订购信息与支付指令的报文发送给商家。

(5) 商家将含有客户支付指令的信息发送给支付网关。

(6) 支付网关在确认客户信用卡信息之后,向商家发送一个授权响应的报文。

(7) 商家向客户的电子钱包发送一个确认信息。

(8) 将款项从客户账号转到商家账号,然后向顾客发货,交易结束。

在处理过程中,SET 协议对通信协议、请求信息的格式、数据类型的定义等都有明确的规定。在操作的每一步,客户、商家、支付网关都通过 CA 来验证通信主体的身份,以确保通信的对方不是冒名顶替。所以,也可以简单地认为 SET 协议充分发挥 CA 作用,以维护在任何开放网络上的电子商务参与者所提供信息的真实性和保密性。

#### 5. SET 协议的特点

SET 协议使用各种安全技术尽可能地确保了交易安全,其安全保障主要来自以下三个方面:

(1) 将所有报文文本用不对称的方式加密。

(2) 增加两类保密键(公钥和私钥)的字长,如果计算允许,可以增加至 512~2 048 B。

(3) 采用联机动态的授权和认证检查,以确保交易过程的安全可靠性。

这种不对称的加密过程将所有重要的信息进行加密,使普通文本数据加密为密码文本数据来传递和处理。然后在处理结果到达接收方时再解密复原成普通文本数据。这种动态授权的认证方式是充分利用了互联网和 Web 的功能来完成的。基于上述三个方面的保障,SET 可以从如下几个方面确保在进行商贸业务和资金支付业务时信息的安全性和可靠性:

(1) 保证客户交易信息的保密性和完整性。SET 协议采用了双重签名技术对 SET 交易过程中消费者的支付信息和订单信息分别签名,使得商家看不到支付信息,只能接收用户的订单信息;而金融机构看不到交易内容,只能接收到用户的支付信息和账户信息,从而充分保证了消费者账户和订购信息的完全性。

(2) 确保商家和客户交易行为的不可否认性。SET 协议的重点就是确保商家和客户的身份认证和交易行为的不可否认性。其理论基础就是不可否认机制,采用的技术核心包括 X.509 电子证书、数字签名、报文摘要、双重签名等技术。

(3) 确保商家和客户的合法性。SET 协议使用数字证书对交易各方的合法性进行验证。通过数字证书的验证,可以确保交易中的商家和客户都是合法的、可信赖的。

#### 6. SET 与 SSL 的比较

可以从以下方面比较 SET 与 SSL 协议的区别。

1) 认证要求方面

早期的 SSL 协议并没有提供商家身份认证机制,虽然在 SSL3.0 中通过数字签名和数字证书实现浏览器和 Web 服务器双方的身份验证,但仍不能实现多方认证标准。相比之下,SET 协议的安全要求较高,所有参与 SET 交易的成员(客户、商家、发卡银行、收单银行和支付网关)都必须申请数字证书进行身份识别。

2) 安全性方面

SET 协议规范了整个商务活动的流程,从客户到商家,到支付网关,再到认证中心以及信用卡结算中心之间的信息流走向和必须采用的加密、认证都制定了严密的标准,从而最大限度地保证了商务性、服务性、协调性和集成性。而 SSL 协议只对客户与商家的信息交换进行了加密保证,可以看做是用于传输的那部分的技术规范。从电子商务特性来看,它并不具备商务性、服务性、协调性和集成性。因此,SET 协议的安全性比 SSL 协议高。

3) 网络层协议位置方面

SSL 协议是基于传输层的通用安全协议,而 SET 协议位于应用层,对网络上其他各层也都有涉及。

4) 应用领域方面

SSL 协议主要与 Web 应用一起工作,而 SET 协议为信用卡交易提供安全。因此,如果电子商务应用只通过 Web 或是电子邮件,则可以不用 SET 协议。但如果电子商务应用是一个涉及多方交易的过程,则使用 SET 协议更安全、更通用。

5) 用户接口方面

SSL 协议已被内置于浏览器和 Web 服务器中,无须安装专门的软件;而 SET 协议中客户端需要安装专门的电子钱包软件,在商家服务器和银行网络上也需要安装相应的软件。

6) 处理速度方面

SET 协议非常复杂、庞大,处理速度慢。一个典型的 SET 交易过程需验证电子证书 9 次、数字签名 6 次,传递证书 7 次,进行 5 次签名、4 次对称加密和 4 次非对称加密,整个过程可能需要花费 1.5~2 分钟。而 SSL 协议则简单得多,处理速度比 SET 协议快。

总之,SSL 协议的优点是实现简单,独立于应用层协议,大部分内置于浏览器和 Web 服务器中,在电子交易中应用便利。但它的缺点是一个面向链接的协议,只能提供交易中客户与服务器间的双方认证,不能实现多方的电子交易。而 SET 协议的最大优点在保留对客户信用卡认证的前提下增加了对商家身份的认证,安全性进一步提高。但其缺点是实现起来比较复杂,交易过程也比较耗费时间。由于两个协议所处的网络层次不同,为电子商务提供的服务也不相同,因此,在实践中应根据具体情况来选择独立使用或两者混合使用。

### 8.3.3 其他安全协议

**1. 传输安全协议**

传输安全(Transports Layer Security,TLS)协议是一种用于基于会话的加密和认证的互联网协议,它在客户和服务器两个实体之间提供了一个安全通信信道。TLS 协议分为握手协议和记录协议两层。其中,记录协议处于 TLS 协议的底层,握手协议在记录协议之上。

最新版本的 TLS 是 IETF 制定的一种新的协议,它建立在 SSLv3.0 协议规范之上,是 SSLv3.0 的后续版本。TLS 的主要目标是使 SSL 更安全,并使协议的规范更精确和完善。在 TLS 与 SSLv3.0 之间存在着显著的区别,主要是他们所支持的加密算法不同,所以 TLS 与 SSLv3.0 不能互操作。

**2. 安全超文本传输协议**

安全超文本传输协议(Secure Hypertext Transfer Protocol,S-HTTP)是一种面向安全信息通信的协议,可以和 HTTP 结合起来使用。

S-HTTP 协议为 HTTP 客户机和服务器提供了多种安全机制,提供安全服务选项是为了适用于万维网上各类潜在用户。S-HTTP 为客户机和服务器提供了相同的性能(同等对待请求和应答,也同样对待客户机和服务器),同时维持 HTTP 的实务模型和实施特征。

### 3. 多用途网际邮件扩充协议

多用途网际邮件扩充协议(Secure Multipurpose Internet Mail Extensions,S/MIME)是从 PEM(Privacy Enhanced Mail)和 MIME(Internet 邮件的附件标准)发展而来的。S/MIME 在安全方面的功能又进行了扩展,它可以把 MIME 实体(如数字签名和加密信息等)封装成安全对象,如具有接收方确认签收的功能,这样就可以确保接收者不能否认已经收到过的邮件。S/MIME 增加了新的 MIME 数据类型,用于提供数据保密、完整性保护、认证和鉴定服务等功能。

### 4. Digicash

Digicash 是一个匿名的数字现金协议。所谓匿名,是指消费者在消费中不会暴露其身份,如现金交易。消费者的身份在数字现金的使用过程中保密,除非银行查出该数字现金被消费者重复使用,则此时消费者的身份将会暴露出来,消费者的欺诈行为也会被暴露出来。

该协议要求交易过程具有以下步骤:

(1) 消费者从银行取款,他收到一个加密的数字标记(Token),此 Token 可当作钱使用。

(2) 消费者对该 Token 进行加密变换,使之虽仍能被商家检验其有效性,但已不能追踪消费者的身份。

(3) 消费者在某商家消费时,可以使用该 Token 购物或购买服务,消费者可进一步对该 Token 用密码交换以确认商家的身份。

(4) 商家检验该 Token 以确认以前未收到过此 Token。

(5) 商家给消费者发货。

(6) 商家将该电子 Token 送给银行

(7) 银行检验该 Token 的唯一性。

### 5. First Virtual

First Virtual 发布于 1994 年,是互联网上使用最早的信用卡支付方式之一,也是唯一的一个没有使用加密技术的安全在线支付系统。该产品的特点是无须使用特定的客户端软件,每次交易前,都要求商家和客户在 First Virtual 注册,每次交易都使用 First Virtual 服务器,而且商家必须有银行账号,客户必须有信用卡。First Virtual 的优点是交易简单,但系统不能防止销售中的欺诈行为。

### 6. Net bill

Net bill 协议涉及三方:客户、商家和 Net bill 服务器。客户持有的 Net bill 账号等价于一个虚拟电子信用卡账号。该协议所需要的交易步骤如下:

(1) 客户向商家查询某商品价格。

(2) 商家向该客户报价。

(3) 客户告知商家他接受该报价。

(4) 商家将所请求的信息商品用密钥 K 加密后发送给客户。

(5) 客户准备一份电子采购单(Electronic Purchase Order,EPO),即三元式的数字签名值。客户将该已有数字签名的 EPO 发送给商家。

(6) 商家对该 EPO 进行会签,同时也签署密钥 K,然后将此两者发送给 Net bill 服务器。

(7) Net bill 服务器首先验证 EPO 签名,然后检查客户的账号,保证有足够的资金以便批准该交易,同时检查 EPO 上的超时值是否过期。确定没有问题时,Net bill 服务器从客户的账号上将相当于商品价格的资金划往商家的账号上,并储存密钥 K 和加密商品的密码单据。最后准备一份包含值 K 的签好的收据,并将该数据发给商家。

(8) 商家记下该收据并将其传给客户,然后客户将收到的加密信息商品解密。

**7. 3-D Secure**

3-D Secure 协议与 SET 协议一样,3-D Secure 协议也应用于 B2C 模式中,是 PKI 框架下基于可信第三方的开放规范,其设计目标同样是为在互联网上传输的信用卡支付信息提供安全保护机制。3-D Secure 安全协议和 SET 协议的基本区别在于:3-D Secure 安全协议对从前的网络上用卡环境做了调整,即将原来的消费者需要下载的软件及烦琐的动作由发卡银行和商户来执行,并由 Visa 提供路由的转换,将安全协议的认证改由发卡行在消费的同时,直接与消费者点对点的认证。因此,在 3-D Secure 协议下,消费者可以方便、安全地在每一次消费时直接得到发卡银行的认证。

**8. IKP**

IKP 协议是由 IBM 公司设计的一组协议,用于在互联网上的安全支付。它最主要的特征是提供对数据的密码保护和解决争端的检查跟踪。与用于两方的 SSL 协议和 S-HTTP 协议相比,IKP 协议用于在三方之间仲裁支付信息。该协议基于 RSA 公钥体制,并能推广到借记卡或电子支票系统。协议中的三方为客户、商家和接收行的网关。网关是形成接收银行界面的前端,而界面是用现有的支付基础形成的,并且通过现有的支付基础来确认业务。

**9. PGP**

PGP 协议的创始人是美国的 Phil Zimmermann,它提供了机密性和身份认证服务,可以用在电子邮件和文件存储中。它对邮件进行保密,以防止未授权者阅读。它还能给邮件加上数字签名,从而使收信人可以确认邮件的发送者,并能确信邮件没有被篡改。PGP 协议提供了一种安全的通信方式,而事先并不需要使用任何保密的渠道来传递密钥。Zimmermann 采用了 RSA 公匙体制、对称加密体制、用于数字签名的邮件文摘算法、加密前压缩算法,以及密钥认证管理机制等设计方法,并将这些算法集成为独立于操作系统核处理器的通用应用程序。PGP 在全世界都可以免费使用,并且其使用范围非常广泛,从需要选择标准化方案来加密文档和消息的公司,到想要通过互联网或其他网络与他人安全通信的个人都可以使用它。

# 8.4 计算机病毒与防范

计算机病毒是一种有很强破坏和感染力的计算机程序。这种程序和其他程序不同,当把这种程序输入正常工作的计算机后,会把已有的信息破坏,并且这种程序具有再生的能力,能自动进入有关的程序进行自我复制。由于它像微生物一样可以繁殖,因此被称为"计算机病毒"。计算机病毒一直都是计算机系统及信息安全的巨大威胁,系统准确地掌握计算机病毒的特征及其防治措施是极其重要的。

随着计算机在社会生活各个领域的广泛运用以及网络的迅猛发展,计算机病毒呈现愈演愈烈的趋势,严重地干扰了正常的人类社会生活,给计算机系统带来了巨大的潜在威胁和破坏。目前,病毒已成为困扰计算机系统安全和计算机应用的重大问题。

## 8.4.1 计算机病毒的概念与类型

**1. 计算机病毒的概念**

计算机病毒(computer virus)在《中华人民共和国计算机信息系统安全保护条例》中被明确定义为"指编制或者在计算机程序中插入的破坏计算机功能或者破坏数据,影响计算机使用并且能够自我复制的一组计算机指令或者程序代码"。

也可以说,计算机病毒是一个程序、一段可执行码。就像生物病毒一样,计算机病毒有独特的复制能力,可以很快地蔓延,又常常难以根除。它们自身附着在各种类型的文件上,当文件被复制或从一个用户传送到另一个用户时,它们就随同文件一起蔓延开来。

**2. 计算机病毒的类型**

在最近几年,产生了以下几种主要的病毒。

1) 系统病毒

系统病的前缀为 Win32、PE、Win95、W32、Win95 等。这些病毒的一般共有的特征是可以感染 Windows 操作系统的.exe 和.dll 文件,并通过这些文件进行传播,如 CH 病毒。

2) 蠕虫病毒

这种病毒的共有特性是通过网络或者系统漏洞进行传播,很大一部分蠕虫病毒都有向外发送带毒邮件、阻塞网络的特性。例如 2017 年 5 月 12 日晚,全球多个国家爆发的 Wannacry 蠕虫勒索病毒。

3) 木马和黑客病毒

木马的前缀是 Trojan,黑客病毒的前缀一般为 Hack。木马的共有特性是通过网络或者系统漏洞进入用户的系统并隐藏,然后向外界泄露用户的信息,如 QQ 消息尾巴木马 Trojan.QQ3344,针对网络游戏的木马病毒 Trojan.LMir.PSW.60。黑客病毒则有一个可视的界面,能对用户的电脑进行远程控制。木马、黑客病毒往往是成对出现的,现在这两种类型越来越趋向于整合了。

4) 脚本病毒

脚本病毒的前缀是 Script。脚本病毒的共有特性是使用脚本语言编写,通过网页进行传播,如红色代码(Script.Redlof)。脚本病毒还会有如下前缀:VBS、JS(表明是何种脚本编写的),如欢乐时光(VBS.Happytime)。

5) 宏病毒

宏病毒也是脚本病毒的一种,由于它的特性,因此在这里单独算成一类。宏病毒的前缀是 Macro,第二前缀是 Word、Word97、Excel、Excel97 等,如著名的美丽莎(Macro.Melissa)。

6) 后门病毒

后门病毒的前缀是 Backdoor。该类病毒的共有特性是通过网络传播,给系统开后门,给用户计算机带来安全隐患,如 IRC 后门 Backdoor.IRCBot。

其他病毒还有种植程序病毒、破坏性病毒、玩笑病毒、捆绑机病毒等。

## 8.4.2 计算机病毒的主要来源与特征

**1. 计算机病毒的来源**

计算机病毒主要有以下几种来源:

(1) 计算机专业人员和业余爱好者的恶作剧、寻开心制作出的病毒,如"圆点"一类的良性病毒。

(2) 软件公司及用户为保护自己的软件被非法复制而采取的报复性惩罚措施。因为与其对软件上锁,不如在其中藏有病毒对非法复制的打击更大,这更加助长了各种病毒的传播。

(3) 黑客为了攻击和摧毁计算机信息系统和计算机系统而制造的病毒,其目的是蓄意进行破坏。例如,1987 年年底出现在以色列耶路撒冷西伯莱大学的"犹太人"病毒就是雇员在工作中受挫或被辞退时制造的,它针对性强,破坏性大,产生于内部,防不胜防。

(4) 用于研究或有益目的而设计的程序,由于某种原因失去控制或产生了意想不到的后果。

**2. 计算机病毒的特征**

计算机病毒赖以生存的基础是现代计算机均采用了冯·诺依曼的"存储程序"工作原理,此外,操作系统的公开性和脆弱性以及网络中的漏洞也是计算机病毒泛滥的因素。程序和数据都存储在计算机中,它们都可以被读、写、修改和复制,即程序可以在内存中繁殖。计算机病毒本质上也是程序和数据。因此,计算机病毒具有感染性、繁殖性、流行性、欺骗性、危害性、可插入性、潜伏性、可激发性、隐蔽性、顽固性和常驻内存的特征。例如繁殖性,病毒程序在计算机中繁殖,使程序加长。据统计,有 52 种病毒引起宿主程序长度增加。这些特征可以作为检测病毒的重要依据,是进行病毒诊断和清除的基础。同时,计算机病毒给计算机、操作系统和应用程序等造成的危害有以下几方面。

1) 对存储的影响

(1) 磁盘上出现坏扇区,有效空间减少。有的病毒为了逃避检测,故意制造坏扇区,而将病毒代码隐藏在坏扇区内。

(2) 磁盘重要区域,如引导扇区(BOOT)、文件分配表(FAT)、根目录区被破坏,从而使系统盘不能使用或使数据和程序文件丢失。

(3) 改变磁盘上目标信息的存储状态,盗取有用的重要数据。

(4) 程序加载时间变长,或执行时间比平时长。机器运行速度明显变慢,磁盘读写时间明显增长。

(5) 空间出现不可解释的减小,可执行文件因 RAM 区不足而不能加载。

(6) 更改或重写卷标,使磁盘卷标发生变化,或者莫名其妙地出现隐藏文件或其他文件。

(7) 删除或修改磁盘特定的扇区,或对特定磁盘、扇区和整个磁盘作格式化。

(8) 使打印或通信端口异常,或磁盘驱动器磁头来回移动。

2) 对操作系统的影响

(1) 改变系统的正常进程;或者使系统空挂,使屏幕或键盘处于封锁状态;或者在正常操作情况下常驻程序失败。

(2) 屏幕上出现特殊的显示,如出现跳动的小球、雪花、局部闪烁、莫名其妙的提问或出现一些异常的显示画面,如长方形亮块、小毛虫。

(3) 机器出现蜂鸣声或发出尖叫声、警报声,或演奏某些歌曲。

(4) 系统出现莫名其妙的重启动,或启动失控,或经常死机。

(5) 局域网或通信线路上发生异常加载等。

(6) 异常地要求用户输入指令。

(7) 使系统不识别硬盘或硬盘不能引导系统,显示"Invalid specification"。

3) 对应用程序的影响

(1) 对于系统中特定的文件进行加密或解密。

(2) 使打印机速度减慢或使打印机失控,造成打印机不能打印,出现"No Paper"提示。

(3) 文件的建立日期和时间被修改。

(4) 可执行文件运行后秘密地丢失了,或产生了新的文件。

(5) 没有使用 COPY 命令,却在屏幕上显示"1 File(s) copied"。

## 8.4.3　计算机病毒的防治

计算机病毒严重地干扰了人们对计算机的使用。各种病毒防治方法也不断涌现,一般常用的有以下几种。

**1. 将新技术应用于反病毒软件**

传统的病毒防治软件绝大多数采用特征扫描技术,而加密变形病毒的出现使特征码扫描技术失败。反病毒的新技术,如启发式检测、虚拟机技术、实时监控技术、人工智能陷阱等不断融入病毒防治软件。

**2. 网络杀毒**

现在病毒传播的主要手段是通过网络进行的,在本地网络的入口设置病毒防治系统,可以有效防止病毒进入本地局域网。一般可以在路由器、防火墙中接入反病毒模块,专门针对网络蠕虫、邮件病毒、网页恶魔代码等。

**3. 个人防火墙**

防火墙能够在一定程度上起到屏蔽 Internet 上恶意攻击的目的。现在反病毒与防火墙厂商开展了各种合作,同时,反病毒厂商也积极开发个人防火墙,在产品上实现反病毒与防黑客的二合一。

**4. 邮件杀毒**

病毒防治的一个重要方法就是堵住灾害的源头,在病毒进入系统之前发现并杀除它。电子邮件在带来方便和快捷的同时,也充当了病毒传播的工具。很多极具破坏力的病毒把电子邮件作为一个重要的传播渠道。对于一款杀毒软件而言,邮件杀毒的功能也必不可少。

**5. 数据备份**

能杀灭所有病毒的软件并不一定就是最好的软件。因为对任何人而言,计算机中的信息才是最为重要的,防病毒软件所应做的,除了要将病毒全部杀灭,更重要的是要将遭到病毒破坏的数据信息恢复到正常状态。因此,数据备份拯救系统应该成为病毒防治软件必备的功能软件。

## 8.4.4 计算机病毒的防范

要想有效地防范病毒,要做到以下几方面。

1) 安装杀毒软件

如果是家庭或者个人用户,下载任何一个排名最佳的程序都相当容易,而且可以按照安装向导进行操作。如果在一个网络中,首先咨询网络管理员。

2) 更新防病毒软件

用户要确保所安装的防毒软件是最新版本。一些防病毒程序能够自动连接到互联网上,并且只要软件厂商发现了一种新的威胁,就会添加新的病毒探测代码的功能。还可以在此扫描系统,查找最新的安全更新文件。

3) 定期扫描系统

干净并且无病毒地启动计算机是电子商务活动的基础。通常,防病毒程序都能够设置在计算机每次启动时扫描系统或者在定期计划的基础上运行。一些程序还可以在连接互联网上时在后台扫描系统。

4) 六"不要"

(1) 不要乱点击链接和下载软件,特别是那些网站含有明显错误的网页。如需下载软件,应到正规官方网站上下载。

(2) 不要访问无名和不熟悉的网站,防止受到恶意代码攻击或被恶意篡改注册表和 IE 主页。

(3) 不要同陌生人或不熟悉的网友聊天,特别是那些 QQ 病毒携带者,因为他们不时自动发送消息,这也是中毒的明显特征。

(4) 不要轻易执行附件中的 EXE 和 COM 等可执行程序。这些附件极有可能带有由计算机病毒或黑客程序。如果轻易运行它,很可能带来不可预测的结果。对于任何人发过来的电子邮件中可执行程序附件都必须检查,确定无异后才可使用。

(5) 不要轻易打开附件中的文档。对方发送过来的电子邮件及相关附件的文档,首先要保存为命令(Save As)保存到本地硬盘,待用查杀计算机病毒软件检查无毒后才可以打开使用。双击 DOC、XLS 等附件文档,会自动启用 Word 或 Excel,如有附件中有病毒则会立刻传染;如有是否启用宏的提示,绝对不要轻易打开文档,否则极有可能传染上电子邮件计算机病毒。

(6) 不要直接运行附件。对于文件扩展名很奇怪的附件或者是带有脚本文件(如 *.VBS、*.SHS 等)的附件,不要直接打开,一般可以删除包含这些附件的邮件。

5) 其他防范措施

(1) 关闭无用的应用程序。因为这些程序不仅会对系统构成威胁,还会占用内存,降低系统运行速度。

(2) 安装软件时,不要安装其携带软件。特别是流氓软件,一旦安装了,就难以删除,往往需要重装系统才能清除。

(3) 利用 Windows Update 功能为系统打补丁。避免病毒以网页木马的方式入侵到系统中。

(4) 将应用软件升级到最新版本,其中包含各种 IM(及时通信)工具、下载工具、播放器软件、搜索工具条等。不要登陆来历不明的网站,避免病毒利用其他应用软件漏斗进行木马病毒传染。

## 8.5 电子商务安全管理

管理是保障电子商务安全的重要环节。电子商务安全管理涉及电子商务安全规划、电子商务安全管理机构、电子商务安全管理制度等。

**1. 电子商务安全规划**

电子商务安全规划的主要内容是进行电子商务系统的安全需求风险分析,并在此基础上确定电子商务系统的访问控制规划,系统备份与恢复策略以及电子商务系统应急事件的处理规程。电子商务系统安全规划的结果就是电子商务信息系统的安全政策。

安全策略的内容包括设备采购指南、数据私有性政策、访问政策、审计政策、鉴别政策、可用性申明、系统维护政策、违规报告政策、支援信息和例外情况处理等。

**2. 设置安全管理机构**

为了保证电子商务的安全,各电子商务使用单位应建立电子商务安全管理机构。各级电子商务安全管理机构负责与安全有关的规划、建设、投资、人事、安全政策、资源利用和处理等方面的决策和实施。各级电子商务安全管理机构应根据国家电子商务安全的有关法律、法规、制度、规范结合本单位安全需求确立各自的电子商务安全策略和实施细则,并负责贯彻实施。安全管理机构的建立原则包括以下几点:

(1) 按从上至下的垂直管理原则,上一级机关安全管理机构指导下一级机关安全管理机构的工作。

(2) 下一级机关安全管理机构接受并执行上一级安全管理机构的安全策略。

(3) 各级安全管理机构不隶属于同级电子商务管理和业务机构。

(4) 各级安全管理机构由系统管理、系统分析、软件和硬件、安全保卫、系统稽核、人事、通信等有关方面的人员组成。

(5) 安全管理机构应常设办事机构,负责安全日常事务工作。

**3. 制定安全管理制度**

电子商务安全管理制度包括人员管理制度、信息保密制度、跟踪与审计制度、系统维护制度、数据备份制度和病毒防护制度等。

1) 人员管理制度

(1) 岗前审查、培训,定期进行规章制度和法制教育。

(2) 落实工作责任制。

(3) 贯彻电子商务安全运作基本原则包括:多人负责原则、任期有限原则和最小权限原则。

2) 信息保密制度

电子商务活动涉及企业多方面的机密,必须实施严格的保密制度。保密制度需要将组织内的各种信息资源进行划分,确定安全级别,确保安全防范重点,并提出相应的保密措施。信息的安全级别一般可分为三级:

(1) 绝密级。公司绝密级内容包括经营状况报告、订/出货价格、公司的发展规划等。此部分网址、密码不在互联网络上公开,只限于公司高层人员掌握。

(2) 机密级。公司机密级内容包括日常管理情况、会议通知等。此部分网址、密码不在互联网络上公开,只限于公司中层以上人员使用。

(3) 秘密级。公司的秘密级内容包括公司简介、新产品介绍及订货方式等。此部分网址、密码在互联网络上公开,供消费者浏览,但也必须有保护程序,以防止"黑客"入侵。

3) 跟踪与审计制度

跟踪制度要求企业建立网络交易系统日志机制,用于记录系统运行的全过程。系统日志文件是自动生成的,其内容包括操作日期、操作方式、登录次数、运行时间、交易内容等。它对系统进行运行监督、维护分析和故障恢复,这对于防止案件的发生或为侦破案件提供的监督数据起到非常重要的作用。

审计制度包括经常对系统日志的检查、审核,及时发现并对故意入侵系统行为的记录和对违反系统安全功能的记录,监控和捕捉各种安全事件,保存、维护和管理系统日志。

**4. 网络系统的日常维护管理**

截至 2016 年 12 月,有 9.5% 的企业部署了网络安全硬件防护系统,另有 22.3% 的企业部署了软硬件集成防护系统。相比 2015 年,企业对软硬件集成防护系统建设的重视程度有所提升,仅部署软件防护的企业比例下降近 6 个百分点。

(1) 硬件的日常管理和维护。企业通过自己的 Internet 参与电子商务活动,Internet 的日常管理和维护变得至关重要,这就要求网络管理员必须建立系统设备档案。一般可用一个小型的数据库来完成这项功能,以便于一旦某地设备发生故障,仍能进行网上查询。

对于一些网络设备,应及时安装网管软件。对于不可管设备应通过手工操作来检查其状态,并做到定期检查与随机抽查相结合,以便及时、准确地掌握网络的运行状况,一旦发生故障也能及时处理。

(2) 软件的日常管理和维护。对于操作系统所要进行的维护工作主要包括:定期清理日志文件、临时文件;定期执行整理文件系统;监测服务器上的活动状态和用户注册数;处理运行中的死机情况等。

对于应用软件的管理和维护主要在于版本控制。为了保持各客户机上的版本一致,应设置一台安装服务器,当远程客户机应用软件需要更新时,就可以从网络上直接进行远程安装。

**5. 数据备份和应急措施**

为了保证数据安全,必须定期或不定期地对网络数据加以备份。应急措施是指在计算机灾难事件(即紧急事件或安全事故)发生时,利用应急计划辅助软件和应急设施,排除灾难和故障,以保障电子商务系统继续运行或紧急恢复的措施。

(1) 瞬时复制技术。瞬时复制技术就是使计算机在某一灾难时刻自动复制数据的技术。

(2) 远程磁盘镜像技术。远程磁盘镜像技术是在远程备份中心提供主数据中心的磁盘影像。

(3) 数据库恢复技术。数据库恢复是指通过技术手段,将保存在数据库中丢失的电子数据进行抢救和恢复的技术。

病毒在网络环境下具有更强的传染性,对网络交易的顺利进行和交易数据的妥善保存造成极大的威胁。从事网上交易的企业和个人都应当建立病毒防范制度,以排除病毒的骚扰。对于病毒的防扩散,目前主要有硬件保护和软件防护两种。防病毒软件需要不断升级更新,其原理是在网络端口设置一个病毒过滤器,有效地将病毒拒之于系统之外。软件采取的都是检测病毒、排除病毒的方法,基本是在系统被感染了病毒之后,防杀毒软件才会起作用。因此,事前防护就显得非常重要。

# 参 考 文 献

[1] 姜红波. 电子商务概论(第 2 版)[M]. 北京:清华大学出版社,2013.
[2] 刘宏. 电子商务概论(第 2 版)[M]. 北京:清华大学出版社,北京交通大学出版社,2013.
[3] 刘鲁川. 电子商务概论[M]. 北京:清华大学出版社,2016.
[4] 敖山. 电子商务概论[M]. 北京:清华大学出版社,2016.
[5] 杨波. 电子商务概论[M]. 北京:北京电子邮电大学出版社,2014.
[6] 王玉珍. 电子商务概论[M]. 北京:清华大学出版社,2017.

# 第 9 章

# 大数据与电子商务数据挖掘

在大数据时代,数据的生成和采集是基础,数据挖掘是关键。随着商业信息和商业数据的急剧增加,如何有效地挖掘和利用这些信息,找出其中的内在联系,为经营活动服务成为电子商务经营者共同关注的问题,其中数据挖掘是最关键也最有价值的工作。

本章将从大数据相关概念与特征出发,对电子商务大数据的类型及大数据背景下的电子商务新特点进行介绍,并阐述电子商务大数据挖掘的流程、相关技术与方法,进一步总结大数据挖掘在电子商务中的应用。

## 9.1 大数据背景下的电子商务

### 9.1.1 大数据概述

人类历史上从未有哪个时代像今天一样产生如此海量的数据。数据的产生已经完全不受时间、地点的限制,数据的总量在不断地增加,增加的速度也在不断地加快。而要掌握大数据的概念,首要任务就是从动态上了解大数据的成因。大数据的成因,不仅是人类信息技术的进步,而且是信息技术领域不同时期多个进步交互作用的结果。从开始采用数据库作为数据管理的主要方式开始,人类社会的数据产生方式大致经历了被动、主动和自动三个阶段,而正是数据产生方式的巨大变化才最终导致大数据的产生。大数据产生的原因主要来自四大方面:一是数据存储成本的降低与存储硬件体积的减小;二是企业思维模式的转变;三是生活的数字化驱动;四是社交网络的飞速发展。

本小节在对现有的大数据研究资料进行全面归纳和总结的基础上,阐述了大数据的定义与特征、发展趋势以及面临的新挑战。

**1. 大数据的定义与特征**

1) 大数据的定义

大数据本身是一个比较抽象的概念,单从字面来看,它表示数据规模的庞大。但是仅仅数量上的庞大显然无法看出大数据这一概念和以往的"海量数据"(Massive Data)、"超大规模数据"(Very Large Data)等概念之间有何区别。针对大数据,目前存在多种不同的理解和定义。

麦肯锡在其报告《Big data: The next frontier for innovation, competition and productivity》中给出的大数据定义是:大数据指的是大小超出常规的数据库工具获取、存储、管理和分析能力的数据集。但它同时强调,并不是说一定要超过特定 TB 值的数据集才能算是大数据。

维基百科对"大数据"的解读是,"大数据"(Big Data),或称巨量数据、海量数据、大资料,指的是所涉及的数据量规模巨大到无法通过人工,在合理时间内达到截取、管理、处理,并整理成为人类所能解读的信息。

百度百科对"大数据"的定义为,"大数据"(Big Data),或称巨量资料,指的是所涉及的资料量规模巨大到无法透过目前主流软件工具,在合理时间内达到撷取、管理、处理,并整理成为帮助企业经营决策的资讯。

研究机构 Gartner 认为,"大数据"是需要新处理模式才能具有更强的决策力、洞察力和流程优化能力的海量、高增长率和多样化的信息资产。从数据的类别上看,"大数据"指的是无法使用传统流程或工具处理或分析的信息。它定义了那些超出正常处理范围和大小、迫使用户采用非传统处理方法的数据集。

按照美国国家标准与技术研究院(National Institute of Standards and Technology,NIST)发布的研究报告的定义,大数据是用来描述在我们网络的、数字的、遍布传感器的、信息驱动的、世界中呈现出的数据泛滥的常用词语。大量数据资源为解决以前不可能解决的问题带来了可能性。

大数据是一个宽泛的概念,每个人的见解都不一样。在综合各家观点的基础上,给出了本书的定义,"大数据"是在体量和类别特别大的杂乱数据集中,深度挖掘分析取得有价值信息的能力。大数据不仅仅在于数量的大,"大"只不过是信息技术不断发展所产生的海量数据的表象而已。我们更加关注"数据"的深度分析和应用,对于数据有价值的深度挖掘分析和在新形势下的数据应用是我们需要探讨的重点。

大数据代表着数据从量到质的变化过程,代表着数据作为一种资源在经济与社会实践中扮演越来越重要的角色,相关的技术、产业、应用、政策等环境会与之互相影响、互为促进。从技术角度来看,这种数据规模质变后带来新的问题,即数据从静态变为动态,从简单的多维度变成巨量维度,而且其种类日益丰富,超出当前分析方法与技术能够处理的范畴。这些数据的采集、分析、处理、存储和展现都涉及复杂的多模态高维计算过程,涉及异构媒体的统一语义描述、数据模型、大容量存储的建设,涉及多维度数据的特征关联与模拟展现。然而,大数据发展的最终目标还是挖掘其应用价值,没有价值或者没有发现其价值的大数据从某种意义上讲是一种冗余和负担。

2) 大数据的特征

大数据的特征,由维克托·迈尔-舍恩伯格和肯尼斯·克耶编写的《大数据时代》中提出,大数据的 4V 特征包括:规模性(Volume)、高速性(Velocity)、多样性(Variety)、价值性(Value)。

(1) 规模性。随着信息化技术的高速发展,数据开始爆发性增长。大数据中的数据不再以几个 GB 或几个 TB 为单位来衡量,而是以 PB(一千个 T)、EB(100 万个 T)或 ZB(10 亿个 T)为计量单位。

(2) 多样性。多样性主要体现在数据来源多、数据类型多和数据之间关联性强这三个方面。

第一,数据来源多,企业所面对的传统数据主要是交易数据,而互联网和物联网的发展,带来了诸如社交网站、传感器等多种来源的数据。

而由于数据来源于不同的应用系统和不同的设备,决定了大数据形式的多样性。大体可以分为三类:一是结构化数据,如财务系统数据、信息管理系统数据、医疗系统数据等,其特点是数据间因果关系强;二是非结构化的数据,如视频、图片、音频等,其特点是数据间没有因果关系;三是半结构化数据,如 HTML 文档、邮件、网页等,其特点是数据间的因果关系弱。

第二,数据类型多,并且以非结构化数据为主。传统的企业中,数据都是以表格的形式保存。而大数据中有 70%~85% 的数据是如图片、音频、视频、网络日志、链接信息等非结构化和半结构化的数据。

第三,数据之间关联性强,频繁交互,如游客在旅游途中上传的照片和日志,就与游客的位置、行程等信息有很强的关联性。

(3) 高速性。这是大数据区分于传统数据挖掘最显著的特征。大数据与海量数据的重要区别在两方面:一方面,大数据的数据规模更大;另一方面,大数据对处理数据的响应速度有更严格的要求。实时分析而非批量分析,数据输入、处理与丢弃立刻见效,几乎无延迟。数据的增长速度和处理速度是大数据高速性的重要体现。

(4) 价值性。尽管企业拥有大量数据,但是发挥价值的仅是其中非常小的部分。大数据背后潜藏的价值巨大。由于大数据中有价值的数据所占比例很小,而大数据真正的价值体现在从大量不相关的各种类型的数据中,挖掘出对未来趋势与模式预测分析有价值的数据,并通过机器学习方法、人工智能方法或数据挖掘方法深度分析,并运用于农业、金融、医疗等各个领域,以期创造更大的价值。

**2. 大数据的发展趋势**

1) 技术发展

大数据技术是一种新一代技术和构架,它成本较低,以快速的采集、处理和分析技术,从各种超大规模的数据中提取价值。大数据技术不断涌现和发展,让处理海量数据更加容易、更加便宜和迅速,成为利用数据的好助手,甚至可以改变许多行业的商业模式,大数据技术的发展可以分为六大方向:

(1) 大数据采集与预处理方向。这方向最常见的问题是数据的多源和多样性,导致数据的质量存在差异,严重影响到数据的可用性。针对这些问题,目前很多公司已经推出了多种数据清洗和质量控制工具,如 IBM 的 Data Stage。

(2) 大数据存储与管理方向。这方向最常见的挑战是存储规模大,存储管理复杂,需要兼顾结构化、非结构化和半结构化的数据。分布式文件系统和分布式数据库相关技术的发展正在有效地解决这些方面的问题。在大数据存储和管理方向,尤其值得我们关注的是大数据索引和查询技术、实时及流式大数据存储与处理的发展。

(3) 大数据计算模式方向。由于大数据处理多样性的需求,目前出现了多种典型的计算模式,包括大数据查询分析计算(如 Hive)、批处理计算(如 Hadoop MapReduce)、流式计算(如 Storm)、迭代计算(如 HaLoop)、图计算(如 Pregel)和内存计算(如 Hana),而这些计算模式的混合计算模式将成为满足多样性大数据处理和应用需求的有效手段。

(4) 大数据分析与挖掘方向。在数据量迅速膨胀的同时,还要进行数据深度分析和挖掘,并且对自动化分析要求越来越高,越来越多的大数据数据分析工具和产品应运而生,如用于大数据挖掘的 R Hadoop 版、基于 MapReduce 开发的数据挖掘算法等。

(5) 大数据可视化分析方向。通过可视化方式来帮助人们探索和解释复杂的数据,有利于决策者挖掘数据的商业价值,进而有助于大数据的发展。很多公司也在开展相应的研究,试图把可视化引入其不同的数据分析和展示的产品中,各种可能相关的商品也将会不断出现。可视化工具 Tabealu 的成功上市反映了大数据可视化的需求。

(6) 大数据安全方向。当企业在用大数据分析和数据挖掘获取商业价值的时候,黑客很可能在攻击企业,收集有用的信息。因此,大数据的安全一直是企业和学术界非常关注的研究方向。通过文件访问控制来限制数据的呈现操作、基础设备加密、匿名化保护技术和加密保护等技术正在最大程度地保护数据安全。

2) 未来方向

(1) 大数据从概念化走向价值化。一方面,大数据将向更多领域扩张,也会出现更多数据驱动的商业模式,更具体点说,互联网金融将会成为大数据应用的新的商业模式,特别是基于海量数据的信用体系和风险控制。另一方面,资本高度关注大数据领域,相关的融资、并购与 IPO 纷纷出现,因此,大数据从概念走向价值化成为大数据发展趋势中的最大趋势。

(2) 大数据安全与隐私越来越重要。大数据安全不容忽视,这是因为大数据更容易成为网络中的攻击目标;对存储的物理安全性要求也会越来越高;大数据分析技术更容易被黑客利用;大数据引起了更多不容易被追踪和防范犯罪的手段;个人隐私的问题也更为严重,个人的隐私越来越多地融入各种大数据中,大数据拥有者掌握了越来越多人的越来越丰富的信息。同时,有偿的隐私保护服务也被大众所接受。

(3) 大数据分析与可视化成为热点。大数据规模大,难理解,分析过程离不开可视化技术,可视化将贯穿于大数据分析与结果展示的全过程。可视化已经成为很多领域研究的议题。有了大数据以后,大规模、多角度、多视角与多手段的数据可视化,还有实时处理分析和大数据的处理方法贯穿于整个数据分析和数据展示的过程。

(4) 数据的商品化和数据共享的联盟化。数据共享联盟有望逐渐壮大,成为产业、科研和学术界一个环环相扣的支撑环节和产业的核心环节。另外,由于数据变成资源,成为关注的焦点。数据产权界定问题日益突出,在数据权属确定的情况下,数据商品化将成为必然的选择。

(5) 深度学习将成为大数据支撑性的技术。在大数据时代,依靠高性能计算的支持,深度学习将会成为大数据智能分析的核心技术之一。基于海量智能的技术成为发展的热点,它利用群体智能和众包计算支持大数据分析和应用,依赖于对捕捉的数据的分析来做判断和决策,这将成为将要兴起的下一个浪潮。以分布式计算来支撑大数据分析是必经之路。在很多大数据的应用场合,基于物理资源的分散式应用会有更多的应用场景。

(6) 数据科学的兴起。数据科学成为一个与大数据相关的新兴学科出现,各种大数据分析系各有所长,在不同类型分析查询下,表现出不同的性能差异,使大家对数据科学兴起有了更具体的认识。目前,许多研究机构、学术团体和高校都在进行大数据的研究以及大数据方面的学科和实验室建设,使得大数据成为一门真正的数据科学。

(7) 大数据产业成为一种战略性产业。早在 2011 年,全球知名咨询公司麦肯锡发布了《大数据:创新、竞争和生产力的下一个前沿领域》的报告,预示大数据产业将会成为 21 世纪具有决定性的产业。发展大数据产业,利用大数据分析提高国家经济决策和社会服务能力,保障国家安全成为各国的重要战略。除大企业成为大数据最活跃的群体外,一些拥有大数据的政府部门也纷纷利用积累的数据,采用大数据技术进行分析,产生了突出的效果。

(8) 大数据生态环境逐步完善。虽然大数据生态环境目前还没有完善到令人满意的程度,但是它正在逐步完善。一方面,开源逐步成为主流;另一方面,大数据、云计算、物联网相互交融,开展大数据教育、计算机类相关的教育活动等,其中大数据教育更多是对人才方面的教育。

(9) 大数据处理架构的多样化模式并存。在大数据处理方面,Hadoop/MapReduce 框架一统天下的模式被打破,实时流计算、分布式内存计算、图计算框架等并存;在大数据存储与管理方面,大数据的 4V 特征放大了以前海量数据的存储与管理的挑战;在性能提升方面,内存价格不断降低,使内存计算将成为决定实时性大数据处理问题的主要手段。

### 3. 大数据时代面临的新挑战

大数据时代的到来给企业带来了绝佳的商业机遇,大数据给所有行业、领域带来了革命性的力量,使得企业能够从数据背后寻找答案、发掘价值。飞速发展的计算机技术高效地利用大数据给企业带来洞察力,改变了企业的战略和执行能力,应用数据分析改善业务计划、简化供应链、发掘客户需求并开发新产品,从而拉开了与竞争者的优势距离。然而大数据时代数据分布的广泛性、动态性等特征给企业数据管理与分析的工作带来了新的挑战。下面简要分析大数据时代的数据分析面临的主要挑战。

1) 数据的异构性和低价值性

大数据时代,企业数据广泛地分布在不同的数据管理系统中,为了便于数据分析就需要对数据进行集成,相对于传统的数据集成中遇到的异构性问题,大数据时代数据的异构性问题更加严峻。首先,数据类型从结构化变成了结构化、半结构化和非结构化相结合;其次,数据的产生方式从传统的固定数据源变成了移动数据源;最后,数据存储方式从原先的关系数据库变成了新型的数据存储方式。这些变化都给数据的集成带来了巨大的挑战。另外,大数据低价值性的特征也给数据集成带来了新的挑战。大数据的规模性并不一定意味着数据的高价值,有用与无用的数据混杂在一起共同造就了数据的爆炸式增长。在数据分析之前必须对数据进行有效的清洗,避免无用数据对数据分析的干扰。对于数据清洗质与量必须要谨慎地把握,太细或太粗都会对清洗效果产生影响。

2) 数据分析的实时性与动态性

不同于传统的数据分析形成的一套行之有效的分析体系,大数据时代半结构化、非结构化数据的激增给数据分析带来了挑战,数据处理的实时性和动态性要求也给大数据的分析带来了一定的难度。在许多领域中,大数据中的知识价值会随着时间的流逝而减少,因此出现了数据实时处理的要求,很多应用场景中的数据分析也从离线形式转向了在线形式。虽然针对实时处理的研究与工具在不断地优化中,但目前仍没有一个通用的处理框架,各种工具支持的应用类型也相对的有限,以至于在实际的应用场景中必须要根据具体的业务要求对现有的工具进行优化才能满足要求。同时,大数据时代的数据模式会随着数据量的不断变化而变化,所以为了能够适应快速变化的数据模式,就必须设计出简单且高效的索引结构,对于不同应用场景下的索引方案的设计也是大数据时代数据分析的主要挑战之一。另外,在实时、动态地进行数据分析时,很难有足够的时间与经验去建立知识体系,先验知识的不足也给大数据分析造成了巨大的挑战。

3) 数据管理的易用性

数据从集成到分析,再到最后的数据解释,易用性问题贯穿了整个流程。大数据时代的数据更加复杂多样化,分析工具得到结果的形式也多种多样,许多行业的初级使用者在复杂的分析工具面前难以获得有用的信息,这对大数据时代软件工具的设计提出了很大的挑战。对于数据管理的易用性问题,大数据时代需要关注三大原则:

(1) 可视化原则。可视化原则要求产品不仅仅能将最终结果通过清晰的图形图像直观地展示出来,并且在用户见到产品时就能够大致地了解产品的初步使用方法。

(2) 匹配原则。匹配原则要求新的大数据处理技术和方法将人们已有的经验知识考虑进去,以便人们快速掌握新技术与方法。

(3) 反馈原则。反馈原则要求产品带有反馈设计使得人们能够随时掌握自己的操作进程,大数据处理技术需要大范围地引入人机交互技术,以便人们较完整地参与整个分析过程,有效提高用户的反馈感,从而在很大程度上提高易用性。

因此,满足以上三个基本原则的设计就能够达到良好的易用性。

4) 硬件的协同性

硬件设备的更新换代有效地促进了大数据的发展,但同时也造成了大量不同架构硬件共存的现象。日益复杂的硬件环境给大数据处理带来了挑战,首先是硬件的异构性造成了大数据处理较难,其次是新硬件使得大数据的处理需要变革。由于数据中心内的机器是不同时期购置于不同厂商,其性能和处理速度相差很大,这就导致了硬件环境的异构性。硬件的异构性给大数据处理带来了诸多问题,比如由于分布式并行计算中各个服务器性能相差较大,从而导致了大量的计算时间浪费在性能较好的服务器等待性能较差的服务器上,这种情况下性能较差的服务器就制约了整个集群的性能。另外,新硬件的产生改变了原有的大数据处理模式,从而改变了原有算法设计的考量因素。比如基于闪存的固态硬盘(SSD)的出现为计算机存储技术的发展带来了新的契机,未来内存很有可能兼具内存和硬盘的双重特性,处理速度极快且非易失,这会给大数据处理带来一场根本性的变革。

5) 大数据的测试基准

关系数据库产品的成功离不开以 TPC 为代表的测试基准,正是因为这些测试基准的存在才能够准确地衡量不同数据库产品的性能,并对其进行修改。目前虽然已经开展有关大数据测试基准的工作,但尚未建立起大数据的测试基准,主要是由于:

(1) 大数据管理系统类型较多,复杂度高。

(2) 大数据应用场景多种多样,很难提取出具有代表性的用户行为。

(3) 大数据规模庞大,小规模数据测试未必能够代表原始数据集问题。

(4) 大数据系统的快速演变。

除了以上四个主要原因之外,对于测试基准是重新构建还是复用现有的测试基准也是当前面临的问题之一。

总的来说，大数据时代面临的挑战非常多，除了以上提到的五点，大数据时代面临的隐私暴露问题和能耗问题也给大数据处理带来了一定的难度。

## 9.1.2 电子商务大数据分析

### 1. 电子商务大数据类型

大数据不仅仅体现在数量大，也体现在数据类型多。如此海量的数据，仅有20%左右属于结构化数据，80%的数据属于广泛存在于社交网络、物联网、电子商务等领域的非结构化数据。由当前技术产生的数据，已经远远超越了目前的方法和工具所能处理的范畴。

1) 按照数据结构分类

按照数据结构，电子商务大数据分为结构化、半结构化、非结构化数据。结构化数据是存储在数据库里，可以用二维表结构来逻辑表达实现的数据。而相对于结构化数据而言，不方便用数据库二维表结构来表现的数据即称为非结构化数据和半结构化数据。

（1）结构化数据。结构化数据指的是关系模型数据，即以关系型数据库表形式管理的数据。绝大多数的电商企业的业务数据都以此格式进行数据存放，如客户订单、采购订单、生产单、仓储记录、BOM单和成本数据等。

（2）非结构化数据。相对于结构化数据（即行数据，存储在数据库里，可以用二维表结构来逻辑表达实现的数据）而言，不方便用数据库二维逻辑表来表现的数据即称为非结构化数据，包括所有格式的办公文档、文本、图片、标准通用标记语言下的子集XML、HTML、各类报表、图像和音频/视频信息等等。例如，电子商务中的客户评价、产品设计图、产品说明书、产品外观图、网店设计界面和客户服务详细记录等数据。

非结构化数据库是指其字段长度可变，并且每个字段的记录又可以由可重复或不可重复的子字段构成的数据库，用它不仅可以处理结构化数据（如数字、符号等信息）而且更适合处理非结构化数据（全文文本、图像、声音、影视、超媒体等信息）。

非结构化WEB数据库主要是针对非结构化数据而产生的，与以往流行的关系数据库相比，其最大区别在于它突破了关系数据库结构定义不易改变和数据固定长度的限制，支持重复字段、子字段以及变长字段并实现了对变长数据和重复字段进行处理和数据项的变长存储管理，在处理连续信息（包括全文信息）和非结构化信息（包括各种多媒体信息）中有着传统关系型数据库所无法比拟的优势。

（3）半结构化数据。所谓半结构化数据，就是介于完全结构化数据（如关系型数据库、面向对象数据库中的数据）和完全无结构的数据（如声音、图像文件等）之间的数据，HTML文档就属于半结构化数据。它一般是自描述的，数据的结构和内容混在一起，没有明显的区分。例如客户信息、访问日志、产品研发设计信息等就属于半结构化数据。

这样的数据和上面两种类别都不一样，它是结构化的数据，但是结构变化很大。因为企业要了解数据的细节所以不能将数据简单地组织成一个文件按照非结构化数据处理，由于结构变化很大也不能够简单地建立一个表相对应。

事实上，结构化、半结构化与非结构化数据的区分，只是按数据格式进行分类，并且由来已久。严格来讲，结构化与半结构化数据都是有基本固定结构模式的数据（即专业意义上的结构化数据）。但将其中的关系模型数据单独定义为结构化数据，这对企业数据管理现状是可取的，并具有一定的现实意义。

另外，半结构与非结构化数据与目前流行的大数据之间只是有领域重叠的关系。本质来讲，两者并无必然关系。现在有人将大数据认同为半结构化与非结构化数据的说法，是因为大数据技术最先是在半结构化数据领域发挥作用。

2) 按照数据作用方式分类

按照数据作用方式，电子商务大数据可分为交易数据、交互数据和传感数据。

(1) 交易数据。交易数据即 ERP、电子商务、POS 机等交易工具带来的交易数据。在实际应用中，组织数据与互联网数据尚未有效整合，在数据处理中，杂乱的数据、海量的数据、沉睡的数据严重地影响了数据的有效利用。面对这些挑战，人们急需综合的大数据平台、快速有效的算法，来统计、分析和预测组织产生的交易数据，以便更好地为决策进行服务。

(2) 交互数据。交互数据即微店、电商企业网站、论坛、营销社区、即时通信等带来的数据。社群网站的盛行，带动了以非结构化数据为主的大数据分析，促使企业不仅仅只满足于点状的交易数据，比如，产品卖掉了、顾客突然解约等属于点状的交易数据。转而探究线状的互动数据。比如，为什么这项产品卖掉了，顾客为什么突然解约等属于线状的互动数据。

而想要从分析现状到精准预测未来，就必须将分析方法从点（交易数据）深化到线（互动数据）。例如，亚马逊网站透过网页的点击串流数据，追踪使用者从进入到离开该网站的动线与行为，就是顾客与企业网站之间的互动数据。如果从中发现多数使用者点入某个页面就跳开，代表该页面需要改善，让使用者在浏览网页的过程中没有压力或挫折感，能以最少的力气发挥最大的效能。

(3) 传感数据。传感数据即 GPS、RFID、视频监控等物联网设备带来的传感数据。在微处理器和传感器变得越来越便宜的今天，全自动或半自动（通过人工指令进行高层次操作，自动处理低层次操作）系统可以包含更多智能性功能，能从其环境中获得更多的数据。随着现在系统设计所包含的传感器和处理器越来越多，人们在更多的系统或场合中将会自动地产生传感数据。

例如，根据电子商务产品的特点，在产品的包装内安装 EPC、RFID 标签，对每一个产品进行编码，将产品的运输、中转等信息写入标签中，可以实现定位追踪、防伪防盗等功能，进而实现对产品的透明化管理。

**2. 大数据研究内容**

2012 年冬季，来自 IBM、微软、谷歌、HP、MIT、斯坦福、加州大学伯克利大学、UIUC 等产业界和学术界的数据库领域专家通过在线的方式共同发布了一个关于大数据的白皮书，"Challenges and Opportunities with Big Data"。该白皮书首先指出大数据面临着五个主要问题，分别是异构性、规模性、时间性、复杂性和隐私性。在这一背景下，大数据的研究工作主要集中对五个方面难题的攻克，分别是数据获取、数据结构、数据集成、数据分析、数据展示。另外，大数据分析包含多个步骤，目前的研究大多数关注数据建模和分析，而对其他阶段关注不够。

2013 年，中国人民大学信息学院的孟小峰发表了一篇题为《大数据管理：概念、技术与挑战》的文章，文中认为大数据处理的一般流程可以总结为数据抽取与集成、数据分析和数据解释三个阶段，这三个阶段贯穿所有节点，需要考虑数据的异构性、规模性、时间性、隐私性和人机协作等方面的因素。在每个阶段，都面临着不同的研究内容。

1) 数据抽取与集成阶段的研究内容

数据抽取与集成阶段，首先要获取并记录数据，在这一环节大数据研究的内容包括：研究数据压缩中的科学问题，能够智能地处理原始数据，在不丢失信息的情况下，将海量数据压缩到人可以理解的程度；研究"在线"数据分析技术，能够处理实时流数据；研究元数据自动获取技术和相关系统；研究数据来源技术，追踪数据的产生和处理过程。

数据抽取与集成阶段，其次是要对数据进行清洗和集成，在这一环节需要将信息从底层数据源中抽取出来，形成适于分析的结构。而抽取的对象可能包含图像、视频等具有复杂结构的数据，并且大数据中广泛存在着虚假数据。对异构的带有噪声的数据进行整合，需要以自动化的方式对数据进行定位、识别、理解和引用。为了实现该目标，需要研究数据结构和语义的统一描述方式与智能理解技术，实现机器自动处理。从这一角度看，对数据结构与数据库的设计也显得尤为重要。

2) 数据分析阶段的研究内容

查询和挖掘大数据的方法，从根本上不同于传统的、基于小样本的统计分析方法。大数据中的噪声数据很多,具有动态性、异构性、相互关联性、不可信性等多种特征。尽管如此,即使是充满噪声的大数据也可能比小样本数据更有价值,因为通过频繁模式和相关性分析得到的一般统计数据通常强于具有波动性的个体数据,往往透露更可靠的隐藏模式和知识。此外,互联的大数据可形成大型异构的信息网络,可以披露固有的社区,发现隐藏的关系和模式。此外,信息网络可以通过信息冗余以弥补缺失的数据、交叉验证冲突的情况、验证可信赖的关系。

数据挖掘需要完整的、经过清洗的、可信的、可被高效访问的数据,以及声明性的查询(如 SQL)和挖掘接口,还需要可扩展的挖掘算法及大数据计算环境。与此同时,数据挖掘本身也可以提高数据的质量和可信度,了解数据的语义,并提供智能查询功能。大数据也使下一代的交互式数据分析实现实时解答。未来,对大数据的查询将自动生成网站上创作的内容、形成专家建议等。在 TB 级别上的可伸缩复杂交互查询技术是目前数据处理的一个重要的开放性研究问题。

当前大数据分析的一个问题是缺乏数据库系统之间的协作,这些数据库存储着数据并提供 SQL 查询,而且具有对多种非 SQL 处理过程(如数据挖掘、统计等)支持的工具包。今天的数据分析师一直受到"从数据库导出数据,进行数据挖掘与统计(非 SQL 处理过程),然后再写回数据库"这一烦琐过程的困扰。现有的数据处理方式是前述的交互式复杂处理过程的一个障碍,需要研究并实现将声明性查询语言与数据挖掘、数据统计包有机整合在一起的数据分析系统。

3) 数据解释阶段的研究内容

仅仅有能力分析大数据本身,而无法让用户理解分析结果,这样的效果价值不大。如果用户无法理解分析,最终,一个决策者需要对数据分析结果进行解释。对数据的解释不能凭空出现,通常包括检查所有提出的假设并对分析过程进行追踪。此外,分析过程中可能引入许多可能的误差来源:计算机系统可能有缺陷、模型总有其适用范围和假设、分析结果可能基于错误的数据等。在这种情况下,大数据分析系统应该支持用户了解、验证和分析计算机所产生的结果。大数据由于其复杂性,这一过程特别具有挑战性,是一项重要的研究内容。

在大数据分析的情景下,仅仅向用户提供结果是不够的。相反,系统应该支持用户不断提供附加资料,解释这种结果是如何产生的。这种附加资料称之为数据的出处。通过研究如何最好地捕获、存储和查询数据出处,同时配合相关技术捕获足够的元数据,就可以创建一个基础设施,为用户提供解释分析结果,重复分析不同假设、参数和数据集的能力。

同时,具有丰富可视化能力的系统是为用户展示查询结果,进而帮助用户理解特定领域问题的重要手段。早期的商业智能系统主要基于表格形式展示数据,大数据时代下的数据分析师需要采用强大的可视化技术对结果进行包装和展示,辅助用户理解系统,并支持用户进行协作。此外,通过简单的单击操作,用户应该能够向下钻取到每一块数据,观察和了解数据的出处,这是理解数据的一个关键功能。也就是说,用户不仅需要看到结果,而且需要了解为什么会产生这样的结果。然而,数据的原始出处对于用户来说技术性太强,无法抓住数据背后的思想。基于上述问题,需要研究新的交互方式,支持用户采用"玩"的方式对数据分析过程进行小的调整(如对某些参数进行调整等),并立即对增量化的结果进行查看。通过这种方法,用户能够对分析结果有一个直观的理解,从而更好地理解大数据背后的价值。

**3. 大数据背景下的电子商务新特点**

与传统商务形式相比,大数据背景下的电子商务具有高效性、方便性、集成性、可扩展性、安全性、协调性等特点。而如今,一个大规模生产、分享和应用数据的时代正在开启——社交网络、电子商务与移动通信把人类社会带入了一个以 PB(1024TB)为单位的,结构化与非结构化数据信息交织的新时代。使得一切皆可量化,一切皆为数据。电子商务的竞争更大程度上变成大数据的竞争。大数据时代背景下,电子商务具有了新的特点,包括更详尽、实时的用户数据反馈,更精准、有价值的用户数据的获得,更多样化的数据采集方式以及更多维度、多层次的数据处理与分析等。无论是 B2B 还是 B2C 的电子商务企业都在积极采取行动来收集数据、分析数据并试图驾驭数据。电子商务具有利用大数据的天然优势,大数据的应用将贯穿整个电子商务的业务流程,成为公司的核心竞争力。

### 1) 更详尽的用户数据反馈

随着大数据时代的到来,相对于传统的线下销售企业来说,爆炸性增长的数据资源已成为电子商务企业非常具有优势和商业价值的资源,大数据将成为企业未来的核心竞争力。电子商务构建的各类型数据库可以轻而易举地记录全部用户的各类访问数据,其中包括所有注册用户的浏览、购买消费记录,用户对商品的评价、在其平台上商家的买卖记录、产品交易量、库存量以及商家的信用信息等,快速捕获、实时监控、精准分析,实现数字化生产和管理。而传统商家要想做到这一点,一方面成本高昂,另一方面可靠性和精准性上难有保证。电子商务行业作为网络时代的核心产业,基于互联网的数据能力,使其在与实体企业的竞争中,能够迅速、全面地获取用户行为信息和需求,更快地做出反应。特别是在大数据时代下,近乎实时地反馈数据,信息详尽并具有跟踪性,这对于电子商务网站优化决策提供了巨大价值。

在建立了庞大的数据库后,企业可利用云计算、企业数据仓库等技术对数据进行采集、多维分析、深度挖掘、服务开发,将企业各类数据进行有效整合,为企业决策提供支持。而传统的零售企业则很难获取用户的消费数据,获取信息的成本也较大。同时,通过对数据的处理能够给出精确的效果评估,电子商务网站的页面设计、产品分类,传统的零售企业只能是依靠经验优化自身的店铺设计。此外,能够快速生成实时的数据报告,帮助卖家决策,而传统零售企业在此方面则相对匮乏。

### 2) 更精准的用户数据获取

互联网媒体在用户数据收集上相对传统媒体有天然的优势,移动互联网、社交技术的发展,为电子商务提供了持续处理海量数据,并在复杂碎片化的数据关系中提取价值信息的可能性。大数据时代之前,电子商务了解市场的数据采集方式多为主动式的数据采集方式,即调查者问,被访者答。大数据时代的全面到来,让被动式的数据采集方式成为可能,并将逐步发展成为未来的主流方式。利用数字化研究工具去"聆听""观察""感受""记录""追踪"消费者。使电子商务网站比一般的互联网媒体无论是数量上还是种类上都拥有更加海量、精准的数据。这种被动的数据采集方式的优势在于:

(1) 数据的准确性得到提高。主动的数据采集以问答形式进行,往往是依据消费者的记忆状况。而且,消费者有时候又过于"理性",隐藏真实的想法。数据的准确性和真实性无法保障。而被动式的数据采集,依靠的是消费者自发的或无意识的数据提供,能够提升所收集数据的准确性。

(2) 非介入式的方式使得消费者更具自发性。电子商务是去"观察"而非"干扰(提问)"消费者,这样的结果便更具自发性。

(3) 快速和即时性。被动式的数据采集方式可以在消费者行为发生的当下,去捕捉其表现和状态,具有高度的实时性。

(4) 经济性。被动式的数据采集方式相较于主动式的数据采集方式更具经济性,可以起到节约数据处理成本的效果,实现更经济的目的。

总之,大数据环境下,这种被动的数据采集方式使电子商务网站能够获得足够多的、更真实的用户购买需求、搜索习惯、购买路径和购买历史等一系列具有商业价值的精准数据。一方面,可以利用大数据技术,按照兴趣、价值观、娱乐和生活方式等共同的行为方式来重新划分人群。另一方面,通过用户行为可以无限地接近、近乎准确地判断每一个人的属性,这些属性不单单包括人口自然属性,还包括兴趣爱好、行为轨迹、购买经历等,因而可以更精确地预测用户的消费需求,进而推送满足消费者需求的产品,促进消费行为的产生。

例如,通过新浪微博等社交平台,已经可以了解消费者的互动对象、消费者之间的影响方式和消费者的想法等。益普索集团自主研发的数字研究解决方案——"社群聆听(Social Listening)"工具,就可以从定量和定性两个方面探寻社交媒介与消费者之间的关系。以 Pinterest 网站为例,社交网络的发展,使得消费者可以随时随地表达他们的喜好。用户通过发表各种评论、打分等,更加直白地表达他们的喜好。使企业得以在一个更大的环境下了解消费者喜好。互联网上的神奇之处就在于,不仅可以追踪到消费者购买了什么,还能追踪到购买前的浏览和购买路径。目前已经有一些网站把这种被动的数据转换成"推荐",告诉浏览者浏览到这个页面或者点选这个产品的时候,可能有百分之多少其他的类似用户也在看什么。电子商务企业还可以利用 App 技术,去整体监控消费者移动终端设备的使用,形成一套被动监测系统,从而了解消费者的数字行为。

3)更多样的数据采集方式

大数据时代,电子商务网站的数据来源可以大致分为四种:网站内部数据、站外引导性数据、直接访问数据和无线端数据。网站内部数据的产生与买卖双方的交易密不可分,包括内部搜索、站内社区、页面浏览与点击、购买与交易数据、后台管理数据以及即时通信数据等信息,直观而全面地反应用户的心理及行为,具有很高的价值;站外引导性数据主要是通过广告点击、搜索引擎上的搜索数据、SNS 上的推荐与链接及关联软件的操作与推荐等;直接访问数据主要来源于浏览器访问、软件访问等的直接访问数据,这部分数据能够有效洞察出用户的网络购物入口偏好及行为;无线端的数据又构成了海量的数据阵容,能够全面反映出无线用户的特征,对数据的分析和运用有着巨大的指导作用。大数据背景下,针对不同的数据来源采取多元化的数据采集方式,可以实现对数据的全面获取。

(1)主动登记的用户、商家和产品信息。用户、商家想要在电子商务网站展开交易,第一步就必须注册登记相关信息。对于用户而言,需要填写姓名、性别、邮箱和联系方式等详细信息。对于企业用户来说,更需要通过一系列的认证。另外,用户若绑定支付工具、申请诚信认证等服务项目,也会生成新的数据项目,而这些数据随着用户使用时间不断累积。同样,产品信息作为消费者了解产品的最重要来源,同样得到了电子商务网站严格的控制,包括产品名称、产品关键词、产品类目、产品图片、产品组、产品说明等都有可循的规范可依。可以说,这些由用户、商家提交的数据信息构成了电子商务网站的基础信息库。

(2)通过系统智能抓取用户行为数据。一般而言,电子商务网站可以通过智能系统抓取用户的 IP 地址登录信息、email 地址、密码、计算机和连接信息(如浏览器类型版本、时区设置、浏览器插件类型版本、操作系统、平台)、购买历史、URL 点选流向(如何进入、经过路径、离开去向,包括时间日期)、cookie number、浏览和搜索的产品等数据信息。

(3)通过反馈、调研方式采集数据。一方面,电子商务网站的客服系统会收集用户和商家的意见和建议,同时建立产品评价体系,鼓励用户向商家反馈、向其他用户分享自身的购物体验;另一方面,还会主动组织面向用户、商家的问卷调查和深度访谈等调研活动。通过反馈、调研等方式有针对性地收集数据和信息,帮助企业决策。

(4)主动购买、积极共享商业数据。以"慧聪网"为例,在搜索领域,慧聪网与搜狗、百度等搜索网站进行合作。基于"中国搜索",慧聪网成立"中国搜索联盟",并与 3721、新浪网、搜狐网、新华网等网站结成战略伙伴,实行数据共享。此外,慧聪网还与商务部、信产部、统计局等政府机构及各行业协会建立了较为深厚的合作关系,获取了大量的行业数据。

在 2015 中国电子商务峰会上,"块数据"理念被第一次提出,同样给电子商务的数据收集带来新的思路。所谓块数据,即在一个物理空间或者行政区域形成的涉及人、事、物等各类数据的总和。举例来说,以往一名用户既在微信、微博上有信息流,同时还有线下医保、社保和交通出行等数据,要准确地了解这名用户,需要对各种数据关联起来处理。"块数据"则让以往的这些"数据孤岛"连成一片,通过对不同类型、来源信息的集成、挖掘、清洗,极大地改变信息的生产、传播、加工和组织方式,使数据实现了流动、共享和交易,有利于寻找、培育和发展新的商业模式和新的增长点,有利于革新、替代过去粗放式的营销模式,使每一个流量价值都发挥到极致。

4)更多层次的数据处理与分析

大数据时代背景下,电子商务网站将收集到的数据经过汇总与整合之后,通过一系列的筛选机制形成种类不同、作用不同的数据,并按照一定的维度进行了不同层面的处理与分析。

(1) 多样化数据分类,确立不同的分析维度。数据在经过汇总与整合之后会通过一系列的筛选机制形成种类不同、作用各异的数据,并按照一定的维度进行不同层面的储存、分析与应用。

一般来讲,电子商务网站的数据可以分为三类:第一,按照常规分类来讲,可以分为以"用户"为主体的"会员数据",以"商品"为主体的"商品数据"和以"交易行为"为主体的"交易数据";第二,按照用途来划分,分为对消费者的个性化推荐数据,能够提升卖家销量的市场发展、行业竞争及消费数据,提供给第三方机构,帮助其了解电子商务企业的行业数据等;第三,从技术层面来讲,数据又分为日志型数据、结构化和非结构化数据以及关系型数据等。

同时,数据的分析维度也可以是多种方面的,比较常用的维度是角色特征、心理特征、行为特征、地域特征、时段特征、关注度和销售指数特征等。

(2) 建立数据库并开放数据的数据处理方式。一方面,电子商务网站会将分类好的数据创建为规范、统一、权威的数据库。一般而言,所有指标库中的数据,不论是各类业务实体明细属性,还是各类统计、分析和数据挖掘的指标,其中文命名是规范且通俗的、英文字段名是统一且唯一的、算法说明是权威且清晰可见的,从而很好地支持上层数据开放和数据产品研发,如亚马孙建立的 Amazon Simple DB 数据库、淘宝的 Oracle 数据库。

对于数据的开放,部分电子商务网站会通过 Open API 和 Open File 两种方式开放数据。任何第三方开发者都可以通过 API 接口访问电子商务网站的数据,提供可以"安装"在网络页面上的应用。通过开放数据,第三方机构可以通过对这些数据的挖掘与分析,针对不同的需求群体提供打造不同的数据产品与工具,满足各类群体对于电子商务数据产品工具的需求。

为了顺应 Web 2.0 大潮,主流的电子商务平台,如淘宝、eBay、Amazon 等,都先后制定了各自的开放策略,并为独立的第三方提供开放 API 接口。淘宝开放平台面向第三方应用开发者,为其提供 API 接口和相关开发环境的开放平台。软件开发者可通过淘宝 API 来获取淘宝用户信息(买方和卖方用户信息,私有信息需要授权)、淘宝商品信息、淘宝商品类目信息(全淘宝商品索引及分类明细)、淘宝店铺信息(全淘宝店铺信息)、淘宝交易明细信息(在取得用户授权的情况下,查询每笔交易的详细情况)、淘宝商品管理(淘宝商品的上传、编辑、修改等接口)等信息,并建立相应的电子商务应用。

(3) 智能分析与人工处理相结合的数据分析方式。电子商务网站会通过智能分析以及人工处理相结合的方式来处理数据,达到数据的多层次、深度化分析。大型的电子商务网站几乎都有自己的数据处理平台或工具。例如,亚马孙的数据处理平台 Amazon Web Services,并基于此推出了数量众多的云计算服务。在这个平台上,亚马孙对数据进行自动抓取,智能收集,以及弹性化的储存。此外,亚马逊还会通过强大的算法,自动对数据进行整理、分析和运用等。

虽然计算机能够自动处理一些信息,但是人产生的数据和信息有很多是计算机无法识别和计算处理的,这个时候人工处理成为数据处理的一种重要补充。与此同时,电子商务网站拥有自己的数据分析团队和专门的数据分析师,如 eBay 设在中国上海的技术支持中心里每天有上千人的团队为 eBay 全球提供技术支持,而数据分析部门则是其中最主要的团队;淘宝的技术平台部建立了淘宝数据产品化团队,根据团队中具体职能的不同又划分为产品研发、实时计算、数据开发、数据挖掘、数据中间层、UED、可视化实验室等,在淘宝网海量数据库与大数据处理技术的基础之上进行专业的海量数据挖掘。

## 9.2 电子商务数据挖掘概述

随着电子商务的不断发展,越来越多的企业和个人通过网络进行交易,享受到了电子商务提供的便利。同时,大量的电子商务活动导致了海量数据的累积,而这些数据本身的复杂度也使许多有用的知识被埋没。如何把海量数据转换成能被识别且能直接使用的有用知识,是目前电子商务发展的迫切需求。

### 9.2.1 数据挖掘的产生与发展

随着数据库技术和网络通信技术的发展,以及计算机应用的普及,各行各业都开始采用计算机及相应的信息技术进行管理。同时,随着生成、收集、存储及处理数据的能力大大提高,数据量与日俱增。尽管目前的数据库系统能够高效率地实现数据的录入、查询、统计等功能,但由于数据量过于庞大以及数据库系统中分析方法的严重缺乏,系统自身无法直接发现数据中隐藏的相互联系,更无法根据当前的数据去预测未来的发展趋势。因此,出现了所谓"数据多,知识少"的现象,造成了严重的资源浪费。

如何从这些大量数据中发现有用的信息,如何理解已有的历史数据并用于预测未来的行为,变被动的数据为主动有价值的知识,指导企业和政府决策,获取更大的经济效益和更好的社会效益,这些都唤起了人们对数据进行进一步筛选、加工、挖掘其中所蕴涵知识的需求。数据挖掘正是在这样的背景下产生的。

1989年8月,美国人工智能协会召开了第一届KDD国际学术会议,正式提出了基于数据库的知识发现技术(Knowledge Discovery in Database,KDD)的概念。此后,知识发现和数据挖掘迅速得到了世界各国学者的重视和响应,并积极开展相关理论与技术的研究。

数据挖掘其实是一类深层次的数据分析方法。数据分析本身已经有很多年的历史,只不过以前数据收集和分析的目的是用于科学研究。另外,由于当时计算能力的限制,对大数据量进行分析的复杂数据分析方法受到很大限制。现在,由于各行业业务自动化的实现,商业领域产生了大量的业务数据,这些数据不再是为了分析的目的而收集的,而是由于商业运作而产生的。分析这些数据也不再是单纯为了研究的需要,更主要的是为商业决策提供真正有价值的信息,进而获得利润。但所有企业面临的一个共同问题是:虽然企业数据量非常大,但其中真正有价值的信息却很少,因此,就需要采用某种方法自动分析数据、自动发现和描述数据中隐含的商业发展趋势,获得有利于商业运作、提高竞争力的信息。

数据挖掘,顾名思义就是从大量的数据中挖掘出有用的信息。数据挖掘的核心模块技术历经了数十年的发展,其中包括数理统计、数据库技术、机器学习等。

"挖掘"一词最早出现于统计学中,数据挖掘的很多思想和方法来源于统计学。通常的数据挖掘工具都能够通过可选件或自身提供统计分析功能。统计分析所提供的方法有假设检验、相关性分析、线性预测、方差分析和时间序列分析等。这些都有助于数据挖掘前期对数据进行探索,找出数据挖掘的目标,确定数据挖掘所需要的变量,对数据源进行抽样等。同时,数据挖掘的结果也需要统计分析的描述功能进行具体描述,使得数据挖掘的结果能够充分展示。

数据挖掘除了应用统计方法之外,还应用了大量计算机科学的技术,如数据库技术和机器学习。大多数的统计分析技术都基于完善的数学理论,其预测的准确程度还是令人满意的,但对于用户的知识要求较高。随着计算机技术的迅速发展,可以利用相对简单和固定的程序完成同样的功能。数据库技术为数据挖掘提供了良好的数据基础,对数据源的管理更加完备。机器学习技术,如神经网络、案例学习、决策树等,使人们不需要了解其内部复杂的原理,也可以通过这些方法获得良好的分析和预测效果;同时数据挖掘还从机器学习那里继承了实验的方式和态度,大大提高了数据挖掘技术的使用性和可信度。

目前,数据挖掘广泛应用在交通、银行、电信、保险、零售等商业领域,特别在电子商务领域,数据挖掘所能解决的典型问题包括挖掘客户的行为模式,对电商企业网站的更新和优化,为客户提供各类个性化的服务等。基于数据挖掘的电子商务能根据实际市场潜力和客户行为模式,进行专业的数据信息分析和追踪,通过找到其中的行为方式和市场偏好,来为客户提供专属的服务、商品和价格,并能在充分利用互联网快捷便利等特点的基础上,提供实时、个性化的互联网销售渠道和售后服务。

### 9.2.2 数据挖掘的定义

数据挖掘是个多学科交叉研究领域,融合了模式识别、数据库、统计学习、粗糙集、模糊数学和神经网络等多个领域的理论。

从技术角度来看,数据挖掘是从大量的、不完全的、有噪声的、模糊的、随机的实际数据中,提取隐含在其中的、人们不知道的,但又是潜在有用的信息和知识的过程。该定义有如下含义:数据源是真实的、大量的,并且可能是有噪声的;所发现的信息是用户感兴趣的知识;发现的知识是用户可以理解的,并且可以运用。在数据挖掘中,原始数据可以是结构化的,如关系数据库中的数据;也可以是半结构化的,如文本、图形和图像数据;甚至可以是分布在网络上的异构数据。挖掘出来的知识可以用于查询优化、信息管理、决策支持和过程控制等,还可以用于数据自身的维护。数据挖掘把人们对数据的应用从低层次的简单查询,提升到从数据库中挖掘知识,从而提供决策支持。

从商业角度来看,数据挖掘就是按企业的既定业务目标,对大量的企业数据进行探索和分析,以揭示隐藏的、未知的规律性并将其模式化,从而支持商业决策活动。数据挖掘技术只有面向特定的商业领域才有应用价值,是一种新的商业信息处理模式,其主要特点是对商业数据库中的大量业务数据进行抽取、转换、分析和处理,从中提取出辅助商业决策的关键信息和知识。

从以上定义,可以看出数据挖掘具有以下特点:

(1) 数据量巨大。如何高效地存取大量数据,如何在特定应用领域中找出特定的高效率算法,以及如何选取数据子集,都成为数据挖掘工作者要重点考虑的问题。

(2) 动态性。许多领域的行业数据所包含的规律的时效性很强,随着时间和环境的变化,规律也在改变。这种数据和知识的迅速变化,就要求数据挖掘能快速做出相应的反应以及时提供决策支持。

(3) 适用性。数据挖掘的规律适用于一部分数据,但不可能适用于全部的数据,这是因为外部的环境不可能完全相同。

(4) 系统性。数据挖掘不是一个简单算法,而是一个较为复杂的系统,它需要业务理解、数据理解、数据建模和评估等一系列步骤,是一个不断循环和不断完善的系统工程。

### 9.2.3 电子商务数据挖掘的特点

数据挖掘技术之所以可以服务于电子商务,是因为它能够挖掘出活动过程中的潜在信息以指导电子商务营销活动。很多企业以为,只要企业建立了一个网站,就实现了电子商务。而事实上,网站只是一个面向用户的窗口,顾客通过网站了解企业提供的服务,而企业也需要通过网站了解客户的需求。顾客在浏览企业网站时,会在网站服务器上留下很多有用的信息。通过分析这些信息,电子商务网站可以了解用户的行为模式与喜好、网站的结构如何改进等信息,从而为顾客提供更有针对性的营销手段和服务,满足顾客的潜在需求。数据挖掘在电子商务中的作用有如下四个方面:

(1) 挖掘客户活动规律,有针对性地在电子商务平台下提供"个性化"的服务。

(2) 可以浏览电子商务网站的访问者,从中挖掘潜在的客户。

(3) 优化电子商务网站中的信息导航,方便客户浏览。

(4) 通过对电子商务访问者的活动信息的控制,可以更加深入地了解客户需求。

针对电子商务中不同的挖掘目标可以采用不同的挖掘方法,在选择使用某种数据挖掘技术之前,首先要将待解决的问题转化成正确的数据挖掘任务,然后根据数据挖掘任务来选择具体的需要使用数据挖掘技术。

### 9.2.4 电子商务数据挖掘的数据源

在电子商务中,可以用来作为数据挖掘分析的数据量比较大,而且类型众多,客户在Internet上漫游时,只要浏览了某个电子商务的网站,就会在这个网站的服务器日志文件上留下记录。这些记录保存在服务器的访问日志、引用日志和代理日志中。通过对这些信息中某些项的分析,可以揭示其中的关联关系、时序关系、被频繁访问的路径和页面等。

比如说,以服务器日志中的请求行为、用户名为例建立"请求——用户名"关联矩阵,研究分析列向量即可以得到相似客户群体,研究分析行向量即可得到频繁访问的路径。对客户 IP 进行分析,即可以得到单个客户的消费习惯,挖掘出他们潜在的消费趋向,从而针对不同的客户群体或个体制定出对应的服务方式。同时也可为商家调整网站的拓扑结构,优化网站资源的配置提供依据。

### 1. 服务器日志数据

客户访问服务器就会在服务器上产生相应的服务器数据。Web 服务器数据记录了用户访问电子商务网站的浏览行为,是使用 Web 挖掘的主要数据来源。用户在访问服务器时,就会在服务器产生相应的服务器数据,日志文件可以分为 Sever logs、Error logs、Cookie logs。

1) Sever logs

Sever logs 有两种存储格式:公用日志文件格式(Common Log Format)和组合日志文件格式(Group Log Format)。公用日志格式提供了有关访问者物理访问站点的信息。如果能够对这个文件中存储的一些项进行语法上的分析,如 DNS,就可以知道客户来源的区域,如域名 www.rasta.com.ac.jp 被分析后可以知道客户来自日本。如果通过数据挖掘这样的语法,就知道了某一产品的购买者有 80% 来自日本,那么接下来就可以根据此信息调整电子商务中的在线市场策略,调整对日本客户的商务活动。

组合日志文件格式主要是支持关于日志文件元信息的指令,如版本号、会话监控开始和结束的日期、被记录的域等。

2) Error logs

Error logs 存储请求失败数据,如丢失连接、授权失败、超时等。

3) Cookie logs

HTTP 协议本身是一种非事务性的,这一特征对于事务型的电子商务来说是不合适的,给电子商务带来了一些问题。这个问题通过使用 Cookie 得到了克服,Cookie 是一种软件结构,它能够在客户端存储客户访问服务器的信息。服务器软件上存储关于 Cookie 的这部分就叫做 Cookie logs。Cookie logs 存储的是类似于购物车状态信息或者客户最近链接电子商务网站所访问的网页等信息。在电子商务网站中,存储在 Cookie 日志数据中的主要是交易信息。

### 2. 搜索数据

搜索数据是指客户在电子商务站点上搜索信息时,在服务器上生成的一种搜索信息数据。例如,客户在线搜索某些产品或某些商务活动信息时,就会在服务器的访问日志上存储这些搜索信息。

### 3. 代理服务器端数据

网站服务器日志只记录用户对某个网站的访问,代理服务器日志记录用户对所有网络的访问。代理服务器相当于在客户浏览器和 Web 服务器之间提供了缓存功能的中介服务器日志,它的缓存功能减少了 Web 服务器的网络浏览,加快了网页运行速度,同时将大量的用户访问信息通过代理日志的形式保存起来。

通过对服务器数据进行挖掘,能够自动地发现隐藏在数据中的模式信息,了解客户的访问模式,从而做出预测性分析,得到许多有价值的信息。例如,可以根据访问模式来组织网站或者提供个性化网站,也可以根据客户的行为模式给客户分类,提供个性化服务,还可以根据访问模式决定广告的摆放位置,增加广告的针对性,改进市场策略等。

### 4. Internet 自身信息

这类信息来源于 Web 自身,包括 Web 内容和 Web 结构等。Web 内容主要包括文档内容和多媒体两类,其中以文档内容为主,包括直接文档内容、从文档中抽取的关键信息及用简洁的形式对文档内容进行的摘要或解释。

Web 结构包括 WWW 上的组织结构和链接关系中知识的推导。由于超文本文档的关联关系使得 WWW 不仅可以揭示文档中所包含的信息,同时也可以揭示文档间的关联关系所代表的信息。利用这些信息可以对页面进行排序,发现重要的页面。

**5. 客户注册数据**

客户注册数据是指客户在电子商务站点页面上注册会员时,通过页面输入、提交给服务器的用户信息,如用户的个人材料、用户要订购的商品资料,以及用户提出的一些问题和要求等。在数据挖掘的过程汇总,将客户注册信息与访问日志集成,可以让数据挖掘的准确度大大提高,更进一步对客户进行了解。这在电子商务活动中起着非常重要的作用,特别是在安全方面,或者在对客户可访问信息的限制方面。

**6. 其他数据源**

电子商务是基于 Internet 进行各种交易的,在其上面大量的异质数据源,里面隐含了大量的有价值的信息有待挖掘。现在许多技术利用智能 Agent 技术来进行抽取获得信息,有助于电子商务活动的开展。

## 9.2.5 电子商务数据挖掘面临的问题

在电子商务中使用数据挖掘技术并不全部都是准确无误的,在这之中也或多或少地出现一些错误。例如,计算机服务器中的信息变成数据挖掘技术可以使用的数据表达形式,深层次地解决分散性、相异性数据情况的挖掘方式,以及管理和控制整个网络上知识处理的步骤等。当然,伴随着计算机网络技术的不断提高,数据挖掘技术的不断提高,其在电子商务使用的范围以及精确度都会有更加长远的发展。

以淘宝网站为例,对用户需求进行分类了解的过程中并不能够将客户信息以及喜好程度进行最大范围的扩展和关联,也不能够对信息系统进行科学合理的分析。比如,用户在网站上搜索婚庆的时候,出现的信息过于繁杂,分类情况比较不规整,造成用户的选择性困难。这就需要运用科学合理的分类方法,对用户需求进行科学合理的分类,从而提高挖掘信息的准确性。

1) 数据的隐私性和安全性

在电子商务中,大量的数据必然存在着数据私有性与信息安全性的问题。电子商务领域中的信息包括了用户消费、支付等相关数据,这给数据挖掘中的信息处理带来一定的困难,也要求数据分析人员应当具备必要的职业操守,以防用户信息的泄露。这就给数据挖掘造成了一定的阻碍,如何解决这一问题成了数据挖掘技术发展的关键。为此,相关人员在进行数据挖掘过程中一定要遵守职业道德,保障信息的机密安全性。

保护隐私数据是在数据挖掘统计和分析中进行的。首先,如名称、地址之类的原始数据应从原始数据库中过滤,从而保护客户个人隐私。其次,对于敏感的数据,可以通过数据算法,从数据库中排除。通常,隐私保护技术可分为数据分布、数据修改、数据挖掘算法、数据隐藏和隐私保护。

2) 个人隐私信息的保护问题

当前,世界各国纷纷重视信息中隐私权保护的问题,根据自己的国情构建了"立法规制"和"行业自律"这两类模式,分别以欧盟和美国为代表:

(1) 以欧盟为代表的立法规制模式。为保护个人信息隐私权,欧盟立法将隐私权作为一项基本人权加以保护,为个人数据的收集、储存、处理和传输建立一套完整的行为规范,从而有效的遏制侵害个人隐私权的行为。

(2) 以美国为代表的行业自律模式。通过采取自律措施来规范自己在个人资料的收集、利用和交换方面的行为,达到保护隐私权的目的。但由于其缺乏强制力,难以使个人信息隐私权的保护收到实效。

综上所述，政府相关部门、行业协会要建立法律监管体系。加强行业自律，发挥种行业协会、资质认证的作用，规范企业行为，维护电子商务的正常秩序。

3）数据挖掘结果的不确定性

由于数据挖掘过程中，网络设施还不健全，要花费大量的人力物力，以及挖掘的目的不同，导致最后挖掘的结果也会千差万别。因此要将挖掘技术与目的相结合，做出合理判断，便于企业的决策选择，进而提高企业整体绩效。

（1）由于数据库都是动态的、零散的冗余和稀疏并存，因此，在使用数据挖掘技术的同时，须小心异常情况的发生，不能将异常情况所造成的结果作为普遍性数据加以引用。

（2）数据可视化可帮助数据挖掘人员解决数据在挖掘结果的呈现问题。基于必要的数据可视化工具，可以提高分析结果的正确性、可读性和可运用性。

（3）许多挖掘技术由于数据量过大而出现问题，可使用数据抽取技术从中抽取数据。生成一个数据库。在数据库的基础上运用相应算法进行检索和筛选，从而提高运算效率。

（4）由于各国的国情不同，电子商务的交易方式存在某些差异。必须建立相关的、统一的国际性标准，以建立统一的商务平台，解决兼容问题。

## 9.3 电子商务大数据挖掘的流程

电子商务是指一个完整的过程，该过程从大型数据库中挖掘先前未知的、有效的、可使用的信息，并使用这些信息做出决策或丰富知识。为了实现这一目的，电子商务企业必须在实施数据挖掘之前，先制定采取什么样的步骤，每一步都做什么，达到什么样的目标，有了好的计划才能保证数据挖掘有条不紊地实施并取得成功。电子商务大数据挖掘也符合这一过程。

很多软件供应商和数据挖掘顾问公司都提供一些数据挖掘过程模型，可以用来指导电子商务企业一步步地进行数据挖掘工作。对这种模型做出一定的反应，并采取行为，最后将有用的数据转化成信息，信息变成行为，行为转化成价值，这也就是电子商务大数据挖掘在应用上的一个完整的流程。随着应用需求和数据基础的不同，电子商务的数据挖掘的步骤可能也会有所不同。但通常情况，电子商务大数据挖掘的基本步骤包括数据生成、数据采集、数据准备（数据选择、数据预处理、数据转化、数据抽取）、数据挖掘和数据利用。电子商务大数据挖掘流程，如图9-3-1所示。

1）数据生成

人们生活中数字化的驱动，各种智能化设备的出现、社交网站的繁荣发展，造成了生活中数据源的大爆炸。大量数据源的存在是大数据挖掘的基础，是大数据挖掘中发现潜在价值的源头，没有这些数据源的存在，大数据挖掘就是无源之水，无本之木。对于企业而言，在日常经营管理中，企业内部各个业务信息系统中会产生大量的结构化数据。同时，在企业的视频监控、产品内置传感器、门户网站以及各种APP中会产生各种各样的非结构化数据。这些结构化、非结构化以及半结构化数据共同构成了企业内部数据。此外，行业网站、电子商务交易平台、电子采购平台，甚至外部各种传感器数据、社区网站数据等构成了丰富的企业外部数据。这些内部数据与外部数据共同创造了企业大数据应用的数据源。

2）数据采集

大数据的一个重要特点就是多样性，要处理数据类型繁多的大数据，首先，必须从数据源中抽取和集成数据，从中提取出关系和实体，并将这些结构复杂的数据转化为单一结构便于处理的数据。其次，在抽取数据时要对数据进行清洗，以保证数据的质量与可信度。最后，将这些整理好的数据进行存储与集成，将这些数据分门别类地放置，以提高数据提取速度。大数据的采集由于有大量的非结构化数据的集聚，因此需要新的数据处理平台和技术，如分布式文件系统、分布式计算框架、非 SQL 数据和流计算

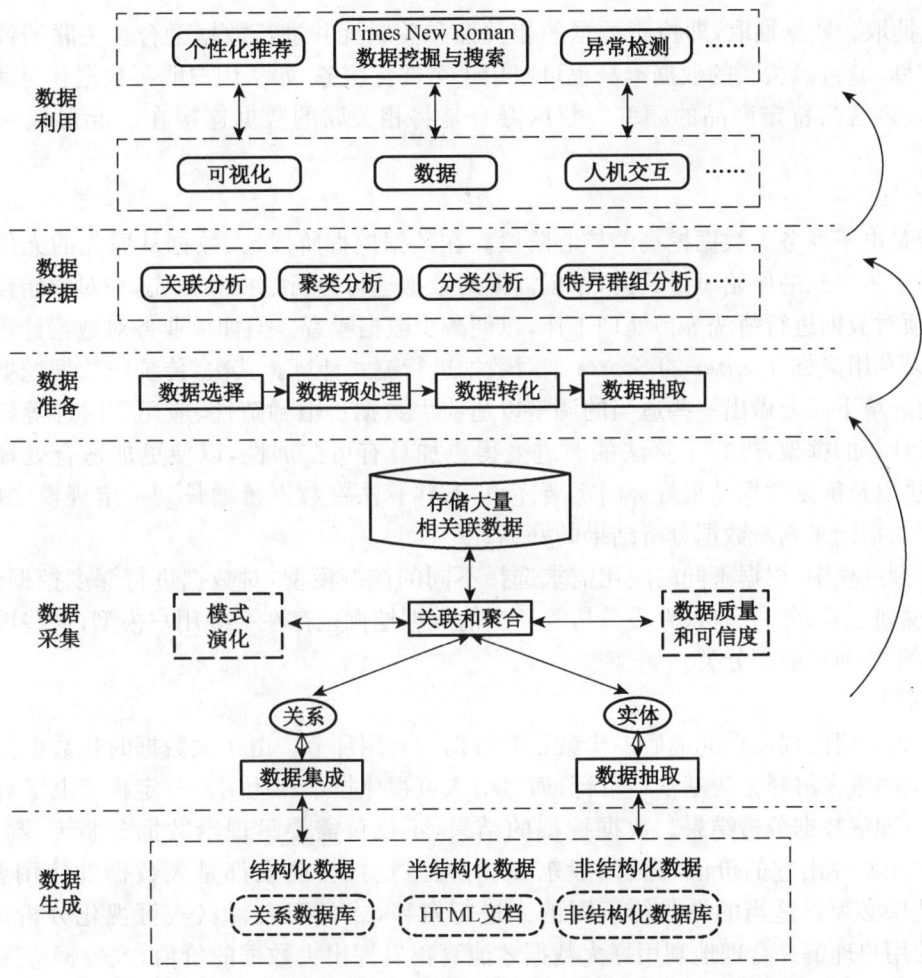

图 9-3-1 电子商务大数据挖掘的流程

技术等。在大数据采集过程中,一个挑战是并发数高,在同一时间可能需要处理成千上万的数据,如同时访问淘宝的用户在高峰期达到上百万,同时接受这些操作就需要在采集端部署大量数据库。与此同时,需要合理思考并设计这些数据库之间的负载均衡与分片问题。

3) 数据准备

数据准备这个阶段又可以分为四个子步骤:数据选择、数据预处理、数据转化和数据抽取。

(1) 数据选择。数据选择的目的是辨别出需要分析的数据集合,缩小范围,提高数据挖掘的质量。在对发现任务和数据本身内容理解的基础上,寻找依赖于发现目标的表达数据的有用特征,搜索所有与业务对象有关的内部和外部数据信息,并从中选择出适用于电子商务数据挖掘的应用数据,以减少数据规模,从而尽可能在保持数据原貌的前提下最大限度地精简数据量。

(2) 数据预处理。数据预处理是为了克服目前数据挖掘工具的局限性,对选择的干净数据进行增强处理的过程,即解决数据中的缺失值、冗余、数据定义不一致,过时的数据等问题,还包括对时序数据的整理和归并,以此保持数据的完整性和正确性。

(3) 数据转化。在选择并检测了需要的数据、格式及变量后,在许多情况下,数据转化非常必要。一般运用于数据挖掘项目中的特殊转换方法,由数据挖掘类型和数据挖掘工具等决定。将非结构化、半结构化的数据处理成机器语言或索引,如自然语言、用户评论、日志资料等转换成加权逻辑或是模糊逻辑,并且不同的词语映射到标准的值。同时将结构化数据进行数据过滤,提炼出有意义数据,剔除无效数据以提高分析效率。

(4) 数据抽取。数据抽取,即检测数据的相关性和关联性并进行数据融合。关联的数据表现出更多的特定用户活动特征,关联的数据本身也可以用于个性化服务,如从用户购买数据和时间数据的关联性中,可能会发现购买特定商品的频率。数据融合是将相关联的数据连接在一起形成一个新的商业应用。

4) 数据挖掘

数据挖掘是电子商务大数据挖掘的核心阶段。在数据挖掘阶段,大数据从原先的无价值变得有价值。通过数据采集得到的原始海量数据,根据需要对数据进行分析挖掘。首先,在对原始数据进行有效分析之前,必须对数据进行清洗等预处理工作,以便减少数据噪音。但如果业务对数据计算的实时性要求非常高,可以利用诸如 Twitter 的 Storm 来对数据进行流式计算。其次,传统的数据挖掘技术与方法在大数据应用环境下需要做出一些适当的调整以适应大数据价值稀疏性、应用实时性等特点。很多算法为了适应云计算的框架,进行了算法的改进变得更加具有可扩展性,以便更加适合处理大数据。最后,在选择算法以及衡量数据结果好坏时需要谨慎,有些算法在数据量增长到一定规模之后就会失效,需要设计合理的指标来判断数据分析结果的好坏。

在数据挖掘过程中,根据不同的应用需求选择不同的挖掘模型,对数据进行深度挖掘。其中,主要模型有:关联规则分析、分类分析、聚类分析等。当前数据挖掘也存在一些用户模型,这些用户模型将人以性别、种族、年龄和兴趣等分类。

5) 数据利用

电子商务大数据挖掘流程的最后一步就是对数据的利用环节。由于大数据时代数据分析的结果都是海量的,传统的数据解释方法基本不可行,通过引入可视化技术和让用户一定程度上了解和参与分析过程,帮助用户理解数据分析结果。数据挖掘的结果,不仅仅需要呈现给数据分析专家,更要解释给非专业人士才能发挥出它的价值,高管、股东、政府甚至是社会公众都是大数据的使用者。因此,大数据挖掘的结果必须以适当的方式给不同的人进行解释,或是图表、报告、可视化分析甚至视频等。只有让不同的用户理解并合理地利用好大数据才能真正发挥出大数据的价值,大数据应用的整个环节才能完整。

对电子商务企业而言,得到数据挖掘结果后,对其进行解释应用,一般挖掘应用包括排名与个性化推荐、异常检测、Web 挖掘与搜索、大数据的可视化计算与分析等。

## 9.4 电子商务大数据挖掘技术与方法

电子商务使得公司在发展商务活动的过程中得到海量复杂的数据,这些数据需要通过一种方法将它转变成有用的信息和知识,从而为公司创造出应有价值。因此,通过在互联网对大量数据进行挖掘分析,从而对公司企业带来无比巨大的效益。同时,通过数据挖掘技术,找出其中有效信息,来调整企业营销策略,改善客户服务,使得企业的服务更加便捷、更加人性化。

数据挖掘技术是现代网络技术发展环境下的产物,其主要的特征是对庞大的数据库进行科学的分析和处理。

### 9.4.1 电子商务大数据挖掘的相关技术

电子商务大数据挖掘过程从技术角度来讲,主要有数据准备、规律寻找和规律表示三个步骤。数据准备是从相关的数据源中选取所需的数据并集成用于数据挖掘的数据集;规律寻找是用某种方法将数据集所含的规律找出来;规律表示是尽可能以用户可理解的方式(如可视化)将找出的规律表示出来。

但是具体实施数据挖掘应用时,还要有一个步骤就是结果评价。这是因为数据算法寻找出来的是数据的规律，其中有些是用户感兴趣和有用的，还有一些可能是用户不感兴趣和无用的，这就要对寻找出的规律进行评估。例如，"跟尿布一起购买最多的商品是啤酒"这样一条规律是否有用，这就需要市场调查和评估工程师根据实际情况作出评估判断。这是一个人工步骤，目前还难以自动化。

**1. 大数据获取**

大数据获取的方法有很多，下面是一些常用的方法。

1) 用于整合的方法

从给定的数据源获取数据是一类专门的数据获取方法，通常用于数据整合。一般情况下，一个领域或一个机构有多个确定的数据源，需要将这些数据源的全部或部分数据整合到一起，以方便进行数据分析(如 BI)或数据科学研究工作。这时，首先要做的工作是分析各个数据源，获得它们的元数据及其含义(如果有相应的技术文档，关于元数据的信息也可以从技术文档中直接获得)。然后根据数据整合的需要(主要是需要哪些数据)，建立数据源的元数据和整合数据库的元数据之间的映射，就可以获取数据了。目前，主要使用的技术是 ETL(Extract-Transform-Load)工具。

2) 搜索方法

常见的数据获取方法是"搜索——下载"，即用搜索引擎(如谷歌或百度等)搜索到所需要的数据，然后链接到相应的数据源，最后下载以获得所需要的数据。或者直接登录到像"万方数据""万德数据"这样的数据服务公司，搜索到所需要的数据并下载。

"搜索——抽取"是另外一种常见的方法。同样用搜索引擎(如谷歌或百度等)搜索到所需要的数据，然后链接到相应的数据源，分析并进入该完整数据源，建立数据获取的元数据映射及相应的数据获取程序，定期从该数据源服务器获取需要的数据。

3) 其他方法

其他方法还有 agent 方法、扫描方法和载体监听等。agent 方法是将一个 agent(它是能够独立主动执行某项任务的程序，如"木马程序")植入数据源服务器。该 agent 监控数据源服务器的运行，发现有新的数据产生就将新数据发送到指定的目的服务器上，完成一次数据获取工作。扫描方法需要设计一个扫描程序(如"爬虫程序")定期扫描各种数据源服务器，将数据源中需要的数据抽取出来。载体监听方法是监听数据界的各种媒体，包括监听各种网络、监听无线信号、路由截获，甚至盗窃服务器等，从中截获数据。

显然，数据获取有合法和非法两类，非法获取就涉及数据安全方面的内容了，本章不再详述。

**2. 大数据存储与管理**

传统的计算机系统和数据库无法处理大数据，因为它们只能运行在一些小的计算机集群上(不超过 100 台)，并且这些系统非常昂贵，往往需要一些特殊的硬件支持。与传统的计算机集群或是超级计算机的最大不同之处在于，这种架构的底层是由大量商用计算机(可能多达几千台)组成的。每一台计算机都称为一个节点(node)。节点放置在机架(rack)上，每一个机架包含 30~40 个节点。节点之间通过高速网络连接，在机架内进行切换。数据分布式存储在这些节点上，通过分布式的数据存储与管理系统统一管理。

这其中最常见的系统就是 Hadoop。Hadoop 是 Apache 的一个开源项目，它由两项主要组成部分：HDFS，一种分布式文件系统；MapReduce，一种分布式计算框架。Hadoop 支持对服务器集群上海量数据的分布式处理，且具备容错能力。如果一个节点出错了，该节点的工作会自动转移到另一个节点继续处理。Hadoop 使企业可以高效地存储、管理、查询和分析大数据。然而，Hadoop 并不支持 OLTP(On-line Transaction Processing，联机事务处理)，因此，它更适用于对大数据的分析和处理(包括在线和离线状态下)，而不是事务处理(如交易操纵)。

通常这个大数据存储与管理架构在底层系统之上建立数据库系统。这些系统可以被分为两类：NoSQL 数据库(非关系型数据库)和 SQL 数据库(关系型数据库)。大数据一般不具备固定结构，而前一种数据库系统能对非结构化或半结构化的数据提供更灵活的存储形式。通常,它们不支持 SQL 操作,用户需要编写特定的程序来处理存储在其中的数据,HBace、Accumulo 和 MongoDB 是这类数据库的代表,其中 HBace、Accumulo 都是建立在 Hadoop 之上的。

第二种数据库更像是传统关系型数据库的扩展版本。它们可以存储结构化的数据,并且能支持 SQL 操作。通常,它们将 SQL 指定转换成一系列 MapReduce 任务,通过底层系统(Hadoop)来执行,HIVE 和 PIG 是这类数据库的代表。然而,传统关系型数据库中的事务处理无法实现,因为底层系统并不支持。

**3. 大数据挖掘分析**

1) Web 数据挖掘

(1) Web 数据挖掘的概念。Web 数据挖掘的确切定义,到目前为止还没有明确的说法。国外有人认为,基于 Web 数据挖掘就是利用数据挖掘技术自动地从网络文档以及服务其中发现和抽取信息的过程。国内则认为是在大量已知数据样本的基础上得到数据对象间的内在特性,并以此依据在 Web 中进行有目的的信息提取过程。

电子商务个性化推荐可以根据用户的偏好、历史访问数据,以及相似用户的信息,帮助用户完成网上浏览、购买等过程,为用户提供个性化服务。Web 挖掘技术可以从不同的角度和层次对网站信息和用户的使用偏好进行分析,并成为提高电子商务网站声誉和效益的有效途径之一。因为向用户提供及时有效的信息是提高电子商务网站声誉和效益的基础,Web 挖掘可以通过分析用户的使用偏好,帮助用户高效地检索到所关心的信息。在电子商务领域,通过 Web 数据挖掘,不仅可以从大量多种多样的信息的 Web 页面中提取需要的、有用的信息,还可以得到关于群体用户行为和方式的普遍知识,用于改进 Web 服务设计。更重要的是,通过对用户特征的理解和分析,如对用户的访问行为、频度、内容等的分析,提取出用户的特征,从而为用户定制个性化的界面,以便开展有针对性的电子商务活动。

(2) Web 数据挖掘的类型。Web 数据挖掘可分为三类:Web 结构挖掘、Web 内容挖掘和 Web 使用挖掘。

第一,Web 结构挖掘。Web 结构挖掘主要是利用 Web 文档之间的超链接进行分析。大量的 Web 超链接信息提供了关于 Web 页面内容的相关性、质量和结构方面的信息,反映了文档之间的包含、引用或者从属关系。引用文档对被引用文档的说明往往更客观、更概括、更准确。它有利于推断出页面的权威性。所谓权威页面,是指在一个主题内被高度引用或参考的页面,与其相关的另一个概念是枢纽页面,即那些指向许多权威页面的页面。权威页面和枢纽页面展示了强烈的互增强关系。在信息检索中,往往将高权威分和枢纽分的页面思维区分高质量的页面,可以考虑优先提供给用户。

第二,Web 内容挖掘。Web 内容挖掘主要有两种策略:直接挖掘 Web 文档的内容;在工具搜索的基础上进行改进。采用第一种策略的有针对 Web 查询语言利用启发式规则的 Ahoy 等。采用第二种策略的方法主要是对搜索引擎的查询结果进行进一步的处理,以得到更为精确和有用的信息。共分为四个阶段:

首先,对文本挖掘对象建立特征表示。为 Web 文本内容建立特征表示是 Web 文本挖掘中的基本问题,常用的特征表示方法有:向量空间模型、布尔模型、聚类模型、概率模型和基于知识模型等。

其次,提取文档特征并缩减。在目前所采用的文档表示方法中,共同存在的瓶颈是文档特征向量维数过高。常用的特征提取与缩减方法有:信息增益、互信息、文本证据权、特征频度和文本频度等。

再次,在完成文档特征向量维数的缩减后,利用数据挖掘的方法(如分类、聚类、管理规则等)提取面向特定应用的知识模式。

最后,对挖掘结果进行评价,若评价结果满足一定的要求则输出,否则返回到之前的某个环节,分析改进后再进行新一轮的挖掘工作。

第三,Web 使用挖掘。Web 使用挖掘的结果通常是用户群体的共同行为和共同兴趣,以及个人用户的检索偏好、习惯和模式等。Web 使用挖掘主要通过分析用户 Web 访问的记录了解用户的兴趣和习惯,对用户行为进行预测,以便提供个性化的产品信息和服务。

Web 使用挖掘的方法可以分为基于 Web 事务的方法和基于数据立方体的方法。

基于 Web 事务的 Web 挖掘技术通常应用于 Web 服务器日志文件,引入最大向前引用算法 MF,将用户会话分割成一系列的事务,然后采用与关联规则相类似的方法挖掘频繁访问序列,从而取得用户访问模式。Web 使用数据挖掘的采集和预处理是 Web 事务挖掘中非常关键的步骤。

基于数据立方体的技术是根据 Web 服务器日志,建立数据立方体,然后对数据立方体进行数据挖掘和联机分析处理。这种方法从多角度、全面地进行挖掘和分析,有利于 Web 挖掘与数据挖掘技术的迅速融合和发展。

2) 文本挖掘

文本挖掘又称文本数据挖掘或文本知识发现,是一种跨领域的应用,其应用了信息检索、信息提取、计算语言、自然语言处理和数据挖掘技术等。文本挖掘特别着重于利用这些技术,自非结构化或半结构的文字中发掘出先前未知、隐含而有用的信息。

文本挖掘整合了许多传统信息检索技术,包括关键词提取、全文检索、文本自动分类和自动摘要等,以提供更强大的文字处理功能。Dan Sullivan(2011)定义文本挖掘为"一种编辑、组织及分析大量文件的过程,为了向特定用户提供特定的信息,以及发现某些特征及其间的关联"。相较于传统的数据挖掘,文本挖掘需要加上额外的数据选择处理程序,以及复杂的提前步骤。

文本挖掘与传统数据挖掘的不同在于,数据挖掘所处理的数据属性是结构化的数据,而文本挖掘则是处理半结构化或非结构化数据,其经常使用自然语言处理、统计分析、概率模式和机器学习等技术,探讨概念提取、文本摘要、信息过滤、命名实体的标注或辨识、意见分析、关系探索、情绪分析、文本分类和文本聚类等。

例如,文本挖掘在电子商务服务中的用户评论方面应用。如何根据重要的在线语料数据集来正确判断用户的情感倾向,正确理解消费者行为与交易决策机制,是一个重要并需要深入研究的课题。在企业或组织积极借助用户评论开展网络营销的同时,在线用户评论对于用户的影响越来越大,更多的用户越来越多地关注用户评论信息及其传播,进而帮助进行广义的交易(如购物、服务咨询等)决策,这就深入地影响了用户服务认知和交易行为。对于生产厂家或者商店来说,可以通过用户评论的意见挖掘分析,用户对于商品喜好程度来优化目前的产品以及帮助新产品的开发和优化。

**4. 大数据可视化**

数据可视化帮助企业更好地理解数据,从中发现有意义的性质或模式。例如,通过对电子商务零售业务数据的可视化可以发现用户购买行为的变化趋势。然而,大数据的庞大数据量是对可视化技术的挑战。数据可视化需要实时处理,这样才能让用户与可视化界面进行交互(如放大/缩小)。并且,在屏幕上展示大量目标也是很困难。对此,解决的方法有以下几种:

(1) 使用降维技术降低数据的维度。大数据通常是超高维的,而大数据可视化技术只能支持二维或三维数据。有很多种数据降维的方法,如主成分分析(PCA)、奇异值分解(SVD)。

(2) 将数据分类到多个簇,然后只展示每个簇的中心,而不是展示所有数据。

(3) 使用迭代的交互可视化。可视化技术并不需要高精度的技术,因为通常情况下屏幕分辨率要比计算机的精度低得多,而该方法可以用于解决此问题。例如,假设用户希望利用 k-means 算法对数据进行聚类并对结果可视化。k-means 算法采用迭代式过程,每一轮迭代各个数据点都被赋予最近的簇,然后新的簇中心被计算出来。通常做法是在整个数据集上运行 k-means 算法,然后进行可视化。然而,绝大部分簇的变化过程都发生在最初的几轮迭代,因而可以在 k-means 算法每轮迭代结束时对各个簇进行可视化,而当簇的中心不再明显改变时停止算法。这种方法可以节省 k-means 算法的大量时间,并且使用户可以尽早看到可视化的结果。

### 9.4.2 电子商务大数据挖掘的常用方法

**1. 关联分析**

关联分析是进行数据挖掘技术的主要手段，其主要是针对数据信息中的各个范围之间的联系，寻找多种不同领域之间的依存关系。运用关联规则想要达到的主要目的就是找出每一个数据信息的内在关系，关联规则是用在同类事件中不同项目的关联性。

在数据挖掘中，关联分析是其主要的功能之一，它可以在市场营销的各个领域进行应用。其中，对消费者的购买行为进行关联规则方面的分析是关联分析的主要应用之一，其目的是为了对消费者购买商品时的行为模式进行探询。通过采用关联分析方法来对挖掘数据中的关联性规则，能够帮助企业采取适当的营销方式对商品进行宣传，从而有利于促进新产品的销售。同时，这也有利于消费者发现新产品，从而进一步促进了新产品的宣传与销售。

在电子商务系统中，利用关联规则分析并挖掘出各数据之间的相互关系。例如，采用关联规则技术在商品推荐子系统中发现新市场。根据用户当前的购买习惯向该用户进行商品推荐。关联规则推荐算法分为关联规则形成和推荐形成两个阶段。商品推荐子系统先根据关联规则对当前客户没有浏览的商品进行推荐度计算，再根据推荐度的大小，推荐未浏览的商品给当前客户。

电子商务中具有海量的交易数据和大量有趣的业务关系，在典型的购物篮分析中，它可以帮助许多商业决策。例如对超市管理者而言，通过顾客对购物篮中商品的分类，得到不同产品之间的联系，并为决策制定典型的应用，以确定哪些产品将被放置在一个购物车或购物篮，顾客就会购买这些商品。同时，这些信息也可以帮助零售商选择调节分配和货架，行李箱出售。例如，将牛奶和面包放在一起刺激顾客同时购买这些商品。在电子商务中，Web服务器因为日志文件记录访问用户数据，通过这些数据，挖掘使用顾客购买产品的网上某些偏好和品牌忠诚的相关性，价格可以接受的范围内和包装要求等内容，从而帮助管理人员计划，确定投资品，价格和新产品的类型。

但在对电子商务数据进行关联规则分析时，需要注意两个关键的问题：第一，从大型事务数据集中发现模式，在计算机的应用上可能要付出很高的代价；第二，所发现的模式有可能是虚假的，因为发现的模式可能是偶然发生的。

**2. 聚类分析**

聚类分析是把一组数据按照相似性和差异性分为几个类别，其目的是使得属于同一类别的数据间的相似性尽可能大，不同类别中的数据间的相似性尽可能小。聚类分析的方法是数据挖掘领域最为常见的技术之一。常用的聚类分析方法有：分割聚类方法、层次聚类方法、基于密度的聚类方法和高维稀疏聚类算法等。在通过多次的删除或添加变量影响的分类方式，可以从中得到我们想要的最佳结果。

电子商务中市场细分经常会用到聚类分析法，这样就可以根据已知的客户信息数据，将消费模式相似的客户分为一类，从而有针对性地进行调整营销策略，为客户提供更加适合更加满意的个性化服务。例如，根据现在拥有的客户情况按照客户的不同消费水平以及不同情况进行模式的分析，从而在进行产品营销的过程中提供更加高质量、高品质的服务内容；针对不同的客户可以进行销售邮件的发送，通过聚类的分析进行客户信息的提取，使得服务更加的周到和细致。

**3. 分类分析**

分类是找出数据库中一组数据对象的共同特点并按照分类模式将其划分为不同的类，其目的是通过分类模型或分类函数，将数据库中的数据项映射到某个给定的类别。分类的主要方法有基于决策树模型的数据分类、支持向量机算法、贝叶斯分类算法、ID3算法和基于BP神经网络算法等。

进行分类分析是数据挖掘技术主要的应用方向之一，并且使用起来更加方便。进行产品的分类是将事件进行对象的划分，同时也可以用这个技术进行数据的观测和预测。对数据进行分类处理，整理出一个科学、完整的预测模型。例如，电子商务企业预测出可能要发送的邮件，以及客户的主要情况，然后针对不同的用户展开不同的商业营销,进而提供出个性化的服务内容。

在电子商务中经常对挖掘的数据进行分类处理,即将数据性质相近的归在一类中,性质差别较大的归入不同的类中。利用已知类别事物的数据性质建立相应的函数式,对未知类别的新事物进行判别将其归入已知的类中。通过分析已知分类信息的历史数据,建立一个预测模型,预测哪些人可能会对哪些商品感兴趣,针对这类客户的特点开展商务活动,提供针对性的服务。分类方法的特点是通过对示例数据库中的数据进行分析,已经建立了一个分类模型,然后利用分类模型对数据库中的其他记录进行分类。

假定现在有一个描述顾客属性的数据库,包括他们的姓名、年龄、收入、职业等,企业可以按照他们是否购买某种商品(如计算机)来进行分类。如果现在有新的顾客添加到数据库中,并将新计算机的销售信息通知顾客,若将促销材料分发给数据库中的每个新顾客,如此可能会导致耗费较多的精力和物力。而若我们只给那些可能购买新计算机的顾客分发材料,可以在较大程度上节省成本。为此,可以构造和使用分类模型。

**4. 时间序列模式分析**

时间序列模式分析是指挖掘相对时间或其他模式出现频率高的模式,电子商务活动中交易产生数据存放到相应事务数据库的表中,每一条记录包括用户的用户号、发生的时间和商品等项目信息。利用事务数据库来挖掘出涉及事务间关联的模式,分析用户几次购买行为间的联系,采取有针对性的营销措施。

序列模式的数据挖掘是交易集的时间顺序的主要模式与内容。数据挖掘主要针对的是找出数据之间的相互关系和内容,并且分析出逐个项目,从而对未来数据进行科学的观测。这种序列模式以及关联性的分析比较相似,其目的就是为了找出每一个数据之间的关联,但是序列模式的主要针对点是对数据间的前面以及后面进行关联性的分析。它能发现数据库中形如在某一段时间内,顾客购买商品 A,接着购买商品 B,而后购买商品 C,即序列 A-B-C 出现的频度较高的信息。序列模式分析的一个例子是"9 个月以前购买奔腾 PC 的客户很可能在 1 个月内订购新的 CPU 芯片"。

**5. 偏差分析**

偏差是数据集中的小比例对象,通常偏差对象也被称为离群点。偏差分析包括分类中的反常实例、例外模式、观测结果对期望值的偏离以及随机的变化等,它是对差异和极端特例的描述,用于揭示事物偏离常规的异常现象。其基本思想是对数据库中的偏差数据进行检测与分析,检测出数据库汇总的一些异常记录,它们在某些特征上与数据库中的大部分数据有显著不同。

通过发现异常,可以引起人们对特殊情况的格外关注。导致异常数据的原因主要包括:

(1) 数据来源与异类,如欺诈、入侵、疾病暴发、不寻常的实验结果等。

(2) 由数据量固有变化引起的,是自然发生的,反映了数据集数据分布特征,如气候变化、顾客的新的购买模型、基因突变等。

(3) 数据测量和收集误差,主要是由于人为错误、测量设备故障或存在噪音。

异常数据(离群点)揭示了日常活动中的异常规律,具有显著的商业价值。例如,应用到客户异常信息的发现、分析、识别、评价和客户流失预警等方面。离群点不可轻易丢弃,因为在一些特殊的数据挖掘应用中,通过罕见的事件更容易高效地发现问题,离群点分析已经是信用卡欺诈、网络非法入侵等领域很有价值的安全监测手段。例如,一个顾客的账单上突然出现一笔大额交易,该消费极有可能是信用卡的欺诈性使用。

此外,异常事件中还包括序列异常以及特定规则。异常序列分析是指在一系列行为或事件对应的序列中发现明显不符合一般规律的特异型知识。特异规则虽然支持度低,但对其应用很有价值。通常,关联规则挖掘把注意力集中在高支持度和高置信度的规则,对那些特异规则无法做出正确的评价。

**6. 特异群组分析**

特异群组分析是发现数据对象集中明显不同于大部分数据对象(不具有相似性)的数据对象(称为

特异对象)的过程。一个数据集中大部分数据对象不相似,而每个特异群组中的对象是相似的。这是一种大数据环境下的新型大数据挖掘任务。

特异群组挖掘与聚类、偏差分析都属于根据数据对象的相似性来划分数据集的数据挖掘任务。但是,特异群组挖掘在问题定义、算法设计和应用效果方面不同于聚类和偏差分析等挖掘任务。

行为数据反映了人类的各种行为方式,这些行为通常是个体对象主动的行为(如股票交易、看病就医、通勤出行、购物等)。一般情况下,行为对象具有个体性。因此,如果有两个或两个以上的对象长时间存在共同的行为,说明这些对象具有群体组织性,有别于通常大部分对象的个体性,这些群体是异常现象。特异群组挖掘就是在众多行为对象中找到那些少数对象群体,这些行为对象具有一定数量的相同或相似行为模式,表现出相异于大多数对象而形成异常的群组。目前已有相当的应用,其在证券金融、医疗保险、智能交通、社会网络和生命科学研究等领域具有重要应用价值。

例如,大多数在线交易平台(如 eBay 和淘宝)都已建立交易双方的信用评分系统。对卖家而言,更高的信用等级将带来更多买家。然而,从低等级到高等级需要经过较长时间积累大量的交易。于是,一些卖家采用"刷信用"方式赚取高等级的信用评分。提供"刷信用"服务的嫌疑者(甚至是专门的"刷信用"公司)通常申请一批账号与所服务卖家事先商定,在不进行实际交易的方式下给出好的信用评分。同时,这批账号又可以帮助其他多个卖家"刷信用"。相比所有在线客户,"刷信用"账号数量是相对较少的。因此,如果一组账户总是给大量相同的卖家好的信用评分,那么这组账户是可疑的,发现这些可疑账户将会为交易平台信誉欺诈检测提供帮助。

## 9.5 电子商务大数据挖掘的应用

大数据时代的到来,为管理者观念转变和数据利用方法创新提供了新的思路。数据的使用将与企业运营发展更好地结合。大数据分析、数据挖掘技术应该受到电子商务管理者足够的重视,也应该在电子商务运营中得到更为深入和广泛的应用。为了最大化地利用数据,电子商务网站针对买家和卖家提供不同的数据产品和服务,并且不断提升自身的内部建设、外部优化,实现对数据的多维度利用,如图 9-5-1 所示。

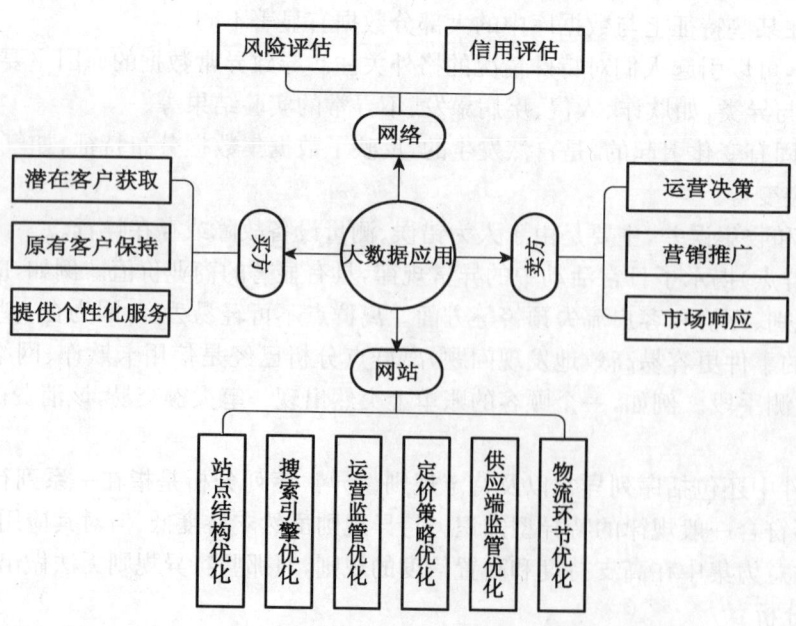

**图 9-5-1 大数据在电子商务中的多维度应用**

## 9.5.1 大数据挖掘在客户关系管理中的应用

**1. 潜在客户的获取**

在大多数的商业领域中,新客户的获取能力被作为一项评判业务发展的指标。传统获取新客户的方法有很多种,可以通过企业市场部门人员开展的广告活动、营销活动等,也可以根据所了解的目标客户群,将他们分类,然后进行直销活动。但是,随着客户数量的不断增长以及关于客户行为细节因素的急剧增多,传统方式受到挑战,要得出选择相关人口调查属性的筛选条件也变得极为困难。然而随着大数据时代的到来,不同于传统方法,大数据分析、数据挖掘技术可以实现企业对潜在客户的高效筛选。

基于大数据分析和挖掘,电子商务企业除了了解关于消费者的年龄分段、性别比例之外,企业还想要进一步地了解更多能够诱发消费者的购买行为的复杂的元素。例如,一家在线的英国零售商进行了一次有趣的网络数据分析。他们发现,家庭主妇们往往是在她们的丈夫在玩球赛的时候进行网上购物。这可能并未包括更为广泛的消费人群的消费行为,但这也确实发现了一些看似无关的事件与消费者购买行为之间潜在的联系,因而给这家公司带来了一定的竞争优势。

现如今,越来越多的电子商务企业都早已超越了开始与大数据和传统分析打交道的第一阶段。企业开始需要形成锐化的见解,电子商务企业的营销人员已经不再满足于仅仅获得一线消费者的一般性的统计数据(如消费者的住址、年龄分段、性别比例)。电子商务企业想要进一步地了解更多能够诱发消费者的购买行为的复杂的元素。

如果 IT 部门是为了支持这些深层次的分析,那么就需要更多相互关联的因素分析作为工具,这些工具可以在大数据积累的基础上在数据库中进行定位,所以可以充分挖掘这些数据潜在的价值。例如,利用分类技术可以实现对 Web 上的客户访问信息进行挖掘,从而找到未来的潜在客户。依据用户行为差异,使用者可以先对已经存在的访问者进行分类,并依此分析老客户的一些公共属性,筛选出他们分类的关键属性及相互之间的关系。对于一个新的访问者,通过在 Web 上的分类,识别出这个客户与已经分类的老客户的某些公共的描述,从而对这个新客户进行正确的分类。然后从它的分类判断这个新客户是有利可图的客户群,还是无利可图的客户群,决定是否要把这个新客户作为潜在的客户来对待。客户的类型确定后,可以对客户动态地展示 Web 页面,页面的内容取决于客户与销售商提供的产品和服务之间的关联。若为潜在客户,就可以向这个客户展示一些特殊的、个性化的页面内容。

**2. 原有客户的保持**

二八定律认为,企业 80% 的业务收入来自其 20% 的客户。然而随着行业中的竞争愈来愈激烈,获得一个新客户的开支也在增大,是保持原有客户成本的数倍甚至数十倍,所以相较之下,在努力减少获取新客户的成本的同时,保持原有客户的工作显现得愈来愈有价值。

电子商务模式消除了客户与销售商之间的空间距离,传统的营销模式不再适用,琳琅满目的商品信息和复杂的网站结构常常使客户迷失其中。这就要求电子商务网站应当转变"利润中心"观念,转而"以客户为中心"实施营销活动。

针对自己的原有客户,企业在客户关系管理的实施中,应该实时地对客户信息进行分析,通过预测处理,找出可能会流失的客户,并分析出主要有哪些因素导致客户想要离开。在此基础上,有针对性地挽留那些有离开倾向的客户。

事实上,影响客户忠诚度的因素非常多,有客户自身方面的原因、企业方面的原因,还有客户和企业以外的其他因素,如社会文化、国家政策等。但除了企业自身外,其他都属于不可控或难控制因素。从这点出发,企业需从自身寻找影响客户忠诚度的原因。比如某个客户的忠诚度下降是因为常买的某类商品的质量出现问题或价格过高,导致该客户转向了企业的竞争对手。对于这种情况,企业需要一种方法来对客户信息和营销数据的分析,找出哪些原因导致了客户的忠诚度下降,并且针对这些原因采取措施,挽回那些即将变为不忠诚的客户。大数据挖掘技术可以建立客户忠诚度分析模型,了解哪些因素对客户的忠诚度有较大影响,从而采取相应措施。因此,基于大数据挖掘技术的客户忠诚度分析具有重要的应用价值。

比如,1号店利用对大数据的分析给顾客发送个性化邮件营销EDM(Email Direct Marketing)。若顾客曾经在1号店网站上查看过一个商品而没有购买,则有几种可能:①缺货;②价格不合适;③不是想要的品牌或不是想要的商品;④只是看看。若在顾客查看时该商品缺货,则到货时立即通知顾客;若当时有货而顾客没有买就很有可能是因为价格引起的,则在该商品降价促销时通知顾客;同时,在引入和该商品相类似或相关联的商品时温馨告知顾客。另外,通过挖掘顾客的周期性购买习惯,在临近顾客的购买周期时适时地提醒顾客。

在互联网上,每一个销售商对于客户来说都是一样的,客户在某个销售商的销售站点上驻留时间的长短就决定了哪个销售商有更大的销售可能。这对销售商来说,既是一个挑战,也是一种机遇。为了使客户能在自己的网站上驻留更长的时间,销售商就必须能够全面掌握客户的浏览行为,知道客户的兴趣及需求所在,并能够根据需求动态地向客户做页面推荐,调整Web页面,提供特有的商品信息和广告,提高顾客满意度,从而延长客户在自己网站上的驻留时间。

实施客户关系管理战略,更重要的是能够通过数据挖掘为客户提供与众不同的个性化服务。基于大数据挖掘的电子商务推荐系统,通过对客户的访问行为、访问频度、访问内容等信息进行挖掘,提取客户的特征,获取客户访问模式。据此创建个性化的电子商店,主动向客户提供商品推荐,帮助客户便捷地找到感兴趣的商品。这是一种全新的个性化购物体验。不仅容易使访问者转变成购买者,而且可根据客户当前购物车中的物品,向客户推荐一些相关的物品,提高站点企业的交叉销售量。甚至还可以根据需求动态地向客户做页面推荐,提供个性化的商品信息和广告,提高客户对访问站点的兴趣和忠诚度,防止客户流失。

比如"9点优品",该网站定位为"做最有品质的购物推荐",网站主要针对100元以上品牌商品进行推荐,有较多针对摄影爱好控的权威推荐,优质正品推荐是该网站的最大优点,网站对产品的价格、销量、质量三方关注,同时附带个人评价,有一定的参考价值。另外有个"我勒个趣"的趣味推荐,主要发布新奇特推荐信息,比较吸引眼球。而"什么值得买"网站有网友对推荐信息的二度评价,帮助用户做出判断。这些个性化服务的措施都在一定程度上防止着原有老客户的隐形流失。

**3. 提供个性化服务**

如上所述,个性化的服务不仅有利于留住老顾客,创新性的个性化服务还将源源不断地吸引新的顾客加入。标准化服务的最大弊端就在于,企业把所有顾客当作一个顾客来对待,而当顾客发现有其他可以满足自己需求的服务时,很容易转移到别的商家。相比之下,个性化服务在满足顾客多样化需求方面更具优势,但相应的具有更高的管理成本,至于高多少则要看个性化的程度。

针对客户独特需求的个性化服务可以作用在各行各业,但是能充分利用数据价值的依旧是与网络数字相关的产业和产品。其中最大的优势就是,企业可以通过技术支持实时获得用户的在线记录,并及时为他们提供定制化服务。2016年,苏宁联手天猫启动"New Buy418购物节",根据天猫6亿会员的大数据,再结合以往线下门店拥有的数据,以定制出更符合东莞用户需求的服务。该活动中,天猫开设"身边苏宁"入口,天猫用户在线上挑选好产品后,尤其是一些对体验要求高的家电、3C产品后,东莞消费者可就近到苏宁门店体验,并享受门店的一系列服务。

2017年4月12日,京东宣布对使用京东物流的第三方商家,针对不同行业特点,甚至不同企业特点,提供仓储、配送等物流全链条的定制化服务。例如,3C行业会采用针对高值、序列号细致管理的体系。在大件的解决方案中,着重提供大家电、家居家装、运动健身等产品仓、配、安一体化的服务。对服装行业则有多地备货逻辑和淡旺季的运营策略。而对生鲜企业则在冷链物流上提供业内领先的全程温控的多温层冷链物流产品,对蔬菜水果、海鲜、冷冻等生鲜食品开通优先配载的单独通道。

电子商务最根本的就是做用户体验,尤其是B2C型电子商务,对消费者行为的研究观点众多,经济学界有很多种理论,如跨期消费理论、行为理论、随机理论等。但这些基本是宏观层面的,电子商务手里有着大量的消费者购买行为的数据,微观领域的深入研究将是主要方向,甚至可以具体到某一个用户,包含区域购买力、商品区域化、客户分层、购物周期、购物偏向性、投诉原因等诸多数据指标的结合将为企业实行差异化战略和精准式营销提供重要依据,《蓝海战略》一书中曾经讲到差异化的一种识别方法——战略布局图,电子商务通过大数据分析可以有效地识别与竞争对手差异因素,开创新的蓝海并为消费者提供更适宜的购物体验,具体有以下三种方式。

1) 产品检索服务

首先,电子商务网站往往会在数据库的基础上,按多种指标为用户提供不同的内容排序方式,如按点击量、按评论数、按转发数、按下载量、按销量等,从而使页面呈现的内容更符合自己的需求,不同的排序显示方式将直接改变用户的购买路径。例如在京东商城页面,当用户输入关键词、进入搜索页面后,会看到"销量、价格、评论数、上架时间"四种不同的排序方式,每一种排序方式都会提供完全不同的卖家,展示完全不一样的内容。

此外,各大电子商务网站为了更好的信息搜索体验开发了不同的数据模型,不断优化站内搜索引擎。首先,用户在搜索关键词的时候能够实现智能联想,根据用户搜索的关键词热度进行联想,使得用户的搜索行为更加便捷、迅速。其次,网站的搜索系统会实时更新热搜词并进行页面的展示和推荐,让用户最快地找到热销商品。再次,网站的关键词系统还会对部分自营商品的搜索关键词进行筛选并加以优化更新,转化率低的关键词将被淘汰,新一批的关键词又会被补充进来。此外,商品的管理还与库存系统对接,一旦库存不足时,搜索系统将显示商品售罄的信息。最后,关键词的管理还与用户的搜索数据、浏览数据,以及竞争对手的商品上线情况相对接,以明确是否有用户喜欢但商家却未上架的商品,再考虑是否需要引进,以便新关键词及时上架。

另外,京东还会通过用户的历史评价生成搜索关键词,如很多用户在购买某一款产品后评价类似"送给岳母"这类关键词,系统会智能处理此类评价数据,分析出用户经常送给岳母的礼物是什么。因此,当用户搜索"送岳母礼物"这个关键词后,搜索页面会按照热门程度、关联程度呈现商品,极大地方便了消费者。

2) 关联推荐服务

目前,推荐引擎主要有两种应用场景:一种是,当企业不知道用户具体关心哪些具体的内容和商品时(如用户刚刚到达网站首页或者着陆页,或者只是进入了某个频道页,但未到达具体的文章页或商品页),完全基于用户过去的行为猜测他们可能会喜欢的内容和商品。这种推荐就是真正意义上的"个性化推荐"。另一种是,当用户已经在关注某件具体的商品时,推荐出与该商品有某种关联的其他商品,这种推荐就是"关联推荐"。

通常,电子商务网站会参考用户"已经浏览、已经收藏、已经购买、已经打分"的商品来判断用户的兴趣爱好,然后向用户推荐更多可能感兴趣的商品。如果用户出现新的购买或打分记录,或者兴趣发生变化时,"为我推荐"也会随之更新。如果用户收到的推荐并不满意,可以随时修改这些推荐。这种推荐行为贯穿于用户浏览、挑选、结算的整个过程,用户消费行为越多,网站推送给用户的选择越精准。总而言之,一个好的推荐系统可以大幅提升网站浏览转化率,为网站带来新的销售机会,既能提高电子商务网站的交叉销售能力,同时还能提高顾客对电子商务网站的忠诚度。

3) 购前参考服务

目前,很多电子商务网站会将行业数据与用户进行分享,帮助用户了解流行购物趋势,进行购物指导。例如,2011年淘宝网上线的官方免费数据分享平台——淘宝指数,通过展现淘宝平台上的人群指数、热销指数、价格指数、搜索指数、成交指数、热销指数和喜好度等与电子商务相关的数据来反映行业的各项指标,呈现出当下流行购物趋势;京东也推出了3C网络购物行为指数(简称京东指数),指数分为品牌指数、产品关注指数及消费指数三大类,数据来源于消费者在京东商城的实际点击率及订单数据。为消费者消费行为的变化提供参照,消费者可根据京东指数,了解当前市场最为热门的产品、型号及品牌,为消费者购买 3C 产品提供参考。

## 9.5.2 大数据挖掘在卖方经营决策中的应用

**1. 运营决策**

通过大数据挖掘,可以分析顾客的将来行为,容易评测市场投资回报率,得到可靠的市场反馈信息。基于大数据的运营决策不仅大大降低卖方的运营成本,而且便于经营决策的制定,以及开展产品营销策略和优化促销活动,如通过对商品访问和销售情况进行挖掘,企业能够获取客户的访问规律,针对不同的产品制定相应的营销策略。利用大数据挖掘技术可实现不同商品优惠策略的仿真。根据数据挖掘模型进行模拟计费和模拟出账,其仿真结果可以揭示优惠策略中存在的问题,并进行相应的调整优化,以达到促销活动的收益最大化。

如今,在大数据时代背景下,越来越多的专业化电子商务平台会向网站上的卖方商家提供专业的数据解读与分析报告服务。这里的数据分析主要包括需求挖掘、订单分析、买家分析、售后服务与运营支撑分析、供应链分析、商品优化分析、营销效果分析以及店铺基础运营分析等。大数据技术实现了对企业资源信息的实时、全面、准确地掌握。比如通过分析历史的财务数据、库存数据和交易数据,可以发现卖方企业资源消耗的关键点和主要活动的投入产出比例等,从而为企业资源优化配置提供决策依据,如降低库存、提高库存周转率、提高资金使用率等。

此外,通过专业化的数据产品应用和可视化的数据图表展示,卖方能够清晰地发现自身运营背后存在的问题。数据产品能够提供专业的解决方案,帮助卖家科学决策,而不是盲目地凭借主观经验制定运营策略,进而达到提高店铺流量,提升产品排名,提高订单转化率的目的。

例如,"中粮我买网"作为一家专业的食品 B2C 网站。密集的广告推广和活动促销带来了流量的快速增长,同时也导致用户的上网体验快感下降、后台处理工作量加大等问题。"我买网"从当当和卓越亚马逊的购物流程上受到启发,将原来三到四步的操作缩减到一步,这一改变使"我买网"的订单转化率提高了 30%。订单的增加除了依靠会员的自然增长,还与网站商品的优化有很大关系。在线营销部会分析来自各个渠道的信息以及会员的相关购买数据,通过深入分析某次参与促销的 200 种商品能够带来的销售额,进而分析首页上的推荐,那些销售量较小的商品将被替换掉。这些分析也会用于对会员的商品推荐,分析结果最终将反馈到商品采购环节。与此同时,"我买网"还通过网络公关进行舆情监测,从各类 SNS 渠道上收集分析用户的评论和建议,以此优化并调整网站的商品品类。

**2. 营销推广**

运用大数据分析、挖掘技术实现卖家的营销优化。一个简单的例子就是美国的运通公司(American Express),该公司拥有一个数据量达到 54 亿字符的数据库,主要用于记录信用卡业务。据调查,其数据量仍在随着业务的进展而不断更新。运通公司通过对这些数据进行挖掘,制定了"关联结算(Relation ship Billing)优惠"的促销策略,即如果一个顾客在一个商店用运通卡购买一套时装,那么在同一个商店再买一双鞋,就可以得到比较大的折扣,这样既增加了商店的销售量,也增加了运通卡在该商店的使用率。

然而不是所有的电子商务卖方都具备自助采集、分析和挖掘海量数据的能力。专业化的大型电子商务平台才具备这种能力。如今已经有越来越多电子商务大平台和第三方研发机构共同合作推出针对中小型卖方的营销推广产品,主要包括会员营销、促销工具、互动营销、店铺推广和导购展示等几大类别。实际上,电子商务平台针对卖家的营销推广很大程度上都是指流量推广,如何最大程度地将站内、站外流量引入目标店铺成为其最重要的职能。

例如,淘宝网能够基于买家的搜索关键词数据掌握买家需求,通过 Tanx-ADX(竞价交易平台)实时推送关联推荐产品,能够极大地引导目标用户流量,促进销售。此外,阿里巴巴也推出了"网销宝"关键词竞价工具、"流量推广"站外引流工具等营销推广产品。表9-5-1展示了淘宝、阿里巴巴、京东为其网站平台上的卖家提供的数据产品。

表 9-5-1　淘宝、阿里巴巴、京东提供的数据产品

| 产品类别 | 电子商务网站 | 数 据 产 品 |
| --- | --- | --- |
| 数据分析 | 淘宝 | 数据魔方、小艾分析、量子恒道、淘宝指数等 |
| | 阿里巴巴 | 生意参谋、访客热点、量子恒道、生意宝、数据分析大师等 |
| | 京东 | 聚合数据平台、京东数据通、数据分析大师、E店宝等 |
| 营销推广 | 淘宝 | Tanx-ADX竞价平台、淘宝客、网销宝、钻石展位等 |
| | 阿里巴巴 | 网销宝、一键营销、流量推广、小A短信、超级卖家等 |
| | 京东 | 销售联盟、DSP广告平台、促销大师、红菩提、网聚宝等 |

除此之外,利用大数据挖掘技术也可以实现对网络广告组合的优化投放。通过对大量消费者的消费行为、浏览模式以及不同的消费需求进行综合分析,可以达到精确评价各种广告手段整体营销效益与效果。根据评价的结果,企业可以确定出最佳的商品广告宣传组合方式。产品的广告形式和位置也依据顾客对商品的关注度不同而有所差异。从而最终达到增加广告的针对性,提高广告整体收益的目的。

例如,Google的AdSense通过对顾客的搜索过程和其对各网站的关注度进行大数据分析和挖掘,在其联盟内的网站追踪顾客的去向,从而及时有效地推出与顾客潜在兴趣相匹配的广告,进行精准化营销,提高广告效益的转化率。

**3. 市场响应**

大数据挖掘也有利于提高企业对市场变化的响应能力和创新能力。通过快速提取商业信息,大数据挖掘技术能使企业准确地把握市场动态,最大限度地利用人力资源、物质资源和信息资源,合理协调企业内外部资源的关系,产生最佳的经济效益,从而促进企业发展的科学化、信息化和智能化。

例如,亚马孙在这方面已经有了很大发展,每天会有大量的基于运营的报表和数据处理,运营策略、市场推广策略的改变主要是依据这些数据。其中自行定义的自动补货模型就是基于时间序列和极值的原理而形成的,有效地解决完全依靠人工的订货、补货模式,提升了库存管理的效率。

### 9.5.3　大数据挖掘在网站内部优化中的应用

电子商务网站是企业开展电子商务的基础设施和信息平台,其实质是电子商务的公司或商家与服务对象的交互界面,是电子商务系统运转的承担者和表现者。因此,电子商务网站的设计的合理性、运营机制的健全性、用户的满意度和安全的保障程度是企业实现电子商务成败的关键。

**1. 站点结构优化**

一个较为成功的站点,一定是保持较高回头率和较长客户驻留时间的站点。实现这样的站点除了站点信息的自身质量问题外,要解决的问题主要是站点和页面的合理布局问题,这正如超市商品摆设一样,摆放在一起有助于销售。利用关联规则发现有用的信息,动态调整站点结构,使客户访问的有关联文件之间的链接能够比较直接,让客户更容易访问到想访问的页面。根据用户访问习惯,将页面信息合理地呈现也是站点优化任务之一。这正如顾客经常进入统一商场购买常买的商品一样,购买行为可能给他两种感觉:方便和不方便。因此,可以利用聚类分析将众多的访问行为分类,最大可能地呈现给用户的是用户常用的信息。

合理的网站结构设计有利于信息的有效传递,方便访问者快速查找信息,也便于网站正式运行后的更新与维护,网站的结构包括网站的目录结构和网站的链接结构。目录结构是一个容易忽略的问题,目录结构的好坏,不仅会影响浏览者访问网站的效率,还对站点以后的上传维护、内容扩充和移植有着重

要的影响。在规划网站目录结构时,应注意以下几点:
(1) 所有文件不要存放在根目录下。
(2) 按栏目内容建立子目录。
(3) 每个主目录下都建立独立的存放图片的子目录。
(4) 目录的层次不要太深。
(5) 不要使用中文目录和过长的目录,且要尽量使用意义明确的目录。

网站的链接结构是指页面之间相互链接的拓扑结构,它建立在目录结构基础之上,但可以跨越目录。链接并非越多越好,因为并不是每一个链接都会被用户经常访问,这样太多低效的链接会使网站拓扑结构复杂凌乱,不利于网站维护和优化。研究网站的链接结构的目的在于用最少的链接,获得最优的浏览效率。

对网站站点的链接结构的优化可从三方面来考虑:
(1) 通过对 Web Log 的挖掘,发现用户访问页面的相关性,从而对密切联系的网页之间增加链接,方便用户使用。
(2) 利用路径分析技术判定在一个 Web 站点中最频繁的访问路径,可以考虑把重要的商品信息放在这些页面中,改进页面和网站结构的设计,增强对客户的吸引力,提高销售量。
(3) 通过对 Web Log 的挖掘,发现用户的期望位置。如果在期望位置的访问频率高于对实际位置的访问频率,可考虑在期望位置和实际位置之间建立导航链接,从而实现对 Web 站点结构的优化。

**2. 搜索引擎优化**

基于大数据对电子商务搜索引擎进行优化的方式包括:通过对网页内容的挖掘,可以实现对网页的聚类和分类,实现网络信息的分类浏览与检索;通过用户使用的提问式历史记录分析,可以有效地进行提问扩展,提高用户的检索效果;通过运用 Web 挖掘技术改进关键词加权算法,可以提高网络信息的标引准确度,改善检索效果,优化网站组织结构和服务方式,提高网站的效率;通过挖掘客户的行为记录和反馈情况为站点设计者提供改进的依据,进一步优化网站组织结构和服务方式以提高网站的运行效率。

站点的结构和内容是吸引客户的关键。站点上页面内容的安排和连接如同超市中物品在货架上的摆设一样,把具有一定支持度和信任度的相关联的物品摆放在一起有助于销售。比如,利用关联规则的发现,可以针对不同客户动态调整站点结构,使客户访问的有关联的页面之间链接更直接,让客户很容易访问到想要的页面。这样的网站往往能给客户留下好印象,提高客户忠诚度,吸引客户不断访问。

**3. 运营监控优化**

在电子商务网站后台,各部门都可以清晰地看到系统对于各项业务数据的详细记录,通过数据分析找出问题的解决方法,如通过分析网站流量大小和来源、新上线的产品点击率、同比环比的数据比较、某品牌的销量上升或下降等,探索出背后的原因,对网站各环节的运营起到指导作用。通过数据的收集与分析,实现了在后台对整体运营过程的实时监控,以便及时调整运营状态,推动其他环节的有序运行,从而更好地参与市场竞争。

例如,1号店通过"潘多拉"系统和"运营仪表盘"监管系统两大系统,使得各个部门的员工能够及时查看网站运营过程中有价值、有意义的关键指标,帮助管理层迅速做出相应决策,推动了1号店的有序发展。

**4. 定价策略优化**

电子商务相较于实体店的一大优势是价格,因此如何制定既便宜实惠又有利可图的商品价格成为很多电子商务自营商品销售的重要环节。通常来讲,自营电子商务网站首先会通过价格智能系统实现对其他主流电子商务网站的商品价格信息的实时抓取、储存。其次,由专门负责比价和定价的团队根据采购成本、顾客需求、利润和抓取的价格数据来建立价格模型,最终确定商品价格。同时,商品的价格还能够实现实时调整,确保价格的灵活性和竞争力。

例如，"当当网"建立了"比价系统"，该系统能够通过互联网每天实时查询所有网上销售的图书音像商品信息，一旦发现其他网站商品价格比当当网的价格还低，将自动调低当当网同类商品的价格，保持与竞争对手的价格优势。

**5. 供应端监管优化**

在电子商务产业链中，供应商处在上游的位置，是否能对这一环节实现高效管理，是所有具备自营商品经营能力的 B2C 电子商务都要解决的问题。在商品采购环节，针对供应商们制定了严格的商品有效期制度，并通过采购管理系统对商品的采购、调拨、收获等环节进行监管。这样一来，就能够以"人工＋系统"的方式双向保证供应商的商品在进入仓储环节时拥有详尽的包括生产日期在内的各项数据，并对商品进行实时监控。

例如，1号店推出的 PMS(采购管理系统)，它能对采购物流和资金流的全部过程进行有效的双向控制和跟踪，完善企业的物资供应信息管理。

**6. 物流环节优化**

电子商务企业会将不同的商品按照关联程度和热销程度进行分类存放。商品之间关联度越大就摆放得越近，而畅销商品也会离包装区更近，以便拣货人员快速拣货。在拣货环节，由于用户订单数据经过系统处理会形成全新的拣货任务。之后，拣货员的数据采集器上会出现相应的指令，告知他该去仓库的什么位置提取哪些商品，大大减少了拣货时间，提升了工作效率。

此外，为了最高效地方便物流运输，某些自建物流电子商务公司，如京东推出了地理信息(Geographic Information System，GIS)物联网信息系统，使物流管理者在后台，可以实时看到物流运行情况，如车辆位置信息、车辆的停留时间、包裹的分拨时间、配送员与客户的交接时间等，这些都会形成原始数据。经过分析之后，可以给管理者提供优化流程的参考，比如，怎么合理使用人员、怎么划分配送服务人员的服务区域、怎么缩短每个订单的配送时间等。另外，通过对一个区域的发散分析，可以看到客户的区域构成、客户密度和订单密度等。

### 9.5.4 大数据挖掘在网络环境规范中的应用

低劣的信用状况是影响商业秩序的突出问题，已经引起世人的广泛关注。由于网上诈骗现象层出不穷，企业财务"造假"现象日益严重。因此，信用危机严重地制约着电子商务的发展和繁荣。电子商务在进行过程中如何有效地防止网络诈骗现象是未来电子商务领域需要尽快解决的一个重要问题。

发达的社会信息水平作为发展电子商务的基础，一切数据皆为信用数据，大数据可为信用评估所有。金融部门通过偏差分析，监控企业统计数据和历史记录或标准之间的差别，包括结果与期望的偏离以及反常实例等特征，为其构建完善的安全体系，可以有效地防范信贷风险。采用大数据挖掘技术可以有效挖掘出在偿还中起决定作用的主导因素，进而制定相应的金融政策等。电子商务则可以采用大数据挖掘技术对电子银行、网上商店交易用户的日志进行分析，从而有效地防止非法密码的获取。同时，还能够有效地防止黑客攻击，以及诈骗等不良现象的发生。

银行或商业上经常发生诈骗行为，如恶性透支等，这些给银行和商业带来了巨大的损失。对这类诈骗行为进行预测，哪怕是正确率很低的预测，都会减少发生诈骗的机会，从而减少损失。进行诈骗甄别主要是通过总结正常行为和诈骗行为之间的关系，得到诈骗行为的一些特性，这样当某项业务符合这些特征时，可以向决策人员提出警告。为强化网站中的网上交易行为的安全，应对网络进行全程的监控。运用大数据挖掘技术对交易历史数据进行挖掘，发现客户的交易数据特征，在此基础上，建立客户信誉度级别，有效地防范和化解信用风险，提高企业信用甄别与风险管理的水平和能力。通过对客户偿还能力以及信用的分析，来对客户进行分类评级，从而可减少放贷的盲目性。通过对海量数据的分析还可以发现洗黑钱以及其他的犯罪活动。

例如，美国申请信用卡，姓名有可能全部小写，也有可能全部大写，这在两种情况下信用是完全不一样的,一个人如果能知道何时大小写他的姓名,从某种程度来说姓名指数更好,跟教育背景呈正相关。

同时,国内大数据信用评估公司 We cash 闪银,整合了大数据信用分析技术与机器学习算法,借助精简化的传统银行信用审核模型,让烦冗的信用评估流程不用再提供工作、收入证明等物料,而是依赖于用户社交网络数据和搜索引擎海量抓取的信息,整个流程也变成在 20 分钟之内就可以完成。

同样用大数据来做风险评估和信用评估的还有美国 P2P 借贷行业的翘楚 Lending Club。除了充分利用信用统计的数据以外,Lending Club 还会要求借款人提供很多其他信息,包括为什么要借贷、希望的额度、教育背景、职业等。第三方的评分包括他的邮件、电话号码和住址、计算机 IP 地址等,这些都在网上操作。

而互联网产生的随时变化的数据能为信用评级做的不仅仅是提供一个静态的分数这么简单。利用大数据做信用评估主要是观察两个方面:第一有没有还款意愿;第二有没有还款能力,但两者之间并不能完美协调。原因很简单,因为有一个滞后性,而解决的办法是把离散的评分变成连续的,希望最终产生的版本是根据不同数据源,每分每秒改变,不是等两三个月信息才改变一次。

## 参 考 文 献

[1] 樊重俊,刘臣,霍良安. 大数据分析与应用[M]. 上海:立信会计出版社,2016.
[2] 熊赟,朱扬勇,陈志渊. 大数据挖掘[M]. 上海:上海科学技术出版社,2016.
[3] 孟海东,宋宇辰. 大数据挖掘技术与应用[M]. 北京:冶金工业出版社作者,2014.
[4] 周英,卓金武,卞月青. 大数据挖掘系统方法与实例分析[M]. 北京:机械工业出版社,2016.
[5] 赵妍. 面向大数据的挖掘方法研究[M]. 成都:电子科技大学出版社,2016.
[6] 谭磊. 大数据挖掘[M]. 北京:电子工业出版社,2013.
[7] 张公让. 商务智能与数据挖掘[M]. 北京:北京大学出版社,2010.
[8] 蔡晓妍,张阳,李书琴. 商务智能与数据挖掘[M]. 北京:清华大学出版社,2016.
[9] 姜红波,韩洁平. 电子商务概论(第 2 版)[M]. 北京:清华大学出版社,2013.
[10] 谢邦昌,朱建平,李毅. 文本挖掘技术及其应用[M]. 厦门:厦门大学出版社,2016.
[11] 于悦. 数据挖掘在电子商务的应用[J]. 经济研究导刊,2016(29):153-154.
[12] 许霞,唐浩,汪永超. 电子商务中的数据挖掘及其应用[J]. 现代经济信息,2016(5):323.
[13] 郭泽颖,张斐斐. 数据挖掘技术在电子商务中的应用[J]. 电子世界,2014(13):7.
[14] 郭士琪,赵尔丹. 基于数据挖掘的电子商务在企业的应用[J]. 电子技术与软件工程,2017,(10):158. http://kns.cnki.net/kcms/detail/10.1108.TP.20170704.1412.234.html.
[15] 聂庆华. 数据挖掘技术在电子商务中的应用研究[J]. 科技创新与应用,2017(12):92.
[16] 李涛,曾春秋,周武柏,等. 大数据时代的数据挖掘——从应用的角度看大数据挖掘[J]. 大数据,2015,1(4):57-80.
[17] 熊赟,朱扬勇. 特异群组挖掘:框架与应用[J]. 大数据,2015,1(2):66-77.
[18] 吴应良,黄媛,王选飞. 在线中文用户评论研究综述:基于情感计算的视角[J]. 情报科学,2017,35(6):159-163+170.

# 第 10 章

# 云计算与电子商务

　　基于云计算的电子商务模式就是云计算与经济、商务、管理和应用领域交叉碰撞而导致企业的组织架构、盈利方式、市场营销和知识管理等方面发生重大变革的商务活动新模式。本章介绍了云计算概况，包括云计算的概念、体系结构、特点、服务模式和发展现状，旨在促使读者对云计算有一个整体的把握和理解。在此基础上还阐述了基于云计算的电子商务，以及电子商务在云环境下存在的问题与对策，说明了电子商务在云环境下的发展趋势。

## 10.1　云计算的兴起

　　随着社会的信息化程度加深，以及电子商务的蓬勃发展，无论是个人还是组织都需要充足的、高性能的IT资源和服务提高信息化水平。云计算作为一种新的IT资源和服务的交付模式，就应运而生了。"云计算"这种服务模式大致经历了四个阶段，分别为：电厂模式、效用模式、网格计算和云计算。本章内容基于第四个阶段，即云计算展开。而要掌握云计算的概念，首要任务就是从动态上了解云计算的成因。云计算的成因，不仅是人类信息技术的进步，而且是不同行业信息化发展需求交互作用的结果。云计算兴起的原因主要来自四大方面，一是电子商务发展的需求；二是其他行业发展的需求；三是相关技术发展的催生；四是IT资源服务模式的转变。

### 10.1.1　云计算兴起的原因

**1. 电子商务发展的需求**

　　电子商务依旧是网络经济营收贡献核心力量。未来电子商务的发展将会对信息服务、信息存储、信息检索和信息安全等方面提出更高的要求。而云计算的出现，也必然会对电子商务的发展产生深刻的影响。

　　1) 信息服务

　　电子商务企业用户众多，每天都在产生大量各式各样结构化和半结构化的数据，对这些海量数据进行深度挖掘分析，能够帮助企业做出更加正确和科学的决策。决策以数据为支撑，使管理更具科学性和准确性，保证电子商务后台高效、稳健地运转。

　　电商企业运用云计算对消费者行为数据进行深入分析归整，能精准掌握消费者心理和行为，从而进行精准营销，个性化推荐和定制化服务，使供应商生产适销对路的产品，不断提升用户满意度。同时，运用云计算实现企业间的合作共赢，信息互相流通。

　　2) 信息存储

　　信息化的不断发展使得各电子商务企业的信息数据量呈几何性增长。数据量的增长不仅仅意味着更多的硬件设备投入，还意味着更多的机房环境设备投入，以及运行维护成本和人力成本的增加。即使是现在仍然有很多单位，特别是中小企业没有资金购买独立的、私有的存储设备，更没有存储技术工程师可以有效地完成存储设备的管理和维护。这也是限制电子商务产业发展的重要因素。

因此,电子商务企业迫切地需要通过高性能、大容量云存储系统,满足电子商务企业不断增加的业务数据存储和管理服务,同时,云计算大量专业技术人员的日常管理和维护可以确保云存储系统运行安全、数据不会丢失。

3) 信息检索

几乎所有的电子商务企业都有自己的线上门户或平台。客户在线进入平台后,会根据自身的需求在线搜索服务或商品。在筛选商品的过程中,客户会提出很多性能要求和特点描述。云计算能快速、高效、准确地响应客户,并向客户展示对应的产品。

云计算能将庞大的计算处理程序自动分拆成无数个较小的子程序,再交由多部服务器所组成的庞大系统经搜寻、计算分析之后将处理结果回传给用户。因此,通过云计算技术,电子商务企业可以在数秒之内,将千万计甚至亿计的信息,提供给被服务者,进而达到超级计算机所提供的服务能力。因此,电子商务企业迫切地需要云计算提供稳定、高性能的处理服务,从而实现快速响应,提高客户满意度。

4) 信息安全

安全问题一直是制约电子商务发展的"瓶颈"之一,如何提供有效的安全保障机制是电子商务服务平台必须解决的关键问题。而云计算能够采用虚拟化、数据多副本容错等技术来保障信息的可靠性与安全性。随着云计算技术的快速发展,相关的云安全保障策略和技术体系也会逐步完善,电子商务服务平台迫切地需要通过云计算对核心的信息进行统一管理、实时监测,并在各个层面建立有效的安全机制,提高数据存储、交易流程和客户服务多个层面的安全性。

**2. 其他行业发展的需求**

在云计算概念诞生之前,很多公司就可以通过互联网提供诸多公共服务,如订票、地图导航、服务器共享以及其他硬件租赁等业务。随着服务内容和用户规模的不断增加,对于服务的可靠性、可用性的需求急剧增加,尤其是对服务质量的要求。而高质量的服务和资源的成本比较大,这对于个人和中小型企业的发展来说是一个"瓶颈"。世界上像Google和Amazon这样有实力建设分散在全球各地的数据中心来满足各行业的发展需求的企业并不多。所以,无论是个人还是企业组织对低成本高质量服务的呼声越来越大,这使得云计算这样的服务从科研机构走向市场、走向大众。

在云计算的概念诞生之后,从IBM、Google、Amazon到Dell、Microsoft等,这些公司在搭建自己的云平台的同时把自己的富余可用资源租赁给企业和个人,不断地推动着云计算的市场化,致使云计算飞速发展。

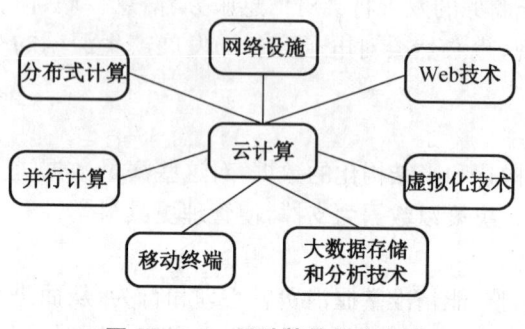

图10-1-1 云计算的技术支持

**3. 相关技术发展的催生**

如果没有强大的技术作为基础,云计算也只能是"空中楼阁"。云计算主要有七大类技术支持,分别是网络设施、Web技术、虚拟化技术、移动终端、并行计算、分布式计算、大数据存储和分析技术,如图10-1-1所示。

1) 网络设施

由于光纤入户的不断普及和移动通信技术的发展,网络的覆盖率逐年提高,根据360的《网速报告》,现在的网络带宽已经从过去的50 kb/s增长至平均3.2 Mb/s以上。较高的网络覆盖率和网络带宽,使人们在任何时间、任何地点能够向云快速传输数据和信息,同时在网络基础设施的保证下,人们能享受云提供的实时服务,使得终端和云紧紧联系在一起。

2) Web技术

随着Java Applets、VRML、AJAX、jQuery、Flash、Silverlight和HTML等Web技术的不断发

展,Chrome、Firefox 和 Safari 等性能出色、功能强大的浏览器的不断涌现,Web 已经不再是简单的页面。在用户体验方面,Web 已经越来越接近桌面应用,这样用户只要通过互联网与云连接,就能通过浏览器实现各种功能强大的应用。

3) 虚拟化技术

云计算虚拟化的对象是资源,可以是各种硬件资源,如存储器、处理器、光盘驱动、网络等,也可以是各种软件环境,像操作系统、应用程序和各种文件库等。虚拟化后生成的新资源隐藏内部实现的细节。虚拟化的目的主要是简化 IT 基础设施,从而简化对资源的处理,方便用户的访问,使得用户可以在虚拟环境中实现其在真实环境中的部分或全部功能。按照虚拟化的实现层次,可以分为硬件虚拟化、操作系统虚拟化和应用虚拟化。按照虚拟化的应用领域,可以分为服务器虚拟化、存储虚拟化、网络虚拟化和桌面虚拟化。从虚拟化的目的来看,虚拟化可以分为平台虚拟化、资源虚拟化和应用虚拟化。下面对主要的虚拟化技术进行阐述:

(1) 虚拟机。虚拟机(Virtual Machine,VM)通过使用控制程序(Control Program)隐藏特定计算平台的实际物理特性,为用户提供抽象的、统一的、模拟的计算环境。例如,VMware Workstation 在个人计算机虚拟的一个逻辑系统,用户可以在这个虚拟的系统上安装和使用另外一个操作系统和应用程序,就如同在使用一台独立的计算机。

(2) 虚拟机监视器。虚拟机监视器(Virtual Machine Monitor,VMM)是运行在主机操作系统上的虚拟化管理软件,用于创建、管理虚拟机,包括对虚拟机运行过程的监管,以保证虚拟机的正常运行。通常虚拟机监视器应该具备三点性能:一是虚拟机监视器必须能够管理所有的系统资源;二是在虚拟机监视器管理下程序的运行应当与在实际物理机上运行保持一致,他们之间的差异对用户和虚拟机监视器以外的程序完全透明;三是绝大多数的客户指令应该由主机硬件直接执行而无须控制程序的参与。

(3) 平台虚拟化。平台虚拟化(Hypervisor)负责虚拟机的托管和管理,与虚拟机监视器不同的是它直接运行在硬件上。其在虚拟机和底层硬件之间建立一个抽象层,提供指令和设备接口。即虚拟化平台可以捕获 CPU 指令,为指令访问硬件控制器和外设充当中介。可见 Hypervisor 运行在裸硬件,也充当着主机操作系统的角色,如 VMware 的 ESX 产品。

(4) 完全虚拟化技术。完全虚拟化技术又称为全虚拟化技术,使用一个虚拟机模拟完整的底层硬件运行环境,包括 CPU、内存、硬盘、网卡等(见图 10-1-2)。客户操作系统运行在虚拟机中,虚拟机和原始硬件之间又增加了一层中间软件——Hypervisor。Hypervisor 可以对来自虚拟机中的受保护的特殊指令进行处理。完全虚拟的缺点是其性能要低于裸硬件,应为中间层的 Hypervisor 需要协调处理任务。完全虚拟的优点是操作系统无需任何修改就可以直接运行。

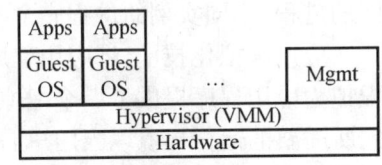

图 10-1-2 完全虚拟化结构图

完全虚拟化又分为传统的完全虚拟化和硬件辅助虚拟化。传统的完全虚拟化虚拟机运行在操作系统之上,虚拟机管理程序本身运行在 CPU 的 Ring0,虚拟的操作系统运行在 Ring1。为了避免虚拟操作系统破坏宿主操作系统,虚拟操作系统的级别必须比虚拟机管理程序的级别低,但是这样一来虚拟机的操作系统的兼容性会受到影响,并且原来虚拟操作系统要在 Ring0 上执行的指令都必须经过 Hypervisor 翻译才能运行,所以速度会下降,只有支持这两种技术的 CPU 才能应用。硬件的辅助虚拟化受到很多产品的支持,目前传统的完全虚拟化产品也都开始对硬件辅助虚拟化进行支持,比如 VMware Workstation/Server 和 VirtualBox 都开始支持 VT 和 AMD-V。

(5) 半虚拟化技术。半虚拟化的技术可以提供较高的性能,它与完全虚拟化有类似之处。这种方法也使用一个 Hypervisor 来实现对底层硬件的共享访问,但是半虚拟化技术把与虚拟化有关的代码集成到了操作系统本身。半虚拟化为了提高效率必须修改客户的操作系统,目的是为了让虚拟出来的操作系统意识到本身运行在虚拟机中,所以在虚拟出来的操作系统内核中需要有方法与 Hypervisor 进行协调。这个问题在某种程度上影响了半虚拟化技术的普及,因为除了 Linux 操作系统以外,并非所有的操作系统内核都可以修改。

(6) 硬件辅助虚拟化技术。硬件辅助虚拟化(Hardware-Assisted Virtualization)是指借助硬件的支持以实现高效的完全虚拟化。由于硬件辅助虚拟化支持客户机操作系统直接在其上运行,能够减少相关的性能开销,简化了虚拟机监视器的设计。

(7) CPU 虚拟化技术。CPU 虚拟化技术就是把物理 CPU 抽象成虚拟 CPU,一个物理 CPU 在任意时刻只能运行一条 CPU 指令。传统的 x86 架构的 CPU 有四个不同的优先级,分别是 Ring0、Ring1、Ring2 和 Ring3。Ring0 的级别最高,操作系统内核一般运行在这个级别,Ring1 和 Ring2 用于操作系统的服务,Ring3 的级别最低,应用程序通常运行在这个级别上。

通常可以在 CPU 中加入新的指令集和处理器运行模式来完成与 CPU 虚拟化的相关功能,从而让客户操作系统直接在 CPU 上运行与虚拟化相关的指令,不用再消耗额外的 CPU 处理能力。

(8) I/O 虚拟化技术。I/O 虚拟化技术对物理机的 I/O 设备统一管理,抽象成多个虚拟的 I/O 设备,从而分配给不同的虚拟机使用,相应来自各个虚拟机的 I/O 请求。I/O 虚拟化技术具体分为两种,分别为全设备虚拟化技术和半虚拟化技术。

全设备虚拟化通过软件模拟 I/O 设备的所有功能,包括总线结构、中断等。模拟 I/O 设备的软件位于 VMM 中,当客户操作系统有 I/O 请求时,会进入到 VMM 中,与虚拟的 I/O 设备进行交互,从而让单一的硬件设备可以被多个虚拟机共享。但软件模拟的速度会明显落后于真实硬件设备的速度。

I/O 设备的半虚拟化方法主要被 Xen(Xen 是一个开放源代码虚拟机监视器,由剑桥大学开发)采用,称为分离设备驱动模型的方式,把驱动分为前端驱动和后端驱动,前端驱动负责处理客户操作系统的 I/O 请求,后端驱动负责管理真实 I/O 设备,同时复用不同虚拟机的 I/O 数据。半虚拟化方法比全设备虚拟化方法的性能高,但会消耗过多的 CPU 开销。

(9) 操作系统虚拟化和应用虚拟化。应用虚拟化(Operating System Level-Virtualization)是一种在服务器操作系统中使用的轻量级的虚拟化技术,内核通过创建多个虚拟化的操作系统实例来隔离不同的进程,不同实例的进程完全不了解对方的存在,主要技术有 Solaris Container 和 OpenVZ。

应用虚拟化技术,将应用程序与操作系统解耦合,应用可以运行在任何共享的计算机资源上。应用虚拟为应用程序提供了一个虚拟的运行环境。在这个环境中,不仅拥有应用程序的可执行文件,还包括它所需要的运行环境。当用户需要使用某款软件时,应用虚拟化服务器可以实时地将用户所需要的程序组件推送到客户端的应用虚拟化运行环境。当用户完成操作,关闭应用程序后,其所做的更改和数据将被上传到服务器集中处理。这样,用户将不再局限于单一的客户端,可以在不同的终端上使用自己的应用。

(10) 网络资源虚拟化。网络资源虚拟化是指将网络的硬件和软件资源整合,向用户提供虚拟连接的虚拟化技术。网络虚拟化技术又可以分为局域网虚拟化技术和广域网虚拟化技术两种形式。在局域网虚拟化中多个局域网络被组合成一个逻辑网络,或者一个局域网络被分割成多个逻辑网络,用这个方法提高大型企业自用网络或者数据中心内部网络的使用率。该技术的典型代表是虚拟局域网技术(Virtual LAN,VLAN)。对于广域网络虚拟化,目前最普遍的应用是虚拟专用网(Virtual Private Network,VPN)技术,虚拟专用网络抽象了网络的连接,使得远程用户可以随时随地地访问公司的内部网络,并且感觉不到物理连接和虚拟连接的差异性。同时,VPN 保证这种外部网络连接的完全性和私密性。

存储资源虚拟化技术。存储资源虚拟化是指把物理上分散存储在众多物理设备上的文件整合为一个统一的逻辑视图,方便用户访问,提高文件的管理效率。存储设备和系统通过网络连接在一起,用户在访问数据时并不知道真实的物理位置。这使得管理员能够在一个控制台上管理分散在不同位置的异构设备上的数据,大大简化了存储设备的管理过程。

外存虚拟化技术是指采用虚拟化技术对物理外存进行统一管理。实现外存虚拟化的相关技术主要有 RAID(Redundant Array of Independent Disk)技术、NAS(Network Attached Storage)技术和 DAN(Storage Area Network)技术。

内存虚拟化技术即对物理机的内存统一管理,从而分配给若干个虚拟机使用,让每个虚拟机拥有独立的内存空间。因此,只有把客户的物理地址空间准确地映射到主机的物理地址空间,才可以顺利地实现虚拟化。这种操作通常由 VMM(Virtual Machine Monitor)程序来实现。VMM 通过影子页表(shadow page table)给不同的虚拟机分配物理内存页,从而把虚拟机内存转换到真实的物理内存。VMM 也可以根据每个虚拟机的不同需求,动态地分配内存。

4) 移动设备

随着智能手机的不断发展和普及,手机这样的移动设备已经不仅仅是一个移动电话,更是一个完善的信息终端,再加上移动通信技术的完善和移动通信网络覆盖率的提高。用户可以通过移动终端设备,轻松地访问互联网上的信息和应用。由于移动设备整体功能越来越接近台式机,通过这些移动终端设备能够随时随地访问云端服务。

5) 并行计算技术

并行计算(Parallel Computing)是指在并行机上将一个应用分解成多个程序任务,分配给不同的任务处理器,各个处理器之间相互协同,并行地执行子任务,从而达到加速求解速度或提高求解问题规模的目的,并行计算又称高性能计算或者超级计算,主要用于快速解决大型复杂的问题。并行计算是相对于串行计算而言的,可分为时间上的并行和空间上的并行两种,其中时间并行即流水线技术,空间并行指多个处理器并发地执行计算任务。并行计算利用并行算法和并行编程语言能实现进程级并行和线程级并行。为了使计算机成功地实现并行计算,必须具备三个基本的条件:

(1) 并行机,并行计算需要在并行机上运行,并行机至少包含两台或两台以上的处理机,这些并行机通过互联网连接和通信。

(2) 并行度,并行计算要求应用问题必须具有并行度,即应用问题必须可以分解为多个可并行执行的子任务。将一个应用分解为多个子任务的过程,称为并行算法设计。

(3) 并行编程,并行计算要求在并行机提供的并行编程环境上,编制并运行并行程序,从而达到并行求解应用问题的目的。

6) 分布式计算技术

分布式计算(Distributed Computing)是利用互联网上的计算机的闲置处理能力来解决大型计算问题的计算机技术,它研究如何把一个需要非常巨大的计算能力才能解决的问题分成许多小问题,然后把这些小问题合理分配给许多计算机进行处理,最后把这些计算结果综合起来得到最终的结果。目前,世界上有很多分布式计算项目,尽管其研究的方向和内容各不相同,但这些项目却有许多共同点,如需要解决的问题十分复杂,都需要非常大的计算量,和其他计算问题相比,分布式计算具有三个优点:一是稀有资源可以共享,二是通过分布式计算可以在多台计算机上平衡计算负载,三是可以把程序放在最合适运行它的计算机上。

7) 大数据的存储和分析技术

无论是企业还是个人时时刻刻都在产生着海量、种类繁多并且相关性很低的数据,这些数据的存储以及如何充分挖掘数据背后的价值是云计算发展不可避免的问题。而大数据的存储和处理技术刚好能弥补云计算的短板。

大数据的存储一般采用分布式存储方式,就是用冗余存储的方式保证数据的可靠性。目前,广泛应用的数据存储系统是 Google 的 GFS(google file system)和 Hadoop 团队开发的 GES 的开源实现

HDFS。非开源的 GFS 和开源的 GFS 是云存储主要的两种技术,都能实现 HDFS。

数据是云计算处理的对象,也是计算资源。为了高效地利用计算资源,必须具有在不同物理计算设备间进行并行计算的能力。目前最流行的并行计算模型是 MapReduce 模型,数据在 Map 阶段进行分块,分块后的数据被分到不同的节点上处理,在 Reduce 阶段制定某种规则对在 Map 阶段数据处理后的结果进行合并和归约。

**4. IT 资源服务模式的转变**

早在 20 世纪 60 年代麦卡锡(John McCarthy)就提出了把计算能力作为一种像水和电一样的公共事业提供给用户,用户可以按照自己的需求来购买服务。这样能使服务取用方便,提高服务的利用率;也使得服务的费用如同水电费一样低廉,有效降低服务成本,这即是按需分配。云计算在思想方面主要经历了四个阶段才发展到如今比较成熟的水平,这四个阶段按照时间的顺序依次是电厂模式、效用模式、网格计算和云计算。

1)电厂模式

电厂模式的意思是利用电厂的规模效应来降低电力的价格,并让用户使用起来更方便,且无须维护和购买任何发电设备。把电厂模式引入互联网领域中就是基础服务无须用户自己解决,而是由互联网服务中心来提供,这样对于用户来说就屏蔽掉了复杂的物理设备。

2)效用模式

1960 年左右,人工智能之父麦卡锡在一次会议上提出了"效用计算"这个概念,其核心是借鉴电厂模式,目标是整合分散在各地的服务器、存储系统以及应用程序来共享多个用户,让用户能够像灯泡插入灯座一样来使用计算机资源,并且根据所使用的量来付费。直到 Internet 迅速发展和成熟后,才使效用计算成为可能,它解决了传统计算机资源、网络以及应用程序的使用方法变得越来越复杂,并且管理成本越来越高的问题,按需分配的特点为企业节省了大量时间和设备成本,从而能够将更多的资源放在自身业务的发展上。

3)网格计算

网格计算是一种分布式计算模式。网格计算技术将分散在网络中的空闲服务器、存储系统和网络连接在一起,形成一个整合系统,为用户提供强大的计算机储存能力来处理特定的任务。对于使用网络的最终用户或应用程序来说,网络看起来就像是一个拥有超强性能的虚拟计算机。网格计算的本质在于以高效的方式来管理各种加入了该分布式系统的异构松耦合资源,并通过任务调度来协调这些资源合作完成一项特定的计算任务。网格计算研究如何把一个需要非常庞大的计算机能力才能解决的问题分成许多小的部分,然后把这些部分分配给许多低性能的计算机来处理,最后把这些计算结果综合起来解决大问题。

4)云计算

云计算的核心与效用计算和网格计算非常相似,也是希望 IT 技术能像使用电力那样方便,并且成本低廉。云计算基本上继承了效用计算所提倡的资源按需提供和用户按使用量付费的理念。网格计算为云计算提供了基本的框架支持。云计算和网格计算都希望将本地计算机上的计算能力通过互联网转移到网络计算机,但是与效用计算和网格计算不同的是,云计算现在在需求方面已形成规模,同时在技术方面也日趋成熟。

## 10.1.2 云计算的发展历程

云计算名字虽新,但是"云"所涵盖的内容却并不陌生,从互联网诞生以来就一直存在。而随着"云"的出现,其后附加的技术、服务、计算的概念等方面的含金量也都跟着翻番、升级。云计算的物理实体是数据中心,由云的基础单元和云操作系统,以及连接云元的数据中心网络组成。云计算的产生由技术驱动,如 Web2.0 和 HTML.5 先后撑起了前端应用;芯片技术虚拟化技术等托起了底层架构;Hadoop、

Spark 等大数据工程以及机器学习、深度学习撑起了中间层;SAN、iSCSI 等也都促进了云计算的发展。从相关技术角度,梳理云计算的发展历程,如表 10-1-1 所示。

表 10-1-1 云计算的发展由来

| 1998 | VMware 成立,引入 X86 虚拟化技术 | 1999 | Salesforce 成立,SaaS 开始兴起 |
|---|---|---|---|
| 2002 | Xen 开源 | 2003 | 显卡开始用于通用计算 |
| 2004 | Web2.0 兴起 | 2005 | 谷歌发表以 MapReduce 为核心的三篇论文,开源实现后为 Hadoop,对大数据和云计算起到了双重促进 |
| 2006 | KVM 合并进 Linux;亚马逊推出 S3 和 EC2;谷歌提出云计算 | 2008 | Force.com 成立,PaaS 诞生;谷歌发布 GAE;OpenFlow 论坛成立,微软发布 Azure |
| 2009 | OVS 被合并进内核 | 2010 | OpenStack 发行 |
| 2013 | Docker 推出 | 2014 | HTML5 正式发布;微服务架构提出 |

数据来源:艾瑞咨询,2016

## 10.2 云计算概述

### 10.2.1 云计算的概念和体系结构

**1. 云计算的定义**

"云"是对云计算服务模式和技术实现的形象比喻。"云"由大量"云"的基础单元(云元,cloud unit)组成。"云"的基础单元之间由网络连接,汇成庞大的资源池。狭义云计算是指 IT 基础设施的交付和使用模式,指通过网络以按需、易扩展的方式获得所需的资源;广义云计算是指服务的交付和使用模式,指通过网络以按需、易扩展的方式获得所需的服务。

云计算的定义有很多,如美国国家标准技术研究院对云计算的定义:一种将网络、服务器、存储和软件应用等通过泛在、方便、按需获取的方式从可分配计算机资源池中获得服务的方式。我国工业与信息化部对云计算的定义:云计算是一种通过网络统一组织和灵活调用各种 ICT(Information Communication Technology,ICT)资源,实现大规模计算的信息处理技术。它利用分布式计算和虚拟资源管理技术,通过网络将分散的 ICT 资源集中起来形成共享的资源池,并以动态按需和可度量的方式向用户提供服务。用户可以使用各种形式的终端通过网络获取 ICT 资源服务。

现阶段广为接受的是美国国家标准与技术研究院(NIST)的定义:云计算是一种按使用量付费的模式,这种模式提供可用的、便捷的、按需的网络访问,并进入可配置的计算资源共享池(资源包括网络、服务器、存储、应用软件、服务),这些资源能够被快速提供,而只需要投入很少的管理工作,或与服务供应商进行很少的交互。

**2. 云计算体系架构**

目前,云计算还处于发展初期,尽管各大厂商都能提供不同的云计算服务,也都提出了相应的云计算体系架构,但尚没有学术界和业界公认的、统一的云计算体系架构。如图 10-2-1 所示,它是美国国家标准与技术研究局给出的云计算参考架构,该架构给出了云计算包含的五类重要的用户角色及其在云计算中的主要活动和功能,他们分别是云用户、云提供商、云载体、云审计和云代理,其中每个角色都是一个实体,既可以是个人也可以是机构,参与云计算的事物处理和任务执行。

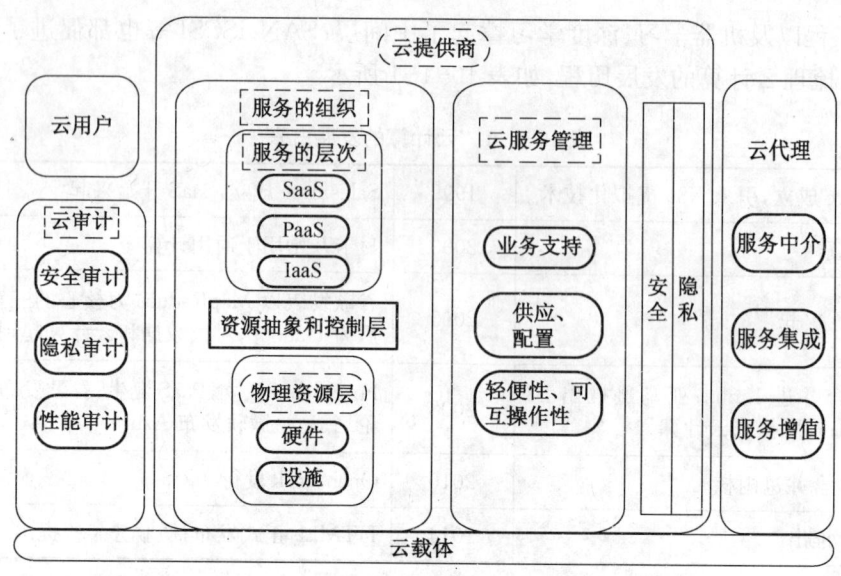

图 10-2-1　云计算参考架构

1）云用户

云服务的使用者，他们与云提供商保持业务联系，使用云提供商提供的各种云服务，云用户可以是个人也可以是企业。

2）云提供商

云服务的提供者，负责提供其他机构或个人感兴趣的服务，云提供者可以是个人、机构或者其他实体。

3）云审计

云环境中的审计者，是可以独立评估云服务、信息操作系统、性能和安全的机构。

4）运代理

云环境中的代理机构，负责管理云服务的使用、性能和分发的实体，也负责在云提供者和云用户之间进行协商。

5）云载体

云的承载者，是负责将云提供商的云服务连接和传输到云用户的媒介。

云用户和云提供商之间存在一条通信链路，当需要云服务时，云用户向云供应商发出请求；云供应商收到请求后组织资源，进行相应的处理，并通过该链路向云用户提供云服务。为了审核云提供商和云代理提供的云服务在性能、安全、隐私等方面是否符合用户的要求，云审计需要收集大量来自云用户、云提供商以及运代理的数据，因此，在云审计和云用户、云提供商和云代理商之间存在用于收集审计数据的通信链路。为了给用户提供云服务的集成、升级等各种服务，云代理需要获取云提供商的云服务，并将这些服务进行重组、升级、增值等，最后提供给云用户，因此在云代理和云用户及云提供商之间也存在着相应的通信链路。所有的云业务都运行于云载体之上，由云载体承载。

## 10.2.2　云计算的特点、类型与服务模式

**1. 云计算的特点**

由云计算的概念和技术基础，可知云计算作为一种新的商业模式，从不同的角度来看云计算会有不同的特点，云计算的主要特点如下。

1）网络化访问

云计算环境采用分布式架构，用户可以使用各种终端设备，如移动电话、台式机、笔记本、工作站等，

通过网络访问云服务。

2) 按需自费服务

在云计算环境中,硬件、软件、存储、计算、网络等资源均以服务的形式提供和访问。用户可根据需求,通过人机交互自助请求和获取云服务,而不需要和云服务提供商进行交互。因此,运用户只需具有基本的IT常识,经过简单的业务培训就可以使用各种云服务,包括服务的申请、使用、管理、注销等,而无须经过专业的IT培训。

3) 共享资源

云服务提供商将各种物理资源和虚拟资源组织成资源池,根据用户需求动态地为多个用户分配资源,提供服务。资源池中的任何物理资源对云服务来说都是抽象的、可替换的,统一资源能够被不同的用户和服务共享。

4) 虚拟化

虚拟化就是通过虚拟化技术将一台计算机虚拟为多台逻辑计算机。在一台计算机上同时运行多个逻辑计算机,每个逻辑计算机可以运行不同的操作系统,并且应用程序都可以在相互独立的空间内运行而互不影响,从而显著提高计算机的工作效率。

虚拟化使用软件的方法重新定义划分IT资源,可以实现IT资源的动态分配、灵活调度、跨域共享,提高IT资源利用率,使IT资源能够真正成为社会基础设施,服务于各行各业中灵活多变的应用需求。

5) 极其廉价

由于云的特殊容错措施,人们可以采用极其廉价的节点来构成云,云的自动化集中式管理使大量的企业无须负担日益高昂的数据中心管理成本,云的通用性使资源的利用率较之传统系统大幅提升,因此用户可以充分享受云的低成本优势,经常只需要花费几百美元、几天时间就能完成以前需要数万美元、数月时间才能完成的任务。

6) 弹性扩展

服务使用的资源规模可随业务量动态扩展,且能保证在动态扩展过程中服务不会中断,服务质量不会下降,且这种扩展对服务的使用者和提供者都是透明的。云服务提供的各种服务能力可随使用者需求的变化不断演化和更新,同时这种改变可做到向下兼容,即保证原有使用者的持续使用。

7) 服务可度量

在云计算环境中,资源和服务的使用可监测和控制,且该过程对用户和云提供商透明。云提供商可通过计量去判断每个服务的实际资源消耗,用于成本核算或计费,用户需要向云提供商缴纳一定的费用。

**2. 云计算的类型**

1) 公有云

公有云(Public Cloud)是指企业构建的为外部客户提供的云,其所有服务是提供给别人使用的。企业通过自己的基础设施直接向外部用户提供服务,外部用户通过互联网访问云服务。公有云的特点是由外部或第三方提供商采用细粒度、自服务的方式在Internet上通过网络应用程序或者Web服务动态提供资源,并基于细粒度和效用计算方式分享资源并进行收费。在公有云中,云提供商负责公有云服务产品的安全管理及日常操作管理等,用户对云计算的物理安全、逻辑安全的掌控及监管程度较低。使用公有云的用户既可以是个体用户也可以是机构用户。个体用户仅需一个能上网的终端设备,如笔记本电脑、手机或ipad等通过互联网即可访问云服务;机构用户通过本单位的边界控制设备访问云服务。一方面,边界控制设备能限制和管理内部用户对公有云的访问;另一方面,边界控制设备也能保护内部设备免受外部攻击。

对于使用者而言,公有云的最大优点是:用户的程序、服务及相关数据都存放在公有云中,用户自己无须做相应的软、硬件投资和建设。公有云最大的问题是：由于数据不存在用户自己的数据中心，安全性存在一定的风险。同时，公有云的可用性不受使用者的控制，也给系统的可用性带来一定的不确定性。

社区云是公有云范畴内的一个组成部分，是指在一定的地域范围内，由云计算服务提供商提供计算资源、网络资源、软件和服务等所形成的一种云计算形式，即基于社区内的网络互联优势和技术易于整合等特点，通过对社区内各种计算能力进行统一服务形式的整合，结合社区内的用户需求特性，实现面向区域用户需求的云计算服务方式。

目前，典型的公有云有 Windows Azure Platform、亚马孙的 AWS、Saleforce.com，以及国内的阿里巴巴的伟库等。

2) 私有云

私有云(Private Cloud)是指企业构建的内部云。私有云的所有的服务仅供企业内部人员或分支机构使用。私有云的优点是：由于企业拥有基础设施，并可以控制在此基础设施上部署应用程序的方式，因而能提供对数据、安全性和服务质量的最有效控制，可以充分解决数据安全、企业管理和可靠性等云计算系统存在的问题。其缺点是：私有云企业用户需要对其私有云的管理全权负责，即企业必须购买、建造及管理自己的云计算环境，这样就无法获得较低的前期费用开销，也无法实现较小的维护费用管理等。因此，私有云比较适合于有众多分支机构的大型企业或政府部门。随着这些大型企业数据中心的集中化，私有云将会成为他们部署 IT 系统的主流模式。

私有云又有两种部署方式：一是将私有云部署在企业数据中心的防火墙内，由云用户自己管理，成为自建私有云；二是将私有云部署在一个安全的主机托管场所，如外包给托管公司，由托管公司负责云基础设施的维护和管理，成为托管私有云。

自建私有云安全边界既覆盖了云用户的内部资源，也覆盖了私有云资源。私有云可以集中在单个云用户站点内部，也可以分布在多个私有云用户站点之间，安全边界的存在使得云用户有机会对站点内的私有云资源进行控制。

托管私有云有两个安全边界：一个由云用户部署和控制，另一个由云提供商部署和控制。这两个安全边界通过一条受保护的通信链路进行连接。托管私有云中数据和处理的安全性既依赖于两个安全边界的强度，也依赖于受保护的通信链路的强度。云提供商需要加强内部私有云的安全边界，阻止任何通过安全边界之外的资源访问私有云的行为。

3) 混合云

混合云(Hybrid Cloud)是指企业部署的提供自己和客户共同使用的云，它所提供的服务既可以提供别人使用也可以自己使用，一般来说，混合云是两个或两个以上的云的组合。在混合云计算模式下，机构在公有云上运行非核心应用程序，而在私有云上运行核心程序及存储内部敏感数据。相比较而言，混合云的部署方式对提供者的要求较高。

4) 工业云

工业云计算是我国提出的一个概念。工业云是通过云计算技术为工业企业提供服务，使工业企业的社会资源实现共享的一种信息化创新模式，是云计算在工业企业领域的典型应用。工业云技术包括虚拟化技术、云存储技术、网页浏览、云查杀、工业软件云服务以及面向移动终端的云监控技术。工业云是面向特定服务对象的云计算服务，多数的工业云属于公有云，但是工业云也可以支持用户在工业云公共平台上搭建自己的私有云。例如，北京市计算机中心于 2010 年创建"工业云服务平台"。"工业云服务平台"是云计算平台，它为工业云提供运行支撑。

**3. 云计算的服务模式**

由云计算的参考架构可以看出，云计算的主要服务形式有 IaaS、PaaS 和 SaaS。

1) 基础设施即服务(Infrastructure as a Service)

IaaS是指把云计算提供商的由多台服务器构成的"云端"基础设施,作为计量用户提供给云用户。云提供商通过云计算的相关技术,把内存、I/O设备、存储和计算机能力集中起来整合成一个虚拟的资源池,为最终用户和SaaS、PaaS提供商提供计算、存储资源和虚拟服务器等服务。

IaaS是一种托管型硬件方式,用户付费使用云提供商的硬件设施。如云提供商提供一套配置为包含若干CPU、内存、带宽网络及存储空间的硬件环境,需要用户自己安装操作系统和应用程序。Amazon Web服务、IBM的BlueCloud等均是将基础设施作为服务出租。

IaaS的优点是用户只需要低成本硬件,按需租用相应计算能力和存储能力,大大降低了用户在硬件上的开销。无论是最终用户、SaaS提供商还是PaaS提供商都可以从IaaS中获得应用所需的计算能力,但却无需对支持这一计算能力的基础IT软硬件付出相应的原始投资成本。

2) 平台即服务(Platform as a Service)

PaaS是指把开发环境作为一种服务来提供。PaaS是一种分布式平台服务,云提供商提供开发环境、服务器平台、硬件资源等服务给云用户,云用户在其平台基础上定制开发自己的应用程序并通过其服务器和互联网传递给其他客户。

PaaS能够给企业或个人提供研发的中间件平台,提供应用程序开发、数据库、应用服务器、实验、托管及应用服务。如果云提供商提供的是包含基本数据库和中间程序的一套完整系统,用户仅需要根据接口编写自己的应用程序。例如,Google APP Engine、Microsoft Azure和Amazon Simple DB等都是将平台作为服务出租。

PaaS的优点包括两个方面:一是降低了用户开发和提供SaaS服务的门槛,使SaaS开发商能够以更低的成本、更高的效率开发互联网应用;二是对于已经在提供SaaS服务的云提供商而言,PaaS可以让更多的独立软件开发商(Independent Software Vendors,ISV)成为其平台用户,从而开发出基于该平台的多种SaaS应用,使其成为多元化软件服务提供商。

3) 软件即服务(Software as a Service)

SaaS是指将软件作为服务提供给用户。SaaS服务提供商将应用软件统一部署在自己的服务器上,用户根据需求通过互联网向提供商订购应用软件服务,服务提供商通过浏览器向用户提供软件,并根据用户所定软件数量、时长等因素收取费用。

SaaS是用户获取软件服务的一种新形式,它不需要用户将软件产品安装在自己的计算机或服务器上,而是按照某种服务等级协议直接通过网络向专门的提供商请求并获取自己所需要的、带有相应软件功能的服务。比较常见的模式是云提供商给云用户提供一组账号密码,云用户通过该账号登录并使用相应的应用程序。目前,Saleforce.com是提供这类服务最有名的公司,Google Doc、Google Apps和Zoho Office也属于这类服务。

SaaS的优点是能降低用户的运维成本。对小型企业来说,SaaS是采用先进技术的最佳途径。SaaS模式的ERP可让用户根据并发用户数、所用功能多少、数据存储容量、使用时长等因素按需支付服务费用,小型企业用户既不用支付软件许可费和采购服务器等硬件设备费,不需要支付购买操作系统、数据库等软件费,不需要承担软件项目定制、开发、研制费,也不需要承担IT维护部门的开支费用。

### 10.2.3 云计算的发展现状

**1. 全球云市场分析**

2015年云计算产业格局风起云涌,公有云服务竞争更加激烈,私有云服务市场需求不断增大,混合云逐渐成为云计算的主流模式。云计算领域新技术层出不穷且呈现不断融合的趋势,开源技术生态成为行业技术发展的重要力量,但产品和服务仍需完善。在新形势下,我国云计算产业面临着机遇和挑战,服务技术能力不断增强,并逐步拓展海外市场。

1) 全球云计算市场总体平稳增长

2016年以IaaS、PaaS和SaaS为代表的典型云服务市场规模达到654.8亿美元,增速为25.4%,预计2020年将达到1 435.3亿美元,年复合增长率达21.7%。全球云计算市场规模及发展趋势,如图10-2-2所示。

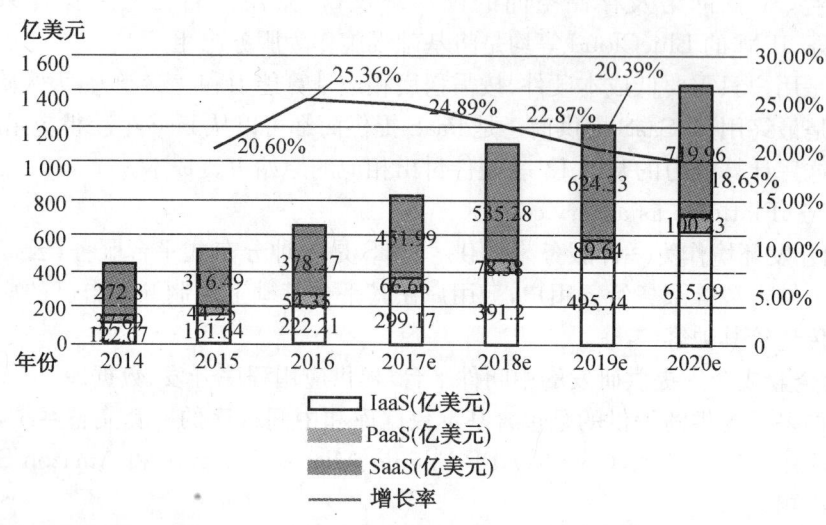

图10-2-2 全球云计算市场规模及发展趋势

数据来源:中国信息通信研究院,2017

2) 美国在全球云计算市场的领导地位进一步巩固

作为云计算的"先行者",北美地区仍占据市场主导地位,2016年美国云计算市场占据全球54.1%的市场份额,增速达19.8%,预计未来几年仍将以超过15%的速度快速增长。

从服务商来看,亚马孙AWS2016年年收入122亿美元,增速超过54%,数据中心布局美国、欧洲、巴西、新加坡、日本和澳大利亚等地,服务全球190多个国家和地区;微软作为云计算领域的后发力者,Azure云服务增长率同期增长了93%,是AWS云服务的1.7倍,同时微软在云计算数据中心的巨额投入,使微软在全球的数据中心数量达到38家。

3) 以中国、印度为代表的云计算新兴国家高速增长

2015年亚洲云计算市场全球占比12%,保持快速增长,其中印度增速达35%,中国市场全球占比已由2012年的3.7%上升到5%。金砖国家巴西、俄罗斯、南非云计算市场占有率总和仅3%左右,但增速较快,且市场潜力较大,预计未来几年市场会进一步扩大。

4) 全球云计算市场领导者进一步夺取市场份额

根据市场研究机构Synergy Research发布的报告,截至2017年第二季度,全球云基础设施服务收入(包括IaaS、PaaS和托管私有云服务)接近110亿美元,并且其年增幅持续保持40%以上。自2016年第二季度以来,Microsoft和google的季度收入几乎翻了一番,与此同时云计算市场的领导者Amazon的收入增长速度也快于整体市场。从市场占有率来看,Amazon的AWS市场份额为34%,Microsoft和google的市场份额分别为11%和5%,因为Amazon、Microsoft和google仍是IaaS和PaaS的领导者。IBM市场份额稳定在8%,主要得益于其在托管私有云服务板块的强劲表现。对于接下来的10家云供应商,阿里巴巴在中国本土市场的强劲带动和国外市场的积极开拓下,其市场占有率增长最快。通过对比2016年第二季度与2017年第二季度全球云计算服务市场份额分布,如表10-2-1所示,可知云计算市场的领导者仍在夺取全球排名较低云计算服务商的市场份额。

表 10-2-1　2017 年第二季度全球大型云计算服务商所占市场份额

| 云计算服务商 | 2016 年第二季度 | 2017 年第二季度 |
| --- | --- | --- |
| Amazon | 33% | 34% |
| Microsoft | 8% | 11% |
| IBM | 8% | 8% |
| Google | 4% | 5% |
| Next 10 | 26% | 27% |
| Others | 21% | 15% |

数据来源：Synergy，2017

5）全球云计算细分市场分析

关于 IaaS 市场，全球 IaaS 市场仍保持稳定增长，云主机仍是最主要产品。2015 年 IaaS 市场增速 32%（2014 年 IaaS 市场增速 33%），市场规模达 162 亿美元，其中云主机占据 85% 以上的市场份额，预计未来几年将持续增长，但增幅会略有下降。

关于 PaaS 市场，全球 PaaS 市场总体增长放缓，但数据库服务和商业智能平台服务增长较快。2015 年 PaaS 市场 44 亿美元，增长 17%，其中应用基础架构和中间件服务占据 54% 的市场份额；数据库服务市场规模仅 1.7 亿美元，但增长较快，增速达 30%，预计未来几年仍将以 30% 以上的速度高速增长，远超过应用开发（增速 11.9%）、应用基础架构和中间件（增速 16.5%）等其他 PaaS 产品。

关于 SaaS 市场，SaaS 仍然是全球公共云市场的最大构成部分，全球 SaaS 服务市场如图 10-2-3 所示，CRM、ERP、网络会议及社交软件占据主要市场。2015 年 SaaS 市场规模 317 亿美元，远超 IaaS 和 PaaS 市场规模的总和，其中 CRM、ERP、网络会议及社交软件占据市场 65% 的份额；同时产品呈现多元化的发展趋势，数字内容制作、企业内容管理、商业智能应用等产品规模较小增长快，尤其企业内容管理增速达 40%，数字内容制作增速 25%，但预计未来 5 年将以 30% 以上的复合增长率快速增长。

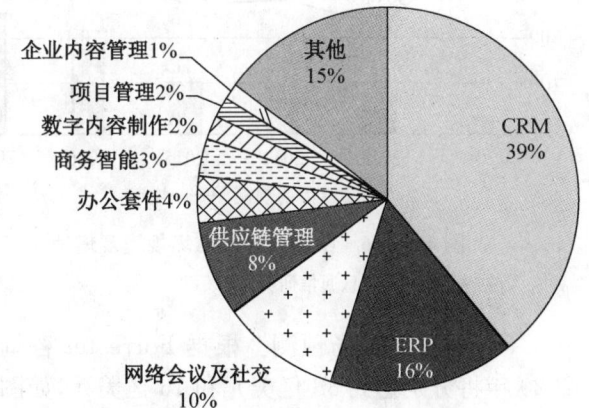

图 10-2-3　全球 SaaS 服务市场

数据来源：中国信息通信研究院，2016

**2. 中国云计算市场**

1）我国云计算市场总体保持快速发展态势

（1）我国私有云市场，2016 年，中国私有云市场规模达到 344.8 亿元，相比 2015 年增长 25.1%。预计 2017 年年末我国私有云市场规模达到 425.5 亿元，私有云市场仍保持稳定增长。中国私有云市场规模及增速，如图 10-2-4 所示。

目前私有云的主要应用场景是企业内部 IT 系统，包括管理系统、办公系统以及通信系统，其中应用于企业管理系统的比例最高，达到 51.7%。私有云在打通内部数据，优化企业内部管理和协同方面所起到的作用已经得到广泛的认可。除此之外，与 2015 年相比，以协同开发、持续测试等为代表的应用开发和测试场景成为私有云的重要使用场景，占比达到 30.5%，企业逐步将开发和测试向云端转移。企业私有云主要应用场景，如图 10-2-5 所示。企业部署私有云后取得较为明显的效果包括 IT 运营效率提升、IT 成本降低和 IT 运维工作量减少。

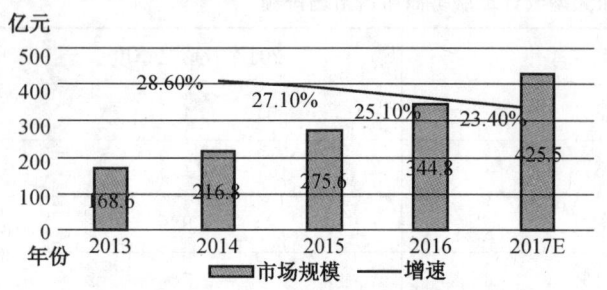
图 10-2-4 中国私有云市场规模及增速
数据来源：中国信息通信研究院，2017

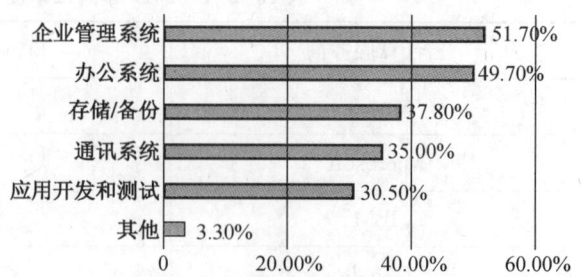
图 10-2-5 企业私有云主要应用场景
数据来源：中国信息通信研究院，2017

根据中国信息通信研究院 2017 年 4 月的调查报告，私有云运维系统功能仍有待提升。已经应用私有云的企业中，35.4% 的企业认为运维系统功能不完备是目前应用私有云存在的主要问题，云服务商所提供的运维系统仍有待优化；29.5% 的企业认为私有云存在基础功能不完备的问题；另外，还有部分企业认为云服务商在资源调配能力及效率、互操作性等方面还有待进一步加强。

（2）我国公有云市场。2016 年，我国公有云服务市场整体规模约 170.1 亿元人民币，比 2015 年增长 66.0%，预计 2017—2020 年中国公有云市场仍将保持高速增长态势，到 2020 年市场规模将达到 603.6 亿元。中国公有云市场规模及增速，如图 10-2-6 所示。

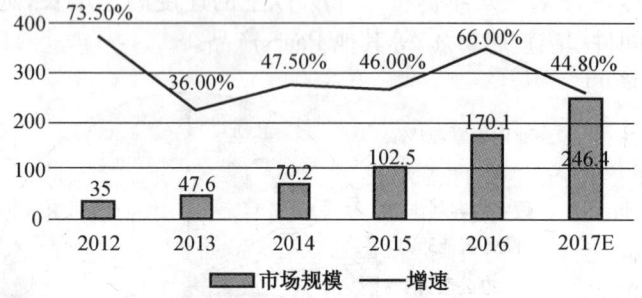
图 10-2-6 中国公有云市场规模及增速
数据来源：中国信息通信研究院，2017

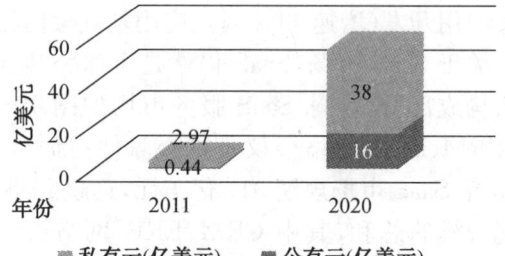
图 10-2-7 中国公有云和私有云服务市场规模预测
数据来源：北京科学学研究中心课题组，2016

（3）我国云市场预测。根据 Forrester 咨询公司预测，中国公共云和私有云服务的市场规模，在 2020 年将分别达到 38 亿美元和 16 亿美元，如图 10-2-7 所示。中国公有云和私有云服务市场规模预测。虽然公有云的规模更大，但是私有云的增长速度更快，对于公有云、私有云、混合云的选择，企业用户的部署策略更多地偏向于公有云模式，共有 49.5% 的云计算用户选择，其次是私有云模式，选择此模式的用户占整体用户的 29.4%；而选择混合云的用户占到整体也能计算用户的 21.1%。近年来，混合云增长势头迅猛，超过 46% 的私有云用户未来可能是混合云用户，越来越多的企业将把业务迁到私有云环境。

2）中国公有云计算发展与国外的差距

事实上，IDC 的报告中就提到在公有云市场，中国与美国相比至少有 5 年的差距，当中国云服务刚落地的时候，美国已经实现了从企业到公众的成熟应用阶段，公有云应用的市场规模更是天壤之别。中、美云计算服务发展历程对比，如图 10-2-8 所示。2014—2020 年，中、美公有云市场规模对比，如图 10-2-9 所示。

3）我国云服务厂商

云服务是非完全标准化产品，性能的稳定性、功能的丰富性、问题解决的及时性等都有差异。因此，服务商在细分领域的经验十分重要。细分场景中云的特点及典型服务商，如表 10-2-2 所示。

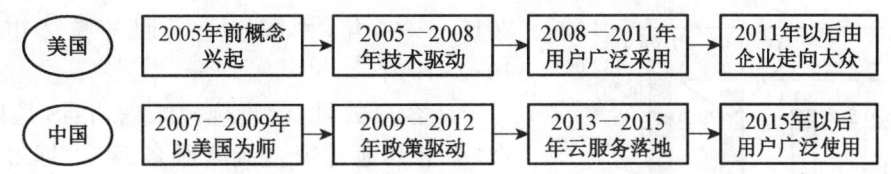

图 10-2-8 中、美云计算服务发展历程对比

图 10-2-9 2014—2020 年中、美公有云市场规模对比（百万美元）

数据来源：IDC，2017

表 10-2-2 细分场景中云的特点及典型服务商

| 场景 | 特 点 | 典型服务商 |
|---|---|---|
| 政务云 | 对安全和稳定性的要求高，对企业资质要求高，以混合云为主 | 华为云、阿里云、金山云、腾讯云、浪潮云、沃云、东软 |
| 企业云 | 属于企业一般业务的一部分，未来对数据、智能和整个生态要求较高 | 阿里云、腾讯云、UCloud、金山云、百度云、七牛云、青云、美团云、京东云 |
| 游戏云 | 业务弹性大、并发量大、高网络传输、高磁盘读写 | 腾讯云、金山云、UCloud |
| 视频云 | 码流量大、并发量大、从底层到应用层环节多 | 金山云、乐视云、腾讯云、网宿、七牛云、UCloud、网易云、阿里云、网心科技（星域 CDN）、百度云、趣拍云、CC 视频 |
| 教育云 | 大多基于视频云或直接使用其他 PaaS、SaaS 服务 | 主流视频云服务商、保利威视、展视互动（263 旗下）高校及科研云：EasyStack、金山云 |
| 医疗云 | 数据私密性强，业务逻辑复杂，对系统的依赖性强。与大数据紧密相连 | 阿里云、金山云、UCloud |
| 金融云 | 互联网金融弹性大，倾向于公有云或以公有云为主的混合云。传统金融对数据安全性、稳定性、实时性的要求比较高，从大小型机迁移难度大，倾向于私有云，且要求有极强的线下交付能力。而保险另类业务介于两者之间 | 华为云、阿里云、腾讯云、UCloud、博云 BoCloud、青云、象云、数人云、天玑科技 |
| 工业云 | 与物联网、大数据紧密相连，需要硬件投资和改变整个架构，为典型的"一把手工程" | UCloud、阿里云 |

数据来源：艾瑞咨询，2016

## 3. 中国企业云发展现状

2016 年中国企业云服务市场规模超 500 亿元，预计未来几年仍保持约 30% 的年复合增长率。

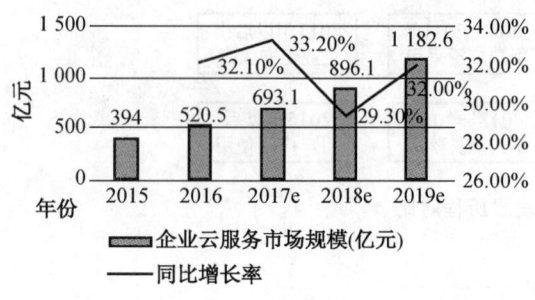

图 10-2-10　2015—2020 年中国企业云服务整体市场规模

数据来源：艾瑞咨询，2016

2015—2020 年，中国企业云服务整体市场规模，如图 10-2-10 所示。

从客户数量、营收规模来看，IaaS 层阿里云一家独大，加上其他几家主流云服务商，占据 80% 以上份额。PaaS 层中，对象存储、大数据、人工智能、通信细分领域内，存在各自头部公司，但从 PaaS 覆盖的全部领域来看，更大的市场则被大量的小企业瓜分。SaaS 层中，互联网公司产品，如阿里、钉钉拥有最多的客户数量，转型软件企业，如金蝶拥有最多的云业务营收，但这些远不能覆盖 SaaS 层的全部业务，小企业长尾明显，且仍有大量初创企业涌现。

**4. 政策环境分析**

云计算是市场主导的产业之一，政府的相关支持和引导一方面是科技研发，另一方面是试点示范。

世界范围内有些国家在国家层面设立了专门针对"云"的战略，如美国、日本、英国等。美国自 2009 年开始了长期性的云计算计划；日本在 2010 年开展智能云战略；英国自 2009 年开始推广 G-cloud（政府云）计划，"希望整合中央政府、各级地方单位、组织的数据库，并运用云计算环境来建立一套云计算采购数据库，让政府各级机关可以根据需求挑选所需的应用软件以及云计算服务，采购更有效率也能节省政府开支，更可以让英国的新创公司和政府密切合作，让产品跟云服务更具竞争力"。

2013 年，我国工业和信息化部围绕"两化"深度融合的整体工作部署提出了工业云创新行动等重点任务，工业云被列入《信息化和工业化深度融合专项行动计划（2013—2018 年）》中。10 月，工业和信息化部在全国择优选择了包括北京、江苏、广东、重庆、天津、包头等在内的 16 各地区开展工业云创新服务试点，鼓励其推动工业云服务平台的搭建、服务提供资源整合、应用推广等。12 月，北京市工业云产业联盟成立。

仅是近两年，就有大量促进云计算发展的政策文件颁发。除这些政策性文件外，各地政府主导建设政务云，在政府层面为云计算背书。国家对于信息安全的重视，短时间内也有利于国内云服务商的成长。在政府的大力支持下，云计算得到了快速的发展。但无论是云计算服务还是相关的技术，其根本的动力都是来自企业，政府更多的是营造好的社会环境，引导更多的用户来使用云计算。

**5. 云计算的应用**

由云计算所带来的新的 IT 革命，将彻底改变人们获取信息、软件甚至硬件资源的方式，IT 资源正在被嵌入越来越多的产品和服务当中。它既是互联网发展的更高阶段，也意味着人类将进入一个崭新的 IT 时代，移动互联网、物联网等互联网的新形态都将依赖于云计算的发展。云计算在当前社会中的应用也越来越广泛。

1）云办公

云办公是通过把传统的办公软件以客户端或智能客户端的形式运行在网络浏览器中，从而使得员工工作可以在脱离固定的办公地点时同样完成公司的日常工作。实际上，云办公可以看作原来人们经常提及的在线办公的升级版。云办公是指个人和组织所使用的办公类应用的计算和存储两个部分功能，不通过安装在客户端本地的软件提供，而是由位于网络上的应用服务予以交付，用户只需通过本地设备即可实现与应用的交互功能。云办公的实现方式是标准的云计算模式。

2）云存储

云存储是在云计算概念基础上延伸和发展起来的一个新的概念，是指通过集群应用、网络技术或分布式文件系统等功能，将网络中大量各种不同类型的存储设备通过应用软件集合起来，协同工作，共同对外提供数据存储和业务访问功能的一个系统。当云计算系统运算和处理的核心是大量数据的存储和管理时,云计算系统中就需要配备大量的存储设备,那么云计算系统就转变成为一个云存储系统,所以云存储是一个以数据存储和管理为核心的云计算系统。

云存储对使用者来讲,不是指某一个具体的设备,而是指一个由许许多多个存储设备和服务器所构成的集合体。使用者使用云存储,并不是使用某一个存储设备,而是使用整个云存储系统带来的一种数据访问服务。所以严格来讲,云存储不是存储,而是一种服务。云存储的核心是应用软件与存储设备相结合,通过应用软件来实现存储设备向存储服务的转变。

3) 云教育

教育行业可以采取集中式的信息化基础设施,通过网络远程访问,实现优质教学资源的共享和新型教学方式的推广。云平台能够为教育的信息化建设提供技术支撑。通过云计算搭建教育云平台,是教育信息化建设的重要方向。教育云可以将整个教育行业的信息都包含进云端,实现信息的共享。从基础教育到高等教育,从政府的教育管理部门到企业的职业培训,从各个图书馆的资源到学生,各个参与教育的个人或团体都可以通过云终端获取或共享自己所需要的信息。

4) 云医疗

随着云技术的发展,现在这些医疗上的问题其实可以通过医疗健康云来解决,把政府医疗监管、政府卫生管理部门、各大医院、社区医院、药品供应商、药物物流配送公司、医疗保险公司以及患者统一到医疗健康平台上,就可以解决医疗系统中长期存在的问题。

在医疗健康云平台上,患者可以通过手机或者 PC 登陆个人的云医疗终端进行看病预约、网上挂号,无须再去医院排队就医,医疗费用的报销也可以在云终端上自动进行。医生可以通过云平台共享患者的就医信息,同时能够实时上传或查询患者的病史和治疗史,从而快速准确地为患者诊断病情。药品供应商则根据医生在云平台上所开具的电子病历,就可以把患者所需要的药品配送至医院或患者的手中,可以避免药品中间商的层层盘剥,解决了药品贵的难题。政府以药监管或卫生部门,只需要在云中来完成自己相应的监管工作。由于云中的数据共享,政府部门所看到的监管信息是从药品生产厂商到流通企业,再到医院和患者手中的药品全流通过程,这些都是监管可控的。另外,医疗保险公司在云中可以对患者进行保险服务,患者可以得到及时的费用报销。

5) 云政务

广义上讲,基于云计算的电子政务应用称为电子政务云。电子政务云是为政府搭建的底层架构平台,它将传统的电子政务应用迁移至云端,政府相关部门通过云平台共享政务资源,以此提高政府管理效率及相关服务能力。电子政务云结合了云计算技术的特点,对政府管理和服务职能进行精简、优化整合,并通过信息化手段在政务上实现各种业务流程办理和职能服务,为政府各级部门提供可靠的基础IT服务平台。

6) 云计算与电子商务

由于传统电子商务企业在发展过程中存在着一些问题,如基础设施薄弱、资金缺乏、软件应用方面困难、专业技术人才缺乏、存在网络安全问题和电子交易安全隐患、缺乏信息共享和业务协作等问题。如果电子商务企业单单依靠自身的发展去解决这些问题,不仅消耗大量的人力、物力,增大资本周转周期,而且缺乏科学规划,往往不能真正地解决问题。而云计算的出现恰好能弥补电子商务企业的短板和缺陷。在本节已详细介绍过云计算的概念、功能、关键技术及提供的服务等内容,电子商务企业明确自身所存在的问题后,可以利用云计算提供的各种服务,结合自身的实际情况和需求,甚至可以搭建自己的云平台,实现传统电子商务模式的变革,为企业创造更大的利润、开拓更大的发展空间。云计算本身的优点使得它与电子商务有相结合的契机。基于云计算的电子商务与传统电子商务相比所显现出的优势,如图10-2-11所示。云计算对电子商务的影响将在后面几节重点介绍。

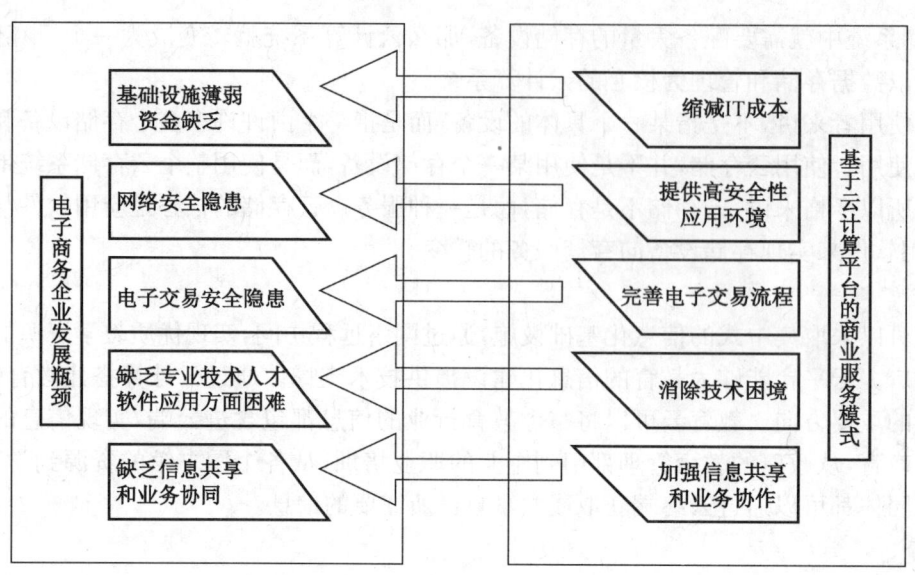

图 10-2-11 基于云计算电子商务的优势

## 10.3 基于云计算的电子商务

电子商务服务质量一直是电子商务企业和用户最为关注的问题,直接影响着电子商务的运作效率和用户体验。然而,有效的服务模式和先进的信息技术的缺乏阻碍了电子商务行业的快速发展。云计算技术的产生,为电子商务企业提供了新动力。

### 10.3.1 基于云计算技术的电子商务

在第一节中列举出推动云计算发展的一些关键技术,有网络技术、Web 技术、虚拟化技术、移动设备、并行计算技术、分布式计算技术、大数据的存储和从分析技术。与云计算之前的电子商务相比,云计算为传统的电子商务带来了新的技术。单单是把这些新的技术运用到电子商务中,就能改变电子商务的面貌,为电子商务拓展广阔的市场,从而促进电子商务进入新的发展阶段。Web 技术是电子商务的基础技术,它与电子商务间的关系在电子商务技术基础中详细地论述过,而移动终端设备的完善对电子商务发展的作用在移动电子商务篇中已介绍,在这里不再赘述。大数据存储和处理技术对电子商务的影响将在本章的第 4 节中详细论述。下面分别阐述网络技术、虚拟化技术、并行计算和分布式计算技术对电子商务的影响。

**1. 网络技术对电子商务的影响**

一方面,网络技术的发展推动了云计算的产生和应用,使得云计算的构想成为可能;另一方面,云计算所蕴含的巨大商业价值使得云计算的发展十分迅猛,更强大的云计算平台需要先进的网络技术支撑,在需求的推动下网络技术不断地突破。这种全新的网络技术给电子商务带来了新的发展机遇。一次完整的电子商务交易就是信息流、资金流和物流的流通过程。在电子商务模式下,信息流、资金流和物流经过电子商务平台抽象成数据流。网络技术中的网页制作和网站搭建,可以让企业的门户网站更具特色和吸引力,个性化的网页推送能有效地和用户进行沟通,收集用户的消费倾向和个人爱好等数据,并刺激消费者的消费欲望。网络技术中的信息流通和共享,能有效提高业务的处理水平和效率,在信息共享环境下,电子商务企业可以减少收集信息成本,实现对上下游业务有机整合。网络技术中的局域网建设,能实现企业内部、企业与企业之间以及企业与客户之间进行及时的沟通,实现实时的信息传递,这也使得在家办公成为可能。网络技术中的加密和动态身份认证的发展,能完善交易流程,不断地提高电子支付的安全水平。

**2. 虚拟化技术对电子商务的影响**

无论是传统的企业还是电子商务企业都有自己闲置的资源,如存储设备、计算资源和空闲的服务器等。这些资源放置的时间越长,价值流失就越严重,这从某种程度上来说,是企业的一种损失。如何有效地利用这些资源,变相地为企业增加收入是当下企业乃至社会需要解决的问题。云计算出现的同时也带来了虚拟化技术。通俗地讲,虚拟化技术就是将现实的物理资源虚拟化或者是抽象成虚拟资源,然后把这些虚拟资源统一地放在虚拟资源池中,这就相当于把分散的资源集中在逻辑仓库中,随用随取。这对于电子商务企业来说是巨大的发展机遇,因为有了虚拟资源以后,电子商务企业就不必购买大量的基础设施,而是通过租用虚拟池中的虚拟资源来获得各种服务,这些租用的服务相对于自身提供的服务更廉价、稳定性更高。虚拟化资源技术不仅仅能为电子商务企业大规模缩减地成本,而且减少技术人员的聘用、精简管理流程。

**3. 并行计算与分布式计算对电子商务的影响**

并行计算是同时使用多种计算资源解决计算问题的过程,是提高计算机系统计算速度和处理能力的一种有效手段。它的基本思想是用多个处理器来协同求解同一问题,即将被求解的问题分解成若干个部分,各部分均由一个独立的处理机来并行计算。并行计算系统既可以是专门设计的、含有多个处理器的超级计算机,也可以是以某种方式互连的若干台的独立计算机构成的集群。通过并行计算集群完成数据的处理,再将处理的结果返回给用户。

分布式计算是一门计算机科学,主要研究分布式系统。一个分布式系统包括若干通过网络互联的计算机。这些计算机互相配合以完成一个共同的目标。具体的过程是:将需要进行大量计算的项目数据分割成小块,由多台计算机分别计算,再上传运算结果后统一合并得出数据结论。在分布式系统上运行的计算机程序称为分布式计算程序;分布式编程就是编写上述程序的过程。

并行计算能有效地提高计算机执行代码的速度和处理大型问题的能力,这能有效实现电子商务业务整合,实时地解决复杂订购计划、存储计划、销售计划、物流路线规划、各分企业资源配置和商品价格定位等问题。分布式计算能有效地利用企业当前的基础设施解决需要大规模资源才能解决的问题,这能充分地利用企业的有限资源,提高资源利用率。

## 10.3.2 基于云计算服务的电子商务

传统模式下,电子商务企业建立一套IT系统不仅仅需要采购硬件等基础设施,还需要购买软件的许可证,需要专门的人员维护。当电子商务企业的规模扩大时还要继续升级各种软硬件设施以满足需要。对于电子商务企业来说,计算机等硬件和软件本身并非他们真正需要的,它们仅仅是完成工作、提供效率的工具而已。所以,可靠的服务才是电子商务企业所追求的。

而基于云计算的电子商务模式使电子商务企业无须新增硬件、软件的投入和程序开发成本,在这种模式下,电子商务企业只要按需支付一定租金,就可以根据自己个性化的需求访问服务供应商建立的电子商务云,运行企业所需的管理程序,建立和存储商业数据库资料。只要有网络连接,就可以不受时间和地域限制,完成企业的业务操作,保证业务的不间断运转,避免错过任何一个商业机会。

这种模式就是利用云计算平台,将分布在各个地方的各种资源虚拟地构建起来,实现资源共享,使得电子商务企业在使用网络构架和应用程序时可获得真正的按需配置服务。通过统一开放的接口,云平台还将允许电子商务企业进行电子商务的创新尝试和搭建属于自己的商务系统。从这个意义上说,电子商务与云计算的结合,融合了SaaS、PaaS和IaaS的形式,是一种新型的电子商务活动。从租用软件到租用开发平台,最后到租用基础设施,云计算的创新在于一切以客户需要为中心,通过无所不在的网络为客户提供7×24的全天候服务。目前,提供不同服务的云提供商,如图10-3-1所示。

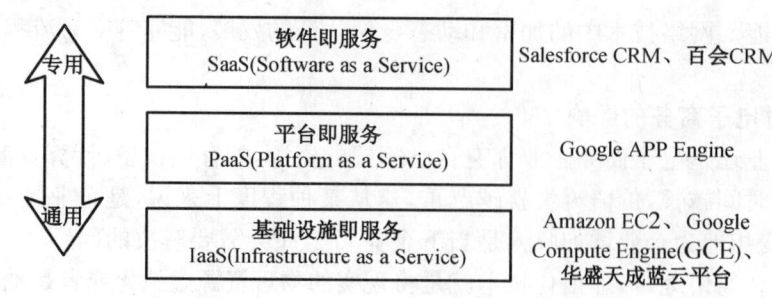

图 10-3-1 云服务层次图

**1. 基于 IaaS 的电子商务**

任何类型的电子商务企业都需要配备大量的计算机、存储服务器和网络通信设备，但是随着设备更新的速度越来越快，企业不仅需要花大量的金钱去采购新的设备，而且还要培养一批具有经验的专业技术人员去维护和配置。

云计算提供的 IaaS 服务可以帮助电子商务企业大幅度节省基础架构的投入成本。用户无须购买、维护硬件设备和相关系统软件，就可以直接在该层上构建自己的平台和应用。基础设施向用户提供虚拟化的计算资源、存储资源、网络资源和安全防护等。这些资源能够根据用户的需求动态地分配。

**2. 基于 PaaS 的电子商务**

PaaS 是为用户提供应用软件的开发、测试、部署和运行环境的服务。所谓的环境，是指支持使用特定开发工具开发的、应用能够在其上有效运行的软件支撑系统平台。目前，数字化制造技术中的各种软件的开发和调试成本是很多电子商务企业难以承受的。电子商务企业主流工具软件产品基本上都来自国外，其成熟性好但价格昂贵，对于一些中小电子商务企业这样的经济实力，且用量少，购买很不经济。因此，侵犯知识产权的行为并不少见，一旦被追究责任，必将损失惨重。

云计算的 PaaS 服务为电子商务企业提供了廉价的软件开发平台，在这个平台上有专门的人员进行维护，电子商务企业不用担心平台负量超载和平台意外崩溃，从而电子商务企业能在同一时间进行稳定、大批量的交易。同时，电子商务企业可以在租用的平台上开发财务软件、人事管理软件、物流管理软件、仓储管理软件，在减少风险和缩减成本的前提下，提高企业的信息化水平。

**3. 基于 SaaS 的电子商务**

SaaS 一般可以分为两大类：一类是面向个人消费者的服务，这类服务通常是把软件服务免费提供给用户，只是通过广告来赚取收入；另一类是面向企业的服务，这类服务通常采用户预定的销售方式，为各种具有一定规模的企业和组织提供可定制的大型商务解决方案。

首先，在物流体系的信息化方面，云计算推动着企业运营模型的转变，借助云服务，企业物流可以建立基于云的物流供应链、使物流系统 SaaS 化、开创智慧物流，并可对潜在"瓶颈"的关键信息进行分析，帮助用户建立完善的查询与服务系统，时刻监控每一个包裹的去向与动态。

其次，针对我国中小企业普遍存在的资金实力不足、专业技术人员缺乏等特点，以及企业发展状况不同、业务流程形式多样灵活的特性，ERP 开发商们需要寻找新的模式方案来帮助有需求的企业实现信息化，他们逐渐将目光聚集到基于 SaaS 模式的软件研发上来。SaaS 模式的电子商务 ERP 软件的设计与研发，对促进传统 ERP 软件的发展，帮助广大中小企业高效快速低成本地实现信息化建设具有重大意义。

最后，采用基于 SaaS 模式的电子商务 ERP 系统能直接有效地降低企业实施信息化的门槛。SaaS 模式的软件的租赁使用方式，能直接有效地缓解中小企业一次性的过大成本以及专业的后期运行维护人员缺乏的危机；SaaS 软件的可配置特性，能及时有效地满足中小企业灵活多变的需求；SaaS 软件的可扩展特性，为中小企业的持续发展所带来的需求变化提供可靠的后续支持。

### 10.3.3 云计算环境下电子商务服务模式的变革

云计算技术的产生,为电子商务企业提供了灵活的资源分布存储方式、协作的计算能力和高效的数据分析方法,从资源组织、服务应用、技术支撑多个层面推动着电子商务服务模式变革与创新。

**1. 资源组织模式变革**

传统电子商务企业普遍存在服务资源利用效率低、管理难度大和配置不合理的问题。云计算充分利用资源共享与动态分配技术,通过平滑扩展与分布存储,使企业能够快速灵活地获取、组织、管理各类服务资源,并将相应的服务软硬件设施交由云服务端管理和维护,从而能够使电子商务企业更加专心地进行核心业务拓展。同时,还能帮助企业通过租用分布于云端的基础设施、系统平台和服务软件,建立云端数据库,按照服务需求进行资源组织调度与优化配置,提高企业服务资源利用效率。

**2. 服务应用模式变革**

在电子商务企业内部,云计算使企业数据分析和经营决策过程产生了深刻变革,通过 BigTable、HBase 等先进的数据管理工具实现对海量数据的快速处理与准确分析,进而对用户服务需求以及服务过程中各环节的运作情况进行精准定位,为企业经营决策和服务项目的顺利执行提供有效的依据。在电子商务企业外部,云计算为处于供应链上各个环节的电子商务主体搭建了一个共享、学习和协作的平台,使主体间能有效地实现资源共享与服务协作,提高整体服务效率。此外,对于用户而言,云计算的服务即时交付性也使用户可以随时随地使用电子商务企业提供的各项服务,增强用户与企业间的交互,使企业能够为用户提供更加个性化、智能化的服务。

**3. 技术实现模式变革**

电子商务服务平台的构建需要先进的技术支撑,传统电子商务服务平台的构建主要采用自主开发、外包或购买几种方式,建设成本较高。云计算环境下,企业可以通过租用云服务提供商的 IT 基础设施、服务平台、应用模块,借助云端集成的多元服务技术,根据自身服务现状与发展规划,设计满足用户需求的平台架构,快速搭建起具有良好的扩展性和兼容性的个性化电子商务服务平台,实现与企业其他信息系统间的无缝连接和协同运行。

### 10.3.4 电子商务在云环境下的问题与对策

云计算服务的商业价值虽然很大,但是我们也应该清醒地认识到,云计算各个方面都有待完善,仍面临很多不足与挑战,还有一些前进中的障碍需要克服。

**1. 云计算本身存在的问题**

数据安全隐患包括数据丢失与篡改、数据泄露、中止服务等不同类型。从原理上看,云环境既面临传统 IT 的所有安全隐患,又面临虚拟机、Docker 不同层级的隔离不当而造成的数据泄露和权限失控,还面临运营商因负载均衡不当或超卖而造成的 I/O 阻塞。传统 IT 与云安全比较,如表 10-3-1 所示。

表 10-3-1 传统 IT 与云安全的比较

| 云的弱势 | 云的优势 |
| --- | --- |
| 隔离不当隐患 | 数据备份机制 |
| 大规模感染隐患 | 漏洞备份机制 |
| 负载均衡不合理 | 抗攻击能力 |
| 认为超卖引起 I/O 阻塞 | 7×24 运维能力 |
| 无法在短时间内硬件重启和修复 | 对攻击者的定位能力 |

1) 缺少开放的公共标准

目前,各大云计算平台所使用的关键技术标准不尽相同,这就会使得企业使用某公司的云计算编程模型开发的应用程序很难迁移到另一家云计算平台上去,从而降低了云计算服务转移的弹性。只有设立了开放的云计算公共标准才能推动云计算的健康发展,这样才能真正使用户自由地享用云服务、进行信息共享。

2) 缺少法律约束和政府规范

目前关于云计算,尚未有政府出台相关的法律法规政策来支持规范云计算。所以一旦出现纠纷,或者云计算提供商将客户的信息丢失或泄漏所带来的连带责任该如何规定等问题,都没有明确统一的法律依据。

3) 对于网络稳定性的过度依赖

云服务要求网络连接需要持续,因为用户需要通过网络来连接应用程序和文档,假如没有网络,Web应用程序则无法正常运行。网络连接环境不良、带宽不足的情况下,Web应用程序的效率也会大打折扣。因此,云计算对网络的稳定性有很高的依赖性。

4) 数据安全性

云不能保证数据绝对不会丢失,也无法确保机密数据不会被最尖端的黑客技术窃取。而且存储于云端的数据对于客户而言是不透明的,客户无法知道数据存储的位置和分布。目前云计算提供商尚无服务水平协议SLA,对于相关事故并没有一个解决的标准。

5) 节能技术欠缺

云计算数据中心的计算机设备,不停歇的电源、供电装置、冷却装置等的运行都需要消耗大量的电,高能耗问题日益突出。2015年,我国数据中心用电量达到1 000亿千瓦时左右,相当于三峡电站一年的发电量,2020年将超过2 500千瓦时。因此,如何降低能耗,建设绿色数据中心,实现节能减排,是云计算发展中的一大问题。

6) 虚拟化技术的障碍

无论是完全虚拟化技术还是半虚拟化技术,它们都是对软件的虚拟化,不要求对操作系统做任何的改变。但是,纯软件的虚拟化解决方案存在很多限制。不论是完全虚拟化的二进制翻译技术,还是半虚拟化的调用技术,这些中间环节必然会增加系统的复杂性和性能的开销。虚拟化技术使现有硬件资源得到充分利用的同时,也带来安全问题,如主机遭到破坏、虚拟网络遭到破坏或单台VM虚拟机存在漏洞,这都将给整个虚拟化环境造成威胁。

**2. 云环境下的电子商务安全问题**

云环境下电子商务安全问题有很多,如云管理、云计算以及云服务等相关方面的安全问题。因为在云环境下的电子商务流通的信息和提供的服务本质上都是数据形式的,所以云数据安全尤为重要。

1) 云数据存储的安全威胁

因为应用云计算的企业数据都保存在云中,不免产生如下疑虑:第一,企业不知自身数据身处何处,更不清楚数据的安全保障是否到位。第二,由于企业信息都存储在云平台,那么企业势必担心因为依赖云服务而随之而来的由于云计算所带来的未知风险。第三,处于云端的存储数据一旦安全措施不得当可能带来严重的破坏冲击。

2) 云数据传输的安全威胁

应用云服务,电子商务企业需要将大量私有信息经由网络上传云存储平台,传输过程中存在着诸如中途信息被非法窃取的风险。

3) 云数据认证的安全威胁

基于云计算,可以采取认证会审计的方式保证传输数据的完整性与安全性。但并非所有电子商务企业都乐于接受这一方式,那么拒绝的企业将处于无法进行审核的状态。

4) 云存储潜在的法律问题

云计算的安全问题已经备受业内人士关注,同时由于云平台跨越区域的限制,那么,由于不同国度不同区域在相关法规上的差异性也可能在法律上存在着潜在的风险。

**3. 云环境下的电子商务安全策略**

针对云计算本身以及云环境下的电子商务安全问题,下面分别从云计算用户的角度和云计算提供者的角度,提出相应对策。

1) 云计算使用者——客户策略

使用云计算服务的电子商务企业应根据企业实际需求选择规模较大、口碑和信誉较好的云计算服务供应商,确保供应商在 IT 和安全服务方面都要有丰富的经验和很好的口碑;在虚拟化的环境下,选择能支持基于磁盘的备份与恢复、能支持文件完整与增量备份的云服务商;企业用户自身应在可能的情况下,控制数据的存放地点,以应对因不同地区、国家的法律差异而可能引起的法律纠纷。企业要做好内部的数据加密与数据备份工作,定期进行数据的备份,通过加密技术防止信息被不法偷窥。

2) 云服务提供者——供应商策略

作为新兴的技术,云服务在相关方面尤其是安全方面还需要不断加强。针对云环境下的电子商务信息安全要求,需采取诸如安全存储、加密传输、数据隔离、访问控制等一系列的安全技术手段,为电子商务企业提供端对端的信息安全与隐私保护,从而保证用户信息的完整性、可用性和安全性。云提供者可采用以下方式来不断提升安全质量:

(1) 建立数据安全访问机制。实施严格的身份验证、安全认证管理,设定严格的安全访问权限,构建严格的安全接入机制。

(2) 完善安全审计机制。强化对数据中心的安全管理,从制度管理上加强数据中心的安全管理,保证数据中心的安全操作,安全维护。

(3) 构建云服务的系统安全防御机制。对企业存储在云环境中的数据进行安全保护与隔离,构建安全防御机制,有效控制恶意木马、病毒等侵蚀云系统平台,有效保障用户数据的存储安全。

(4) 采取必要隔离措施。基于云环境,根据电商企业的实际需求,采取虚拟化、Multi-ten-ancy 和物理隔离等方法对企业数据进行有效隔离,确保安全。

总之,无论是云服务提供者还是使用者,都要采取有效方法不断完善电子商务系统安全,这样,基于云计算的电子商务才能更好地发挥其真正的作用。

## 10.4 云计算环境下的电子商务

云计算技术的产生,给电子商务行业带来了新的契机,推动了电子商务服务的智能化、个性化、协同化转型,是对传统服务理念与应用模式的创新与拓展。依托云计算核心技术,构建面向用户需求的电子商务云服务平台,能够更好地帮助电子商务企业提高服务绩效,深化用户体验,适应网络环境动态演化下的信息服务模式变革,促进电子商务行业的快速发展。

未来电子商务与云计算的发展将越来越紧密,云计算为电子商务企业提供更大的活动空间,而电子商务企业更加注重云计算平台的搭建,为客户提供更多的服务。在电子商务行业中,如何利用云计算解决电子商务行业的发展"瓶颈",更好地为企业创造价值是一个实践性的应用难题。云计算与电子商务相结合,将为电子商务带来的优势,整理如表 10-4-1 所示。本节将介绍几种云计算环境下的全新电子商务模式。

表 10-4-1  云计算环境下电子商务的优势

| 优势 | 说明 |
| --- | --- |
| 成本 | 总成本（软硬件购置成本＋软硬件维护成本＋人员成本）最低 |
| 效率 | 公有云因省去硬件购置与部署的时间，效率提升最大。私有云因便于弹性署，实现开发运维的一体化，效率也有大幅提升 |
| 安全 | 公有云在抗DDoS、抗web攻击、热备、数据异地备份等方面，性能优于一般的传统IT架构 |
| 弹性 | 公有云的即需即购特点和私有云的资源池化，都使弹性扩展更为便捷 |
| 移动化 | 让服务不受时间、地点、设备限制，在多终端随时随地进行 |
| 环保 | 云计算使得硬件利用率更高，降低了用电量和冷却耗能，有助于环保 |
| 全球化 | 公有云厂商，基本配有海外节点，为出海应用（目前主要分布于电商、游戏、社交和视频）提供云支持 |

## 10.4.1  云计算环境中电子商务模式

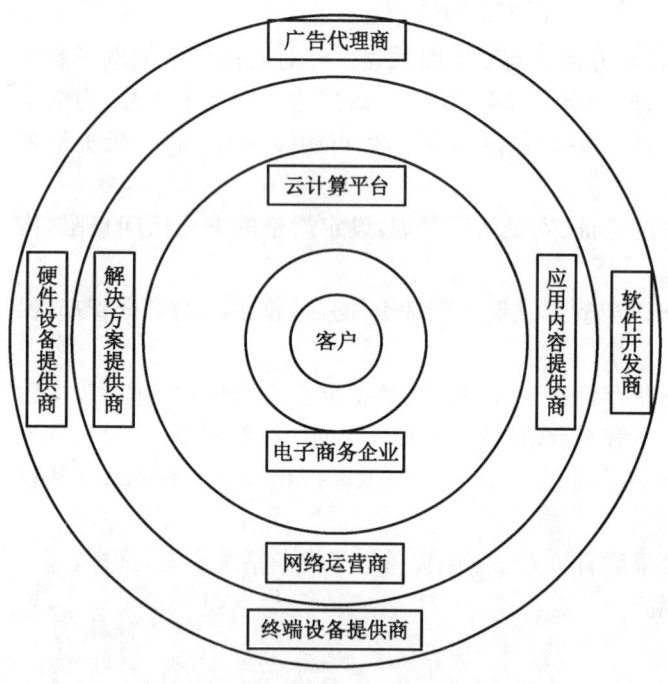

图 10-4-1  云计算环境中电子商务模式结构

基于云计算平台的电子商务模式的核心是电子商务企业，它们是电子商务的提供者，提供给客户相关产品以及服务。作为整个模式的组织者，它将云计算应用到日常商务活动中，并建立与所有在这个价值环中发挥作用的提供者（获益者）联系。也就是整合其他行业伙伴和上下游资源提供商的能力，来强化自己商业模式的价值。这个就是基于云计算的电子商务模式。这一模式的结构，如图10-4-1所示。

在这一模型中，因为所有的商务活动的核心就是抓住客户，为客户和企业创造价值。因此，把客户单独放置于整个模型结构的中心。电子商务企业通过对市场的研究和分析，识别客户需求，通过整合所有模型中的参与者（电子商务企业、网络运营商、终端设备提供商、广告代理商、解决方案提供商、应用内容提供商、软件开发商和硬件设备提供商）的资源和能力，构建起云计算的整合平台。客户是该模型的核心，而云计算平台作为模型的最内圈，体现了它整合所有参与者资源的能力。这个平台可以协调并更改这个模型的价值走向，并将价值在整个关系网之间传递。举例来说，解决方案提供商在电子商企业搭建的云计算平台上提供服务，而电子商务企业却可以整合这些服务再传递给客户。

在外部的两个环中，可以看到有硬件设备供应商、解决方案提供商、应用/内容提供商，软件开发商、网络运营商和终端设备提供商等，它们多家共同提供了云计算平台的支撑。但有时候大型电子商务企业也可以整合并承担多个角色。但无论如何，在这个云计算的平台组成上，这些提供商都是不可或缺的。它们提供的软件、硬件、应用和资源都是给客户提供价值的载体。他们的在云平台上的投资和技术研发是云计算平台得以发展的基础。广告代理商则利用这个云计算平台赚取利润，扩大宣传，相对的，它们也帮客户提供宣传和扩大认知度。在这个模式中，电子商务企业核心服务对象是客户，核心竞争力是想方设法把价值通过不同渠道传递给客户。全新电子商务模式中,电子商务企业就是充分利用云计算平台实现各环节的资源整合、优化产业链,把自身的价值通过多种形式传递。

### 10.4.2 云计算环境中的电子商务 ERP 系统

企业管理资源计划(Enterprise Resource Planning,ERP)是一种科学先进的管理思想和方法论在计算机领域的实现。它在极大地扩展了管理信息集成范围的同时,对企业中存在的不合理的业务流程提出优化改进意见,帮助企业更加合理、有效地管理自己所有的业务。所以,ERP 是企业实现信息化建设的重要措施和手段,是企业实施电子商务的重要基础以及坚强后盾。然而,电子商务的快速发展所产生的需求要求传统 ERP 必须做出一系列相应的调整,只有把传统 ERP 中的原料采购、产品生产制造以及销售、财务管理等模块与电子商务模式中的在线采购、网上销售、电子支付等对应模块整合在一起,让企业从以往单纯地注重内部资源管理利用逐渐转向注重对内外部资源的整合利用,从原来的注重内部的业务集成转向注重同有企业存在业务往来的其他企业的紧密合作,才能保证企业能够轻松应对来自同行业其他企业的挑战。

传统意义上的 ERP 是个重量级的应用,实施过程烦琐,后期维护专业性强。对于电子商务企业来说,真正具有实用价值的 ERP 软件,必须要让他们体验到省事、省钱,同时也能提高工作效率和管理水平。云计算提供了一个很好的答案。云计算对于 ERP 来说绝不仅仅只是一个噱头,也不是简单的概念上的包装,因为任何信息化产品的应用都离不开网络,从传统终端到移动端包括企业的数据的使用,都离不开网络。而云计算恰恰能把网络的优势发挥到了极致,两者结合可以实现许多以往无法完成的功能。随着市场竞争的日益激烈,连接客户、供应商以及商业合作伙伴的供应链管理已经逐渐占据了企业与企业之间竞争的领先地位。

以云计算为基础的电子商务 ERP 系统体系结构采用多层架构设计方式,整个体系结构中的每层都是相对独立的,都可以为用户单独提供服务。但各层与层之间又是相互依赖的,下层为上层提供服务支持。采用多层架构体系可以降低整个系统的耦合性,增加系统的可维护性和可扩展性。系统的多层体系结构,如图 10-4-2 所示。

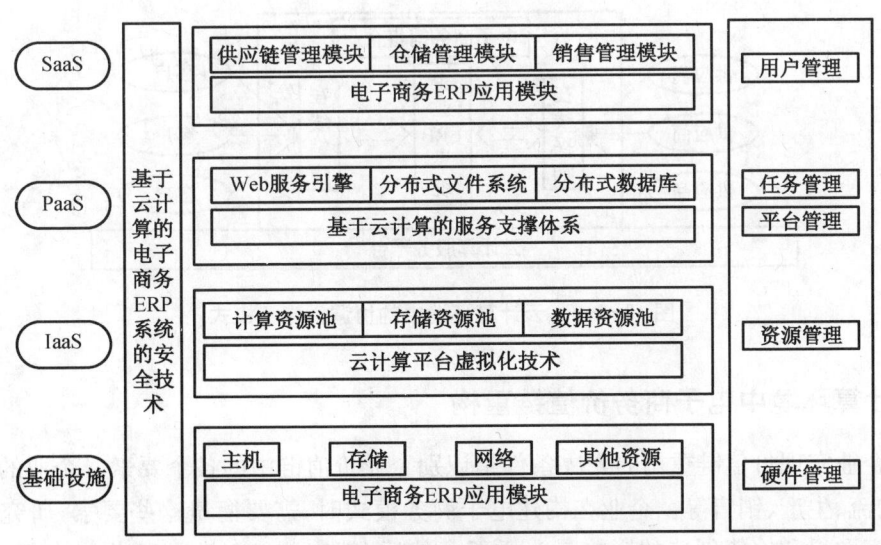

图 10-4-2 云计算环境中 ERP 系统架构

基础设施层是物理资源层,由网络、主机、存储设备等组成。该层为用户提供高速存储器、集群服务器、高性能传感器等物理资源,是支撑该系统所有信息化的基础设施平台,为整个系统的应用实施提供底层硬件支持;然后上层通过云计算的虚拟化技术将基础设施层的包括处理计算、存储、数据以及其他基本的计算资源以 IaaS 模式给企业用户提供对所使用；再往上一层通过云计算的 PaaS 模式提供的云平台，软件开发者可以在这个平台之上建设或者扩展满足自身使用需求的应用，同时却不必购买开发或生产服务器。并且通过用户管理，访问控制，容灾备份等技术，使得系统安全高效稳定地运行，为用户提供更好、更优质的服务；在 SaaS 模式下，云服务提供商将电子商务 ERP 系统按照企业实际应用需求进行划分，形成相应的 ERP 应用模块软件，并安装在自己的服务器那里，用户只需要使用电脑或者其他各种手持终端设备通过互联网就可以使用所需要的 ERP 模块软件。整个系统的开发是在 PaaS 模式所提供的平台上进行的，整个系统共享云计算虚拟化技术所带来的各种虚拟化资源，最终开发完成的系统以 SaaS 模式提供给用户使用，利用云存储实现用户的数据存储，实现基于云计算的电子商务 ERP 系统中租户的权限控制，保证多租户环境下的用户隔离，有效地解决用户的安全性问题。

### 10.4.3 云计算环境中的电子商务供应链

电子商务企业通常处于供应链的中游，需要同时跟生产企业和客户以及相关单位发生业务往来。在电子商务普及之前，人们通过电话、传真等通信工具进行信息交互，这种方式不仅效率低下，而且不利于商业决策分析。电子商务时代，企业需要在互联网上搭建基于供应链的协同平台，以提高运营效率。而一些电子商务企业，尤其是中小企业，受经济实力和技术等方面的约束，难以实现供应链上下游的顺畅沟通。企业间协同方面存在的主要困难在于缺乏统一的信息交换标准和平台。而云计算平台的一个主要特征就是它同时承载了供应链中各个环节（包括生产企业、销售企业、物流企业和客户）的信息服务和系统，因而为各个环节间的交互提供了便利条件。供应链上下游协同模式，如图 10-4-3 所示。

云计算平台中电子商务企业与客户以及供应商之间的接口分别是网上电子商务平台和商品信息交换接口。客户可以通过统一的电子商务平台浏览商品并直接向电子商务企业下单购买，电子商务企业的在线采购子系统通过统一的产品数据交换接口获取各供应商的报价信息，选择供应商后发送采购合同，并对生产、交货和物流过程进行全程跟踪，同时将信息及时反馈给客户。

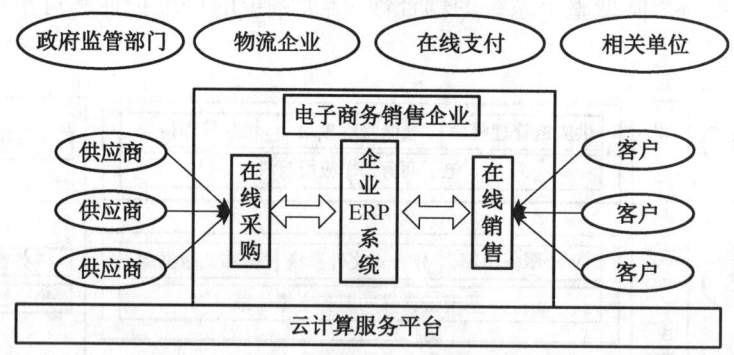

图 10-4-3 云计算环境中的协调供应链模式

### 10.4.4 云计算环境中电子商务价值链重构

电子商务企业实现价值链重构的先决条件是识别企业价值链中的各个要素。企业的价值链要素主要包括采购、物流、生产、销售等。企业在构建电子商务模式时，需要衡量这些要素，研究是哪一个或哪几个对企业利润取得和价值创造的影响最为重要。然后，就应该针对这些环节来进行相对应的部署。传统的电子商务企业的价值链结构，如图 10-4-4 所示。

电子商务企业基于电子商务平台完成价值链：产品或服务提供商——技术研发——采购库存——生产制造——市场、销售、服务中的某一环或某几环或者整个流程。而利用云计算提供的服务可以重构价值链，重构后的价值链，如图 10-4-5 所示。

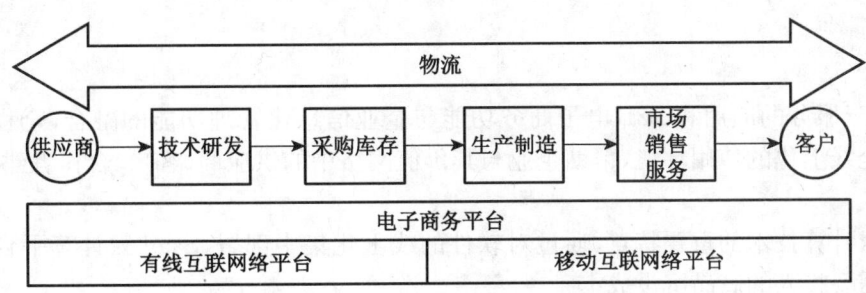

图 10-4-4　传统电子商务价值链

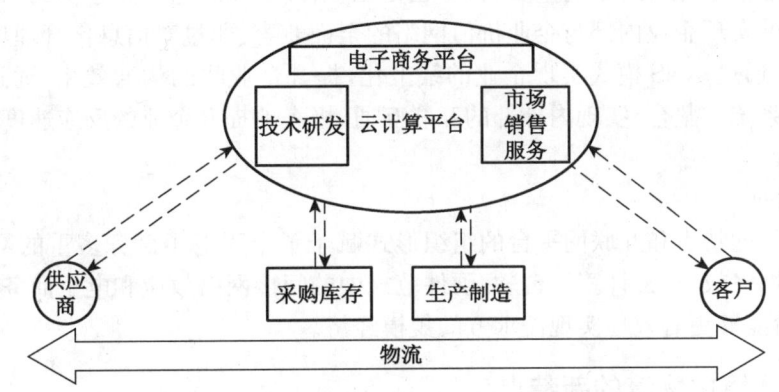

图 10-4-5　云计算环境下的电子商务价值链

云计算平台有强大的计算资源和客户数据资源,基于大数据挖掘技术,发现客户对产品包装、质量、性能的喜好,直接设计出个性化的产品,并将产品的设计信息及时地反馈给生产制造部门。同时,云计算平台提供软件开发、测试和运行的环境,企业可以直接在云计算平台上研发和应用自己需要的应用软件;将销售、市场、服务都放在云计算平台上,能及时发现目标客户,并能和客户随时沟通,也可以利用共享资源提高产品销售量。电子商务企业可以直接把自己的电子商务平台架构在云计算平台之上,也可以在云计算平台上研发和测试自己的电子商务平台,这为企业节省大量基础设施成本、研发成本和维护成本。相对于传统的电子商务价值量而言,云环境下的电子商务企业各部门可以分散在不同的地理位置,他们的沟通可以基于云计算平台,甚至某些部门不必实际存在,可以虚拟在云平台上。这将使得电子商务企业越来越精简,甚至完全虚拟化。在云计算环境下的电子商务势必会出现新的景象。

### 10.4.5　云计算环境中全程电子商务模式

传统 B2B 电子商务平台和各类企业信息化管理系统之间兼容性的不足导致企业价值链中各项活动之间相互脱节,多系统间的切换推高了员工的学习成本和企业的管理成本。兼容性不足导致的高昂成本与应用 B2B 电子商务平台带来效率提升的收益相互抵消,大量的手工操作也导致传统模式无法适应现今快节奏的商业竞争,显著影响了企业应用 B2B 电子商务的动力。伴随着云计算技术的迅速发展,产生了全程电子商务这一全新的 B2B 电子商务商业模式,很好地弥补了传统 B2B 模式的不足。全程电子商务的商业模式可以理解为 B2B+SaaS,是 B2B 电子商务平台与 SaaS 云计算模式的最新融合。

通过对企业各类信息化管理系统的整合,全程电子商务能够达成企业内部各管理功能的互联互通,实现企业的管理信息化;借助线上化的 SaaS 云服务模式,全程电子商务能够达成企业及其供应商、客户、合作者的互联互通,实现企业间的供应链协同;通过将 B2B 电子商务平台的信息、交易、支付、物流、融资等各项基本功能无缝地嵌入企业的信息化管理系统之中,全程电子商务能够达成企业内部与外部的互联互通,实现全流程的电子商务,提供贯穿整条价值链的综合化解决方案。全程电子商务具有以下几大特点。

1) 线上化

通过 SaaS 云服务的应用和 B2B 电子商务功能与企业信息化管理功能的融合，全程电子商务能够为企业提供完全线上化的使用环境，帮助企业与其价值网络中的供应商、客户、合作者建立起有效链接。

2) 低成本

低成本是云计算技术的重要特点，通过对软件的线上化集中部署，SaaS 云计算平台能够有效降低企业信息化所需要投入的高昂沉没成本。

3) 高效率

效率一直是企业信息化所追求的重要目标，也是困扰传统 B2B 电子商务模式的核心问题。线上化的全程电子商务能够实现企业内部与企业价值网络的全面兼容；通过对信息化管理功能的整合，提升企业内部的沟通效率；通过 SaaS 模式实现企业的线上化，提升企业间的沟通效率；通过对 B2B 电子商务功能与信息化管理系统的整合，实现内外部的互联互通，极大地提升企业的反应速度和价值创造活动的效率。

4) 多重网络效应

线上化信息产品的特点和互联网平台的组织形式赋予了全程电子商务多重的网络效应，包括线上化信息网络的直接网络效应，云计算平台软/硬件范式中的间接网络效应和电子商务平台的交叉网络效应，相比传统的平台能够更有效地实现需求方的规模经济。

### 10.4.6 云计算环境中物流的新特点

云物流定义为利用大数据和通信网络技术，提供物流信息、技术、设备等资源共享服务的信息平台，依靠大数据处理能力、标准的作业流程、灵活的业务覆盖、精确的环节控制、智能的决策支持及深入的信息共享满足物流各环节需要，向大众提供信息、管理、技术和交易等服务。

**1. 云物流的特点**

在实践中，较之商流，物流是匮乏的，引入云是电商发展的需要，提升现有物流资源运行效率，为完善物流系统争取时间和空间，故称之为云物流。云物流是政府、生产者、电商企业、物流商、消费者等主体共享经济资源的信息平台，通过现代信息技术，充分采集涉及商品运输、装卸、包装、仓储、加工、拆并、配送等各个环节的信息，快速准确地整合信息，在电商平台为一种商品设计多种物流方案，以便决策主体依据自身需要占优抉择。因此，云物流必须具有如下特点：

（1）开放性。云物流环境下，各类经济资源突破传统模式的门槛限制进入虚拟信息平台，增强物流服务实力。

（2）丰富性。商流、物流、信息、技术等资源集聚于云物流，通过高效配置，丰富物流方案。

（3）动态性。云物流能够为客户提供多类别、全程跟踪服务，同步将物流进展和问题反馈于客户，并对其后续决策提供建议。

（4）智能性。为客户提供多样化的物流服务选择，并比较成本、时限等，针对个性化需求，给出多种推荐方案。

**2. 云物流给传统电子商务带来的效益**

1) 降低产品损耗率

传统物流模式下商流和物流联系松散，资源配置平台缺失，低效运作稀缺的物流资源未将有限的专业物流设备充分利用，部分产品电商企业只能凭借经验或传统办法配送，徒增物流成本，最终演化为消费者剩余减少。云计算可以改变这一现状。一方面，云物流可以将现有专业物流技术设备配置于最适宜和急需的产品，充分体现专业性；另一方面，对一定状态的产品物流方式、运输线路、技术设备等均事先规划，制订预警机制和补救方案，降低盲目性。此外，由于现有技术设备均配置于最适宜的产品，其他产品物流技术设备的空白快速显性化,即通过市场机制,云物流为我国电子商务平台上的产品物流明确完善的方向。云物流通过调度、配置、管控物流资源、设计物流方案等措施,有效提升流通效率,缩短物流时间,削减流通环节,极大降低产品损耗率,缩减企业成本,扩大消费者利益空间。

2) 满足消费者多样化需求

云物流中,电商企业从云平台上撷取适宜产品的物流方案,将商品和物流的选择权留给消费者,消费者可以或偏向产品新鲜度,或偏向节约费用等目标选择物流方案,最大限度地满足多样化需求。一方面,可以趋近于消费者的产品预期绩效,提高消费者满意度;另一方面,产生对产品潜在购买的可能性,再购买行为极易发生,消费者对企业的忠诚度提升,使买卖双方由只注重短期利益的交易性心理契约转化为注重长期合作的关系性心理契约。这对提升产品竞争力极为关键。基于电子商务平台的云物流模拟,如图10-4-6所示。

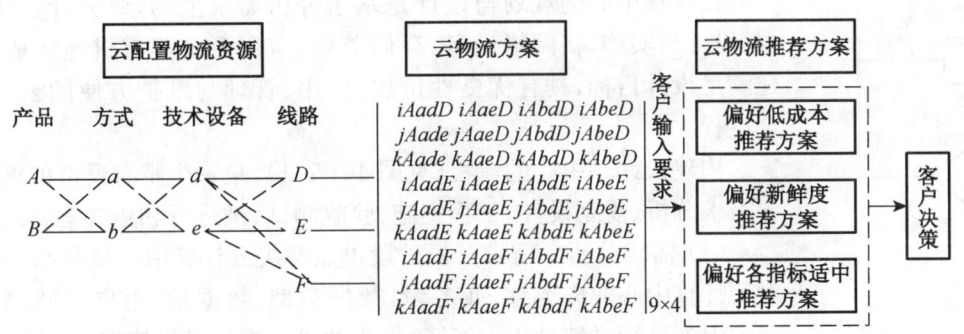

图10-4-6 基于电子商务平台的云物流模拟

在宏观层面,将云视为纽带是电子商务发展的现实诉求,需要多学科、多领域支撑,是实践空白,也是我国未来新的就业领域。在微观层面,电子商务已赋予消费者较多的商流话语权,云物流将使其获得更多商流和物流的决定权,有助于以消费者理性指向提升产品流通效率。目前,美国亚马逊供应链系统、德国农产品保鲜物流信息共享平台、荷兰虚拟农产品供应链运营模式等可视为云物流发展的成功案例。

## 10.5 电子商务——云计算中心设计与测试

一个完整的电子商务——云计算中心(以下简称云计算中心)由支撑系统、硬件设备和信息服务三个逻辑部分组成。支撑系统主要包括电力设备、环境调节设备和监控设备,是保证云计算中心设备正常、安全运转的必要条件。硬件设备主要包括服务器、存储设备、网络设备等,是实现高性能、高可靠性和高安全性云计算数据中心的关键。信息服务包括云管理中间件和用户服务接口,它依赖于底层支撑系统和计算机设备,实现云计算中心软硬件资源的管理,为用户提供服务。

只有以上三个部分统筹兼顾,才能保证云计算中心的良好运行,为用户提供高质量可信赖的服务。而云计算中心硬件设备的规划与设计是否合理,是云计算中心成败的关键环节。下面将重点讨论云计算中心道德需求、硬件体系架构以及其性能测试的问题。

### 10.5.1 云计算中心的设计理念

设计和构建云计算中心是一项复杂而专业的系统工程,涉及整体规划、建筑、电力、网络、制冷、服务器、管理软件、应用软件等各个方面,需要遵循一定的规范和标准,借鉴以往的成功经验,各类人员相互协作才能顺利完成。

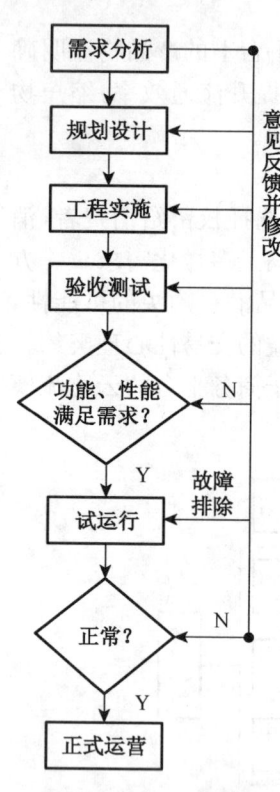

图 10-5-1 云计算中心构建流程

1) 云计算中心设计理念

云计算中心的规划设计需要遵守简单性、灵活性、可扩展、模块化的核心理念。遵循这四个理念使得云计算中心的设计清晰、高效、有条理。

(1) 简单性。简单性的理念要求设计容易被理解和验证。

(2) 灵活性。灵活性的理念保证云计算中心能不断适应新的要求。

(3) 可扩展性。可扩展性的理念是云计算中心的规模能够随着业务的增长而扩展。

(4) 模块化。模块化的理念是将复杂的工程分解为若干个小规模的任务,使设计工作可控而易于管理。

2) 云计算中心构建流程

云计算中心的规划与设计是基于分析需求上的,对云计算中心进行规划、设计与实施,将网络设备、存储节点、应用系统等有机地集成在一起,构建满足设计目标,具有优良性价比、使用、管理与维护方便的云计算中心的全过程。

构建云计算中心的流程(见图 10-5-1),是一个带有反馈的循环过程,包含需求分析、规划设计、工程实施、验收测试、试运行和正式运营六个阶段。

(1) 需求分析。需求分析阶段重点解决云计算中心做什么的问题,包括对云计算中心业务类型、业务量,数据类型、数据量,用户类型、最大负载等相关因素进行详细分析,云计算中心的设计提供可靠依据。

(2) 规划设计。规划设计阶段重点解决云计算中心怎么做的问题,是在需求分析的基础上,结合云计算中心的需求和目前的计算机技术、网络技术等的发展趋势,进行云计算中心的规模、网络设备、服务器、存储结构等的规划设计,并对实施方案进行选择和优化,完成云计算中心的网络链接方案、存储方案、容灾备份、管理等方面的设计。

(3) 工程实施。工程实施阶段重点解决云计算中心如何动手实现的问题,包括设备订购验收、综合布线、机房环境的建设、网络设备和服务器的安装和配置、软件系统的安装调试等工作。

(4) 测试验收。测试验收阶段是云计算中心做得怎么样的问题,通过适当的测试软件、测试工具、测试方法来评估云计算中心的性能、负载是否满足用户需求,如果完全满足用户需求,则云计算中心可投入正式运营管理阶段;否则,反馈修改意见,进行云计算中心的需求分析、规划设计等的修正。

(5) 试运行。试运行阶段重点解决用户如何使用和维护系统的问题,包括云计算中心的使用培训、系统的日常管理、故障排查、意见反馈等工作。

(6) 正式运营。该阶段在完成企业设定的任务的同时,记录云计算中心的运行状态和客户的需求,并为系统的升级与完善积累时间资料。

### 10.5.2 云计算中心的需求分析

云计算中心的需求分析是在设计人员与电子商务企业各层工作人员的沟通与交流中,获得电子商务企业关于云计算中心的性能和负载的基本要求、应用特点等的描述,并经过分析处理,最终确定支撑电子商务业务所需的云计算中心性能的过程。

需求分析是云计算中心建设的重要且必需的环节。因为,电子商务企业通常对云计算中心的需求存在不同层面的理解,而且理解上也比较片面、模糊或不够深入。而准确的需求描述是云计算中心规划、设计、施工、测试验收的依据,所以只有进行详细的需求分析才能使得云计算中心的功能与电子商务企业的需求达成一致。需求分析一般包括用户分析和应用分析两个方面。

### 1. 用户分析

这里的用户是指电子商务企业，用户分析就是云计算中心的系统分析员与电子商务企业内部的各级各类人员进行交流，了解云计算中心的实际需求、用户类型和职责等过程。用户需求分析方式包括问卷调查、座谈会、现场体验与调研等。通常用户对云计算中心的描述是感性的、零散的、非系统性的，系统分析人员可以从用户对云计算中心的期望时延、可靠性、可用性、可扩展性、安全性等方面去设计问题或调查表等，帮助用户描述对云计算中心的实际需求。

用户分析应从与云计算中心交互的组织机构、人员方面进行说明，分析组织机构与云计算中心的接口关系，分析与云计算中心有关人员及其职责。例如，对某电子商务企业的需求进行分析，如表 10-5-1 所示。

表 10-5-1 某电子商务企业的用户需求分析

| 用 户 类 型 | | 用 户 描 述 |
| --- | --- | --- |
| 机构用户 | 各业务部门 | 通过接口系统向数据中心提供数据或使用数据中心提供的数据；业务部门之间可以直接交换数据 |
| | 各业务系统单位 | 遵循标准规范进行业务系统建设和改造，实现业务系统与数据中心连接 |
| 操作人员 | 数据中心系统管理员 | 负责数据中心系统管理、监控、系统维护 |
| | 数据中心数据管理员 | 负责数据的整理、比对、数据一致性的保证，并且与各部门数据中心数据管理员协同工作，执行数据标准 |
| | 业务部门数据管理员 | 一般与同级数据中心数据管理员协同工作 |

### 2. 应用分析

云计算中心为应用系统提供平台，因此，应用系统的需求决定了云计算中心的需求。只有对应用系统进行详细的调查分析，并从中分析出不同的应用类别、数量多少、数据量的大小、数据的重要程度、网络应用的安全性及可靠性、实时性等要求，才能规划设计出符合实际应用需求的云计算中心。

通过对应用系统的分析，不同的应用类型对云计算中心的需求各有侧重。可以使系统设计人员清楚云计算中心的服务器类型和数量，网络负载和流量以及如何平衡性能和负载等。

根据云计算中心应用类型的不同，应用需求分析应从以下几个方面进行：

（1）计算能力。为满足云计算中心应用的计算需求，需要一定的计算节点支撑。例如，大型的电子商务企业需要进行复杂快速的计算。因此，需分析云计算中心需要支撑的高性能计算应用数量、计算量等，以便为云计算中心的设计提供计算节点设计的依据。

（2）存储能力。大数据处理的应用系统需要高性能的存储设备支撑。例如，文件资源共享应用、多媒体应用系统、视频会议系统等。因此，需要分析云计算中心将支撑的大数据量存储应用的数量、存储容量等，以便为云计算中心的设计提供存储系统设计的依据。

（3）I/O 处理能力。高频数据库操作应用对云计算中心的 I/O 能力提出了更高的要求。例如，商品查询和交易系统要支持大量、集中的数据查询与读写操作。因此，需分析云计算中心将支撑的需要频繁进行数据读写应用的数量、频率等，以便为云计算中心的设计提供存储策略设计的依据。

（4）容灾备份能力。银行、保险等行业的应用对云计算中心的安全性、可靠性有较高的要求。因此，需要分析云计算中心将支撑的应用系统对数据的安全性、可靠性的要求，以便为云计算中心提供容灾备份方案的设计依据。

（5）峰值处理能力。不同的应用系统对业务的处理都有自己的高峰时段。例如，电子支付业务一般集中在白天，火车票预订系统在春运期间用户的点击量将剧增。因此，需要分析云计算中心支撑的各种应用系统的高峰时段、高峰业务流量的需求，以便为云计算中心服务器、网络设备、存储设备的最大需求提供设计依据。

### 10.5.3 云计算中心的设计

云计算中心的建设是一项庞大的系统工程,从规划到设计,从选址到建设,从计算机设备到制冷系统,从网络安全到容灾备份,无一不需要合理规划。要使得云计算中心始终保持高效、安全地运行,有很多复杂的因素需要考虑。首先,需要考虑各种设备的更新换代,计算机设备通常以 5 年为更换期,制冷系统的寿命可达 10 年以上,更新时需要合理选择设备,使用年度超前的设备或设备迟迟不更新,都不能达到最经济的效果。其次,需要考虑设备的冗余量,设备冗余可以提升系统的可用性和可靠性,保证在个别设备出现故障时整个系统仍能正常运转。但是过多冗余会导致设备闲置、资源浪费,因此,规划时需要具体分析,保证增加的冗余设备可以切实提高系统的可用性。

**1. 规划设计原则**

云计算中心的规划应遵循可管理性、可扩展性、可靠性、经济性和安全性等五个方面。

1) 可管理性

可管理性是指一个系统能够满足管理需求的能力及管理方便的程度。系统管理是一个非常广泛的概念,包括全面、深入地了解系统的运行状况,定期做系统维护以降低系统故障率,发现故障或系统"瓶颈"并及时修复,根据业务需求调整系统运行方式,根据业务负载增减资源,以及保证系统关键数据的安全等。云计算中心的可管理性包含以下几个方面:

(1) 完备性。完备性保障云计算中心可以提供完整的管理功能。云计算中心包含种类繁多的软件和硬件设备,每个设备都要有相应的管理工具提供全面的管理支持,如网络流量监控、数据库软件的参数设置、服务器环境温度检测等。

(2) 远程管理。远程管理是指在远程控制台上通过网络对设备进行管理,避免了到设备现场进行管理的麻烦。

(3) 集成控制。集成控制台将多个设备的管理功能集成起来,管理员可以在控制台上定义集成化的任务,通过指令完成对若干设备的协调控制,这简化了管理员的操作。

(4) 快速响应。快速响应是指管理指令能够快速执行或快速反馈指令的执行状态。例如,数据备份时需要显示备份的进度。

(5) 可追踪性。可追踪性保障管理操作历史和重要的事务都能记录在案,以备查找。这些记录可以作为日后故障诊断的依据,帮助管理员或者领域专家及时定位和解决问题。

(6) 方便性。方便性保障了管理功能,对于管理员来说是简单、方便的。这一方面要求将重负、机械的管理任务用工具代替手动操作来完成;另一方面需要统一、简洁、直观的界面,管理员可以很容易地找到被管理对象并发出管理指令。

(7) 自动化。自动化对可管理提出了更高的要求,自动化程度越高,管理员的负担越小。

2) 可扩展性

可扩展性是指一个系统能适应负载变化的能力。在负载变大的时候,自动提升自身的能力以适应负载,保证业务的正常运行不受影响。在负载变小的时候,自动回收资源,保证系统资源的高效利用,从而节省运营成本。可扩展性的需求主要源于以下几个方面:

(1) 用户对服务的使用呈现规律性的高峰期和低谷期,虽然这种规律一定程度上可以预测,但仍然存在较大的波动。

(2) 突发事件会对信息服务的负载造成难以预测的影响,如一个网络上热点的新闻、图片或视频,可以使相关网站的负载达到平时的百倍甚至上千倍。

(3) 信息服务的使用量会随着业务的发展而增长,长期来呈现上升的趋势。

(4) 新的服务和业务层出不穷,对资源的需求也难以预测。

3）可靠性

可靠性是指系统执行功能的能力，系统成功完成指定功能的概率是衡量系统可靠性的常用指标。提高可靠性的主要方法有故障避免和故障容错。

（1）故障避免。故障避免是指提高单个组件的可靠性，减小其失效的概率。要做到故障避免需要研究组件失效的机理，如寿命失效、设计失效等，并针对不同的失效机理分别应对。

（2）故障容错。故障容错是指增加冗余组件，利用组件之间合理的连接方式提升系统的可靠性。组件之间常见的连接方式有串联、并联、K/N 表决系统，这几种连接方式构成了可靠性分析的基本模型。如果系统以串联的方式链接，任意一个组件失效则整个系统失效；如果系统以并联的方式连接，全部组件失效时整个系统才会失效；K/N 表决系统包含 N 个组件，当且仅当不少于 K 个组件失效时整个系统失效。

4）经济性

IT 系统数量和规模的快速增长使云计算中心成本问题日益突出。云计算中心的成本分为一次性成本和运营成本。一次性成本主要包括硬件成本、软件成本、网络宽带成本；运营成本主要包括电力成本和管理维护成本。

5）安全性

云计算中心的安全性主要表现在网络安全、操作系统安全、应用安全和管理安全四个方面。

（1）网络安全。包括网络层身份认证、资源访问控制、数据传输的保密和完整性、远程接入的安全、入侵检测手段、网络设施防病毒等。

（2）操作系统安全。主要表现在操作系统本身的缺陷带来的不安全因素，包括身份认证、访问控制、系统漏洞等。

（3）应用安全。主要由提供服务的应用软件和数据的安全性产生，包括 Web 服务、电子邮件系统、病毒攻击等。

（4）管理安全。包括安全技术和设备管理、安全管理制度、部门与人员的组织规则等。

**2．网络架构的设计**

云计算中心网络架构的规划与设计是否合理，是云计算中心能否具备简单、灵活、可扩展、高效等特点的关键。

1）网络架构的规划

云计算中心网络可分为前端网络和后端网络。前端网络是指用户(Client)与服务器(Server)、服务器(Srever)与服务器(Server)之间的连接；后端网络是指服务器(Server)与存储设备(Storage)之间的链接。

（1）网络前端规划。在云计算中心，Server 的概念已经扩展到以单台虚拟机(Virtual Machine，VM)为基本单元，随着 VM 数量的激增，使得云计算数据中心前端网络的挑战主要集中在虚拟服务器之间的通信层面。

因此，云计算中心前端网络结构及网络互联设备的规划：对于网络结构，目前和今后相当长一段时间基本上都是 IP+Ethernet 机构；对于网络互联设备，应采用交换机"千兆接入、万兆核心"提升网络传输速度，应用集群服务器和负载均衡设备实现应用和流量的负载均衡。

（2）网络后端规划。在云计算中心后端网络中，I/O 同步、高速传输、低延迟、无丢包是对网络的基本要求。就目前技术发展看，Ethernet 技术存在冲突丢包的天然缺陷，而光纤通道(Fibre Channel，FC)的无丢包设计和高宽带使其领先一步，因此，云计算中心后端网络一般选择 FC。

2）网络体系机构设计

根据上面对云计算中心网络体系架构的分析规划，云计算中心网络架构对应虚拟化云的基本架构，这是一个标准的虚拟化云，由硬件资源池提供计算与存储资源，前端的虚拟机向用户交付应用服务。在这个架构中，硬件资源池提供 IaaS；云管理平台提供 PaaS；虚拟服务器提供 SaaS。在 SaaS 前，采用负载均衡设备提供SaaS的应用均衡负载,通过这种结合,在最大化提升硬件资源池利用率的同时,通过开发的服务注册中心和服务的封装与管理,动态提供全方位的SaaS。具体框架,如图10-5-2所示。

(1) 云计算中心硬件资源池。由物理服务节器节点、存储交换机、磁盘阵列柜组成;物理服务器提供云计算中心共享的计算资源,磁盘阵列柜提供云计算中心的集中存储资源,存储交换机采用高速交换机,负责服务器与存储设备间的信息交换。硬件资源池具备良好的横向、纵向可扩展性、收缩能力,便于整个云计算中心的扩展和收缩。

(2) 云管理平台。云管理平台在云计算中心起承上启下的作用。首先,将资源池中的硬件资源虚拟化,向上层的应用服务提供运算、存储资源;其次,提供资源分配的透明化、计费管理的自动化,实现资源的按需使用;最后,为管理员提供可视化的管理界面,使得管理过程简单化、可视化。

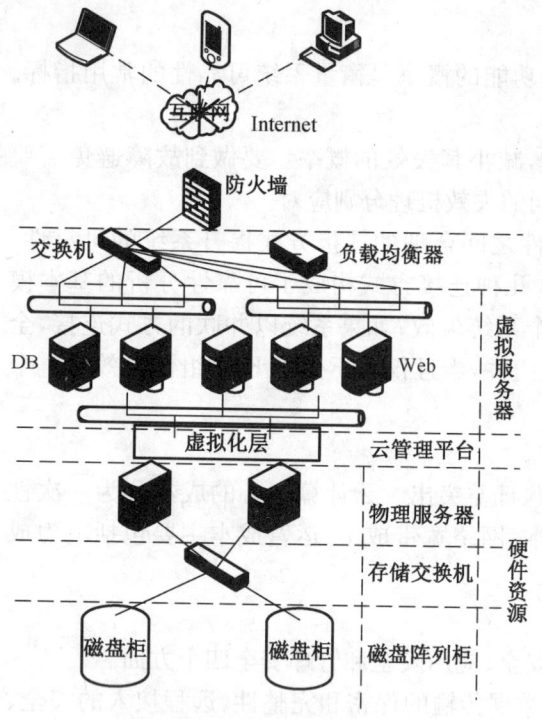

图 10-5-2 云计算中心网络体系架构

(3) 虚拟服务器。虚拟服务器是部署应用系统的平台,因此,虚拟服务器的规划必须满足应用设计的逻辑结构,充分发挥云计算平台的特点,能够横向、纵向提高应用的执行效率,保障用户的应用需求。对虚拟服务器的管理和应用系统的部署均由云管理平台完成,对用户透明。

(4) 负载均衡设备。为应用服务提供基于应用或基于流量的负载均衡,用以保障运行效率的最大化。基于应用的负载均衡用于提高进入云计算中心应用系统的处理速度,基于流量的负载均衡用于提高计算结果的输出速度。目前大多数负载均衡设备同时集成了流量负载和应用负载两种功能,且调度算法大同小异。

该方案的优点是将为云操作系统和负载均衡设备进行组合,充分利用运用云操作系统和负载均衡设备的功能特点。其中,虚拟资源的管理就是利用云操作系统能够轻松地将计算机资源、存储资源和网络资源虚拟化为一个资源池,并对资源进行管理,当出现服务器宕机时,云操作系统实现虚拟机自动迁移,确保任务的连续性和有效性;资源的动态负载均衡,利用负责均衡设备实现了对虚拟化资源的动态负载均衡,大大提高了资源的利用率和应用系统运行的高效性。

### 3. 网络互联设备的选择

网络互联设备包括中继器、集线器、网桥、交换机、路由器、网关等。这些设备分别完成了不同层次的互联,如表10-5-2所示。

表 10-5-2 网络互联设备分类

| 网络互联设备 | 网络互联层 | 主要功能 |
| --- | --- | --- |
| 中继器 | 物理层 | 信号复制放大,扩充通信距离 |
| 集线器 | 物理层 | 信号复制放大,连接主机入网 |
| 网桥 | 数据链路层 | 帧过滤转发 |
| 交换机 | 数据链路层 | 帧过滤转发 |
| 路由器 | 网络层 | 网络互连,路径选择 |
| 网关 | 应用层 | 应用数据协议转换 |

在云计算中心的建设中,选择网络互联中心的一般原则如下:
(1) 选择主流厂家、主流型号的设备。
(2) 选用技术先进、成熟、性能稳定的产品。
(3) 选用性能/价格比高的产品。
(4) 选用行业惯例产品。
(5) 选用用户熟悉的或已用过的厂家设备。
(6) 尽量用同一厂家的设备,型号不宜太多,以便管理和维护。

云数据中心主要的网络互联设备是交换机。由于云数据中心虚拟机的数量激增,使得前端网络通信的压力剧增,因此,在经费许可的条件下,前端数据通信交换机应尽可能选择高端产品。交换机的主要性能指标,如表 10-5-3 所示。

表 10-5-3 交换机的主要性能指标

| 性能参数 | 含义 |
| --- | --- |
| 背板宽带 | 是换机接口处理器和数据总线间的最大数据吞吐量,表明了交换机的数据交换能力,单位为 Gbps。数据交换能力越强,数据交换速度就越快,但成本也越高 |
| 时延 | 指交换机从某一端口接收到数据包到开始向目的端口发送数据包之间的时间间隔,时延越小越好 |
| 端口速率 | 一般分为 10 Mbps、100 Mbps、1 000 Mbps、10 Gbps 几种。端口速率越高,价位也越高 |

**4. 服务器的设计**

1) 规划设计的原则

在服务器规划设计时,应遵循以下原则:

(1) 实用性。无论对于何种计算机系统,实用性永远放在首位。一个系统建设最基本的目标是建立一个适用实际环境、能满足用户功能需求的实用系统,而不是一味追求技术的领先和产品的最新。

(2) 标准化。随着计算机技术的发展,芯片技术、存储系统、各种传输协议及与外部系统的接口等都已逐渐形成标准。采用标准化的设计,能使系统具有良好的扩充性及兼容性,能与其他厂商产品配套使用,给各种系统软件和应软件的安装运行带来方便,同时有利于系统的升级和与其他系统的数据交换。

(3) 先进性与适用性的统一。从投资保护及长远考虑的角度来看,在系统设计时保持一段时间的先进性是十分必要的,重要的是把握好先进性与适用性之间的关系,取两者之间的最佳平衡点,使用户的投资得到最大化的收益和回报。

(4) 注重售后服务。衡量设备及产品的优劣,不仅应以设备及产品本身的质量作为标准,还应充分考虑厂商的售后服务。在系统正常使用的情况下,软硬件的及时升级和维护,以及在系统出现故障时修复响应时间、备品备件的充足程度等,都将直接影响到整个系统的运行状况。因此,选择优秀的设备供应商和全面考察供应商的售后服务情况也是服务器系统选择中重要的原则之一。

2) 选择要考虑的因素

数据中心服务器系统的特点是业务种类多、数据量大、用户数多,因此,服务器的选型主要应考虑以下几方面的因素:

(1) 运算能力。服务器的处理需要考虑对高峰时业务受理的实时响应,考虑业务的复杂性,服务器需要实时地与多个业务分系统进行数据采集、比对、整理和分发。需要服务器有很高的处理能力。

(2) 内存。服务器要对实时产生的数据进行实时汇总、分发,要实现汇总、分发的实时高效,需要将实时信息放入内存,进行处理,才能提高系统的性能,这样服务器需要有较大的内存。

(3) I/O 能力。对每天生成的数据需要实时入库,需要有很强的 I/O 能力,使得数据的入库不会成为系统的"瓶颈"。

（4）系统扩展。在追求数据服务器单机高性能时，也需要考虑业务巨大时系统负载的分流。系统在规划设计时，在软件设计上进行合理处理，使得应用可以在单机上运行，也可以有不同的服务器上进行任务分担，共同完成实时的业务处理。

3) 服务器选型

通常按照外形结构的不同将服务器分成塔式、机架式、刀片式服务器三种类型，在进行云计算中心规划设计时，应充分考虑云计算中心的需求和投资计划，选择合适的服务器类型。

（1）塔式服务器。塔式服务器是最常见的服务器类型，它的外形及结构与普通的 PC 相似。其主板插槽多、扩展性较强。而且其机箱内部一般会预留较多为空间，以便进行硬盘、电源等的冗余扩展。这种服务器无须额外设备，对放置空间没过多的要求，并且具有良好的可扩展性。因而应用范围非常广泛，可以满足一般常见的服务器应用需求。

适合常见的入门级和工作组级服务器应用，而且成本比较低，性能可满足大部分中小电子商务企业用户的要求。但也有其局限性，在需要采用多台服务器同时工作，以满足较高的服务器应用需求时，由于其体积比较大，占用空间多，不便于管理。

（2）机架服务器。其外观按照统一标准来设计，配合机柜统一使用，以满足服务器密集部署需求。由于能够将多台服务器安装到一个机柜上，因此，机架服务器的主要特点是节省空间。机架服务器的宽度为 19 英寸，高度以 U 为单位。

其优点是占用空间小，而且便于统一管理，但由于内部空间限制，可扩展性受到限制，如 1U 的服务器大都只有 1~2 个 PCI 扩充槽。此外，散热性能也是一个需要注意的问题，而且需要有机柜等设备，因此，多用于服务器数量较多的大型云计算中心。

（3）刀片服务器。刀片服务器是指在标准高度的机架式机箱内可插装多个卡式的服务器单元，实现高可用和高密度。每一块"刀片"实际上就是一块系统主板。它们可以通过"板载"硬盘启动自己的操作系统，如 Unix、Linux 等，类似于一个个独立的服务器，在这种模式下，每一块母板运行自己的系统，服务于指定的不同用户群，相互之间没有关联。其优点有：第一，刀片服务器在外形上比机架服务器更小，这样可以使服务器密度更加集中，更大地节省了空间。第二，由于每块"刀片"都是热插拔的，所以，系统可以轻松地进行替换，并且将维护时间减少到最小。第三，通过内置的负载均衡技术，有效地提高了服务器的稳定性和核心网络性能。第四，由于采用刀片服务器可以极大减少所需外部线缆的数量，大大降低了由于线缆连接故障带来的隐患，提高了系统的可靠性，因此，刀片服务器已经成为高性能计算集群的主流。

总之，塔式服务器、机架服务器和刀片服务器分别具有不同的特色。塔式服务器应用广泛，性价比高，但占用空间较大，不利于密集部署；机架服务器平衡了性能和空间占用，但扩展性能一般，在应用方面不能做到面面俱到，适合特定领域的应用；刀片服务器大大节省了空间，升级灵活、便于集中管理，降低了总成本，但标准不统一，制约了用户选择空间。建议在选用时应根据实际情况，综合考虑，以获得最佳的解决方案。

4) 服务器数量的确定

服务器的运算能力和 I/O 能力是其性能优劣的重要指标，因此，在系统规划阶段应对服务器的型号、数量等进行具体规划设计。

目前，影响最大的系统性能评测方法是应用于联机事务处理（OLTP）的基准测试 TPC-C。其中事务处理性能委员会（Transaction Pro-cessing Performance Council，TPC）是由数十家会员公司创建的非营利组织。

tpmC（transaction per minute，tpm）是 TPC-C 基准测试的服务器综合性能的衡量标准。tpmC 值是测试单台服务器或集群系统在配备特定的操作系统，采用特定数据库的情况下每分钟处理事务的能力，tpmC 值越高说明服务器综合处理能力越强。

### 5. 存储系统的设计

存储系统在整个云计算中心设计中的作用至关重要，因此，对存储系统的设计必须采用最先进的存储技术，供高可用的存储系统解决方案，到后续系统的可扩展性。选择能够全方位进行数据保护的产品，为用户保证整个系统对数据访问的高效性，并充分考虑到后续系统的可扩展性。

常用的存储技术包括直连方式存储（Direct Attached Storage，DAS）、网络连接存储（Network Attached Storage，NAS）、存储区域网络（Storage Area Network，SAN）三种。在规划设计云计算中心时，应根据需求分析阶段得到的系统需求性能指标，结合每种存储方式的特点，选择合适的存储方式。

对于云计算中心而言，由于 DAS 存储技术的直连方式直接影响了系统的可扩展性，显然是不合适的，因此，下面重点讨论 NAS 和 SAN 技术。

1) NAS

在 NAS 存储结构中，存储系统不再通过 I/O 总线附属于某个服务器，而直接通过网络接口与网络直接连接，由用户通过网络访问。NAS 实际上是一个带有瘦服务器的存储设备，其作用类似于一个专用的文件服务器。

NAS 的优点主要有：适用于那些需要通过网络将文件数据传送到多台客户机上的电子商务企业；NAS 设备易部署，可以使 NAS 主机、客户机和其他设备广泛分布在网络环境中；NAS 应用于高效的文件共享任务。它的缺点有：由于它是采用文件请求的方式，相比块请求的设备性能差；由于每个 RAID 均带有文件系统，一定程度上影响存储设备的利用率。

2) SAN

SAN 是一种高速的、专门用于存储系统的网络，通常独立于计算机局域网（LAN）。SAN 将主机和存储设备连接在一起，能够为其上的任意一台存储设备提供专用的通信通道。SAN 将通道技术和网络技术引入存储环境中，提供了一种新型的网络存储解决方案，能够同时满足吞吐率、可用性、可靠性、可扩展性和可管理性等方面的要求。根据连接方式的不同，常用的 SAN 有 FC-SAN 和 IP-SAN 两种。

综上所述，在进行云计算中心规划时，应根据需求分析的具体要求和电子商务企业的现状，平衡系统性能需求与系统预算约束之间的关系，选择合适的存储方式，以达到最佳的系统性价比。

## 10.5.4 云计算中心的实施

### 1. 云计算中心的实施架构

云计算中心的工程实施是在前期需求分析、规划设计的基础上，完成云计算中心的机房环境建设、综合布线、设备的订购、安装、调试等工作。这些过程的实施均有相应的国际标准。云计算中心的实施架构，如图 10-5-3 所示。

如果企业的业务内容经常要与高敏感度的数据打交道，那么私有云可能是最好的选择。私有云结合了包括可扩展性及可计量性在内的诸多公共云优势，又具备了私有所带来的"自有"特点。换句话来说，企业的数据存储在其自己所拥有的基础设施（如服务器）之中，只有得到相应授权的人才能在该企业内部的网络中访问相关内容。

而对于那些不愿承受私有化带来的运营支出的企业，混合云也是值得一试的方案。它结合了公共云及私有云的诸多特点，并保证了企业将敏感数据安置在私有云的辖区之中。

### 2. 技术支撑云落地

中国云计算落地的技术支撑点，包括：

（1）带宽。带宽容量持续上升，截至 2015 年年底，中国骨干网容量大幅提升，中继光缆长度增至近 100 万公里，单端口带宽能力从 Kbps 提升至 100 Gbps，骨干网带宽已超 100 Tbps。

（2）硬件。芯片、存储价格不断降低，因硬件自身发展和深度学习需求，SSD 硬盘、GPU 主机发展迅速。

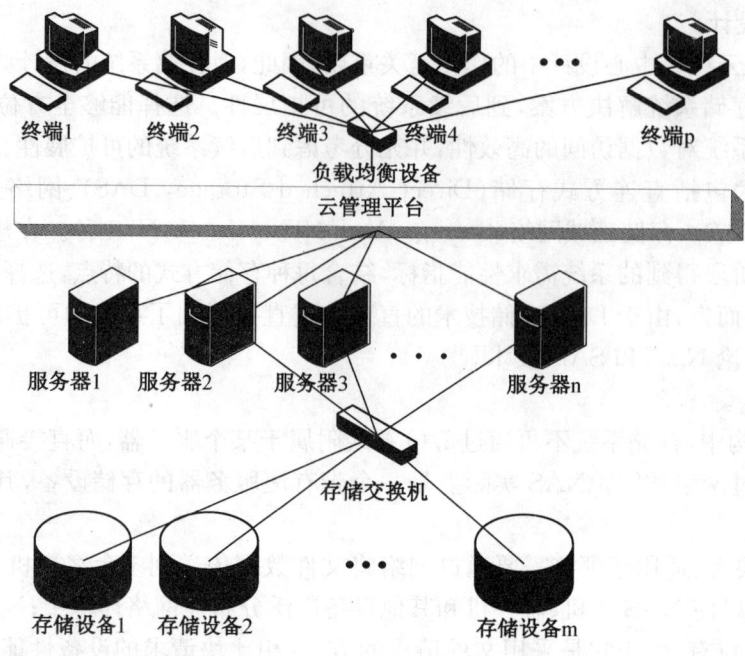

图 10-5-3　云计算中心的实施架构

(3) 虚拟化。Xen 与 KVM 不断对 I/O 优化，如 SR-IOV，使得云对高 I/O 的操作支持加强。

(4) 开源云平台。OpenStack 持续快速更新，在生产环境中的使用比例增长迅速，国内企业贡献者数量增长迅速。

(5) devops。Puppet、Chef、Saltstack 和 Ansible 在企业中的应用均有所增加；Docker 迅速发展；OpenStack 牵手 Kubernetes，将进一步促进 Docker 的应用。

(6) 分布式计算。工程层面 Hadoop、Spark 等均已成熟，仍高速迭代；基于内存的分布式文件系统 Alluxio(原 Tachyon)增长迅速，在国内有待于进一步普及。算法层面深度学习逐渐普及，Tensorflow 等开源系统渐被应用。

(7) 前端。HTML5 标准发布，在各行业广泛应用。

(8) 人才技术储备。国内技术进步迅速，近十年虚拟化专利数量中国仅次于美国，远超欧洲；2016 年 GitHub 贡献者增长速度，中国位居第一。

## 10.5.5　云计算中心的性能测试

云计算中心设计完成后，系统能否快速响应用户请求、能否处理预期的用户负载、在预期和非预期的用户负载下系统是否稳定、能否方便快捷地进行系统的扩展等诸多问题，都需要对数据中心进行必要的测试。目前，可以利用 LoadRunner 测试软件进行网络架构性能和云管理平台功能测试。

**1. 网络架构性能测试**

依据云计算中心需求分析的结果，对云计算中心网络架构进行 CPU 占有率、相应时间、并发数、点击量、吞吐量和运行时间等指标的测试，并对各项性能指标进行分析，同时给出其对云计算中心网络架构、交换设备、服务器节点等的影响，对规划设计、工程阶段的不足提出改进意见，以供修正。

对于云计算中心，重点关注的是在满足用户负载的前提下，云计算中心的硬件性能是否得到了充分的利用，以便为云计算中心的实施和扩展提供科学的依据。因此，根据需求分析阶段确定的系统需求性能指标，对云计算中心进行响应时间、吞吐量、资源利用率、点击率、每秒事务数、并发用户数等方面的测试。

(1) 响应时间。响应时间是反映云计算中心处理率的指标，是对某项事务从开始执行到完成所需要的时间的度量。响应时间通常随负载的增加而增加。

（2）吞吐量。吞吐量是反映云计算中心处理能力的指标,是单位时间内完成工作的度量。随着负载的增加,吞吐量往往增长到一个峰值后,开始下降。系统中最慢的点决定了整个系统的吞吐率,成为系统的"瓶颈"。

（3）资源利用率。资源利用率反应云计算中心能耗的指标,表示指定时间段内云计算中心设备使用量与设备容量之比。

（4）点击率。点击率是每秒钟用户向 Web 服务器提交 HTTP 请求数,是 Web 应用特有的一个指标,Web 应用是"请求——响应"模式,用户发出一次申请,服务器就要处理一次。点击率越大,对服务器的压力越大。

（5）每秒事务数。每秒事务数是衡量云计算处理能力的重要指标,表示每秒系统能够处理的交易或者事务数量。

（6）并发用户数。并发用户数是云计算中心同时服务的用户数量。系统的并发数越高,说明系统的性能越高。

**2. 云管理平台功能测试**

在云管理平台的诸多功能中,对虚拟机资源的管理是其核心功能,云平台上虚拟机迁移的能力是云计算中心稳定性的重要指标。云管理平台支持虚拟机可以在同一集群内的不同物理主机间动态迁移,具体可分为在线迁移和故障迁移。

1) 在线迁移

在线迁移是指在保证虚拟机上服务正常运行的前提下,虚拟机在不同的物理主机之间进行迁移。在迁移的开始阶段,服务在源主机运行,当迁移进行到一定阶段,目标物理主机已经具备了运行虚拟机系统的必须资源,源主机将控制权转移到目标服务器,服务在目标服务器上继续运行。对于虚拟机上运行的应用而言,由于切换的时间非常短暂,用户感觉不到服务的中断,因而在线迁移过程对终端用户的访问是没有影响的。

在前一阶段需要管理员参与其中,即当某台物理主机因维护原因需要推出资源池时,管理员可以将其置为计划维护模式。处于计划维护模式的主机会先进入维护准备状态,在该状态下,该主机上的所有虚拟主机将被在线迁移到其他的主机,迁移过程不会影响虚拟主机的运行。

整个过程由管理平台自动执行,首先监测物理主机的资源使用情况,发现可以利用的物理主机,然后根据一定的计算资源分配策略,将虚拟机在线迁移到可用的物理主机上。迁移结束后,主机进入维护准备就绪状态,管理员可移植性所需的操作。维护结束后,主机启动并重新加入云。直到管理员取消维护模式后才会在其上分配新的虚拟机,但当该主机回复后,迁出的虚拟机并不会自动回迁。

2) 故障迁移

故障迁移是由系统自动完成的,即对于配置了 HA(High Ability)的虚拟机,系统会监控它们的状态,并在发现问题时,在另一个物理机上重新启动该虚拟机,实现虚拟机从故障机到新物理主机的迁移。迁移必须建立在其他主机具有充足计算资源的情况下,云管理平台将自动在新的物理主机上重新启动受影响的、并启用了 HA 的虚拟主机。在新的物理主机准备计算资源、重新启动虚拟机的过程中,该虚拟机上的应用会出现短暂的不可用,启动成功后恢复正常运行。当主机重新恢复上线后,可以在其上分配新的虚拟机,但之前迁出的虚拟机不会再迁移回去。此外,没有启用 HA 功能的虚拟机无法迁移到新的物理主机上。

对于在线迁移和故障迁移而言,虚拟机资源的再分配由云管理平台自动完成,整个过程必须遵循一定的计算资源分配策略;分配策略包括"纵向优先"和"横向优先"。纵向优先是指先分配一台物理机的负载,再分配第二台物理机,这样的好处是节能,未分配的物理机可以处于休眠模式。横向优先是指每台物理机平均分配负载,这样的好处是确保每台虚拟机的性能最优。

### 10.5.6 电子商务云服务平台运行机制

基于云计算技术的电子商务服务平台构建,为电子商务企业提供了更加多元的服务渠道与更加灵活的服务方式,有助于企业提高服务效率和用户体验。服务平台的有效运作需要依托科学合理的运作机制,从服务资源、服务主体、服务交互模式和安全保障多个层面实现高效运转。

**1. 资源分布存储机制**

基于云计算的资源分布存储系统由以下模块组成:资源访问接口以 Web Services 的方式为企业用户提供多元化的资源访问渠道;服务目录为用户提供可以访问的服务资源清单;系统管理模块负责管理和分配所有可用的资源,目的是保证系统负载均衡;配置工具负责在分配的节点上配置任务运行环境;监视统计模块负责监视节点的运行状态,并完成用户使用节点情况的统计。各模块间的工作流程如下:企业用户通过资源访问接口从服务目录中选取并调用一项服务资源,接着该请求被传递给系统管理模块,系统会为用户分配合适的资源,然后调用配置工具为用户构建服务平台运行环境。电子商务云服务平台的资源分布存储系统,如图 10-5-4 所示。

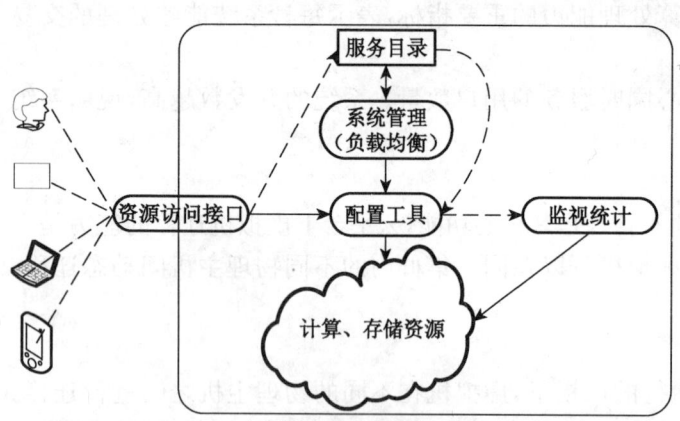

图 10-5-4 电子商务云服务平台的资源分布存储系统

在云端(服务器端),数据都是以多备份、固定大小的格式存储在云集群服务器中的,并分布于不同节点,而所有数据块都是以文件的形式存储在 Linux 环境下。系统管理员使用一些管理软件和配置工具对这些计算资源进行统一管理,提高资源开发与利用效率。基于资源分布存储机制,电子商务企业可以将网络资源分布存储在多个服务器中,一旦出现网络交易高峰,服务器可以动态调配资源,不至于因一台服务器瘫痪而导致整个购物网站瘫痪。而在平日资源需求量较低时,则可对外提供效能计算和服务器租用服务。

**2. 服务主体协同运作机制**

电子商务服务主体的协同运作,是以市场和客户需求为导向,以服务质量为核心,以提高企业竞争力、客户满意度和获取最大利润为目标,通过将云计算技术与企业管理技术、协同技术进行有机融合,实现对整个供应链上的信息流、物流、资金流、服务流的有效规划和控制,进而推动供应商、生产商、电子商务企业、网络服务提供商、云服务提供商之间的协同运作。云计算中的同步技术、协同控制技术、应用共享技术为电子商务服务主体的协同运作提供了有力的基础设施与技术支撑,为服务联盟的组建提供了一个具有时序性、集成化的工作环境和服务协作平台。具体而言,云计算环境下的电子商务服务主体协同运作主要包括以下三方面的内容:

(1) 以 Web 方式为基础。Web 方式为服务主体间的远程合作提供了有效途径,可以帮助企业打破空间与地域限制,通过云服务平台进行跨系统的资源集成与整合。电子商务企业及其合作伙伴能够通过简化的 Web 接口和开放 API 连接云端服务平台,以战略协同为目标,进行服务协作,为用户提供一体化服务支持。

(2) 以流程协同为主导。服务主体通过对流程进行协同管理,实现服务流程有效运作。流程协同是柔性的,各服务主体在权限范围内能够对自己负责的环节进行灵活操作,同时,通过参考流程中的上下环节来制定高效可行的服务决策,全面覆盖知识管理、财务管理、供应链管理、客户关系管理各个层面,形成全面协调的网络服务体系。

（3）以用户为中心。云计算环境下，以用户为中心的思想得到更加全面的体现。云服务简化了商家与用户的交互接口，优化了交互模式。消费者无须打开各种复杂的服务窗口便可一站式获取各项信息服务。同时，服务主体间还可以通过云服务平台建立起良好的联动关系，通过统一接口为用户提供服务资源，有效提高用户体验。

**3. 多元服务交互机制**

云服务平台的数据存储中心分布在不同区域，这些中心为了向客户提供有效的服务，通过 Internet 互联。云服务平台需要根据不同区域的用户服务需求与资源利用情况，决定从哪个中心提取相应的服务来满足用户需求，实现不同服务模块间的动态交互。电子商务云服务平台的服务交互机制，如图 10-5-5 所示。

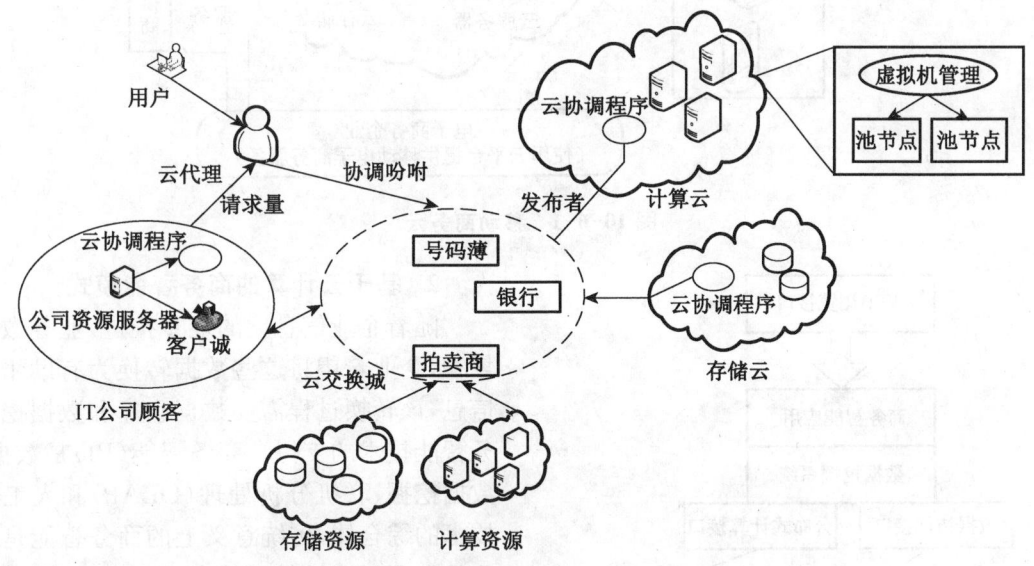

图 10-5-5　电子商务云服务平台的服务交互机制

在各个数据中心，基于云协调程序的服务交互过程包括：
（1）用户通过云代理识别云服务提供商的角色，进行服务请求。
（2）云服务提供商通过云交换域和其他云协调程序协商资源的分配，满足应用需求间的 Qos。
（3）在服务需求的高峰期，数据中心根据系统负荷情况，与其他云服务提供商协商动态服务的需求量，适时在多数据中心间调整服务容量，进行多元服务间的聚合与交互。其中，云交换域聚集了云代理提供基础设施的需求，能对云协调程序提供的服务进行评估，为电子商务企业与企业之间、企业与用户之间创造了有效的服务交互空间。

## 10.6　电子商务在云环境下的发展趋势

在未来的几年中，可以预见到云计算带来的显著成本节约和运营成本效率提高两大撒手锏将是电商投资和引入云计算的最大原因。

**1. 移动商务云**

移动商务云把企业的电子商务平台建设在云平台之上。用户通过手机等移动终端与电子商务平台进程交互，通过快速的 4G 和 5G 网络，用户请求被传送到移动通信服务商，再通过 Internet 传输到云端，由云服务器进行处理并将结果反馈给用户。计算和数据访问任务由云平台完成，在用户看来，云平台是透明的,用户不需要关心电子商务平台与云平台之间的交互过程。有了云平台的支持,就不必困扰于移动终端的计算能力和存储空间限制,可以撇开过去的个人电脑终端,随时随地享受云计算提供的高效服务。从应用开发者的角度来看,基于云计算实现电子商务将业务逻辑实现在云端,在很大程度上解决了设备多样性带来的重复开发问题。移动商务云,如图 10-6-1 所示。

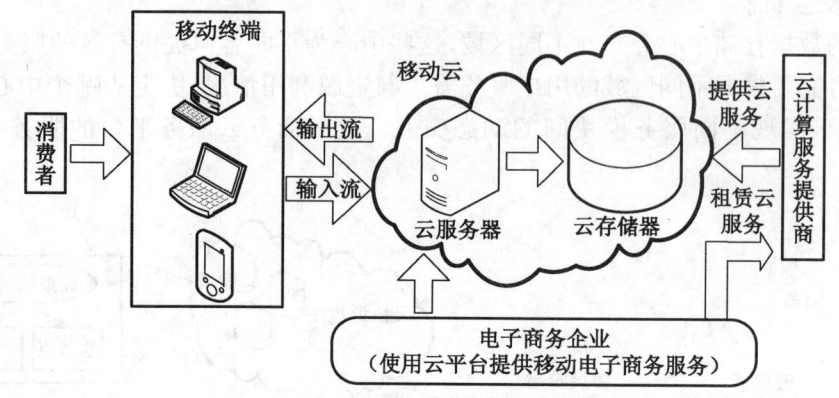

图 10-6-1　移动商务云

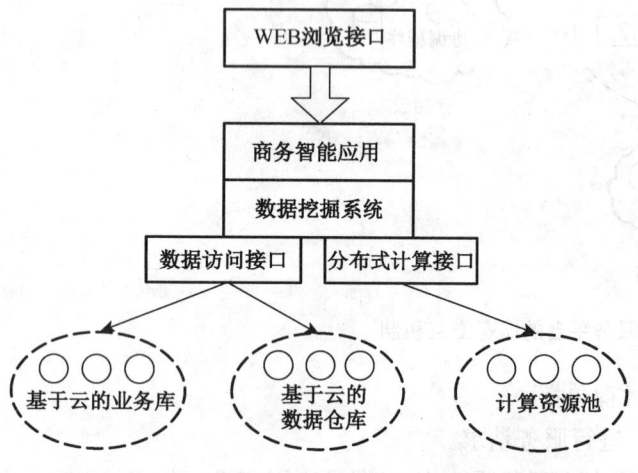

图 10-6-2　基于云计算的商务智能模式

**2. 基于云计算的商务智能模式**

随着企业信息化的逐步推进,业务数据不断累积,企业希望将这些数据转换为有助于决策的信息,该转换过程需要数据仓库和数据挖掘等商务智能技术的支持。商务智能(BI)是数据仓库、数据挖掘、联机分析处理(OLAP)和人工智能等技术的综合体,传统意义上的商务智能是大型企业的专利。云计算平台提供的海量低成本存储和超强计算能力为中小企业使用 BI 提供了机会。基于云计算的商务智能模型,如图 10-6-2 所示。数据挖掘系统从业务数据库中提取数据,进行清洗、转换、汇总后形成按主题形式存放的数据仓库,再采用 OLAP、人工智能等技术进行智能预测和分析,分析过程调用计算资源池中的节点,采用分布式并行计算来提高计算效率,最后将结果通过 Web 浏览接口提供给用户。

**3. 云计算应用逐渐从互联网行业向传统行业渗透**

当前,云计算的应用正在从游戏、电商、移动、社交等在内的互联网行业向制造、政府、金融、交通、医疗健康等传统行业转变,政府、金融行业成为主要突破口。例如,中国金融电子化公司的"金电云"平台可提供基于异构 IaaS 平台的灾备数据中心服务,为中小金融机构提供灾备、演练、接管、恢复、切换和回切等云服务,目前已经为中国人民银行总行和 20 多家中小金融机构提供了灾备服务。此外,蚂蚁金服、天弘基金、人人贷、宜信、众筹网、众安保险等众多互联网金融机构均已将业务迁移至云端。

**4. 混合云将成为主流**

公有云、私有云实现统一管理。公有云不能利用闲置的硬件资源,自主配置的程度较低,部分行业存在监管上的风险,不少企业对公有云的数据安全仍有顾虑。私有云存在弹性扩展相对较差(与公有云比)、抗攻击能力弱等缺点。混合云架构可以结合两者的优势。目前,Azure 推出了私有云和混合云的版本 Azure Stack,IBM Bluemix 也有本地版本以实现公有云和私有云的混合,国内主流公有云厂商等都有较为成熟的混合云解决方案,另外也有大量的 OpenStack 创业者和 ISV 围绕公有云做混合云解决方案。RightScale 调查数据显示,95% 的受访者正使用云服务,2016 年企业使用云部署的情况,其中仅公有云的为 18%,仅私有云的为 6%,采用混合云的为 71%,如图 10-6-3 所示。我国企业 2015 年与 2016 年使用云情况,如图 10-6-4 所示,从图中可以看出 2016 年企业混合云使用比例较之上年的 58% 有较大幅度提升。受国内政策、公司性质影响,未来国内混合云的比例会高于全球平均水平,成为主流云架构。

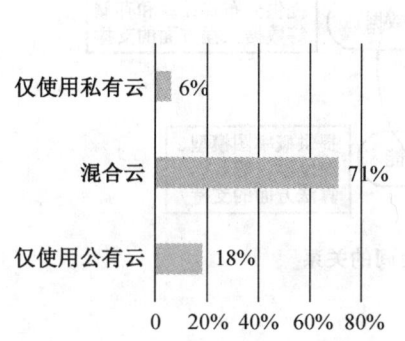

图 10-6-3　2016 年企业使用云部署情况

数据来源:中国信息通信研究院,2017

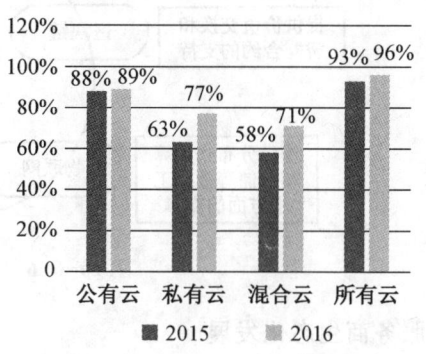

图 10-6-4　2015 年与 2016 年使用云情况

**5. 服务分层淡化**

IaaS、PaaS 和 SaaS 不再有明显界线。从技术角度看,随着 API 调用越来越多,跨层应用越来越多,如统计类工具,SDK 部分是在 PaaS 层完成,但后期所有的报表查看和分析都是在网页端(SaaS 层)完成。目前,已经有通信即服务(Communications as a Service, CaaS)、后端即服务(Backend as a Service, BaaS)等不同概念,但因这些概念并不能完全概括云服务的全部,并未广泛应用。从商业角度看,每一层服务商都希望给客户/用户更好的操作体验和更全面的增值服务,这就导致他们主动向其他层渗透:不断有刚需性质的上层服务成为下层标配,如数据库;也不断有下层服务集成打包升级为上层服务,如融合了 CDN、存储而又增加了美化、鉴黄等功能的视频云。IaaS、PaaS 和 SaaS 互联融合趋势,如图 10-6-5 所示。

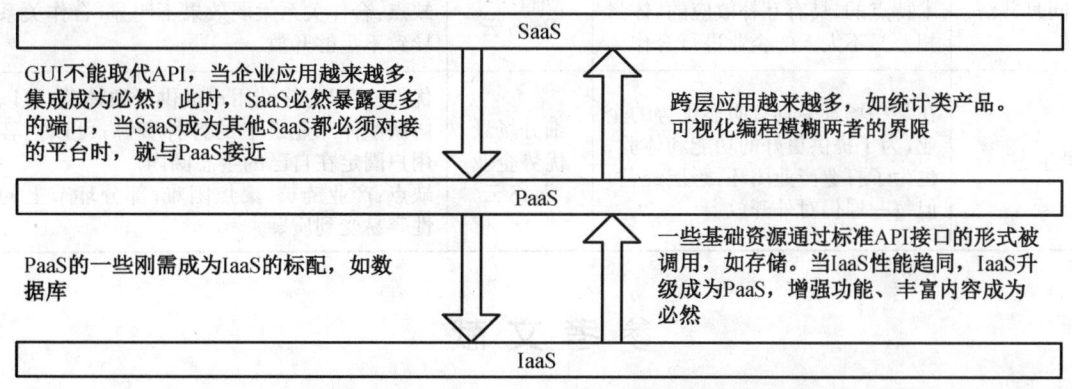

图 10-6-5　IaaS、PaaS 和 SaaS 互联融合趋势图

**6. 多种技术要素相互融合**

云计算、大数据、人工智能、物联网、区块链融合为新平台。客户希望能在同一个平台上得到更多的服务,这些服务往往是超出计算、存储和网络本身的,如大数据、人工智能、物联网和区块链,这些技术要素和相应的产业要素相互促进,相互融合。目前来看,大数据与云计算平台融合得最为深入,人工智能

（尤其是深度学习）为当前的发力点，物联网和区块链已有少量服务商开始布局，但整体上看仍为蓄势待发状态。多种技术要素之间的关系，如图 10-6-6 所示。

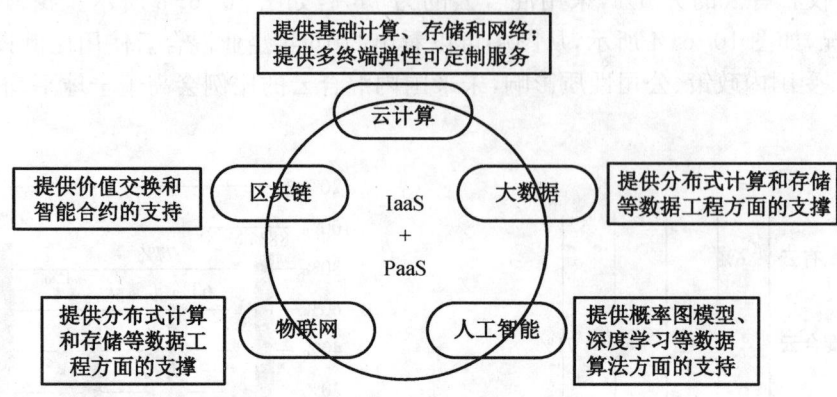

图 10-6-6　多种技术要素之间的关系

### 7. 云服务商生态化发展

不同类型服务商将选择不同的商业生态模式。云服务商的生态模式分为产业生态和场景生态。产业生态是指不同企业间互惠互利、共赢共生，可以分为"引凤筑巢"型和"同舟共济"型；场景生态是指从终端用户的实际场景出发，将与这一场景有关的所有要素进行组织优化，产生作用。不同的生态模式类型，如表 10-6-1 所示。

表 10-6-1　不同的生态模式类型

| 生态模式 | | 特　点 | 适合类型 | 优　缺　点 |
|---|---|---|---|---|
| 产业生态 | 引凤筑巢 | 以一个企业（一般为 IaaS 公有云商）为核心，众多 PaaS 厂商和 SV 入驻，形成生态圈 | IaaS 云 | 优点：形成以 IaaS 公有云为中心的生态圈，为用户提供完整方案；IaaS 和 PaaS 厂商间利益长期保持一致<br>缺点：缺乏完全公正的评判机制，IaaS 如不能清晰界定自己的业务边界，易剥夺入驻厂商利益 |
| | 同舟共济 | 在产业链中不同位置或者不同技术特点的，具有互补效应的，体量相差又不太大的企业进行合作 | 私有云<br>PaaS 云 | 优点：抱团发展，便于资源优化和共享<br>缺点：合作关系太弱效果不明显，合作关系太强导致不足够开放 |
| 场景生态 | | 在某些场景中具有明显优势的企业，为了提供更好的功能和体验，也为了打造产业闭环，跨层经营，但每一层仍对外开放 | 细分场景优势企业<br>SaaS 云 | 优点：可以为终端用户提供极致体验；可以统一协调整体产业链上的各种资源；可以把客户和用户圈定在自己的生态圈内<br>缺点：产业链长，聚焦困难；部分环节上的中立性容易受到质疑 |

# 参考文献

[1] 北京科学学研究中心课题组. 云计算服务中小企业研究[M]. 北京：北京科学技术出版社. 2016.
[2] 张水平，张凤琴，等. 云计算原理及应用技术[M]. 北京：清华大学出版社，北京交通大学出版社. 2014.
[3] 顾炯炯. 云计算架构技术与实践[M]. 北京：清华大学出版社. 2014.
[4] 叶周芹. 中小型电子商务企业的云计算战略[D]. 上海交通大学. 2012.
[5] 顾伟. 云计算在电子商务行业的应用研究[D]. 上海外国语大学. 2012.
[6] 朱孔真. 基于云计算的电子商务智能推荐系统研究[D]. 武汉理工大学. 2014.

[7] 唐明. 基于同态加密的云计算的私密保护研究[D]. 西华大学. 2015.
[8] 徐松. 基于云计算的电子商务ERP系统的设计与实现[D]. 南京邮电大学. 2015.
[9] 韩飞飞. 基于云计算的电子商务个性化推荐研究[D]. 华北电力大学. 2014.
[10] 王蕴慧. 基于云计算的电子商务管理模式研究[D]. 辽宁师范大学. 2012.
[11] 许豪. 云计算导论[M]. 陕西：西安电子科技大学出版社. 2015.
[12] 陶大鹏. 基于云计算的电子商务平台架构研究[D]. 合肥工业大学. 2012.
[13] 李克然. 基于云计算的电子商务数据管理模式研究[D]. 西安电子科技大学. 2011.
[14] 陈振. 基于云计算的电子商务模式选择研究[D]. 西安理工大学. 2014.
[15] 赵杨, 宋倩, 叶少霞, 冯思颖. 云计算环境下的电子商务服务平台构建与运行机制研究[J]. 情报科学, 2014(2): 7-10+20.
[16] 霍春辉, 张京心. 基于云技术的电子商务发展模式解析——对国内外典型企业的比较研究[J]. 经济问题, 2014(12): 68-73.
[17] 王娟娟. 基于电子商务平台的农产品云物流发展[J]. 中国流通经济, 2014(11): 37-42.
[18] 张冬青. 云计算对未来电子商务发展的影响[J]. 学术交流, 2010(4): 135-138.
[19] 何有世, 朱爱花. 基于云技术的垂直型B2C电子商务平台用户体验研究[J]. 现代情报, 2015(12): 17-24.
[20] 高寒, 李长银, 赵婧. B2B电子商务的未来趋势——全程电子商务模式研究[J]. 现代管理科学, 2017(5): 85-87.
[21] 中国信息通信研究院. 云计算白皮书（2016年）[EB/OL] (2017-09-01) [2017-07-29]. http://www.caict.ac.cn/kxyj/qwfb/bps/201608/t20160831_2177147.htm.
[22] 中国信息通信研究院. 中国私有云发展调查报告（2017年）[EB/OL] (2017-04-18) [2017-07-29]. http://www.caict.ac.cn/kxyj/qwfb/ztbg/201704/t20170418_2192062.htm.
[23] IDC. IDC's Worldwide Cloud Data Management and Protection Taxonomy, 2017: Going Beyond Protection, Availability, and Recovery[EB/OL] (2017-07) [2017-07-30]. http://www.idc.com/getdoc.jsp?containerId=US42281017.
[24] 艾瑞咨询. 2016年中国企业云服务行业研究报告[EB/OL] (2017-11-30) [2017-07-30]. http://www.iresearch.com.cn/report/2681.html.
[25] 艾瑞咨询. 2017年Q1季度数据发布集合报告[EB/OL] (2017-06-06) [2017-07-30]. http://www.iresearch.com.cn/report/3005.html.

# 第 11 章

# 平台经济与电子商务

平台经济是基于电子信息技术的发展,以平台企业为支撑演化出来的新的经济形态。近十年来,基于网络虚拟平台的产业发展和融合,已经形成巨大的规模,其中以电子商务平台为代表的各类平台服务越来越深入到人们的工作和生活之中,在改变企业营销方式和人们消费方式的同时,也产生了一大批网络虚拟平台型企业,如国外的谷歌、苹果、脸谱和国内的阿里巴巴、百度、腾讯等。

本章从平台经济的基本概念展开,分别介绍了平台经济的产生、定义、分类、内涵、市场特征、特点、作用,以及与电子商务之间的关系等基础内容,并重点论述了基于平台经济的商业模式创新和平台经济在电子商务中的应用。最后指出平台经济的发挥方向和相关建议。

## 11.1 平台经济概述

### 11.1.1 平台经济的产生

**1. 平台经济形成的条件**

1) 信息技术和社会需求是平台经济形成的基础条件

随着现代信息技术和互联网的快速发展,尤其是移动互联网的迅速普及,平台经济发展突飞猛进。纵观阿里巴巴、腾讯、京东商城、新浪、亚马孙、Facebook、优酷土豆、大众点评网等众多成功的平台型企业,不难看出,一旦平台建立起来,整个产业的价值就可能向平台倾斜,平台就可以在产业中起到引领作用。社会需求是平台经济商业模式创新的动力,随着人们对互联网各个领域需求的多元化,各类平台企业在社会的变革中优胜劣汰,逐步形成了现有的平台企业,并且这种由社会需求驱动的变革还将不断深化,改变人们的生活方式和消费习惯。

2) 生产市场和消费市场是平台经济形成的动力

强大的生产市场或消费市场是平台经济发展的动力所在。我国一大批平台型企业的出现,一方面是因为我国在许多类产品上具有强大的生产能力,这种生产能力在部分地区是过剩的,平台型企业的出现,能够解决需求与生产信息不对称的问题,很大程度上消化了过剩的生产能力。因此,我国工业品类的平台企业大多都出现在具有强大生产能力的地区。另一方面,旺盛的消费市场也能够推动平台型企业的形成,庞大的传统消费群体是建立网络消费平台的基础,在某一消费领域一旦有强大的需求,那么这一领域就有建立起平台型企业的动力。我国各个消费领域几乎布满了各种各样的平台型企业,并且网络消费因其方便快捷、价格实惠、产品多样等特点,正在成为人们生活中越来越重要的消费方式。

3) 流通环节和外部服务的需求是平台经济形成的助推器

随着各类生产型和消费型平台的建立,以物流为主体的流通环节的需求逐步加强,快捷、便利、安全的物流平台与生产型和消费型平台形成了相互促进的关系。在经济转型的当下,高物流成本成了经济发展的沉重负担。但是,从另一个角度来看,这也意味着中国的物流业拥有巨大的潜力,因为还有巨大的成本降低的空间。日益成熟的互联网技术，特别是当前热捧的"互联网＋"所包含的大数据、物联网、云计算等技术，都使物流业这个传统的经济业态迎来了以互联网技术为基础的流程改造。传化物流、骡迹物流、达达、云鸟配送、货拉拉、oTMS、福佑卡车、运策网、人人快递等众多企业纷纷出现，而吸引这些企业的是中国物流业广阔的市场前景。在外部服务方面，专门针对互联网商铺、互联网企业以及互联网用户需求的服务企业也不断涌现。它们专门为传统企业提供涉及整个电子商务流程，包括渠道规划、网站建设、营销规划、客服、物流、售后等的外部服务。电子商务服务是伴随电子商务的发展，基于信息技术衍生出的为电子商务活动提供服务的各行业的集合，是构成电子商务系统的一个重要组成部分和一种新兴服务行业体系，是促进电子商务应用的基础和促进电子商务创新和发展的支撑性力量。作为一个新兴领域，电子商务服务随着技术进步和商业模式的变革，其功能和发展热点在动态调整，行业之间的渗透也在逐步加强。而流通环节和外部服务的需求是平台经济形成的助推器。

**2. 平台经济发展历程**

平台经济作为一个新的概念，是近十几年才出现的新名词，然而作为一种新的经济形态早已有之，平台经济是以电子信息技术的发展为基础、以平台企业为支撑演化出的新兴经济形态。基于网络的平台早期属于计算机软件开发的概念，指计算机硬件或软件的操作环境，包括技术开发平台、业务平台和自扩展的应用平台。技术平台和业务平台是软件开发人员使用的平台，而应用平台则是应用软件用户使用的平台。早期的电子商务活动主要是指利用互联网开展的市场营销，以单向的企业销售行为或者说B2C模式为主。电子信息技术的发展一方面催生出大量的电子类平台企业，另一方面通过互联网的发展，使人们的经济行为在很大程度上突破了空间限制，使平台企业可以快速发展壮大，推动平台经济的蓬勃发展。

平台经济的发展按其不同类型、出现顺序的先后，可分为三个阶段。

1) 以实体商品集散地为主要表现形式的平台经济

集散地平台经济指的是作为实体商品的集散地、批发地和交易地而产生的平台经济发展阶段，其主要特点为：以城市为中心，以贩运贸易为主要商业形式。例如，上海从新中国成立前到现在一直是我国实体商品的重要集散地。新中国成立前上海有批发企业8 300多家，占全同总量的1/3，大批发企业还在各产地设采办货庄，同时全国各地批发商在上海设立的申庄多达2 000余家，上海还有30多个行业间互通有无的茶楼市场和20多个商品交易市场，其批发业十分发达。新中国成立后直到80年代初期，上海日用工业品占全国供应量的60%左右，随着国内其他地区的发展，上海日用工业品供应量在全国的比例逐渐下降，到1989年只占40%，但在全国的影响仍然是最大的。因此，直到今天，表现为实体商品集散的平台经济在上海仍然扮演着重要角色。

2) 以提供服务业的实体平台为表现形式的平台经济

服务平台经济主要通过平台提供服务而产生效益的平台经济，其主要特点是：服务可以脱离有形的产品，但不能脱离企业；服务的价值取决于企业满足消费者需求的程度。这种满足程度体现在服务套餐上，并趋向于需求的等价，而不是质量和数量的等价；服务的价值是不可积累的。服务平台经济是20世纪90年代开始产生的，如上海的金融平台经济（如上海证券交易所、上海期货交易平台、上海产权交易平台以及中小企业融资平台等）、会展平台经济（如会展经济、车展基地、服务外贸基地等）。随着服务平台经济的不断集聚和深耕，上海逐渐成为我国的金融、贸易、会展中心。

3) 以提供信息的虚拟平台为最新表现形式的平台经济

狭义的平台经济指的是网络信息平台经济。网络信息平台经济主要指利用互联网构建虚拟空间，提供网络平台服务而产生经济效益的平台经济，其主要特点表现为网络经济学的边际效益递增、成长快，其核心是用户体验。比如大众点评网、淘宝、当当网、东方钢铁、边角料交易平台、一号店等电子商务交易平台都取得了不错的业绩。另外，形形色色的网购网站也如雨后春笋般涌现。在今后相当长的一段时期内，网络信息平台经济将是我国各地区加快经济发展的一个抓手，是应该优先发展的战略性产业。

## 11.1.2 平台经济的定义及分类

**1. 平台经济的定义**

1) 平台经济在新经济中的定义

进入 21 世纪以来,经济社会发生巨变,互联网经济、平台经济、共享经济,各种类型的新经济概念与模式层出不穷。平台经济是一种全新的贸易模式,依托现有大市场、大流通的优势,通过 O2O 等线上线下的结合,拓展市场的时间和空间,实现撮合交易服务,提升交易效益。目前,全国已经涌现出一批以大宗商品交易平台、各类消费平台、专业服务支撑平台等为代表的平台经济型企业,在资源配置效果、扩大服务半径、增强影响力和话语权等方面发挥着举足轻重的作用。

上海交通大学陈宏民教授从两个维度来解读平台经济的内涵。第一个维度是企业运行模式,从传统的经销商模式发展到如今流行的平台运营商模式;第二个维度是供给方特征,从传统的大中型专业机构的供应商发展到以个人或者小微企业为主的供应方,即长尾市场上巨大的尾端。将两个维度所划分的四类形态分别记作四个象限:以大、中型专业机构为供应方的经销商模式为第一象限;以大、中型专业机构为供应方的平台运营商模式为第二象限;以小微企业和业余个人为供应方的平台运营商模式为第三象限;以小微企业和业余个人为供应方的经销商模式为第四象限。平台经济在新经济中的定义,如图 11-1-1 所示。

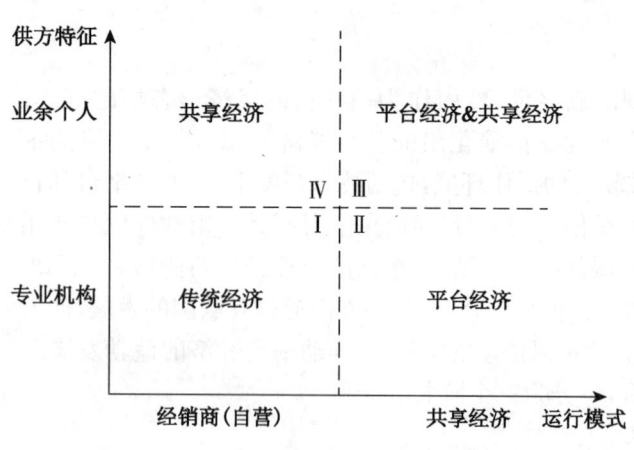

图 11-1-1 平台经济在新经济中的定义

运用这样简单的划分,就能够理解一些新经济的概念。平台运营商模式(位于第二或第三象限的企业)称为"平台经济",它的供给方可以是专业机构,也可以是业余个人,如天猫、滴滴出行、携程网、大众点评网等都属于此。以小微企业和业余个人为供给方的称为"共享经济",无论其采用平台模式还是经销商模式,都位于第三或第四象限,如 Airbnb、Zipcar、淘宝等。而如 Airbnb、优步等既属于平台经济,又属于共享经济。只有第一象限才属于传统的商业模式。

2) 平台经济学的定义

平台经济并不是一种完全崭新的商业模式,它是基于平台的交易行为,是一种历史悠久的经济现象,自古以来就存在。从早期的集贸市场到今天现代化的大型商业综合体,从小微型的婚介机构、保姆介绍所到规模化的电信服务系统、信用卡系统,这些都是极为常见的为供需双方提供交易服务的平台。只是由于技术水平有限,传统平台型企业的业务活动容易遭遇地域、时间等限制,平台经济发展也会受到一定影响,而且传统的销售方式也存在各种弊端,如占地面积大,商品查找、检索、订购费时费力,同时随着店面租金和员工工资的上升增加了商务运营成本。

平台经济学就是在明确平台是市场具化的基础上,通过研究平台经济本质与属性、平台组织结构、平台间的竞争和演化情况,强调市场结构的作用。通过交易成本和合约理论,分析不同类型平台的发展模式与竞争机制,探讨平台对社会影响问题,并提出相应政策建议的新经济学科。平台经济学以广泛存在的平台为研究对象,以契约理论、网络外部性理论、双边市场理论、博弈论等为理论基础,借鉴公共心理学、物理学、数学、生物学乃至哲学等众多学科理论分析方法,来研究并揭示平台及其相关产业的经济特征与运营规律,为深化平台经济认识,推动平台产业健康、健全发展提供主要理论指导。作为一个新的产业经济学分支,平台经济学具有广阔的发展前景和重要的研究意义。

总的来说,所谓平台就是为合作参与者和客户提供一个合作和交易的软硬件相结合的场所或环境。

平台经济是指一种虚拟或真实的交易场所,平台本身不生产产品,但可以促成双方或多方供求之间的交易,收取恰当的费用或赚取差价,从而获得收益的一种商业模式。

根据平台经济学定义,可以将平台经济看成产业经济学的一个分支。现实生活中有很多平台产业的例子,典型的是操作系统平台,如 Windows,Linux 等。除此以外,平台产业还包括电信业、银行卡、互联网站、购物中心、媒体广告等,它们涵盖了经济中最重要的产业。平台的存在是广泛的,它们在现代经济系统中具有越来越大的重要性,成为引领新经济时代的重要经济体。

平台涉及买方、卖方和第三方(平台方)。在某种意义上,平台只是以某种类型的网络外部性为特征的经济组织。这种外部性并不取决于相同客户群体的消费状况,而是取决于相异但又相容、处于市场另一方的客户群体的消费状况。换句话说,在决定采用平台的过程中,平台上对应的另外一方的网络规模就是一种质量参数。双方(或多方)在一个平台上互动,这种互动受到特定的网络外部性的影响,其突出表现在:平台上卖方越多,对买方的吸引力越大;同样,卖方在考虑是否使用这个平台的时候,平台上买方越多,对卖方的吸引力也越大。

**2. 平台经济中平台的分类**

1) 依据开放程度分类

平台可以按照开放程度,分为开放平台、封闭平台和垄断平台。开放平台中,市场买方与卖方各成员可以自由进入平台市场;封闭平台中,现有成员可以阻止后来者进入;而垄断平台中,所有市场位置均由一个垄断者控制。同时,根据一体化的程度,可以进一步划分为开放一体化平台和封闭一体化平台。开放一体化平台与开放平台、封闭一体化平台与封闭平台之间的区别在于平台提供者往往是卖方,由卖方向下一体化。

2) 依据连接性质分类

依据连接性质,将平台分为纵向平台、横向平台和观众平台。

(1) 纵向平台促进"卖家"和"买家"形成交易。关于纵向平台的一个直观的例子是购物中心,这是通过提供具体的场所促进交易的形成。而银行卡则是另外一类例子,它说明可以通过一种技术平台(而非具体的场所)促进卖家和买家形成交易。其他例子包括游戏控制台连接游戏开发商和玩家、医疗服务匹配系统连接居民和医院,以及 B2B 网络连接供应商和买家。

(2) 横向平台促进不同组成员的相互交流和组合。横向平台的一个典型的例子是电子邮件系统,使用系统的各个用户之间地位相同,不存在明显的买卖关系。但是,他们之间存在相互交流与组合的需求。另外一个典型的例子是电信,电信的用户之间往往不存在明显的买家与卖家的区分,既可以是拨号方也可以是接听方。

(3) 观众平台通过给予观众(免费)服务和商品来捕捉目标客户,而这种(免费)服务与商品往往受到商户资助。观众平台的例子包括:报纸、(免费)电视频道、(免费)网络搜索引擎和文件共享技术。观众平台的业务模式受到内容提供者的欢迎,虽然内容的生产成本很高。但是,只要能够获得观众注意就能将成本转嫁给广告商。在信息时效性强的年代,观众平台的模式尤其受欢迎。内容提供者可以将取自广告商的收入用于补贴内容生产,广告商也乐意进行投资。

平台市场中经常由一方补贴另一方。例如,在某些观众平台中,广告商补贴观众。在某些纵向平台中,卖家补贴买家。购物商场为消费者提供多种津贴或免费服务,如停车场、中央空调、休息室等。这些服务的成本转移至卖家身上,而卖家则从与消费者数量相关的间接外部性中受益。其他的纵向平台中,买家可能补贴卖家。例如,软件平台如操作系统,经常补贴软件开发商,而向最终用户收费。当供求不对称时,横向平台经常通过对某些成员进行补贴来调节供求,以此获得动态平衡。

3) 依据功能分类

根据平台功能,将其区分为市场制造者、观众制造者和需求协调者。市场制造者使得属于不同市场方的成员能够进行交易,观众制造者匹配广告商和观众,需求协调者能产生间接网络效应的商品和服务。这种分类非常有助于理解平台的主要优点：平台提供廉价的实体环境或虚拟贸易环境，从而降低市场各方寻找贸易伙伴的交易成本。

（1）市场制造者使得不同市场方的成员互相交易。如果其他市场方的成员越多，则某市场方内的成员便越看重这项业务——因为这会增加互相匹配的机会以及减少寻找配对所需的时间。这样的例子包括NASDAQ和易趣、新泽西公路沿途的购物商场，以及雅虎私人广告。

（2）观众制造者匹配广告商与观众。观众越多，对广告信息做出正面的反应，广告商就越看重这项服务；有用信息越多，观众就越看重这项服务。依赖于广告支持的媒体，如杂志、报纸、免费电视、黄页和众多网络门户皆是观众制造者。

（3）需求协调者制造产品和服务。这些产品、服务能引起两个或多个市场方客户之间的间接网络外部性。需求协调者属于特殊的少数类别，但在经济学上最为有趣、最少被研究。这些平台并不严格地像市场制造者那样出售"交易机会"或像观众制造者般出售"信息"。属于需求协调者的例子有软件平台、支付系统和移动通信等。

### 11.1.3 平台经济的内涵及市场特征

#### 1. 平台经济的内涵

1）平台经济是一个双边或多边市场

平台企业一边面对消费者，一边面对商家。平台经济通过双边市场效应和平台的集群效应，形成符合定位的平台分工。在这个平台上有众多的参与者，都有着明确的分工，都可以做出自己的贡献。每个平台都有一个平台运营商，它负责聚集社会资源和合作伙伴，为客户提供好的产品，平台通过聚集人气，扩大用户规模，使参与各方受益，达到平台价值、客户价值和服务价值最大化。

2）平台经济是一个开放的系统

因为开放，所以能够吸引各种资源的加入，吸引众多合作伙伴的加入，提高平台对资源的集聚，实现多方共享、共赢，提高平台价值。开放的系统带来规模效应。系统规模越大，平台企业越有竞争力。例如淘宝、腾讯、京东商城、奇虎360、百度等平台型企业都是开放过程中不断发展壮大，竞争力不断提升。

3）平台经济是一种增值服务

平台型企业通过为消费者和商家提供增值服务而获得收益，从而实现自身价值增值。如百度在为广大用户提供搜索服务，聚集流量的同时，为商家提供更加精准的广告，提高客户的广告效益。平台型企业之所以能够立足市场，平台经济之所以能快速发展，其关键就是为双边或多边市场吸引客户、实现价值创造。

4）平台经济价值来源在于其网络外部性

平台企业能够促成双边交易、实现双边价值增值，在于其网络外部性特征。其网络外部性的核心在于买卖双方任何一方数量越多，就越能吸引另一方数量的增长，其网络外部性特征就能充分显现，卖家和买家越多，平台越有价值。同时，正是这种交叉外部性，使得一边用户的规模增加会显著影响另一边用户使用该平台的效用或价值。在网络外部性下，平台型企业往往出现规模收益递增现象。

#### 2. 平台经济的市场特征

平台经济具备四个市场特征：一是双边市场特征；二是多属行为特征；三是价格杠杆特征；四是"鸡蛋相生"特征。

1）双边市场特征

双边市场效应是指通过平台交易的一方的收益取决于另一方参与的数量，供需双方的参与数量对于彼此都是有价值的，也称交叉外部性。双边市场效应揭示了平台经济运行处于一种精妙的设计之中，即大量相异且相容、处于市场不同位置的客户群体的网络规模与消费行为，构成了一种重要的平台质量参数，同时影响双边市场的价值函数。市场双边或多边在同一个平台上互动，受到显著的交叉外部性的影响,而且,平台经济的交叉外部性还会随着时间推移而发生变化。在平台企业初始阶段往往是采取"会员制"等办法实现盈利,即参与平台企业的"成员外部性"。然而,随着平台企业自身业务的壮大,开始从收取会员费转型为提供更多服务而实现盈利,继而从"成员外部性"转变为"用途外部性"。

2) 多属行为特征

多属行为特征是指平台参与者往往属于多个不同平台,出现交叉特征。或者说由于替代性或非关联性的平台的存在,至少一方市场的用户可能会参与多个平台。多属行为特征是平台经济中一种普遍而又值得研究的领域。在多属行为的双边市场研究中,把研究放在部分多归属上,并得出了"低网络偏好型"用户一般选择单归属,而"高网络偏好型"的用户则比较倾向于采用多归属策略的结论。

3) 价格杠杆特征

价格杠杆特征是从双边市场特征分离派生出来的一种市场特征。平台经济的价格杠杆特征与传统产业经济学当中的价格理论不完全一致。所谓价格杠杆特征,是指平台企业的佣金定价由两部分构成,一部分向需求方征收,另一部分是向供给方征收,从而形成平台经济的独有价格杠杆结构。例如,当需求方的数量对供给方而言非常有价值时,向需求方征收低价或不收费,就会导致更多数量的需求方涌入平台,进而提升了平台企业对供给方的议价谈判能力,均衡往往是对供给方征收高价。这样一来,对于传统意义上的竞争和垄断的概念就会产生颠覆性的变化。比如,原来很多垄断企业有垄断利润是因为其征收了垄断高价,但是平台经济的内部,价格杠杆高企的一端并不一定是垄断势力的表现,而往往是一种价格策略,目的是吸引更多的价格杠杆下沉一端的用户入驻平台。

4) "鸡蛋相生"特征

"鸡蛋相生"是指平台双边市场中一边市场需求的降低或结束将引起另一边需求的减少或消失,这就产生了平台双边市场孰先孰后、孰轻孰重的问题。一般认为,平台企业应当为平台一边的客户提供低价甚至某种"倒贴"的服务,来增加平台另一边用户的积极性,从而吸引另一方用户的加入,这样将有助于解决"鸡蛋相生"的问题。

## 11.1.4 平台经济的特点

网络平台经济的影响之所以重大,是因为其具有传统经济模式所不具备的一些特征。首先,网络虚拟交易平台的弱空间依赖性特征,直接导致了虚拟平台、店铺和渠道对传统实体平台、店铺和渠道的替代。其次,网络虚拟交易平台的跨区域性特征,使得其在一定条件下颠覆了传统经济的某些基础性市场要素。最后,平台经济生态系统的自生长性特征,使得其具有催生新的需求和服务的功能。

### 1. 平台经济的弱空间依赖特征

平台经济发展的最显著特征是其对实体空间的弱依赖性,使得在交易平台上的虚拟店铺运营成本低于实体店铺,直接导致了虚拟店铺对实体平台、店铺和渠道的替代。基于网络平台交易的新型商业模式,其对产业影响的本质是通过信息化手段改造价值链的各个环节、降低生产成本、提升效率,并提高客户价值,进而带来产业的转型、升级和创新。

平台经济是一种服务经济,从其服务对象来看,平台经济具有开放性和拓展性。平台作为一个开放的空间,任何与平台有关的企业或消费者都可以加入并使用平台,通过平台获得相关信息,达成交易。因此,在网络交易平台日益壮大的形势下,继续保持实体零售连锁店从根本上说是不符合经济效用的行为。如果将商业设施和存货的固定成本考虑进来,任何一家实体零售店都处于高度杠杆化的境地。从长远来看,让商品继续停留在实体店铺的货架上或仓库里已经没有任何意义,因为网络交易平台已经提供了更好的、更经济的商业模式。不仅是实物商品,就是传统金融业也存在被互联网时代的新型金融模式替代的可能性。

### 2. 平台经济的跨区域性特征

平台经济模式较之传统经济模式的另一本质区别是,互联网信息技术的进步使得在更大的市场范围内,消费者和生产者能够实现资源配置优化,消费者提高了效用的同时,生产者提高了效率。

首先,与传统要素集聚模式经济的交易条件不同,作为交易市场的场所(平台)实现了虚拟化,不再隶属于某个特定的地理区域。其次,消费者通过网络虚拟交易和支付平台突破了地理区域空间上的制约,能够在更大的范围内选择商品和服务,结果是与之相应的资金流和物流的大范围流动。最后,对于生产者和商品或服务提供者来说,面对的消费市场也将跨越地理空间的制约,其所需的人力、土地、资金等生产要素也突破了地理空间上的硬性约束。

因此,在传统要素集聚模式经济里具有地理优势的区域,可能将丧失一部分优势,问题是变化可能远不止这些。随着网络平台经济的比重不断扩大,对社会经济各个领域的渗透不断深入,原本集聚在具有地理优势的区域内的人力资本和资金等生产要素,会逐步趋于松动乃至流失,各种要素集聚的硬件渠道的利用会随之下降,连锁反应可能发生。这种渐进的变化对于原本依赖生产要素集聚的区域而言,可能是致命和颠覆性的。

**3. 平台经济的生态系统自生长性特征**

平台经济在互联网信息技术进步、商业模式创新与市场需求扩大的相互促进下,已经从早期单纯的双边市场演变到多边市场,再进一步进化为具有自生长性的良性循环的平台生态系统。作为新的经济业态和模式,平台经济具有生态系统性。平台企业的成长壮大及竞争力的提高依赖于其创造的生态系统,随着平台的不断成长,其生态系统的影响力越来越大,平台的竞争力也越来越强。

平台经济发展到今天已经进入了生态系统阶段,其生态系统的自生长特征不容忽视。例如,属于支撑性服务的支付宝、财付通等,就是平台经济为了解决交易信用和支付问题而催生的新型金融服务;同时,平台经济的发展壮大推动了第三方物流行业的成长,催生了专注于中小企业进出口服务的达通等新型服务型平台。提供基础数据、信息网络服务以及社会服务的企业和机构,也是网络平台经济的生态化发展所催生的新的需求和服务。另外,平台经济的发展不断催生咨询、信息、IT外包、市场营销、人力资源等衍生性服务。

**4. 平台经济的专业化集散性和加速增值性特征**

不同的平台在聚集信息或者经济实体资源时,通常都有自身明确的定位,只有与之相关的专业信息或者关联企业才能够聚集到特定的平台上,从而使平台具有专业性特征,形成其平台独特的竞争力。平台集聚资源的方式主要有两种:一种是对信息资源的集聚。通过构建平台,将众多特定领域分散的信息聚集到特定平台上,实现信息专业化集聚效应。另一种是对实体资源的集聚。通过构建平台,使产业上下游关联方汇集一起,形成产业集群,实现产业链上下游"捆绑式"发展。通过资源和信息的聚集,平台经济涉及的产业链也不断延伸拓展,同时平台型企业的发展能够带动周边产业,从而产生商业流、信息流、物流、人流和现金流,对周边地区形成辐射效应,促进相关地区相关产业发展,提升区域和产业竞争力,增强实体经济的活力。

专业化经营的平台型企业即便初创时很小,但是一旦抓住商机,便能迅速发展壮大,从一个中小型企业成长为一个跨区域的大型平台企业,如淘宝、快钱等公司都是自身定位准确并能够抓住市场机遇,从而短短几年就已经成长为全国性甚至全球性的平台领导企业。同时,专业化的平台经济具有共享共赢性。平台的价值是由使用平台的实体来决定的,平台通过共享为使用群体创造价值,并在共赢的基础上实现自身增值。也只有实现增值的平台企业,才可能生存壮大并成为领导型企业。

## 11.1.5 平台经济的作用

平台经济是推动经济转型发展的重要引擎。从微观角度来看,平台经济的作用和价值在于推动买卖双方的交流或交易,具有中介功能。通过组织、服务和利益协调,推动市场结构和产业组织合理化;从宏观角度看,平台经济的发展能够推动产业持续创新、引领新兴经济增长、加快制造业服务化转型和变革工作生活方式,是推动经济结构调整和发展方式转变的重要力量。

**1. 整合资源,实现产业持续创新**

平台通过对产业资源、市场资源的整合,可为参与企业提供广阔的发展空间,同时驱动企业进行持续创新,以获得和巩固竞争优势。例如,电子商务平台上产品相似的多家企业为赢得更多用户,就必须加强技术、产品、服务与品牌宣传推广等方面的创新。同时,平台企业自身为了实现高附加值和高成长性,也要持续进行技术创新和商业模式创新,而这些创新将会带动整个产业的发展。例如,苹果应用商店模式的创新发展就引来众多企业效仿,从而带动了硬件制造——软件开发——信息服务整条产业链的创新发展。

**2. 集聚发展,推动新兴经济增长**

平台经济属于服务经济范畴。实际上,各类服务业的价值链或者价值网络中都存在着搭建平台的机会。平台一旦建立,就能够吸引各种资源加入,发挥平台的集聚效应,推动整个产业的资源向平台倾斜,创造出巨大价值。平台经济作为创造和聚集价值的桥梁,正日益成为服务经济中最有活力的一部分。谷歌的成功在于其打造了信息汇聚与分享的平台,苹果的成功在于其打造了内容汇聚与交易的平台,而脸谱的成功在于其打造了人汇聚与联络的平台,这都充分体现了平台经济的巨大潜在价值。

**3. 突破"瓶颈",实现制造业服务化转型**

在日益激烈的产业竞争中,制造业企业更需要利用有效的中介平台打通制造和流通、制造与服务之间的"瓶颈",实现产品制造链和商品流通链的有效衔接,促进制造业向服务业转型发展。例如,面对劳动力成本、商务成本不断提高,行业利润持续走低的局面,许多制造型企业、家电企业纷纷转向电子商务平台,借助其庞大的用户资源和快捷的销售渠道,扩大销售规模、提高收益、降低成本,创新营销模式,获取更高利润。由于能够实现制造业与服务业的融合,近年来,平台经济成为制造业服务化转型的重要推动力。在平台经济的撮合作用下,产业链的上下游企业、生产者与消费者之间,在相互选择中完成了产品的交易。而且,产品从生产、运输到消费,都能够通过平台得以整合,制造业和服务业在平台的作用下得以整合。例如,1号店作为平台经济新兴业态,生产者能够通过1号店网上平台展示其产品,吸引潜在消费者的注意,而消费者通过这一平台浏览、比较并选择购买产品。在买卖双方的双向选择下,从展示、选择、下单购买、电子支持,再到快递运输,平台经济直接沟通了生产、消费、物流、支付等从生产到服务的全产业链条。同时,平台企业本身也会衍生出各种服务,包括咨询、营销等,实现制造业与服务业融合,促进制造业向服务业的转型发展。

**4. 变革消费方式,实现商业模式创新**

随着互联网由以信息为中心转向以人为中心。平台经济中所蕴含的全新的展示、交流、交易模式,不断融入人们的生活,成为人们日常生活模式和社交结构变革的重要推动力。社交网络平台、人际关系平台等新兴平台,加速了人与人之间的交流和信息流动,在人们生活中扮演着越来越重要的角色。目前,新浪微博等社交网络平台日益成为人际交往的重要渠道。淘宝网等电子商务平台也已成为人们日常消费的优先选择,而支付宝等第三方支付平台以及网络银行的普及为人们带来了更加便捷的生活方式。信息消费迅速发展,平台经济的发展能够产生更多新的经济概念,基于信息交换的商务活动、交易活动直接带来消费方式的改变,平台经济成为未来人们经济活动的主要方面。

## 11.1.6 平台经济与电子商务的关系

随着互联网信息技术的不断发展、应用和普及,基于网络的平台经济应运而生。1996年前后,美国学术界提出了"电子商务"概念,即Electronic Business或者Electronic Commerce之后,短短数年时间,这一概念被世界各地广泛接受。电子商务基于网络技术,网络技术提供了实现电子商务的技术平台,而电子商务是网络技术的最新应用和最终目标。根据买卖双方不同,电子商务可以区分为四种类型,分别是B2B、B2C、C2B和C2C。在其发展和应用中,前两者居主导地位,B2B是公司与公司之间的商务活动,而B2C是一种公司与顾客之间的商务活动。与传统的销售方式相比,网络平台销售具有明显的优势：一是信息量大，网络销售系统完整详细。二是检索订购方便。网络销售系统提供多种检索途径，可以用关键词单独或组合检索，快捷方便。三是价格低廉，网络销售最大限度减少了传统销售中的多种环节和服务设施，商家成本大大减少。四是网络销售极大地减少了商家的流通时间，降低流通费用，使商家获得更多的利润，消费者获得更多的福利。

伴随着电子商务网站的大量涌现，企业网络化已经成为一种销售捷径，它可以使销售与供应商更加紧密地联系起来，以更快地满足客户的需要，也可以让商家在全球范围内选择最佳供应商，在全球市场销售产品。正是这样一种区别于传统平台的基于网络软件和硬件技术的"网络虚拟平台"，在数量和规模上以迅猛的势头发展壮大起来，并在短时间内迅速形成了产业规模效应，正在改变着既存的企业形态、产业关联和区域经济格局。

随着时代的发展，目前许多网络营销系统日趋成熟，美国、日本等信息化程度较高的国家，网络平台发展迅速，一些世界级的零售商，如沃尔玛、凯玛特、家庭仓储、科罗格、JC培尼等纷纷跻身网络销售商的行列。随着时代发展和全球化进程的加快，中国网络销售平台也不断发展和完善，当前新出现并且快速成长的企业大多属于平台型企业，如淘宝、阿里巴巴、1号店等。这些平台企业的成功，演化出一种新的商业模式并形成平台经济。一场基于互联网信息技术进步、起始于商业交易模式的变革，正在改变着社会经济的方方面面，称之为一场革命绝不为过。

## 11.2 基于平台经济的商业模式创新

互联网的出现改变了传统生产经营的模式，使得世界上原有的以技术创新为主导的经济增长方式逐渐向以商业模式创新为主导的经济增长方式转变。在中国，以阿里巴巴为代表的销售平台创造了一个又一个奇迹。与此同时，许多在生产、物流、细分行业的互联网平台也正在逐步兴起。虽然这些平台没有像电子商务平台一样让大众熟知，但它们在各自领域创造的奇迹也推动着中国经济的转型和发展。平台经济模式无论其影响力、覆盖面，还是其对实体经济的推动作用，都是其他模式的互联网商业形态难以比拟的。平台经济企业的发展离不开外部资源的支持，生产、销售、物流三个方面强大的实体产业支持着商业模式的创新。

世界各国纷纷开始制定以互联网为基础的信息经济战略，互联网对传统产业的改造和商业模式的影响也逐渐深入。平台经济更是显示出比其他互联网经济业态更为强大的辐射面和影响力，国内的阿里巴巴、京东、腾讯、百度，国外的亚马逊、Facebook、eBay等互联网巨头都建立起强大的互联网平台，这些平台经济企业正在成为各国信息经济发展的先导，影响着国家信息经济战略的方向。

### 11.2.1 平台经济下商业模式的研究

平台经济推动人们消费方式发生变化，平台商家的商业模式也不断创新。一是经营方式（如团购等）的创新也带动了业态创新（如第三方支付的发展）。第三方支付在解决平台经济发展"瓶颈"的同时，也推动了自身的发展，涌现出一批知名的第三方支付中介公司，如支付宝、快钱、财付通、银联电子支付等。二是企业组织模式发生了变化。在越来越多平台企业出现的同时，一些传统企业也通过搭建平台，成功开拓了新的增长点。例如APP store作为软件销售平台，使苹果从纯粹的电子产品生产商转为以终端为基础的综合性内容服务提供商，成为苹果战略转型的重要举措，成为苹果重要的盈利模式。此外，平台之上又衍生出新的平台，形成新的商机。比如返利网把众多网络购物平台整合，成为平台之上的权威平台。平台经济推动着商业模式、经济形态和人们消费习惯的彻底改变，使整个经济的微观基础发生了变化。

平台经济行业的形成和发展使互联网深入传统产业，从而带来商业模式的变革，形成了不同于以往经济的新形态。平台经济的形成以信息技术、社会需求为基础,以生产市场、消费市场为动力,以流通环节、外部服务为助推实现商业模式的创新。具体表现在强调生产能力的资源集聚商业模式、减少交易成本的物流创新商业模式和注重消费市场的网络营销商业模式,其模式创新,如图11-2-1所示。

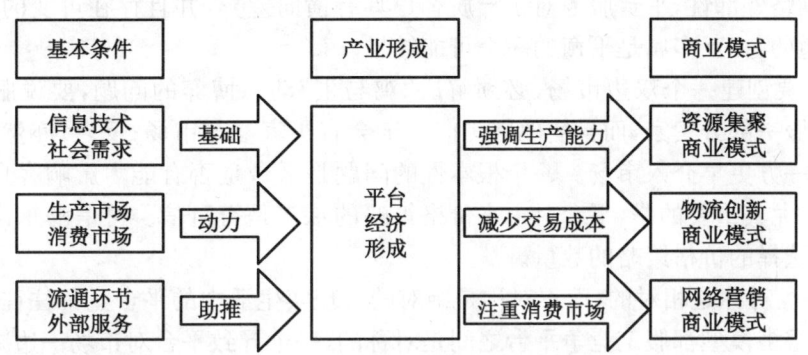

图 11-2-1　平台经济商业模式创新

### 11.2.2　平台经济中的竞争模式

**1. 平台竞争的形成**

不同类型的平台竞争都可能影响双边市场,竞争可以是"自然形成"的,也可以是市场一方积极行为的结果。同一平台的主体之间存在内部竞争,两个或两个以上的平台之间存在外部竞争。应该注意,属于同一个平台并不排除内部竞争的出现。外部竞争的情况更复杂、更具挑战性。例如,不同的支付系统之间的竞争、各种报纸和电视频道的竞争、各种中介服务的竞争、购物商场之间的竞争。平台竞争的最大特点是多面性。在传统市场中,吸引顾客的手段可以是在一个市场中以较低的价格提供较高的使用性,而在双边市场的情况下,市场的两边都可以出现竞争。

在市场内引入竞争(如在一个垄断市场中建立双头垄断)会产生两种效果:固有平台市场力量的削弱;平台为市场双边制定的价格结构发生变化。垄断平台通过网络外部性的内在化来平衡市场的双边,并且这种行为原则上与社会福利最大化一致。但是引入竞争后,总体价格水平和相对价格都会受到竞争压力,相对价格会因为市场某一边的竞争压力较强而改变,这种平台竞争就导致平台最终目标与社会福利最大化之间的矛盾。当垄断的企业联合变为双头垄断竞争时,减价效应强于价格结构变化,除非该企业联合的市场力量已然被平台性质所限制,或被市场其他的某种特点所限制。

**2. 平台竞争的主要表现**

(1) 服务差异化。平台服务差异化是平台竞争的一种重要手段。一般来说,平台的服务差异化所产生的效应与传统市场 Hotelling 双头垄断模型所显示的结论并没有质的区别。没有差异,就会出现一种特别的 Bertrand 价格战,导致平台的利润损耗。

(2) 客户差异化。竞争平衡价格取决于市场双边竞争的强度。然而,平衡价格也跟双边平台涉及的客户差异程度有关。假设卖家并不在乎由两个不同平台提供服务,买家却不然。先不讨论卖家同时采用两个平台的可能性,不难看到,中介激烈争夺的是卖家。要说服卖家可有两种途径:低平台收费(甚至为零或负)或平台拥有较多的潜在客户。引入竞争会导致减价,并由客户差异化的程度决定企业选择市场的类型。当双边市场的客户有差异,通过一些选择机制,定价原则可以对使用价值产生影响。

(3) 多属现象。多属一词本是因特网的技术术语,现普遍意指市场一边或两边采用一个以上的平台的情况,这样通过一系列的不同途径,会出现互动。当加入平台的固定费用很低或为零时,多属很容易出现。处理多属的一个主要困难是市场的一方会主导另一方的可能性选择。例如,一个商户可以接受一种银行卡或一种借记卡。如果只是证明两种系统都各有优势,所以两种卡他都会接受,这显然欠缺说服力。但如果说银行卡的交易费用明显高于借记卡,则商户会拒绝接纳此银行卡,迫使消费者使用商户首选的支付手段。明显地,市场一边出现多属会影响竞争的强度。

(4) 内生性。市场双边客户是否选择加入一个或多个平台,原则上是由一个平台竞争结构内生决定的。若不存在网络外部性,平台服务对于异质客户具有横向差异,并且存在可变的使用费,没有会员费,那么(市场双边的)交互多属是平衡的一个可能结果。

(5) 动态性。要创建一个双边市场,必须解决"鸡与蛋"动态博弈的问题,要说服买家采用某个平台,就必须首先说服一部分卖家,而且使他们相信一定会有买家参与市场;反之,亦然。然而,很多情况下,一方用户比另一方更早介入市场。一个根本性的问题是平台是否有能力影响客户对于未来交易量或外部性的预期。尤其重要的是,平台对未来价格策略的承诺是否可信。可信的承诺能充分地影响动态博弈,增加可供选择的价格策略的数量。

(6) 非对称性。对称是相对的,而不对称是绝对的。现实生活中的平台竞争往往是不对称的,只是为了使分析简便,很多模型都假定竞争平台之间是对称的,一个导致平台对市场一边减价的因素会引起对另一边价格提升。但是,竞争对手平台会相应地提高一边价格,对另一边减价。也就是说,在价格结构上,两个平台采取相反的走向。平台对市场某一方的减价可能导致竞争对手平台利润的提高。这是因为,平台竞争达到平衡本身就意味着对市场双边的交叉补贴(对其中一边收取的费用可能低于成本)。而且,价格结构不仅反映了召集市场双边客户的需要,也反映了竞争的相对强度。如上所述,如果一个平台对市场的一边减价,竞争对手也会调整价格结构。

### 11.2.3 平台经济中的商业模式

平台商业模式是指在市场具化的过程中,平台基于现代信息技术,通过物质流、信息流和规则流促使平台各参与方完成交易的全过程,并实现最终盈利。一般来说,平台商业模式的发展,就是实现其从"看不见的手"发展成为"捞钱的手",其关键在于如何通过规则的制定和现代信息技术的利用,实现对平台各利益相关者交易过程的控制。也就是说,平台商业模式强调的是平台如何通过对经济逻辑、运营结构和战略方向等具有内部关联性的变量进行定位和整合的概念性工具。

一个成功的平台商业模式必然是通过对物质流、信息流和规则流这三个不同的层次的控制来实现最终的盈利。因而,平台的商业模式可以具体分为物质流商业模式、信息流商业模式和规则流商业模式。

**1. 物质流商业模式**

平台的物质流商业模式既是平台商业模式的一种最基本和最原始的模式,又是一种普遍存在的平台商业模式,更是自市场和平台产生时就有的商业模式。这种商业模式的发展,与商品本身所包含的使用价值与价值紧密相关,同时也与供给双方的力量相关。也就是说,这类平台商业模式的发展,往往会以价格战,市场垄断为最终的导向。在现实的平台经济领域,大型连锁超市对小超市生存空间的挤压,对供货方实行"进场费",对消费者实行的价格欺诈都是此类商业模式的一种极端体现。同时在互联网的电商领域也大量地引入了物质流的商业模式,由京东挑起的与当当以及苏宁之间的"电商混战"都是物质流商业模式的在互联网技术下的一种变相升级。

零售商作为平台物质流商业模式的代表,通过少数零售商寡头构建的终端销售平台占据了大部分市场份额,反过来形成对上游供应商的买方垄断。这种交易中介平台所构成的买方垄断形态,通过垄断地位向上游供应商收取的垄断租金,包括进场费、上架费等附加费用,以及货款、装修促销款项的资金占用收益。

**2. 信息流商业模式**

知识经济时代信息技术发展为企业"更开放、更简单、更低成本"地实施科技创新战略注入了新动力,并将创新目标、过程和动机引入了平台商业模式研究。但对于信息流商业模式的研究,不能只关注其表面的平台现象,而要回归到最基本的理论假设:在完全市场的假设中,商品的价格信息能够充分反映出需求和供给方相关的全部需求偏好和生产函数。因此,对信息的有效控制是平台信息流商业模式成功的关键。有研究者就对与信息相关的新兴移动服务平台的模式进行分类研究,其模式的核心在于使用一个更加开放的方式提供服务,由以电信运营商为中心的模式向更加均衡的平台模式发展。

基于互联网技术的电商,从本质上分析,就是平台在信息流商业模式的一种成功应用;通过互联网技术,实现供给需求信息在交易的多方,包括买方、卖方、平台方、物流方的高效流通,降低交易各个环节的交易成本,最终促成交易的完成。在这种理想状态下,平台方作为最有力的信息控制者,通过大量的交易,能够实现平台自身的盈利。

**3. 规则流商业模式**

作为一种市场的具化,平台自身必须包括与市场相关的交易规则。同时作为一种组织形态又必须包括和组织相关的组织规则。而作为平台的商业模式而言,更为重要的是和市场密切相关的交易规则。对于某一些平台商业模式,其核心是在现有的交易规则之下,重点关注某些产品或服务的供给与需求;而对另一些平台商业模式,其核心则是建立全新的交易规则,并由此形成平台私权力向平台公权力的转变,而并不涉及某种具体的产品或服务。

因此,对于任何一个平台而言,其发展的最高形式,是通过制定规则,形成对权力的垄断,最终形成对平台双边客户的控制。通过专有平台的创建,形成了对双边客户的垄断定价权利和定价规则,最终利用双向的间接网络效应实现对利润的最大化控制。一般最简单的平台规则都与平台的定价规则、管制规则等平台"私权"有关,体现出平台垄断能力和控制能力。而平台公权,或者说是一种社会权力的产生,才是平台规则流商业模式发展的高级阶段。在和平台规则流有关的具体商业模式中,搭建各个利益相关者之间的利益输送规则是一种规则流商业模式的体现,同时对既有的平台规则的破坏和侵害也是平台规则流商业模式的一种表现形式。此外,按照对一般权力的形成过程的理解,还能将规则流商业模式分为"自上而下"的公信力模式和"自下而上"的自组织评价模式。

## 11.2.4 平台经济的业务模式

双边平台市场中经常出现客户召集、利益平衡、规模化和流动性等业务模式。

**1. 召集双边客户**

平台的一个重要特征是,无论平台如何收费或定价,只要没有另一方的需求,则这一方的需求也会消失。这就产生了"鸡和蛋"谁先于谁的问题。在上述的情况中,参与这些产业的平台业务就必须设法召集双边客户。而在召集双边客户的过程中,平台投资和定价策略是至关重要的。召集双边客户的方法之一是,首先获取市场某一方的大量客户,免费为他们提供服务,甚至付费让他们接受服务,因为这样鼓励了受益一方参与平台的积极性,这样的策略称为"各个击破"。通过这样的投资方式,双边平台能够为市场培养(甚至在最初提供)一方或双方的客户,以推动平台获得全面的成功。

**2. 双边客户的利益平衡**

多边市场中成熟的平台企业——如那些已经成功解决了"鸡与蛋"问题而进入发展阶段的平台,仍需要制定和维持一个最优收费结构或价格结构。在大部分的多边市场中,平台的定价结构似乎都严重倾向于市场的某一方,这一方的边际效用远低于市场的另一方。例如,微软的绝大部分收入来自给予最终用户和计算机生产商授权许可。双边的客户都着眼于自身利益而要求对方支付高价,这个难题在银行卡产业中屡见不鲜。在欧洲,零售业联会要求欧共体强制银行业取消居间交易费用。

**3. 规模化和流动性**

成功的多边平台企业,如微软、易趣、雅虎等,在做主要投资扩大规模之前,都花费时间测试和调整平台以增加流动性。这些企业先在小型市场中试运行,反复试验并找到值得投资的适当技术与设施。这些成功的平台企业都采取了循序渐进的市场进入策略,经过一定的时间再逐渐扩大规模。与传统的网络效应经济理论不同,没有证据表明可以通过迅速占据市场份额达到控制平台产业市场的目的。许多较早进入市场的平台企业最终都不能保持在产业内的领先地位,如银行卡业的DinersClub,个人电脑和手提电脑产业的苹果公司,以及网上贸易门户的OnSale网站等。

## 11.3 平台经济在电子商务中的应用案例

平台经济企业的发展主要来自模式的变革和创新,一些企业在成长过程中很好地抓住了互联网发展的机遇,通过经营模式的转变快速地奠定了行业地位,形成了较为明显的竞争优势。总结和分析这些企业成长中的经营模式变革与创新,不仅可以为平台经济企业的发展提供经验与思路。同时,也能够促使这些企业进一步改进自身的经营模式,寻找更适合自己的发展道路。

### 11.3.1 宝钢 B2B 云商务平台

建设云商务平台,有助于形成集中式的、集约化的服务平台,有助于加快区域电子商务服务的产业资源集聚、创新要素集中和服务功能集成,打造电子商务服务完整的产业链,探索推进电子商务公共服务与诚信体系建设,创新为传统企业和中小企业应用电子商务提供"一站式"集成服务模式。

**1. B2B 电子商务服务体系**

东方钢铁已建成相对全面的 B2B 电子商务平台,该平台针对钢铁行业在采购、销售、交易、物流、融资等环节,提供供应链服务和基础的公共服务。目前形成的体系如下所述。

1) 营销电子商务平台

覆盖宝钢碳钢等各大品种的期货、现货业务,涵盖制造、海外/国内贸易的主要流程,服务功能比较完备,并与汽车、石化等行业部分战略用户建成供应链协同系统。

2) 采购电子商务平台

已支持网上招标、网上竞价等多种采购模式,业务覆盖资材备件、工程设备、大宗原料等采购领域。在集团推动下,为更多采购组织所接受,并向差旅等服务性采购领域拓展。

3) 在线钢铁交易市场

通过社会化的钢材挂牌以及网上竞价业务的迅速开展,电子交易平台业务由钢材现货,拓展到废次钢材、废旧物资、闲废设备等领域。

4) 第三方物流服务

覆盖宝钢出厂物流业务,提供面向第三方物流服务商的业务接收和执行平台,物流服务商在线实时接收货主方,如宝钢的物流指令,实现在线反馈物流执行(含仓储、水运、铁运、汽运)和物流结算等功能。同时,提供先进的公司 PS/公司 IS 系统,为货主、物流服务商、及钢铁用户提供实时在途跟踪服务。

5) 数据交换服务平台

支持东方钢铁运营的各个应用系统间的数据交换服务,提供基于各类网络及接口方式的数据交换,支持数据交换过程中的管理、监控。数字证书认证及应用体系:提供基于数字证书的身份认证及加密的基础服务;防伪单据服务系统:提供基于光栅防伪技术的单据防伪打印服务。

**2. B2B 云平台主要服务产品**

1) B2B 单据服务

电子单据管理平台提供 B2B 单据服务,包括电子提单功能、电子质保书功能。"子单据服务"是通过集中的单据服务平台向企业提供多种单据的电子化服务,如电子发票、电子合同、电子提单、电子质保书。下面以电子发票为例介绍 B2B 单据服务。

电子发票是现代信息时代的产物,是指纸质发票的电子映像和电子记录,可以实现在线领购、在线开具、在线传递发票及在线申报。其解决了因地域限制和现有发票管理流程的局限给企业采购、销售结算带来的诸多难题。

基于 B2B 全程电子单据服务平台的电子发票的特点如下：

（1）无缝集成税务管理信息系统，电子发票信息可实时地存入，信息采集及时可靠，准确无误。

（2）实现纳税结算完全网络化、电子化、无纸化和自动化操作，简化了税收工作的环节，免去了大量的印票、售票、验证、取证、认证、交叉稽核及追索等一系列工作，可以节约大量的人力、物力、财力，降低税务管理成本。

（3）与国家出口退税电子化管理系统、银行结算系统结合起来，通过电信网络，将纳税人、税务局、海关和银行连接在一起，奠定了一体化纳税结算方案的技术基础，实现税控管理现代化。电子单据服务平台实施行业共享式电子发票业务架构，以促进行业企业在发票管理上实现下列目标：

第一，实现业务结算信息协同。帮助行业、企业实现与供应商、客户结算信息的协同和共享，通过电子信息自动校对功能，减少差错，提高结算协同效率和效果，并帮助行业、集团、企业实现集团内购销结算信息的集中和协同，大幅度提高集团内部财务结算和账务核对效率。

第二，实现发票信息统一管理。帮助行业、企业优化发票实物管理流程，减少发票管理环节。同时，加强采购发票流程的跟踪管控，实现发票处理状态的全流程跟踪控制，降低风险。

第三，实现全国异地发票认证。帮助行业、企业突破增值税发票、验票的地域限制，实现异地集中统一认证，并实现全流程发票处理精度控制，做到增值税进项税金"应抵尽抵"，减少税金占用的资金成本。

2）B2B 支付交易管理服务

交易管理服务是东方付通的核心业务流程，是第三方支付业务的开展模式。交易管理服务是针对东方付通交易服务的管理过程，包括充值、支付、提现、担保交易、保证金交易、代扣款、账户冻结、违约管理、差错处理等，为会员提供各种交易服务功能，规范交易活动，保证网上支付活动安全可控。B2B 支付交易管理服务，如图 11-3-1 所示。

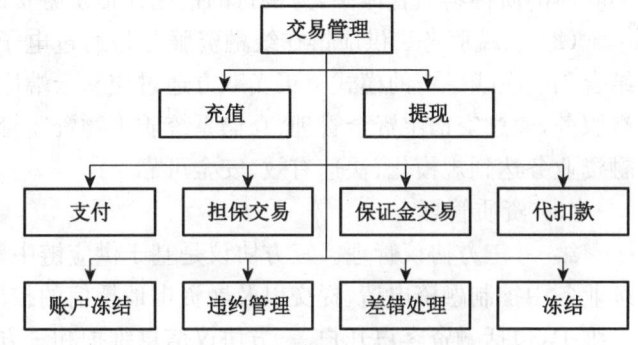

图 11-3-1　B2B 支付交易管理服务示意图

B2B 支付交易管理服务主要包括：

（1）充值是会员通过拨付资金到东方付通增加其账户余额的行为。

（2）提现是会员请求从东方付通的备付金账户，转至会员指定的银行账户的过程。

（3）支付是会员根据特定的业务背景，从其会员账户转移资金到其东方付通账户的行为。

（4）担保交易是东方付通为提高交易可靠性及安全性，保障交易双方资金和货物所有权顺利交换而提供的交易服务。付款会员进行付款后，所付资金首先划入东方付通担保账户，待付款会员确认收货后收款会员才能收到货款，包括担保交易发起、担保交易完成、担保交易撤销和担保交易关闭环节。

（5）保证金交易是在交易发生前锁定一定额度的保证金，待交易完成后解除保证金锁定状态的交易方式，包括保证金锁定、保证金完成、履约保证金和保证金释放。

（6）代扣款是东方付通依据签订的商户服务协议或商城服务协议，按照确定的规则，对会员账户资金进行代扣的业务，包括代扣款检查、账户冻结和账户解冻过程。

（7）违约管理：东方付通对交易违约行为形成处理决案并遵照执行的过程。

（8）差错处理：差错处理包括抹账和红冲，红冲用于调整之前的账务，抹账用于调整当天账务。

（9）日结：为确保账务处理的准确性，东方付通财务部负责于每日营业终了与银行对账，并进行试算。对账成功并试算平衡后，日结并打印报表。

3) B2B融资服务

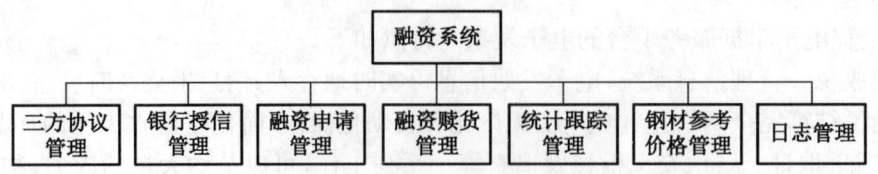

图 11-3-2　B2B 融资服务示意图

为中小企业在贸易环节中提供在线的供应链融资服务,包括授信、放款、还款及回购流程。通过安信宝资金管理、仓储系统质押物资监管、合作银行在线质押审批实现供应链在线融资,使融资业务达到规模化、快速有效、安全可靠。

(1) 服务模式设计。设计建设面向中小企业的供应链融资服务,结合企业的采购和销售业务,给予企业延伸信用的融资服务,支持企业的资金流转。

第一,设计建立票据集中服务。通过票据集中服务,集成多家银行及商户,建立综合的票据贴现渠道,建立多种票据质押方式,形成跨企业的票据交换平台,实现企业按需调整持票结构,加速销售所得票据向采购方的流通。

第二,设计建设质押监管中心。通过质押监管中心,整合仓库资源,建立集银行、监管方、货主监管为一体的质押物监管体系,为银行的信用评估及融资的整体风险控制建立基础的管理体系。

(2) 云端服务。供应链在线融资服务是通过电子商务系统,及在线方式与银行的动产质押业务相结合创造在线融资的模式。买卖双方通过交易云端服务签署电子购销合同,将融资请求提交至资金云端服务,通过安信宝资金管理、仓储系统质押物资监管、合作银行在线质押审批实现供应链在线融资,使融资业务达到规模化、快速有效、安全可靠。

(3) 资质管理。

第一,三方协议管理。三方协议是基于供应链中贸易公司、银行、客户签订的在线融资协议,并在后续业务中控制融资申请、提交以及融资申请授信的校验。协议管理对融资业务三方协议关系的基本信息维护,包括融资客户开户、三方协议信息维护和三方协议中止定时作业等。

第二,银行授信管理。银行授信管理是银行对客户授信额度的管理,包括银行(分行)、客户代码、综合授信额度、票据额度、流动资金贷款额度、有效起始日期、有效截止日期等信息的维护和管理(修改、查询、跟踪、终止)。

## 11.3.2　网络平台经济下的游久

**1. 平台化转型升级**

游久时代(北京)科技有限公司是在陕西游久数码科技有限公司基础上结合网络平台运营逐渐发展起来的现代化、以网络游戏发行与研发为核心业务的高科技公司,致力于创新网络游戏模式、拓展游戏渠道以及网络游戏产品的研发与探索工作,为互联网用户提供更加丰富、全面的互动式娱乐体验,最终实现打造国内一线的互联网游戏发行商与研发商。

游久时代在面对传统媒介状态之下生存方式所存在的问题及弊端之下,积极开展转型探索,以此在竞争激励的市场之中占得先机。因此,在 2007 年游久时代果断转型,将自身打造成为了资讯门户网站,并凭借自身的优势来向互联网用户提供资讯和交流沟通的全方位服务,在转型升级之后,游久时代资讯网站每天的 IP 访问量达到了 300 万人次,而峰值则超过了 350 万人次,每天 UV 独立用户量超过 1 300 多万;每天 PV 超过 3 200 万,峰值超过 PV 4 000 万,短短两年间就已经成长为我国最为知名的资讯门户网站之一。

游久时代在抓住自身业务实质基础上进一步整合现有的网络资源,将自身的业务触及网络媒体平台的覆盖范围向与互联网或者网络游戏相关的领域扩张,达到了较为理想的扩张效果。游久时代所采取的全面整合开发商、运营商、地方网吧、玩家组织等各种资源,与国内知名的游戏一线厂商、媒体、网站建立了长期战略合作伙伴关系,牢牢地将目光投入在了游戏产业的每一个环节上,致力于为中国整个游戏产业的发展提供最专业化服务,其在整个产业之内的影响力也是与日俱增。

通过深入分析游久时代的发展之路可以清晰地看出,要想打破传统媒体经济的桎梏,在新时期互联网经济下为自身赢得不败之地,就必须实现平台化转型。游久时代平台化转型充分依托了自身所具有的完整而庞大的资讯体系,将国内九成以上的网络游戏专区、25个游戏频道囊括其中,可以向网络用户提供资讯、下载、交流等全方位服务。并且在该门户网站平台之中,还包括了新闻、专区、论坛、音乐、地图、产业、下载、活动、新游频道、找游频道、大公会、网页游、电子竞技等频道,网络用户足不出户即可享受到一站式服务。

通过游久时代媒体平台扩张之路,可以结出传统媒体平台在互联网经济下要想重新焕发出生机与活力,必须坚持平台发布信息的专业化、特色化,使其能够在激烈的同行业市场竞争中形成鲜明的品牌特色,继而通过不断强化网络用户知名度及品牌影响力来提高网络用户对于网络平台的黏性,成为生活中不可或缺的组成部分,才能够牢牢抓住网络用户的消费心理,实现互联网经济时代下网络平台的有效扩张。

**2. 网络平台化经济发展**

游久时代在充分认识到网络平台经济的发展需要,以商业模式的创新和免费机制为基础,在2013年8月29日,将手游经典作品《刀塔女神》同热门电影《被偷走的那五年》进行合作,开启了国内手游和电影合作的新型商业模式,而后更是以《甜心巧克力》中的女主角"林月"形象为基础将其植入游戏卡牌当中,以视频拍摄和媒体观影会等新颖的网络平台经济的商业模式成功吸引了用户和广大游戏开发商和平台提供商的眼球。

此外,游久时代将免费机制引入游戏当中,并在对用户的需求和消费能力进行充分考虑的基础上,制定出了科学的价格结构基础,具体内容如下:将用户根据需求分为四类,首先是兴趣玩家,此类玩家大都对此款游戏具有较大兴趣,且具有"试水"心理,针对该类玩家的心理需求,《刀塔女神》在用户注册账号之处,将会免费赠送用户相应装备,增加用户游戏体验;其次是平民玩家。该类玩家大都对此款游戏具有强烈兴趣,且愿意花费适当的时间和精力来打理游戏,并参与游戏活动,针对此类玩家,久游时代在《刀塔女神》的每一次更新和维护后,均会发起相应活动,回馈用户,作为其支持游戏的奖励;第三种用户为高级玩家,该类玩家不仅对游戏具有浓厚的兴趣,而且还能够根据游戏任务需求向其中投入资金,以帮助其获得更好的游戏体验,而对于此类用户而言,其在平台中的消费金额同前两种用户相比也会相应增加;最后是专业玩家,该类玩家大都能精通游戏中的各项任务和关卡,并为了追求更好的装备和效果,提高游戏的专业性和自身体验,向其中投入大量资金,从而证明在此游戏领域中的地位。

2013年12月,刚推出不到一年的《刀塔女神》的注册用户达到了589万,其由《刀塔女神》而导致的直接收益高达2 000万元。由此可见,游久时代关于《刀塔女神》免费机制的价格策略不仅以同电影合作的新的商业模式提高了知名度并增加了品牌影响力,而且也为企业带来了较大的经济效益。

**3. 平台经济下网络媒体商业模式构建**

游久时代在以增值服务平台的无限延展性构建基于多边平台经济商业模式的过程中,分别从以下三个方面展开,具体内容如下:

(1) 关注网络的外部性。游久时代认为,网络外部性是网络平台商业模式得以构建的基础,而直接网络外部性将会形成基础平台,间接与交叉网络外部性则实现的是增值服务平台的延展。在此基础上,游久时代加大了对游久网电子竞技平台和游久网网络游戏平台的建设力度。在游久网电子竞技平台方面,以DOTA站为例,2013年,通过借助其原有的媒体资讯平台,游久时代将DOTA站发展成了全国最大的DOTA专区,并常年占据着百度关键词中游戏第一搜索量的位置,并成为日内首个单日PV突破

2 000万、UV突破200万的游戏专区,而DOTA专区下的模拟器、超级助手以及录像站等增值服务平台发布,更是在成为引领业内潮流产品前沿发展趋势。

(2) 对交易成本的合理控制。游久时代在构建增值服务平台无限延展的商业模式过程中,将交易成本问题分为两方面考虑,分别为企业自身和双边市场的用户。企业通过制定"谁需求多,谁支付多"的价格策略,对不同的游戏产品制定了虚拟商品的购买价格;在双边市场用户的交易过程中,通过提供能够降低双边市场交易成本的平台,为双边市场用户的成功交易提供可能。在此方面,游久时代利用阿里巴巴网络媒体平台(第三方网络平台),将市场交易的买卖双方以最短的时间取得联系,并了解双方各自需求,实现平台交易,节省了因虚拟商品交易风险而不得不见面交易的成本,得到了用户的一致好评。

(3) 重视用户的体验模式和个性化需求定制。用户体验模式的制定在一定程度上取决于其自身的个性化需求,简单来说就是,用户所需求的体验必将同其个人关于产品某一方面的需求相一致。个性化需求的定制是增值服务平台所产生的直接平台效应的一种良好体现,在用户的个性化定制过程中,游久时代通过将用户纳入游戏产品或相关咨询平台的开发过程中,使用户根据个人需求提出相关意见,在此基础上,开发出满足大多数用户的相关产品,从而获取竞争优势。以游久网视频内容平台为例,针对部分喜爱游戏视频的玩家,游久时代分别在游戏新闻娱乐播报、手游领域各自推出了《游久一周烩》和《手游天天荐》两类节目。由此可见,提升用户体验和采取个性化需求定制的策略无疑是游久时代基于增值服务平台无限延伸而取得良好网络平台经济效益的关键措施。

### 11.3.3 阿里巴巴的平台模式化

2014年9月,阿里巴巴在纽约上市,成为继2012年Facebook上市以来世界最大规模的互联网公司IPO之一,再次证明以平台模式化发展的企业在当今信息技术产业的重要性以及受资本追捧的热度。众多专家认为以苹果、谷歌等美国的平台公司成功的因素是革新,经过平台革新从而为世界经济发展带来了巨大贡献以及提供了创新的商业模式。McKinsey报告指出阿里巴巴的成功是一个市场化的革新。阿里巴巴的互联网电子商务平台"淘宝"是2003年开始做服务的,支付安全问题及送货问题是互联网电子商务当前最重要考虑的两个问题。阿里巴巴采用全新的Alipay支付系统是当前最适合于中国市场环境的支付系统,在满足消费者需求的同时,也帮助其迅速占领市场份额。相对于阿里巴巴,美国eBay公司更早在中国在采用Paypal系统做互联网电子商务,但由于发展不利,于2007年退出中国市场。目前阿里巴巴已经在中国互联网电子商务市场拥有80%的市场占有率。

独特创新的经营模式和收益模式:阿里巴巴独特的B2B商业模式为其带来了丰厚的收益,阿里巴巴摆脱了传统的向买家收费的形式,首创向卖家收取会员费。同时通过多种诚信机制的建立以及交易安全的保障,为广大买家和卖家建立一个相互信任的平台。独特的商业模式帮助许多中小型企业找到了走出困境的途径,从而抢占了市场先机。

1) 产品创新方面

阿里巴巴的努力主要表现在面向不同用户群的子平台构建方面,包括天猫、聚划算、Alibaba.com、阿里巴巴等,以及服务于已有各个平台,以提升用户价值为导向的产品开发,包括安全支付工具(支付宝)、用户信息交流工具(阿里旺旺等)、信息搜索工具等。

2) 模式创新方面

淘宝曾经历过收费导致用户数量萎缩的阶段,此后阿里巴巴集团将免费使用平台的政策贯彻到底,并另外寻找盈利来源,从用户数量、交易规模等方面超越了eBay、易趣。成功后的阿里巴巴朝着宽市场方向发展,通过兼并收购、战略联盟、协议合作的方式进入金融、数字娱乐、位置服务、移动互联等领域,为用户创造全方位的价值。

3) 管理创新方面

阿里巴巴组织结构经历了七次变革,至2013年1月,阿里巴巴被调整为25个事业部,这是阿里巴巴一直强调的"建设商业生态系统而不是商业帝国"思想在组织架构上的落地实施。阿里巴巴25个事业部对外各自独立,在增强灵活性的基础上,降低各单元的业务量,从而降低了资源和权力集中到事业群的可能性,提升了最高层的控制权。

如今的淘宝在基础设施功能的建构中已经体现出开放的格局,平台使用者的概念已经不仅限于买家和卖家,在其中消费者、零售商家、增值服务商、物流商、电子支付供应商、商品供应商、品牌持有者和自由职业者都能找到自己的商业价值,有容乃大才组成了一个丰富的商业生态系统。

### 11.3.4 小米的平台效应

小米是在竞争激烈的中国手机行业中,创立不到5年的一家新型本土企业。小米在2014年上半年中国市场手机销售量达到第1名。

小米的创业者多次强调小米公司本身就是以软件设计、开发为基础的互联网公司。小米的智能手机在以Android平台源代码为基础,开发出小米独具特色的操作系统(OS)MIUI。顾客每天通过在小米手机上下载3 500万个App应用程序。毫无疑问,小米已经成为中国智能手机领域的领先者。

反观小米的竞争对手三星,由于其采取了Fast Follower战略(快速追求新产品或者新技术的战略),直接采取了Google Android OS操作系统,再加之三星数十年在手机的硬件领域的开发、设计能力和经验,因此三星手机一度处于世界手机领域的佼佼者。但最近几年智能手机经过早期快速发展之后,市场逐渐回归到正常市场化局面,消费者在越来越重视商家服务和软件媒介平台的大环境下,小米通过在中国市场上价格、软件、服务等三个方面的出色竞争力而在众多厂家中脱颖而出,抢占市场领先地位。

小米在商业模式、运营模式等很多方面都是定位于软硬件一体化的移动互联网公司,即软件+硬件+服务的所谓铁人三项模式。

小米公司的真正战略意图,是以小米手机来聚集顾客。通过一系列的营销手段来构建顾客社区,呼应顾客价值观,深化与顾客的一体化关系,再围绕着顾客的生活方式成为综合供应商。例如为了更紧密地与顾客沟通,小米一周一次升级OS。小米在营销上的成功,主要通过所建立起来的平台效应,来促进小米与用户有效的互动,这正是平台化的经济最大特点。

## 11.4 平台经济发展环境与趋势

从当前平台经济化的变化看来,未来平台化经济将以更快的速度持续发展,因此建议相关行业与企业需要做好充分的准备。

**1. 平台经济的发展环境**

大部分信息技术功能都可以通过智能手机来实现。以后智能手机会结合人们日常的生活提供各种必要的服务,未来社会还可以通过Cloud service(云服务)来进一步完善服务品质,通过人工智能服务与智能手机结合,从而提供多样的服务商业化模式。在这其中软件竞争力为基础,再融合硬件设施和有竞争力的配套服务。

当今社会以互联网、智能手机为基础,多种产业开始逐渐转变为平台化经济模式。这已经有不少成功的案例可以借鉴,如Lego公司开发的机器人玩具王国Mindstorms。1998年,Mindstorms驱动项目受到黑客的攻击,Lego公司决定开放被侵犯的所有源代码,而采用公开的源代码,这样消费者都可以做自己的机器人,从而受到消费者的极大欢迎。Lego公司通过开放式平台为消费者提供创作设计的机会,同时建立一个将优秀产品转变产品化的完整生态系统。这种开放式创新以及开放式的顾客共创平台大大提升顾客满意度,也是帮助Lego摆脱危机、浴火重生的关键。这就是制造+平台的完美结合。

另一个参考案例为Uber,是一个通过车主和需求车辆的乘客来联结、沟通的交通平台。Uber于

2009年创立,正在以每年400%速度增长。同时自2013年下半年开始,在中国国内采取类似商业模式的滴滴打车以及快的打车也是通过建立一个车主和乘客的沟通需求的平台而正在呈现爆炸式的增长。类似通过连接业主和旅行者而搭建的住宿平台Airbnb公司是2008年创立的,正在每年600%的速度成长。以上相关企业都是典型的平台化企业发展模式,正在越来越多地影响我们的日常生活。

近年来,平台经济方兴未艾,电商等互联网企业大量涌现,商业形态发生了从形式到内容的颠覆性变化,这是中国经济转型的一个重要信号,标志着新经济的崛起,以及生产方式和消费方式的变革。平台经济的定价策略及其特殊性,在降低交易成本提高交易效率的同时,也对传统的市场结构理论和反垄断规制实践带来冲击,使现行多重管制框架受到持续挑战。在未来,平台经济发展将整合原本碎片化的政府管制模式,以更大范围的市场开放和业态创新倒逼着经济体制改革,在互联网时代重塑旨在鼓励创新与有效监管并重的新型政府与市场互动关系。

**2. 平台经济发展趋势**

平台经济是基于信息网络和数字技术的一种微观商业模式,具有外部交叉性、多属行为等特征,其理论基础涉及多个学科领域。近年来,平台经济得到了快速发展,对传统的零售商业、大宗商品交易和进出口贸易产生了重大影响,成为一个集信息化、市场化和国际化于一体的资源配置重要途径和全球性经济新业态,需要在理论研究、政策保障、人才培养等方面规范和引导平台经济的健康发展,使平台经济成为我国经济转型升级的重要助推器。

1) 转变企业战略思想

当前中国国内以传统制造业、房地产为主的发展模式已经过时,要转变战略思想,确保服务竞争力。为了加快推进平台化经济发展,企业必须改变思维模式,摒弃传统的通过提升制造竞争力的理念。

S&P500大企业价值分析的资料显示,1985年企业价值中只有32%是无形资产,68%是有形资产。但是随后2005年分析的资料显示,企业的价值中79%是无形资产。这说明这20年的企业价值转变非常明显,同时这种转变正在愈演愈烈。制造型企业转变成平台化企业的主要成功案例是Tesla Motors。2003年设立的电动汽车生产企业Tesla Motors为了电动汽车行业的发展,需要规模化相关合作,开放了所有的专利。Tesla在电动汽车开发、设计初期就通过引进合作,展现出与传统汽车行业完全不同的汽车电动化和智能化的双重转型,它使得智能化生活的核心平台呼之欲出。Tesla Motors正是通过平台化效应提高了汽车行业内品牌形象以及企业价值,从而增强了顾客的忠诚度。

2) 培养新兴企业的良好环境

当前由于同一产业里有些大企业之间规模化的激烈竞争,相互的不信任导致产生不能形成平台经济化环境的结果。而中、小企业创新出新的商业模式,大企业必将变成平台构筑循环下的生态系统之一。因此,一定要深刻考虑产品开发需要投入的巨大的费用以及可能的平台化合作模式,才能将企业的价值最大化。平台经济化发展不是一个新事业或者新方向,更多的是一种新的商业合作模式。以下为典型的通过平台化实现企业价值增长的案例:

(1) GE与Quirky的合作。拥有100年悠久历史的美国GE与新型平台企业(Quirky)的合作案例。GE向Quirky公司投资3 000万美元,进行30个新产品项目。采取的Quirky的开发Idea来GE做产品化销售。

(2) Square cash。新兴平台企业Square公司在2013年开始通过电子邮箱实现个人之间的支付服务。

(3) Doctoron Demand。通过智能手机中可供选择的1 400多名医生,患者可以自己选择医生诊疗洽谈服务。

3) 加强有关部门公正管理

针对平台化经济生态环境的特殊性,加快专门的管理和服务措施,管理监督,引导平台型企业发展,保障平台经济健康稳定发展。制定专门的平台经济管理规定,对平台经济生态系统中的平台运营商和平台交易、交流双方的职责和权益进行明确规定,规范平台运营,并制定具体可操作的惩罚措施,严厉打击平台上的不法行为,更好地保护平台参与者的权益。

4) 优化平台定价

结合目前市场发展现状,基于平台经济特征的研究,针对我国第三方支付平台企业定价存在的主要问题,通过构建定价模型分析最优价格的影响因素,探讨平台商在扩张用户阶段和锁定用户阶段的定价策略选择,并提出优化平台商定价的若干政策建议,为平台商定价实践选择提供理论支持。

5) 提高平台经济中平台的管制能力

(1) 作为价格管制者。如果卖方一边具有超越买方一边的市场能力,买方通过加入平台仅仅获得很少的收益。那么,平台就会有动机去关注或通过对买方进行补贴等方法来增加买方收益,并促使他们乐于加入平台。有两点需要指出:①如果平台不与买方直接发生关系,平台就会为卖家提供最大的收益,并给予卖家最大的商业自由;②给定最终用户之间的交易经常导致垄断或买主独家垄断的情况下,平台就不可能总是尝试去管制最终用户之间的交易价格问题。

(2) 作为许可授权者。最终用户常常不仅关心定价问题,同样关心交易的质量问题。在一些行业里面,平台关注于对交易参与方的筛选,因为后者创造了前者的外部性:超级市场并不把货架转让给出价最高的投标者,因为最终的结果并不一定满足购买者对品牌差异性的认知。例如,媒体对广告商和广告内容的限制至少是不能冒犯它的读者。从这个角度说,平台就成为具有许可授权能力的管制机构(如银行、金融、电力与通信行业),以规定运营的最低标准,将客户负外部性分开。同样需要指出的是,如果一个平台无法将买方福利内生化,则它没有动机对卖方过分苛求。

(3) 作为竞争策划者。当价格管制显得复杂或无效时,平台可能会通过鼓励市场一方的竞争而使自身对另外一方更有吸引力。市场一方的竞争会导致价格接近边际成本,交易量将会接近有效量。因而,一个双边平台关注的是竞争所带来的相关收益,它能够从鼓动市场某一边的竞争中获得收益。也就是说,它至少能够通过与市场另外一方的交易中获得补偿。如果平台仅仅与市场一方有直接联系,则无法将这些收益内生化。

6) 推进举措

平台经济的发展还可以围绕平台本身从以下九个方面具体推进:

(1) 明确平台经济的发展重点。着力推动第三方支付、大宗商品、贸易、多媒体、文化、医疗等重点服务业和新兴领域平台企业的发展。

(2) 着力引进和培育一批龙头平台企业。一方面,要创造空间,营造有利于平台企业发展的环境,积极培育一大批中、小型专业化平台企业的发展。另一方面,要大力支持龙头企业的发展,如易贸、银联、携程等,通过引进和培育一批具有较强影响力甚至国际影响力的龙头型平台企业,发挥其经济带动作用。

(3) 积极推进平台经济商业模式创新。要拓展思路,在不同业态的组合中发现新的模式去促进平台经济创新。一方面,要从专业化入手,通过细化领域,寻找平台经济发展的薄弱或者空白区域,推动相关领域平台企业成长;另一方面,要从产业链入手,除了引入上下游企业外,平台企业还可以引入功能性企业,如快递物流业。同时,一些平台企业(如购物、第三方支付等)可以根据情况,实现平台类别的拓展,向手机平台延伸。此外,平台企业也可以通过与其他若干相关平台的结合实现资源整合,形成平台发展的乘数效应。

(4) 推进平台经济集聚区建设。通过产业规划、园区搭建的方式,打造若干平台经济集聚区,实现平台企业和相关配套企业的集聚,形成若干个以平台型企业为核心的平台生态系统。

(5) 合理规划,有意识地进行产业布局。政府进行规划时,应该考虑到平台类企业的集聚特性和系统生态性,立足于"关联性强、集中度大、集约度高"的建设思路,合理安排空间布局,提高平台企业之间、平台相关产业链企业之间布局的科学性,增强平台经济的影响力和带动力。

(6) 完善基础设施建设。考虑到平台经济的特殊性,在完善载体建设的同时,推进相关基础设施建设。通过提高通讯、电信等网络的质量和速度,实现企业运营的网络便捷性。

(7) 创新服务流程,提高政府办事效率。一方面,针对企业生态系统,通过调研、企业联席会议、行业协会等形式,了解企业发展中的需求,创新服务流程政策支持。另一方面,争取放宽对平台型企业的进入和经营管制,简化企业审批、备案等手续,放宽平台企业的市场准入。比如,对于平台经济这样一种新兴业态,在工商登记中,可能存在有些业务范围不易界定等问题,可以与工商部门协商,灵活处理。同时,政府也可以通过打造公共服务平台,为平台企业发展提供支撑。

(8) 加大政策扶持力度。制定扶持平台经济发展的统一政策,在财政税收、土地利用、办公用房、上市融资、研发等方面给予支持,形成制度性安排。尤其是税收政策方面,要把握率先开展服务业税制改革试点的机遇,探索将平台经济中服务业相关领域企业单列,作为一种新兴经济形态,积极争取税收优惠政策的先行先试。此外,以现行政策中将捆绑型平台企业作为整体、实行税收集中返还的个案为基础,将此项政策系统化,加大税收优惠力度。

(9) 加强平台型人才引进和培育。针对平台经济发展所需的跨界、复合型人才,通过引进和培育两条途径,增强人才支撑和智力支持。

# 参 考 文 献

[1] 徐晋.平台经济学(修订版)[M].上海:上海交通大学出版社,2013.
[2] 付媛.平台型电子商务集聚机制研究[M].北京:中国经济出版社,2015.
[3] 段文奇.专业市场与电子商务融合的平台化发展战略研究[M].中国社会科学出版社,2014.
[4] 孟祥霞.平台经济企业发展模式变革与创新——宁波平台经济典型企业案例研究[M].杭州:浙江大学出版社,2016.
[5] 王玉梅,徐炳胜主编,平台经济与上海的转型发展[M],上海社会科学院出版社,2014.
[6] 许鹿鹏.互联网平台经济——以游久时代为案例[D].上海交通大学,2015.
[7] 徐晋,张祥建.平台经济学初探[J].中国工业经济,2006(5):40-47.
[8] 王冠凤.贸易便利化机制下的上海自由贸易试验区跨境电子商务研究——基于平台经济视角[J].经济体制改革,2014(3):38-42.
[9] 温孝卿,张健.我国第三方支付市场平台商定价研究——基于平台经济特征的探析[J].价格理论与实践,2015(11):147-149.
[10] 谌楠.电子商务等平台经济的统计方法与监管问题探讨——以上海市为例[J].电子商务,2014(11):15+76.
[11] 李凌.平台经济发展与政府管制模式变革[J].经济学家,2015(7):27-34.

# 第 12 章

# 电子商务法律基础

电子商务是计算机网络技术发展到大规模应用而产生的一种新型商务形态。由于运行环境和商务模式的改变,使得传统的法律体系难以适应电子商务的发展,需要新的法律法规来规范电子商务的运行,由此产生了新兴的部门法学——电子商务法。

本章首先介绍了电子商务法的基本概念,在介绍电子商务参与主体、交易客体、交易模式的基础上,重点论述网上交易主体的设立、认定和法律管制等方面的法律规章;其次着重研究了电子合同的订立问题,包括电子合同法律关系,指出电子合同当事人特殊的权利义务,在介绍网上支付手段和流程的基础上,重点探讨支付手段引起的法律问题和安全性保障问题;最后分别探讨了电子商务产品交付、跨境电子商务、移动电子商务的基本概念和主要法律规范。通过本章的学习,学生应当掌握电子商务法的基本知识。

## 12.1 电子商务法律概述

### 12.1.1 电子商务法的调整对象和范围

**1. 电子商务法的调整对象**

电子商务法是调整电子商务交易及其引发的相关问题的法律规范总和。电子商务交易及其形成的商事法律关系成为电子商务法调整的对象。电子商务首先是一种商事行为,应当遵循传统商法的一般规则。电子商务是在网上进行的各种商业行为,即在线商业行为,因商业手段、交易方式、传导介质的改变,导致传统的商法难以解决因采用电子商务方式而引起的相关问题。

电子商务法不是试图涉及所有的商业领域并重新建立一套新的商业运作规则,而是将重点放在因交易手段和交易方式的改变而产生的特殊商事法律问题上。这也就界定了电子商务法的调整对象:电子商务法主要调整商业行为在互联网环境下出现的特殊法律问题。

**2. 电子商务法的调整范围**

了解电子商务法的调整范围需要从两个方面考虑:一是从市场的角度,考虑电子商务所涉及的商务活动类型;二是从交易过程的角度,考虑电子商务交易涉及的主要环节。

1) 电子商务法规范的活动类型

按照虚拟市场商务活动的类型进行规范,电子商务法主要涵盖两类商业活动:一类是贸易型电子商务,另一类是服务型电子商务。

贸易型电子商务是转移财产权利的电子商务,包括有形货物的贸易和无形信息产品的贸易。两者的区别主要在于有形货物的电子交易仍然需要利用传统物流配送方式,如邮政、快递和物流配送系统;而无形信息产品的交易则可以通过网络实现标的物的交付,如软件、影视产品等的交付。

服务型的电子商务包括为开展电子商务提供服务的经营活动和通过网络开展各项有偿服务活动的经营活动。服务型电子商务区别于贸易型电子商务的一个重要特点是它不转移任何财产,而只提供特定的服务,如ISP9(网络服务提供商)所提供的网络接入服务、电子邮件服务、交易平台服务,教育、医疗、金融等行业提供的咨询服务等。虽然许多主体往往是兼顾信息转让和信息服务,两者的界限并不十分清楚,但是在法律上,贸易和服务之间的差别还是存在的。

另外,随着信息技术的不断发展和用户需求的不断增长,近年来出现了一些在实体市场和虚拟市场都采用的新技术(如移动商务技术)和一些新型电子商务类型(如O2O模式)。所以,电子商务法也需要考虑实体市场与虚拟市场融合出现的新问题。

2) 电子商务法规范的交易环节

电子商务法对于交易流程的规范,主要集中在如图12-1-1所示的三个环节上:

(1) 合同签署阶段。这一阶段包括买卖双方在合同签署过程中所做的各项工作。买卖双方在市场准备和商品展示的基础上,就购买事宜进行沟通,并就所有交易细节进行谈判,将双方磋商的结果以电子合同形式确定下来。

(2) 款项支付阶段。买卖双方在签订电子合同后,买方要按照合同的要求,筹集款项并进行支付。比较常见的是电子支付,也有以电子资金划拨的形式。

(3) 商品送达阶段。商品送达是传统商品交易的最后一个阶段。卖方收到买方的货款后备货包装后发货。卖方需要跟踪发出的货物,并提供售后的服务。

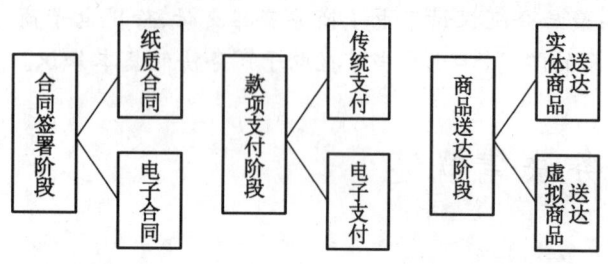

图12-1-1 商品交易三个阶段在电子商务条件下的不同表现形式

从电子商务条件下的交易流程可以看出,在电子商务市场上,实体产品与虚拟产品、传统合同与电子合同、传统送货与电子送货交错出现。所以,在电子商务条件下,传统商品交易的三个阶段都出现了两种不同的表现形式(见图12-1-1)。例如,音乐作品可以以实体形式存在,也可以以数字形式存在;其付款方式可以是现金,也可以是网络支付;而送达形式可以是实体光盘的配送,也可以通过网络直接传输。

**3. 电子商务的主要法律问题**

电子商务的突出特征是利用互联网构成的虚拟市场完成各种商务活动,这个虚拟市场构成了一个区别于传统商务环境的新环境。厂商和消费者的交易行为在这个新环境里也发生了极大的变化,由此产生了大量传统商事法律难以调整的法律新问题。这些新问题大致可以归纳为以下10种。

1) 电子商务经营者的管理

电子商务经营者是指利用现代信息网络开展各类交易活动的主体。鉴于电子商务的复杂性,电子商务经营者可以包括以下四类:

(1) 自建网站经营者,是指建立网站或者设置其他独立的交易系统,并以此作为虚拟的交易场所,直接从事销售商品和提供经营性服务的经营者。

(2) 平台经营者,是指建立电子商务平台,为交易各方提供交易机会、撮合交易或者其他信息服务的第三方电子商务交易平台经营者。

(3) 站内经营者,是指在第三方交易平台内设立网店,从事交易或服务活动的经营者。

(4) 其他服务提供者,是指提供支付、配送、认证、通关等电子商务相关服务的经营者。

电子商务法需要明确电子商务经营者的基本义务和责任,特别是涉及平台经营者的制度建设平台经营者对站内经营者的身份及商品查验,平台经营者自营业务与他营业务的区分等问题,需要做出专门的规定。

2) 电子合同

电子合同是电子商务交易的第一个重要环节,是指平等民事主体之间以数据电文方式所形成的设立、变更、终止民事权利义务关系的协议。在电子商务交易中,当事人可应用电子签名等电子核证技术签署合同,以增强电子合同的证据效力。

我国《电子签名法》已经确立了电子签名的法律效力。电子商务法需要进一步确立电子合同的法律效力,规范电子合同的订立、查询、保密与安全。同时,电子商务法需要对格式电子合同、电子错误、电子合同救济等电子商务交易中的特殊问题加以规范。

3) 电子支付

电子支付是电子商务交易中的第二个重要环节,是指付款人通过电子设备授权银行或者支付机构,将其支付账户的资金划拨拨给收款人,以履行价款交付义务的行为。电子商务法首先应当考虑对电子支付服务提供人的基本要求。同时,要对电子商务的主要环节——电子支付流程(包括支付账户开设、支付指令的执行、支付完成状态)做出规范。电子商务法还应对非授权交易、分散金融犯罪等危害电子支付安全的行为加以规制。

4) 物流与交付

物流与支付是电子商务交易中第三个重要环节。而作为无形产品的信息产品是电子商务交易中的一种特殊商品,交付的条件和收到的条件都没有明确的法律规定。电子商务法需要明确经营者履行交付义务的条件和用户收到信息产品的条件。服务产品的交付也是电子商务遇到的一个新问题。电子商务网站提供了诸如旅游、餐饮、租车等服务信息产品,而这些产品的最终交付是旅游、餐饮、租车实体企业。网站经营者给予用户的服务限于获得相关实体企业的信息。电子商务法应当规定服务产品交付形式。当然,对于物流配送中心引起的一些特殊问题,特别是有实物配送引起的信息泄露问题,信息产品或服务产品的损失赔偿问题也需要做出相应的规定。

5) 跨境电子商务

跨境电子商务是电子商务中一类特殊问题,是指分属不同关境交易主体进行的或交易标的跨越关境的电子商务活动。与一般电子商务的交易模式不同,跨境电子商务增加了通关的关节。特别是分属不同关境的交易主体通过电子商务平台达成交易,进行支付结算,并通过跨境物流送达商品,完成商品交易、服务交易及相关服务,环节多且负责,不仅涉及交易各方,也涉及政府相关部门等。

由于跨境电子商务大多通过第三方交易平台开展交易,所以需要规范跨境电子商务第三方交易平台服务。为了提高通关效率,也需要规范电子报关参与部门的行为。通过电子商务法对相关部门设定法律义务,转变现有监管方式是发展跨境贸易的一项非常重要的任务。

6) 电子商务交易信息

电子商务是依赖电子信息开展的一种交易活动。这里的电子交易信息是指在电子交易活动中收集、生成、整理、流转、存储的数字化信息。为了保证电子商务交易安全,必须保护电子交易信息。电子商务法就要从国家立法层面考虑现行的计算机信息系统安全等级。赋予其较高的法律效力,以正确处理信息保护与使用的关系,也为大数据的应用留下空间。

电子商务法对电子交易信息的采集与生成、信息查询与处理、信息认证、信息使用、信息流转、信息存储与备份等方面做出规定,并提出部分禁止性规定,以打击严重危害网络交易安全的行为。

7) 电子商务交易纠纷解决

电子商务以其便利性和价廉物美吸引了大量消费者,但也带来了网络购物的投诉数量大幅增加。目前,国内网上争议解决主要有三种方式:一是电子商务网站自己对买卖双方进行调解,这是绝大部分争议的解决办法。二是通过消费者权益保护协会来解决。三是通过仲裁和诉讼最终解决。

电子商务法要求第三方交易经营者应当建立公平有效的投诉处理机制,提供在线投诉解决服务。对电子商务交易中的突发事件,需要明确相关责任。法律文书的送达是一件非常耗费时间和精力的事情。在电子商务情况下更是如此,必须对现行法律进行改进,以适应这种情况。建设相关法律,使得在线解决专业机构的调解和处理符合我国现行的仲裁法律规定,也是一个有益的尝试,广州仲裁委员会等已经开始相关的法律试点。同时,电子商务法还需要考虑非诉讼方式调解的司法确认、诉讼管辖的确定等问题。

### 8) 电子商务交易环节保护

电子商务的飞速发展迫切需要建设一个规范的、可预期的法律环境,营造一个良好的交易环境是电子商务发展的一个重要任务,这就需要解决电子商务反映现有法律法规的协调问题。

与传统交易类似,电子商务交易中也存在消费者权益保护、知识产权保护、反不正当竞争、行业技术标准协同、信用体现建设等问题。这些问题的解决,一方面,需要依靠现有的法律法规,因为现有法律在这些方面都有详细的规定。另一方面,则需要补充部分相应的规定,以弥补现有法律法规对虚拟市场行为规范的不足。

### 9) 政府服务与监管

电子商务法需要考虑政府监管的问题。对国家有关政府部门职责的规定,应根据国务院关于简政放权的改革精神,强调对行政审批的限制。对地方政府职责的规定,应针对当前许多地方出台的参差不齐的法规政策做出限制。

为适应电子商务的发展,政府部门应当转变行政管理和服务方式,建立协同治理新模式,同时需要对电子政府促进电子商务发展的规定具体化,应用先进的便利的监管方式管理电子商务交易。同时应加强行业协会的服务与监管,加强行业自律,并从行业层面积极推动电子商务的健康发展。

### 10) 特殊形态的电子商务规范问题

在电子商务领域存在一些特殊的商务形式,如网络广告、网上拍卖、移动电子商务、网上证券交易、网络咨询服务等。这些在传统法律领域受到特殊规范的商业形式转移至互联网后,需要新的条例加以规范和管制,这一领域成为电子商务法研究的一个重要分支。

## 12.1.2 电子商务法的地位、性质与特征

### 1. 电子商务法的独立地位

依据法学的基本理论,法的地位是指一部法律在整个法律体系中有没有自己独立存在的位置,有没有自己独立存在的理由和必要性。能够在法律体系中形成独立存在的位置,才可能有单独立法的必要性。法律关系是法律调整范围一定社会关系的结果。法律关系的建立必须是一定的社会关系的性质,反映一定的社会关系的要求。符合一定社会关系的发展规律,只有现行法律难以调整现行社会关系或社会发展要求突破现行法律框架时,才有独立部门法的出现。

就电子商务而言,电子商务交易中发生的各种社会关系是在广泛采用现代信息技术或网络技术,并将这些应用于商业领域后才形成的特殊的社会关系(因在线商业行为而发生的关系),这些社会关系交叉存在于虚拟社会和实体社会之间,而传统法律调整的对象都是存在于实体社会。因此,商业行为在互联网环境下形成的独立的调整对象孕育了新的部门法——电子商务法。

传统民法及民事程序法很难直接适用于虚拟环境中的商务交易活动,突出表现在合同效力的确定、诉讼管辖、证据认定等保证实体法实施的理论和方法不能支持现有法律处理电子商务案件,管理传统媒体(如报纸、电视)的法律不能适用于以网络为载体的全新的信息交流方式。

传统商法以现实中的商业主体和商业行为为调整对象,面对互联网环境下的商业行为建立完善的规范体系,以确保这种特殊环境和手段下的商务运行安全有序,成为一个崭新的研究领域。因此,建立在线商务主体资格登记和管理制度,建立身份认证和其他安全保证制度,完善电子合同和电子支付的运作程序,成为电子商务法的核心内容。

电子商务的开放性、系统性、集成性等特点使现行分割的行业管理和调控难以适应电子商务的发展。典型的在线交易从网上选购商品或订购到支付和货物交付是一个完整系统工程,具有系统性和集成性的特点,而它所涉及的管理部门,包括工商、税务、海关、卫生、质量监督等都是分立的。正确调整各

部门之间的关系,协调各部门的职能,明确各自的法律职责,及时公平有效地解决在线教育问题,都需要有新的经济法发挥作用。

面对传统法律难以解决的大量新问题,有必要制定应付新问题的法律,而这些分门别类的法律综合起来即形成一门新法学——电子商务法。电子商务法也就是网络环境下的法律规范。随着计算机网络和通信技术的飞速发展和广泛应用,电子商务将成为未来商业活动的主宰形式,而电子商务法也将在商事法律领域里发挥越来越重要的作用。

**2. 电子商务法的性质与特征**

电子商务法是一个非常庞杂的法律体系,涉及许多领域,既包括传统民法领域的合同法、对外贸易法等,又有新领域的电子签名法、消费者权益保护法等,这些法律规范从总体上属于商法范畴。商法是公法干预下的司法,它是以任意性规范为基础的,同时有许多强制性规范,甚至在有些规范中更多的是强制性规范,而不是任意性规范。

电子商务法是商法的组成部分,按组织法与行为法划分,电子商务法在性质上应属于行为法或者是交易行为法的范畴,它同原有的商事法律相配合,以调整具体的电子商务法律关系。传统商法的主要特征是习惯性和无国界性。国际贸易的发展,使得商法具有了较高程度超地域性,而这种全球化特征在电子商务法中表现更为突出。这是因为网络没有中心,也没有国界,在网络环境中的商务活动也不受国界的限制,这种状况决定了电子商务是多领域的问题只有国际社会采取一致规则才能解决,也只有进行广泛的国际合作才能有成效。因此,在电子商务立法过程中,国际社会特别是联合国起到非常重要的作用,它较早地制定了供各国参照模仿及补充适用的示范法,起到了统一观念和原则的作用。为世界电子商务立法的协调一致奠定了基础。因此,电子商务法首要特征是全球性。

互联网是现代信息技术的代表,以网络为手段的商务活动规则也必然带有一定的技术特征,这种特征主要表现在四个方面:

(1) 程序性。电子商务法一般不直接涉及交易的具体内容及当事人享有的权利和义务,而主要调整当事人之间因不同交易手段的使用而引起的权利义务关系,即有关数据电文是否有效,是否归属于某人,电子签名是否有效,是否与交易的性质相适用,认证机构的资格如何,它在证书颁发管理中应承担何种责任等问题。

(2) 技术性。电子商务法中许多法律规范都是直接或间接地由技术规范演变而成的,特别是在电子签名和数字认证中心的密钥技术,公钥技术数字证书等均是一定技术规则的应用,实际上网络本身的运作也需要一定的技术标准,但是人若不遵守,就不可能在网络环境下进行电子商务交易。

(3) 开放性。电子商务法是以数据电文进行意思表示的法律制度。而数据电文在形式上是多样化的,并且还在不断发展之中。因此,必须以开放的态度对待任何技术手段与媒介,设立开放型的规范,让各种有利于电子商务发展的设想和技术都能发挥作用。

(4) 复合型。电子商务交易关系的复合性源于其技术手段上的复杂性和依赖性。它通常表现为当事人必须在第三方的协助下完成交易活动。比如在合同订立中,需要有网络服务商提供接入服务,需要有认证机构提供数字证书。电子支付中需要有第三方支付机构提供网络化服务。

## 12.1.3 电子商务法的作用

**1. 创造健康发展的法律环境**

随着互联网技术的迅速普及,电子邮件和电子数据交换等现代化通信手段在商务交易中的使用正在急剧增加。然而,以非书面电文形式传递具有法律意义的信息,可能会因使用这种电文遭遇到法律障碍,也可能是这种电文的法律效力或有效性受到影响。制定电子商务法的目的是要电子商务的各类参与者提供一套虚拟环境下进行交易的规则,说明怎样去消除此类法律障碍,如何为电子商务创造一种比较可靠的法律环境。

电子商务法的目标包括促进电子商务的使用成为可能或为此创造方便条件，平等对待基于书面文件的用户和基于数据电文的用户，充分发挥高科技手段在生活动中的作用，这些目标都是促进经济增长和提高国际国内贸易效率的关键所在。从这一点讲，电子商务立法的目的不是要从技术角度来处理电子商务关系，而是创立尽可能安全的法律环境，以便有助于交易各方之间高效率地使用电子商务。

应当处理好安全与发展的关系。安全是发展的前提，发展是安全的，保证安全和发展要同步推进。

**2. 保障网络交易安全的重要手段**

虽然计算机专家从各个角度开发了许多电子商务交易安全的技术保障措施，但仍难以完全保证电子商务的交易安全，众多商家和消费者仍然对网络上大量进行商业活动心存疑虑。合同的执行、赔偿、个人隐私、资金安全、知识产权、保护税收以及其他可能出现的问题使得商家和消费者裹足不前。在这种情况下，相应的法律保障措施必不可少。

由于犯罪分子的攻击手段在不断发展，而安全技术与管理又总是落后于攻击手段的发展。因此，网络交易系统存在一定的安全隐患是不可避免的，对已经发生的违法行为只能依靠法律进行惩处，当然也包括一些民事行为的法律调整。这是保护网络交易安全的最终手段。

从另一方面讲，由于安全技术的开发和应用需要大量资金，人们在经济性和安全性的选择方面，常常倾向于前者而忽略后者，所以需要通过法律的威慑力，使具有法律意识的人产生畏惧心理，达到惩一儆百的效果。同时也需要通过法律使公民了解在网络交易中什么行为是犯法的，自觉规范自己的交易行为，创造一个良好的电子商务运作环境。

电子商务的法律保障涉及两个基本方面：第一，电子商务首先是一种商品交易，其安全问题应当通过民商法加以保护。第二，电子商务交易是通过计算机及网络实现的，其安全与否依赖于计算机及其网络自身的安全程度。我国目前还没有出台专门针对电子商务交易的法律法规，究其原因，还是上述两个方面的法律制度尚不完善，要面对电子商务这种与网络技术密切结合的新的交易方式，我国还没有出台较为完善的安全保障规范。

**3. 完善现有法律的不足之处**

之所以提及电子商务单独立法，是因为国家有关传递和存储信息的现行法规不够完备或已经过时，因为那些文件起草时还没有预见到电子商务的使用。在某些情况下，现行法规通过规定要使用书面经签字的或原始文件等，对现代通信手段的使用施加了某些限制或包含有限制的含义。尽管国家就信息的某些方面颁布了具体规定，但仍然没有全面涉及电子商务的立法，这种情况可能是人们无法准确地把握并非以传统的书面文件形式提供的信息的法律性质和有效性，也无法完全相信电子支付的安全性。此外，在日益广泛地使用电子邮件和手机短信同时，也有必要对新型通信技术制定相应的法律和规范。

电子商务法还有助于完善现有法律的不足，因为国家一级立法的不完备会对商务活动造成障碍，特别是在国际贸易中，相当大的一部分是与使用现代信息技术有关的。如果我国对使用现代信息技术法规与国际规范有较大差异和不明确性，将会限制企业进入国际市场。

# 12.2 电子商务交易主体法律制度

## 12.2.1 在线(虚拟)企业的设立

电子商务经营者可以是现实主体，如实体社会中存在的企业，仅仅把网络作为一种交易手段。也可以是虚拟主体，在虚拟市场中设立独立的"摊位"或"门面"，但在现实社会中没有相应的实体，仅仅可以从服务器或虚拟服务器中找到它们。这种虚拟主体应当视为现实主体在网络市场中的延伸。为了保证电子商务交易的安全性，即使现实社会中没有对应的实体"摊位"或"门面"，电子商务交易的参与主体也必须是真实存在的。因此,电子商务法的首要任务便是确立电子商务交易主体真实存在的判定规则,保证交易主体的真实性。

**1. 在线(虚拟)企业**

人们已经习惯将互联网称为虚拟世界,将仅在互联网上开展商务活动的企业称为虚拟企业。但虚拟并不表示不存在,而只是为了将它区别于实体社会中存在的从事传统商务活动的企业,因此本书更愿意将虚拟企业称为在线企业。

在线企业可以是现实企业在网上的延伸,这类在线企业并不能完全独立于现实中的企业,它仅仅是现实企业经营手段的一种扩展,是现实企业在网上宣传和销售产品的窗口。对于制造商或生产商而言,它可以直接撇开营销的中间商,直接在网上建立自己的销售网络;对于批发和零售商而言,它可以开设电子商务交易市场或在线超市,销售其经销的产品;对于从事管理咨询、法律、中介等服务的企业而言,既可以在网上招揽生意,也可以通过互联网提供有偿或无偿服务。因此,互联网为所有的企业开辟了另外一个空间,现实中从事经营活动的企业需要在这里寻找一席之地,在这个虚拟世界中开辟竞争的第二战场。

在线企业也可以是一个在物理世界中只有虚拟主机或服务器的企业。这类在线企业是通过网站或移动终端 APP 等上的页面展现自己的形象的。它没有物理形态的生产和经营设施,只有图片、文字和大量的企业产品和服务信息。不能认为这类企业是撇开现实而在网上单纯存在的虚拟企业。它们需要在工商部门登记,需要根据电信主管部门的要求通过备案手续公布自己主体信息及虚拟主机或服务器的位置。所以,并不是所有出现网络图文的网站都可以成为在线企业,也不是所有从事电子商务交易的当事人都是在线企业。

从技术角度看,在线企业表现为两种形式:一种为具有独立站点的在线企业,另一种为具有独立的主页面的在线企业。

1) 具有独立站点的在线企业

具有独立站点的在线企业是拥有自己的域名和服务器(包括虚拟主机),在工商或其他部门登记设立网站的企业。大部分经营性网站都是这类在线企业。这类在线企业也有两种不同的情况:一种是现实中已经存在的生产或零售企业,为开辟新的营销领域在互联网上独立设立网站或其他交易界面,建立在线销售渠道和网上交易系统,并在网站主页面或其他交易界面上清楚地表明网站的性质和归属;另一种是专门从事网络技术或信息服务的公司,通过设立网站提供交易平台、在线超市,开展网络信息服务,网站的经营活动即是这类公司经营的全部内容。一般说来,只有获得经营许可或具有从事网上零售业执照的经营主体才可以开设在线超市,从事网上直销业务;而提供交易平台(电子商务交易中心)等其他业务则属于有偿信息服务的范畴。

这两种在线企业有一个共同特点,即网站本身便构成在线企业,网上站点与现实中企业存在直接对应关系,网上站点成为这些企业另外的"经营场所"甚至是唯一的"经营场所"。值得特别指出的是,网站本身并不是法律上的主体,也不具备民事主体资格。具备主体资格的是经营这些网站的公司或个人。

尽管有时候我们称某某网站承担责任或与某某网站签订合同,但是,实际上这里所指的网站是设立和经营该网站(提供网络服务)的公司或个人。

2) 具有独立主页面的在线企业

并不是所有的企业都能够或者需要设立独立的网站,对于大多数中小企业来说,从事网上交易最便捷的方式便是在某个网站的交易平台上设立自己的主页面。在主页面上清楚地标明现实企业名称、营业执照号码、地址和联系方式、经营范围、资信情况等。一般来讲,这些主页是挂在某一个行业的专业网络交易平台上或挂在同一种性质网络交易平台上的,由这些主页所载的内容构成一个电子商务交易市场,在网站经营者管理和协助下对外从事电子商务交易。主页形态的在线企业有时亦称为网店或在线商店,它们是现实企业在网上设立的销售窗口,这个窗口代表了现实中的企业,是现实企业在网上的虚拟。

当然，设立在线企业或在线商店并不是通过网络销售产品的必要条件，企业可以采取类似于代销或寄售的方式销售其产品，即将自己的产品放入其他人开设的在线商店中，由设立该商店的企业（可能是网站本身，也可能是其他人设立的专业商店）对外销售。例如，厂商 A 可以将产品委托给网站本身设立的零售商店 B 销售，不过这时很难说厂商 A 在从事电子商务交易。

**2. 在线企业的登记管理**

在线企业虽然是现实企业设立的电子商务交易窗口，但是，网上企业毕竟是通过页面反映其存在的，至于其是否真实存在并不能给人以直观的认识。因此，如何确保在线企业的真实性就成为保障电子商务交易安全的一个重要问题。这里面临两种选择：一种是让企业自由设立在线企业，不进行任何备案，依靠市场监督机制和企业自身信用保证交易安全；另一种是对在线企业实行备案制度，以确保在线企业真实存在。本书认为，在我国企业信用度不高的情况下，宜采取备案的办法。当然这种备案只是对于现实企业从事电子商务交易的一种认可，将现实企业基本情况在网上加以公示，以使在线企业"对应"一个真实的企业。

根据 2000 年 9 月国务院颁布的《互联网信息服务管理办法》，"从事经营性互联网信息服务，应当向省、自治区、直辖市电信管理机构或者国务院信息产业主管部门申请办理互联网信息服务增值电信业务经营许可证"。这里的"经营性互联网信息服务"是指通过互联网向上网用户有偿提供信息或者网页制作等服务活动，并没有明确涵盖利用互联网进行商务活动的企业或网站。该办法还规定："从事非经营性互联网信息服务，应当向省、自治区、直辖市电信管理机构或者国务院信息产业主管部门办理备案手续。"事实上自 2010 年工业和信息化部加强政治网络运营环境以来，无论是否经营性，所有的网站均纳入了统一的登记备案系统。因此，2014 年 3 月国家工商行政管理总局发布的《网络交易管理办法》进一步规定，"从事网络商品交易及有关服务的经营者，应当依法办理工商登记"。

同时，国家工商行政管理总局发布的《网络交易管理办法》还规定："从事网络商品交易的自然人，应当通过第三方交易平台开展经营活动，并向第三方交易平台提交其姓名、地址、有效身份证明、有效联系方式等真实身份信息。具备登记注册条件的，依法办理工商登记。""从事网络商品交易及有关服务的经营者销售的商品或者提供的服务属于法律、行政法规或者国务院决定规定应当取得行政许可的，应当依法取得有关许可。已在工商行政管理部门登记注册并领取营业执照的法人、其他经济组织或者个体工商户，从事网络商品交易及有关服务的，应当在其网站首页或者从事经营活动的主页面醒目位置公开营业执照登载的信息或者其营业执照的电子链接标识。"

2015 年 12 月，国家质检总局发布的《跨境电子商务经营主体和商品规定，"跨境电子商务经营主体开展跨境电子商务业务的备案管理工作规范》规定，"跨境电子商务经营主体开展跨境电子商务业务的，应当向检验检疫机构提供经营主体备案信息"，包括企业基本信息（统一社会信用代码、企业名称、法人代表、注册地址、联系人、联系方式、企业类型）、主要商品类型、平台名称及网址和质量诚信经营责任书。

## 12.2.2 在线（虚拟）企业的交易主体认定

**1. 电子商务交易主体认定的基本原则**

电子商务交易是一种非面对面的交易，即使有了在线企业备案制度，电子商务交易主体的判断也是比较困难的。在经营性网站提供电子商务交易平台的情况下，电子商务交易主体的认定更有一定的难度。交易平台类似一个交易中心，里面聚集了许多商家，这些商家共同构成一个市场，而且这个市场与网站存在着密切的利害关系。在这种情形下，如何认定交易主体，是网站，还是在线企业？如果是在线企业，网站在这里承担什么责任？到目前为止，尚没有法律对此进行规范，加上现实操作的复杂性，使得我们难以笼统地做出回答。本书认为，判断电子商务交易的合同主体须遵循三个基本原则：第一，民事主体真实原则；第二，民事主体资格法定原则；第三，主体公示原则。

1) 民事主体真实原则

民事主体真实原则,即民事法律关系的主体必须是真实存在的,而不应当是"虚拟"的或不存在的。对于法律而言,不存在虚拟主体,所以网上在线企业(主体)必须真实存在。而真实存在可以有两种存在形式:一种是现实中存在对应的企业主体,即在现实中具备住所或办公场所、注册资本、组织机构等要素经登记而成为合法营业主体;网上主体仅仅是现实企业被"搬到网上"。网上直销模式基本上属于这种情况。在中介模式下,也有这样的可能。比如某百货店或连锁店可以在某网站的交易平台上寻找一家网络交易市场、开设自己的主页面或网店。另一种情况是现实中原本不存在对应的企业,只是为设立在线企业而成立新企业,纯粹从事网上交易。这种情况在B2C交易中比较多。一般来讲,除生产信息产品的企业外,纯粹从事网上交易的企业只能是商业企业。这类企业具有普通企业资格,它开设有账户、有经营人员、有配货中心等,只是它没有商品展示的柜台,只有在线虚拟超市。

很明显,虚拟的在线企业只是相对于传统企业而言的,网上虚拟主体在现实社会中也可以找到真实存在的依据。但是,并不是所有网上虚拟主体都是民事主体,这涉及第二个原则,民事主体资格法定原则。

2) 民事主体资格法定原则

民事主体资格法定原则是民法的一个基本原则,即哪些主体可以参加民事法律关系、享有民事权利、承担民事义务完全由法律规定。民事主体资格法定突出地表现在商事主体法定上。在我国,凡以商事主体身份从事交易或其他营业,必须获得企业登记;不具有法人资格的合伙组织或其他营业主体(如分支机构),只要取得营业执照或进行营业登记,也可以具有从事商事交易的主体资格。从民法的角度看,只要获得营业执照,即可认定为具有参与民事法律关系的主体资格(即权利能力)。

需要讨论的问题是,企业是否可以在网上设立与企业名称或商号不一致的在线商店或窗口。比如,现实中的企业称为"家乐福",在网上是否可以设立"乐家福"网店?依我们的观点,在网络环境中不可能完全禁止人们设立异于其现实企业商号的企业,硬性规定禁止是但法律必须要求在线商店标明其设立人或现实中真实的对应主体,并按照规定将现实企业的营业登记证号或电子营业执照号码标识于网店网页上。上述情况的存在,给在线企业主体的判断增加了一些难度。为此,我们提出认定电子商务交易主体的第三个原则——主体公示原则。

在国际上,网上交易主体会因不同国家对商事主体的法律规制不一样而存在差别。某些国家对在线企业的设立采取自由原则,允许任何人或企业在网上设立企业或从事交易活动,而忽略现实中存在真实企业的可能性。但在我国,普遍认为应结合身份认证制度逐步对网上交易主体进行登记,发放电子营业执照,以确保网上交易主体的真实性和合法性。

3) 主体公示原则

商事主体的名称或商号最主要的功能是区别交易主体,不同的名称即视为不同的主体,以谁的名义缔结合同,谁即是合同的当事人。这是民商法上自主行为、自我负责原则推出的一个基本原理。但是,在中介模式中,许多企业集中在一个市场,在网站交易平台的统一管理和经营下,以谁的名义进行交易就显得非常重要。在这一点上,中介模式下的交易可以适用代理法上的显名规则,即在交易过程中应当向交易相对人显示网店的设立人或真实的交易主体,所显示的是谁,谁即成为交易的主体。如果中介网站不能向客户提供真实的现实存在的交易主体的姓名或名称,那么即可推定该网站为合同的主体。所以,主体公示原则要求在线企业必须在网上显示其真实主体,这一点特别适用于在第三方交易平台上开设虚拟网店的情形。

在线企业或商店在现实中至少存在两种做法:一种是直接以原有企业名称(以营业执照上名称为准)设立网上销售窗口;另一种是以新名称设立销售窗口或网店。直接以现实企业名义设立的在线商店,网上显示的名称与现实企业一致,符合显名原则,判断当事人是谁不成问题。而在网店名称与现实企业名称不一致的情况下,消费者无法从网店名称本身判断它是哪个企业设立的,因而无从判断交易主体是谁,谁将最终对所销售的产品负责。除非网店依法进行登记,取得电子营业执照(在实行此种制度时),否则网店不具备商事主体资格。因此,在交易相对人访问该网店并寻求订约时,了解在跟谁缔结合同就显得特别重要。

所以,网店主页上应当有专门的链接页面显示其设立人(站内经营者)或现实中符合法定条件的民事主体名称。

中介平台有责任让交易相对人(消费者)知道他在与谁订立合同,谁将承担履行合同的责任。如果一个网店未将自己的真实姓名告诉交易相对人,中介平台也未能提醒消费者,那么中介平台可以被认为是合同的当事人或卖方,至少中介平台应承担合同履行的保证责任。因此中介平台负有向当事人披露真实交易主体存在或名称的义务,不尽这一义务,即可推定中介平台为当事人,或承担连带责任。

一般地讲,凡在线企业或商店没有普通营业执照(包括法人营业执照和非法人的营业执照)者,均可视为设立人的分支机构或在线企业,尽管可以以网店名义从事网上交易(在法律尚未做出必须实行强制登记规定的前提下),但其不能独立承担民事责任。如果网店没有显示真实姓名,第三方交易平台应承担责任。这主要是从保护交易安全的角度设计出的一种规则。因为正是第三方交易平台为这些企业提供了"虚拟市场"。所以,在网店不具备独立民事主体资格或不能独立承担民事责任时,应当由提供"交易场所和手段"的第三方交易平台承担。

**2. 网店设立中的法律问题**

本书将在线企业分为两种形式:一种是通过设立独立的网站设立,另一种是在他人的网络交易平台设立窗口或网店。前一种在线企业必须按照经营性网站的要求设立。而对于后一种在线企业的设立,设立人一般需要与第三方交易平台签订设立协议。作为为社会提供交易场所的第三方交易平台,其生存需要吸引商家到该平台设立网店;而对需要开辟电子商务交易窗口的商家而言,也只有在这样一些具有一定规模的专业平台上设立店铺,才能进入虚拟市场从事交易。第三方交易平台与设立网店的设立人之间存在着相互依存的关系。第三方交易平台既要为商家提供服务,也要管理整个虚拟市场,创立市场的品牌和形象。因此,在现实生活中,商家与第三方交易平台之间设立网店的协议大多称为合作协议。这种协议具的性质和运用的法律需要明确。

关于第三方交易平台与网店设立人之间的关系有四种说法:合伙关系、租赁关系、居间关系和技术服务关系。

有人认为,第三方交易平台与网店设立人之间是合伙关系。这种看法似乎不能成立。第一,虽然第三方交易平台提供的虚拟市场是由进入市场的所有企业设立的网店构成,而且第三方交易平台要与所有这些设立人签订合作协议,但是在这些企业之间并不存在共同设立交易市场的共同的意思表示。第二,除非网店标明是第三方交易平台与设立企业合资举办的,否则,标明是商家专卖且标明设立人的网店应当被认为是设立人独立设立的。一般来讲,第三方交易平台与站内经营者合伙设立网店的可能性很小,因此,多数情况下,第三方交易平台与网店设立人之间不是合伙关系。

网店与第三方交易平台之间的关系有点类似于租赁关系。现实生活中的大多数批发市场、交易中心甚至专业性商厦都是将场地租赁给众多的商家。各个商家独立对外交易,共同构成市场。同时,交易市场也有机构统一管理和对外宣传,形成了既分散独立,又有一定程度统一的市场。在第三方交易平台建设过程中,也要吸引众多商家"入驻",第三方交易平台为商家提供一定的虚拟空间以制作网店的页面,并提供其他配套服务等,因此,可称之为网络空间的租赁。甚至有学者将网店比喻为交易市场或商厦的租赁摊位或专柜。在某种意义上,这种观点具有一定的道理。因为,虚拟市场的交易模式也无非是现实生活模式的"镜像"。但是,虚拟世界有其特殊性,很难完全套用现实世界中的某一种法律关系构筑这种新环境下的"合作关系"。而且这种合作关系中有许多内容远不是租赁合同所能涵盖的,特别是它包含居间关系和技术服务等方面内容。

在以下两个方面,第三方交易平台与网店设立企业之间的关系类似于居间关系。第一,网店的商品信息、要约或要约邀请、确认（合同成立等）信息是由交易平台传递给客户的，客户的订购、支付等信息也是经交易平台传递给网店的。第二，第三方交易平台一般要按照网店营业额收取交易"佣金"，这种佣金类似于居间人的佣金。但是，第三方交易平台提供的信息传递工作，有三点不同于居间人的作用。首先，第三方交易平台仅仅提供传输手段或通道，主要是单纯的传递作用（最多相当于传达），而没有选择、改变等功能；更为准确地说，第三方交易平台只是给交易双方提供了渠道，而不是信息本身，通过第三方交易平台这一特殊"舞台"使交易双方建立起直接的联系。其次，第三方交易平台传递的信息要远远超出居间，在合同标的为电子产品时，通过网络交易平台即可以完成寻购、下订单、确认订单、交付（下载文件）、支付价款等全部过程；在标的物为货物时，除交付（物流）不能通过第三方交易平台实现外，其余也都可以通过网络交易平台实现。最后，按照营业额收取一定比例的佣金的法律关系并不一定都是居间。因此，第三方交易平台与网店设立企业之间的关系很难说是我国《合同法》规定的居间，也无法完全适用《合同法》关于居间合同的规定。

就技术服务合同文件而言，网上开店合同也有特殊性。纯粹的技术服务合同是指当事人以技术知识为另一方解决特定技术问题，一般是委托人提供工作条件，受托人只提供脑力劳动或技能的传授。而在网上开店合同中，受托的网站不仅仅是提供网页制作和维护等技术服务，还要全面提供设备、程序、硬盘空间等，而且这种服务的提供具有长期性，只要网店运营，这种服务就得以继续。这些特征使得这种技术服务合同具有了合作因素。实际上，缺少合作或在某些方面的相互配合，网店和第三方交易平台都很难生存下去。双方既有共同商誉和利益的一面，也有各自声誉和利益的一面。这种相互依存共同发展的合作关系，使得第三方交易平台的服务区别于独立主体之间完全基于技术服务合同所提供的服务。

因此，第三方交易平台与站内经营者之间既不是合伙，也不是租赁、居间或技术服务等所能单独反映的某一种特殊法律关系。它的特殊性就在于它反映了企业为从事电子商务交易而在他人的交易平台上设立在线企业的一种复杂行为。这种行为具有合作因素，但又不以成立共同主体为目的。在这里，第三方交易平台通过技术服务为设立人从事电子商务交易提供手段和条件，而这种技术服务不仅是提供设备，帮助设立人制作主页，同时，也为设立人整合信息，促成设立人开展交易活动。

所以，我们不能以现实法律关系的框架和思维模式界定这种新型的合作关系。有鉴于此，我们更倾向于将他们之间的法律关系定位在新型服务合同法律关系。服务提供方是网站，接受方是设立人或企业，服务的客体是服务行为。之所以说它是"新型"，是因为它是在网络环境下为他人提供的在网上交易的全套服务，不仅包含有关的技术服务，而且包含有广泛的内容服务；不仅是网店的网上交易需要通过这种服务来实现，而且是第三方交易平台需要通过网店的网上交易实现自身的发展，因为网店的点击率直接影响到第三方交易平台的点击率。而且这种网络服务不仅仅是完成若干页面的制作，它需要提供长期的运作维护，其服务具有长期性和持续性。所以，我们可以说和站内经营者之间的关系是建立在合作基础上的，具有合作因素。但是，这种合作不构成合作经营，因为参与合作的双方不存在契约式合营，也没有利润分配和风险分担等都以当事人合意为主的活动。

## 12.2.3 电子商务市场准入与退出

**1. 最小干预原则**

电子商务市场准入与退出是政府对电子商务监管的重要环节。在这一环节的监管中，政府应始终贯彻"最小干预原则"，即凡公民、法人或者其他组织能够自主决定，电子商务市场竞争机制能够有效调节，行业组织或者中介机构能够自行管理的事项，应当避免政府对市场的不当干预。在这一方面，美国政府的做法值得借鉴。

1997年，美国政府发布《全球电子商务政策框架》，提出了著名的电子商务发展五项基本原则：

(1) 企业应在电子商务发展中发挥主导作用。

(2) 政府应避免对电子商务的不当干预等基本原则。

(3) 如果一定需要政府干预的话,政府应当以最低限度标准来建立和推行与电子商务相协调的、简化的法律体系。

(4) 政府必须充分接受互联网的特殊性。

(5) 应当在全球范围内促进电子商务的发展。

为实施《全球电子商务政策框架》,美国政府又提出了四点电子商务立法中应当注意的事项:

(1) 当事人可以自由选择合适于自己的方式调整相互之间的契约关系。

(2) 规范必须在技术上是中立的,并且具有超前性。

(3) 只要是支持电子技术应用所需要的,就应考虑修订现行的法律或颁布新的法律。

(4) 立法中既要考虑应用网络技术的高科技企业,也要考虑到没有应用互联网的企业。

美国政府认为,在围绕电子商务制定法律条文时,应采取非限制性、面向市场的做法,应当尽量减少政府参与和干涉,并消除对电子商务活动的各种不必要的限制,如增加烦琐手续或增加新的税收和资费。但是,政府仍有义务打造一个透明和谐的商业法律环境,以保障商业活动得以正常进行。电子商务法律框架应着眼于保护公平交易、保护平等竞争、保护消费者权益、保护知识产权和个人隐私,制定有利于监督、调解和打击犯罪的有效的措施和方法。

**2. 电子商务市场准入与退出制度的内涵**

电子商务市场准入和退出是关于电子商务市场主体资格确立、审核、确认、丧失的有关法律制度。

广义的电子商务主体既包括商事主体,也包括消费者、政府等非商事主体。而准入和退出机制适用的电子商务主体主要是从事电子商务的商事主体,即狭义的电子商务主体。电子商务主体有虚拟性、身份不确定性、跨地域性和数量种类繁多的特点。准入和退出制度所涉及的对象也相当复杂,既包括通过电子商务形式直接提供各种商品和服务的商事主体,也包括提供虚拟集中交易场所的平台提供者,还包括提供物流、支付等相关服务的服务提供者;既包括公司,也包括合伙企业、个体工商户、自然人等主体;既包括内资企业,也包括外商投资企业,既包括境内主体,也包括境外主体。

传统市场准入与退出制度的设计在传统行业中非常到位,在金融行业、外贸行业、房地产行业、民航行业尤为突出。但在电子商务领域,除网上银行领域外,有关制度的设计还是空白,也具有较大的难度。

电子商务市场准入与退出制度的设计离不开对电子商务本身特点及其与传统商务活动区别的把握。

电子商务的特点及其与传统商务活动的区别在于:一是运作空间具有虚拟性,既带来更多的市场机遇,也催生更多的市场风险、道德风险、违约诱惑与欺诈陷阱;二是市场范围较少受地域限制,可以跨越距离、通信、国界等多方面的障碍;三是进入市场的门槛较低,只要有一定通信技术条件即可对接全球范围的网上市场;四是运营方式更为高效,交易快速便捷;五是更注重信用保证,由于没有面对面的接触,建立信任更难,更依赖真实的信用记录和合理的交易规则。

从本质上看,电子商务仍然是商事活动,与传统商事主体一样,电子商务主体的商事行为具有营利性,必须恪守法律和伦理规范。电子商务作为现代商务形态,与传统商务行为的区别,更多地体现在技术手段层面。所以,传统商务的一般规则,包括准入和退出的规则应同样适用于电子商务。适用于电子商务的准入和退出规则应符合电子商务的发展规律和特点,避免产生对电子商务创新的阻碍。电子商务法需要做的是对电子商务的特殊行为进行专门的规制。

**3. 我国电子商务市场准入及退出规则设计的预期目标**

1) 促进电子商务在各行各业的应用

市场准入及退出规则是国家市场管理的基本方式之一。建立新型的适应电子商务市场发展的市场准入及退出制度,对于规范电子商务发展环境、加快企业发展方式的转变都有着非常重要的作用。完善和推广市场准入负面清单,使得电子商务除明确列出禁止和限制投资经营的行业、领域、业务外,都可依法平等进入,充分发挥电子商务技术上和经营上的优势。

2) 建立诚信的电子商务市场环境

电子商务的虚拟特性，使得部分假冒伪劣产品泛滥，给一些投机取巧的人提供了非法牟利的机会。长期持续的结果是，电子商务市场中优质商家和买家将会被挤出市场，严重阻碍电子商务的发展。

通过电子商务立法规范虚拟市场的交易行为，建立网络交易的诚信体系，提高违法代价，有效控制电子商务市场中因信息不对称引起的产品质量问题、无序竞争问题和道德风险问题，达到净化市场的目的。

3) 维护充分竞争的电子商务生态

市场主体进入电子商务市场的成本和难易与制度的严格程度和进入壁垒的高低直接相关，也对整个虚拟市场运作效率和活跃程度产生间接影响。政府对进入部分行业市场（如金融行业、电信行业、认证行业）的电子商务企业实行市场准入限制，设定恰当的门槛，保持一定数量级的经营者在市场中同时开展经营活动，这既能保证市场维持优胜劣汰的竞争机制，防止少数企业垄断市场，防止一些企业弄虚作假，又能防止某些企业因盲目扩大规模而造成无谓损失，从而造就一个充分竞争的电子商务生态环境，引导行业有序健康发展。

电子商务市场已经进入差异化竞争时代，"跑马圈地"式的营销时代已经过去，合理的电子商务市场准入与退出制度，能激励更多优秀的自然人、法人和其他组织从事电子商务经营活动，进一步提高电子商务市场化程度。在充分竞争的市场中，经营者将进入良性竞争状态，各厂商将积极投入新科技的研发，提高生产力和竞争力，确保其市场份额。

4) 保护电子商务交易各方的合法权益

在传统的商业环境下，商业主体的经营资料是可以通过纸质资料查询的。交易过程中，消费者如受到商家侵害，可以根据我国《合同法》和《消费者权益保护法》的有关规定追究商家的责任，并获得相应的经济赔偿。

电子商务市场准入制度的推行，能够加强电子商务中网店经营者和电子商务网站经营者的资格认证，改变目前电子商务参与者管理混乱的局面，从源头上降低发生侵害消费者权益行为的风险。对于违法经营或因各种原因放弃经营的经营者，市场退出制度的建立起到净化市场，可以有效地维护交易中的受侵害一方的合法权益。

5) 有利于电子商务交易纠纷的解决

随着企业电子商务交易规模的扩大，交易纠纷越来越多。电子商务本质是商务，其交易与实体交易一样，都会涉及交易纠纷的处理。交易纠纷的妥善解决，不仅决定着此次交易的善后工作，也影响到电子商务能否可持续发展。传统交易的纠纷解决涉及民商法中的民事诉讼管辖权问题和物权法中的物权归属问题。传统市场中企业的管辖是通过物理信息实施的。注册地、经营地、住所、行为地、固定资产等都是解决交易的基础。这些信息都与物理空间有高度的关联。而在虚拟市场中，时间与空间的限制已经打破，企业注册地不一定是经营地，交易主体可能分处于不同的城市，不同的国家，传统的依据物理信息确定管辖权的法律条文难以适应互联网环境。法院行使管辖权不仅需要确定主体的真实存在，还需要确定不同主体的法律适用。

从另一方面讲，消费者一旦与网络经营者发生诉讼，如果双方当事人分别处于不同的国家或地区，这时，管辖权的确认、适用法律的选择对司法实践来说都是一个非常棘手的问题。

电子商务市场准入以及退出制度的建立，有助于明确网络交易参与者的身份和资格，帮助消费者明确投诉目标，合法维护自己的正当权益，帮助消费者协会和法院快速选择交易纠纷的适用法律并提高法律判决的执行力。

**4. 电子商务市场准入**

1) 自然人

对于享有中华人民共和国公民权利的自然人，可以在经营性网站设立网店，依法开展电子商务经营活动。网站应当做好备案、经营范围审核、经营管理工作。

2) 从事电子商务经营的企业

在中华人民共和国境内从事电子商务经营活动的法人和其他组织,应按有关法律法规办理工商登记,取得营业执照。

3) 自营交易网站和第三方交易平台

设立自营交易网站或第三方交易平台的电子商务经营者,应当按照《公司法》等法律法规注册为企业法人,并向行业主管部门办理备案手续。

4) 外资企业

外商投资企业设立网站或第三方电子商务交易平台从事在线交易或服务活动的,应当符合我国关于电信业务许可的法律规定。申请从事电子商务经营的外商投资企业,享有与传统外商投资企业相同的权利和义务,按照《外资企业法》《中外合资经营企业法》等涉及外资的法律办理工商登记。除涉及国家机密和安全等特殊领域,外资投资比例不予限制。取得商务主管部门的许可。交易服务器应按照电子交易信息安全管理规定设立。

5) 跨境经营

电子商务经营者从事跨境贸易的,应当符合《对外贸易法》《海关法》等法律的相关规定。

6) 经营特殊商品和服务的行政许可

电子商务经营者拟从事的电子商务经营活动涉及需要行政许可的商品或服务的,应对依法取得相关主管部门的许可。

**5. 电子商务市场推出**

1) 自行退出

自营交易网站、第三方平台企业和站内经营者,因为经营期满、战略调整、投资人死亡等原因,构成企业自行解散条件的,应允许其停止营业。

2) 强制退出

电子商务经营者,因为违反《产品质量法》《消费者权益保护法》《反不正当竞争法》等法律,扰乱电子商务市场正常秩序,构成强制解散条件的,应强制其退出电子商务市场,吊销相关营业许可和执照。

3) 公示公告

(1) 自营交易网站、第三方交易平台退出电子商务市场或暂停经营,应当在其网站醒目处发布公告,明确告知买受人和站内经营者相关事宜。

(2) 站内经营者、个人网店退出第三方交易平台,或暂停经营,第三方交易平台应发布相关公告。

(3) 因各种原因不能自行发布公告的,由监管部门协助发布。

4) 退出程序

(1) 自营交易网站、第三方交易平台、站内经营者退出电子商务市场,应当注销相关经营许可。

(2) 参照《公司法》启动企业清算程序,客观评估虚拟财产的价值,做好善后工作。

(3) 需要办理工商注销登记的,应依法注销。

(4) 已宣布退出电子商务市场的经营者,应在限期内停止网上营业,在规定期限内未停止,视为违法经营。电子商务监管部门应给予行政或法律处罚,互联网接入服务商应关停其网络端口。

(5) 退出市场的电子商务经营者,应当按照电子商务信息安全管理规定封存与销毁数据。

5) 网站、网店转让

(1) 自营交易网站和第三方交易平台转让,参照《公司法》执行。

(2) 电子商务经营者在第三方交易平台上的网络经营资源可依法向其他经营者转让或由其他经营者承继,第三方交易平台应在其网站上以醒目的方式对有关网络资源经营主体的变更予以公示。

6) 第三方交易平台责任

(1) 站内经营者退出电子商务市场,第三方交易平台应在限期内取消该经营者的网上经营权限。

（2）站内经营者在规定期限内仍存在网上经营行为的，视为违法经营，第三方平台应承担部分责任。

（3）平台应当设立栏目，支持消费者查阅网店的转让情况。

（4）第三方交易平台应指导和监督站内经营者履行消费者权益保护事宜。

（5）站内经营者存在违法经营行为，第三方平台应协助相关部门取证调查，并限制或禁止其在平台上经营。

#### 6. 电子商务市场准入与退出监管

1）监管体系

（1）电子商务主管部门主要负责电子商务市场准入和退出监管。国家应根据电子商务活动的特点创新监管方式，明确监管职责，维护电子商务交易正常秩序。

（2）工信部负责互联网服务审批。

（3）对于特殊商品和服务，应当取得相关主管部门的许可。

（4）对于涉及外资的经营活动，应当取得商务主管部门的许可。

2）审批期限和告知义务

（1）审批部门应当设定审批期限，并在法定期限内完成相关工作。

（2）审批部门应清晰表述做出同意或拒绝决定的程序规定和审批流程。做出"同意"决定时，应在审批期限内通知申请者；做出"拒绝"决定时，应给予申请者以书面通知，告知理由。申请者有权采取补充和救济措施。

## 12.3 电子合同的法律制度

### 12.3.1 电子合同的概念与分类

#### 1. 电子合同的概念

1）电子合同的起源

合同最早起源于古代罗马法作为调整民事法律关系的协议，古罗马法称之为契约（契约的内涵略广于合同），并将之作为调整民事法律关系的协议，因而在最初，合同是民法的特有概念。随着社会的进步和法律制度的发展，法律体系变得更加细化，合同这一概念逐步应用到其他法律部门。

联合国《电子商业示范法》第2条第1款规定："'数据电文'系指经由电子手段、光学手段或类似手段生成、储存或传递的信息，数据电文包括但不限于电子数据交（EDI）、电子邮件、电报或传真所传递的信息。"第6条第1款规定："如果法律要求信息须采用书面形式，则假若一项数据电文所含信息能够调取以备日后查用，即满足了该项要求。"该法虽未对电子合同有明确的定义，但从这两条规定来看，《电子商业示范法》允许贸易双方通过电子手段传递信息、签订买卖合同和进行货物所有权的转让。这样，以往不具法律效力的数据电文将和书面文件一样得到法律的承认。该法的通过为实现国际贸易的"无纸操作"提供了法律保障。

我国《合同法》也引入了数据电文形式，第11条规定，书面形式是指合同书、信件和数据电文（包括电报、电传、传真、电子数据交换和电子邮件）等可以有形地表现所载内容的形式，从而在法律上确认了合同可以采用电子手段缔结。

2005年11月，联合国通过的《联合国国际合同使用电子通信公约》第一条规定了国际合同中使用电子通信的适用范围：

（1）本公约适用于营业地位于不同国家的当事人之间订立或履行合同有关的电子通信的使用。

(2) 当事人营业地位于不同国家,但这一事实只要未从合同或当事人之间的任何交往中或当事人在订立合同之前任何时候或订立合同之时披露的资料中显示出来,即不予以考虑。

(3) 在确定本公约是否适用时,既不考虑当事人的国籍,也不考虑当事人和合同的民事或商务性质。

《公约》的"通信"系指当事人在一项合同的订立或履行中被要求做出或选择做出的包括要约和对要约的承诺在内的任何陈述、声明、要求、通知或请求;"电子通信"系指当事人以数据电文方式发出的任何通信。

《公约》清除了国际合同中使用电子通信的法律效力不确定性所产生的种种问题构成的对国际贸易的阻碍,明确了"电子通信"和"数据电文"在国际合同订立中的法律效力,但这些合同包括为个人、家人或家庭目的订立的合同。受管制交易所的交易,外汇交易银行将支持系统银行间支付协议或者与证券或其他金融资产或票据有关的清算和结算系统,对中间人持有的证券或其他金融资产或票据的担保权的转让出售出借或挚友或回购协议,以及汇票、本票、运单、提单、仓单或任何可使制单人或受益人有权要求交付货物或支付一笔款额的可转让单证或票据。

2) 电子合同的定义

传统的商务合同成立有四个基本要素:

(1) 合同内容:没有合同的内容,不能反映交易各方的意思表达。

(2) 合同载体:通常使用纸张作为合同的载体。

(3) 合同签名或盖章:签名或盖章表示合同签署者对合同条款达成合意。

(4) 合同文本的交换方法:经常使用当面传递或邮寄的方法交换合同文本。

上述四个基本要素是相互密切关联的,且缺一不可。例如,没有盖章的合同不具有法律效力;仅有盖章而没有内容的合同没有意义;没有交换的合同文本不能得到双方的承认。但同时,传统的商务合同的成立还需要有一个必要条件,即合同内容、合同载体、合同签名或盖章必须结合为一体。实际操作中,经常使用骑缝章或"本页无正文"等方式来保证合同的基本要素不可分割。根据功能等同法,若要在交易活动中使用电子合同,也必须同时具备传统合同的四个要素,电子合同才能具有法律效力。只是在网络环境下的传统合同的四个要素的形式都发生了变化:

(1) 合同内容:在合同内容上,电子合同与传统合同没有区别。

(2) 合同载体:使用数据电文作为电子合同的载体,通过屏幕进行显示。

(3) 合同签名或盖章:使用电子签名或电子盖章代替传统合同的签名或盖章,而且电子签名和电子签章也将合同的各个要素联为一个整体,实现了传统合同成立的必要条件。

(4) 合同文本的交换方式:使用电子通信交换电子合同。

由此,电子合同的定义为电子合同是平等主体的自然人、法人、其他组织之间以数据电文为载体,合理合法使用电子签名,并利用电子通信设立、变更、终止民事权利义务关系的协议。

**2. 电子合同的分类**

电子合同的分类是指按照一定的标准将各类电子合同加以区别,其目的在于,通过分类来掌握某一类合同的共同特征以更好地进行研究和指导实践。电子合同作为一种民商事合同,可以按传统合同的分类标准来划分。然而,它又是一种特殊形式的合同,具有自己的特殊性,可以按照自身的特点加以分类。

1) 信息产品合同与非信息产品合同

根据标的的不同,合同可分为货物贸易合同、服务贸易合同及知识产权贸易合同三大类。通过电子商务可以进行在线货物买卖或在线信息服务,这类电子合同的标的与传统合同的标的并无二致,但同时电子商务也产生了一类新的合同,即信息产品合同。

所谓信息产品,是指可以被数字化并通过网络来传播的商品。假设顾客在网上商店订购了一个礼物,其要求网上商店在规定的时间将礼物送达指定的地点,其标的就是一个真实存在的礼物。若顾客订购的是一个虚拟的数字化礼物,并要求网上商店在规定的时间送达,那么标的就不是现实中的事物,而是一张电子图片或者是一串特定的电子数据,即信息产品为此时的标的。与此类似,软件、数据库、书刊、音像等可以在线传播的都是信息产品。

因此,我们可以把电子合同的标的分为两类:一类是信息产品,另一类是非信息产品从而产生信息产品合同与非信息产品合同。

2) 信息许可使用合同与信息服务合同

根据合同标的性质的不同,可区分为信息许可使用合同与信息服务合同。信息许可使用合同是指以转移信息产品的使用权为标的的合同,如音乐、软件的所有权人许可他人下载,在离线后仍可使用。信息服务合同是指以提供信息服务为标的的合同,如信息访问、认证服务、交易平台服务等。信息许可使用的标的属于服务还是商品仍有争论。德国1999年关于解决计算机2000年问题的一些规定中,就明确表示软件不是产品,不能适用产品质量法。

## 12.3.2 数据电文

**1. 数据电文的定义**

我国《电子签名法》给出的数据电文定义与联合国《电子签字法》中的定义基本相同:"数据电文"指经由电子手段、光学手段或类似手段生成、发送、接收或存储的信息,这些手段包括但不限于电子数据交换、电子邮件、电报、用户电报或传真。所不同的是我国《电子签名法》没有列举"数据电文"的具体形式。其出发点主要是从技术发展的不确定性考虑,因为数据电文技术一直在快速发展,表现形式是不能穷举的。《电子签名法》不仅打算适用于现有的通信技术,而且打算适用于未来可以预料的技术发展。"数据电文"定义的目的是要包含基本上也无纸形式生成、传递或存储的电文。

在电子技术引进之前,法律很少碰到文本在什么中介载体上呈现的问题。在电报、电传和传真产生之后,也没有出现不可克服的困难,尽管电报、电传和传真都包含电子脉冲的应用,但接收方从接收机中得到的一张通信记录纸就足以形成书面的证据了。电子商务所利用的电子邮件和电子数据交换与电报、电传、传真非常相似,都是通过一系列电子脉冲来传递信息的。但它们通常不是以原始纸张作为记录的凭证,而是将信息或数据记录在计算机中,或记录在磁盘和软盘等中介载体中。因此,这种方法具有以下特点:

(1) 数据电文的易破坏性。数据电文以计算机储存为条件,是无形物,一旦操作不当就可能抹掉所有数据造成不可挽回的破坏。

(2) 数据电文作为证据的局限性。传统的书面文件只是受到当事人保护程度和自然侵蚀的限制,而数据电文不仅可能受到物理灾难的威胁,还有可能受到计算机病毒等计算机特有的无形灾难的攻击。

(3) 数据电文的易改动性。传统的书面文件是纸质的,如有改动,容易留下痕迹。而数据电文是以键盘输入的,用磁性介质保存的,改动、伪造后可以不留痕迹。

上述问题的存在,确实阻碍了数据电文合法性的进程。发展中的计算机技术提出了许多解决办法。例如,防火墙技术、通信记录、数字签名技术等。从另一方面讲,书面文件也同样存在伪造和涂改的情况,人们并没有因为书面文件的缺陷而放弃使用书面文件。所以有必要扩大传统"书面形式"的概念。

**2. 数据电文的法律效力**

证据是用于证明某一件事物存在与否或某一主张成立与否的有关事实材料,在诉讼法中证据是指证明案件真实情况的一切事实。

电子证据可定义为:以电子形式存在的,能够证明案件真实情况的一切材料及其派生物。所谓电子形式,一般是指由介质、磁性物、光学设备、计算机内存或类似设备生成、发送、接收、存储的任一信息的存在形式。

相对于传统证据,电子证据具有以下特点:

(1) 数字性。电子证据与传统证据相比,其证明机制并没有发生本质的变化,只不过其载体形式发生了变化。作为电子数据的信息多以电讯号代码(由0和1组成的二进制代码)形式存储于计算机的存储介质之中(如硬盘、磁盘、光盘等),必须采用特定的输出形式。

(2) 安全性与脆弱性。电子证据由于具有数字化的特点,其生成存储传输的信息容易被篡改,从表面上看难以区分其复印件和原件,真实件和伪造件,因而电子证据具有脆弱性。但网络上的每一次登录都可以有记录,电子证据的任何删除、复制和修改都能够通过技术手段加以认定。从此角度上看,电子证据又比传统证据具有安全性和稳定性。

(3) 共享性。电子证据由于电讯号代码形式存储于计算机的存储介质中,比较容易被查看、复制和输出,其电子数据资源可以被广泛地共享。由于保存的附件比较多,其保存的安全性大大提高,其保密性则相对较低。

鉴于数据电文使用的是在实体社会中人们难以直接观察到的电子、光学、磁或者类似手段,人们常常怀疑通过这些手段形成的数据电文作为证据的可靠性。这种怀疑成为推动数据电文应用的巨大阻碍。

"电子签名法"第七条对数据电文作为证据做出了规定,说电文不得仅因为其是以电子光学词或者类似手段生成发送接收或者存储的而被拒绝作为证据使用。电子签名法第七条的陈述确认的数据电文作为证据的法律地位。使得社会广泛使用数据电文有了可靠的法律依据。同时,第七条也确认了电子光学词或者类似手段适用于政治的可接受性,这种确认是建立在对信息现代信息技术手段安全性和稳定性的基础之上的,这种确认也消除了在某些法律领域对电子证据手段引起的复杂争议。

联合国《电子商业示范法》第9条规定:"在任何法律诉讼中,证据规则的适用在任何方面均不得以下述任何理由否定一项数据电文作为证据的可接受性:仅仅以它是一项数据电文为由;或如果它是举证人按合理预期所能得到的最佳证据,以它并不是原样为由。对于以数据电文为形式的信息,应给予应有的证据力。在评估一项数据电文的证据力时,应考虑到生成、储存或传递该数据电文的办法的可靠性,保持信息完整性的办法的可靠性,用以鉴别发端人的办法,以及任何其他相关因素。"

联合国《电子商业示范法》第11条规定:"就合同的订立而言,除非当事各方另有协议,一项要约以及对要约的承诺均可通过数据电文的手段表示。如使用了一项数据电文来订立合同,则不得仅仅以使用了数据电文为理由而否定该合同的有效性或可执行性。"第12条同时规定:"就一项数据电文的发端人和收件人之间而言,不得仅仅以意旨的声明或其他陈述采用数据电文形式为理由而否定其法律效力、有效性或可执行性。"

我国《合同法》第11条明确规定将数据电文列为可以有形地表现所载内容的合同形式之一,在法律上确认了数据电文与合同书、信件等有同等的法律效力。

**3. 数据电文发送与接收**

为了避免在电子商务交易中产生交易纠纷,我国《电子签名法》详细规定了数据电文发送和接收的时间,同时也规定了数据电文发送和接收的地点。

1) 数据电文发送和接收时间

数据电文进入发件人控制之外的某个信息系统的时间,视为该数据电文的发送时间。

收件人指定特定系统接收数据电文的,数据电文进入该特定系统的时间,视为该数电文的接收时间;未指定特定系统的,数据电文进入收件人的任何系统的首次时间,视为该数据电文的接收时间。

法律、行政法规规定或者当事人约定数据电文需要确认收讫的,应当在限定时间内收讫。发件人收到收件人的收讫确认时,数据电文视为已经收到。

根据这样的规定,假设南京的甲公司与广州的乙公司以电子邮件作为网络交易的媒介,其中甲公司的邮箱为网易邮箱,乙公司的邮箱为163邮箱,双方公司未约定收到与发出的其他事项。不久前甲公司向乙公司发出一份要约,乙公司通过回复电子邮件的方式予以承诺。由此信息发送的确定时间应为要约离开甲公司的计算机或者主机进入网易邮箱服务器的时间。而信息收到的确定时间主要有以下两种情况:

(1) 乙公司指定 163 邮箱为其邮件接收信箱,则要约到达 163 邮箱的时间为信息收到的确定时间。若甲公司将要约发送到乙公司的其他邮箱上,那么乙公司实际收到信息的时间为确定时间。

(2) 乙公司没有指定收件邮箱,那么要约到达乙公司的任意邮箱的时间为信息收到的确定时间。

我国《合同法》第 16 条规定:采用数据电文形式订立合同,收件人指定特定系统接收数据电文的,该数据电文进入该特定系统的时间,视为到达时间;未指定特定系统的,该数据电文进入收件人的任何系统的首次时间,视为到达时间。

2) 数据电文发送和接收地点

数据电文发送和接收的地点对于确定合同成立的地点和法院管辖、法律适用具有重要意义。在一般情况下,除非发件人与收件人另有协议,数据电文应以发件人的主营业地为数据电文的发送地点,收件人的主营业地为数据电文的接收地点。没有主营业地的,其经常居住地为发送或者接收地点。

在商务活动中,合同成立的地点和时间常常是密切联系在一起的。我国《合同法》规定,当事人采用纸面形式订立合同的,"双方当事人签字或者盖章的地点为合同成立的地点",即承诺生效的地点就是合同成立的地点。而"采用数据电文形式订立合同的,收件人的主营业地为合同成立的地点;没有主营业地的,其经常居住地为合同成立的地点。当事人另有约定的,按照其约定"。

## 12.3.3 电子合同的订立

**1. 电子合同的要约与承诺**

1) 要约与要约邀请

订立合同一般要经过要约和承诺两个步骤,因此,要约的确定具有重要法律意义。要约是希望和他人订立合同的意思表示,该意思表示应当符合两个条件:一是要内容具体明确;二是要表明经受要约人承诺,要约人即受该意思表示约束。所谓内容具体明确,是要求要约的内容应当具备合同成立所必需的条款,即只要受要约人做出承诺,合同就成立了。在合同成立所应具备的条款方面,《合同法》第 12 条规定有 8 项一般条款,当事人在订立合同时可以在此基础上增减。从要约内容可以达到合同成立的角度来考察,要约至少应当包括标的、数量、要约人的姓名或名称三项,并根据交易的具体情况而增加。它传达给受要约人的信息应是明白的,不能有歧义。所谓经受要约人承诺,要约人即受该意思表示约束,是指要约人订立合同的意思是确定的。要约人可以在要约中写明自己受约束的具体内容,也可以不写明,只要能表达出确定的缔约意图即可。

要约邀请不同于要约,它希望他人向自己发出要约的意思表示,如寄送的价目表、拍卖公告、招标公告、招标说明书、商品广告等。区分要约和要约邀请,可以根据以下标准:

(1) 根据法律规定。法律明确规定为要约邀请的,应当是要约邀请。

(2) 根据内容确定。内容具体明确,以达到合同成立所具备的条件的是要约。

(3) 根据发送人的意图来确定。发送人有约束自己条框的,是要约。表明不受约束的是要约邀请。

(4) 根据交易惯例来确定。如售票处的列车价目表在我国为要约邀请。

要约和要约邀请虽然在理论上可以较容易区分,但在实践中对某些情况还会有争议,要具体问题具体分析。

2) 在线交易中的要约与要约邀请

根据电子交易的形式和我国的法律规定,可以分为四种类型来讨论要约、要约邀请和承诺。

(1) 通过访问页面进行交易。此类多为 B2C(Business to Consumer)交易。消费者进入商家页面,浏览商品,将选中的商品放入购物车,然后进入结账页面,消费者可以看到购买物品的清单,在点击确定后,商家提供若干种付款方式供消费者选择:第一种是在线支付,在线交货(下载);第二种是在线支付,离线交货;第三种是离线交货,货到付款。

前面两种方式分别适用于数字信息产品和传统实物产品,后一种是在支付安全系数低,信用制度不完善的状况下而采用的折中方式。

页面的商品信息是不是要约?我们认为,如果该商品信息有明确的价格、规格等内容并且可以在线下载,应认定为要约。这是因为消费者购买的是信息产品的使用权,商品本身不会发生售罄的问题。对于卖方而言,是许可大众使用,只要消费者将之放入购物篮,点击"确定"就构成承诺。

页面上陈列的商品是不是要约?在现实社会,商店中标明价格正在出售的商品构成要约。但在页面上,只能视为要约邀请,这是因为它们在虚拟社会的表现形式是图形,从可能性上来说,当同时有多数人同时点击同一商品时,该图形所表示的商品可能会立刻售罄。如果认定为要约,就意味着商家必须保证该商品有无限多或者即刻删去该图形,这对于商家是过于苛刻的,也是不可能的。据此,可以认为页面上的商品如果属于有体物,则其信息均应是要约邀请。消费者点击购买商品的"确认"按钮是要约。随后出现的支付页面应是卖方的承诺,表明卖方接受了消费者的要约,请求消费者线上支付。

B2C 是目前我国电子商务交易中使用较多的一种方式,而具体做法各网站商家又有差异。例如,有的网站在收到消费者的要约后,会打电话向消费者确认,经核实无误后,再送货上门;有的网站在收到要约后,便直接送货上门;有的网站在收到消费者的汇款后再发货;有的网站则通知消费者到指定的地点付款提货。不论卖方采用何种方式,它们在法律上都具有相同性。与消费者点击购买商品的"确认"进行要约相比,只是支付方式和履行方式不同。消费者点击购买的"确认"按钮是要约,承诺则要看卖方的具体情况而定。如果卖方向消费者发出通知,表明收到要约并接受,则是承诺。如果卖方未在页面上做出承诺的表示或发出承诺,而做出送货或发货的行为,则该行为是承诺。

(2) 通过网络交易中心交易。此类交易主要是 B2B(Business to Business)交易。买方可以选择在线支付,卖方利用物配送系统来履行。这种交易方式类似于口头协商,与传统交易中的要约承诺别无二致。

(3) 在线订立合同或发布广告。根据联合国《通信公约》第 11 条,通过一项或多项电子通信提出的订立合同提议,凡不是向一个或多个特定当事人提出,而是可供使用信息系统的当事人一般查询的,包括使用交互式应用程序通过这类信息系统发出订单的提议,应当视作要约邀请,但明确指明提议的当事人打算在提议获承诺时受其约束的除外。

(4) 在线广告发布。在纸面环境中,报纸、广播电视、商品目录、产品手册、价目表或其他媒体上的广告,如果是普遍面向公众的,而不是针对某一个或多个特定的人,一般都视为要约邀请(在某些法律工作者看来,甚至还包括广告针对某一特定顾客群体的情形),因为在这些情形下,可以认为不存在受约束的意图。同样,如果只是在商店橱窗中和自选货架上陈列货物,一般也视为要约邀请。这种理解与《联合国国际货物销售合同公约》第 14 条第 2 款是一致的,该款规定,一项提议并非针对一个或多个特定人的,只应视为要约邀请,除非提出该提议的人明确作出相反表示。

本着不偏重任何媒介的原则,对网上交易采用的办法不应有别于对纸面环境中同等情形所采用的办法。因此,作为一般规则,一家公司在互联网上或通过其他开放的网络为其货物或服务做广告,仅应视为邀请那些访问其网站的人提出要约,并不能推定构成有约束力的要约。

3) 在线交易中要约的撤回和撤销

要约的撤回,是指要约人在发出要约后,到达受要约人之前,取消其要约的行为。我国《合同法》第 17 条规定:"要约可以撤回,但撤回要约的通知应当在要约到达受要约人之前或者同时到达受要约人。"但是,要约人采用快速通信的方法发送信息,就很难撤回了。例如,要约人向受要约人发传真,在发出的同时,受要约人也就收到了,此时,不存在撤回的余地。可见,要约一旦到达受要约人后,就发生效力,要约人便不能撤回要约。在线交易中,由于信息传输的高速性,要约一旦发出,受要约人即刻就可收到,几乎不存在撤回的可能。虽然在某些情况下，由于传输障碍或带宽的限制导致信息不能立刻到达，但这不影响要约不能撤回的规则。这是因为，在通常的情形下，信息是能够即刻到达的，即使发生延误的情况，但是要约人无法知道。根据现有的法律规定，在线交易要约可以撤回，而实际中在多数情形下，在线交易中撤回的通知晚于要约到达，不可能在要约到达受要约人之前或同时到达受要约人；另一方面，如果发出撤回通知，该撤回非但不能达到要约人的目的，反易误导要约人。因此，由于电子合同使用方式和手段的特性，要约的撤回几乎不可能。

要约的撤销是指在要约生效后使要约失效的行为。我国《合同法》的第18条规定："要约可以撤销，但撤销要约的通知应当在受要约人发出承诺通知之前到达受要约人。"在线交易中要约能否撤销取决于交易的具体方式。从《合同法》的规定来分析，受要约人在收到要约后有一个考虑期，此期限的长短要约人可以在其要约中决定或由交易习惯确定。在受要约人未承诺前，要约人可以撤销要约。因此，受要约人的回应速度是要约人能否撤销的关键。如果当事人采用电子自动交易系统从事电子商务，承诺的做出是即刻的，要约人没有机会撤销要约；如果当事人在网上协商，可能形成新要约，这与传统的要约和承诺无异，要约人在受要约人做出承诺前是可以撤销的。

4）要约和承诺生效的时间

关于生效时间的立法例有两种：一是大陆法系，采用到达主义，即以信件到达接收人处为生效；二是英美法系，采用发送主义，只要发出人将信件投邮即为生效；到达主义侧重于维护交易安全，发送主义则侧重于维护交易迅捷。从科技迅速发展来看，发送与到达的时间差越来越小，到达主义与发送主义的差别所产生的利弊也大大淡化，两者的实际效果越来越接近。从国际公约的立法例来看，较多采用到达主义。美国《统一计算机信息交易法》对于电子信息的生效时间也采用了到达主义，而放弃了普通法的"邮箱规则"。美国统一州法委员会对此的正式评论是："之所以放弃'邮箱规则'是为避免收到与否的不确定性，采用到达主义是考虑到电子信息传输的迅捷性，而把没有收到的风险置于发送人。"应当说，电子交易本身具有以往任何时代无法比拟的快捷性，因而，安全成了每个国家立法者考虑的第一要素。到达主义正好符合了这一要求，而发送人的风险可以通过"确认收讫"加以避免。

**2. 收讫与承诺的关系**

1）确认收讫的作用

在传统的贸易磋商过程中，由于受到通信手段的限制，有许多不确定的因素。例如，发出的要约对方是否收到，这在要约发出后一段时间里是无法知道的，在电子商务环境中，各方可以更快、更精确地了解业务进展状况。电子商务一个突出的功能性特征是它提供了立即判定的能力。接收方在收到发送方的信息后，通过发回的信息来证实在传递中有无错误和缺漏发生。用这种方法，在通信过程中误解的语句和内容都能被及时发现。除此之外，对与过去的安排或已经成立的合同的限制不一致的信息，也能被电子化地发现。

在采用到达主义的立法例下，一项信息只有在到达接收人时才生效，接收人只需注意邮箱里是否有新的邮件并做出反应即可，因而法律风险较小。而就发送人而言，在受要约的约束的同时，却无法确知接收人收到与否。而确认收讫有利于减少发送人的风险，这在商业上和法律上都具有重大的价值。

2）确认收讫的含义和有关法律规定

确认收讫是指在接收人收到发送的信息时，由其本人或指定的代理人通过自动交易系统向发送人发出表明其已收到的通知。联合国《电子商业示范法》颁布指南指出：确认收讫有时用来包括各种各样的程序，从简单地确认收到一项电文到具体表明同意某一特定数据电文的内容。《电子商业示范法》对确认收讫的应用规定了以下五项主要原则：

（1）确认收讫可以用任何方式或行为进行。

（2）发送人要求以确认收讫为条件的，在收到确认之前，视信息未发送。

（3）发送人未要求以确认收讫为条件，并在合理期限内未收到确认的，可通知接收人发送人未要求以确认收讫为条件,并在合理期限内未收到确认的,可通知接收人并指定期限,在上述期限内仍未收到的,视信息未发送。

(4) 发送人收到确认的,表明信息已由收件人收到,但不表明收到的内容与发出的内容一致。

(5) 确认收讫的法律后果由当事人或各国自己决定。

新加坡《1998电子商务法》受《电子商务示范法》的影响做了与其完全一致的规定。韩国《电子商务基本法》规定稍有不同,该法第12条第3款规定:"如果发件人要求收件人确认收讫但未声明以确认收讫为条件,那么,发件人可以撤销发出的电子信息,除非在合理时间内,或在发件人规定的时间内,或在发件人和收件人协商一致的时间内发件人收到了确认通知。"

3) 确认收讫的法律效力

确认收讫的法律效力可以通过当事人的约定或法律的规定来实现。确认收到是否表明接收人同意源发信息的具体内容?当事人可以根据交易习惯约定收到确认具有承诺的法律地位,但在一般情况下,这样做会使接收人处在较被动的地位,在接收人采用自动确认程序时尤其如此。在当事人没有约定的情况下,应当适用法律规定。

确认收讫仅仅表明接收人收到电子信息,而非承诺。承诺是对要约内容的同意。判断确认收讫是不是承诺可以从两个方面来考察:一是在内容上确认收讫有没有表明同意要约。确认收讫实际上是一个功能性回执,是由接收方的计算机在收到邀约人的信息时自动发出的。这一点它与挂号信的回执有同等作用,其目的是减少商业风险,像挂号信的回执不代表收信人同意信件内容一样,确认收讫也不能用来确认相关电子信息的实质内容。二是交易习惯应是立法的基础。法律规则应从一般惯例中抽象出来,对于少数特例应允许当事人自行约定。

确认收讫不是合同订立的必经程序。在合同订立过程中是否需要设立确认收讫这一环节应由当事人自己决定,确认收讫一方面能减少风险,但同时也增加了商业成本,法律应赋予市场主体自由选择的权利。在未明确确认收讫的法律效力之前更应如此。

确认收讫的其他法律后果可以参照《示范法》的有关规定来确定。联合国《电子商业示范法》设置了两种情况:发件人未声明以确认收讫为条件。对比联合国《电子商业示范法》,韩国《电子商务基本法》还规定了一种情况,即如果发件人要求有确认收讫但未以之为条件,发件人可以撤销电子信息。

## 12.4 电子支付法律制度

### 12.4.1 电子支付概述

**1. 电子支付的概念**

美国《统一商法典》没有直接给出电子支付的概念,而是用"支付命令"表示电子支付指令的概念。《统一商法典》第4A-103(a)条规定,支付命令指发送人对接收银行的一项指令,这项指令以口头方式、电子方式或书面形式传送,是支付或使另一家银行支付固定的或可确定的货币金额给受益人的指令。支付命令须同时具备以下条件:该指令除了支付时间外未规定向受益人支付的条件;接收银行将通过借记发送人的账户,或以其他方式从发送人处收到支付,来得到偿付;这项指令由发送人直接传送给接收银行,或通过代理人、资金划拨系统或通信系统传送给接收银行。支付命令是美国《统一商法典》第4A编的起草者设计的最重要的概念之一,对明确该法的适用范围,确定大额电子资金划拨各方当事人的权利义务具有重要的意义。

联合国国际贸易法委员会1987年制定的《联合国国际贸易法委员会电子处理资金划拨法律指南草案》提出:"电子处理资金划拨一词是指这样一种资金划拨,即在处理过程中有一个或多个以前用以票据为依据的技术来进行的步骤现在改用电子技术来进行。其中最明显和最重要的是,涉及资金划拨的银行以发送电子信息来传递指示和用电算机处理借贷划拨指示,而不是实际传送以票据为依据的借贷划拨指示。"

美国《电子资金划拨法》对电子资金划拨所下定义为:"除支票、汇票或类似的纸质工具的交易以外的,通过电子终端、电话工具,或计算机或磁盘命令、指令或委托金融机构借记或贷记账户的任何资金的划拨"。

中国人民银行《电子支付指引(第一号)》给出的定义是:电子支付是指单位、个人直接或授权他人通过电子终端发出支付指令,实现货币支付与资金转移的行为。定义明确了支付主体、支付行为和支付工具,但支付行为仍停留在较传统的描述上,货币支付与资金转移二者之间也存在交叉重合的问题。

本书从两个角度来研究电子支付的概念。一个是从广义的角度,即不论支付行为是基于什么原因发生的,只要导致了资金的流动,都作为电子支付研究的范畴。另一个是从狭义的角度来研究电子支付,即从电子商务的角度,仅研究在有交易关系的基础上发生的电子支付行为。研究前者目的是把握电子支付的全部特点,研究后者是为了适合电子商务立法的需要。

从广义角度讲,电子支付是指支付当事人通过电子设备授权银行或支付机构(非金融支付机构),对其支付账户进行资金划拨的行为。从狭义角度讲,在电子商务活动中,电子支付是指付款人通过电子设备授权银行或者支付机构,将其支付账户的资金划拨给收款人,以履行价款交付义务的行为。

这里,电子设备既包括传统的POS机、ATM机,也包括借助互联网络、通信网络等信息网络利用计算机、智能移动终端等创新设备;支付账户既包括银行账户,也包括在非银行机构开设的网络账户。

一般来讲,电子支付业务应同时具备四个基本特征:

(1) 为收付款客户提供资金转移服务的主体是支付机构。

(2) 客户发起支付指令所借助的是计算机、移动终端等电子设备。

(3) 支付指令依托公共网络信息系统远程发起,即客户的电子设备经由公共网络信息系统与相关后台系统进行交互并传递支付指令。

(4) 支付指令发起过程中,付款客户的电子设备不与"收款客户特定专属设备"进行交互。

## 2. 电子支付的分类

当前流行的电子支付类型主要是支付指令在用户和电子支付机构之间或相互之间的流转。对这些支付类型进行分类,提炼出民事权利义务关系。电子支付可以分为五种类型,即可以分析和归纳电子支付的各方主体在支付各环节的角色,包括网络银行支付、非金融机构支付、移动支付、虚拟货币和其他形式,如图12-4-1所示。

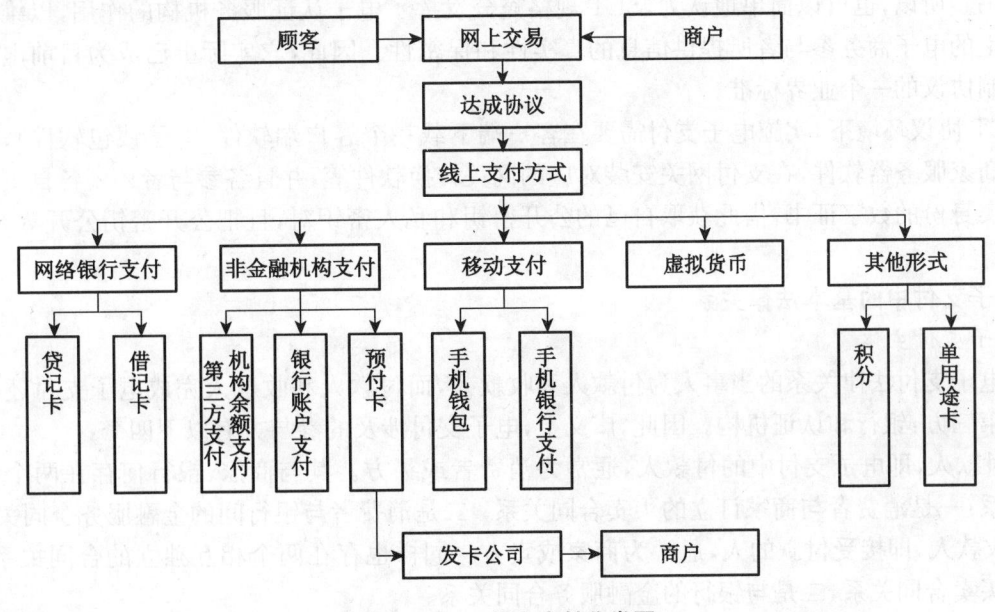

图12-4-1 线上支付分类图

### 3. 在线电子支付的安全交易标准和认证

**1) 电子支付的安全性要求**

在电子商务活动中,商家、消费者及银行等各方是通过开放的互联网联系在一起的,相互之间的信息传递要通过网络来进行,这一变化加大了交易的风险性和不确定性,从而对网络传输过程中数据的安全性和保密性也提出了更高的要求,尤其对电子支付中涉及的敏感数据,则更需要确保万无一失。

具体看来,电子支付的安全性要求主要包括:数据的保密性、数据的完整性、数据的发送人和接收人身份的可鉴别性。

电子支付安全标准就是为满足电子支付的安全性要求而开发出的集加密技术、电子签字和信息摘要技术、安全认证技术于一体的各种安全技术措施或者安全技术协议。目前,国际上常用的两种电子支付的安全交易标准是 SSL 和 SET 安全协议。

**2) SSL 协议**

SSL(Secure Sockets Layer)协议又称安全套接层协议,是由网景公司设计开发,国际上最早应用于电子商务的一种网络安全协议。它在客户端和主机端之间,利用 RSA 技术形成传输机密信息资料的通讯加密协议。实际上,SSL 能够在当事人之间建立一个秘密信道,凡是不希望被他人知道的机密数据,都可以通过这个信道传送给对方,避免其数据被他人偷窥。SSL 协议运行的基点是商家对客户信息保密的承诺,客户的信息首先传到商家,商家阅读后再传到银行。

**3) SET 协议**

SET(Secure Electronic Transaction)协议又称安全电子交易协议,是两大信用卡组织——维萨(Visa)和万事达(MasterCard)联合开发并于 1997 年 6 月 1 日正式发布的。SET 是一个能保证通过开放网络(包括互联网)进行安全资金支付的安全交易标准。SET 在保留对客户信用卡认证的前提下,又增加了对商家身份的认证。由于 SET 提供商家和收单银行的认证,确保了交易数据的安全、完整可靠和交易的不可抵赖性,特别是具有保护消费者信用卡号不暴露给商家等优点,因此它成为目前公认的信用卡/借记卡的网上交易的国际标准。SET 协议采用了对称密钥和非对称密钥体制,把对称密钥的快速、低成本和非对称密钥的有效性结合在一起,以保护在开放网络上传输的个人信息,保证交易信息的隐蔽性。

SET 的核心技术包括电子签字和信息摘要、数字证书的签发、电子信函、公共密钥的加密等。在 SET 体系中有一个关键的电子认证服务机构(Certification Authority,CA),CA 根据 X.509 标准发布和管理证书。所以,也可以简单地认为,SET 规格充分发挥了电子认证服务机构的作用,以维护在任何开放网络上的电子商务参与者所提供信息的真实性和保密性。因此,它实际上已成为目前电子商务信息传输控制协议的一个业界标准。

在 SET 协议环境下,实施电子支付需要在客户端下载一个客户端软件(电子钱包软件),在商家服务端安装商家服务器软件,在支付网关安装对应的网关转换软件等,并且各参与者还要各自下载一个证实自己真实身份的数字证书,借此获取自己的公开密钥和私人密钥对,且把公开密钥公开等,手续稍嫌麻烦。

### 4. 电子支付中的基本法律关系

**1) 电子支付主体**

在线电子支付法律关系的当事人为付款人和收款人,而付款人和收款人完成电子支付还必须有两个重要的第三方:银行和认证机构。因此,广义上,电子支付涉及的参与方有以下四个:

(1) 付款人,即电子支付中的付款人,通常为消费者或买方。其与商家、银行何存在两个相互独立的合同关系:一是消费者与商家订立的买卖合同关系;二是消费者与银行间的金融服务合同关系。

(2) 收款人,即接受付款的人,通常为商家或卖方。同样也存在两个相互独立的合同关系:一是与消费者的买卖合同关系,二是与银行的金融服务合同关系。

(3) 银行,即电子支付中的信用中介、支付中介和结算中介,其支付的依据是银行与电子交易客户所订立的金融服务协议。在电子支付系统中,银行同时扮演发送银行和接收银行的角色。

(4) 电子认证服务机构。认证服务机构为参与电子支付各方的各种认证要求提供证书服务,建立彼此的信任机制,使交易及支付各方能够确认其他各方的身份。一方面,认证服务机构不仅要对进行电子商务的各方负责,而且要对整个电子商务的交易秩序负责;另一方面,买卖双方有义务接受认证机构的监督管理。

因此,电子支付主体涉及的法律关系包括:

(1) 支付结算等电子支付业务分类型许可行政法律关系,平等适用于各类支付主体。

(2) 电子支付监管法律关系,包括重要业务规则的法定,消费者数据及权益的特别规定、反洗钱等法定义务设定。

2) 电子支付行为

(1) 无第三方支付机构参与的电子支付。无第三方支付机构参与的电子支付(如付款人通过网络银行直接付款)主要涉及以下法律关系:银行与客户的法律关系,包括委托合同关系、存款合同。银行之间的法律关系,主要是资金划转的法律关系。银行与网络服务提供商或通信服务提供商的法律关系,主要是服务合同关系。客户之间的法律关系,这是交易的基础法律关系。电子认证机构与银行的法律关系,是身份验证的服务关系。

(2) 第三方机构参与的电子支付。第三方支付机构作为支付网关的电子支付(不涉及虚拟账户):第三方支付机构与客户的法律关系,双方允诺的代理。第三方支付机构与银行的法律关系,双方允诺的代理。

第三方支付机构作为中介的电子支付(通过虚拟账户划转):客户与第三方机构的法律关系,主要涉及委托+保管、非存款、小额支付。

3) 电子支付工具

(1) 电子货币的发行人、持有人法律关系。

(2) 信用卡、借记卡持有人与银行、发卡人之间的法律关系。

(3) 电子支付工具使用人的举证及责任承担。

## 12.4.2 电子支付立法

**1. 银行卡业务的有关规定**

我国电子支付的立法是从信用卡起步的。1997年12月,中国人民银行公布了《中国金融IC卡卡片规范》和《中国金融IC卡应用规范》,1998年9月,又公布了与IC卡规范相配合的《POS设备规范》。这三个标准的制定为国内金融卡跨行跨地区通用、设备共享及与国际接轨提供了强有力的支持,为智能卡在金融业的大规模使用提供了安全性、兼容性的保障。1998年年初,国家金卡工程协调领导小组根据国务院指示发出了《关于加强IC卡生产和应用管理有关问题的通知》,要求制定IC卡生产、应用的技术标准和规范。随后《全国IG卡应用发展规划》《IC卡管理条例》《集成电路卡注册管理办法》《IC卡通用技术规范》等相继出台,为各种电子支付系统的规范化和兼容提供了契机,使得中国标准金融IC卡作为电子商务中的支付前端成为最安全和最直接的解决方案。1999年1月26日,中国人民银行颁布了《银行卡业务管理办法》,对银行信用卡、借记卡的发行、使用等问题做出规范。

上述这些规章主要集中在技术标准和应用方面,很难称得上是对电子支付法律关系的直接调整。进入21世纪后,我国电子支付进入快速发展时期,涉及电子支付业务的法律制度建设进入实质阶段。

**2.《电子支付指引(第一号)》**

为了规范电子支付业务,防范支付风险,维护银行及其客户在电子支付活动中的合法权益,促进电子支付业务健康发展,2005年10月26日,中国人民银行发布了《电子支付指引(第一号)》(简称《指引》)。《指引》的发布为时机成熟后出台相应的部门规章或法律奠定了基础。

《指引》的规范主体主要是银行及接受其电子支付服务的客户,主要涉及五个方面的内容:

(1) 电子支付活动中客户和银行的权利和义务。《指引》明确要求客户申请电子支付业务,必须与银行签订相关协议。银行有权要求客户提供其身份证明资料,有义务向客户披露有关电子支付业务的初始信息,并妥善保管客户资料。客户应按照其与发起行的协议规定发起电子支付指令。要求发起建立必要的安全程序,对客户身份和电子支付指令进行确认,要求银行按照协议规定及时发送接收和执行电子支付指令,并回复确认。

(2) 信息披露制度。为维护客户权益,《指引》要求办理电子支付的银行必须公开、充分披露其电子支付业务活动中的基本信息,尤其强调对电子支付业务风险的披露,并明示特定电子支付交易品种可能存在的全部风险。建立电子支付业务运作重大事项报告制度,提醒客户妥善保管妥善使用,妥善授权他人使用电子支付交易存取工具。

(3) 电子支付安全制度。《指引》要求银行采用符合有关规定的信息安全标准、技术标准、业务标准;建立针对电子支付业务的管理制度,采取适当的内部制约机制;保证电子支付业务处理系统的安全性,以及数据信息资料的完整性、可靠性、安全性、不可否认性。《指引》对于应用电子签名、签署书面协议、交易限额、日志记录、指令确认、回单确认、

信息披露和及时通知都做出一系列的要求,这些制度都是围绕防止欺诈设计的。《指引》针对不同客户在电子支付类型、单笔支付金额和每日累计支付金额等方面做出合理限制。

(4) 电子证据的合法性。《指引》以《电子签名法》为法律依据,进一步确认了电子支付中电子证据的法律效力和实际可采性。《指引》规定:电子支付指令与纸质支付凭证可以相互转换,两者具有同等效力;《指引》要求银行认真审核客户申请办理电子支付业务的基本资料,妥善保存客户的申请资料,保存期限至该客户撤销电子支付业务后 5 年,从制度上保证了诉讼期间相关证据的可采纳性。

(5) 差错处理。《指引》不仅明确了电子支付差错处理应遵守的据实、准确和及时的原则,还充分考虑了用户资料被泄露或篡改,非资金所有人盗取他人存取工具发出电子支付指令,客户自身未按规定操作或由于自身其他原因造成电子支付指令未执行、未适当执行、延迟执行,接收行由于自身系统或内控制度等原因对电子支付指令未执行、未适当执行或迟延执行致使客户款项未准确入账,因银行自身系统、内控制度或为其提供服务的第三方服务机构的原因造成电子支付指令无法按约定时间传递、传递不完整或被篡改等多种实际情况。明确了处理差错的原则和相应的补救措施。

### 3.《非银行支付机构网络支付业务管理办法》

为规范非银行支付机构网络支付业务,防范支付风险,保护当事人合法权益,2015 年 12 月,中国人民银行发布了《非银行支付机构网络支付业务管理办法》(简称《办法》)。该《办法》共 7 章 57 条,主要包括以下内容。

1) 支付机构与网络支付业务

支付机构是指依法取得支付业务许可证,获准办理互联网支付、移动电话支付、固定电话支付、数字电视支付等网络支付业务的非银行机构。

网络支付业务是指客户通过计算机、移动终端等电子设备,依托公共网络信息系统远程发起支付指令,且付款客户电子设备不与收款客户特定专属设备交互,由支付机构为收付款客户提供货币资金转移服务的活动。

2) 基本要求

支付机构应当遵循主要服务于电子商务交易的原则,基于客户的银行账户或者按照本办法规定为客户开立支付账户提供网络支付服务。支付机构应当依法维护当事人的合法权益,保障客户信息安全和资金安全。支付机构开展网络支付业务,应当落实实名制管理要求,遵守反洗钱和反恐怖融资相关规定,履行反洗钱和反恐怖融资义务;涉及跨境人民币结算和外汇支付业务的,应当按照中国人民银行、国

家外汇管理局相关规定执行。

3) 客户管理

支付机构应当采取有效措施核实并依法留存客户身份基本信息,建立客户唯一识别编码。支付机构为客户提供网络支付服务,应当与客户签订服务协议。支付机构不得为金融机构,以及从事信贷、融资、理财、担保、货币兑换等金融业务的其他机构开立支付账户。支付机构为客户开立支付账户的,应当对客户实行实名制管理。支付账户不得出借、出租、出售,不得利用支付账户从事或者协助他人从事非法活动。

4) 业务管理

支付机构不得为客户办理或者变相办理现金存取、信贷、融资、理财、担保、货币兑换业务。支付机构基于银行卡为客户提供网络支付服务的,应当执行银行卡业务相关监管规定,以及银行卡行业规范。支付机构根据客户授权,向客户开户银行发送支付指令,扣划客户银行账户资金的,支付机构、客户和银行在事先或者首笔交易时,应当按照规则明确相关授权并依照执行。除单笔金额不足200元的小额支付业务,以及公共事业费、税费缴纳等收款人固定并且定期发生的支付业务外,支付机构不得代替银行进行客户身份及交易验证。银行对客户资金安全的管理责任不因支付代替验证而转移。个人客户拥有综合类支付账户的,其所有支付账户的月付款交易(不包括支付账户向客户本人同名银行账户转账,下同)年累计应不超过20万元。个人客户仅拥有消费类支付账户的,其所有支付账户的余额付款交易年累计应不超过10万元。超出限额的付款交易应通过客户的银行账户办理。

5) 风险管理与客户权益保护

支付机构网络支付业务相关系统设施和相关产品应用的具体技术,应当持续符合国家金融行业标准和相关信息安全管理要求。支付机构应当在境内拥有并运营独立安全规范的网络支付业务处理系统及其备份系统。支付机构为境内交易提供服务的,应当通过境内业务处理系统为其办理网络支付业务,并在境内完成资金结算。支付机构应当综合客户身份核实方式、交易行为特征、资信状况等因素,建立客户风险评级管理制度,并动态调整客户风险评级。支付机构应当根据客户支付指令验证方式、客户风险评级、交易类型、交易金额、交易渠道、受理终端类型、商户类别等因素,建立交易风险管理制度和交易监测系统。支付机构应当采取有效措施,确保客户在执行支付指令前可对资金收付账户、交易金额等交易信息进行确认,并在支付指令完成后及时将结果通知客户。

**4. 电子支付的立法建议**

电子支付是电子商务活动中的重要环节,电子商务法可以按照其交易流程形成以下立法条款。

1) 支付账户开设

(1) 电子商务企业或者经营机构应当在银行或者支付机构开设支付账户。

(2) 银行或者支付机构应当事人的申请,为其开设电子支付账户时,应当核验申请人身份以及申请资料的真实性,向申请人公开支付业务规则和支付账户使用规则,告知用户的权利义务和风险事项,并以书面或者电子方式与申请人签订协议。

(3) 电子账户申请人必须提交真实的开户信息。因提交虚假信息而产生的损失和后果由申请人承担。

本条第一款既是对从事电子商务的经营机构的要求,也是说明这里的电子支付是专门针对电子商务法的电子支付。

本条第二款包括两个要点:非经当事人的申请,不能强制或者主动给他们开设支付账户,这个在当前具有现实意义;要确认身份真实,开户时就应当履行法定的告知义务。这是双方在电子支付法律关系中的账户开设环节的基本义务。

2) 指令执行

本条是对电子支付法律关系中在指令执行环节的权利义务的设定。特别强调了对支付指令的验证,尤其是强调推动利用新技术新方法来防范支付风险。

(1) 用户授权的电子支付指令是有效指令。支付指令按业务规则发出后，用户不得要求撤回或者撤销指令，但双方另有约定的除外。

(2) 电子支付服务提供人应当完善业务规则，在受理电子支付指令时应当对指令信息进行验证。电子支付服务提供人可与用户约定，对较大数额或者特定时段的支付指令进行多因素验证；发现支付指令可疑时，应当取得用户确认后再进行安全的资金划拨。小微数额的电子支付，电子支付服务提供人可与用户约定便捷的核实方式。

3) 支付完成

对电子支付服务提供人设定这个义务有助于用户及时发现支付错误或者非授权交易，有利于风险防范和违法行为追查。

电子支付服务提供人完成电子支付后，应当及时准确地向用户提供支付结果信息或者符合约定方式的交易回单。

4) 电子错误

本条设定了双方当事人在发生电子错误时的权利义务及处置原则：

(1) 电子支付发生差错时，电子支付服务提供人应当立即查找原因并采取措施纠正。因用户原因造成电子支付指令产生错误的，电子支付服务提供人应当及时通知用户改正。

(2) 用户发现支付指令错误时，应当及时告知电子支付服务提供人，电子支付服务提供人在查明原因后将处理结果通知用户。电子支付服务提供人在收到用户通知后未及时采取措施导致用户损失的，应当赔偿用户的直接损失。

(3) 电子支付服务提供人应当就电子错误发生的原因承担举证责任。

5) 非授权交易

非授权交易是指因用户的电子支付工具被盗、丢失等原因而发生的未经用户确认的交易。在非授权交易中，电子支付账户的实际使用人不是用户本人或未得到用户的授权，且用户没有因非授权交易而获得收益。

(1) 用户发现支付指令未经自己授权时，应当立即通知电子支付服务提供人。电子支付服务提供人收到用户报告后应当立即采取措施调查处理。用户、收款人和提供支付辅助服务的机构均有义务配合电子支付服务提供人的调查并提供相关证据。

(2) 电子支付服务提供人应当与用户约定非授权交易中的赔偿责任和赔偿限额。用户知道非授权交易，超过合理期限未向电子支付服务提供人报告的，承担全部或者部分损失。电子支付监管机构应监督和指导支付服务提供人对消费者赔偿限额制定合理的业务规则。

(3) 电子支付服务提供人承担非授权交易的举证责任。电子支付服务提供人不得仅根据电子支付交易记录，证明支付已获得用户的授权。

(4) 鼓励电子支付服务提供人采用新技术、新方法减少非授权交易的发生。

非授权交易在当前电子支付纠纷中非常常见并大量存在，现行法律缺乏明确的规定，导致处理标准、依据均不统一，结果也不一致。本条的核心是：建立消费者赔偿限额制度，但不是立即就通过法律强制，而是推动双方当事人进行约定，有利于支付服务提供人根据用户的信用记录分级设定，但同时也辅以从监管层面要求支付服务提供人的规则合理适当；建立归责原则和明确举证责任。

6) 电子认证服务

本条是设定电子认证服务机构在电子支付法律关系中的基本义务。

(1) 为电子支付提供数字证书或者电子签名等技术服务的辅助机构应当按照其业务规则运行，保障认证技术的合法有效。

(2) 用户依据认证证书进行交易而遭受损失，认证服务机构不能证明自己无过错的，应当承担相应责任。用户可以向电子支付服务提供人要求赔偿，也可以直接要求认证服务机构赔偿。

7) 风险教育

电子支付服务提供人应当制定合理的教育方案,采取多种方式开展支付风险教育帮助用户熟悉金融信息的概念以及增强风险意识和防控能力,掌握基本金融技能。

8) 信息保护和保存

(1) 电子支付服务提供人和提供支付辅助服务的机构应当审慎保管用户的基本信息、支付账户信息和支付行为信息,按照法律、法规的规定和合同的约定使用信息。

(2) 电子支付服务提供人应当留存完整的电子支付信息,包括用户账号、商户名称和最终收款人名称、账号、数额、商品等信息,以备核查。

9) 防范金融犯罪

电子支付服务提供人应当针对电子支付中的各类欺诈行为,制定反欺诈预案,加强对电子支付账户的管理,消除支付漏洞,防范网络洗钱等金融犯罪行为;加强电子支付服务提供人相互之间以及与电子支付业务监管机构、犯罪侦查机构的合作和信息沟通。

## 12.4.3 电子银行的法律规范

**1. 电子银行的概念及其业务范围**

电子银行又称虚拟银行,是指使用电子工具通过互联网向客户提供银行的产品和服务的银行。电子银行业务是指商业银行等银行业金融机构利用面向社会公众开放的通信通道或开放型公众网络,以及银行为特定自助服务设施或客户建立的专用网络,向客户提供的银行服务。

电子银行业务包括利用计算机和互联网开展的银行业务(简称网上银行业务),利用电话等声讯设备和电信网络开展的银行业务(简称电话银行业务),利用移动电话和无线网络开展的银行业务(简称手机银行业务),以及其他利用电子服务设备和网络,由客户通过自助服务方式完成金融交易的银行业务[1]。

电子银行的产品和服务包括提存款服务、信贷服务、账户管理、理财服务、支付以及提供电子货币等电子支付工具服务。

电子银行的业务系统包括企业银行、个人银行和网上支付三个系统。

电子银行把银行的业务移植到网络环境下,代表了整个银行金融业未来的发展方向。电子银行创造出的电子货币将改变传统的货币流通形式,成为未来支付和资金流转的主要渠道。

**2. 电子银行的监管**

1) 美国电子银行的监管

在电子银行方面,美国有如下监管措施协调:

(1) 制定了《计算机安全法》《数字隐私法》《电子商务加强法》和《银行用户身份认证体系》等法规,实施了 ISO/IEC 15408—1999 和 ISO 17799—2000 等信息安全国际标准。

(2) 监管内容制度化、规范化。美国联邦金融机构检查委员会(FFIEC)颁布了一整套信息技术检查手册,共涉及 12 个方面的内容,对监管者、银行机构和信息技术提供商应关注的风险,及如何识别、分析、预警和控制,提出了明确的指导意见。其中,第四条为与银行提供给消费者的电子银行产品和服务相关的风险识别和控制。

(3) 银行业监管信息化与银行业金融机构的信息化同步推进,并做到监管机构之间信息共享。

(4) 监管方式多样化,包括现场检查、非现场分析和评级、技术提供商准入管理、发布 IT 规章和指导、推动外部评级和审计、IT 风险信息披露等多种手段。

2) 我国电子银行监管的基本思路和方法

电子银行可以是全新设立的网上银行,也可以是原有的商业银行利用互联网开展网上金融业务。在前一种情形下,应当具备《中华人民共和国商业银行法》规定的设立商业银行的条件,并经人民银行审查批准,颁发经营许可证,向工商行政管理部门办理登记,领取营业执照。但目前我国尚未有新设从事网络银行业务的银行。在后一种情形下,整个操作应当按照中国银监会《电子银行业务管理办法》的规定进行。金融机构在国内开办电子银行业务,应当依照该办法的有关规定,向中国银监会申请或报告。

金融机构开办电子银行业务,应当具备下列条件:

(1) 金融机构的经营活动正常,建立了较为完善的风险管理体系和内部控制制度,在申请开办电子银行业务的前一年内没有发生过重大事故。

(2) 制定了电子银行业务的总体发展战略、发展规划和电子银行业务风险管理的组织体系和制度体系。

(3) 按照电子银行业务发展规划和安全策略,建立了电子银行业务运营的基础设施和系统,并对相关设施和系统进行了必要的安全检测和业务测试。

(4) 对电子银行业务风险管理情况和业务运营设施与系统等,进行了符合监管要求的安全评估。

(5) 建立了明确的电子银行业务管理部门,配备了合格的管理人员和技术人员。

(6) 中国银监会要求的其他条件。

金融机构开办以互联网为媒介的网上银行业务、手机银行业务等电子银行业务,其电子银行基础设施设备应能保障电子银行的正常运行,具备必要的业务处理能力,能够满足客户适时业务处理的需要;建立了有效的外部攻击侦测机制。

对电子银行服务器的监管尤为重要。中资银行业金融机构的电子银行业务运营系统和业务处理服务器应设置在中华人民共和国境内;外资金融机构的电子银行业务运营系统和业务处理服务器可以设置在中华人民共和国境内或境外。设置在境外时,应在中华人民共和国境内设置可以记录和保存业务交易数据的设施设备,能够满足金融监管部门现场检查的要求,在出现法律纠纷时,能够满足中国司法机构调查取证的要求。

**3. 电子银行的业务管理**

电子银行与客户之间属于服务法律关系,只是其服务内容与传统金融服务存在一定差异。在电子银行业务中,通常涉及的商家与电子银行之间的结算关系、用户与银行之间存取现金或电子货币的服务关系,如果有信用卡公司中介人的话,那么法律关系更为复杂。在这些服务关系中,银行与客户的权利、义务基本可以遵循现行法律规范,与现实银行在存款、结算等业务中的法律关系基本相同。所不同的是由于使用的联系方式不同,电子银行在开户、服务、结算等环节上有自己的一些专门要求。

1) 开户审查和签约

对电子银行客户开设条件和程序应有一定限制和规范。首先,银行应认真审核客户申请办理电子支付业务的基本资料,并以书面或电子方式与客户签订协议。其次,开户时要核验客户的身份证件和必要的法律文件。最后,要向客户提供客户须知之类的资料,使客户了解网上支付流程、规则和安全措施。

银行应妥善保存客户申请办理电子支付业务的基本资料,保存期限至该客户撤销电子支付业务后5年。

2) 建立身份认证制度

为了避免真实所有人的密码或身份资料被盗用,防止资金流失,电子银行必须建立身份认证制度,根据客户性质、电子支付类型、支付金额等,与客户约定适当的认证方式,如密码、密钥、数字证书、电子签名等。

3) 电子支付指令的发起和接收

(1) 客户应安装其与发起行的协议规定,发起电子支付指令。

(2) 电子支付指令的发起行应对客户身份和电子支付指令进行确认等记录,保存至交易后5年。

(3) 发起行应确保正确执行客户的电子支付指令,对电子支付指令进行确认后,应能够向客户提供纸质或电子交易回单。

(4)发起行、接收行应确保电子支付指令传递的可跟踪稽核和不可篡改。

(5)发起行、接收行之间应按照协议规定及时发送、接收和执行电子支付指令,并回复确认。

4)经营风险的防范

银行业务移至网上进行操作,不可避免遇到经营风险。对于银行自身而言,需要有一套风险防范措施,以减少网上银行业务的风险。

(1)建立内部安全运作的管理规章。网上银行应当管理和运用好自己的资金,防止客户透支或其他违法活动,为此必须制定相应的规章,规范网上银行资金划转的条件和程序,严格要求网上支付的工作按规章和流程操作。

(2)通过服务合同合理分配风险和责任。电子银行在提供服务前应当与客户签订的"电子银行服务协议"应对电子银行业务中可能产生的一系列权利、义务和责任事先予以明确约定,在不违反现行法律法规强制规定的前提下,合理分配风险和责任。

(3)合理设定业务限制。《电子支付指引(第一号)》第二十五条规定,银行应根据审慎性原则并针对不同客户,在电子支付类型、单笔支付金额和每日累计支付金额等方面做出合理限制。银行通过互联网为个人客户办理电子支付业务,除采用数字证书、电子签名等安全认证方式外,单笔金额不应超过1 000元人民币,每日累计金额不应超过5 000元人民币。银行为客户办理电子支付业务,单位客户从其银行结算账户支付给个人银行结算账户的款项,其单笔金额不得超过5万元人民币,但银行与客户通过协议约定,能够事先提供有效付款依据的除外。

(4)高度注意数据保护。银行应采取必要措施保护电子支付交易数据的完整性和可靠性,包括制定相应的风险控制策略,建立有效的侦测制度,有效防止电子支付交易数据在传送、处理、存储、使用和修改过程中被篡改,按照会计档案管理的要求保存期限为5年等。

5)差错处理

电子支付业务的差错处理应遵守据实、准确和及时的原则。对电子支付业务的差错应详细备案登记,记录内容应包括差错时间、差错内容与处理部门及人员姓名、客户资料、差错影响或损失、差错原因、处理结果等。由于银行保管、使用不当,导致客户资料信息被泄露或篡改的,银行应采取有效措施防止因此造成客户损失,并及时通知和协助客户补救。造成客户损失的,银行应按约定予以赔偿。

因不可抗力造成电子支付指令未执行、未适当执行、延迟执行的,银行应当采取积极措施防止损失扩大。

**4. 电子支付系统的安全问题**

1)电子支付系统的安全状况

网上支付信息在开放的互联网上运行,与网上账务查询等业务相比,网上支付可直接导致资金被盗用,没有一套可靠的、安全的电子支付系统很难保证电子支付业务的正常进行。最近几年电子支付系统出现的问题主要有:

(1)电子银行的网络页面被篡改。

(2)机密的交易资料被盗用或改变。

(3)黑客非法侵入电子支付系统篡改账户。

电子支付系统安全性被破坏可能在发行者和清算机构层次上发生,也可能在商家和消费者层次上发生。黑客攻击可能使系统瘫痪或者数据被篡改和灭失,这种攻击可能出于经济利益,也有可能出于非经济利益。

2)电子支付系统的安全控制

(1)有形场所的物理安全控制,必须符合国家有关法律法规和安全标准的要求,对尚没有统一安全标准的有形场所的安全控制,金融机构应确保其制定的安全制度有效地覆盖可能面临的主要风险。

(2)以开放型网络为媒介的电子银行系统,应合理设置和使用防火墙、防病毒软件等安全产品与技术,确保电子银行有足够的反攻击能力、防病毒能力和入侵防护能力。

(3) 对重要设施设备的接触、检查、维修和应急处理,应有明确的权限界定、责任划分和操作流程,并建立日志文件管理制度,如实记录并妥善保管相关记录。

(4) 对重要技术参数,应严格控制接触权限,并建立相应的技术参数调整与变更机制,并保证在更换关键人员后,能够有效防止有关技术参数的泄露。

(5) 对电子银行管理的关键岗位和关键人员,应实行轮岗和强制性休假制度,建立严格的内部监督管理制度。

## 12.5 其他相关电子商务法律规范

### 12.5.1 电子商务产品交付法律规范

**1. 安全要求**

经营电子商务物流业务的企业应当根据相关标准要求,建立并实施物流作业规范,确保整个作业过程的安全性。

电子商务物流企业在收寄物品时应当履行验视义务,不得承运或快递违禁品。

物流作为电子商务三个主要环节中的一环,安全问题贯穿于电子商务的始终。《中华人民共和国邮政法》(以下简称《邮政法》)、国标《物流中心作业通用规范》(GB/T 22126—2008)、《第三方物流服务质量要求》(GB/T 24359—2009)等均对物流作业的安全问题提出了规定和标准。安全要求所涉及的电子商务物流业务的企业,包括为 B2B,B2C 和 C2C 提供物流服务的所有企业。这些企业都需要按照有关法律法规的要求,建立物流作业规范,保证作业安全。

《邮政法》第七十五条规定,邮政企业、快递企业不建立或者不执行收件验收制度,或者违反法律、收寄邮件、行政法规以及国务院和国务院有关部门关于禁止寄递或者限制寄递物品的规定快件的,对邮政企业直接负责的主管人员和其他直接责任人员给予处分;对快递企业、邮政管理部门可以责令停业整顿直至吊销其快递业务经营许可证。

**2. 信息处理**

电子商务物流企业应当加强物流服务信息化、网络化和标准化建设,规范订单接收、数据处理和数据管理程序,保证作业信息准确和可追溯。

电子商务物流企业应妥善保管客户信息,不得利用客户信息谋取不正当利益。除法律另有规定外,电子商务物流企业不得向任何单位或者个人泄漏客户使用物流服务的信息。

电子商务物流企业应提供与客户相关信息共享的办法,以便于客户对其储存、运输物品状态的查询和跟踪。电子商务物流及快递企业应向用户提供自交寄之日起不少于 1 年的免费查询服务。

现代信息技术的应用,使得电子商务物流作业信息实现了信息化。物流信息的准确、查询和可追溯应当作为物流企业的基本责任。物流信息的泄漏是电子商务物流作业中存在的一个严重问题,《邮政法》对邮政企业有这方面明确的要求。

**3. 实物产品交付**

网站经营者应当在承诺的时限内将质量合格的实物商品安全运送或投递到约定的收件地址和收件人。

网站经营者委托电子商务物流企业作为承运人交付标的物的,承运人在根据运单指令将货物运送到指定收货地点时,经收货人或其授权人签字确认的或以其他方式表明收货人签收的,即视为履行完交付义务。

实物产品交付,特别是网络零售产品的交付,常常引起客户与网站经营者和承运人之间的矛盾。解决这些矛盾的方法,需要明确网站经营者、承运人和客户之间的责任与义务。

随着业务模式的不断创新,如智能储物柜的出现,需要考虑电子签名确认或其他方式确认收货人签收。

**4. 信息产品交付**

信息产品作为交易标的物的,用户点击下载该信息到其终端设备或置于用户可支配的环境中,即视为经营者履行交付义务。

在线信息服务交易的经营者交付了用户账号与密码,即视为履行了交付义务。

接收信息产品的用户应当通过安装、试用或浏览该信息以确定所接收信息产品是否为所订购产品和是否符合合同规定。未在接受之时起合理期间提出异议的,即视为用户收到合同约定的信息产品,用户确有证据证明该信息产品不符合合同约定的除外。

信息产品是电子商务交易中的一种特殊商品,其交付的条件和收到的条件都没有明确的法律规定,因此,需要明确经营者履行交付义务的条件和用户收到信息产品的条件。

**5. 服务产品交付**

服务产品的交付也是电子商务遇到的一个新问题。电子商务网站提供了诸如旅游、餐饮、租车等服务信息产品,而这些产品的最终交付是旅游、餐饮、租车实体企业。网站经营者与用户之间的服务,限于获得相关实体企业的信息,所以,经营者或第三方交易平台利用网络征得消费者服务意愿后,经营者应根据消费者的需求意愿提供服务,并生成电子凭证,表示已经履行了交付义务。

**6. 损失赔偿**

寄件人可以根据物品的重要性,自主选择经营者网站上保价或不保价递送服务品种。

在网上发布商品或服务信息并与用户达成合同关系的经营者,与在线下实际向用户提供商品或服务的经营者不一致的,由两者共同承担连带责任,另有约定的除外。

电子商务交易中,网上发布商品或服务信息与线下提供的商品或服务不相符合的情况时有发生。一个重要原因是在网上发布商品或服务信息经营者与在线下实际向用户提供商品或服务的经营者不一致。法律上规定由两者共同承担连带责任,有利于维护消费者权益。

### 12.5.2 跨境电子商务法律规范

**1. 跨境电子商务第三方交易平台的特别义务**

1) 用户协议/用户注册

跨境交易经营者应当完整、准确地显示其用户协议,并保证交易当事人能够便利、完整地阅览和保存其用户协议。用户协议应当说明用户注册、交易规则、隐私及商业秘密保护等内容。

跨境交易经营者应与交易当事人签订用户协议,用户协议内容应当合法,不得在用户协议中免除自身责任,加重用户责任,排除用户的法定权利,损害用户的合法权益。第三方跨境交易平台服务经营者和跨境交易代理服务提供者应当合理提示用户协议中有关责任限制等内容。

第三方跨境交易平台服务经营者应采取合理措施对用户注册信息的真实性进行验证,并对未经身份验证或无法验证的用户予以标注。

2) 第三方跨境电子商务平台交易规则

跨境电子商务第三方交易平台经营者(以下简称跨境平台经营者)应提供规范的网上交易服务,逐步建立和完善与服务有关的各项规章制度,包括用户注册制度、平台交易规则、信息审核与披露制度、隐私权与商业秘密保护制度、消费者权益保护制度、广告发布审核制度、交易安全保障与数据备份制度、争议解决机制、不良信息及垃圾邮件举报处理机制等。

跨境平台经营者应以合理方式向用户公示各项协议、规章制度和其他重要信息,提醒用户注意与其自身合法权益密切相关的内容,从技术上保证用户能够便利、完整地阅读和保存。

跨境平台服务经营者修改交易规则,应当在合理期限内提前公告。修改后的规则增加用户义务或责任且不被用户认可的,用户有权选择退出,跨境平台服务经营者应当妥善处理用户退出事宜。

跨境平台经营者和境外代购服务提供者,应告知详细的交易流程,提示跨境交易的商业风险和法律风险,积极协助当事人进行沟通或协助安排翻译、物流、支付、通关等第三方机构提供专业服务。

跨境平台经营者和境外代购服务提供者对于境外交易当事人的身份信息应当进行必要的核查,警示跨境交易中常见的欺诈行为,提示境内交易当事人注意风险防范。

跨境平台经营者可以根据本平台的交易特点,向相关主管部门申请为本平台的跨境交易提供人民币结算的便利,鼓励跨境交易各方使用人民币进行跨境结算。

3) 在线合同订立、数据存储与查询

跨境平台经营者应为交易当事人提供电子合同在线订立系统,便于交易当事人通过该系交易,保障交易信息的安全、完整和真实。

跨境平台经营者应当妥善保存在平台上发布的交易及服务的全部信息,采取相应的技术手段保证上述资料的完整性、准确性和安全性。站内经营者和交易相对人的身份信息的保存时间自其最后一次登录之日起不少于4年;交易信息保存时间自发生之日起不少于4年。

站内经营者有权在保存期限内自助查询、下载或打印自己的交易信息。

鼓励跨境第三方交易平台通过独立的数据服务机构对其信息进行异地备份及提供查询、下载或打印服务。

**2. 跨境物流规范**

跨境物流服务提供者可以接受当事人的委托提供一站式服务。境内物流服务商需要将境外物流转委托给其他人的,委托方仍应对货物承运承担法律责任。

跨境物流服务提供者应当符合两个方面的要求:第一,应当提供"门到门"的一站式服务;第二,如果将境外物流转委托给其他人的,委托方仍应对货物承运承担全部责任。委托方有义务对被委托方的资质、服务水平做认真的调查,以避免在物流过程中发生差错。

物流服务商应当允许收货人在签字收货之前查验货物,在发现货物损坏或其他意外情况时,应当及时告知发货人或前手承运人及保险公司,协助收货人或交易买方办理相关证明等事宜。

货物通关服务提供者在接受委托前应了解货物情况并告知委托人通关流程和基本规则,对于限制通关或禁止通关的货物应及时告知委托人。

**3. 电子通关规范**

1) 总体规范

海关、商务、税务、工商、检验检疫等部门应当建立跨境电子商务准入、通关、退税、商检等工作制度,实现信息共享,建立"一站式"服务窗口,便利商品通关。

海关应当设立跨境电子商务快件便捷通关通道,简化通关流程,提高通关效率。

进出口商品的经营者或者服务商可以凭电子化凭证进行申报和纳税。电子化凭证与纸质凭证具有同等的法律效力。

转变现有监管方式是发展跨境贸易的一项非常重要的任务。实现进出口申报、纳纳税等环节全程无纸化是通过电子化的重要目标。

2) 监管方面

同时满足以下三个条件的纳入调整范围:第一,主体上,主要包括境内通过互联网进行跨境交易的消费者、开展跨境贸易电子商务业务的境内企业、为交易提供服务的跨境贸易电子商务第三方平台。第二,渠道上,仅指通过已与海关联网的电子商务平台进行的交易。第三,性质上,应为跨境交易。

海关对电子商务出口商品采取"清单核放、汇总申报"的方式办理通关手续。电子商务企业可以向海关提交电子"中华人民共和国海关跨境贸易电子商务进出境物品申报清单",采取"清单核放"方式办理电子商务进出境物品报关手续。

存放电子商务进出境货物、物品的海关监管场所的经营人,应向海关办理开展电子商务业务的备案手续,并接受海关监管。未办理备案手续的,不得开展电子商务业务。

电子商务企业或个人、支付企业、海关监管场所经营人、物流企业等,应按照规定通过电子商务通关服务平台适时向电子商务通关管理平台传送交易、支付、仓储和物流等数据。

3) 企业注册登记及备案管理

开展电子商务业务的企业,如需向海关办理报关业务,应按照海关对报关单位注册登记管理的相关规定,在海关办理注册登记。

开展电子商务业务的海关监管场所经营人应建立完善的电子仓储管理系统,将电子仓储管理系统的底账数据通过电子商务通关服务平台与海关联网对接;电子商务交易平台应将平台交易电子底账数据通过电子商务通关服务平台与海关联网对接;电子商务企业、支付企业、物流企业应将电子商务进出境货物、物品交易原始数据通过电子商务通关服务平台与海关联网对接。

4) 电子商务进出境货物、物品通关管理

电子商务企业或个人、支付企业、物流企业应在电子商务进出境货物、物品申报前,分别向海关提交订单、支付、物流等信息。

电子商务企业或其代理人应在运载电子商务进境货物的运输工具申报进境之日起14日内,电子商务出境货物运抵海关监管场所后、装货24小时前,按照已向海关发送的订单、支付、物流等信息,如实填制货物清单,逐票办理货物通关手续。个人进出境物品,应由本人或其代理人如实填制物品清单,逐票办理物品通关手续。

除特殊情况外,货物清单、物品清单、进出口货物报关单应采取通关无纸化作业方式进行申报。

电子商务企业或其代理人未能按规定将货物清单汇总形成进出口货物报关单向海关申报的,海关将不再接受相关企业以"清单核放、汇总申报"方式办理电子商务进出境货物报关手续,直至其完成相应汇总申报工作。

5) 电子商务进出境货物、物品物流监控

电子商务进出境货物、物品的查验、放行均应在海关监管场所内完成。

海关监管场所经营人应通过已建立的电子仓储管理系统,对电子商务进出境货物、物品进行管理,向海关传送上月进出海关监管场所的电子商务货物、物品总单和明细单等数据。

海关按规定对电子商务进出境货物、物品进行风险布控和查验。海关实施查验时,电子商务企业、个人、海关监管场所经营人应按照现行海关进出口货物查验等有关规定提供便利,电子商务企业或个人应到场或委托他人到场配合海关查验。电子商务进出境货物物品需转至其他海关监管场所验放的,应当按照现行海关关于转关货物有关管理规定办理手续。

**4. 检验检疫规范**

2015年11月,国家质量监督检验检疫总局发布《跨境电子商务经营主体和商品备案管理工作规范》,对跨境电子商务经营主体和商品信息备案管理做出了明确规定。

1) 备案要求

跨境电子商务经营主体开展跨境电子商务业务的,应当向检验检疫机构提供经营主体备案信息。跨境电子商务上经营企业在商品首次上架销售前,应当向检验检疫机构提供商品备案信息。

跨境电子商务经营主体和商品备案信息实施一地备案、全国共享管理。同一经营主体在备案地以外检验检疫机构辖区从事跨境电子商务业务的,无须再次备案。同一经营主体在备案地以外检验检疫机构辖区销售同一种跨境电子商务商品的,无须再次备案。

2) 商品禁止

以下商品禁止以跨境电子商务形式进境:《中华人民共和国进出境动植物检疫法》规定的禁止进境

物;未获得检验检疫准入的动植物产品及动植物源性食品;列入《危险化学品目录》《危险货物品名表》《〈联合国关于危险货物运输建议书规章范本〉附录三〈危险货物一览表〉》《易制毒化学品的分类和品种名录》和《中国严格限制进出口的有毒化学品目录》的物品;特殊物品(取得进口药品注册证书的生物制品除外);含有可能危及公共安全的核生化有害因子的产品;废旧物品;法律法规禁止进境的其他产品和国家质检总局公告禁止进境的产品。

3) 跨境电子商务物品申报

2015年3月,国家质量监督检验检疫总局发布《中国(杭州)跨境电子商务综合检验检疫申报与放行业务流程管理规程》,对跨境电子商务物品申报和物品放行做出规定。

跨境电子商务物品实行全申报:

(1) 属于网购保税模式的入境物品,应由电商经营企业提前7个工作日向检验检疫机构进行申报。

(2) 属于直邮模式的入境物品,因由电商企业提前3个工作日向检验检疫机构申报。

(3) 电商经营企业在申报时应明确物品名称、入境数量、输入国别或地区、销售者名称等。

(4) 出境物品提前申报,按照"先出后报,集中办理"的原则,电子商务经营企业根据需要每月集中向检验检疫机构办理相关手续。

凡是符合检验检疫监督管理要求的跨境电子商务物品给予放行。对检疫不合格的物品,检验检疫机构可以进行简易处理后放行。经检疫处理后仍未能满足检疫要求的,给予退运或者销毁。现场核查不符合要求的物品,则由电商相关企业进行整改,整改合格后给予放行。无法进行整改的,给予退运或者销毁。

**5. 跨境电子商务税收政策**

1) 跨境电子商务零售出口税收政策

2013年12月,财政部、国家税务总局发布《关于跨境电子商务零售出口税收政策的通知》。该《通知》提出了对符合条件的电子商务出口货物实行增值税和消费税免税或退税政策。

(1) 电子商务出口企业属于增值税一般纳税人并已向主管税务机关办理出口退(免)税资格认定。

(2) 出口货物取得海关出口货物报关单(出口退税专用),且与海关出口货物报关单电子信息一致。

(3) 出口货物在退(免)税申报期截止之日内收汇。

(4) 电子商务出口企业属于外贸企业的,提供购进出口货物取得相应的增值税专用发票、消费税专用缴款书(分割单)或海关进口增值税、消费税专用缴款书,且上述凭证有关内容与出口货物报关单(出口退税专用)有关内容相匹配。

对于部分电子商务出口企业出口货物,不符合上述规定条件,但同时符合下列条件的适用增值税、消费税免税政策:

(1) 电子商务出口企业已办理税务登记。

(2) 出口货物取得海关签发的出口货物报关单。

(3) 购进出口货物取得合法有效的进货凭证。

2) 跨境电子商务零售进口税收政策

2016年3月,财政部、海关总署、国家税务总局发布《关于跨境电子商务零售进口税收政策的通知》。我国将自2016年4月8日起实施跨境电子商务零售进口税收政策并调整邮税政策。

跨境电子商务零售进口商品按照货物征收关税和进口环节增值税、消费税,购买跨境电子商务零售进口商品的个人作为纳税义务人,实际交易价格(包括货物零售价格运费和保险费)作为完税价格,电子商务企业、电子商务交易平台企业或物流企业可作为代收代缴义务人。

跨境电子商务零售进口税收政策适用于从其他国家或地区进口的、《跨境电子商务零售进口商品清单》范围内的以下商品:

第一,所有通过与海关联网的电子商务交易平台交易,能够实现交易、支付、物流电子信息"三单"比对的跨境电子商务零售进口商品。

第二,未通过与海关联网的电子商务交易平台交易,但快递、邮政企业能够统一提供交易、支付、物流等电子信息,并承诺承担相应法律责任进境的跨境电子商务零售进口商品。不属于跨境电子商务零售进口的个人物品以及无法提供交易、支付、物流等电子信息的跨境电子商务零售进口商品,按现行规定执行。

跨境电子商务零售进口商品的单次交易限值为人民币 2 000 元,个人年度交易限值为人民币 20 000 元。在限值以内进口的跨境电子商务零售进口商品,关税税率暂设为 0%;进口环节增值税、消费税取消免征税额,暂按法定应纳税额的 70% 征收。超过单次限值、累加后超过个人年度限值的单次交易,以及完税价格超过 2 000 元限值的单个不可分割商品,均按照一般贸易方式全额征税。

跨境电子商务零售进口商品自海关放行之日起 30 日内退货的,可申请退税,并相应调整个人年度交易总额。

跨境电子商务零售进口商品购买人(订购人)的身份信息应进行认证;未进行认证的,购买人(订购人)身份信息应与付款人一致。

为避免工业原材料等商品通过跨境电子商务零售进口渠道进境,扰乱正常贸易秩序,同时便于日常征管操作,跨境电子商务零售进口税收政策实施清单管理。2016 年 4 月 6 日和 4 月 15 日,财政部分别公布了《跨境电子商务零售进口商品清单》(第一批)和(第二批)。

第一批清单共包括 1 142 个 8 位税号商品,涵盖了部分食品饮料、服装鞋帽、家用电器以及部分化妆品、纸尿裤、儿童玩具、保温杯等。第二批清单共包括 151 个 8 位税号商品。两批清单是根据国家有关法律法规,从支持跨境电商新业态发展、有利于电商企业平稳过渡的角度研究制定的。两批清单涵盖了跨境贸易电子商务服务进口试点期间实际进口的绝大部分商品,可满足国内大部分消费者的需求,有利于跨境电子商务在前期试点基础上继续发展。

**6. 国际合作**

中国已经成为世界上最大的贸易国。中国电子商务也成为中国能够对世界经济产生重大影响的行业,加强有关国际合作的规范,可以从三方面入手:①国家推动促进电子签名和认证证书的跨国互认,参与建立国际统一的电子合同和电子签名规范。②境外合格主体可以其名义或委托境内经营者或者通过设立分支机构参与中华人民共和国境内的跨境电子商务活动。③国家推动和建立与不同国家和地区之间的跨境电子商务争议解决制度。

### 12.5.3 移动电子商务法律规范

**1. 移动终端设备**

1) 访问设备

移动电子商务经营者对其网站所能进行正常安全访问的设备类型及最低配置、推荐配置应对予以提示。对系统检测到不能安全访问的移动终端设备应当予以警示。网站自动识别不同终端设备的技术和基本原理应告知用户。

2) 预装软件

移动终端设备厂商、经销商预装的软件或者插件应提供一键式便捷删除,不得恶意拒绝兼容其他软件,也不得以删除软件为由拒绝履行对硬件产品的三包或其他法定或承诺的责任。销售预装第三方软件的硬件产品的企业应当在产品使用说明书或者销售外包装说明预装软件的基本情况。

禁止安装任何违规扣费或者非经提示并征得用户同意即产生流量、发送短信或者对用户权益造成其他损害的软件;不得在未明示告知情况下擅自关闭或者开启涉及用户位置、隐私支付等业务的功能。违者按照《中华人民共和国消费者权益保护法》关于欺诈行为的相关规定依法处理。

3) 系统及软件更新

移动电子商务网站在系统更新前应提前预告,更新后应妥善处理用户未完结的交易,并为需要更换移动终端设备的用户提供更新指导。

停止更新的系统应当在宣布停用之日起继续提供不少于 2 年的后续服务。

4) 移动终端软件的兼容

移动终端软件应当提供一键式便捷删除方式,不得恶意拒绝兼容其他软件。

5) Cookies 设置

用户软件中 Cookies 的默认设置应保护用户隐私及其他合法权益。默认设置不得泄露用户隐私和地理位置,移动电子商务网站需要用户开启 Cookies 功能的,应当提示并由用户自己做出选择。

6) 自动登录间隔限制

移动终端设备根据用户设置记忆用户密码或其他安全和隐私信息的,自停止活动或者断开连接开始连续超过 24 小时的,或者间隔 1 个自然日登录的,应要求用户重新输入用户名及密码登录,或者采取其他措施对用户身份进行验证。

移动电子商务经营者应采取措施对用户异常登录或者大额交易进行监控,并通过技术或者人工手段进行验证与核实。在线支付业务流程的设计和操作应遵守中国人民银行的相关规定,采取更为审慎的标准。

支付机构、银行对移动终端异地取现金业务应提供可供关闭或者开通的业务选项,并根据技术和安全形势设置异地取现的限额。

**2. 移动通信运营商**

1) 短信管理

移动通信运营商应当承担提示和监管移动电子商务经营者信息发送的合法合规,不得发送垃圾信息。

2) 24 小时投诉

服务于移动电子商务的移动通信运营商的客服和投诉应开通 7×24 小时在线投诉或者电话值班服务,因未及时受理挂失造成用户损失的,应当依法承担责任。

3) 未经请求的信息

移动通信运营商、银行、支付机构、其他公用服务机构应执行国家关于未经请求信息管理的规范,不得使用专属短号码发送商业推广信息,但消费者同意的除外。

移动通信运营商应对未经请求的信息应当依照国家规定履行监管责任,不得自行发送未经用户请求的商业信息。不准未经用户请求或者同意强行发送信息(所谓手机预告)。

移动通信运营商可以读取用户地理位置信息并发送提示行政区域变化的信息,但不得主动推送商业信息,政府或者其他公共服务部门发布的公益信息除外。

在移动通信运营商平台提供服务的第二类增值电信业务,由移动通信运营商受理和处理投诉,并跟踪反馈。

4) 设备失控状况下的救济

移动通信运营商应当开通其实名制手机挂失的数据库供银行、第三方支付等机构查询、核实,防止实名制手机被盗用作身份验证工具。经营者应当为移动终端设备遗失、失窃等情况下提供快捷挂失方法,并且保持业务系统挂失及止损业务服务 24 小时正常运行,挂失后未及时处理导致用户损失的,不得以格式合同条款不公平地要求用户承担损失。

5) 流量提示

移动通信运营商和移动电子商务服务商应当根据移动终端特点,对可能产生大额流量或其他资费的,设置合理提示。

6) 免费 Wi-Fi 的安全与提示

提供免费互联网接入服务的机构,应当对无线访问的安全进行合理谨慎的管理,并对用户进行行安全提示。

7) 物联网应用的提示

通过电子标签或者其他技术方式对产品进行跟踪监控,可能导致用户泄露位置或隐私的,应当对用户进行提示。

**3. 第三方移动电子商务平台服务商**

1) 相关职责

第三方移动电子商务平台服务商应当履行下列责任:核对验证站内经营者的身份证明、联系方式和法律文件送达地址(已经实名注册并验证的可以免于提交)并定期复核;与站内经营者签订书面协议,应具备售后服务、投诉处理、争端解决等必要内容;制定并公布该平台的用户协议和商业规则;制定并公布知识产权保护规则,并提供知识产权权利人投诉的通知入口;在显著位置提供客户服务的入口及联系方式。

2) 业务隔离

第三方移动电子商务平台服务商对其自身或者关联企业提供的服务应与其他服务隔离,不得滥用自身优势地位。

3) 免费、收费区别对待

免费软件服务不能免除第三方移动电子商务平台服务商对知识产权的合理谨慎的注意义务。

第三方移动电子商务平台服务商参与收费软件下载分成的,应当承担比免费软件下载更大的知识产权保护义务。

4) 移动商务的合同

就移动电子商务合同成立、生效具体内容举证有差异的,若采用第三方数据存管的,以第三方数据为准,无第三方数据的,服务商具有举证责任。移动商务的用户协议,个人信息及隐私保护政策,知识产权保护政策在修改前应当公布,并提供历史修改版本和时间。

5) 数据存管时限

移动电子商务交易数据保存不得少于2年,其他法律法规另有更长要求的,从其规定。虽有前述规定,对声音搜索等保存的用户的真实声音、地理位置等可能确定用户身份或者影响安全的信息,保存时间不超过48小时,用户另有设置的除外。

在移动电子商务发生争议或者投诉时,用户可以凭截屏、打印文件作为投诉的初步证据,运营商对事实有异议的,应当提供系统原始记录文件。

**4. 移动电子商务经营商**

1) 规则告知

移动电子商务经营者应当在网站首页显著位置提供用户协议、隐私政策、知识产权保护规则、售后服务的网址链接,并且应在用户首次使用时提示用户阅读上述内容,同时提供可供用户保存的方式。

移动电子商务经营者应在用户协议中约定双方争议解决方式,包括调解、仲裁及司法诉讼等。销售、支付或者产品交付在中华人民共和国境内的,应当约定由中华人民共和国境内的争议解决机构解决用户与其之争议。

2) 实名制

从事住宿、票务等法律和政策规定必须实行实名制服务的移动电子商务经营者应当提供实名制服务。已经注册的非实名用户,在本办法生效后,应当在后台进行实名注册,或者以其他方式确认用户真实身份。

3) 业务收费

移动电子商务经营者提供的收费服务应当予以说明并告知期限、标准,不得擅自收集和滥用个人信息。业务服务由免费转变为收费时,应当提前合理的时间告知用户,未经用户主动选择并确认同意的,不得直接对免费用户扣划费用。

4）移动搜索

移动电子商务经营者对银行、第三方支付、电信、医疗服务等常用公共服务企业提供移动搜索服务时，应核查其网站的真实性，并确保以该机构的名称或商号进行搜索时，正确反馈该类真实企业排名，不得以付费等其他因素导致虚假排名。移动电子商务经营者的搜索服务应当对自然排名、付费排名和商业广告推广内容进行明显区分。

5）移动支付

移动电子商务经营者使用移动支付业务，应选择具有移动支付业务资质的银行或者支付企业。移动支付企业应当利用短信或者其他快捷方式多因素辅助验证用户身份，提示余额变动。在执行支付指令或者确认合同成立生效之前，应当经用户确认。移动支付的金额，不得超过中国人民银行规定的每日最高限额。用户使用可靠的安全设备操作并且事前对支付限额另有约定的，从其约定。交易金额异常或明显与用户交易习惯不符的，应通过电话等方式进行核实。

6）反洗钱义务

移动电子商务经营者发现异常情况应当及时向当地反洗钱机关或者公安机关报告。支付机构据法律或者其合同认定涉嫌洗钱的，可以暂停其相关业务，并立即报告反洗钱和公安机关。

7）知识产权注意义务

移动电子商务经营者对其审核和上传的软件应审查应用软件服务或者商品提供方的下列文件：

（1）身份证明、联系方式和法律文件送达地址（已经实名注册并经验证的可以免于提交）。

（2）提供软件的，提交应用软件的著作权证明文件；销售其他商品或者服务的，提交所涉商标或者专利的证明文件。

（3）由律师事务所或者其他知识产权专业服务机构出具的关于依据公开资料对所涉知识产权核实及审查意见书。

（4）企业保护知识产权承诺书。

（5）电子商务平台经营者应当对3年内有侵权投诉成立的经营者实施管理措施，经3次及以上侵权投诉成立，第三方电子商务平台经营者可以终止提供服务。

移动电子商务经营者履行了合理注意义务的，应用软件或者商品服务的提供者自行承担知识产权侵权责任。

# 参 考 文 献

［1］杨坚争.电子商务法教程[M].北京:高等教育出版社,2016.
［2］齐爱民.中华人民共和国电子商务法草案建议稿[J].法学杂志,2014,35(10):8-21.
［3］杨坚争.《电子商务法》之跨境电商立法前瞻[J].服务外包,2015(10):22-24.
［4］苏丽琴.电子商务法[M].北京:电子工业出版社,2015.
［5］王林,杨坚争.《电子商务法》立法进行时——电子商务市场准入与退出机制[J].电子知识产权,2015(6):16-21.